順治—嘉慶朝

清實錄經濟史資料

商業手工業編·壹

《〈清實錄〉經濟史資料》課題組成員：

陳振漢　熊正文　蕭國亮

李　湛　殷漢章　葉明勇

武玉梅　羅熙寧

北京大學出版社
PEKING UNIVERSITY PRESS

編輯説明

《〈清實録〉經濟史資料》是北京大學經濟學院組織編輯的一部大型經濟史資料彙編。本次出版的是第一輯，分爲《農業編》、《商業手工業編》、《國家財政編》三個系列，收入《清實録》中有關順治至嘉慶朝經濟的全部資料。其中《農業編》一九八九年曾由北京大學出版社出版，此次重印進行了一定程度的修訂。

《清實録》是重要的清史文獻，連同《宣統政紀》在内，全書共四千四百三十三卷（不包括卷首四十二卷），卷帙浩繁，内容翔實，全面記録了有清一代政治、經濟、社會、文化、軍事、外交等各方面的活動。所收史料，大多來自官方檔案，舉凡一國大政，靡不備録，爲研究清代歷史所必備。它是一部編年體史書，按年代、事件，逐日分條記載，在有關軍事、外交、用人行政等内容具體、時間地點明確的事件的記載方面較爲清楚，檢索比較容易。而社會經濟方面的史事，由於内容平凡瑣細，或者記載繁多而不集中於一時一地，或者很少爲人注意，偶有記載，又不知在何朝何年。因此爲蒐集某一方面或某一問題的資料，往往要翻遍全書，耗時費力，極爲不便。因此一些學者對《清實録》或按省份，或按專題，分類輯録整理，以便研究之用。

《〈清實録〉經濟史資料》選輯工作早在一九四九年新中國成立之初就已開始。當時北京大學法學院成立了中國經濟史研究室，它的一項中心工作就是由陳振漢先生主持選編《清實録》、《東華録》中的經濟史資料，以滿足教學和科研需要。一九五二年院系調整之後，教育部在北京大學經濟系設置經濟史研究據點，蒐集《清實録》經濟史資料定爲主要工作之一。當時選編該資料的目的不僅爲在北京大學教學上自用，並且要付印出版，以利廣大研究工作者和讀者使用。一九五六年全國科學長期規劃中，它被列爲資料工作項目之一。起初，因爲人手少、條件落後，全部《清實録》資料都是用手工抄寫，資料整理工作進展緩慢。後又因"文革"運動開始而打斷了工作的正常進行。一九七八年撥亂反正後，《清實録》經濟史資料的整理工作才得以重新開始。一九八九年北京大學出版社出版了由陳振漢、熊正文、李誼、殷漢章四位先生整理編輯的《〈清實録〉經濟史資料》第一輯《農業編》，並於一九九一年獲得了北京大學科學研究成果獎。但仍有大部分資料尚待整理出版，此即《商業手工業編》和《國家財政編》。《農業編》於一九八九年十月出版後，資料的選編工作又因各種原因而中斷。

二〇〇二年，陳振漢先生囑託蕭國亮教授向有關領導提議重新恢復《清實錄》經濟史資料的整理出版工作。時任北京大學經濟學院院長，現任北京大學副校長的劉偉教授向學校領導彙報後，在校領導的支持下，決定撥出專項經費，由蕭國亮教授主持《清實錄》經濟史資料整理與出版工作，重新啟動該課題。自二〇〇二年十月開始，先後錄用葉明勇和武玉梅兩位博士後，分別進行《商業手工業編》、《國家財政編》的整理與出版工作。之後又錄用燕紅忠、劉文遠兩位博士後，繼續道光至光緒四朝實錄和《宣統政紀》經濟史資料的整理工作。

這項工作前後持續了六十多年，但陳振漢等先生始終堅持不懈，即使面臨嚴重困難，也矢志不渝。新世紀以來，在北京大學經濟學院領導的支持下，發揚愚公移山的精神，經過幾代學者的共同努力，這部與共和國同齡的經濟史資料整理工程才終成完璧。

前　　言

——《清實錄》的經濟史資料價值

一

　　實錄是南北朝以後我國編年史著作的一種體例。一個朝代裏某一個皇帝的實錄，是史官於皇帝死後按年月日期順序記載他在位時期言行事功的流水賬簿。爲纂修實錄，明清兩代都設立專門機構，任用成千上百職官。雖然由於各朝治亂情況和政刑繁簡不一，歷朝實錄每年卷帙多少各異，但因爲是逐日的記錄，明清兩代統治年時很長，《實錄》的總的卷帙都相當浩繁。現存《明實錄》（南京國學圖書館傳抄本）爲二千九百二十五卷，約二千萬字。《清實錄》（全名《大清歷朝實錄》，一九三六年僞滿國務院影印本）[1] 卷帙更多。連順治以前六十一年的《滿洲實錄》、《太祖實錄》和《太宗實錄》在內，綜計前後三百二十九年的《實錄》，加《宣統政紀》共四千四百三十三卷，約四千四百萬字。因此就字數和篇幅來說，《清實錄》是少數幾種大宗清史資料來源之一。《清實錄》的總的篇幅和字數如此。至於每朝《實錄》的卷帙和字數，歷時長短不同，固然有所差別，但即便兩朝年時相近，卷帙多少也可大相徑庭。如康熙朝與乾隆朝，皇帝在位時間祇差一年，《實錄》卷數卻相差五倍。下表是順治至同治八朝《實錄》的卷帙和纂修經過的簡單情況。光緒朝《德宗實錄》的纂修已在清亡以後，情況與前有別，所以沒有列入。

---

[1] 一九三四年僞滿洲國爲日本脅迫，合作影印《清實錄》，於一九三六年由東京大藏出版會社出版。底本以瀋陽崇謨閣藏本爲主，中缺道光十八年七册和咸豐十一年五册，從北京故宮博物院藏本補抄，《德宗實錄》和《宣統政紀》則據溥儀藏本。（陳象恭：《談〈清實錄〉和〈清史稿〉》，《歷史教學》，一九五七·一·四一；孫月嫻：《日本對〈清實錄〉的篡改和影印》，《社會科學輯刊》，一九八四·三·一一〇。

表一

王朝		《實錄》卷數			纂修情況			
年號	歷年	皇帝廟號	總數	皇帝在位期間年平均	職官人數	敕修年	遞呈年	所用年數
順治	一八（一六四四—一六六一）	世祖	一四四	八	一二九	康熙六	康熙十一	六
康熙	六一（一六六二—一七二二）	聖祖	三〇〇	五	二一九	雍正一	雍正九	九
雍正	一三（一七二三—一七三五）	世宗	一五九	一二	二三〇	雍正十三	乾隆六	七
乾隆	六〇（一七三六—一七九五）	高宗	一五〇〇	二五	一二〇二	嘉慶四	嘉慶十二	九
嘉慶	二五（一七九六—一八二〇）	仁宗	三七四	一五	七四八	嘉慶二五	道光四	五
道光	三〇（一八二一—一八五〇）	宣宗	四七六	一六	八六三	咸豐一	咸豐六	六
咸豐	一一（一八五一—一八六一）	文宗	三五六	三二	七八〇	同治一	同治五	五
同治	一三（一八六二—一八七四）	穆宗	三七四	二九	八三一	光緒一	光緒三	三

（資料來源：各朝《實錄》卷首）

　　表中乾隆以後各朝《實錄》的每年平均卷數都比以前增多。特別是咸豐、同治兩朝卷數之多，至達康熙朝的六倍。其所以如此的原因大約不止一端，我們不在這裏論列。

　　《清實錄》的卷帙情況如此。現在我們來看其中經濟史資料的篇幅。由於各朝《實錄》卷帙不同，而現在付印的一輯則是道光以前各朝《實錄》中的資料，以下所述也以這一部分爲限。

二

　　實錄既是一朝皇帝在位期間"重大"言行事功的記錄，各朝實錄的內容就因朝代經歷時間的久暫，當時國內外形勢變化和朝政興革的多少而彼此不同，不能完全一律。就順治至嘉慶前五朝二千四百七十七卷《實錄》來説，根據其中"範例"所舉"書"錄的專案，它們的內容可以大略歸納爲十類：（一）天象，氣候徵應；（二）皇帝，皇室；（三）兵事；（四）户政，食貨；（五）官制，吏治；（六）貢舉，考試；（七）司法；（八）政府工程；（九）理藩，邦交；（十）纂修官書，旌表節孝、義烈。可以說是把整個朝代所有典章制度變革、文治武功、内政外交，都已包括在内。因爲按照當時的認識，所有這些方面都既是由當朝皇帝一人的意志言行決定，是非功過就都應寫在他的賬上。在這十大類內容裏面，經濟史資料主要是第四類：户政、食貨。其中主要包括下列項目：

歷年全國人丁户口、田地數字，人丁編審，土地開墾、圈撥。

漕糧折徵，賦役蠲除、緩減，歲辦諸物徵、罷，漕運，錢法，茶、鹽、榷關則例更定。

水、旱、蟲災年時、地區、災情，蝗蟲防治，災荒賑恤，倉穀儲備。

諸王以下文武官員俸禄，軍士月餉則例更定。

以上各項內容，大體相當於我國傳統史籍中的"食貨"或會典中的"户部"一門，主要是官府經濟或財政史資料。但上列其他各類實錄記載，如同（二）中有關皇帝耕耤、閲視河工或海塘的記載，（八）中關於河工、海塘、河渠水利的記載，（九）中關於外藩人眾安插，土司、酋長歸化以及外國朝貢通市的記載，都主要是經濟史資料，特別是（三）"兵事"類内有所謂"剿撫賊寇、平定地方"的記載，在雍正、乾隆、嘉慶三朝《實錄》中，往往連篇累牘，不絕於書。其中大部分是各族城鄉人民反抗壓迫剝削起義鬥争的社會經濟史料；此外，這一類中關於軍糧供應、屯墾和軍事通訊（馬政、郵驛）的記載，不少也是經濟史資料。

這些類的記載之外，還有大量分散在（五）官制吏治和（七）司法等類中，性質不屬於經濟，但内容卻與經濟極有關係的記載。本輯就是由《實錄》中這樣一些類別的資料組成的，共約五百五十萬字，當前五朝《實錄》總字數二千四百七十萬字的五分之一弱，可能是迄今已出版的篇幅最大的清代前期經濟史資料匯集。已有的這個時期的資料類書，篇幅最大、字數最多的要數《清朝文獻通考》和嘉慶《大清會典事例》。可是兩書這部分資料的總字數，都比本輯少得多。乾隆《通考》"食貨"八考[2]共四十六卷，約七

---

[2]《清朝文獻通考》，共三百卷，乾隆二十六年（一七四七）成書。食貨門八考卷數（括弧内數字）如次：田賦考（十二），錢幣考（六），户口考（二），職役考（五），徵榷考（六），市糴考（六），土貢考（一），國用考（八）。

十萬字，不過本輯資料八分之一。嘉慶《大清會典事例》內，户部事例一百零四卷，禮、工二部事例與經濟有關的二十七卷，合一百萬字[3]，不及本輯資料五分之一。

以上是本輯資料的字數多寡情況，現在來看這些資料的内容和質量價值。

三

任何國家的政府都必須關心本身的財政狀況。在《清實錄》和其他清王朝官修政書中，有關財政經濟的資料都占一定的比重。這一點是容易理解的。《清實錄》的特點是這些記載不止是清王朝的政府財政史料，而且同時是清代中國的國民經濟史資料。這有兩個方面原因。

第一，清朝廷是一個中央集權的專制帝國政府。這樣的一個政權，爲了鞏固自己的統治地位，爲了足食足兵，一方面必須有充裕的財政來源，能夠徵調最大量的賦役，另一方面又須預防老百姓起來造反，不能竭澤而漁。因此，康熙、雍正和乾隆三朝皇帝，主觀上都關心國民經濟，這幾朝的《實錄》裏面於是也有大量關於農業生産和農民生計的記載。

第二，清代國民經濟的主體是農業，並且是個體經營的小農業。小農業不僅是清王朝政府的主要財政來源，而且也是它的首要兵力來源。這是秦漢以後中國歷代專制統一王朝政權與西方專制政權不同的一個重要方面。小農經濟能夠在傳統生産技術條件下，最有效地利用現有土地資源來維持最大量的人口，對政府提供充裕兵力來源，同時小農又因爲散處四境而不是集中在少數府縣，比較不易聚衆造反，而便於中樞操縱統治。

王朝政權依靠小農經濟，小農經濟的生存和繁榮也有賴於政府，特别是一個强有力的統一國家的政府來維護。這主要有兩個方面。一個方面是農業生産即便是近代大規模機械化農業，也不能完全擺脱天時地利因素的影響，小農業或個體農民因地制宜、興利除弊、抗禦自然災害的力量更是微弱，因此大規模的如同黄、淮、運河，江、浙海塘等河渠水利工程，或西北新疆邊

---

[3] 嘉慶《大清會典事例》，九百二十卷。嘉慶二十三年（一八一八）成書。禮、工二部二十七卷，子目如次（括弧内數字代表卷數），禮部：耕耤（一），親蠶（一），授時（一），朝貢（六）。工部：河工（十），海塘（二），水利（四），關税（一），匠役（一）。

遠地區的移殖墾荒，水旱災荒的預防周恤和常平倉穀的積貯等事業，都要由北京朝廷擘劃經營。

另一方面是防止土地兼併和土地的過度集中。農民分化和地權不均是小農經濟的必然趨勢，但土地的過度集中是不利於王朝政權的鞏固的，一個集權的專制統一王朝必須預防這種局面的形成。

由於這些原因，本輯大約五百五十萬字資料裏面，將近一半是關於人口、土地和農業的資料，一百二十萬字左右是商品和手工業史資料，其餘大約一百九十萬字是國家財政史資料。

關於人口、土地和農業的資料分編為五章：（一）人口，（二）土地，（三）農業生產，（四）清政府的農村賦役徵派，（五）農村人民的生活和反抗鬥爭。這五章中，（一）至（四）章都有一部分內容是超出傳統政府財政的範圍的。因之，也是已有史籍政書中的"食貨"典志和歷朝《大清會典》"户部"門所不收的。第五章則幾乎全部都是新從《實錄》輯錄而不見其他書籍的材料。

歷代農業生產關係和農村社會階級矛盾鬥爭史的研究曾是我國史學界用力最多和成果最豐碩的領域之一。關於清代前期的這方面歷史，人民大學清史研究所和檔案系合編的《康雍乾時期城鄉人民反抗鬥爭資料》[4]（下文作《康雍乾鬥爭》）是一部重要資料書籍。全書資料輯自第一歷史檔案館所藏檔案、山東"孔府檔案"、地方誌、文集和專著，也有不少采自《清實錄》。蒐羅廣泛，內容豐富。其中十分之七以上是鄉村人民反抗鬥爭的資料。表二是這一部分資料所記載的反抗鬥爭案件次數與本輯類似的案件次數的一個比較[5]：

---

[4] 全二册，一九七九年中華書局版。
[5] 兩書編輯體例不盡相同。凡內容性質各異案件，未計算在比較數字之內。

表二　本輯與《康雍乾鬥爭》記載全國農村反抗鬥爭案件數[1] 比較

案件＼王朝	抗租[2] 本輯	抗租[2] 康雍乾鬥爭	反抗賦役徵派[3] 本輯	反抗賦役徵派[3] 康雍乾鬥爭	搶米遏糴鬧賑[4] 本輯	搶米遏糴鬧賑[4] 康雍乾鬥爭	武裝起義鬥爭 本輯	武裝起義鬥爭 康雍乾鬥爭[5]	總計 本輯	總計 康雍乾鬥爭
順治		三				二			二	三
康熙		一〇	二	五	一	三		四	七	一八
雍正		三	二	八	三	五	二九	二九	五	一六三
乾隆	九	九	五二	二八	一三八[6]	九七[7]		九	二二八	一六
嘉慶			四	五		四	三[8]		七	一八
總計	九[9]	二五	六〇	四六	一四二	一〇九	三八	三八	二四九	二一八

1　某年，某日，某省，某州縣發生的一次事件。
2　《康雍乾鬥爭》，第1章，第1節，"抗租和爭田—民地"（頁一〇～一六四）。
3　《康雍乾鬥爭》，第1章，第4節，"抗糧和反科派"（頁三一〇～三四八）。
4　《康雍乾鬥爭》，第1章，第3節，"奪糧"（頁三一〇～三一九）。
5　《康雍乾鬥爭》，第4章，"農民起義和農民戰爭"（頁五九九～八四四），這一章所收共五十八起案件的資料，其中有的顯然不能稱爲武裝起義，這裏沒有包括在內。
6　其中乾隆十三年，山東一省共五十四案（《高宗實錄》卷三一九，頁九，《康雍乾鬥爭》，頁二八五）。
7　其中乾隆十三年，山東一省共五十四案（《高宗實錄》卷三一九，頁九，《康雍乾鬥爭》，頁二八五）。
8　白蓮教、天理教各省起義戰爭作一次論。
9　白蓮教、天理教各省起義戰爭作一次論。

從表中各類鬥爭的案件數字可以看出，《實錄》關於雍正以前和嘉慶朝的人民反抗鬥爭的記載，除武裝起義鬥爭以外，都不如《康雍乾鬥爭》的多，但乾隆一朝則《實錄》資料與《康雍乾鬥爭》或者相等，或者要大得多。這說明即便如人民反抗統治壓迫鬥爭這樣一個爲我國史學界曾着重研究的領域，本輯的資料，也或許還能使我們看出一些問題，從而去做一些新的探索。舉例來說，《高宗實錄》中關於人民反抗鬥爭的記載，即就上表所列的四類鬥爭來看，其案件之多，幾乎每年平均四次，是康熙一朝六十一年的三十三倍。《康雍乾鬥爭》中的資料也反映了同樣的情況，衹是程度稍有不同。爲什麼會如此？這意味着什麼？

從上表中還可以看出，不論是本輯，還是《康雍乾鬥爭》的資料，都說明乾隆朝或清代前五朝裏面的人民反抗鬥爭，絕大部分，百分之六十是搶米遏糴和鬧賑；其次是反抗賦役徵派，約佔全部案件的百分之二十；第三是武裝起義鬥爭，佔全部案件的百分之十五；最少的是農民抗租鬥爭，不過全部案件的百分之五左右。

這些數字是否足以啟發我們對於這個時期人民反抗鬥爭的起因、物件和性質作新的研究呢？

《實錄》記載一般都比較簡略。惟獨關於人民反抗鬥爭則往往不厭其詳，對於一案多次反復記載。這樣，對於有的案件就留下了相當完整翔實的史料，供我們利用來研究當時的社會矛盾和鬥爭。例如，康熙五十六、五十七年河南宜陽、閿鄉、澠池等縣人民爲了反抗賦役加派先後起事，《聖祖實錄》共有五條記載（康熙五十六年七月己卯至五十七年四月庚寅），其中五十六年九月癸酉日一條中說，河南巡撫李錫上年在宜陽、閿鄉等河南府屬十四州縣加徵田賦每畝四釐，又發給這十四州縣瘦馬共三百八十一匹，每匹勒交銀十二兩，因而激起這些地方人民的造反。[6] 這是對巡撫大員浮徵私派的反抗。多數這類反抗鬥爭的矛頭則是指向州縣小官、佐雜吏役，而敢於首先起來發難的往往不是農民，而是地方紳士。《高宗實錄》裏面有幾條地方士紳帶頭反抗河工兵差徭役的記載，更多的是這類人在災年率先遏糴，鬧賑。例如，乾隆十六年七月，江西安仁縣人民"聚衆阻運倉穀"，"巨魁"是當地紳衿劉丹[7]；乾隆三十三年，江蘇江陰縣民衆因災要求蠲緩錢糧，領袖是保正沈添益[8]；乾隆三十五年，貴州桐梓縣民鬧災，系"有生員在內唆使"[9]。

這些祇是從本輯資料中隨手掇拾的事例。此外類似的記載還所在多有，如能加以系統整理分析，大概對於這一時期人民反抗鬥爭的主要起因、動力和打擊對象，對於清王朝統治勢力興衰消長的契機，乃至對於當時整個社會的階級、階層結構及其相互關係變化的研究，都可能有所啟發或助益。

《農業編》最後一章還有一部分記載社會下層人民"結社設教等秘密活動"的資料，數量也不少。但考慮到其中不少這類活動並不一定旨在反抗官府或任何統治勢力，我們沒有編入"反抗鬥爭"史料。

《清實錄》，特別是《高宗實錄》，可能是清代秘密社會史研究最重要的資料來源之一，而過去大概還沒有人能夠注意利用。例如，關於四川省的"啯嚕"或"啯匪"，單是我們收錄在這裏的直接有關記載就有五十二條，約

---

〔6〕《聖祖》二七四、一一（《聖祖實錄》卷二七四，頁一一，以下注釋《實錄》出處卷頁號碼標法同此）。

〔7〕《高宗》三九五、二三。

〔8〕《高宗》八二三、二三。

〔9〕《高宗》八五六、二。

一萬來字（凡是內容前後重複、毫無新義的記載和不是直接有關，因而編入其他章節的，還未算在內）[10]，是迄今我們知道的有關啯嚕的最翔實記載，不僅對於這個問題本身，而且對於後來的哥老會和清代前期四川農村社會的研究，都可能具有重要價值。

以上是第五章裏我們認爲比較重要的一些內容。現在再看《農業編》其他幾章的主要和特殊資料。

四

《清實錄》，特別是《高宗實錄》裏面關於人民反抗鬥爭的大量資料，反映了朝廷對於鬥爭形勢的密切注意，因爲這是最直接關係到王朝安危存亡，因而需要朝廷隨時決策肆應的事情。從同樣的鞏固統治地位的目的出發，王朝所關心的次一方面問題，大概要算廣土衆民，這也就是戶口、墾荒和糧食生產年成。於是《清實錄》也爲我們在這幾個方面提供了大量官方資料。

第一章，關於人口的資料，包括兩個部分：戶籍編查和人丁戶口統計。一般人比較感興趣的是第二部分人口統計數字。因爲這些是唯一的全國性系統官方數字，應當具有權威性。但是其中有的數字顯然十分荒謬，令人難以置信，甚至懷疑其他數字的可信性，爲清代人口史研究增加了困難，而第一部分關於戶籍制度的資料，對於我們了解這些數字的來歷、性質和適當估計它們的價值是有用的。

《清實錄》記載全國人口數字"民數"，始於乾隆六年（一七四一）[11]。在這之前，從順治八年（一六五一）[12]，到雍正十二年（一七三四）[13]，八十四年間《實錄》所記載的是所謂"人丁戶口"[14]。人丁是十六至六十歲的應徵差徭義務男子，不包括婦女老幼在內，所以這是政府課徵丁銀（差徭代金）的對象，而不是人口數字。從雍正十三年（一七三五）到乾隆五年（一七四〇）六年間，《實錄》沒有任何全國性人口數字見諸記載。乾隆六年以後直至同治十二年（一八七三），前後一百三十二年間，每年最後一卷《實錄》的卷末，都記載有當年的全國"民數"（"大小男婦名口"）和"穀數"

---

[10] 見本輯農業編第五章第三節，四。
[11] 《高宗》一五七、三〇。
[12] 《世祖》六一、一六～一七。
[13] 《世宗》一五〇、一八～一九。
[14] 實際上是以明代萬曆年間（一五七三——一六二〇）《賦役全書》記載爲基礎，根據清代五年一次編審的結果加以調整的數字。詳下文第七節。

（"存倉米穀"石數）。光緒《德宗實錄》則完全没有這種數字。

這些數字是户部根據各省上報材料統計出來的。各省材料在乾隆六年至嘉慶二十五年共八十年間，除嘉慶朝三年湖南、湖北、陝西和福建四省材料不全以外，其他年份都是系統完整的[15]。問題是這些人口數字的可靠性怎樣？

關於《清實錄》人口數字的可信程度或誤差大小問題，國内外學者爭論已久，祇是到二十世紀七十年代以後，才有比較一致的看法[16]。世界各國的人口統計，即令是近代、當代數字，都不免有一定誤差，問題祇在於幅度大小。《實錄》人口數字所以令人懷疑，是其中有的年份，連續兩年的全國民數完全相同，毫無增減[17]，又有的一年之間，民數突增百分之二十[18]，或突減百分之七[19]，都是令人無法理解的荒唐記載；還有如嘉慶元年（一七九六），白蓮教起義方興未艾，全國民數就從上年突減二千一百萬，合百分之七；而在嘉慶三、四兩年，起義戰爭地區擴大以後，民數反倒連續增長，以致嘉慶十年（一八〇五），亦即白蓮教起義戰爭完全平息後的翌年，比戰爭開始時期嘉慶二年（一七九七）的民數要多六千萬，或百分之二十二[20]，這樣總起來看，似乎經過了爲時八年和廣及七省的戰爭，全國人口不但没有任何減少，反而大爲增加了。

但是，這樣的荒唐情況，在乾嘉兩朝的記載當中終究祇是少數，並且既然易於發現，也就不難加以訂正。對於經濟史研究來説，重要的是全部數字是否大體可信，是否能夠反映這個時期中國人口消長的大致趨勢。如果祇是這樣來要求，那麼我們認爲《實錄》人口數字還不失爲大致可信的參考資料，理由如次：

第一，《實錄》裏面一些記載説明清帝弘曆不僅發動了乾隆六年以後全國"民數"的查報，而且在他在位的年代當中，一直注意着這件事情。當時清王朝國勢鼎盛，乾隆政權尤其炙手可熱；但另一方面，人民的反抗鬥爭已

---

[15] 道光朝（一八二〇—一八五〇）數字也基本完整，咸豐、同治兩朝（一八五一—一八七四）則僅兩年有各省全部數字。

* [16] 珀金斯（Dwight H. Perkins）：《中國農業的發展（一三六八—一九六八）》（上海譯文出版社，一九八四年）頁一一～三四，二五一～二八八。這裏關於我國歷史上人口數字的論述，有不少可供我們參考之處。

[17] 《高宗》二八一、三〇，三〇五、四三，三三一、六六，三五五、二四。

[18] 《高宗》九七三、三二，九九九、三四。

[19] 《高宗》一四六七、二三，一四九三、二九。

[20] 《仁宗》一二、一九，一五五、二三。

日益頻繁，清查户口成爲"彌盜安民"的嚴重任務，地方官吏不敢十分玩忽。加以康熙五十二年明詔滋生人丁永不加賦以後，各省多報人口，不僅並不增加賦稅負擔，而且能在積儲備荒倉穀上面得到好處，所以不致蓄意隱匿少報。

第二，在整個這一世紀當中，除了嘉慶初的短期波動和個別年份的突然漲落以外，民數的基本趨勢是平穩的直綫增長。從乾隆七年（一七四二）到二十七年（一七六二）二十年間，民數從一億六千萬增爲二億，平均年增百分之一點一；從二十七年到五十五年（一七九〇）二十八年間，從二億增爲三億，平均年增百分之一點五；再到道光十四年（一八三四），四十四年間，又增加爲四億，年增長率百分之零點七[21]。總計九十二年間，平均每年增長百分之一。這樣一個速度大概是符合當時歷史實際的，在這一個世紀内，一方面除了嘉慶初的白蓮教起義戰爭以外，我國國内基本上是和平安定局面。另一方面，玉米和番薯兩種外來農作物在許多省份的廣泛種植，使得國内糧食產量空前增加[22]。這正是一個社會人口不斷迅速增長的時代。

第三，現在國内外多數專家學者都認爲，我國公佈的一九五三年的全國人口數字是接近實際的。從道光十四年（一八三四）到一九五三年，歷時一百一十九年。其間中國經歷了太平天國、捻軍和回民起義戰爭（一八五一——一八七四），經歷了北洋軍閥和蔣介石統治時期的連年内戰（一九一三——一九三六），又經歷了八年的抗日戰爭（一九三七——一九四五）和三年的解放戰爭（一九四六——一九四九），全國人口從四億增加到六億[23]，平均年增長率僅爲百分之零點三，是可以理解的，也反映了道光十四年以前一百多年間的人口增長率大概並不偏高，而是近乎實際的。

五

第二、三兩章《實錄》有關土地和農業生產的資料裏面，全國性土地數字祇有從順治八年（一六五一）到雍正十二年（一七三四）的逐年全國"田、地、山、蕩、畦地"頃數。同上述"人丁户口"數字一樣，這些是政

---

[21] 本輯《農業編》，第一章，第二節；《經濟科學》一九八一年第二期，頁七六～七七，第四期，頁八十。

[22] 陳樹平：《玉米和番薯在中國傳播情況研究》，《中國社會科學》，一九八〇年，第三期，頁一八七～二〇四；李德彬：《番薯的引進和早期推廣》，鄧力群、錢學森等著：《經濟理論與經濟史論文集》（北京大學出版社，一九八二年），頁一三九～一七一。

[23] 國家統計局編：《偉大的一年》（人民出版社，一九五五年），頁一。

府課徵賦稅的數額。其中多數衹是就明代萬曆年間的舊額，略加或根本不加增減的數字，因此不僅不是實際耕種地畝，而且往往多年固定不變，並不反映農民耕地的實際增減。

乾隆和以後各朝《實錄》沒有相當於"民數"的全國耕地面積數字，而有不少關於四川移墾，新疆屯墾，各省"報墾升科"和坍塌不堪耕種土地報請開除田賦的記載，有不少關於政府墾荒政策的諭旨和奏議；也有一些揭露各省大小官吏虛報墾荒成績的材料。如果加以系統整理、綜合和分析研究，對於清代前期全國耕地面積的消長變化，即使不能得出確切數字，也是能夠增進對於實際情況的了解的。

《清實錄》裏有大宗"旗地"、"官田"材料。關於"民田"佔有關係也有一些重要材料。其中最值得注意的是關於朝廷維護小土地所有制和小農經濟的記載。這裏如：（一）招民墾荒條例中每戶占地以三五十畝爲限的規定[24]；（二）禁止山西商人災年到河南"越境放債，賤准地畝"的記載[25]；（三）朝廷蠲免田賦年份勸諭地主富戶酌減地租的諭旨[26]；（四）懲辦河南官僚彭家屛之弟彭家楨[27]、湖南監生段興邦[28]和禮親王昭槤[29]等突出兇惡不法地主的事例；以及改定紳衿優免差徭制度[30]和廢除各省殘存賤民戶籍[31]等記載，都説明清王朝所重視和維護的是小農經濟和小土地私有制。

在十七、十八、十九世紀，清代皇帝還不可能知道小農經濟這個名詞和其中的經濟學，但他們大概從我國歷史上專制帝王的統治經驗中，從《孟子》上就已有過的"有恒産者有恒心"[32]這類教條中，懂得了朝代強盛和國家長治久安的首要條件之一，在於廣大農民能夠安居樂業，而這又在於農民不僅有地可耕，而且還對耕地享有産權。所以他們必須維護土地私有制，而在這種制度必然引起的土地兼併的客觀現實面前，採取一些補苴調和措

---

[24] 如四川招墾，每戶給水田三十畝或旱地五十畝，《世宗》六七、二五。
[25] 《高宗》一二五五、二三，一二五七、二四，一二六三、二九。
[26] 《高宗》三〇九、一二。
[27] 《高宗》三八四、五。
[28] 《高宗》八九〇、七，八九一、一〇、一一、一八，八九五、一、二。
[29] 《仁宗》三一二、二五，三一三、四。
[30] 《聖祖》一四六、一四、二三；《世宗》四三、二三；《高宗》一七四、一八，五〇六、八，八四五、二五。
[31] 《世宗》六、二三，一一、二七，五六、二七，八一、三八，九四、一七；《仁宗》二二三、二四。
[32] 《孟子·滕文公》上。

施，一方面藉以預防過分強大的地主勢傾朝野，甚至割據稱雄；同時也是害怕過多農民迫於饑寒而流離載道，可能起來造反。

《清實錄》裏面的農業生產記載，有關墾荒或耕地面積增減的，已在上面提到。此外比較重要的是：（一）農田水利，（二）自然災害，和（三）新疆墾殖等三個方面的資料。

（一）農田水利

《實錄》對黃、淮、運和直隸永定河等河的重大河工，都有比《會典》、《通考》等書更爲詳盡的記載。本輯《財政編》有關河工經費的章節中，選錄了其中不小一部分。在各省農田水利方面，浙江海塘（所關不僅農田水利）和寧夏河渠資料不少，但同其他官修政書比較起來，《實錄》更突出的，是關於畿輔直隸水利，特別是其中關於發展水稻種植的記載。康、雍、乾三朝政府在直隸、河南和山東三省，特別是雍正一朝，在淮河以北，作了大概比宋、明兩代都更爲巨大的努力，來發展水稻種植，但成績同樣不大。《清實錄》對於清朝前期政府試圖運用政治力量來維護和發展小農經濟的用心，在這裏也提供了一個典型事例。《實錄》這裏固然記載了這個"運動"初興時期（雍正四、五年，一七二六—一七二七）的聲勢和成績，如直隸各州縣已經開闢的水稻田面積：官營，三千二百八十七點七頃；民營，文安縣，三千餘頃，安州、新安、任邱三州縣，二千餘頃。水稻產量，"據各處呈報新營水田，俱禾稻茂盛，高可四五尺，每畝可收穀五、六、七石不等"[33]。但《實錄》並不諱言這場一度聲勢煊赫的自上而下的發展生產"運動"，在不到十年之間就綻露衰象[34]，不到二十年之間，就以失敗告終[35]。更難得的是《實錄》還記載了一些事情，爲後人分析研究其中的成敗緣由提供了綫索。例如在"運動"高潮中的雍正六年（一七二八），"效力［營田］主簿梁文中，在薊州營治水田，將水泉微細之地捏報堪營。因民間觀望，差拘責比，復逼迫民人將已種豇豆、高粱等項拔去"，以致農民蒙受損失，朝廷旨在"惠養斯民"、爲地方興利的好事變成了壞事，他自己也被認爲是"阻撓政事"，不但丟了原來官職，而且被罰在"工所枷號示衆"，賠償農民豇豆損失[36]。這雖然不過是一個事例，但是否也能用來說明古今中央集權專制國

---

[33]《世宗》五一、二〇，六〇、二五。
[34]《高宗》五三、三。
[35]《高宗》二一六、九，六七三、九。
[36]《世宗》七一、四。

家政令得失的普遍道理的一個方面呢?

(二) 自然災害

《實錄》這方面的材料，又可分爲二類：

(甲) 災害類別、頻率，災區範圍和災情。各省報告災情通常都很積極，因爲由此可以請求朝廷減徵、緩徵，甚至完全蠲免錢糧。所以這些記載是否完全可信還是問題。不過就記載的完整程度來說，《實錄》要超過所有其他官修政書。現有清代全國各省的自然災害統計，大概要推陳高傭編的《中國歷代天災人禍表》卷九[37]最爲詳備。這部巨著成於二十世紀三十年代，當時《清實錄》尚無影印本，所以書中的清代部分表格是根據清"三通"、《清史稿》、《清史紀事本末》、《清鑒》等書的記載編制的。其中記載的清代從順治到嘉慶五朝的自然災害，總的要比本輯所記載的少四百三十八次，前三朝的記載比較接近；乾嘉兩朝則陳書所記次數衹有本輯的一半。

(乙) 災荒防治。清政府的水旱災害防治措施，主要是興修河渠水利和黃、淮、永定、荆江等河的搶險防洪工程。《實錄》除了關於這些工程的技術方面有大量記載以外，還有一個方面的資料，是其他政書所不載的。這就是如同政府禁止湖南、湖北農民在洞庭湖和漢水沿岸與水爭地之類的法令[38]。這些資料除了反映政府水利政策的意義外，在反映清代前期人口增長對於農業生產的壓力，反映政府在小農經濟發展上的作用等問題上，也是很有價值的。

清前五朝《實錄》裏另一方面的突出的資料，是關於蝗災防治的廷議和具體措施的記載。單是我們輯錄在這裏[農業編，第三章，第五節，一，(二)]的就有一百三十條，約二萬多字。從第五節"一，(二)，3"的統計表上可以看出，就頻率和災情嚴重程度來說，蝗蟲在清代前期是僅次於水、旱的第三大災，理應爲朝廷所密切注意。《實錄》的大量記載，一方面說明了像蝗蟲這樣易於廣泛蔓延的農業災害，確是需要由中央政府來統一採取防治措施，但另一方面，更多的是暴露了當時清朝統治在這種問題上的無能和寡效。例如，(一) 皇帝本人的缺乏常識而又好炫才矜能，雍正和乾隆皇帝父子幾次發表過一種奇談怪論，居然說蝗蝻是由低地水坑裏面的"魚子"經過日曬以後孵化出來的[39]。

---

[37] 全書十卷，一九三九年上海暨南大學出版。
[38] 《高宗》一七一、二九，二五八、九，二八九、四，四五九、二三，六九九、二一。
[39] 《世宗》九三、二五，一〇八、二七；《高宗》五六一、二八。

(二) 政府的防治措施是憑藉功令，由地方駐軍或州縣官吏、胥役督責里保強徵民役從事鏟蝻驅蝗，結果是田少農戶被迫應役，旗莊巨富袖手事外，而揭發這類情況的御史言官反由此獲譴[40]。

　　(三) 有的州縣迫於上司督責，偶而動用官款、官米，收買蝻子，或臨時僱傭用民夫驅捕蝗蟲，也從來不曾收到過較大成效[41]。原因除了省、府、州縣之間不能通力合作之外，還在於農民害怕地上莊稼遭到踐踏[42]，尤其是州縣胥役的敲榨勒索。農民說："胥役滋事，甚於蝗蝻。蝗蝻僅食禾稼，胥役累及身家"[43]。所以農民在遇到蝗災的時候，往往是一面祈禱"劉猛將軍之神"禳災，一面跪求州縣胥役不要進村[44]。

　　以上是乾隆時期的一些零星記載，但其中所透露的清王朝統治下的地方行政實際卻可能是有普遍意義的。根據本輯［農業編，第三章，第五節，一，(二)，3］中清代前五朝的全國蝗災數字，乾隆朝蝗災的嚴重程度僅次於順治朝，平均每年都有一個州縣遭到蝗災，順治朝平均一個以上州縣，而康熙朝要每四年，雍正朝每五年，嘉慶朝每二年才有一個州縣發生蝗災。順治朝兵荒馬亂，蝗災頻仍或在情理之中，但乾隆朝華北各省很少兵燹，這連綿不已的蝗災，是朝廷防治措施徒具形式的具體證明。同時，從這樣的一些記載，我們是不是也可以看出，《清實錄》裏絕不祇是對於皇帝的頌歌諛詞，而也有不少可貴的真實史料呢？

　　(三) 新疆墾殖

　　康熙、雍正以後，新疆地區的開發是清王朝在中國經濟史上的一大貢獻。《清實錄》對這一經過有相當翔實的記載。在本輯裏我們編錄了有關這方面的一共二百五十條，約四萬字的資料。對於社會經濟史研究來說，其中的重要內容，大約有這樣兩個方面：(一) 關於新疆農業生產發展，(二) 關於新疆少數民族的社會經濟，尤以前一方面的資料居多。這方面如同，(甲) 墾殖地區範圍和規模——移民來歷、人數、墾地面積；(乙) 農業生產情況——氣候、水利、土壤條件及其改進，農作物種類和單位面積產量等方面，都有分別地帶的幾乎逐年的系統記載，是其他政書所少載或根本不載的

---

[40]《高宗》八六二、一六、二二，八六三、五、二二，八六四、二三。
[41]《聖祖》二三八、九；《高宗》九三、二四，四一五、一五、二三，五九八、二三。
[42]《高宗》四一五、一五，六一三、一九。
[43]《仁宗》五〇、四六。
[44]《高宗》四一五、一五。

資料。

　　這個時期新疆北部的移民墾殖，可大別爲三類：軍屯、民屯和遣犯（發配到新疆的罪犯）屯田。民屯又分爲漢民屯田和回民屯田。其中最重要的是軍屯，即去到新疆打仗和駐防的軍士兵丁的屯田。本輯這一部分四萬來字的資料中，十之六七是記載軍屯的，關於民屯和遣犯屯田的記載不過百分之三十二。因此這裏的墾地頃畝和年成產量數字，大概也同第一、二章的人口、土地數字一樣，不能完全置信；不過由於各地前後記載條數不少，研究者不難通過比較分析來辨別其中是非真僞。因此，這部分記載仍是極有價值的清代新疆墾殖史資料。

　　關於南北疆少數民族社會經濟的記載[45]，數字不是很多，不過大致都是本於當時派駐新疆官吏的親身見聞而又不爲《平定準噶爾方略》（乾隆三十七年）、《平定回疆剿擒逆裔方略》（道光九年）等官書所輯錄，因此也是難得見到的史料。

六

　　前五朝《清實錄》中的商品、貨幣和手工業史資料，數量不是很大，我們輯錄在這一編中的，大約一百二十多萬字，還不到《農業編》字數的一半。這大概是國家重農輕商和商業在國民經濟中的微末地位的反映。一百二十萬字中，主要是關於糧食貿易和鹽、鐵、銅等貨物的官營或包商產銷的資料，貨幣流通、銀錢典當和高利貸業資料，交通路綫以及沿海和臺灣地區的通商限制的資料，食鹽生產、鑄幣和織造等官府手工業資料，也有一些關於商人和私人商業資本的記載。這最後一部分，雖然字數不多，卻是《實錄》資料的特色和精華所在。因爲關於官營或特許經營商業、對外貿易管理和貨幣制度這些方面的興革演變，不僅一般官修政書都有記載，而且有詳備的法令條例專書，而關於商人本身和商業資本的記載資料，則除了故宮原清政府檔案、各省地方誌和私人文集筆記之外，《實錄》便是重要來源。官修政書一般都很少或根本不記載私商個人事蹟，因而很少或全然沒有微觀的商業經濟史料。例如《清朝文獻通考》是政書中商人姓名事蹟記載較多的，但其中有姓名可稽的一共不過六人（銅商四人，鹽商二人）[46]，而前五朝《實錄》

---

[45] 散見於第三章第二節，二，（四）和三，（九），未分列子目。

[46] 《清朝文獻通考》，卷一六，二七～二九，三二。

裏面[47]，根據我們初步查點，卻有七十三人（鹽商四十八，銅商十四[48]，行商十一）之多。

在《實錄》這部分關於商人資本的資料中，特別值得注意的，也許是其中有關清政府和政府官吏一方面利用，而另一方面壓迫和摧殘私人商業資本的記載。在利用方面，比較突出的如清廷內務府利用王綱明[49]、山西范氏家族[50]等官商運銅、行鹽、供糧、販馬，乃至銷售人參；高級官吏利用商人，如乾隆年間侍郎永壽（乾隆皇帝姪）交淮商黃德、程可正先後經營江西吉安府鹽引[51]，廣東巡撫熊學鵬通過兩淮總商江廣達爲其子熊之臺謀得"鹽窩"[52]（歸商人獨專的銷鹽地區），新疆葉爾羌辦事大臣高樸（慧賢皇貴妃姪，大學士、內大臣高斌孫），利用蘇州商人販賣玉石[53]等等事例，都是以官府的某種特殊權益作爲"股本"與私人合夥經商，既利用商人的資財和能力來賺錢，又可以不蒙與民爭利的罪名。這從王朝或官吏方面來說，都無疑是很高明的辦法；至於對商人來說，其爲禍爲福，從而對於中國商業資本發展的影響如何，都是有待於根據這裏的和其他資料來更深入和全面研究的問題。

在對於商人的壓迫打擊方面，主要是各種不同形式或名稱的敲榨勒索：捐輸或報效，勒索或賄賂。《實錄》記載這方面的事例極多，情況也都大同小異，其中比較突出的事例，如乾隆初年雲南礦商吳尚賢[54]，在滇緬邊境開辦銀礦；福建僑商陳怡老[55]，到南洋噶喇吧貿易多年，都極爲成功，但都分別爲這兩省地方官府所殘酷迫害，以致家破人亡，說明清代商人同其他

---

〔47〕 本輯《商業手工業編》。

〔48〕 傅衣凌：《清代前期東南洋銅商》一文（《明清時代商人及商業資本》，人民出版社，一九五六年，頁一七六～一九七），除《清朝文獻通考》外，還從其他中、日文文獻蒐集資料。但所提到的有姓名銅商，連《清朝文獻通考》四人在內，一共亦祇十一人。

〔49〕《聖祖》二五五、四，二六四、一、一五，二八八、一；《世宗》九、七。

〔50〕《世宗》一六、一八、一〇六、八、一五九、八；《高宗》五、一七，九、二七，六八、七，七、八，二一四、一〇，二一五、一四，二三一、五九，二四六、九，三二〇、二五，二三一、五九，四六九、二三，七〇八、一五，七三七、一五，一一七二、一五，一一七五、一五，一一八一、四，一一八四、二，一一八六、七。

〔51〕《高宗》二一八、二。

〔52〕《高宗》一〇一二、一三。

〔53〕《高宗》一〇六七、四、七、九、三三，一〇六八、九、一〇、三一，一〇七〇、三、三七，四〇、四八，一〇七一、一，一〇七五、二一。

〔54〕《高宗》三六九、三，三九三、六，三九四、一三，四〇〇、四。

〔55〕《高宗》三四六、一四，三六一、一七，三六四、三。

職業的私人一樣，個人生命財產完全沒有安全保障；而生命財產的安全保障是任何私人經濟賴以建立和發展的最基本條件。所以官商關係或商人的政治地位也許是清代商業史中的一個關鍵性課題，《實錄》裏面這方面的資料，值得我們予以重視。

七

本輯第三編《國家財政篇》，主要包括如下三個方面的資料：

（一）政府財政收支內容項目和規章制度沿革。這一部分數量最大，其中主要內容也大致見於《清朝文獻通考》和歷朝《會典》。這裏的資料所不同的衹是對有的制度變革，如耗羨歸公、養廉銀制度化、攤丁入地等等的原委經過，有比政書更爲詳盡的記載。

（二）順、康、雍三朝（一六四四——一七三四）九十年間逐年的地丁、漕糧、鹽引、鹽稅、鑄錢等數字和從乾隆六年（一七四一）到嘉慶二十五年（一八二〇）八十年中逐年的各省存倉穀石數字。在《會典事例》和《通考》中，這些數字，或者根本沒有，或者衹有某幾年的。因此《實錄》的這些數字記載是戶部檔冊以外，有關問題的唯一系統資料來源，也基本上反映了這個時期清政府財政收入的真實狀況。

清代前期，政府的主要財政收入是地丁和漕糧。兩者基本上都按照明代萬曆年間（一五七三——一六二〇）《賦役全書》徵收[56]。因此，《實錄》這裏順、康、雍三朝的"人丁户口"和"田地"頃畝數字，如果作爲當時實際存在的人口和耕地來看是完全不符實際的；但是作爲政府的徵課對象，則是與丁銀和漕糧一樣的真實數字。丁糧是政府每年的實徵收入，"户口"和"田地"是徵收依據。一個省的丁糧總額既是稅則與户口、田地數額的乘積，又須與該省"起運"（報解中央各衙門）和"留存"（地方經費）數字吻合，其間不容許什麼差異，所以，從這個意義上來說，這些數字是真實可信的。

在同樣的意義上，這一編裏面的三朝其他財政收入，鹽、茶官銷稅額和鑄錢數目，也都確實可信。其中鹽稅是清政府僅次於地丁漕糧的重要財政收入，在順、康、雍三朝，每年的鹽稅收入，大致相當於地丁銀兩的十分之一。所以這裏的這些數字，對於了解和研究清代初期政府的財政收入是重要

---

〔56〕清政府在順治三年即已着手編纂《賦役全書》，但到十四年底方告完成。其中"錢糧則例，俱照萬曆年間"；賦額也是在萬曆《賦役全書》的基礎上，按當時編審清丈材料增減而定。（《世祖》二五、二四，八三、四，一一五、六）。

的。但這些並不是清政府財政收入的全部，更不是清王朝整個政治機器所加在全國老百姓身上的全部負担。丁、漕、鹽、茶之外，關稅（分屬户部、工部經管）、雜稅、内務府各種收入、旗地官莊以及捐輸和商人報效這些項目，在清代前期政府的財政收入中，雖然不如太平天國革命以後那麽重要，但其中如内務府收入在皇室宫廷經費上，捐輸或商人報效在軍事經費上，還是有一定重要性的。所以，如果要對這個時期清政府的財政收入作全面深入研究，則除了這裏的數字和本編其他《實録》記載以外，還須直接從故宫檔案和其他政書中補充搜集資料。

但是，政府的財政收入還不等於，而是遠遠小於老百姓所負担的國家經費。因爲除了額定的賦税差徭以外，老百姓還要忍受政府官吏和衙門胥役的敲詐勒索。

（三）政府官吏和衙門胥役的貪污營私。清代政府官吏（連同他們的幕僚、家人）和胥役的貪污營私，包括私徵勒索、侵蝕尅扣和貪贓受賄等等活動，《實録》記有大量的事例，都是不能在其他政書中看到的資料。其中官吏胥役敲詐勒索商民或他們自己之間相互結納賄賂的案件，與國家財政或國民經濟没有多大直接關係，但這種現象是一個朝代政風吏治的一個重要部分或表現，如果不斷發生，或普遍滋長，則農民生計、工商業發展和整個國民經濟，肯定要受嚴重影響。因此《實録》的這一部分記載，也是清代經濟史研究的重要資料。

八

以上我們分編論述了清前五朝《實録》經濟史資料的主要内容和特點。所謂特點是以《實録》相對於《通考》、《會典》這類政書作爲文獻資料來説的。現在我們再以經濟史研究的需要作標準來衡量《實録》資料。這裏我們提出這樣兩方面的意見來討論：

（一）《實録》資料的真實性問題

任何關於社會或人與人之間關係的文字著述，大概都不可能完全避免作者個人自覺不自覺的各種主觀因素或立場觀點的影響，因而也不可能絶對客觀真實。就《清實録》來説，其中資料的真實性問題，須分别兩個層次來作分析，首先是清政府（故宫）檔案的真實性問題，其次是《實録》的真實性問題。

《清實録》是根據清政府各衙門册檔編纂的，可以說是編年體的檔案資料節録。這樣，《實録》資料的真實性問題，實質上也就是清政府中央與地方之間以及各部門相互之間的往來公牘是否真實的問題。在清代那種集權專制統治制度下面，內外上下公牘中存在如同對王朝和皇帝的有頌無貶、各級官吏的炫功諱過和臣僚之間黨同伐異之類的偏向是沒有疑問的。但就清代前五朝的全部上下行文公牘來說，多數還應當是真實可信，大體上反映了這一百七十多年間的政治、經濟和某些方面的社會基本情況。其中內容不同程度虛假失實的題奏本摺當然是有的，即如本輯資料中，督撫捏報墾荒地畝[57]、州縣隱匿人丁戶口[58]而爲皇帝所覺察和指責的事例，就很不少。但就這個時期清王朝的整個吏治政績來說，這種情況終究還祇是枝節，而不是主流。這個時期是清王朝的盛世。康、雍、乾三朝皇帝主觀上都還在勵精圖治。在當時的生産技術條件下，他們所遵循的政治、經濟方針政策是符合王朝根本利益的。因此，如果這一時期清朝廷內外上下之間來往的公文案牘都是些從"四書""五經"裏引來的陳詞濫調，或者是虛擬浮誇的政績滙報，那就不能說明當時全國基本上統一和平、農業生産和人口迅速增長以及國勢強盛的局面。這也就是說，清代前期政府檔案的內容，基本上應當是真實可信的。

《清實錄》是根據清朝政府檔案修纂的。如果檔案內容基本上真實可信，那麼，除非修纂工作中有什麼問題，或在修成定本以後，又經過後人改竄，《實錄》內容也應該基本上是可信的。

修纂上的問題，就是《實錄》在選錄檔案和節刪其中文字上是否有所偏向。根據纂修"凡例"，一朝《實錄》的記事範圍，大概都有一定準則，凡是與應"書"事件有關的檔案內容，在《實錄》中都應有適當反映，纂修人員似乎沒有多少選擇餘地。因此纂修上的問題，比較大的是檔案文字的節刪。《實錄》一條記載的字數，可能祇是所依據的題奏本的幾十分乃至幾百分之一。這樣，內容細節自然也要有所減損。但總的來看，檔案中的主要內容決不致於被抹煞或者完全歪曲，檔案資料的真實可信程度並不因爲編入《實錄》而受嚴重損害。

更重要的問題是這幾朝的《清實錄》，有沒有在編定以後又經過後人改竄？改竄的程度和對於其中資料的真實性影響怎樣？

最早懷疑《清實錄》於編定以後曾被後世皇帝修改了的，是孟森。孟森

---

[57] 最早如四川巡撫羅森，康熙十一年虛報開墾五六百頃（《聖祖》一〇六、四），河南、福建兩省捏報開墾地畝最多（《高宗》四、三七，五、五二，七、一八，一一、一三，一六一、一一）。

[58] 例如乾隆四十年，清帝說有的省份所報戶口"不及實數什之二三"（《高宗》九九二、一七）。當時湖廣總督陳輝祖說："（湖北）應城一縣，每次祇報滋生八口，應山、棗陽祇報二十餘口及五、六、七口，且歲歲數目一律雷同"（《高宗》九九五、一五）。

在一九三七年，根據蔣良騏《東華錄》和王先謙《東華錄》中有的記載不見於故宮小黃綾本《實錄》，著文[59]提出這個問題，認爲《清實錄》曾經屢被修改，認爲清朝皇帝把修改《實錄》當成了"日用飲食之恒事"。同時指出這種修改大概祇能限於藏在北京的幾份《實錄》，特別是宮中經筵日講用的小黃綾本，而不大可能遠赴瀋陽去把崇謨閣藏本《實錄》（下文簡稱閣本）也同時修改，所以他建議用閣本來與北京藏本校對，以明修改真相。

　　孟森所舉未見於小黃綾本的記載，有蔣《錄》三條，王《錄》一條。我們就這四條檢查了影印閣本，發現其中兩條（蔣《錄》，順治十二年給事中李裀因諫阻追捕逃人被流徙尚陽堡；王《錄》長逾三千字的雍正七年曾靜案記載），閣本有完全相同記載[60]（蔣《錄》記載首尾有幾個字不同，顯然出自蔣氏手筆），這證明了小黃綾本《實錄》經過後人刪改之處；另外兩條（蔣《錄》[61]康熙中陸隴其因諫阻捐免保舉被譴及御史彭鵬疏劾李光地奪情）則閣本也未見記載，大概是蔣氏抄自"紅本"或其他文獻資料而並非抄自《實錄》。所以根據孟森提出的四條例證，我們可以肯定有的故宮藏本《實錄》是在編定以後又經過刪改的，但還不能説這種刪改次數很多，範圍十分廣泛。閣本中被刪兩條都是關於清代初期滿漢民族關係或清統治者對付漢人知識分子的政策的。由此我們猜測即使還有其他的竄改刪削，大概也不至涉及與民族矛盾和清政權的統治地位關係不大的問題的。

　　至於《實錄》被改次數的問題，我們以爲從已知的情況來看，也可以説祇有一次，大概就在乾隆中葉大興文字獄廣泛搜求所謂"違礙"書籍的時候。這也正是蔣良騏供職國史館的年代。蔣良騏《東華錄》關於漢人名士的記載特詳，而於曾靜這樣的軒然大案，反而與黃綾本《實錄》一樣，完全不着一字，這大概不是偶然的。孟森提出《清實錄》在光緒中葉又經過一次修改的看法，是因爲王先謙《東華錄》[62]有曾靜案記載。王《錄》成於光緒初葉，那麼《實錄》必然是在其後又有過改削了。二次乃至多次修改當然是可能的，但一則不能解釋蔣《錄》爲什麼沒有曾案記載，二則從雍正六年（一七二八）以至光緒十四、十五年（一八八八——一八八九），相隔一百六十年，清統治者又爲什麼要舊事重提，來把曾靜案從《實錄》上抹去呢？此

---

[59]《讀〈清實錄〉商榷》，天津《大公報·圖書副刊》，一七四期（一九三七年三月二十五日）；《明清史論著集刊》（中華書局，一九五九），頁六一九～六二三。

[60]《世祖》八八、一八、一九；蔣良騏：《東華錄》卷七。

[61] 蔣良騏：《東華錄》卷一六。

[62] 王先謙：《東華錄》卷七（雍正七年五月乙丑）。

外，王先謙原是因爲嫌蔣良騏《東華錄》過於簡略，所以又自己另輯，那麽很有可能是從"紅本"或別本《實錄》抄入曾靜案記載，而不一定是王《錄》成書以後《實錄》又經過一次修改。這個問題還待校對故宫各本《實錄》才能最後解決。但從這些情況可以看出《實錄》被改的次數是不多的。[63]

所以，概括起來，我們認爲清代的政府檔案資料大概並沒有因爲被編入《實錄》而減損了多少原來的真實性。就資料内容的真實程度而言，檔案與《實錄》大概不至於有多大差別。有的論者[64]認爲從檔案中能找到"十分有用的史料"，認爲明清檔案是"研究明清兩代歷史的不可缺少的第一手資料"，這自然是正確的；但同時又把《實錄》説成"爲皇帝歌功頌德的"資料，給人以《實錄》與檔案截然無關的印象，把兩者間的淵源關係完全抹煞，從而歪曲了《實錄》資料的基本性質和内容，這就很難令人同意了。

(二)《實錄》資料的整體性問題

所謂整體性，是指《實錄》資料的一個總的特點，即是它的内容反映了清王朝統治者從本身利益出發所看到的中國社會整體。《清實錄》是一部編年體綜合性史事長編，舉凡有清一代中國社會的内部和外部、基礎和上層建築的各種矛盾和關係變化，在裏面都有所反映。任何時代的歷史都是一個整體。經濟史與其他歷史的劃分是人爲的，無非爲了研究上的方便。因此，本輯雖然是經濟史資料，但由於《實錄》原書内容的這個特點，這裏的資料也許能夠較多地反映歷史事物之間實際上密不可分的整體關係。

由於《實錄》全書的性質，本輯内容大部份是宏觀經濟和國家財政史料，有關私人或微觀經濟的記載很少。如果是研究西方國家的經濟史，這是很大的缺陷，但對於清代經濟史的研究來説，問題不是很大。因爲在整個清代，國民經濟的主體是小農經濟，也是習慣經濟。直至清代末年，中國北方旱地農作物的生產技術，基本上停留在戰國時代，江淮、嶺南的水稻生產技術停留在北宋的水平。商品經濟始終是以"日中爲市……交易而退"[65]的

---

[63] 據孫月嫻在《日本對〈清實錄〉的篡改和影印》(《社會科學輯刊》，一九八四年第三期)一文中説，日本人曾利用影印這部書的機會，對《德宗實錄》中甲午前後不利於日本的記載文字作了很多修改，僅光緒二十、二十一兩年記載，修改即達一百六十處之多，但這不在孟森和本文討論的問題範圍之内。

[64] 劉子揚、朱金甫、李鵬年：《故宫明清檔案概論》，《清史論叢》第一輯 (中華書局，一九七九)，頁七九、八六。

[65] 《易經·繫辭》。

地方市集爲主。在這種情況下，國民經濟中的生產部門和流通部門，雖然分成很多細小單位，但單位與單位之間，張姓與李姓的地主或自耕農戶之間，這家與那家雜貨店或米行之間，在各方面都很少有什麼不同或特點。因此，有沒有關於他們之中某一個別單位的發家或經營史料，對於國民經濟史的研究，就沒有多大關係。《實錄》裏缺少這類記載正是這樣的一種社會現實的反映，不是什麼缺陷。

　　此外，小農經濟不僅需要依靠國家抵御外來侵略和維持國內治安，而且還得依靠國家來救濟災荒，小農經濟並且還祇有在國家政治清明、賦薄徭輕的時候才能昌盛。所以不論是農民還是商人，儘管生產和經營的方法方式都是傳統習慣的，法定身份地位大體上是自由獨立的，在實際生活上，卻是受着包括鄉黨族權或地主紳權在內的國家政治機器的嚴密有效約束和控制。這樣一副國家政治機器，特別是其中的地方政府行政這一個環節，對於國民經濟發展，可能有比歐洲中世紀時期教會或莊園更廣泛和深刻的阻滯作用。但一般根據傳統的或根據某種理論概念上的範疇而搜集和編纂的經濟史資料滙集，大概就不大可能有涉及這種內容的資料。例如，州縣官吏胥役的貪污營私，他們勾結土豪劣紳或流氓地痞對老百姓敲詐勒索，在地方上橫行不法，可能是中國社會階級、階層關係中一個特殊的、對於國民經濟有重要影響的因素，但由於在傳統的社會科學或史學觀念裏，這是屬於官制吏治範疇的問題，研究經濟史的人可以不去注意，也就很少有人特別去搜尋這方面的資料來作分析研究。本輯所錄《實錄》中的一部分這方面資料，則不僅反映了官吏貪污營私對於國計民生的禍害，而且反映了這種風氣在清代不同時期的消長程度及其原因。這是本輯資料的一種特殊整體性。

　　以上是我們對於《清實錄》經濟史資料的一點總的看法。是否有當，敬希讀者予以指正。但《實錄》資料本身的價值是一回事，我們所編的這輯資料書是否能夠把它的價值或特色充分顯示出來，又是另一回事。在主觀上，我們是希望本輯不祇是一部分類編纂的資料書，而且還能對清代經濟史的研究起兩個方面的輔助參考作用。

　　首先，我們希望本輯各編章節子目的先後次序和分別內容，能夠大致反映清代前期國民經濟的結構層次、各部門的相對地位和相互聯繫，能夠突出小農自給經濟的主要地位，並且顯示國家和政府在國民經濟中的作用。希望讀者從這部書中，不祇是能夠找到某些方面的具體史料，而且還能獲得一個清代中國國民經濟的近似的、哪怕是不盡完整的總體形象。

　　其次，希望本輯中的資料還能作爲故宮清政府檔案中的經濟史資料索引。由於《實錄》原書性質的限制，書中各章各節子目的資料份量很不平衡。有的章節需要從故宮檔案、各地方誌、碑記、私人文集、筆記，以及清代有關賦役、鹽法、漕運等官修政書中補充資料。

　　故宮清政府檔案是現今全世界少有的數量巨大、內容廣泛的歷史文獻。可惜由於種種原因，直至一九七九年還祇"按形成檔案的機構"大略分類編目。[66] 近年以來，在第一歷史檔案館同志們的努力下，有的資料已經陸續整理出版，但這部分的數量當然很小，題材也較狹隘，所以絕大部分檔案還不很便於一般利用。特別是經濟史研究工作者，對於這"浩如煙海"的清代檔案，尤其會感到無所措手而"望洋興嘆"。因爲歷史上的經濟現象，無論其爲國民經濟總體，還是其中某一局部的興衰變化或長期停滯，都不是如同政治、外交、軍事事件或歷史人物的言行事功那樣有比較明確的時間地點可資識別，和比較集中的文字記載可作依據，而只能是按照某種理論概念設想某時某地應有某種事態，或者根據傳統內容範疇，從漫無邊際的各種文獻檔案中去沙裏淘金般地搜尋資料。這在數量不大的圖書文獻資料或如地方誌這樣的分類編纂書籍中，我們還可以通過全盤通讀來索尋史料，但在故宮檔案，特別是其中題本、奏摺，數量如此浩瀚，非一人所易全部通讀，而又難望在相當時期內能有明細分類目錄索引可資利用的情況下，我們以爲本輯資料既然出於《實錄》，而《實錄》又主要是根據原清政府檔案編纂，那麼輯中各編章節子目的每一條記載也都是故宮檔案原件的索引。研究工作者可就自己所要解決的問題，按照記載上面的年月日期，到故宮各該檔冊中去查找有關原始資料。

　　當然，這祇是我們的一種設想或主觀意圖。是否切合實際？究竟能有些什麼用處和用處多大？我們期待着讓實踐來作檢驗。

　　（本文原爲陳振漢先生所撰，作爲北京大學出版社一九八九年出版《清實錄經濟史資料農業編》的前言。此次重印，個別地方進行了改動。）

---

[66]　上引劉子揚等文，《清史論叢》第一輯，頁八一。

凡 例

一、本書所收的經濟史資料，以瀋陽原奉天大内崇謨閣藏《大清歷朝實錄》影印本爲底本，以中華書局一九八五年影印本《清實錄》爲校本。如崇謨閣本誤，中華書局影印本爲正，則改從中華書局本；如兩本皆誤，則於文中逕改。不出校勘記。

二、《清實錄》原書按一朝皇帝在位的年、月、日順序分條紀事。連續兩條之間，有"○"號隔開。本書資料，一般係就原書一條全文編入，不加刪節。每條在本書以出現一次爲原則，以免重複。惟有少數條文，内容涉及方面較多，則間有刪節，並分作數條編入不同章節。

三、本書資料，全部改用現在通行標點符號排印。在每一條資料的開頭，都簡化標明該條所記事件的朝代年號和年、月、日的序數或干支。在每一條資料末尾，則簡化標明該條文的第一字或條文前的"○"號所在何朝《實錄》的卷數頁碼。所標年、月、日期及卷數頁碼，均括以圓括號，以示與所錄原書條文内容有别。例如本書所錄以下史料一條，（順治四、五、乙巳）開河南鼓鑄。（世祖三二、四）後面圓括號裏的文字，簡單標明這一條記錄第一個"開"字前邊的"○"號出現在《世祖實錄》第三十二卷第四頁上；而前面圓括號裏的文字，則簡單標明這件事發生在順治四年五月乙巳日。

四、本書所錄《清實錄》條文，原書間有明顯的錯字、漏字，收錄時都作了補正。還有少數所錄條文因脱離原書，以致内容的前後聯繫不明之處，也酌情予以補注。所有補正和加注的文字，概以方括號[ ]標明。例如：

1.（乾隆八、四）[是月]，提督廣西總兵譚行義奏：……

2.（乾隆八、閏四、壬午）[廣西右江鎮總兵官畢暎]又奏報：……

3.（乾隆一八、三、戊寅）又諭：……著將吴晟相、李[楊]興樓二犯即行解京交軍機大臣等訊問……

4.（乾隆三九、九、戊午）山東巡撫徐績奏：……臣於[與]河臣商酌……

前二條方括號内的文字爲補注，後二條方括號内的文字爲改正。

五、《清實錄》原書關於全國各地歷年自然災害和錢糧緩減蠲免情况條文極多，是分析研究有關問題的詳備資料。但由於條數繁多，一般利用不便，本輯除將全部條文編入有關章節外，並加工制有各項統計表格，作爲《農業編》的附録，以便讀者參考。此外，《實録》每年最後一卷卷末皆有"會計天下"丁口、田地和錢糧等項條文，内容全爲漢字數字，形式亦千篇一律，本書皆列成統計表格，代以阿拉伯數字，不再保留原條文字，以節篇幅，並便讀者。

目　錄

第一章　商業政策和商品貨幣流通機制 …………… 1
第一節　清政府的商業政策 …………… 1
一、民營 …………… 1
　(一)"賤"、"末"：對普通工商業者維持剝削 …………… 1
　(二)"庇富"：對富商的嘉護利用： …………… 9
二、官營 …………… 31
　(一)對政府機關經營商業的規定 …………… 31
　(二)對貴族和官員經商的限制 …………… 42
三、對邊區少數民族的貿易 …………… 50
第二節　國內商品貨幣流通機制 …………… 51
一、水陸運輸及政府有關設施 …………… 51
　(一)水上交通運輸 …………… 51
　　1. 內河航運 …………… 51
　　　(1) 黃河 …………… 51
　　　(2) 運河 …………… 54
　　　(3) 長江 …………… 62
　　　(4) 金沙江和雲、貴二省水運 …………… 67
　　　(5) 東北三省水運 …………… 74
　　　(6) 東南各省水運 …………… 76
　　2. 海上航運 …………… 77
　　　(1) 海禁開放與商民出海的管理 …………… 77
　　　(2) 沿海航運及有關設施 …………… 92
　(二)陸路交通運輸： …………… 96
　　1. 驛政與陸運 …………… 96
　　2. 京畿通直隸、山東、江南大道 …………… 105
　　3. 通向東北各省驛路 …………… 108
　　4. 通向口外、蒙古驛路 …………… 111

5. 通向山、陝、甘肅、新疆驛路 …………………………… 114
　　6. 通向兩湖、滇、黔、川藏驛路 …………………………… 122
　二、內地和邊區的城鎮市集 ……………………………………… 128
　　（一）內地的城鎮市集 ………………………………………… 128
　　（二）內地和邊區互市的處所 ………………………………… 137
　　（三）邊區的城鎮市集 ………………………………………… 140
第三節　貨幣流通和有關法制 ……………………………………… 143
　一、清制錢的發行 ………………………………………………… 143
　　（一）在銀錢當行制下清政府在內地各省的鑄錢發行 ……… 143
　　（二）對民間舊錢、小錢的放任自流和收回的處理 ………… 151
　　（三）政府調節市價的法令措施 ……………………………… 172
　　　1. 增減鑄錢的重量和數量 ………………………………… 172
　　　2. 禁止制錢的私鑄、私銷 ………………………………… 184
　　　3. 通過官局、商號投放或吸收市場 ……………………… 194
　　　4. 查禁商民囤錢販運 ……………………………………… 202
　二、流通中的銀錢並行及其交換比價 …………………………… 206
　　（一）政府維持銀錢並用並對規定銀錢交換的比價 ………… 206
　　　1. 銀錢交易的官價規定 …………………………………… 206
　　　2. 國家財政收支的銀錢兼用 ……………………………… 207
　　（二）民間銀錢交易市價的變動 ……………………………… 209
　　（三）新疆、西藏鑄幣 ………………………………………… 212
　　　1. 新疆 ……………………………………………………… 212
　　　2. 西藏 ……………………………………………………… 216

第二章　民食政策與糧食貿易 …………………………………… 219
第一節　民食政策措施 ……………………………………………… 219
　一、積貯平糶 ……………………………………………………… 219
　　（一）倉儲建制和保持 ………………………………………… 219
　　　1. 各地官糧的調撥、協濟 ………………………………… 219
　　　2. 倉糧的價購 ……………………………………………… 243
　　　3. 官辦採買 ………………………………………………… 256
　　　4. 招商販運 ………………………………………………… 268
　　（二）實行平糶的機制 ………………………………………… 270

  1. 糶糧時間地點機構與經理 ·················· 270
  2. 糶糧品色、數量與價格 ·················· 277
 二、疏通民間交易 ·················· 283
  （一）調動糧食上市 ·················· 283
   1. 勸民節餘減糶，查禁囤積居奇 ·················· 283
   2. 特准運丁出售餘糧 ·················· 300
  （二）便利糧食販運 ·················· 305
   1. 開放關外糧禁 ·················· 305
   2. 暫弛海運禁令 ·················· 310
   3. 禁止各省遏糶 ·················· 324
   4. 寬免糧食關稅 ·················· 332
  （三）防止透漏、耗費 ·················· 339
   1. 嚴禁糧食出口 ·················· 339
   2. 禁限燒鍋 ·················· 346
 三、各省糧食貿易和各地糧價 ·················· 361
  （一）概況 ·················· 361
  （二）各省區情況 ·················· 381
   1. 奉天、直隸、山東 ·················· 381
   2. 河南、山西、陝西、蒙、疆 ·················· 399
   3. 江蘇、安徽、浙江、福建 ·················· 412
   4. 四川、湖北、湖南、江西 ·················· 429
   5. 兩廣、雲、貴 ·················· 436
  （三）海外沿海糧貿 ·················· 446
  （四）北京及附近糧市、糧價 ·················· 451
第二節　食鹽政策和貿易 ·················· 466
 一、清政府專賣政策下的食鹽貿易 ·················· 466
  （一）對沿海產區鹽民的賦役征實 ·················· 466
  （二）全國通行招商領引分區運銷海產官鹽的政制 ·················· 466
   1. 長蘆、山東 ·················· 466
   2. 河東、陝甘（蒙古口鹽附） ·················· 471
   3. 兩淮 ·················· 484
   4. 兩浙 ·················· 515

5. 福建 …………………………………………………………… 520
　　6. 廣東、廣西 ………………………………………………… 521
　　7. 四川 ………………………………………………………… 529
　　8. 雲南 ………………………………………………………… 531
　二、各地的官鹽價格 ……………………………………………… 534
　　1. 概況 ………………………………………………………… 534
　　2. 長蘆 ………………………………………………………… 538
　　3. 河東 ………………………………………………………… 540
　　4. 兩淮 ………………………………………………………… 543
　　5. 兩浙、福建 ………………………………………………… 553
　　6. 兩廣 ………………………………………………………… 556
　　7. 雲南 ………………………………………………………… 557
　　8. 其他地區 …………………………………………………… 558
　三、私鹽：販運和政府緝私 ……………………………………… 558
　（一）概況 ………………………………………………………… 558
　（二）各省私鹽市場 ……………………………………………… 565
　　1. 直隸 ………………………………………………………… 565
　　2. 江蘇、浙江、江西、湖北 ………………………………… 567
　　3. 廣東、廣西、雲南 ………………………………………… 573
　　4. 山西 ………………………………………………………… 575
　（三）准許孤貧老少領賣餘鹽 …………………………………… 576
第三節　清政府對特需商品的購銷、運營 ……………………… 582
　一、對特需農牧產品的購銷運營 ………………………………… 582
　（一）馬政和官需馬匹牲口的補給採買 ………………………… 582
　　1. 馬政和官需馬匹牲口的補給價購 ………………………… 582
　　2. 官府以實物換取邊區的馬匹牲畜——茶、馬市易 ……… 609
　二、茶葉和絲綢貿易 ……………………………………………… 612
　（一）茶務 ………………………………………………………… 612
　　1. 商茶——茶葉在內地各省的招商領引權運分銷 ………… 612
　　2. 官茶——對邊區軍民的茶葉的配發和運銷 ……………… 615
　　3. 對茶葉出口和邊區私販的禁止限制 ……………………… 618
　（二）絲綢貿易 …………………………………………………… 619

1. 政府對邊區的絲綢運銷 …………………………………… 619
　　　2. 對絲綢出口的禁止限制 …………………………………… 622
　(三) 人參交易 ……………………………………………………… 623
　　　1. 官需人參的直接採運和招商經辦 ………………………… 623
　　　2. 政府對商民私採的禁止和巡緝 …………………………… 630
　　　3. 官吏在參務中的營私舞弊 ………………………………… 636
　(四) 大黃交易 (黃耆附) ………………………………………… 644
　(五) 木植交易 ……………………………………………………… 646
　　　1. 官需木植的採運和買運 …………………………………… 646
　　　2. 有關商營木植的法令規定 ………………………………… 649
三、對工礦產品的購銷運營 ……………………………………………… 652
　(一) 銅鉛 …………………………………………………………… 652
　　　1. 政府購運章則 ……………………………………………… 652
　　　　(1) 購運內地銅鉛的規定 ………………………………… 652
　　　　　①官府直接採辦和招商承辦 …………………………… 652
　　　　　②購自廢銅市場與民用銅禁 …………………………… 657
　　　　　③采自礦廠抽課與礦產統買 …………………………… 661
　　　　　④銅鉛運輸路線和耗費 ………………………………… 667
　　　　　⑤各省經辦購運的數額與時限 ………………………… 680
　　　　(2) 購買洋銅的規定 ……………………………………… 692
　　　2. 各省購運情況 ……………………………………………… 694
　　　　(1) 雲南 …………………………………………………… 694
　　　　(2) 貴州 …………………………………………………… 705
　　　　(3) 四川 …………………………………………………… 707
　　　　(4) 兩湖 …………………………………………………… 708
　　　　(5) 兩廣 …………………………………………………… 709
　　　　(6) 其他省份 ……………………………………………… 712
　　　3. 政府對購運違章和運輸事故的查處 ……………………… 712
　　　　(1) 查處違章人員 ………………………………………… 712
　　　　(2) 豁免沉溺銅鉛 ………………………………………… 725
　　　　　①洪銅 …………………………………………………… 725
　　　　　②黔鉛 …………………………………………………… 727

（二）硝磺購運 …………………………………………………… 729
　　　　1. 官辦購運和交商承辦 ……………………………………… 729
　　　　2. 政府特許經營，嚴禁私商販運 …………………………… 732
　　（三）玉石 ………………………………………………………… 734
第四節　銀錢業與典當業 ……………………………………………… 740
　一、清政府有關錢債利息的法令和"生息錢兩"製 …………………… 740
　　（一）有關錢債利息的法令 ……………………………………… 740
　　（二）"生息銀兩"制 ……………………………………………… 746
　二、官營與民營的銀錢典當業 ………………………………………… 773
　　（一）官營的銀錢典當業 ………………………………………… 773
　　（二）民營的銀錢典當業 ………………………………………… 777
第五節　外國對華貿易和入貢 ………………………………………… 783
　一、清政府的對外關係和貿易政策 …………………………………… 783
　　（一）對外通商政策 ……………………………………………… 783
　　（二）有關疆界問題的交涉議定和商民出國境的管理法令 …… 783
　　　　1. 對疆界問題的議定通商 ………………………………… 783
　　　　　（1）東北疆界 …………………………………………… 783
　　　　　（2）西南疆界 …………………………………………… 791
　　　　2. 管理中外商民出入國境的法令 ………………………… 799
　　（三）海上商民往來和對外貿易 ………………………………… 807
　　　　1. 開海貿易和口岸設關 …………………………………… 807
　　　　2. 對中外商民與船隻出入海口的管理 …………………… 810
　　　　　（1）關於商民和船隻的出進口的規定 ………………… 810
　　　　　（2）關於沿海遭風遇難洋船的撫卹 …………………… 813
　　　　3. 對進出口貨物購銷及價款收付的規定 ………………… 815
　　　　4. 有關進出口關稅的則例 ………………………………… 828
　　（四）對外國聘問使節的宴賞禮遇 ……………………………… 831
　二、歐洲各國對華貿易 ………………………………………………… 833
　　（一）俄國 ………………………………………………………… 833
　　（二）英國 ………………………………………………………… 846
　　　　1. 對英商務交涉 …………………………………………… 846
　　　　2. 對英貿易情況 …………………………………………… 852

　　　　（三）法國 …………………………………………… 878
　　　　（四）荷蘭 …………………………………………… 878
　　　　（五）其他國家：葡萄牙（澳門）、西班牙（呂宋）、美國 ……… 881
　　三、亞洲各國的朝貢與貿易 ………………………………… 885
　　　　（一）朝鮮 …………………………………………… 885
　　　　（二）琉球 …………………………………………… 909
　　　　（三）安南 …………………………………………… 923
　　　　（四）緬甸 …………………………………………… 932

第三章　手工業 …………………………………………… 945

第一節　清政府的手工業政策 ……………………………… 945
　　一、關於器用的崇樸抑奢的詔令 …………………………… 945
　　二、對工匠的征役、征銀和雇用 …………………………… 945
　　三、有關手工業的官營與民營的政令 ……………………… 949

第二節　官府手工業 ………………………………………… 952
　　一、織造 ……………………………………………………… 952
　　　　（一）組織機構的變動 ……………………………… 952
　　　　（二）辦差品類、數量、質量與價格 ……………… 954
　　二、鑄幣 ……………………………………………………… 958
　　　　（一）鑄錢法規 ……………………………………… 958
　　　　（二）制錢鑄造管理 ………………………………… 963
　　　　（三）各省鑄幣的開停增減 ………………………… 974
　　三、官船修造 ………………………………………………… 988
　　四、軍火製造 ………………………………………………… 1009
　　五、燒窯及其它 ……………………………………………… 1021
　　六、開礦 ……………………………………………………… 1022

第三節　民間手工業 ………………………………………… 1023
　　一、制鹽業 …………………………………………………… 1023
　　　　（一）各鹽區的開闢竈地池井，增產起科 ………… 1023
　　　　　　1. 長蘆、山東 ………………………………… 1023
　　　　　　2. 兩淮 ………………………………………… 1025
　　　　　　3. 兩浙、福建 ………………………………… 1026
　　　　　　4. 兩廣 ………………………………………… 1031

5. 河東、陝甘 …………………………………………… 1032
　　　6. 四川、雲南 …………………………………………… 1035
　　　7. 其他產鹽地區 ………………………………………… 1042
　（二）各鹽區、竈地竈户的遭災歉收和政府的蠲緩賑貸 …… 1042
　　　1. 長蘆、山東 …………………………………………… 1042
　　　2. 兩淮 …………………………………………………… 1053
　　　3. 兩浙、福建、廣東 …………………………………… 1069
　　　4. 河東 …………………………………………………… 1076
　　　5. 四川、雲南 …………………………………………… 1077
二、礦冶業 …………………………………………………………… 1081
　（一）金屬礦的開採情況 ……………………………………… 1081
　　　1. 各省的銅鉛礦 ………………………………………… 1081
　　　　（1）雲南 …………………………………………………… 1081
　　　　（2）貴州 …………………………………………………… 1088
　　　　（3）湖南 …………………………………………………… 1091
　　　　（4）四川 …………………………………………………… 1093
　　　　（5）廣東 …………………………………………………… 1096
　　　　（6）廣西 …………………………………………………… 1099
　　　　（7）陝西、甘肅 …………………………………………… 1102
　　　　（8）新疆 …………………………………………………… 1104
　　　　（9）其他各省 ……………………………………………… 1107
　　　2. 鐵礦 …………………………………………………… 1109
　　　3. 金銀礦 ………………………………………………… 1113
　　　4. 錫礦及其他 …………………………………………… 1118
　（二）非金屬礦的開採情況 …………………………………… 1119
　　　1. 各省的煤礦 …………………………………………… 1119
　　　　（1）奉、吉、黑 …………………………………………… 1119
　　　　（2）直隸 …………………………………………………… 1121
　　　　（3）廣東 …………………………………………………… 1123
　　　　（4）新疆 …………………………………………………… 1124
　　　　（5）蒙古 …………………………………………………… 1125
　　　　（6）其他各省 ……………………………………………… 1126

2. 硝磺 ………………………………………………………… 1128
　　3. 其他礦產 ……………………………………………………… 1136
　三、其他手工業 …………………………………………………… 1137

第四章　商人和手工業工人 ………………………………… 1140
第一節　各業知名商人的社會地位及其活動 ………………… 1140
　一、全國各地富商分佈概況 ……………………………………… 1140
　二、糧商與臺站 …………………………………………………… 1140
　三、領引鹽商 ……………………………………………………… 1142
　四、洋商（行商） ………………………………………………… 1150
第二節　普通商人、手工業者群衆的社會處境與活動 ……… 1154
　一、對官府賦役壓迫的應對 ……………………………………… 1154
　　1. 破壞鹽法販賣私鹽 …………………………………………… 1154
　　2. 對制錢的私銷私鑄 …………………………………………… 1168
　　3. 走私木植 ……………………………………………………… 1179
第三節　手工業工人的生活與鬥爭 …………………………… 1183
　一、手工業工人群衆的生活情況 ………………………………… 1183
　　1. 官府爲鑄錢所開發銅、鉛礦中的工人情況 ………………… 1183
　　　①官府對爲鑄錢而開礦的持續計議 ………………………… 1183
　　　②官府各個鑄錢局的開辦 …………………………………… 1187
　　　③官府各鑄錢局的工役 ……………………………………… 1187
　　　④雲南官辦銅廠的廠丁——挖銅工人 ……………………… 1190
　　2. 民間礦業中的工人情況 ……………………………………… 1195
　　　①熱河民間的違禁采銅 ……………………………………… 1195
　　　②川藏邊民違禁運販硝磺、鐵砂 …………………………… 1195
　　　③京西窰户人衆棲宿火房 …………………………………… 1196
　　　④雲、貴民間銅、鉛礦廠 …………………………………… 1197
　　3. 粵、陝失業工人先後聚衆與官府勢力進行的反抗鬥爭 …… 1200

第一章　商業政策和商品貨幣流通機制

第一節　清政府的商業政策

一、民營

（一）"賤"、"末"：對普通工商業者維持剝削

（順治一、九、辛卯）攝政和碩睿親王諭城堡營衛文武各官及軍民人等曰：予聞爾等遘兹寇難，坐臥靡寧，爰整大軍，掃除禍亂，拯民水火之中，以安天下，非好兵而樂戰也。爾等但備辦糧草，齎送軍前，此外秋毫不擾。城市村莊人民，各照常安居貿易，毋得驚惶。（世祖八、六）

（順治一、九、乙未）上駐蹕深河驛。賜高第李丕著玲瓏鞍馬各一匹。諭曰：爾等所屬地方，兵民孤寡，宜加軫恤，各安其心。隨後我軍搬移家口接踵將至，各有章京統領。爾等曉諭商民毋得在城内交易，但在城外互市。如有搶奪者，可即拏送該管章京，毋徇情面。（世祖八、九）

（順治二、四、癸亥）諭户部曰：近聞滿洲市買民物，短少價值，強逼多買，殊失公平交易之道。爾部即傳諭百姓，如遇此等妄行之人，即拏送該部，治以重罪。（世祖一五、一七）

（順治八、閏二、乙卯）諭吏部：榷關之設，國家藉以通商，非以苦商。關稅原有定額，差一司官已足，何故濫差多人？忽而三員，忽而二員，每官一出，必市馬數十匹，招募書吏數十人。紹興棍徒，謀充書吏，爭競鑽營，未出都門，先納賄賂。户部又填給糧單，沿途騷擾，鞭打驛官，奴使村民，惡跡不可枚舉。包攬經紀，任意需索，量船盤貨，假公行私。沿河一帶，公然與刼奪無異，商賈恐懼不前，百物騰貴。天下通行河道何以至此……著仍舊每關設官一員，其添設者悉行裁去，以後不得濫差。……爾部謹識朕諭，實心遵守。（世祖五四、四）

（順治八、八、丙寅）以恭上皇太后徽號禮成：……頒詔天下。詔曰：……所有恩宥事宜，開列於後。……一、大小武官不許擅受民詞及縱令兵丁強買市物，該督撫按須嚴行察參以甦小民。……（世祖五九、一九）

（康熙四、九、己酉）諭戶部、工部：各省鈔關之設，原期通商利民，以資國用，非欲其額外多徵，擾害地方。近聞各處收稅官員，希圖肥己，任用積蠹地棍，通同作弊，巧立名色，另設戥秤，於定額之外，恣意多索，或指稱漏稅，妄拏過往商民挾詐；或將民間日用瑣細之物及衣服等類原不抽稅者，亦違例收稅；或商賈已經報稅，不令過關，故意遲延掯勒，遂其貪心乃已。此等弊端甚多，難以枚舉，違背國法，擾害商民，殊爲可惡。嗣後凡地方收稅官員，俱著洗心滌慮、恪遵法紀，務期商賈通便，地方相安。如有前項情弊，在內著科道官，在外著該督撫嚴察參奏，從重治罪。如該督撫不行參奏，別經首發，即治該督撫以徇縱之罪，爾部即遵諭通行嚴飭。特諭。（聖祖一六、二六）

（康熙四七、七、辛丑）戶科給事中高遐昌疏言：……街道事務、司坊等官管理時，畏懼顯要職官，朘削里巷小民，止知勒索鋪户銀錢，而街道事務毫不置念。因敝壞已極，故亦歸并步軍統領管理。今既商民受街道之累，即著高遐昌兼管一年，務令商民不致苦累，街道大加肅清。若果能綽然辦理，誠爲能言即能行之人矣。下所司知之。（聖祖二三三、二〇）

（康熙四八、六、庚子）吏部議覆：江南道監察御史張蓮條奏疏言：……一、貿易貨物，設立牙行，例給官帖，使平準物價。乃地方棍徒，於瓜果菜蔬等物，亦私立牙行名色，勒掯商民。請敕部查稅課定例，除應立牙行者照舊設立外，其餘一切私設牙行，盡數除革，俱應如該御史所請，從之。（聖祖二三八、五）

（康熙五三、五、丙戌）諭領侍衛內大臣等，天氣甚熱，貿易人等多夜行者，伊等但知爲利，不顧其身，朕甚念之。嗣後有緊要事方許夜行。朕視商民，皆如赤子，無論事之鉅細，俱當代爲熟籌也。至於一應隨行官員、兵丁、執事人等，如有公事，不必過亟，緩緩前行，將此交與兵部，自喀喇和屯以至口上外，俱遍張告示，並於各該管處，通行曉諭。（聖祖二五九、七）

（雍正五、五、己未）諭內閣：前織造等衙門貢獻物件，所進御用繡線黃龍袍，曾至九件之多；又燈幛之上有加以綵繡爲飾者，朕心深爲不悅，即降旨誡諭。近因端陽令節，外間所進香囊宮扇中，有裝飾華麗，雕刻精工者，此皆開風俗奢侈之端，朕所深惡而不取也。向來外省諸臣，凡有進獻方物，朕每頒賜諸王內外大臣，如黃龍繡緞之類，既不可以頒賜，不過收貯於宮中耳。其餘華燦之物，在朕用之，心中尚覺不安，若賜諸王大臣，在伊等亦覺非分，豈非費於無益之地乎？況朕素性實不喜華靡，一切器具，惟以雅潔適用爲貴。此朕撙節愛惜之心，本出自然，並非勉強，數十年如一日者。

凡外臣進獻，惟應量加工價，少異於市肆之物，即可見恭敬之忱，何必過於工巧；人情喜新好異，無所底止，見一美麗式樣，初則競相慕倣，後必出奇鬥勝，此雕文篆組，古人所以斥爲奇衺，豈可導使爲之，而不防其漸乎？蓋治天下之道，莫要於厚風俗，而厚風俗之道，必當崇儉而去奢。若諸臣以奢爲尚，又何以訓民儉乎？朕觀四民之業，士之外，農爲最貴，凡士、工、商、賈皆賴食於農，以故農爲天下之本務，而工賈其皆末也。今若於器用服玩爭尚華巧，必將多用工匠，市肆中多一工作之人，則田畝中少一耕稼之人。且愚民見工匠之利多於力田，必群趨而爲工；群趨爲工，則物之製造者必多；物多，則售賣不易，必致壅滯而價賤，是逐末之人多，不但有害於農，而並有害於工也。小民舍輕利而趨重利，故逐末易而務本難。苟遽然繩之以法，必非其情之所願，而勢有所難行。惟在平日留心勸導，使民知本業之爲貴，崇尚樸實，不爲華巧。如此日積月累，遂成風俗，雖不必使爲工者盡歸於農，然可免爲農者相率而趨於工矣。至於士人所業，在乎讀書明理，以爲世用，故居四民之首。然父兄之教子弟，亦當觀其才質如何，若果穎悟恂謹，可望有成，則當使之就學而爲士。若愚濁中下之資，讀書難通，即當早令改業，使盡力於南畝。誠恐讀書不成，而又粗識數字，曠廢閒遊，必致非分妄爲，越禮犯法，是浮慕讀書之名，而不得其道，其傷農而害本者爲尤甚也。朕深揆人情物理之源，知奢儉一端，關係民生風俗者至大，故欲中外臣民，黜奢賤末，專力於本，人人自厚其生，自正其德，則天下共享太平之樂矣。朕自身體力行爲天下先，諸王內外大臣、文武官弁與鄉紳富戶，當深體朕心，欽遵朕諭，期共勉之。（世宗五七、一）

（雍正五、六、丁未）又諭：昔年曾奉聖祖仁皇帝諭旨，海外噶喇吧乃紅毛國泊船之所，呂宋乃西洋泊船之所，彼處藏匿賊盜甚多，內地之民希圖獲利，往往留在彼處，不可不預爲措置。隨經廷臣與閩廣總督撫，議令內地之人留在外洋者，准附洋船帶回內地，奉旨准行在案。此乃聖祖仁皇帝綏靖海疆，且不忍令內地之民轉徙異地，實仁育義正之盛心也。但數年以來，附洋船而回者甚少。朕思此輩多係不安本分之人，若聽其去來任意，不論年月之久遠，伊等益無顧忌，輕去其鄉而飄流外國者愈衆矣。嗣後應定限期，若逾限不回，是其人甘心流移外方，無可憫惜，朕意不許令其復回內地。如此，則貿易欲歸之人不敢稽遲在外矣。將此交與高其倬、楊文乾、常賚悉心酌議，並如何定限年月之處，一併詳議具奏。尋福建總督高其倬遵旨議奏：康熙五十六年定例，入洋貿易人民，三年之內准其回籍。其五十六年以後私去者，不得徇縱入口，久已遵行在案。又現住外洋之船，或去來人數不符，或年貌互異者，即係頂替私回，應嚴飭守口官於洋船回時點對照票，細加稽查，如有情弊，將船户及汛口官職員分別治罪。至閩粤洋船出入，總在廈門虎門守泊，嗣後別處口岸概行嚴禁。得旨：康熙五十六年定例之時。隨據福建等省奏報，回籍者幾及二千餘人，是出洋之人皆已陸續返棹，而存留彼地者皆甘心異域及五十六年以後違禁私越者也。方今洋禁新開，禁約不可不嚴，以免内地民人貪冒飄流之漸，其從前逗留外洋之人，不准回籍。餘依議。（世宗五八、三二）

（**雍正八、四、丙午**）巡察湖廣吏科給事中王瓚奏言：各省兵制，有督標、撫標、提標、鎮標、協標各名目。督撫提標之兵，差事簡少，駐劄省會地方，習於驕肆，欺壓良民，短價强買，藐視同城文官，不加禮敬；且動輒夥衆干求，以勢挾制。倘或因公調遣，即多方求懇借貸，以致鎮協標兵聞風藉口。臣見聞所及，用敢奏聞。得旨：……王瓚所奏，甚爲詳悉，切中兵丁之弊，此實該管官員之責。著直省督撫提臣。切加訓誨，嚴行約束。倘有生事不法者，即重治其罪，毋得姑容，以長惡習。如徇隱寬縱，經朕訪聞，必將該管官從重議處。該給事中雖稱鎮協之兵，不若督撫提標之甚，然兵志易驕，難分優劣，該管官亦應時加訓飭。倘蹈故轍，咎有攸歸。著通行曉諭督撫提鎮等標共知之。（世宗九三、九）

（**雍正一一、一〇、甲寅**）諭内閣：各省商牙雜税，額設牙帖，俱由藩司衙門頒發，不許州縣濫給，所以防增添之弊，不使貽累於商民也。近聞各省牙帖歲有增添，即如各集場中，有雜貨小販，向來無藉牙行者，今概行給帖，而市井姦牙遂恃此把持，抽分利息。是集場多一牙户，商民即多一苦累，甚非平價通商之本意。著直省督撫飭令各該藩司，因地制宜，著爲定額，報部存案，不許有司任意增添。嗣後止將額内退帖頂補之處，查明换給。再有新開集場應設牙行者，酌定名數給發，亦報部存案。（世宗一三六、四）

（**乾隆一、三、乙巳**）諭總理事务王大臣：天下之理惟有一中，中者無過不及，寬嚴並濟之道也。人臣事君，一存迎合揣摩之見，便是私心，而事之失中者，不可勝數矣。昔我皇考臨御之初，見人心玩愒，諸事廢弛，官吏不知奉公，宵小不知畏法，勢不得不加意整頓，以除積弊。乃諸臣誤以聖心在於嚴厲，諸凡奉行不善，以致政令繁苛，每事刻覈，大爲閭閻之擾累。然則皇考之意，果如是乎？朕即位以來，深知從前奉行之不善，留心經理，不過欲減去繁苛，與民休息，而諸臣又誤以爲朕意在寬，遂相率而趨於縱弛一路，如盗賊賭博之類，漸已露其端倪。而天津一帶鹽梟糾合多人，肆行無忌，若非總督李衛明曉政體，參奏查拏，其爲地方之害，正非淺鮮。又如寬賦一事，諸臣動輒以關稅爲言，不知關稅正額，本無害於商民，其爲商民之害者，乃胥役之需索、額外之誅求耳。督撫大吏身任地方，於此等事不能留心查禁，以甦商困，而但欲妄減惟正之供，可乎？現在各省督撫皆昔年皇考簡用之人，即朕偶有除授，亦係從前曾任封疆者，乃當年條奏，則專主於嚴，而近日條奏，又專主於寬。以一人之身，而前後互異如此，是伊等胸中，毫無定見，並不計理之是非、事之利病，而但以迎合揣摩爲事，希冀保全祿位，固結恩眷，而不知大遠乎皇考與朕之本意，適成爲庸鄙之具臣而已。若循此以往，不知省改，勢必至禁令廢弛，奸宄復作，良善受其擾害，風俗漸就澆漓，將我皇考十三年教養整理之苦心，功虧一簣。此朕心所大懼者，不得不鰓鰓過慮，懇切告誡。繼自今，務去偏私之錮習，各以大中之道，佐朕辦理天下事務，永底平康之治。若因此諭，又復錯會意旨，以嚴刻苛細相尚，則識見更爲庸劣，其咎不可逭矣。可將朕旨各書一道，密寄各省督撫。其中才識兼長，不蹈此弊者，原不乏人，毋庸朕旨訓飭戒勉；但伊等既任封疆之重，均有化導屬員之責，亦一併傳諭知之。（高宗一四、二一）

（乾隆一、三、甲子）署江蘇巡撫顧琮奏：酌平鹽價，俾商無賠課，民免貴價。得旨：此事朕不便明頒諭旨，恐又蹈天津之弊也。故子產之言曰："火烈，民望而畏之，故鮮死焉；水懦弱，民狎而玩之，則多死焉。故寬難。"其後太叔不忍猛而寬，鄭國多盜，卒至盡殺之，盜乃少止，則朕辦理鹽政之謂也。雖然，朕意豈如是哉，亦巡鹽諸臣奉行不善耳。朕旨原爲肩挑背負之窮民不禁耳，豈謂私梟而亦不禁乎？若此，則稂莠不除，而嘉禾敗矣。夫目前奏摺諸臣，一則曰請寬某件云云，再則曰請寬某件云云。不知今之請寬者，即向日之一則曰請嚴某件云云，再則曰請嚴某件云云者也。夫不論其與吏治民生有益與否，而但覘上之意，以爲奏摺辦事之張本，是豈公爾忘私，古大臣之謂乎？且皇考十三年以來之整頓，並非有意用嚴也，而諸臣則以爲凡事宜從嚴；且曰不如是則站不住也。即朕今日政惟求舊，亦並非有意用寬也；而諸臣則以爲凡事宜從寬，庶皇上之見許也。是皆以一己得失爲重，而未嘗就事論事明矣。朕意當今之政，莫若謹守皇考十三年以來之整理；而向日一二奉行不善，過於苛細者，漸次緩改，則吏治而民安，毋庸我君臣汲汲皇皇。今日曰寬此，明日曰寬彼，以至群相怠玩，百弊叢生，必至激朕又有不得不用其嚴之時，則非天下臣民之福也。即朕此諭，亦並非自悔其寬，而有意用嚴之漸。惟訓勉汝督撫大臣，奉公盡職，察吏安民，則朕可常用其寬，豈不韙歟？可將此諭與江浙二省督撫藩臬等大員共觀之，以共相砥礪。即將此事和衷共議前來，候朕再降諭旨。又批：諭大學士嵇曾筠、江南總督趙宏恩、巡撫顧琮、趙國麟,督撫爲一省表率,而安民必在察吏。朕即位之初,各省道府諸員,皆不深知其人。汝等可將各屬員賢否事蹟,各摺奏前來;務須秉公甄別,以備朕錄用。(高宗一五、二八)

(乾隆五、三、庚午)河南巡撫雅爾圖奏:現在豫民之累,如上司經臨過往,或州縣公事下鄉,一切夫馬草料,皆令鄉保供應,非苦累被事之家,即科派村鎮之内,閭閻殊苦滋擾。再如使用工匠夫役,向有當官名色,每日止給以飯食之資,令其供役。縱堪糊口,何以養家?又如州縣買辦米、薪、布、帛各項什物,不問時值,止給官價,虧短實多,商賈深受其累。再驛站草料派令承應,僅給半價,復用大斗大秤收量,家人經承,更加需索,小民含怨莫伸。再州縣私給印帖,准人承充牙行,在州縣不過貪得些微帖費,而鄉村之内,雖零星蔬菜、肩挑小販,無不需索牙用,細民受累無窮。……種種耗民,難以枚舉。現在力行釐剔,次第禁革。得旨:所辦甚屬妥協,須行之以實,而要之以久,則將來必大有起色矣。(高宗一一三、一六)

(乾隆六、一二、乙巳)户部議准:河南巡撫雅爾圖奏稱,各省鄉鎮村落、貿易集場,每有集主名色,並非領帖辦税之牙行。又南省地方,零星口岸,未設牙行者,客商雇船覓夫,船户腳夫勾結土棍,朋比攘據,謂之包頭、攬頭,甚至投托紳衿,議給陋規,至今尚未盡革,殊爲商賈之累。請行令各省督撫,通查禁止。從之。(高宗一五六、三二)

(乾隆一一、六、辛卯)諭據江蘇布政使安寧奏稱,自免米豆税銀以來,弊竇叢生,不可枚舉。……商賈惟利是圖,受免税之恩,不肯減數以售之民,胥役乘奸作弊,以飽無厭之橐。米數日多,國課日少;而米價之貴,較甚於前,應請仍照舊徵收等語。……崇本抑末,乃古帝王治天下之常經;商賈貪利病民,亦國法之所當懲者。但朕念衆商乃無知愚人,當先加以化導,冀其醒悟,不忍於未經曉諭之先,降旨遽循舊例。著各該督撫仰體朕心,愷切訓諭,俾各商感發天良,悉除私弊。督撫等仍設法查察,妥協辦理,庶幾足食便民,閭閻均受其福矣。……但輕徭薄賦,朕之本懷,凡受賜者,果能改其嗜利欺公之惡習,勉爲善良,自可永承惠澤。朕實有厚望焉。(高宗二六九、二五)

(乾隆一五、二、壬辰)又諭朕省方駐蹕之所,扈從人等所需米糧柴草,地方官招集貿易人,豫先運備,以便臨時買用。又恐市價昂貴,復官爲備辦以平市價,原係意美法良。但現在山西每人給以價票,驗票發賣,以致諸弊叢生,或有以一人而兼領數人之票者;或有不肖之徒多取官票,而賤買貴賣,從中射利者,殊於隨從人等無益。現在已令停止。嗣後如遇巡幸,凡扈從官兵需用之物，該地方官但招集商人，并官爲運備。以期貨物充裕，市價公平，不必發票。來年巡幸江浙，即著照此例行。可一併傳諭該督撫知之。(高宗三五九、九)

(乾隆一九、九、丙戌)大學士公傅恒等議覆：兩廣總督楊應琚等議。福建巡撫陳宏謀奏。內地販洋人等，定以三年爲限。三年不歸，不許再回原籍一摺。據稱，現在開洋貿易之民，源源不絕，如三年後，不准回籍，則少逾時限，即不得返歸故土。應仍令船戶查明緣由，出具保結，准其搭船回籍等語。臣等酌議，請交各該督撫等，凡出洋貿易之人，無論年分遠近，概准回籍。仍令於沿海地方，出示曉諭，令其不必遲疑觀望。至於責成船戶，出具保結之處，應如所議辦理。其自番地回籍，攜有貨貨者，如地方官役借端索擾，該上司訪參治罪。從之。(高宗四七二、一二)

(乾隆一九、一〇、乙亥)河南巡撫蔣炳奏：進勦準夷官兵經過豫省，所需飯食，業於住宿打尖之處，招募商民，開設店鋪，豫備聽買。再各兵例應支給廩糧，而領銀仍須易錢零用。現在豫省錢價甚平，擬將應發廩給口糧，按每銀一兩，給大制錢一千文。報聞。(高宗四七五、二七)

(乾隆二八、五、丙寅)諭曰：鄂弼參奏，鳳翔縣知縣李莊杖斃鋪戶李信一摺，其事甚堪駭異，非尋常劣員情事所應有，而該撫僅援濫刑斃命之例爲詞，於律意失之遠矣。州縣官員因鞫訊公事，任性乖張，或用非刑，或責不如法，以致對簿之人邂逅傷死。此乃謂之濫刑。今李莊以署內需布，令本縣布行平民辦交，復聽信家人，事後抑勒找補，甚至以所求不遂，盛怒疊杖而立斃之。是始以所部買人爲其魚肉，後以縣官威勢肆其草菅，不獨與濫斃科條絕不相蒙，即以鬭毆抵命常法揆之，彼乃一時起釁，既無勒索重情，兩造平人，又無官民定分，較此猶爲霄壤，又豈繯抵監候，足蔽厥辜？李莊著即革職拏問，交與該督嚴審定擬具奏。(高宗六八六、一六)

(乾隆四八、一一、丁未)諭軍機大臣等：據李世傑奏，……又所稱教場內買賣小民，擺設攤場。現在查明酌定租價，聽民承租，將租息解歸藩庫充公等語，尤屬不知政體。即如京城小民貿易，在官街大道擺設攤場，在在皆有。況重慶府城，據福康安奏本，在山上惟教場地勢稍平，是以小民俱在彼市集等語，似此尤當聽民自便，何必又行查禁？至酌定租價，令民承租，更無此理。設如所奏，豈欲將教場地方，開墾陞科，令官兵於何處操演耶？李世傑向來尚能辦事，是以擢用總督，今辦理此案，有心迴護原參，以致輕重失當，殊屬錯謬。著傳旨嚴行申飭，原摺發還，交該督另行妥議具奏。(高宗一一九三、九)

（乾隆五〇、九、戊午）又諭：步軍統領衙門奏，宗室公永芝棍責木匠吳國祥，因傷身死一摺，已交宗人府會同刑部查審定擬具奏矣。此案據三達子供，因伊主人永芝令木匠吳國祥修蓋房屋，原議工料銀一千七百兩，先領過銀一千兩，吳國祥陸續止蓋房十七間。八月間永芝向該匠詢問，吳國祥要找發銀七百兩纔肯修理，永芝因所修房屋不值所領銀一千兩之數，不肯再發，吳國祥倔強不服，遂令三達子毆責，並自用棍責打，以至因傷身死等語。吳國祥既領銀一千兩，承攬修屋，如果止蓋屋十七間，不值所領銀數，又復勒揹找發價銀，倔強不服，則吳國祥本有不合，永芝用棍責打，尚非無因。但恐永芝因吳國祥業經被責身死，自干罪戾，思欲避重就輕，所供情節，未免捏飾，不可不切實查究。著傳諭宗人府、刑部堂官，即應派員前往永芝家中，勘明吳國祥所蓋房屋是否與所領銀兩相值。且吳國祥雖已身死，其鋪夥陳如有現在到案，即可向伊詢問所蓋房屋實在值銀若干，其餘有無侵冒，自無難研究得實，以成信讞也。（高宗一二三八、二七）

（乾隆五〇、一〇、乙巳）又諭：宗人府進已革鎮國公永芝朝審黃冊。細閱此案情節，永芝護衛三達子，曾借用木匠吳國祥錢文，吳國祥承辦房屋，即行歇工，永芝氣忿，令三達子責打，致吳國祥受傷身死。……又本年刑部覆覈，浙江省已革金衢嚴道德克進布，侵盜海塘椿木銀兩一案。伊家人劉三扣銀至一千二百兩之多，即與實犯竊盜滿貫無異。該省僅將劉三問擬杖流，該部即應按律駁改，乃僅加定外遣，亦屬輕縱。其已經發遣之三達子，著刑部提回另行審擬。該犯係聽從主人指使，所侵用錢亦不多，但吳國祥之歇工觸怒永芝釀成人命，實由該犯侵用錢文，以致伊主犯殺人之罪。三達子自應問擬絞候，朕原其情，亦不至予勾。其已發伊犁之劉三侵扣木商銀兩數至盈千。該犯以旗下家奴膽敢肆行剋扣，慗不畏法，與特通額家人私販玉石舞法圖利之郭三無異，自應嚴加懲治。且劉三指稱伊主名色向木商誆騙，以致德克進布受其所愚，身罹重辟，該犯實為此案罪魁。劉三本係家奴，若僅發遣新疆，亦不過止於為奴，更復何所畏懼。著刑部將該犯另行定擬具奏後，行知伊犁將軍奎林，將劉三即於該處正法，以為家奴藐法釀事者戒。朕辦理庶獄，從不稍存成見，並非輕於三達子而重於劉三，惟在準情定讞，務期刑法之平。所有承辦此二案錯誤之刑部堂官及浙江之督撫，著交部嚴加議處。（高宗一二四一、一六）

（二）"庇富"：對富商的嘉護利用：

（順治一、九、甲子）是日，上御皇極門，頒即位詔於天下。……詔曰：……所有合行條例，臚列如左：……一、各直省起存拖欠本折錢糧，如金花、夏稅、秋糧、馬草、人丁、鹽鈔、民屯、牧地、竈課、富戶、門攤、商稅、魚課、馬價、柴直、棗株、鈔貫、果品及內供顏料、蠟、茶、芝麻、棉花、絹布、絲綿等項。念小民困苦已極，自順治元年五月初一日以前，凡未經徵收者盡行蠲免。……一、京師行商車戶等役，一遇僉派頓致流離，近年已經停報，嗣後永行除豁，以蘇民困。一、各運司鹽法，向來遞年加增，有新餉、練餉及雜項加派等銀，深爲厲商。今盡行蠲免，止照舊額，按引徵收，本年仍免三分之一。一、關津抽稅，原寓譏察，非欲困商。順治元年准通免一年，自二年正月初一日以後，方照故明初額起稅。凡末年一切加增，盡行豁免。其直省州縣零星抽取落地稅銀名色概行嚴禁……一、柴炭錢糧，向來派順天、保定、山西六十八衛所掌印官於軍餉內扣除解兵部，給發商人承辦。今衛軍額餉久停，前項銀兩戶部即於應發軍餉內除出，徑自招商辦買，以供內廷煙爨，各衛官不得朦朧私派。……一、向來勢家土豪重利放債，折准房地，以致小民傾家蕩產，深可痛恨。今後有司不許聽受賄囑，代爲追比，犯者以違制重諭。……（世祖九、九）

（順治二、四、丁卯）頒恩詔於陝西等處。曰：……舊例應於洮河、西寧等處各茶馬司通貿易者，准照舊貿易。原有官職者，許至京朝見授職。（世祖一五、一七）

（順治二、六、己卯）以南京平定頒赦河南、江北、江南等處。詔曰：……河南、江北、江南等處人丁地畝錢糧及關津稅銀，各運司鹽課，自順治二年六月初一日起，俱照前朝會計錄原額徵解。官吏加耗重收，或分外科歛者，治以重罪。凡加派遼餉、勦餉、練餉、召買等項，永行蠲免。即正額錢糧以前拖欠在民者，亦盡行蠲免。（世祖一七、一五）

（順治四、二、癸未）以浙東福建平定，頒詔天下。詔曰：……所有地方合行恩例，具列於後。……一、浙閩運司鹽課，前代天啟、崇禎年間加派名色甚多，深爲商厲。今盡行蠲免。止照萬曆年間舊額，按引徵課。一、關津抽稅，原寓譏察，非欲困商。明末疊增數倍，原額已經戶部題定，照萬曆年原額及天啟、崇禎遞增額數一半徵收。杭州南北二關，先已差官。其餘自順治四年正月初一日以後，俱照此例，一體抽徵。其州縣零星抽取落地稅銀名色，及閩省勢宦、土豪、不肖有司向來津頭牙店，擅科私稅，概行嚴禁，違者重治。……一、民間貿易資本，應還應取者，雖在赦前，照舊還取。一、浙閩自明季以來，山場環區之地，多被豪強私霸自肥，密結有司，隱匿錢課。聽撫按清察歸官，前罪免論。（世祖三〇、一五）

（順治四、七、甲子）以廣東初定，特頒恩詔。詔曰：……所有該省合行恩例，開列於后。……一、本省鹽課照萬曆四十八年舊額按引如數徵解。其天啟崇禎年間加派，盡行蠲免。……一、民間貿易資本，雖在赦前，應還應取者，照舊還取。……一、抽稅原以裕國，非欲病民。明朝末年濫行抽取，殊屬虐商。自順治四年正月初一日起，凡府州縣零星抽取落地稅銀名色及勢官土豪、不肖有司，向來津頭牙店擅科私稅，概行嚴禁，違者重治。（世祖三三、九）

（順治五、一一、辛未）以奉太祖武皇帝配天，及追尊四祖考妣帝后尊號禮成，諸王群臣上表稱賀。是日，大赦天下。詔曰：……典禮綦隆，覃恩宜廣……應行事宜，條列於后……一、各關抽稅，俱照萬曆年間舊例，其天啟、崇禎年間加額，除免一半，不得踵習明季陋規，分外多抽，及多設委官巡欄，以察稅為名，肆行科擾。……一、北城及中、東、西三城居住官民商賈遷移南城，雖原房聽其折賣，按房領給銀兩。然舍其故居，別尋棲址，情殊可念，有地土者准免賦稅一年，無地土者准免丁銀一年。（世祖四一、八）

（順治一一、六、庚辰）以加上皇太后徽號禮成，……頒詔天下。詔曰：……所有恩赦事宜，開列於後。……一、關稅已經定額，奉差官員不許分外科索，擾害商民，其地方民事一概不許干預，違者併治。（世祖八四、一六）

（順治一一、六、庚辰）以加上皇太后徽號禮成，……頒詔天下。詔曰：……所有恩赦事宜，開列於後。……一、白糧民解累民，官解仍以累民，今後於該省漕糧船分帶，以甦官民之累，應行事宜，該督撫作速議奏。一、漕船缺額，已准動輕齎銀兩，責令運官自催。如有重派地畝擅拏民船者，有司運官俱聽該督撫糾參重處。（世祖八四、一六）

（順治一四、三、甲寅）江南江西總督郎廷佐疏奏，請舒江南三大困。……一、江南為數省咽喉，商賈舟楫所聚。向因大軍經過，封船載送，商民坐困。或謂禁封貨船，但封空船，不知江河之內舍貨船、空船無幾，豈能載往還兵馬乎？臣見江西已經造船，備送兵馬，江南亦可踵行，庶商困得蘇，軍機不誤矣。疏入，上以其言深切時弊，下所司詳議。（世祖一〇八、一五）

（康熙二、一、己亥）廣東總督盧崇峻奏請大兵往來封借商民船隻。不許。（聖祖八、六）

（康熙二〇、八、丙申）諭刑部：商民領吳逆資本者甚多，隱匿者亦或有之。若據告追究，恐無賴之徒借此詐害富民，有累百姓。商人爲四民之一，富民亦國家所庇，藏富於民不在計此銖兩，以後有首告者，應不准行。（聖祖九七、五）

（康熙二六、一二、乙丑）山西道御史陳紫芝疏參湖廣巡撫張汧，蒞任未久，黷貨多端，凡所屬地方鹽引錢局、船埠等，無不搜括，甚至漢口市肆招牌亦按數派錢。當日保舉之人必有賄囑情弊，請一并敕部議處，得旨：張汧著革職。所參各款，著直隸巡撫于成龍、山西巡撫馬齊、左副都御史開音布馳驛前往，提拏究擬具奏。（聖祖一三二、五）

（康熙二七、三、乙酉）刑部等衙門議覆：直隸巡撫于成龍、原任山西巡撫馬齊、原任左副都御史開音布，奉差湖廣，審湖北巡撫張汧借稱前任閩省藩庫虧空帑銀，勒索屬員胡戴仁等出銀抵補，又派收鹽商之銀，共九萬餘兩入己。上荊南道祖澤深勒索民人李二楊等銀共八百餘兩入己。總督徐國相與張汧同城失察，差往湖廣侍郎塞楞額審事不實，請一并交部議處。查侍郎塞楞額差審巡撫張汧徇情失實，又回奏欺罔，應論斬監候。張汧、祖澤深貌法受賄，應論絞監候。湖廣總督徐國相與張汧同城，不行參奏，明係徇庇，應革職。……上曰：塞楞額回奏時，原有審事不實，甘受誅戮之言。張汧、祖澤深皆係貪官。著依議完結。至保舉張汧之官俱議革職，似無分別。張汧事犯於巡撫任內，其保舉爲巡撫者，俱著革職，其保舉爲布政使者，著從寬免革職，降三級留任。徐國相著革職，胡戴仁等著降二級調用。（聖祖一三四、一〇）

（康熙二八、二、乙卯）諭扈從部院諸大臣等：朕巡省民生風俗，行次浙江，見省會兵民俱相和輯，生齒番庶，閭里乂安。但觀民間習尚，好爲爭訟。爭訟一興，則不肖有司，因緣詐索，勢所必至。縱或官員無所朘削，而胥吏作奸，究不能無私行勒取之弊，小民之牽連苦累者多矣。夫微忿不捐，搆成嫌怨，小則耗損物力，大則傾隕身家，其爲蠹害不可勝言。矜此愚民，允宜深戒，地方大小衙門官員，亦應各簡詞訟，勸導閭閻，俾守分息爭，共安生業。又凤聞東南巨商大賈，號稱輻輳。今朕行歷吳越州郡，察其市肆貿遷，多係晉省之人，而土著者蓋寡。良由晉風多儉，積累易饒；南人習俗奢靡，家無儲蓄。目前經營，僅供朝夕，一遇水旱不登，則民生將至坐困。苟不變易陋俗，何以致家給人足之風？爾等可傳諭將軍總督等，令家喻戶曉，務使敦本興讓，崇儉黜浮，兵民日益協和，風俗日益淳樸，詞訟日益減少，積儲日益豐盈，則教洽化行，朕心實嘉賴焉。（聖祖一三九、二三）

（康熙三五、二、丁未）諭議政大臣等：軍士所齎米糧，務如數攜帶，自啟行以至在途，該管官員不時嚴查。倘有減數帶往者，將本身及該管官員一併從重治罪。有盜米糧馬匹逃回及軍士縱酒殺人，或鬭毆傷人，札薩克蒙古等盜我軍馬匹、軍士及廝役等，盜貿易蒙古馬匹者俱立行正法。昔時行軍，以廝役牧放馬匹。此番既派出軍士守視，其庸劣不堪之廝役，可停其帶往。至於隨軍貿易之人固不可少，若縱其貿易，又至紊亂，應於某營相近，即令某營之夸蘭大派出章京，於一里外駐扎，准其貿易，嚴禁誼譁火燭并戒沽酒。倘貿易人不遵法禁，偷盜馬匹米糧者，亦即正法，帶往之人一併治罪。軍士或將米私售貿易之人，或強買搶奪者，定加重罪，可徧行曉諭，使咸知凜遵。（聖祖一七一、一五）

（康熙四五、二、壬辰）刑部議覆：差往湖廣郎中吳進泰等察審提標兵丁搶掠當鋪一案。爲首之王貴等，應斬立決；爲從之王漢傑等，俱應斬監候；原任布政使今陞太僕寺卿施世綸、原任按察使董廷恩、見任布政使董昭祚、按察使郎廷棟等，俱應革職；提督俞益謨應降二級調用。上曰：此風不可長也。湖廣兵丁原皆良善，後因武臣不能約束，流弊至此，豈可不嚴加懲治。且地方官不將此案審明，延捱推諉，朦朧具奏，殊爲不合。著將兵丁首犯王貴等，依擬立斬；從犯王漢傑等，俱依擬應斬監候，秋後處決；施世綸、董廷恩、董昭祚、郎廷棟等，俱著革職；提督俞益謨居官好，且在事發之後到任，著降二級，從寬留任。（聖祖二二四、一〇）

（康熙五二、三、甲寅）大學士等以左都御史趙申喬奏農忙之時，京城地方亦應遵例停訟疏。請旨。上曰：……天下之民，非獨農人，商賈涉訟，即廢生理，百工涉訟，即廢手藝，地方官不濫准詞狀，於應准者准之，即行結案，則不失農時，訟亦少矣。若但四至七月停訟，而平日濫收民詞，案牘堆積，冬季詞訟遲至次年五六月而後審理，雖停訟何益？……趙申喬謂農忙之時應行停訟，倘四月至七月數月之間，或有光棍詐害良善，則冤向誰訴耶？且自八月以後正當收獲，並非閒時，果如伊言，亦不應准詞狀。至如南方四月收麥，北方五月收麥，福建、廣東十一月種麥，二月收獲，五月種稻，十月收獲，四季皆農時也。如此等處，當終歲停訟乎？（聖祖二五四、二二）

（康熙五三、九、戊申）戶部議覆：江南道御史陳珣疏言，水路設立汛兵，原以稽查匪類，與設立鈔關收稅者不同，乃近日借端勒索販糧船隻，甚至攔阻不許越境興販，商賈殊爲苦累。嗣後如有犯者，祈將營弁一并嚴加治罪，應如所請。行令各該督撫提鎮嚴行禁止。從之。（聖祖二六〇、七）

（康熙五四、一一、辛丑）諭：大學士等張伯行爲巡撫時，每苛刻富民，如富民家堆積米粟，張伯行必勒行賤賣，否則治罪。此事雖窮民一時感激，要非正道，亦祇爲米價翔貴，欲自掩飾耳。地方多殷實之家，是最好事，彼家貲皆從貿易積聚，並非爲官貪婪所致，何必刻剝之，以取悅窮民乎？況小民無知，貪得無厭，近聞陝西有方耕種，即挾制州縣報荒者，此等刁風亦不可長。又賑荒一事，苟非地方官實心奉行，往往生事。蓋聚饑寒之人於一鄉，勢必爭奪，明時流賊亦以散糧而起，此不可不慎也。書云：明四目達四聰。朕於天下事，無不洞悉，然知之而即發亦非大體。總之，爲政以中正誠敬爲本，中正則能公，誠敬則能去私。朕日讀性理諸書，見得道理如此。（聖祖二六六、五）

（康熙六〇、七、庚寅）禮部議覆廣東廣西總督楊琳疏，言廣東自康熙三十一年設立鹽差，各省人赴廣充商者居住日久，生長日蕃，請照兩浙河東例，遇歲科二試，將商家子弟考取二十名入學，應如所請。從之。（聖祖二九三、一六）

（雍正一、四、己未）諭戶部：巡視長蘆鹽課監察御史，既爲商人等代還所欠銀二萬兩，而商人又欲自欠自還，每年出銀一萬兩，必係出差官員勒派商人，未必實出本心。須特遣大臣一員，將運使段如蕙，并衆商人等，詳悉查明，定議具奏，毋致有累商人。（世宗六、七）

（雍正二、四、壬子）諭江南總督查弼納、漕運總督張大有、署理江蘇巡撫何天培等：朕惟漕運所經河道，固以通國廩之輓輸，亦以便商民之利涉。旗丁與商民，自應一視同仁，無容偏護而偏累也。去年因秋冬雨少，河流淤淺，而旗丁人等，不顧漕運維艱，任意攬載客貨，致船重難行。聞今春丹陽、常州等處地方，及沿途過淺，概拏商船起剝，且借名需索，貪暴公行。得賄者，雖空船亦行釋放，不遂其欲者，勒令當差。有將貨物行李拋棄河干，紛紛露積，或爲風雨所損傷，或爲盜賊所窺伺。該管漕運文武官弁，漫無約束，毫不經心，小民營販資生，何以堪此擾害。爾等係地方大吏，皆當實心體恤，稽察周詳。奏諭之後，或再有起剝之事，當各嚴飭所屬官弁，申明約束，不得仍蹈前轍，並出示遍諭軍民人等，使知朕一體軫恤之至意。至張大有，身任總漕，糧艘往來，乃其專責，尤宜整肅綱紀，釐奸剔弊，嚴明馭下，毋使玩法犯科；乃往往固執己見，袒護下屬，任其沿河盜賣漕糧，兼倚勢藐法，貽累地方，甚屬不合。今除已往不深究外，嗣後若仍不加意約束屬員，有心縱容及失於覺察，再經朕訪聞，定行嚴加議處。（世宗一八、一四）

（**雍正五、九、丙子**）諭各省督、撫、藩、臬等：朕宵旰勤勞，時以教養萬民爲念，所頒諭旨，皆正德厚生之要務，實切於民生日用者。乃聞向來諭旨頒至各省，不過省會之地，一出告示，州縣並未遍傳，至於鄉村莊堡偏僻之區，則更無從知之矣。如禁止黃銅、賭博、宰牛等事，朕爲百姓籌畫者，委曲周詳，而地方官員有司，不行禁約，上司置若罔聞，無怪乎百姓之迷而不悟也。京師乃五方雜處之地，凡禁約之事，較他省爲難。今京城內外，市賣銅器及群聚賭博者，俱已禁止，豈外省轉不能行乎？（世宗六一、二四）

（**雍正七、七、甲子**）諭內閣：粵東三面距海，各省商民及外洋番賈，攜資置貨，往來貿易者甚多。而海風飄發不常，貨船或有覆溺，全賴營汛弁兵极力搶救，使被溺之人得全軀命，落水之物不致飄零，此國家設立汛防之本意，不專在於緝捕盜賊已也。乃沿海不肖之弁兵等，利慾薰心，貪圖財物，每於商船失風之時，利其所有，乘機搶奪，而救人之事，姑置不問。似此居心行事，更甚於盜賊，其無恥殘惡已極，豈國家兵弁忍爲之事乎？廣東福建二省居多，而他省沿江濱海之營汛，亦所不免。此皆該地方督撫提鎮等，不能化導於平時，又不能稽查懲究於事後，以致不肖弁兵等但有圖財貪利之心，而無濟困扶危之念也。嗣後若有此等，應作何嚴定從重治罪之條，使弁兵人等有所畏懼儆戒，著沿海督撫各抒己見。議奏到時，九卿再行會同定議。此旨頒到之時，著一面走議，一面即行出示，宣諭弁兵等知之。（世宗八三、二九）

（**雍正八、三、乙未**）諭內閣：昔年聖祖仁皇帝駐蹕熱河時，凡商民貨物往來俱不輸稅。嗣後著嚴行稽查，無論滿州綠旗兵弁，儻有需索商民者，即指名提參治罪。（世宗九二、一八）

（**雍正一三、二、辛亥**）諭內閣：朕聞河工官員。每於裝運工料，差役封捉船隻，而所差胥役，即藉端生事騷擾。及至三汛搶工，則稱裝運緊急物料，百般需索，甚至將重載之客船，勒令中途起貨，以致商船聞風藏匿，裹足不前。查河工裝運物料，原有額設浚船，即使搶築之時，浚船或不敷用，祇應僱募本地民船，協濟運送，原不必封捉客船，阻遏商旅。著河道總督飭行所屬河員，嚴行查禁。（世宗一五二、五）

（**乾隆一、六、壬辰**）山東兖州鎮總兵索建功奏：客商雇覓保標之人，赴程時將各保標人年貌籍貫、馬匹鎗刀並來往何處，一一驗實，記案，發給路照一紙，以備沿途查驗。得旨：此事殊屬紛更，恐將來無保標者矣。至於緝盜安良，全在汝等地方大員之責，不在防範之多端也。（高宗二一、三三）

（**乾隆一、八、庚午**）總理事務王大臣等奏：遵旨詢問尚書傅鼐向買賣人王慎德借銀一事。傅鼐曾向王慎德借銀，彼以無銀回覆，因而中止，後王慎德又差人與伊家人說明，借銀二千兩是實，一摺。得旨：緩急借貸，人所時有。昨有人奏傅鼐向買賣人王慎德抑勒借銀一事，朕以事涉微細，本不欲深究，將原摺發出，詢問傅鼐。曾諭云，摺內人證確據，爾身為大臣，據實回奏則已，若非實有之事，亦不必引過。今覽回奏之辭，顯因確有憑據，不能推卸，而又不肯直行承認。據伊云，始向王慎德借銀，彼云無而中止，後王慎德又差人向家人說明借給等語。夫王慎德既以無銀回覆矣，何必又自行借給，非抑勒而何？明係狡詐無恥，甚失大臣誠以事君、廉以律己之體。著交部嚴察議奏。尋議：傅鼐身為大臣，狡詐不實，應革職，餘罪不准納贖，照例枷號四十日，鞭一百。所借銀給還原人。得旨：傅鼐著革職，從寬准其納贖，餘依議。（高宗二四、一〇）

（乾隆二、八、己未）總理事務王大臣等議覆給事中陳履平參奏御史富德一案。得旨：富德身任巡察，乃向該城鋪戶賒取緞匹，顯有挾勢求索情弊，何得議稱不便計贓科罪？富德著革職，交部從重治罪。其李雲鵬通賄一案，伊等畏罪，自然不肯承認。著該部嚴審具奏。餘依議。（高宗四八、二）

（乾隆四、一一、壬戌）暫署兩江總督江蘇巡撫張渠，題參蘇州織造兼管滸墅鈔關海保。貪黷狂妄，暴歛橫徵，聽任家人縱肆、衙役弊混、勒買優伶、藏匿逋逃、私設火房、圈禁商人等款。得旨：海保著革職。其貪婪狂縱、虐害商民等款及本內有名人犯，著安寧前往，會同張渠一併嚴審定擬具奏。蘇州織造及滸墅關事務，即著安寧管理。該部知道。（高宗一〇五、八）

（乾隆五、二、丙子）諭軍機大臣等：朕聞得近來山東一路往來行旅之人，多有被飢民搶竊行囊貨物者。一報到官，該州縣即將一起行人盡數拘留，聽候追比。其人騾車腳價及眾人飯食，日費不少，算來得不償失。況追比未必得贓，以致道路相傳，遇有失脫，吞聲竟過。此皆州縣料理不善，商旅甚以為苦等語。此朕得之訪聞者，可寄信與碩色，令其留心體察，申飭各州縣，嚴行禁約，並善為料理，以靖盜竊，以安行人，毋得疎忽。（高宗一一〇、三）

（乾隆五、閏六、己酉）［戶部］又議覆：川省地方原屬邊徼，而保寧、雅、龍、茂、達等府州，並敘永、松潘、越巂、雷波、各廳衛所，又為川省之極邊，積儲尤為緊要。先據該按察使李如蘭，奏請令外省商賈人等一體報捐。臣部以調任川撫碩色，從前題請將松潘等處，令本省之各府州縣生俊赴捐，並未敘及令外省商賈人等一體捐納。或因地處邊遠，不產米穀，恐外省商賈人等爭先報捐，以致米價昂貴，有妨民食，是以行令該署撫方顯，查明各地方情形，詳悉妥議具題，到日再議。今該署撫方顯，既稱川省地方，外省商賈貿易之人，實居大半，令買本地之糧食，即充常平之倉儲。價歸於民，糧交於官，下無不足，上即有餘，非販運出境者可比。況各該處地方出產雜糧，屢獲豐收。土著農民，儘敷糴食。若按數採買，源源上納，足額而止，斷不致有妨民食。應如所請。從之。（高宗一二〇、三六）

（乾隆一五、三、乙卯）又諭曰：寧夏鎮標兵丁，上年十二月內，因放餉驟散，鋪戶關閉一案，前經尹繼善奏聞，其所稱現在查明確情。另行奏聞之處，尚未奏到。鄂昌并稱並驚惶罷市之說實係訛傳。朕恐其不實，即訛傳亦不應有之事，批令詳悉再查。今據涼州總兵徐啟新奏稱，眾兵赴城外時，情景倉皇，鋪戶疑有意外，將鋪行關閉，將軍聞知來看，行至中途返轡等語其非訛傳可知。杜貲近在同城，何以未經奏聞？已降旨詢問。本日又有陳宏謀所奏謂南縣屯民湯桂宗、張緒勳挾眾壘塞縣門一案。雖將首犯正法，而合二案觀之，則陝甘兵民之強悖抗官，肆行不法，驚駭愚眾，風氣甚屬兇悍。地方官未免存大事化小，有事化無之見，姑息因循，草率了局，殊非整飭邊方、懲創頑梗之道。況標兵著伍食糧，尤不可不使之謹奉約束。該督尹繼善應如何留心整頓，并領餉扣存之處嗣後應如何料理，亦應酌定章程，毋令臨期挾制，致滋事端。（高宗三六〇、二〇）

（乾隆一六、五、乙丑）〔署浙江巡撫永貴〕又奏：前准督臣移知，已撥閩穀二萬石赴溫接濟。查咨文係二十日發行，按日計程，雖尚未接臣前札，但閩省若有餘米，自應多撥。今二萬石之數，實屬不敷。臣現於省城動撥鹽義倉一萬二千石，嘉屬倉米二萬石，委員由乍運往。仍於浙西沿海各屬再備倉米二萬石，以待續撥。再乍浦、寧波、關口紛紛雇船運米，商民船隻因承運官米，不如載貨利多，俱已改收江閩各口。若非設法招徠，必致有米無船，貽誤匪淺。臣隨飭令凡承運商米船隻，俱倍給水腳。官米船隻，准其自備資本添買數十石，在內地出售，俾得賤買貴賣，有利可獲，米穀可免乏船裝載。溫台需米之鄉，亦可藉以流通轉販。報聞。（高宗三八九、三〇）

（乾隆二四、閏六、壬午）諭：前因普喜揭參保德與呼世圖，通同那墊虧空一案，命劉統勳前往會同該撫按款究審。彼時原以保德罪在那啰作弊，是以節次傳諭，尚令審明定案，解京治罪。今據劉統勳等審勘普喜婪贓款內，究出保德於穆納山私砍木植一案，得受贓銀一千五百兩，實出情理之外。保德身為將軍大員，迺敢枉法婪贓，貪黷敗檢，一至於此，實為罪不容誅，非執法懲创，何以儆官邪而彰國憲？著劉統勳等即將保德先於該處監看正法，以昭炯戒。其防禦德保，著革職，與案內各犯一併嚴審定擬速奏。（高宗五九〇、三）

（乾隆二四、閏六、壬午）諭軍機大臣等：前因劉統勳等審訊普喜案內，尚有推勘不到之處，傳諭令其逐一嚴行究審。今據續審出贓款內，竟有保德婪詐木商銀一千五百餘兩，如此貪婪敗檢，出自將軍大員，深可駭異。在此案中，情罪尤爲重大，法難姑待。其從前代呼世圖那帑掩飾，在保德轉爲罪輕矣。劉統勳等一經審實，即應奏請正法，以儆官邪，乃將保德私那官銀一案，擬斬監候，而於此案得贓重款，僅擬以絞候，可乎？看來劉統勳等辦理此案，不免意存觀望，已另降諭旨宣示，並著劉統勳等先將保德即於該處監看正法，以昭炯戒。其呼世圖、普喜、根敦扎布等，仍速行確勘，按律定擬完結。（高宗五九〇、三）

（乾隆二四、一一、丙辰）又諭：據高恒奏，署儀徵縣知縣徐以觀，勒索船牙黃立綱等銀六百兩，又短發麥價一百餘兩。經該牙等赴監掣廳衙門呈控，高恒以例應會同督撫參劾。（高宗六〇〇、二五）

（乾隆二五、七、戊申）山東道御史丁田樹奏，……近日州縣衙門，每於上司迎送，同寅往來以及搬運私物，輒出票封拏車船，奸役藉票勒派，計所發官價不及時價之半，而守候回空概置不問，以致商賈裹足，物價騰貴。請嚴飭各州縣，嗣後除承辦大差及委運官物，許其豫備車船，酌給官價外，餘照市價覓雇，不許出票封拏，違者從重參處。得旨：所奏甚是，著照所請行。（高宗六一六、七）

（乾隆二六、三、癸亥）福建巡撫吳士功奏：水師提督馬龍圖，揭參提標參將姚應夢勒索洋船陋規。該參將任所貲財，業經委員查封，並解犯到省審究。得旨：彼罪尚未定，而亟亟於查封貲財，所見小矣。又批：馬龍圖揭參人，而己又被人參，其中必更有別故，應詳悉嚴查定案，毋縱毋枉可也。仍宜速奏。（高宗六三三、一二）

（乾隆二七、三、癸亥）諭：朕車駕所經，惟橋梁道路，葺繕掃除，爲地方有司所宜修補。其綵亭燈棚，一切飾觀之具，屢經降旨斥禁。今江浙兩省塗巷，尚有踵事因仍者。此在蘇揚鹽布商人等，出其餘貲，偶一點綴，本地工匠貧民，得資力作以霑微潤，所謂分有餘以補不足，其事尚屬可行。若地方官專欲仿而效之，以爲增華角勝，則甚非奉職之道。嗣後督撫等，其實力禁止，一切屏去浮靡，以崇實政。如有仍蹈故習者，將惟該督撫是問，著通行傳諭知之。（高宗六五七、二〇）

(**乾隆**三二、一、丁亥）河東河道總督李清時、吏科給事中巡視濟寧漕務葛峻起奏，東省運河，前因汶水過大，圈隄民堰，防護維艱，商船未能通行，議令傔夫趕辦挑濬。今泇、捕、上、下河等廳屬均已挑完。查臺莊一帶，商民船隻，向係南漕抵東，始准隨漕開放。惟東省災區，民食急須接濟，應俟各廳塘長河水勢鋪足後，即令商販米船先期行走。得旨：覽奏俱悉。（高宗七七七、一一）

（**乾隆**三三、三、乙巳）諭軍機大臣等：據尤拔世奏稱，諄諭商人，教以節儉，冀挽澆風，以示簡樸等語，所見甚屬鄙迂。此等殷商，坐擁厚貲，即費用略多，亦復何礙？且使遊手好閒之徒，藉以資其膏潤，若徒拘崇儉之虛名，更復加以禁遏，則伊等轉以自封爲得計，於酌盈劑虛之道，深屬無當。此時如未舉行，著即停止。若已經出示曉諭，亦即行徹回，並將徹回緣由諭知商衆。尤拔世鑾赴兩淮，持諭輒爾如此，殊爲不曉事體。若執此謬見，復何以辦理鹺政耶？尤拔世著傳旨申飭。（高宗八〇七、一）

（**乾隆**三三、一二、丙辰）諭軍機大臣等：刑部議駁江蘇巡撫彰寶審擬參革江浦縣知縣劉豢龍短價派買料豆，僅擬滿杖一本，所駁甚是，已依議批發矣。劉豢龍以自應採買之豆，轉派牙行，短價給發，以致各行戶交豆不前，顯有強派情弊，即云革生王在文冒充牙行，情願承辦，而領狀內現有丁文遠等四人之名，豈有遽信王在文一人，而不遍詢各行，即便交辦之理？其爲劉豢龍授意勒派，故作不知，更不待言。該撫於此等緊要關鍵，並不按情推勘，輒照低價買物問擬，明係有意開脫，沾染外省沽名惡習，殊屬非是。著傳諭彰寶，將因何如此輕縱之處明白回奏，仍照部駁情節，另行審明實情，妥擬具題。尋奏：此案臣彼時查例載勒买短價，坐贓治罪，定例稍輕，不便援引，因依司詳，以低價買物准不柱法律問擬，未將該員授意勒派情由推勘明白，以致草率辦理。報聞。（高宗八二四、三）

（**乾隆**三四、四、乙丑）又諭：昨閱阿思哈題參新鄭令趙成嗜酒任性，廢弛政務一本。夾片內開，趙成係貪縱革職捐復之員。因令軍機大臣查閱原案，今據查稱，趙成前在上杭縣任內，嗜利剝商，希圖入己，巡撫陳宏謀題參革職，問擬杖徒，经刑部奏准捐贖，復經吏部准令捐復原官等語。趙成係聞訪報解，雖贓非入己，究屬貪黷不職例應永不敘用之員，得准贖罪，已屬倖邀，乃竟准其捐復，甚屬非是。所有從前承辦此案之吏部堂司各官，俱著查明，交都察院議處。（高宗八三二、一八）

（**乾隆**三四、六、丙辰）又諭：據崔應階參奏興泉永道蔡琛，加收洋行規禮，短發桅木價值，與富户結交，受其餽送，贓蹟纍纍，請旨革職審擬等語，實堪駭異。朕以道府爲方面大員，特膺簡用，且所得俸廉甚厚，宜無不潔己奉公。其中或間有闒冗無能之輩，曠廢職事，固所不免，而其人尚能自守有餘，即或素性蒼猾，遇事不肯認真，亦不過如申夢璽、邵大業等之模棱取巧，然一經發覺，悉皆示以懲創，冀挽頹風。至於舢法行私，多端婪索，則情罪重大，凡有人心者尚不應公然出此。今蔡琛身任監司，竟敢盡弛閑檢，恣意妄行，以致款蹟彰彰，確有證佐，殊出意料之外，不可不嚴加究治，以肅官方。蔡琛著革職拏問，交該督提齊案內犯證，即行嚴審，定擬具奏。（高宗八三六、七）

（乾隆三四、六、丙辰）又諭曰：崔應階參奏興泉永道蔡琛貪婪不法一摺，已諭令將蔡琛革職拏問，交該督嚴審定擬矣。朕初以蔡琛身爲監司大員，不應敗檢若此，深爲疑駭，而細閱摺內劾奏各款，贓蹟纍纍，悉皆確鑿可據，實出意料之外。是其喪心蔑法，自取罪戾，斷無可逭。崔應階於此等劣員，一經訪察，立即嚴參，不愧封疆大臣之寄。蔡琛此案，非尋常貪黷可比，著該督即行嚴加審訊，定擬速奏，趕入本年秋審，不可稍有延緩。至該員在興泉永道任內，如此婪贓舢法，物議沸騰，鄂寧駐廈門數月，豈竟毫無聞見，何以不早行參奏？恐不免有結納徇庇情事，並著崔應階密速查訪，一併據實奏聞，毋得稍存瞻徇。尋奏：蔡琛外似有才，言詞侃侃，非細察不知其詐，鄂寧特墮其術中，尚無結納徇庇之事。報聞。（高宗八三六、九）

（乾隆三七、一二、甲子）內務府參奏：引商同文虧本誤帑，應將房地盡行交出。茲查有隱漏家產，請旨交直隸總督周元理、長蘆鹽政西寧審辦。得旨：著派金簡前往會審。（高宗九二二、一〇）

（乾隆三九、八、戊申）辦理糧餉浙江布政使郝碩奏：查口外沿途設立糧臺，原有專員管理，其運米人夫，亦隨同居住，此外貿易客民，即於糧臺隣近處所，貿易生理。但目今附近軍營各站，由撒拉至喇穆喇穆丫口等處，客民輻輳，在站搭蓋棚廠，貿易居住者以千百計，恐匪類藏匿其間，潛行滋事，不可不豫爲防範。臣通飭各站糧員，派撥妥役，挨棚稽查，或有面生可疑，及游手之徒，概行驅逐。倘糧員不實力查辦，致有疏虞者，即行參處。得旨：甚好，實力爲之。如嘓嚕之類，尤宜嚴法處置也。（高宗九六五、一四）

（乾隆四〇、八、壬辰）又諭：據弘旿奏稱，承德縣知縣福綱，任意勒索商人銀兩等語。著交弘旿、喀爾崇義將福綱革職拏問，在盛京刑部監禁嚴防，俟阿思哈到時審訊。（高宗九八九、二）

(**乾隆四一、二、乙酉**)督理糧餉吏部侍郎劉秉恬奏：臣前奏汶川存米就近撥往草坡。今草坡一路，兵數漸少，而汶川為揪砥一路必由之徑，取用較增，因即飭令糧員將前項米石停運，并令保縣至揪砥各站內，有存米較多處，俱趕運薩拉，以便分撥。人夫一項，向來里夫不足，多係雇募貿易之人，充當客夫應用，近來凱旋在即，商運既停，貿易小民，頗有散歸者，恐以後各站雇夫短少，因派員於關隘要口，諭以新得之地均須設鎮安營，口外尚有買賣，不必急歸。各站貿易人，漸已安心樂業，夫力自可裕如。報聞。(高宗一〇二、一三)

(**乾隆四三、五、癸未**)諭軍機大臣等：兩淮現有查辦場竈餘鹽事宜，必須鹽政悉心妥定章程方能有益，而寅著人甚糊塗，斷非伊所能經理。因念伊齡阿尚屬能事，已降旨仍調兩淮鹽政矣。伊齡阿前在鹽政任內，屢派商人多辦貢物，伊出名呈進討好，頗露高興，朕所不取。又恐其日久累商，因將伊調任淮關，俾知改悔。伊在淮關兩年，關務漸有起色，而寅著調任鹽政以來，每歲所進，仍與伊齡阿無異。是鹽政辦貢，惟取給於商人，而本任所得養廉，大率存留不動，所謂慷他人之慨，誰則不能？且惟以誇多鬭靡為事，日一甚日，長此安窮。商人行鹽，固有自然之利，然亦當令其稍留餘潤，俾之自贍身家。若辦貢一事過於苦累，必致漸形竭蹶，既非所以卹商，即辦公亦恐不能無誤。為鹽政者可不知計及乎？伊齡阿仍調鹽政、務宜仰體朕教誨成全之恩，痛改前非，勿萌故智，仍蹈前轍。(高宗一〇五七、一二)

(**乾隆四三、六、庚戌**)諭：前因查辦木商劉思遠虧缺官項一案，究出前任總管全德、福海、監督老格，有借用劉思遠銀兩之事。當經降旨，將全德等分別革職解任，送京審訊。並將各任所及京中貲財房屋，暫行查封。原因伊等各有經管關稅，恐有侵蝕錢糧，以便按數抵扣。今據軍機大臣等節次審明，伊等尚無侵蝕虧短各項錢糧情事，且全德所借劉思遠銀二萬兩，福海所借劉思遠銀一萬七千兩，均於此案未經發覺以前，陸續歸楚。老格所用劉思遠銀七百餘兩，亦因代替該商催辦木植用去。是全德等之咎，實在於所管任內向運木商人借用銀兩，祗須照此科斷，其罪尚不至抄沒家產。所有全德、福海、老格三人借用劉思遠銀兩，均照數著追入官，其從前查封任所及京中財產，俱著加恩發還。(高宗一〇五九、一二)

(**乾隆四三、一一、丁未**)又諭：昨據德福奏稱，錦州協領富伸保、錦縣知縣雅爾善，於各處商船內，大船每隻索銀十六兩，小船每隻索銀十兩，以臨幸辦差為名，稱係將軍弘晌交辦。計船九百餘隻，共湊銀一萬四千兩零，顯係該協領等指稱詐索。請將富伸保、雅爾善解京交部，審明治罪等因一摺。此事殊堪駭異，已令福隆安馳驛前往，徹底根究，嚴密查辦矣。因思錦州一帶商船，載運赴天津者必多，該協領知縣等，如果有藉端科派情事，各船自必眾口共傳，略一詢訪，即可得其大概。況明興平日尚屬能事之人，此案又與直隸無涉，更無難一訪而得。著傳諭明興，即就各船，體訪錦州文武勒派情形若何，伊等曾出銀若干，據實覆奏，勿稍存瞻徇捏飾之心，致干咎戾。（高宗一〇七一、一五）

（**乾隆四三、一一、癸丑**）諭軍機大臣等：所福隆安奏：廿四日馳抵錦州，傳集協領富伸保等訊供。已據稱，總局協領托恩多、七十一。曾向說令其幫助，他處亦俱如此。遂與知縣雅爾善商令向鋪户及貨船湊解萬餘兩，並非將軍弘晌面交，想來亦無不知等語。其事已屬有據，實大奇事。朕看弘晌平日辦事頗爲結實，其在盛京亦甚體面，方以爲將軍得人，并可經久任用。昨德福奏至，朕尚疑信參半，連日心緒爲之不懌。今福隆安甫至錦州，即查有端緒，雖其中詳細尚須拘眾研訊，而大局已定，弘晌即難辭咎，殊出朕意料之外。如此尚用何法以觀人乎，朕亦不能自信矣。但事已至此，不得不徹底根究，並不能因其係近派宗室及平日能事之故，稍爲姑容，已另降清字諭旨，將弘晌解任，交福隆安會同金簡秉公嚴訊辦理。並有旨將福康安調補盛京將軍，和隆武調補吉林將軍。並諭令福康安即馳驛速赴新任。如福康安到盛京時，此案尚未審結，即著會同福隆安一併查審。至雅爾善所供，湊銀一萬兩，除送盛京六千兩外，餘四千兩，是因公用了，俱有帳目可查等語。此四千兩既稱有帳可查，即應查其何項公事，用銀若干，是否符合，伊等有無從中染指，逐一查明覈實，方可憑以定罪。其所交盛京銀六千兩，亦當查明何項用銀若干，務令水落石出，分別辦公入己，據實確查，方成信讞。又據富伸保供，他處俱如此辦理，自屬實情。福隆安等務將各處詳悉查明，一體訊辦，勿使稍有匿飾隱漏。至朕此次巡幸盛京，非若前兩次行圍宴賚可比。該將軍等並無糜費之處，何至派及鋪户貨船？即或該將軍有私行應酬，餽送禮物之事，亦應伊自行解囊，朕所賞銀五千兩儘足敷用，何至藉端派累？且朕在盛京，曾將辦差有無科派面詢弘晌數次，伊皆奏稱並無絲毫科派。今既有此情弊，朕面詢時何不據實奏明，尚敢心存欺飾乎？著福隆安等將此一節切訊弘晌，令其據實供明，勿再涉欺罔，致干重戾。又弘晌曾參奏德福，案情甚輕而勘語甚重，似弘晌彼時已知德福欲舉發此事，故爲過甚其詞，冀朕或將德福加罪，或將其調開，則伊等派銀之案可以不致敗露。若弘晌居心如此，則是敢於取巧彌縫，其罪更重。亦著福隆安等將此一節，詳切訊明覆奏。至各船派銀一事,朕以該處船隻往天津貿易者多,無難訪問得實,已傳諭天津道明興查明覆奏,似亦可得其底裏。茲據明興奏稱,商人赴錦縣糴買雜糧船隻,載運至津,俱泊海河一帶。即密飭天津縣李汝琬,前往查傳由錦縣回津之商人楊釗等二人,又坐商馮廷元等六人,隔別查訊。據供,本年六月間,有兩處馬頭開行之。蘭耀章、孫勝一等聲稱,錦縣與協領以辦差爲名,每一照票索銀二十四兩。各商始猶觀望,至閏六月初恐誤進口售賣之期,公議每大船一隻出銀十六兩,小船一隻出銀十兩,交該處各行家收送,凡天津商船俱照數交出,方能得票開船。衆供如一、惟按船覈計,尚不及所索之數。據供,該處馬頭尚有江南、山東、福建、廣東等省貨船,是以銀數不符等語,更爲確鑿可據。著將明興原摺及供單鈔寄福隆安等閱看,查明供內應訊之人,即行傳集到案,訊問確情,與富伸保、雅爾善質對明確,據實具奏。(高宗一○七一、二八)

(乾隆四三、一二、戊午)諭軍機大臣等:昨據福隆安奏,馳抵盛京,審訊大概情形一摺,已於摺內詳悉批示,仍由驛發往矣。但據弘晌所供情節,俱不足信,自係福隆安初至盛京,僅能問其大概,未加細詰。即如所供,盛京設立總局,派協領七十一、托恩多、噶爾璸經理其事,所有錦州協領富伸保,幫送銀六千兩,蓋州協領明保,幫送銀一千八百兩,牛莊協領常寧,幫送銀二千五百兩,三共銀一萬零三百兩,我並未見面,即令存交局內聽用,俱經七十一等,就各處應用款項,分發領用,其銀兩出入,局內俱有帳本可查,我並未經手等語。此即非情理所有。辦差設立總局,例仿各省常例,辦事雖由派出各員,而總其大綱,無不以督撫爲政。此次盛京總局,其銀錢出入,即或將軍不親自經手,而某事應用若干,斷無不稟知將軍覈定給發,竟以各處所幫之萬餘金,率憑協領數人隨意分用,將軍全不與聞之理。至其所存帳目,更不足信。辦差之初,各項既未有定局,安能豫計某項應用若干,適敷分發,僅剩銀十五兩存局。設或不敷應用,又當如何?是所存帳目,顯係聞此事已經敗露,必有欽差查審,故另造帳本,以圖掩飾。福隆安等切不可信以爲實,應將七十一等,嚴加究詰,務得實情,令其水落石出,方成信讞。至錦州協領富伸保等幫銀之事,弘晌僅稱因錦州、蓋州、牛莊三處缺好,傳語令其各行幫辦。至伊等之銀係何來歷,從前并未查及等語,尤不足信。如錦州一處,派斂客船爲數不少,弘晌豈得諉爲毫無見聞?且錦州缺分雖好,而一協領旗員,豈能自出己貲,幫至六千兩,弘晌全不向其詢問,顯係弘晌欲思卸罪協領,不肯承認。今富伸保,現已拘提到案,福隆安等即當向其嚴詰。此事如係弘晌令其派斂,則弘晌之罪,愈不能輕;若實係出於富伸保之意，科派多貲，又未向將軍稟及，則富伸保之罪，更當加重。一經嚴質，自不能更有遁情。福隆安等務須悉心究詰得實，勿使稍有掩飾。其蓋州、牛莊二處，並一體徹底嚴訊。至於科斂一事，弘晌以爲向未得知，而令三處協領，幫銀一萬餘兩，弘晌已經供認。何以朕屢次面詢，弘晌於此項銀兩，亦未奏及，其意何居？著福隆安等，將此一節問之弘晌，令其據實供明，先行覆奏。又據稱，各處道路，例應旗員與地方官分辦，而旗員向無開銷之例，因令錦州等三處協領幫貼，其說更屬荒唐。此次盛京道路，朕原降旨施恩，令照關內之例，一體開銷。乃弘晌等會奏，以盛京旗人民夫各願自修道路，不領價銀，朕尚以伊等所奏自出於旗人民夫等誠心。朕二十餘年臨幸一次，且已屢次加恩，伊等欲效孑來之義，尚可允行，因交部覈議，現據工部議准。但弘晌等既以辦道藉口幫貼，則又何必代旗民等爲此虛文，所有此項辦道銀兩，仍著照朕前旨，令其一體開銷，看伊等復將何事推諉。著將工部原摺寄交福隆安等，令其遵旨另行覈議，到日再降諭旨。至所稱姜女廟工，須幫築山基，而北鎮廟亦須捐辦。此兩處，北鎮廟修理原應動官項，即姜女廟工，所費諒亦有限，且不另加葺治，又有何礙？即或必須辦理，弘晌等何不將應需銀數，豫行奏聞，朕無難酌量停止，或行賞辦，乃於事後藉此爲詞，明係伊等欲借工程，爲科斂冒銷之地矣。總之，弘晌於此事實在有無染指，必須就以上各款，嚴加訊明實據，不得僅聽其一面之詞，率行結案。其總局承辦之協領七十一、托恩多、噶爾璸經管銀一萬餘兩，悉行用完，僅存銀十五兩，其中必有侵蝕浮開之事，尤須切實嚴訊，不得信其帳本查對，致令飾混。……將此由六百里加緊傳諭知之，仍將審得實情，迅即加緊覆奏。（高宗一〇七二、二）

（乾隆四三、一二、辛酉）諭軍機大臣曰：福隆安等奏，查訊七十一等供詞，及覈對存局帳本等因一摺，其帳本總不足信。又如協領富伸保、知縣雅爾善，向各船斂湊銀兩，按船隻之大小定出銀之多寡，其科派已屬顯然，豈得爲借？況各商船來往靡常，今歲到錦州之船，明歲未必復到，豈有向行踪無定之船，零星借銀之理？富伸保等不過欲避派累之名，故妄稱斂借，其實是派非借，毫無疑義。福隆安等訊供時，務當究其科派實情，勿使託言借用，妄希狡飾。至富伸保、雅爾善二人向各船斂派銀一萬餘兩、內六千兩，據訊已經富伸保交送總局，尚有四千餘兩，自係雅爾善收存。此項銀兩，作何動用？若云用之於民力之修道，則其餘州縣又以何項動用？或係雅爾善藉端中飽，必須嚴切訊明，以定伊等罪名輕重，毋令稍有遁情。至於总局所存帳本，朕於福隆安等初奏到時，即以爲必係七十一等事後另造假帳，不足爲據。今閱鈔呈發銀款項，其爲謊開捏造，更屬顯然。如四處修理隄塌，本係一事，何以分作兩項開銷？且隄塌即在道路之內，前既奏稱旗民各夫，均願自効悃忱，不敢領價，安得復有此項用度？至修道什物器具，現係地方官備辦，聽旗員取用，開銷官價，何以總局復有支發之款？此事以地方官備辦之物，旗員取用開銷，彼此糾纏，致令借名影射，辦理本屬不善，而伊等如此開造，其爲浮冒，更無可辯矣。又如幫修北鎭廟工銀八百兩，第就廟中油飾黏補而論，所費原屬有限，若連新添之坐落房計之，則工料更覺不敷，如更兼觀音閣一帶工程覈算，其費更甚。除此八百兩外，餘者又出于何項，至幫修姜女廟工銀一千六百兩，數亦相懸。此次弘昫於廟旁貼築地基，添蓋房屋，約計施工費用，應在二三千金內外，乃止幫銀一千六百兩，尚缺大半，又動何項銀兩，以資工作？即此指出各款失枝脫節處甚多，其餘皆不足信矣。且局中既存帳本，自當有每日收發流水細帳，何以所開僅列總綱，不言細目，豈有如此糊塗帳簿？其爲僞造益無疑矣。著福隆安等將以上情節，逐一嚴訊明確，勿任其再有飾混。又據稱，支用款項，係轉發協領防禦官弁等分頭辦公，現在提傳經手領用銀兩各員弁，覈其有無虛捏等語，自應如此辦理。福隆安等於各員提到時，即嚴加看守，隔別研訊，務令水落石出，勿使串供隱飾。至弘昫於此事實在有無染指，尤須訊究確據，不可聽弘昫諉過避罪，及其屬員代爲擔承開脫。福隆安等即將此等緊要關鍵，先行訊得實情具奏。俟福康安到盛京時，將此案情節及所奉諭旨，告之福康安，令其與金簡會同詳悉審明定案。福隆安仍遵昨日所降諭旨，即行赴程，於封印後到京。此旨著由六百里加緊發往，仍將續行訊得實情，迅即覆奏。（高宗一〇七二、一四）

（**乾隆四三、一二、癸酉**）又諭曰：福隆安等奏，查審錦州藉差派斂一案。訊據錦州協領富伸保、錦縣知縣雅爾善供稱，我二人因商酌幫貼辦差之費，傳集店戶及船客面商，允爲設湊，按船隻大小，自七八兩至十五六兩不等，店戶六家，又湊銀一百五十兩，送至縣署。富伸保即攜銀六千兩，盡數交局，餘銀四千兩。據雅爾善供，因境內大營四座，尖營五座，計用銀九千六百餘兩，領過銀五千兩，尚屬不敷，即以所斂之四千兩墊用，正在造冊報銷等語。又訊據牛莊協領常寧供稱，自有現銀九百兩，餘銀一千六百兩，係將房屋向錢鋪抵借。及提訊該處錢鋪，同供六月間，常協領傳我等去，說辦差緊急，將房屋抵借銀兩應用。我等用其係本處管轄官員，不敢違拗，湊銀一千六百兩送去，實是指房爲名，我們如何敢要他的房子，也不敢想他還項是實。並訊據牛莊店戶供稱，常寧曾將我等傳去，令爲轉借銀兩，我等因十餘年前，高治中索要客船陋規，曾經受累，故不肯允辦，其蓋州正署協領烏占圖、明保，所幫銀一千八百兩，據供俱係已賞。今訊之該州店戶等，堅稱我們蓋州地方較小，只有三家店戶，協領於本年三月後，赴省辦差，直至九月差竣回任，實沒有向我們湊借銀兩。其餘各地方，雖據案內人證，僉稱實無別項斂派。臣福康安仍會同全魁設法訪查，另行辦理。至總局帳本內開修理北鎮廟工發銀八百兩，姜女廟工發銀一千六百兩，就兩處工程而計，所發之銀均不及半，餘係動用何項？今訊據廣寧縣知縣伊湯安供稱，北鎮廟在縣境內，我在任已經五年，廉俸所餘尚能捐辦，所有添建座落及修葺觀音閣等處，皆我情願承認。該處地近山場，購辦木石較易，所費不過一千餘金，均係自辦，實無絲毫派累。又訊據岫巖通判阿精阿供稱，將軍因寧遠州界內有姜女廟必須展拓修整，該處知州不能辦理，調我幫辦。我即前往查估興工、填築山基、展拓十餘丈，並搭蓋大小房屋遊廊等項，實用銀三千三百餘兩。將軍看工說辦得好，給我銀一千六百兩，其餘銀一千七百餘兩，實係我情願捐辦。因我父額爾金泰歷任口北天津道員，力量尚能，原該報效。至我本任岫巖，偏僻寒苦，無從斂派，只求訪查。至總局呈出籠統用帳，恐係事後捏造，希圖掩飾，將承辦之七十一等嚴加推鞫。據各供稱，此係派幫銀兩，收項僅止三宗，用項僅止十宗，原係節次稟請將軍發銀，各單於差竣，補登總帳，呈送將軍閱看，當時實無流水細帳。所有銀兩，不但將軍並未使用，即伊等給發各項，俱有領銀承辦各員可查。隨嚴訊領用銀兩之達克守等三員，各堅稱照數收領，並無短發。至伊等承辦事務，均有細帳呈驗，只求查勘覈實。反覆嚴究，供無異詞，並據弘晌供稱，我因錦州、蓋州、牛莊三處協領缺分較好，令其量為幫貼，實未授意斂銀，並不知伊等有斂派之事。質之富伸保等，供亦相同。請將富伸保、雅爾善照例從重問擬，發往烏嚕木齊効力贖罪。常寧依律問擬滿流，照例枷責發落。七十一等各員分別擬以革職，以及聲請開復免議。餘犯分別杖枷。無干者概行省釋。弘晌請革職，交宗人府會同刑部從重治罪。莽古賚交部嚴加議處。富察善等分別議處。案內濫派各項銀兩，於各名下照追入官等因一摺。已批該部議奏矣。弘晌如果與所屬通同作弊，藉差派斂入己，則罪無可逭，即當從重懲治，以伸法紀。今訊明於總局銀兩實無絲毫染指，亦未授意派斂，不至革職治罪，但身為將軍，於辦理差務令屬員幫費，而於錦州科派之事又漫無覺察，實屬糊塗，辦理不善，咎亦難辭。弘晌著加恩以散秩大臣効力贖罪，不必在御前待衛上行走。餘著各該部覈擬具奏。（高宗一〇七三、四）

（**乾隆四四、九、甲午**）諭：據弘晌奏，請將伊名下應追攤派銀一萬餘兩又賞銀五千兩，賞限十年，於將軍春廉銀兩扣交外，其不敷者，懇恩每年由伊家內措辦交納等語。弘昫去年辦差，攤賠銀一萬兩，究屬因公使用，并未入己，著加恩免其交納。但伊係將軍，因辦差攤派銀兩，自應將緣由具奏，乃經朕詢問數次，並不據實奏聞。賞伊銀兩，本應辦公，伊既已攤派，又豈可領朕賞銀耶？所有應交賞銀五千兩，著賞限五年交納。（高宗一〇九〇、一三）

（**乾隆四五、一二、壬申**）又諭：據瑪興阿等奏，英吉沙爾之遊擊朱越賒取商民戴金典綢緞等物，並未償價，被告一案。經蘇淩阿訊明呈報，請將朱越革退遊擊，發往烏嚕木齊充當苦差，効力贖罪，所欠銀兩追出交還。其並不知情之千總馬應隆等，毋庸置議等語。朱越身係遊擊，任意賒取民人貨物，並未償價，甚屬不堪。似此溺職之員，若不重加懲戒，日久難免索取回子之物，著將輕議之瑪興阿等嚴行申飭。朱越即著在英吉沙爾本城枷號三個月，並在喀什噶爾、葉爾羌、和闐、烏什、阿克蘇、庫車、哈喇沙爾等城，各枷號三個月，以示衆戒，俟由各城枷號滿月，再行請旨。（高宗一一二一、一九）

（**乾隆四八、七、乙巳**）諭軍機大臣等：行在户部議覆，長蘆鹽政徵瑞奏封船備剝情形，應設法調劑一摺，已依議速行矣。楊村剝運事宜，從前方觀承，辦有成規，於速運通商，兩無妨礙，本屬妥協。近年以來，直隸督臣屢經更換，適遇青龍岡決口未堵，漕運緊急，需剝甚多，該道府辦理不善，胥役必藉端勒索。紛紛封禁，守候無期，並將重載貨船差押起卸，概令騰空備剝，以致客貨聞風裹足，船户畏懼不前。不特鹽運無船，貽誤帑課，並恐商貨壅滯，京師百物昂貴，於民間日用大有妨礙，尤屬不成事體。徵瑞所奏甚是，著劉峩速即親身前往天津，會同徵瑞督率道府等實力妥辦，酌定章程，具奏遵行，以垂永久。至徵瑞既為此奏，自必有所見聞，如該道府等果有辦理不善，及縱容胥役需索滋擾情弊，即著告知督撫，據實嚴參，以示懲儆，毋稍瞻徇。（高宗一一八五、一）

（**乾隆四八、八、戊子**）是月，直隸總督劉峩奏：本年漕務緊急，一時船少，辦理偶形竭蹶，並無中途掀騰貨物、縱令胥役索詐等事。至糧船貨物，向例於天津楊村備船起剝。今楊村剝船已敷漕船全數起剝之用，其三百、四百石之大船，俟起剝完竣，即令回津運鹽，不致有誤。嗣後裝運引鹽，應照舊例，飭商遠赴外境，自行雇覓大船，以期鹽不妨漕，仍由鹽務衙門給發護票照驗。得旨：如所請行。（高宗一一八七、一二）

（**乾隆四八、一〇、甲子**）又諭曰：行在步軍統領衙門奏，廣東省譚達元呈控總商沈冀川勒索伊弟鹽商譚體元銀兩，及該撫會同粤海關監督審斷不公一摺。此案前經譚體元赴都察院衙門具控，發交該撫尚安會同李質穎查辦，業經奏明，審訊定擬完結。今譚體元之兄復赴行在步軍統領衙門控告，未便仍交該督撫查辦。著將譚達元解赴廣東，傳諭永德即就近前往該省提集案內應訊人證，逐一研訊。如果該省地方官祖護總商，將伊弟枉斷擬軍，自應秉公查辦，不得稍存瞻徇。若譚達元之弟實係拖欠官項獲罪，又復砌詞捏控，亦應訊明，接律懲治，以儆刁風。所有步軍統領衙門原摺并原呈，著錄交永德閱看。其將軍及閩海關印務，照例交巡撫副都統暫行兼署。將此由五百里諭令知之。（高宗一一九〇、一八）

（乾隆四八、一二、丙寅）諭軍機大臣等：據永德奏，查辦譚達元呈控控總商沈冀川勒索伊弟譚體元銀兩，枉斷擬軍查產一案，因原告未到，各供尚多閃爍狡混，而此案大概情形，實已畢露。請將前往鹽運使秦鑛革職，以便提同犯證，秉公逐款確審一摺，實屬奇事。鹽商私自派捐津貼，該管各官，自有抑勒派累、侵蝕分肥情事。且事經敗露，復任總商捏詞抵飾，意存偏斷，必須嚴行根究，始能得其實情。此案著派福康安馳驛前往，會同永德審辦。福康安行程迅速，俟到粤後，再行定案。福康安未到之前，著永德即將秦鑛革職，提同案內應訊犯證，先行審訊。如巴延三、尚安、李質穎等於此案派捐公費，亦有通同染指之事。即著永德據實先行奏聞，請旨歸案質訊，將此由六百里傳諭知之。（高宗一一九四、一七）

（乾隆四九、一、乙卯）諭軍機大臣等：前據永德奏，粤東鹽商派捐公費一案。曾降旨令將案內應訊犯證，先行審訊。並恐巴延三、尚安、李質穎或有通同染指瞻徇情事，亦著據實先行奏聞。爲時既久，總未據永德覆奏，而此時福康安到粤已久。該省鹽商私自派捐，該管官有無抑勒分肥情事，自己得大概情形，即應迅速馳奏，何以未據奏到，盼望殊爲懸切。現在尚安業已丁憂，如尚有應行質訊之處，即將伊暫留粤中。若已訊明定案，與尚安無涉，再令其回旗守制。……將此由六百里傳諭知之，仍著迅速覆奏。（高宗一一九七、一四）

（乾隆四九、一、丙辰）諭軍機大臣曰：福康安奏，查審譚達元呈控總商沈冀川勒派銀兩一摺。據稱軍需銀兩，已於四十三年全數歸款，譚體元實無欠繳軍需之項。從前承審各員，聽信沈冀川等一面之詞，輒將譚體元朦朧定罪，難辭偏聽誤斷之咎。其中有無徇庇欺飾，現在嚴加究訊等語。此案前據譚體元在京控告，因係總督專政，是以特交尚安、李質穎審辦，自應秉公研訊，徹底根究。乃心存徇庇迴護，朦朧問擬，非尋常聽斷不實可比。定案時自當將尚安、李質穎交部嚴加議處，候朕另降諭旨。至福康安清字另摺所奏公費一項，係採買貢物之用，由來已久，將來結案時，可以無須敘入等語。此事不應如此辦理。商人等資藉官鹽，營運滋息，獲利甚厚，如果情殷報効，備物輸忱，亦屬分所應有。如兩淮、長蘆、河東等省，俱係該鹽政等摺內聲明，代爲呈進，朕亦鑒其悃忱，屢加恩賚。原不應司鹽務者，攫爲己有，且致藉詞勒派。今粵東事已破露，自不得因相沿年久置之不問。所有此項公費銀兩，著傳諭福康安等，查明始自何年，歷任總督有無染指分肥之處，據實具奏。即使無別項情弊，而並不奏明，派斂商人銀兩，採買物料，以爲己物呈進，即其罪也。應於定案聲明，交部治罪。尚安、李質穎俱經署理督篆，任內有無此等情事，亦著一併查奏，毋得含糊了事。將此由六百里加緊傳諭福康安、永德，仍將查審情形，迅速定案奏聞。(高宗一一九七、一六)

(乾隆四九、一、丙辰) 又諭：據福康安奏稱，查審監生譚達元所控一案，請將商人所出公費銀兩永行停止，似無庸於摺內瑣瑣聲明等語。所奏非是。此事若不明白曉示，轉似廣東歷任督臣密進貢物，朕亦爲之徇庇矣。是以諭令歸案辦理。此事巴延三縱無肥己等情，已將商人之物作爲己物入貢，自不便仍留總督之任，已降旨令巴延三來京候旨。所遺員缺，著舒常調補，並令速赴新任矣。廣東鹽務之弊，皆自二十四年設立商頭所致，自係由李侍堯任內創始。該督等俱不無指稱採買貢物以圖肥己，若不查辦，何以示懲。著傳諭福康安，將二十四年以來歷任督臣有無藉端肥己情事，確查奏聞，交部議罪，候朕酌量辦理。至尚安、李質穎承審此案時，姑容徇隱，咎亦難辭，豈可僅照部議，止令解任？著福康安傳諭巴延三、尚安、李質穎，於案結時，除將欠項賠補外，仍令自行議罪，代爲轉奏。現雖剔除鹽弊，然該處洋行中，亦必有弊。福康安起程之時，朕已有旨，理應一併查明，定擬章程，俾永絕弊竇。但此事非舒常所能獨辦，舒常現已馳驛前往，福康安或迎舒常前來，或在彼稍候數日，俟舒常到時，徹底查明洋行弊端，熟籌辦理，定有章程。著舒常會同穆騰額，遵照妥協辦理，再行前赴行在。將此傳諭福康安，並令舒常知之。(高宗一一九七、一八)

(乾隆四九、三、癸巳) 諭：據福康安、舒常奏，酌議粵省洋行應行事宜摺，已批交原議大臣議奏矣。摺內所稱洋商備物，應令監督代爲呈進一條，仍與前議鹽行無異，斷不可行。洋行與夷人交易貨物，不過微末商人，自不得越分呈進貢物。即伊等獲利豐厚，亦應藏富於民，俾商力益得寬裕。

昨因福康安等奏，鹽商豫備貢物，交督臣代進，事屬非體，已降旨明切曉諭，並令留京辦事王大臣議駁。所有本日奏到洋行備物代進之處，事同一例，並著一併議駁。（高宗一二〇〇、一六）

（乾隆四九、九、丁卯）諭：昨據留京王大臣奏，五城平糶麥石錢文，户部行令招商領錢易銀，鋪户不肯承領一摺。朕以户部辦理本有未協，已降旨令將此項錢文，於本年十月、十一月八旗兵餉內作三成搭放，其餘撥交工程處應用矣。更思此事，留京王大臣以商人不肯承領錢文，遽行入告，殊爲失體。蓋鋪户等壟斷居奇，固其常技，然遇有官爲招領之項，便與民間貿易不同。該鋪户等一味逐利，不肯承領，是於輦轂之下，顯有把持官府之意，刁風亦不可長。且從前原曾有領換錢文之事，該商人等不過因錢價昂貴，即希圖承領覓利，現在錢數較多，未免銀昂錢賤，該商等即不肯領銷，實爲市井之見，鄙瑣不堪。此種情節，不但不可達之於朕前，並不應達之於留京辦事王大臣。……此事關係國家體制，著留京王大臣傳集都察院堂官、五城御史，傳旨嚴行申飭，令其明白回奏。（高宗一二一四、二一）

（乾隆五〇、一二、壬寅）諭：從前廣東督撫及粵海關監督，每年進呈貢品，俱令洋商採辦物件，賠墊價值。積習相沿，商人遂形苦累。上年欽派尚書福康安前往查辦，將巴延三等分別治罪。明降諭旨，嚴飭該督撫等嗣後不准呈進鐘錶洋貨等物。並嚴禁地方官向商人墊買物件，以杜弊端。今粵海關監督穆騰額奏稱，該商等感戴恩施，代爲呈貢物件。但粵省洋商，究非兩淮可比。此次例進物件，業已到京，姑准留用外，嗣後不准該商等再行呈進貢物，俾商力益得寬裕。至粵海關監督向不呈進貢物，自德魁由如意館出任監督，備物呈進，李質穎等遂相沿辦理。第念該監督每年養廉不過二千五百兩，辦公及家用外，未必能多有餘貲，不可與三處織造及鹽政養廉豐厚者比。嗣後該監督亦不准備物呈進。至該督撫及監督等，不得因洋商現已停止進貢，復藉端令其墊買物件，致滋擾累，以示朕體恤遠商之至意。若日久廢弛，故智復萌，必重治其罪。（高宗一二四五、一四）

（乾隆五〇、一二、壬寅）諭軍機大臣等：現因粵海關監督穆騰額代洋商呈進例貢，已明降諭旨，令其嗣後毋得再行呈進矣。粵東洋商非兩淮可比，從前督撫監督，因購買物件往往令該商等爲之墊辦，致有賠累。上年經欽差徹底清查後，將巴延三等分別治罪。並特降諭旨，令該督等毋許復行呈進鐘錶等物，正所以杜藉端派辦之弊。現在該商等備進物件，亦經降旨停止，原爲體恤洋商起見，但恐該督撫等因商人停止進貢，仍私令購辦物件，致滋擾累，尤不可不防其漸。著傳諭富勒渾務須嚴行飭禁，留心查察，毋得再蹈前轍。如該督等陽奉陰違，經朕聞知，或別經發覺，必將該督等照巴延三等加倍治罪，不能稍從寬貸也。至該省向有發價官辦物件之事，目今內府所存鐘錶及洋貨等物，儘敷陳設備賞之用，若再爲採辦，徒然堆積日多，殊屬無謂，並著該督等嗣後一併停止採辦。其節省價銀，逐漸累積，即可留供賑卹之費，易無用爲有用，豈不甚善？設將來偶有需用之件，原可傳令隨時購買，於稅項下開銷也。除俟孫士毅、穆騰額到京面諭遵行外，將此傳諭知之。（高宗一二四五、一五）

（乾隆五二、七、癸巳） 又諭：閩省米石，關係軍需要務，所有運米海船，自應豫爲封僱，不致臨時遲誤。但此等海船，俱係裝載貨物，各處售賣，若截留太多，致商賈聞風裹足，將來天津等處商船稀少，必致百貨騰貴，於京師日用所需，大有關礙。著李世傑、閔鶚元、琅玕務須悉心籌酌，招集海船，足資運送，即可停止封僱。並隨時嚴行稽察，毋使商販等稽延守候，吏胥乘間擾累，方爲妥善。（高宗一二八五、三四）

（乾隆五三、七、辛巳） 又諭：昨因近年湖北吏治廢弛已極，……不可不嚴行辦理。已明降諭旨：……但姜晟擢用湖北巡撫已將年餘，於該省官員似此種種玩誤，並未據實陳奏。即如匪費一事，昨舒常前來行在陛見，朕面加詢問，亦據奏實有其事。兩淮鹽引在楚省行銷，地方各官其職專在緝私督銷，竟敢藉端向商人勒索，屢屢剝削，以致商力疲乏，配運不前，積壓課引。姜晟若無染指情事，何不據實查參，乃到任一年，並未奏及。茲於該管隄工復有漫淹之事，雖因履任未久，從寬免治其罪，豈可復膺封疆之任，享豐厚養廉乎？……刑部左侍郎員缺，即著姜晟補授。（高宗一三〇九、二二）

（乾隆五四、五、癸亥） 諭軍機大臣曰：全德奏，前據兩淮委員汪良增稟稱，遵撥押解汝寧鹽觔至息縣行銷，該令陳文衡因向索費未給，月餘不許開店售賣，並聞有庫吏頓姓窩囤私鹽之事，隨飛檄河南鹽道確查。至息縣舊商曹仁集，業經身故。該令平日有無需索，無從傳訊，已剴切曉諭各商，嗣後如有需索，即行密稟，不必顧慮等語。地方官勒揹鹽務，即是貪贓之漸，該參令陳文衡，於委員解到鹽觔後，輒敢故意刁難，不許開店售賣，則汪良增所稟婪索銀兩，及庫吏囤私恣賣之處，自非無因。著傳諭梁肯堂、即提集案內人證嚴切究訊，務得確情，即行定擬具奏。（高宗一三二八、一二）

（乾隆五四、五、戊辰） 諭：據姜晟奏，審擬山西監生常懷恒控告宣化縣知縣王秉正賒欠布銀不還一案，將王秉正問擬杖罪納贖，已批令該部議奏矣。此案王秉正，雖無因常懷恒催討布價挾恨故出情事，但賒取布賬，不即清還，以致常懷恒藉詞控告，自有應得之罪。外省大小衙門，所有需用零星食物不能不就近取買，至布匹一項，尚非日用飲食之物可比。若在本境店鋪，任意賒取，必致綢緞貨物，亦一概取之若寄，胥役等乘機滋擾，甚至短發價值，勢所必有。殊非整飭官方之道。嗣後各省府州縣等衙門，除菜蔬油醬食物，准其於本地方照市價平買外，其餘需用布匹綢緞一切貨物等項，或由本籍攜帶，或在鄰境買用，毋得於管轄地方濫行賒買，致啟勒索揹價之端。該管上司，仍應隨時稽察，如有仍在本境賒欠等弊，即行嚴參究治。著爲令。（高宗一三二八、二二）

（**乾隆六〇、二、癸亥**）又諭曰：福寧奏遵奉諭旨，嚴禁鹽務浮費一摺。前因准商在楚行鹽，該處地方官需索費用，藉端剝削，以致商人繁費愈重，成本有虧，曾降旨嚴飭各督撫等，潔己率屬，力爲整頓，務令永除積弊。吏治肅清。（高宗一四七〇、四〇）

（**嘉慶四、六、丙申**）諭軍機大臣等：福寧等奏籌運糧餉情形……至所稱藩司林儁用印票在省城各鋪戶借湊銀六萬兩，解送達州一節。此係權時濟用則可，究非良法。昨據永保奏，餉銀已全數入川，計此時可陸續前抵達州。所有前借鋪商之項，即應還給。仍須派令妥員，按各鋪戶照數清償，毋任經手吏胥從中弊混。……將此諭令知之。（仁宗四六、一六）

（**嘉慶六、七、戊戌**）吏部奏：向例各省商籍行銷埠務省分，本有住址產業者，不准在該省居官。其歸併考試商籍之省分，未經詳晰，嗣後應令一體迴避。從之。（仁宗八五、二四）

（**嘉慶一六、閏三、丙申**）又諭：鐵保等奏查辦巧取病商之葉爾羌協辦大臣三成，及有心弊混之章京觀文審擬具奏一摺。觀文係棄瑕錄用之員，膽敢慫恿三成奏請增取回疆房地租銀，巧取病商，竟與勒派無異。鐵保等僅擬以革職，發往伊犁充當苦差，未免過輕。觀文著即發往伊犁，到戍後枷號一年，以爲邊疆滋事者戒。三成亦係棄瑕錄用，派往葉爾羌協辦回疆事務，率據觀文稟請增租，妄行入奏，實屬乖謬。鐵保等僅飭令回京聽候部議，亦覺過輕。三成前已照部議革職，著發往烏嚕木齊効力贖罪。（仁宗二四一、一〇）

二、官營

（一）對政府機關經營商業的規定

（**順治一一、四、乙丑**）廣東道監察御史牟雲龍條奏五事：……一、官

設買賣人，宜止。章下所司。(世祖八三、三)

（**雍正九、七、寅辰**）户部遵旨議奏：京師錢價昂貴，請酌定應行應禁事宜。……一、五城十廠糶賣成色米，現在止餘五千餘石，請令各廠再領通倉成色米四萬五千石，均勻發糶。所得錢文發五城錢鋪，照定價九百五十文兑換，俟此項兑完，即令官錢鋪將所換銀兩照時價收錢，循環流轉。至八旗米局糶賣錢文亦交本旗錢鋪。照五城例循環收換。……從之。(世宗一〇八、五)

（**乾隆一、二、戊辰**）總理事務王大臣奏：滿洲、蒙古、漢軍各旗既立米局，内務府三旗亦請各立一局。五城米局之設，有裨於民，請照舊糶賣。從之。(高宗一二、四)

（**乾隆一、二、丙戌**）正黄旗漢軍都統多羅慎郡王允禧等議覆，和碩莊親王允禄等奏請，留減米局事宜。八旗共立二十四局，今允禄等於每旗議裁二局，應照舊例於所留每一局各給銀五千兩，試看一二年，再議留減。其米局事務，請派大臣一員專管。於現在米局辦事官員内，留滿洲、蒙古、漢軍章京各一員，驍騎校一員，其領催、馬甲，交特派大臣酌留差用，仍照例三年奏銷一次。現設米碓，均應裁汰。得旨：此項米局，即令原派大臣等管理，不必專派。餘依議。(高宗一三、一七)

（**乾隆二、一一、壬戌**）又諭：據提督鄂善會同管理米局都統等，奏請裁汰八旗官米局，……著總理事務王大臣會同提督鄂善、八旗都統等詳悉妥議具奏。尋議：應如所奏，概行停止。(高宗五六、九)

（**乾隆三、三、壬戌**）和碩恒親王弘晊等議：御史舒赫德奏請復立米局。又御史朱鳳英奏請平糶。奉旨：舒赫德、朱鳳英所奏，著軍機大臣會同八旗都統詳議具奏。查去年總理事務王大臣、八旗都統總管鄂善等議准，裁八旗九處米局。今年倉場侍郎宗室塞爾赫等，奏請暫留通州米局。奉旨：是。米局不必裁革。從前伊等議裁米局，未必全是，俟過今年再行酌量。今御史舒赫德、朱鳳英，俱稱自裁革米局以來，奸民冀圖重利，任意收買旗人米石，以致米價昂貴，請復設立米局等語。查八旗官弁，食餘米必糶賣，商人囤米，特爲漁利壟斷，奸民彼此齊行，兵民兼受其累。若官爲設局收買，米貴時，平價發糶，則市價自減。應如該御史等所奏，仍添設官米局。除現在八旗米局八處、包衣佐領米局一處，八旗再添設米局十六處、包衣佐領米局二處。現今各米局俱有特派大臣，應仍令其經理。每局仍給本銀五千兩，其應採買之時，即領銀採買。仍著步軍統領及五城、順天府，嚴行查緝，不許奸商設計糶買。從之。(高宗六四、一七)

（**乾隆三、三、己巳**）又諭：現在八旗復設米局。原議於應行買米之時，動支庫銀收買。目下米價昂貴，旗民糴買不免拮据。必須及早平糶，方有裨益。朕意欲於每廠給發銀米各半，令其即行開糶，酌量辦理。其應如何給發銀米之處，著大學士議奏。尋議：八旗復設米局，應遵旨每廠給與銀米各半，以資平糶。請比市價稍減糶賣，以平市價。得旨：依議速行。（高宗六五、八）

（**乾隆三、六、甲申**）大學士鄂爾泰等議覆：參領四十七奏稱，八旗開設米局二十四所，每局一日可賣錢數十千，合二十四局，則已賣錢百千串。若不轉發兌換，則又有囤積自官之弊，請令於米局內兼設錢局出兌，隨時低昂，不定其價，隨銀交易，不限其數，即以此錢換出之銀買米，日有此百千串官錢，在民間相爲流通，則民間之錢，雖欲增價而不能。應如所請。……從之。（高宗七〇、一〇）

（**乾隆三、六、甲申**）〔大學士鄂爾泰等〕又議：參領王進泰奏稱，八旗米局，有關兵食，請定額派員專管。應令該旗大臣，每局揀選廉能參領一員，章京一員，驍騎校二員，以專責成。俟三年查奏米局時，該員分別勸懲，無庸引見。得旨：依議。八旗派管米局之參領等官，仍著帶領引見。（高宗七〇、一一）

（**乾隆三、七、丙戌**）諭管理八旗米局大臣等：米局之設，原在悉心籌畫，妥協辦理。如以多貯米石爲事，爭相採買，既有官局爭買收貯，商民百姓又復偷糶積囤，米價何由得平？米局雖各有分司，而所辦之事則一。今米局復設之初，辦理自必維艱，惟在該管大臣等詳悉商辦，不許爭相採買。凡收發米石糶糶價值，彼此酌定畫一、妥爲調劑，務使米價平減，俾兵民均霑實惠。至旗人支領米石，不准賣於民人，准其賣於官局者，原爲禁止民人囤積居奇之弊，以平市價耳。官局收買米石，酌令兵民糴買，均有裨益。若不嚴禁偷賣於民，則官局米石既少，不但市價不能平減，轉使奸商得以囤積居奇，而於兵民均無益矣。從前關米時，俱派該旗章京帶領兵丁，查拏偷賣米石，今竟不行查拏。現屆關米之時，著交管理米局大臣等，照例查拏外，並著步軍統領衙門，亦仍照常查拏。（高宗七四、一二）

（**乾隆三、八、戊申**）又諭：據步軍統領鄂善，將內務府所屬米局及正藍旗漢軍都統米局，用車載米，賣與米鋪商人之處，查獲參奏。夫設立米局者，原爲平米價以裕旗人生計。從前設立米局，米價甚爲平減，續因有人條奏裁汰米局，米價漸致騰貴，是以復令開設。今內務府及正藍旗漢軍都統米局，俱用車載米，賣與米鋪商人，任其堆積，是非裕旗人生計，反致奸商射利，米價焉得平減？此皆都統等漫不經心，並不以此爲事之所致也。朕曾特降諭旨，令爾等不時訪查。伊等職事無多，何至所交些小之事，俱不查辦？如都統等果悉心查辦，俾販賣商人，不能堆積，實賣與糶米食用之人，則米價自平，於旗人生計有裨益矣。若似此不以爲事，一任屬員苟且濫賣，不但米價斷不能平，日久必致有人以開設米局亦屬無益，復奏請裁汰也。國家之事，屢次更改，忽行忽止，於體統亦屬未合。嗣後都統等，若仍不悉心辦理，或經朕訪聞，或被人參奏，朕惟該都統等是問。鄂善將此查出具奏可嘉。著交部議敘。內務府總管內，因無特交之人，彼此俱不經管，始至如此。內務府所屬米局事務，著和親王總統管理。朱震亦非去得之人，所管正藍旗漢軍都統米局事務，著弘暚管理。（高宗七五、一四）

（**乾隆五、五、戊辰**）山西巡撫覺羅石麟奏：查建設綏遠營房等項，砍伐穆納山存留木植，原因歸公運賣，竟有民人私將此木運出，……俱已照例懲治。……得旨：此皆汝平日無能之所致也。……（高宗一一七、二五）

（**乾隆五、閏六、己酉**）户部議覆：湖南巡撫馮光裕疏稱，粵苗聚衆滋事，……調撥湖南各營官兵五千六十餘員名，飛速起程，前赴城步……分佈擒勦，請勅應付。所有一切軍興事宜條款，開列具題：一、行兵應立總統大員調度事宜，會同武員料理，擬以辰永兵備道楊輔臣为軍需道，贊理軍務，總理糧餉、藥彈、賞號、鹽菜、長夫工食等項……其銀米出入，委寶慶府知府張琳專司會計。……一、官兵起程，就近在官庫内借支錢糧，製備行裝盤費等項。照出師黔省及蒲寅山案之例，副將每員借支銀一百二十兩，遊擊一百兩，都司六十兩，守備五十兩，千總三十兩，外委十兩，馬兵六兩，步兵三兩，事竣於應領軍餉内四季扣還。一、官兵過往，照出師黔省例應付。每員名日給米一升，柴三觔。馬每匹日給豆三升，草十觔，無豆給穀五升。米、穀、豆、草俱照時價實給買用。……以上各條，均應如所請。得旨：依議速行。（高宗一二〇、二九）

（**乾隆七、一一、辛酉**）王大臣等議奏：前議撥滿洲兵一千名，往拉林、阿勒楚喀耕種，所有辦理起程，建造房屋、倉廪、墾荒、積穀，設立虛職驍騎校、鄉長管轄。（高宗一七八、一一）

（**乾隆七、一二、壬辰**）王大臣等議奏：……吉林各屬義倉，……倘遇籽粒不穫，或值歉收，散給貧苦兵丁，秋收照數歸還，每石加收五升，其置買牛隻農器，請於庫貯盈餘銀内動支等語，應如所請。……從之。（高宗一八〇、九）

（乾隆八、一二、壬子）諭：今年直隸所屬河間等處，偶被偏災，……著户部將京倉米石酌量給發各旗局及五城米廠，照依時價覈減平糶，賣與零星肩販之人，俾得沿途糶賣，使僻巷窮簷，皆霑實惠。（高宗二〇六、四）

（乾隆九、四、壬戌）天津水師滿營都統福昌等奏：賞給兵丁滋生銀三萬兩，陸續將本銀交庫外，現餘銀八萬九千八百餘兩。經高斌奏請將錢、布、油、醬等四舖關收，只存典當、估衣、弓箭、染房等舖，皆減為一分五釐息。所存銀三萬兩，交鹽運使轉交天津殷實商人等，按一分生息。……奏入，報聞。（高宗二一四、二〇）

（乾隆九、六、庚申）大學士鄂爾泰等議覆：欽派查辦通州糶廠鑲白旗漢軍都統永興奏稱，通州設官米局，原因官兵等出賣俸米，官為糶買存貯，以憑減售而平市價。今通州止設一局，領銀不過六千兩，收買無多，民間增長價值，官米不足調劑平減，徒有官局之名，而無平價之實。所奏情形，頗為明晰。應如所請，於現在官局外，在舊城查出官房一所，添設一局，領銀一萬兩，放米時先儘官局買足，方准民間收買。官兵等有情願借支者，准於前一月將局米借支，至放米時扣還。倘遇歉收米貴，則減價平糶，不患不敷。又稱：倉場侍郎事繁，添局不能兼顧。請仍照舊例，於八旗大臣內，每翼欽派一員，稽查管理。每月將米局出納銀錢米石數目，咨報户部、都察院及監察御史，以憑查核。至三年屆期，照例奏銷，局員仍應更換。亦應如所奏。從之。（高宗二一八、一二）

（乾隆九、一〇、壬子）大學士鄂爾泰等奏：京師近年以來，錢價昂貴，實由耗散多端，若不官為查禁，設法疏通，則弊端難杜，錢亦無由充裕。謹據現在情形，公同酌議八條，……一、京城各當舖，宜酌量借給貨本銀，收錢發市流轉。查京城內外官民大小當舖共六七百座，錢文出入最多……應將京城各當舖，無論官民，每大當貨本豐厚，應派給銀三千兩，聽其營運，將所領銀兩存留作本，每一日交制錢二十四串，運送官局，上市發賣。每制錢一串，加錢十文為局費，其賣出銀，仍交各當舖收回作本。至於小當貨本，原有多寡不等，有情願借銀者，……酌量借給。所繳錢文並賣錢易回銀兩，俱照大當一例辦理。再借給大小當舖貨本，約銀五六十萬兩，核算每日可收錢數千串，須設公局收貯，派員經理。……至收錢、發銀、造冊、文票，俱用順天府治中印信為憑。其局內書算人等，令管局官挑補。所有市上原賣錢文，每制錢一串內，少腰串錢二文，以為局內官役飯食紙張等項之用。俟一年後，如果錢價平減，將該管錢局官交部議敘。倘有侵尅虧那，據實查參。

一、官米局賣米錢文，不必存貯局內。查八旗、內務府設米局二十七處，於乾隆三年三月議准，每局各給銀二千五百兩作本，收買米石。并給燉米二千石平糶。其收買糶賣出入銀錢，向係各該旗、內務府辦理。再本年發給八旗、內務府及五城各廠平糶米，俱係將賣米錢三日一次赴市易銀交部，各在案。今現在議賣官錢，應令八旗、內務府將賣米錢，不必存貯局內。二十七局分爲三班，於三日內每日將九局賣米錢，輪流上市易銀，仍交各該局收貯。其五城各廠賣米錢亦毋庸存貯廠內，仍照舊三日一次，將錢上市易銀，交納户部。所有二項上市錢，均聽派出管理官錢之員一體發賣。一、京城各當舖，現在積錢，宜酌錢數送局，一并發市。查京城當舖六七百座，每於秋冬之際存貯錢最多。此項雖係各當舖營運之貲本，以濟小民一時之緩急。但堆積過多，未能流通，轉於民用不便。現在錢價昂貴，議開官錢局平價而開設之始，錢尚不能充裕，在各當舖時當冬令，正值閑貯之際，應將京城內外大小當舖，無論官民，每大當一、徹出制錢三百串，小當一、徹出制錢一百串，俱自行運送官局，交局員發賣，陸續易銀給還。如運局錢賣將及半，各當舖陸續運送補足。倘小當一時不能如數，令將一百串之數，陸續送足交局。如已經領借官局貲本，前項錢免交。（高宗二二六、八）

（**乾隆一二、一一、丙辰**）[是月]直隸總督那蘇圖奏：薊、永、昌、河四協管，前於提標餘息內分別營運。查四處除原給本銀外，共積存利銀四千五十餘兩。請將薊、永、河三協原本及積存利銀，交典商營運。昌平營原開米糧店舖本利銀兩，仍照舊營運，俱照提標例，二分起息，俟取息日豐開賞。得旨：知道了。（高宗三〇三、一六）

（**乾隆一三、六、辛巳**）户部議覆：管理通州右翼米局副都統玉保等奏稱，旗員應領俸米，每於未開倉前或遇一時困迫，賤價賣給民人，民人圖利承買，於開倉時領回囤積，與旗員無益。請嗣後於未開倉前，有願將俸米售賣者，令該參佐領等將所賣米數，具文親赴官局糶賣等語。查俸米尚未關支，即豫設指俸售賣之條，與政體有乖，應毋庸議。至旗員私賣俸米，應令各該都統等嚴行查禁。並倉場侍郎飭該地方官，不許民人違例糶買。從之。（高宗三一七、二六）

（**乾隆一五、二、壬辰**）又諭：朕省方駐蹕之所，扈從人等所需米糧柴草，地方官招集貿易人豫先運備，以便臨時買用。又恐市價昂貴，復官爲備辦，以平市價。原係意美法良，但現在山西，每人給以價票驗票發賣，以致諸弊叢生。或有以一人而兼領數人之票者；或有不肖之徒，多取官票，而賤買貴賣，從中射利者，殊於隨從人等無益，現在已令停止。嗣後如遇巡幸，凡扈從官兵需用之物，該地方官但招集商人，並官爲運備，以期貨物充裕，市價公平，不必發票。來年巡幸江浙，即著照此例行。可一併傳諭該督撫知之。（高宗三五九、九）

（乾隆一五、一一、丁卯）諭：現在京師米價，雖不甚貴，然較之常價，未免加增。八旗設立米局，收買米石，原視米價之低昂，以備平糶之用。今米價既不無稍昂，若再行收買，恐目下未受平糶之益，轉滋食貴之虞。著暫行停止。如明春應需平糶之時，令管理米局大臣，酌量需用米數，定議奏聞，由倉支領。（高宗三七七、二八）

（乾隆一六、八、癸亥）諭：八旗米局，原因舖户乘賤收買，居奇擡價，有妨民食起見。但現設二十四局，不能盡得妥協之人經理其事，以致辦理多有未善。或任聽奸民赴局私買，囤積漁利，轉滋弊竇。應將現在米局，酌量裁并，或八旗共立八局，分爲左右二翼，特派大臣總理。其在局辦事人員，亦俱慎爲遴選，所有一切收支數目，俱由該處自行銷算，於年終奏明，交部查覈。責成既專，自可隨時調劑，以平市價，於京師民食，似爲有益。其應如何裁并之處，著八旗大臣詳議具奏。尋議奏：京師地廣民繁，官局米需多貯，一局地窄，收貯無幾，且糶米人衆擁擠，恐奸商混雜私販。從前辦理不善，原因每局分隸一旗，經管多員，責成未專所致。今分爲左右二翼，特派大臣總理，其舊設之局仍存。惟按該局坐落地方，需米多少，不必拘定原額。其八旗總理大臣，請旨簡用，一切糶糴平價，及歲底銷算，令其酌辦。至管理人員，亦候旨簡派，令專司米局，不必更兼旗務。三年期滿，分別議敘處分。現存米石，舊管大臣出糶，將原價一併交代。從之。（高宗三九七、二七）

（乾隆一七、二、辛酉）諭：京城米價既已平減，不必平糶。著傳諭兩翼管理米局事務之王大臣等，令將從前賞發米局出糶米四萬石，及由八旗米局内所糶未糶餘米，一併暫行止糶，收貯米局。（高宗四〇九、一一）

（乾隆二三、六、甲子）軍機大臣等議覆：盛京將軍清保奏稱，盛京滋生銀兩，自乾隆十一年九月起至本年二月止，共本利及平餘銀一百五十萬六千三百兩有奇。除陸續交盛京户部及賞兵、立舖等項外，尚有賒借未歸銀三萬餘兩，現餘銀四十三萬六千三百兩有奇。遵照原議，將四十萬兩存舖生息；其餘三萬六千三百兩零，請留官舖貿易，不必起息，俟前欠扣清即歸。再查立舖以來，定以一分五釐起息，原爲速完兵丁借項，今原借已歸，現存四十萬兩，請改爲一分二釐起息。一分供兵丁紅白事，二釐爲官舖公用；倘餘，交庫充項。再官舖承辦人員，若令全更新手，恐多未諳，請換一半等語。應如所請。至所稱賒借未歸銀兩，將餘銀作無息抵補，若不定限完繳，與原議本數不符，請立限一年，即將應交各項交庫。從之。（高宗五六四、二〇）

　　（乾隆二五、一、癸酉）大學士等議奏：盛京將軍清保等奏稱，盛京滋生銀四十萬兩，現積欠銀五萬八千餘兩，一時難以歸款。查滋生銀係以本起息之項，此次積欠若不由本銀內開除，恐承辦官員或私取重息，或以本銀彌補欠項，日久弊竇叢生，應令照數開除。仍於該處鋪戶存貯銀內抽撥八千兩，定為本銀；三十五萬兩以一分二釐起息，於每年賞給兵丁紅白事件，官鋪公用，仍屬有盈無絀。至原欠人等，仍著該將軍行文各該旗省嚴催交納。從之。（高宗六〇五、一一）

　　（乾隆二七、四、癸巳）四川總督開泰奏：……查寶川局錢，有應出易以平市價者，原議庫平絞銀一兩，給錢九百五十文，較市價為多。各鋪戶希圖餘潤，竟有將所易錢文，潛運他省者。雖行嚴禁，陽奉陰違。因飭成都府官為設局，倣常平倉平糶例，視市價隨時量減。自上年六月，至本年三月，計盈餘銀五千兩有奇。除支給一切人工飯食，及傾銷等項，又於官地修建房屋二十餘間，為往來差務公廨外，尚餘銀二千餘兩。請將此項銀，嗣後俱存貯司庫，以為修葺松潘、建昌等處各堡之用。從之。（高宗六五九、二四）

　　（乾隆二八、一一、己巳）[伊犁將軍明瑞等]又奏：辦理涼州莊浪滿洲兵移駐伊犁事宜。臣楊應琚即赴涼州會同巴祿，將兵行裝各項逐一查明，派員赴出產之地置備，其餘銀兩照例至伊犁補給。但新疆移駐滿洲與索倫、察哈爾兵人眾，物價未免昂貴，與其厚利歸商，莫若令旗人分獲利息。請將前項銀交臣巴祿，派委妥幹旗員。臣楊應琚飭令地方官，將日用必需物件從內地採買，載運牲隻車輛，交三起移駐官兵，陸續運至伊犁。臣明瑞豫備開設店鋪，按月查訪市價，酌平增減。每年所得餘利，一體均散各兵，以為買補馬匹、修理器具之用。報聞。（高宗六九九、四）

　　（乾隆三四、一、丁未）軍機大臣等議覆：御史平治奏稱，現大興、宛平設廠平糶，而米價尚昂，應行調劑。查通州民人向來私立米局十二座，專為囤積俸米而設。每季八旗俸暨王俸，計數十萬石，半係賣與米局。若輩勢眾心齊，素與花戶斗級交通，各行店不敢與爭。而八旗之領催、家人等，恃有各局支借錢文，未有不慫恿賣與米局者，請嚴行禁止。應如所奏，交步軍統領衙門會同順天府查禁。其空設米局，押令即行改業，并毋許詭避於就近村莊，及近京地面，暗中滋弊。至賣米行店，非私局可比，應令順天府等衙

門通飭所屬，毋許胥役藉此滋擾。仍令八旗通飭參領，嚴諭領催等，如與奸商交結私賣，立即參懲。從之。（高宗八二七、九）

（**乾隆三四、七、癸未**）諭：據明德奏，廣西府五嶒通判馬生龍委管威寧銅店，虧缺應存運腳銀一萬四千兩零，請革職嚴究定擬等語。馬生龍管理銅店，虧缺銀兩至如許之多，殊屬不法，著革職，交與明德，即提拏案内經手家人書役，一併嚴審究追，定擬具奏。（高宗八三八、三）

（**乾隆三四、一〇、丙子**）諭軍機大臣等：據明德奏，審訊馬生龍虧缺銅店運腳銀兩，问擬斬決一摺。初以該犯虧缺帑項數至累萬，照侵盜律問擬，自屬情罪相當，已批該部覈擬速奏。及細閱供單，則馬生龍第稱辦理不善，虧空累萬。明德亦並不詳加詰究，遽爾定案，豈成信讞？如果馬生龍並未侵蝕入己，而所稱腳户逃亡，重價購馬諸事，俱有確據，則該犯不過庸劣無能，辦理不善，輒因其虧數過多，立寘重辟，不但無以服其心，朕亦有所不忍，乃伊所供各情節俱係遊詞支飾，自當逐一根究，務使證據分明，則案情輕重，自可立辨，明德何竟不加嚴鞫，遽憑一面之詞，率爲遷就，思欲顢頇了事乎？如供内稱因辦理兵差、夫馬短少，隨招徠腳户，豫發運腳，漸有逃亡無著等語。雇覓腳户自有鄉約、保正等經手承辦，即所發運腳，亦必有承領之人，何難拘傳訊問？令將何年月日雇夫若干，發價若干兩之處，各爲詳晰指出，其虛實自不能掩。且腳户既得有運腳，則餬口有資，何至受值後轉行竄逸，並至盡數逃亡，皆理之所不可信。明德何以全不加以研求，至所稱重價購買馬匹及雇夫餧養之處，更無難立爲剖晰。馬生龍虧帑至一萬四千餘兩，則購馬當得幾何，亦當問其每馬需價若干，實買多少，買自何人之手，並雇夫餧養需費若干，一一開數覈算，自必水落石出。乃輕信其馬多倒斃一語，又不究其倒斃實在幾何，遽以爲購馬開銷之據，有是理乎？即所云銅店費用較多之語，尤爲易於覈實。乃於此等緊要關鍵不問，僅就其虛浮無據之詞，率定爰書。明德久任封疆，所辦審案不少，曾見有如此模糊影響，遂得謂之準情斷獄乎？至以長隨童陞不行稟阻，擬以杖責，更屬可笑。童陞係馬生龍委令管理銅店之人，若其中果有通同侵蝕情弊，即應審明計贓定罪，如實在並無染指，即係案内無干之人，並可無庸坐罪。且長隨與家人僮僕無異，其分不過供給使令，并非若胥吏等職司案牘，遇本官有事不合例之處，尚可責其未能稟阻。今明德乃以此責之長隨，則是州縣在外，竟當受長隨鈐制，可以惟所指揮，其爲悖理更甚。明德何竟顛倒若此乎？看來明德近來竟屬昏瞶荒唐，於事理全然不曉。此案非伊所能審辦，著將明德原摺並供單鈔寄彰寶，令其逐一詳加審究，務得實情，另行定擬具奏。（高宗

八四五、四八)

（**乾隆**三七、六、丙子）諭軍機大臣等：于敏中奏，户部議據内務府行文給發免納豬税執照一案，請分別議處著賠之處，自應如此辦理。已降旨將原辦之司員嚴加議處矣。此案，内務府承辦之員大有情弊，非該管大臣所能查辦。近年豬口等價，雖較從前稍昂，而官買定值，與市價即不甚相懸。且以官發之紋銀庫平，比之民間通行平色，交易已屬便宜，即内務府原奏，請免兩翼之税，已屬非是。至隨圍購辦豬肉，内務府既爲酌增價值，又復量予幫貼，更不至於賠累，乃竟藉有兩翼免税之語，欲將各處税銀概行免納，實屬有心朦混。且朕現駐熱河，只應就近購辦，何必遠赴八溝？而内管領立柱，又令豬牙自行前往採買，種種情節，均屬可疑。況執照一落市儈之手，勢必串通奸商，任意多買，包攬影射，又將何所不至？看來此案弊病甚多，不可不徹底根究。著交留京辦事王大臣，會同英廉嚴行查訊。務得確情，據實覆奏。英廉即係内務府大臣，倘敢稍存偏向，致案不盡不實，惟於英廉是問。(高宗九一〇、一六)

（**乾隆**五二、五、甲申）諭曰：副都御史劉權之條奏籌辦民食一摺。内稱雍正五年，設有八旗官局二十四處，内務府官局三處，收買旗米，官爲轉糶，後因經理不善，裁併停止。請仍復八旗官局，欽派大臣總理稽查，按照舊日章程酌定辦理等語。米糧盈絀，民食攸關，總在轉運流通，源源接濟，方不至市價騰踊，商民兩受其益。如有奸商牙販，囤積居奇，擡價病民者，自應嚴加查察，隨時懲治。現在京城查出囤户，酌令減價平糶，原以平價便民，使商販無從逞其壟斷之術，而軍民不致食貴之虞。但杜弊之法，惟在去其太甚。若概欲官爲經理，勢必有所難行。從前雍正年間，設立八旗内務府、官局，收買旗米，官爲轉糶，原係一時調劑之法；行之日久，即不免滋生弊端，是以仍行歸併停止。況國家重熙累洽，生齒日繁，百物價值，勢不能不較前增貴。即如從前一人之食，今且將二十人食之，其土地所産，仍不能有加，是以市集價值，不能不隨時增長。若如該副都御史所奏，欲仿照舊例，設立官局，無論弊端難以杜絶，前已礙難經久施行。且官局共有二十七處，而辦事大臣爲朕親信者，不敷簡派。況大臣中非辦理機務，即係兼綜部旗各事，豈能舍緊要政務於不辦，令其專司收米販糶之理？若僅隨便充數管理，於事亦屬無益，抑且更滋弊竇，均所難免。且經管大臣耳目難周，雖悉心稽查督辦，家人胥吏等，俱難保無暗中串通滋弊情事；而奸商狡獪倩雇之人，亦難一一從而辨識。是欲防弊，而弊即叢生，仍屬有名無實，殊多未便。但該副都御史既有此奏，未必竟無所見，著交留京王大臣，會同大學

士、九卿、八旗都統等,將該副都御史所奏,是否可行之處,詳晰妥議具奏。(高宗一二八一、一一)

(**乾隆五二、六、乙巳**)諭:據留京辦事王大臣等,會同議駁副都御史劉權之條奏仍復八旗米局一摺。官局之設,原爲有益於旗民,但當米價方昂之時,設立官局,即須抑令旗人賤賣於官,勢轉近於勒糴,而經理不能妥協,弊竇叢生,仍屬有名無實,自應停止。已依議行矣。至綿恩、阿桂會同戶部、順天府,另摺議奏籌辦麥石否以備明歲平糶一摺。內稱豫省每年應徵粟米十二萬八百餘石,以十之三改折麥石,覈算可得麥三萬六千餘石,恐尚不敷用。因思山東地方,向來種麥者亦多,每歲應徵粟米二十四萬七千餘石,若酌改麥石,以十之一覈算,亦可得二萬餘石,二共有麥六萬石,以之豫備平糶,可資充裕等語。東省本年春夏以來,雨澤愆期,麥收歉薄,節經降旨緩徵,並令該撫酌借口糧,開倉平糶,以資接濟。是東省今年斷不能改徵麥石運京,朕所深知。應俟明歲雨澤調勻,麥收豐稔,再行酌量辦理。至豫省地土平衍,民間種麥較廣,本年俱屬豐收。現據畢沅奏,請以麥抵米。是按該省情形酌量分數,改徵麥石,於民情甚便。著依議行。即令豫省改徵運京,以備明年平糶之用。設或明年麥價平減,無須出糶,而麥石久貯,陳朽爲虞,即照綿恩等所奏,於俸米甲米均勻搭放,更可行之經久。又綿恩等摺內夾片奏稱,現在麥麵價值既已平減,惟米價一時未能即減,懇請於京倉內撥米三萬石,交與五城設廠平糶等語。米糧價值,民食攸關,現在市價稍昂,自應平糶,以資調劑。所請撥米三萬石,爲數尚少,著竟於京倉內撥米五萬石,每城交與一萬石。若仍照舊例,每城設立官廠,既不免經費之繁,而經管之大臣官員,耳目難周,勢不能不諉之司坊官、家人、吏胥等承辦,難保無暗中串通滋弊情事,仍屬有名無實。朕意不若於五城各派大臣一員,在城內城外公同揀擇殷實大鋪戶各一處,將官米交給該鋪戶,自行糶賣,仍官爲酌定價值,令其稍霑餘潤,俾資贍給。所有賣出價值,即隨時繳納。著派尚書胡季堂、侍郎惠齡、汪承霈、海寧、德成各分管一城,率同該城御史專辦其事,並會同步軍統領、順天府嚴密查察。如該鋪戶不遵官定價值,仍私行擡高牟利者,一經查出,不但將官米撤回,另選殷實大鋪承糶,並將其鋪內自買米石,一併入官,爲平糶之用,仍將該商治罪。其有不願領米者,即是把持禁令奸商,治罪如前,另選定一人充之。如此懲一儆百,則糶賣官米之商人,知所畏懼,自不敢復蹈故轍。而各城既有官米鋪戶平價出售,小民自必皆赴該鋪糶買。其餘民間米鋪,

若擡價居奇，亦無人向彼糴買，則該商等自不能不仿照官定價出售，米價不期賤而自賤。（高宗一二八二、一一）

（乾隆五四、三、甲子）又諭：據保寧等奏，將伊犁官設鋪面事體情形，察覈辦理。伊犁地處絕徼，官兵日用諸物，惟藉商賈由內地運往。恐奸商於物少之時，任意居奇。有官設鋪面，則兵丁得以賤價購買，而所得息銀，又可接濟差務，添補倒斃馬匹，於兵丁生計大有裨益。但辦理不善反滋弊端。著傳諭保寧，所有管理鋪面事務，及遣赴內地購買貨物，務擇曉事之人辦理，毋任弊混，仍不時實力稽查。（高宗一三二四、一五）

（乾隆五五、三、戊子）又諭：昨據綿恩、阿桂等奏到，查抄承安家產，酌量留給養贍之資，每年租息二千餘兩，住房九十餘間。朕細思之，租息既有二千餘兩，其原值即有二萬餘金，所辦錯誤。……現在查出典當、糧店，俱交內務府照常開設，地畝亦毋庸交部，並交內務府令莊頭兼管，以備王等分府之用。其餘別項物件，仍著照例辦理。（高宗一三五〇、一〇）

（二）對貴族和官員經商的限制

（順治一、七、壬寅）又諭諸王及官民人等曰：凡我黎民，無論新舊，同屬朝廷赤子。近聞有將歸順人民給與滿字背帖，徑充役使；或給發資本，令其貿易，同於家人；或擅發告示，占據市行，與民爭利。虧損國稅，亂政壞法，莫此爲甚。除已往姑不追究外，自今傳諭以後，宜亟改正。若仍怙勢不悛，定置重典，決不輕宥。（世祖六、一一）

（順治二、二、丁巳）令户部傳諭管莊撥什庫等，使曉諭各處莊頭：凡民間什物，不許攘掠。若採買芻糧，定於民間開市之日，著一人率領同往，餘日毋得私行。其貿易價值，毋致短少，務須兩得其平。儻有違令恣行者，即行處死。（世祖一四，四）

（順治五、閏四、丁未）禁止諸王府商人及旗下官員家人外省貿易。（世祖三八、一一）

（順治一一、四、乙丑）廣東道監察御史牟雲龍條奏五事：……一、官設買賣人，宜止。章下所司。（世祖八三、三）

（順治一七、六、癸巳）浙江道監察御史季振宜劾奏大學士劉正宗。……又青州府城，向有絲布二行，每絲一定，抽銀三分，每布百桶，抽銀四兩五錢，乃鋪行從來舊例。正宗勢要壟斷，強佔二行以營利。行户李明寰等，具告益都縣，正宗復以名帖壓囑不行。明寰等不甘，赴京告理。正宗密令腹僕于心宇，託同鄉冢臣孫廷銓家人談魁三等多方挽止。其營利無厭，爲鄉黨切

齒如此。……疏入。得旨：所參情節，著劉正宗據實明白回奏。(世祖一三六、一七)

（順治一七、六、壬子）內大臣伯索尼遵諭上言十一事：一、小民冤抑宜伸也。叩閽所以通閭閻之隱，然情有虛實，難以懸定，倘因一人誆愬，概行禁止，恐有真正冤抑無由上達。今後凡陳訴者，先令該衙門察實，如不赴該衙門告理，輒行越訴者，立行責逐。如曾經告理，該衙門不為詳審者，即下別衙門嚴察，實則准與申理，虛則依例定罪。庶官吏皆洗心滌慮，而刁民亦不敢捏詞誆訟矣。一、情罪質審宜詳也。凡罪犯發覺，承問官必得其情，分別輕重，奏聞定奪，則上無濫刑，而下無冤枉。倘一經發覺，奉有嚴旨，承問官不察其情，輒加重罪，則雖有冤枉，百喙難明。今內大臣審理尚方院罪人，并無照舊例治以應得之罪及二十七鞭之刑。如此而謂情罪平允可乎？其罪輕可疑者，量其情由，更加詳慎，則全活必多，亦足以廣好生之德矣。……一、外藩法令宜寬也。外藩蒙古，皆令遵內定法例，不許再醮同族之人為婚。太宗皇帝初定例時，因彼不能遵行，遂行停止。今在內各官命婦，不許再醮；民人之婦自二十歲守節至四十歲者，准與旌表。在外各藩并無此例。如必令遵行定例，恐男女之間反滋悖亂，強繩之非理也。應請仍照舊例以示寬容。一、豪強霸占宜清也。民有定居，然後各安其業。近聞南城地方勢豪及滿洲大臣，惟知射利，罔恤民艱，霸占行市，恣行壟斷。姦詭之徒，從中指引，百計掊克，以擴貨財。被害者吞聲，旁觀者結舌。輦轂重地，可令商民如此失業乎？伏乞敕諭嚴察，令各還原業，庶幾民得甦息矣。一、四方血脈宜通也。商賈往來貿易，絡繹不絕，然後知京師之大。今聞各省商民，擔負捆載至京者，滿洲大臣家人出城迎截，短價強買者甚多。如此則商人必畏縮而不敢前，甚非盛世所宜有也。伏乞嚴察，永行禁絕，庶恩及商賈，而百貨輻輳矣。一、私決泉水宜杜也。京北玉泉山之水，止備上用，其禁甚嚴。今諸王、貝勒，以及各官輒皆私引灌田，遂致泉流盡竭，殊干法紀。今後宜嚴諭禁止，庶泉流不竭矣。一、採木陋弊宜禁也。邊外之木皆係商人僱民採伐，水運解部。除照額抽稅外，其餘悉令發賣，實欲利及商人也。今聞諸大臣將採木地方私行霸占，以致商不聊生。請嚴行禁止，則商人不至重困，而木亦不可勝用矣。一、諸大臣興造宜戒也。國爾忘家，人臣之義。既荷大臣之任，而可苟且以從事乎？今見在各衙門諸臣，不力殫公事，惟修飾第宅，高大門閭，興作不止。天不雨金，徒召人憎如鬼蜮耳。且國計民生，悉置不恤，徒使主上一人焦勞，清夜思維，可自安乎？理宜概行嚴禁，以懲惡俗。一、無告窮民宜矜也。五城審事各官，遇滿洲家人與窮民搆訟，必罪窮民；或富強之人與窮民搆訟，亦罪窮民，不思執法，曲意徇情。是朝廷設官反爲豪強者傅虎翼也。應請嚴諭申飭，務令秉公據理，不得徇情納賄，恣意妄行。庶豪強斂跡，而良善安全矣。疏入，得旨：勢豪滿洲大臣霸占行市，恣行壟斷，佔據店房，迎截各省來京商人，虧價勒買，強霸木場，及繕造高大宅第，誠屬實事。似此害民糜費，殊爲可惡，著嚴察議奏。餘著確議具奏。（世祖一三七、一九）

（**順治一七、七、癸未**）户部議覆：内大臣伯索尼請禁豪強滿洲霸占市井貿易及滿洲家人強買市物一疏，請敕各該城御史清查市井，如有前項情弊，指參重處。從之。（世祖一三八、二三）

（**康熙一、八、丙午**）諭户部：糧船經由漕河，領運官丁，恪遵條約，依期抵通回空，方爲盡職。乃有姦頑員役不守成法，多有夾帶私販貨物，隱藏犯法人口，倚恃勢力，行兇害人；借名阻礙河道，毆打平人，託言搜尋失物，搶劫民船；且有盜賣漕糧，中途故致船壞，以圖貽累地方。種種姦惡，難以枚舉，蔑法病民，莫此爲甚。以後如有仍前作弊違禁、肆行無忌者，督漕各官、并該地方官，一有見聞，即行參奏，務將官丁嚴提，治以重罪。若知而徇情不奏，督漕各官及地方官，亦從重處治。爾部即傳諭遵行。（聖祖七、一）

（**康熙二、一、甲寅**）户部議覆：漕運總督林起龍條奏，漕運重船，原令各關盤詰夾帶私貨，但關口甚多，處處盤詰，必多誤運。應如所議，止於儀真、瓜洲、淮安、濟寧、天津等五處地方，嚴加盤查。又水次附載，沿途包買，運官通同奸商諸弊，均關漕運要務，亦應如所議嚴禁。又運丁舊例，每船許帶土宜六十石，恐南北關司，概作私貨。查每船土宜，載在議單，應仍許帶，以恤運丁勞苦。從之。（聖祖九、二六）

（**康熙四、三、壬辰**）諭工部：漕運關係國用，河道理宜嚴肅。近聞内外顯要官員，多置船隻，貿易往來，奸徒惡棍，假借名色，恣意橫行，以致閘座啟閉不時，河水淺涸，糧艘爲阻。又欽差及赴任各官多帶貨船，縱容下役騷擾河路。俱應嚴行禁止。爾部即詳議具奏。（聖祖一四、二一）

（**康熙四、四、庚午**）諭户部、工部：河道轉運糧艘，通利商賈，關係國計民生，理應肅清積弊，乃便行旅往來。向因河道船隻，有豪強之徒不遵國法，擅設牌扁旗幟等項，曾經治罪禁止。近聞復有棍徒，或冒稱欽差，或指稱輔政大臣名色，設牌樹幟，張大威勢，恣意橫行。嗣後除特奉欽差外，如有前弊，該督撫及沿河各官，不時嚴察拏究，指名題參，從重治罪。倘該管官失於覺察，被旁人首發，一并嚴處不貸。（聖祖一五、五）

（康熙五、一、辛丑）諭户部：近聞內外奸棍違禁妄稱顯要名色，招搖肆行，於各處貿易馬匹緞疋，及各項貨物，河路霸佔船隻，關津恃强妄爲，此皆該管官瞻徇容留、疎忽怠玩所致。以後如有此等奸棍，仍前指稱王貝勒輔政大臣及內外大臣名色招搖肆行者，地方官必嚴察拏獲送部，從重治罪。如地方各官，仍蹈故轍，瞻徇怠玩，不行緝捕，或別經發覺，或旁人出首，將其貿易經過地方不行緝捕官從重治罪。爾部即通行嚴飭。（聖祖一八、四）

（康熙六、五、癸丑）左都御史王熙遵旨條奏：閩、廣、江西、湖廣等省各官，近或自置貨物，售於屬下，或巨舸連檣，裝截他方市易，行同商賈，不顧官箴。甚者指稱藩下，挾勢橫行，假借營兵，放債取利，請敕部詳議。嗣後閩廣等省王公將軍、督撫提鎮，如有恃勢貿易、與人爭利者，作何議處治罪，并嚴指稱假借之禁，庶小民得以安生，官方因之整肅。下部議行。（聖祖二二、七）

（康熙六、七、甲辰）户部等衙門議覆：左都御史王熙，請禁官員貿易之害一疏。嗣後王公以下，文武大小各官家人，强占關津要地、不容商人貿易者，在原犯之地，枷號三個月。係民，責四十板；旗人，鞭一百。其縱容家人之藩王，罰銀一萬兩；公，罰銀一千兩，俱將管理家務官革職。將軍督撫以下文武各官俱革職。若兵民商人，假稱王公文武各官之名，照光棍例治罪，貨物入官。得旨：有橫行欺壓者，爲首之人，照光棍例治罪。餘依議。（聖祖二三、二）

（康熙八、六、壬申）都察院疏請：禁藩王及大臣家下商人各省貿易。從之。（聖祖三〇、五）

（康熙一九、八、丙戌）諭：侍郎宜昌阿等：爾等所行事宜，俱各得當，甚爲嘉悅。朕意所及數事，特行密諭。一、尚之信雖經犯法，伊等妻子不可令卑賤小人凌辱，應查明嚴禁，遣人護送來京。一、廣東所有大市小市之利，經藩下諸人霸占者無算，可會同巡撫詳察，應歸百姓者，題明仍歸百姓，則廣東人民得沾無窮之惠矣。一、聞藩下所屬私市私稅，每歲所獲銀兩不下數百萬，當盡充國賦，以濟軍需。一、各省商販人等，欲藉藩下行勢，投入者甚多。皆須查明，應斷出者即行斷出，其不應斷出者宜盡行遣發來京，勿致逃亡隱漏。一、尚之信等所有貲財用充軍餉，已有諭旨，務須詳行稽查，毋致有遺漏、侵尅等弊。（聖祖九一、二一）

（康熙二〇、二、甲午）上以逆賊尚之信在廣東令其部人私充鹽商，據津口，立總店；又逆賊耿精忠在福建橫征鹽課，擅設報船，苛派夫驛，勒索

銀米，久爲民害，命該部檄各督撫，悉革除之。(聖祖九四、一三)

（**康熙二七、九、丙申**）廣東巡撫朱弘祚條奏粵省鹽政：……粵省舊駐尚逆，黨棍未靖，或冒名旗下，或投托見任，謀充客商，踞地爲害。請敕查冒名旗人及投托見任文武各官，佔奪民利者，嚴加處分。……得旨：本內事情，俱照該撫所題行。(聖祖一三七、七)

（**康熙四八、八、戊午**）偏沅巡撫趙申喬疏言：永州鎮中營遊擊唐之夔違禁取利，將餉銀發錢舖換錢，給銀少而取錢多。又令營兵放債，盤剝小民。其永州鎮總兵官李如松故縱屬員，不加管束，又自行開設典舖，亦屬違例。相應題參。得旨：該部嚴察議奏。(聖祖二三八、一九)

（**康熙四八、一二、乙巳**）九卿等議覆：湖南巡撫趙申喬參湖廣提督俞益謨冒支兵餉，又參永州總兵官李如松、遊擊唐之夔縱兵放債，及違禁開設典舖各款，請交湖廣總督郭世隆詳審具奏。得旨：著吏部尚書蕭永藻、都察院左副督御史王度昭前往，與該督會審具奏。(聖祖二四〇、一八)

（**康熙四九、七、壬午**）兵部議覆，奉差湖南審事吏部尚書蕭永藻等疏言：巡撫趙申喬疏參提督俞益謨侵冒兵餉；遊擊唐之夔將銀換錢，少與多取；總兵官李如松不能約束兵丁在任所開設典舖；提督俞益謨疏參巡撫趙申喬每事刻意苛求，故欲陷人。今將伊等審訊，所參俱實。提督俞益謨應革職，原任總兵官今陞杭州副督統李如松及遊擊唐之夔，應各降三級調用。巡撫趙申喬亦應革職。得旨：俞益謨著休致；趙申喬著革職留任；李如松著降三級，從寬免調用，留副督統任。餘如議。(聖祖二四二、一九)

（**乾隆一、八、乙酉**）諭：朕因八旗兵丁寒苦者多，再四思維，特命借給官庫銀兩，俾伊等營運有資，不憂匱乏。伊等自應仰體朕心，諸凡撙節，以爲久遠之計。乃聞領銀到手，濫行花費，不知愛惜。而市肆貿易之人惟利是圖，將綢緞衣服等項，增長價值以巧取之。獨不思兵民商賈，原屬一體。兵丁用度寬餘，則百貨流通，商人可獲自然之利。是國家加恩於兵丁，未嘗無益於商賈也。何得昧其天良，背公平之義，而爲刻薄之舉，使窮苦兵丁暗中受其剝削？獲利幾何，已干爲富不仁之戒，縱國法不便遽加，亦當各自猛省。著順天府、五城通行曉諭商人，並令八旗大臣等教訓兵丁，咸使聞知。(高宗二五、一六)

（**乾隆三、三、甲寅**）諭：朕聞得廣東鹽運使陳鴻熙在粵十有餘年，自管理鹽務以來，巧取營私，無利不搜。每當商人納餉之時，鴻熙並不照額收銀，即行給發鹽引，名曰挂餉。及當消售鹽觔，應完稅價之時，又不照數交收，虛報空文存案，名曰挂價。總令各商將應納之餉稅銀兩，在外營運，迨至獲利之後，將正數歸還原款，餘利婪收入己。竟以朝廷正項之錢糧，爲運使放債之資本，積年所獲不貲。且動向各商難派，用一指十，藉商綱利，以充私橐。海南道王元樞殘忍貪黷，兼有惡才。前在肇慶府任内，承辦銅勋，豫領帑銀四萬餘兩，乘黔省苗疆用兵，道路梗阻，竟將公項分發各商營運，勒令加三加五起息，毫無顧忌。其委收黃岡廠之家人蠹役，重耗苛徵，兩粤商民，怨聲騰沸。此二員之貪污劣蹟，朕訪聞如此。陳鴻熙、王無樞俱著革職。(高宗六四、六)

（**乾隆三、八、乙酉**）［諭曰：］［御史稽魯］又奏請鑄當十錢，……并請復設錢行經紀等語。……至經紀蠹役，經御史條奏革除，稽魯又請招募。此招募之人，能必其即愈於所革之人乎？彼所奏三摺，持論悖謬，妄欲變亂成法，今略撮其大要，宣示於衆。稽魯著交部嚴加議處。(高宗七四、一一)

（**乾隆五、九、戊寅**）諭：民間懋遷有無官立牙行，以評物價，便商賈，其頂冒把持者，俱有嚴禁。近聞外省衙門胥役多有更名捏姓，兼充牙行者，此輩倚勢作奸，壟斷取利，必致魚肉商民。被害之人，又因其衙門情熟，莫敢伸訴，其爲市廛之蠹，尤非尋常頂冒把持者可比，所當亟爲查禁。嗣後胥吏人等，冒充牙行，作何定例嚴禁，及地方失於查察，作何處分之處，交該部定議具奏。(高宗一二六、一五)

（**乾隆五、一〇、乙丑**）户部遵旨議奏：各省衙門胥役，現在更名捏姓，兼充牙行者，令該地方官嚴查，永行禁止。如嗣後仍有捏充者，照更名重役例治罪。地方官奉行不力，照一切無藉之徒違禁把持，失於查察例，罰俸一年。徇縱者，降二級調用。受財故縱者，計贓治罪，以枉法論。從之。(高宗一二九、一六)

（**乾隆八、六、己卯**）禁衿監充認牙行。諭：民間貿易，官爲設立牙行，以評市價，所以通商便民，彼此均有利益也。是以定例。投認牙行，必係殷實良民，取有結狀，始准給帖充應。蓋殷實則有產業可抵，良民則無護符可恃，庶幾顧惜身家，凜遵法紀，不敢任意侵吞，爲商人之害。乃聞各省牙行，多有以衿監認充者，每至侵蝕客本，拖欠貨銀，或恃情面而曲爲遲延，或藉聲勢而逞其掯勒，以致覊旅遠商，含忍莫訴，甚屬可憫。從前外省衙門胥役，有更名換姓兼充牙行者，已經降旨勅部定議，嚴行禁革。積弊始除，而衿監充行，其弊與胥役等。應將現在牙行逐一詳查，如有衿監充認者，即行追帖，令其歇業，永著爲例。嗣後如有仍蹈故轍而州縣官失於查察者，著該上司查參議處。其如何定例之處，該部妥議具奏。尋議：現在牙行如有衿監充認，即行追帖，令其歇業，並永行嚴禁。如不肖衿監，藐視法紀，州縣官奉行不力者，照胥役兼充牙行例，分別治罪。從之。(高宗一九五、二四)

(乾隆一〇、七、癸酉) 戶部議覆：漕運總督顧琮奏稱，幫船重運赴北，沿途起剝過淺，費用繁多，丁力竭蹙。每將回空食米，全起過壩，及催趲回空，食米必缺。雖有應領餘米，並扣存回空之銀，仍不敷用。查向例糧船回，過東省時，准帶梨棗六十石，以資舵水之用。邇年首進回空，較從前甚早，行抵東省，尚無梨棗市賣。丁舵人等徒有准帶之名，而無霑恩之實。請嗣後准帶核桃、瓜子、柿餅、芝蔴等物六十石。應如所請。令回空各幫通融酌買。俾歸次有資。從之。(高宗二四四、五)

(乾隆一三、一〇、丙戌) 諭軍機大臣等：前因四川開捐糧運一事，撫藩內幕營私圖利，降旨令班第查參。今據班第奏稱，倉德幕友余銘，勾串黨類，合夥充商，包運軍糧。且於新開例內，已捐知縣，其有無長領腳價，虧欠米石，結黨營私情弊，現在飭查等語。藩司衙門乃錢糧總匯，幕賓例有關防。余銘乃敢勾黨充商，包運軍糧，至有餘貲，捐納知縣，則其平日必有串通書役，欺騙官民，藉事婪賄之弊。此等幕賓，何以不行題參？是否尚有應行查辦之處，著傳諭班第，令其確訊嚴參，以示儆戒。至原任官員子第及現任人員內，有藉託親知充商包運者，其倚勢作弊，罔法營私，亦宜嚴查確究。具摺奏聞，毋得姑縱。(高宗三二六、一八)

(乾隆二〇、一、丙申) 諭軍機大臣等：軍營撥運，禁帶私物，原為無用，徒滋糜費。茶葉、布疋，官兵蒙古日用所需，乘便帶售，與蒙古有益，在商賈得利。著寄信恒文、富昌，由歸化城運米往軍營，無庸禁止私帶茶布，酌量馱載帶往。(高宗四八一、一三)

(乾隆三一、一二、辛丑) 諭：據瑪瑺、官保等奏，審明辦理西藏糧餉事務通判武元成，擅動庫項、私行貿易等情，理宜即行正法。緣西藏係屬佛地，且達賚喇嘛年幼，因將武元成及伊家人書吏等，解送督臣辦理等語。瑪瑺等所辦，甚屬不曉事體。武元成係辦理糧餉官員，乃擅動庫項一萬八千餘兩，貿易射利，其情甚屬可惡，即應於彼處正法，使眾知內地法度森嚴，可以生其儆懼之心，又何必計及佛地及達賚喇嘛年幼。今將武元成解送阿爾泰，倘中途自盡，是使重犯倖逃顯戮矣。但既已解送，可傳諭阿爾泰，即派幹員迎往，將武元成嚴加看守，速赴成都，將伊由何年貿易，共購買何等貨物，并貿易過幾次，一一訊明，一面奏聞，一面即行正法。此案失察大員，非尋常可比，著阿爾泰將武元成於藏內貿易時，駐藏大臣内均係何人之處，查明具奏。至官員貿易，最爲陋習，併傳諭阿爾泰、官保、託雲等，此後兵丁遇有出差，稍置微物貿易者，猶可不加深問；若千總以上官員，則斷乎不可，務須嚴行禁止，如違即行參奏，從重治罪。（高宗七七四、四）

（**乾隆四二、六、丙申**）諭：前以彭理在該旗佐領處具呈，將四千餘兩之房產，繳抵二萬餘兩之賠項，並稱此外別無產業等語，情節頗屬取巧。因降旨令湖南、雲南各督撫，於彭理歷官處訪查，有無寄頓財物之處覆奏。據顏希深、敦福先後查出彭理有箱簹等物，寄頓澧州，並有朝珠等件，勒當銀兩之事。茲又據敦福奏稱，彭理於華容、安鄉兩處交典生息之項，本利共有一千四百餘兩，其所當銀一千兩之物，估計不及二百兩。彭理以監司大員，於所屬部內，違例放債，且將衣物勒當多銀，實屬貪鄙，請旨革職。伊未能先事覺察，請一併交部嚴加議處。彭理著革職，敦福著交部嚴加議處。（高宗一○三四、五）

（**乾隆五○、六、丙申**）又諭：據毓奇覆奏。催趲南糧幫船情形一摺，已於摺内詳悉批示矣。毓奇前奏，二進南糧幫船，過天津關，須至九月下旬，恐致凍阻，不能回空受兌。所言過當，未免跡涉張皇。經朕屢降諭旨訓諭，方稱儘催北上，不敢豫存截卸之見，稍事聲張。毓奇早已聲張於前，接奉朕旨，始改爲此言。水淺漕遲，非毓奇之過，而此則毓奇之過；然能知過而思奮，上緊催趲，朕亦不加之責備也。至伊摺内所稱，親押各幫軍丁，將舵水所帶竹筏笤箒等物，盡令起卸，未免過甚。又稱例帶土宜，亦令其酌量售賣，以爲前進起剝之費等語，所辦尤屬非是。各幫軍丁貧乏者多，安得有貨本置買貨物？其所載土宜，大約俱係商賈附帶，軍丁不過得有腳價，藉霑餘潤。若令沿途售賣，則商賈之本利俱虧，旗丁將賠償不暇，又安能藉此爲起剝之費？且貨物於途中賣去，不能北來，商賈聞此信息，尤必昂貴居奇，辦理殊未妥協。漕艘附帶土宜，原有定例。自應於正供米石之外，酌量船身輕重，喫水深淺，有一分餘地，令帶一分貨物。乃向來籤盤查驗，該督等視爲具文，不以國家之事爲事，任憑旗丁等肆行攬載，以致喫水過深，行走遲滯。及至水勢淺阻，船不能行，則又盡將所帶客貨，押令概行起卸。商賈勢必重雇船隻，裝載至京，腳價繁多，京師貨物，安得不日漸昂貴耶？總之，此事該督不能慎之於始，飭令旗丁少裝貨物，以期船身輕便，易於行走；現在又復盡令起卸，是其辦理不善，由來已久。嗣後該督務須實心查辦，力挽前非，嚴飭各幫運弁旗丁等，於受兌時不得多帶客貨；籤盤時，仍親身加

意查驗，以期糧歸實載，貨得酌裝，於公私兩有裨益，方爲妥善。將此由六百里諭令知之。（高宗一二三三、一五）

（**乾隆五一、九、庚子**）是月，調任長蘆鹽政徵瑞奏：糧船沂帶南貨，上年因河道淺阻，中途起卸，過津關者，十無二三。本年江、浙、湖南幫船，緣上年客貨附搭無利，是以除旗丁土宜外，攬載甚少。此時京師南貨，仍恐未能充足。其未過津關各幫，臣蒙恩調任兩淮，當轉囑署鹽政臣王柄，俟划筏抵津，遵前諭辦理。得旨：祇可如此。（高宗一二六五、四一）

三、對邊區少數民族的貿易

（**順治二、四、丁卯**）頒恩詔於陝西等處。曰：……所有陝西地方合行恩例，開列於後。……一、民間貿易資本，雖在赦前，應還應取者照舊還取。……一、該省肅州地方、嘉峪關外、西域三十八國部落之長，投誠歸順者，撫按官察實具奏，以便照例封賞。一、西番都指揮、宣慰、招討等司，萬戶、千戶等官，舊例應於洮河、西寧等處各茶馬司通貿易者，准照舊貿易；原有官職者，許至京朝見授職。一切政治，悉因其俗。一、烏思藏番僧應從陝西入貢者，該布政司察號，果齎有印信番本咨文，准照舊例入貢。（世祖一五、一七）

（**乾隆二三、一、癸丑**）又諭曰：兆惠等奏稱，今秋哈薩克前來貿易，順德訥熟習哈薩克情形，請令在烏嚕木齊駐劄辦理貿易事務等語。順德訥已派令進勦回部，其哈薩克貿易事務，著派努三辦理。努三可仍遵前旨來京，朕面詢彼處情形，再行遣往，諒秋季貿易之事，自不致遲誤。可傳諭兆惠、雅爾哈善、努三等知之。（高宗五五五、二八）

（**乾隆二三、一二、癸酉**）又諭：據定長奏，哈薩克阿布賚遣伊屬人至烏嚕木齊，懇求貿易，並與從前將軍等遣往哈薩克之寧古塔兵丁雅呼同來。即派原任道員成德前往經理。又將阿布賚呈將軍大臣文書進呈。哈薩克既遣人前來，自應准其貿易。覽阿布賚呈文，則後此仍有貿易之人，若果如所約，亦照此次辦理。但呈文中，有雅呼等兩次帶領伊等貿易，懇將軍大臣獎賞，以示鼓勵等語。可傳諭定長，伊貿易人等，若代雅呼懇求，即示以我等所辦者，惟貿易事務。至保舉效力之人，則不敢干與，爾等俟親見將軍時稟告。若雅呼佯爲不知，即無庸向說。若亦私自懇請，即令其來京候旨。仍將伊等言語情形具奏。（高宗五七七、一七）

第二節　國內商品貨幣流通機制

一、水陸運輸及政府有關設施

（一）水上交通運輸

1. 內河航運

(1) 黃河

（康熙二一、一一、庚申） 大學士等同戶部尚書伊桑阿等覆奏海運事宜。伊桑阿奏曰：黃河運道，非獨有濟漕糧，即商賈百貨，皆賴此通行，實國家急務，在所必治。至海運先需造船，所需錢糧不貲，而膠萊諸河，停運年久，諒已淤塞，若從事海運，又當興工開濬，其費益大。據臣等之意，似屬難行。得旨：是。（聖祖一〇六、七）

（康熙三一、三、壬申） 諭大學士等：寧夏米穀運至西安，路途遙遠，其於供應軍需、賑濟饑民恐有遲誤。寧夏米穀由黃河運至歸化城甚易，地亦甚近。朕意自歸化城由保德州府谷縣一路可至潼關，則爲益甚速。領侍衛內大臣郎談、前鋒統領碩鼐等曾令閱視黃河，著碩鼐帶護軍參領布代及戶部司官一員，將河之寬窄、水之平迅、從某處至某處、可以行舟或不可行舟，及盤剝程途，明白閱視。爾等啟奏時，可傳郎談、碩鼐偕來。（聖祖一五四、二六）

（康熙三一、一一、戊辰） 九卿等議覆：河道總督靳輔疏言，於黃河兩岸，栽柳種草，設立涵洞。應如所請。其挑濬河溝，引水淤墊堤下積水之處，又引水淤墊邳州低窪之處，應令該督詳議具奏。上曰：引黃水內灌，使淤平窪地，雖云有益，朕斷不肯輕信。黃河水勢危險，倏而彼處深、此處淺，倏而船被阻淤，水勢變遷無定。不獨黃河爲然，即如渾河之水，數十年前其流尚在南苑中，未幾漸徙而南，在縣村落間，猶去南苑未遠；今則分爲二支，一支出新安，一支出霸州，其流愈遠矣。朕曾問土人，云元朝欲引運河之水通京師而未果，想亦有所難行耳。黃河水勢湍迅，欲引黃內灌，使淤平窪地，事屬危險，難保萬全。不准行。（聖祖一五七、一七）

（康熙三六、三、丙子） 督運都察院左都御史于成龍等奏：運米關係重大，……又問曰：見有船幾隻？每船裝幾何？一次可運米幾石？于成龍等奏：去歲有船百餘隻，俱在河內，但恐有損壞者，請交總督吳赫作速修整。一船計裝三十石，今有船百隻，則一次可運米三千石。上曰：……著作速修船，勿得遲誤。（聖祖一八一、一九）

（康熙四二、一二、辛卯）上諭大學士等曰：朕頃巡幸西省，閱視汾、渭二水，俱屬大河，直與黃河相通。河南等處米穀，似可由黃河轉運。但聞三門底柱水勢極溜，船不能上，朕欲親往閱視。因陝州知州奏無路徑，斷難行走，遂未果行。特命三貝勒允祉同近御侍衛往視。據回奏，言伊等遣人乘騎涉河一道，閱有神、人、鬼三門，俱係鑿石開通，水從三門流出，其勢甚寬，其流甚急。古人於崖上鑿有曳船眼孔，但未經以船試驗，不知可否行走。前總河靳輔亦曾奏，黃河通於汴河，但淤墊年久，若行疏導，即可運糧。朕至河南，閱河南府居各省之中，水路四達，最爲緊要之地。應於此處儲積米穀。每年田畝豈能必皆豐收？倘山、陝等省間或收成歉薄，即可將此積貯米穀，修造船隻由黃河挽運。若到三門底柱，船不能上，亦可於三門底柱造船剝運，以至山陝。誠使河路疏通，則商賈人民大有裨益。所宜於無事之時豫爲籌画者也。豫省每年解京漕糧二十萬石有奇，若將豫省三年漕糧截留備用，則陝西等省雖值歉收之年，將此米穀運至彼處賑濟，殊屬有益。俟明歲遣大臣往視。又諭曰：朕今番西巡，見直隸、河南、陝西、山西四省接壤，山西澤州人如授河南懷慶府地方官，雖云隔省，相去實不過百里，得無徇庇伊宗族親戚之私意乎？又直隸人在河南接壤處、河南人在直隸接壤處居官者甚多，嗣後補授外官時，掣籤所得地方，如隔伊原籍五百里外，聽伊赴任；如五百里內，雖隔省，著迴避。（聖祖二一四、一九）

（康熙四三、三、乙丑）四川陝西總督博霽等疏言：臣等會勘三門，中流爲神門，水勢甚溜；南爲鬼門，水更洶湧；北爲人門，水勢稍緩。三門之下，百餘步爲底柱，再下二里有臥虎灘。臣等用船載糧三十石，從臥虎灘縴挽，上過人門，但溜急灘多，行船艱難，不如陸路撥運之便。豫省漕糧截留於河南府備貯，陸運至陝州西門外太陽渡上船，計程三百餘里，脚費比河路減省。謹將三門河路繪圖進呈。得旨：九卿詹事科道等，會議具奏。（聖祖二一五、二一）

（康熙四三、四、丙申）陝西巡撫鄂海疏言：臣遵旨查勘渭河，惟寶雞至郿縣一百四十餘里，水落之時重載難行。郿縣以東，河深水平，重船無阻，可以輓運。下部知之。（聖祖二一六、七）

（康熙四三、一〇、己丑）九卿等議覆：四川陝西總督博霽等疏，請於三門及汾、渭、賈魯等河運米事，應交與河道總督張鵬翮查議具奏。上諭大學士等曰：曩者賑濟陝西荒災，曾交總河靳輔由河南運米，靳輔將運米河名及沿途地名詳開摺奏，與黃河不相關涉，另從一河道運之，想即是今徐潮所查之河。如挑通此河，其利無窮，無事之時雖不甚緊要，倘至有用之時誠不易得也。此河與黃河無涉，何必交總河，該部另議具奏。尋工部議覆：汾河、渭河、賈魯河著各該撫設法挑濬。從之。（聖祖二一七、二二）

（**康熙五九、九、辛卯**）漕運總督施世綸疏言：臣遵旨查河南府孟津縣至陝州太陽渡，大小數十餘灘，雖有縴路，高低不等，或在河之南，或在河之北。惟圪把窩、魚林漆等處縴路，年久間有坍卸。其澠池以下水道，下水之船可載糧三百餘石，上水之船載及其半；澠池以上，河高迅激，船可輓數十石，由砥柱至三門。神門本無縴路，若小舟乘東南風猶或可上；鬼門水勢洶湧，土人從未行舟；惟人門稍緩，石崖鑿有縴路，路旁鑿有方眼，又有石鼻。臣愚以為石鼻可穿鐵索，方眼可裝木限，援手助力，亦未可知。觀此則從前輓運之蹟猶存。誠如聖諭，自陝州至西安府河水平穩，俱有輓運路徑。臣謹將河道水勢並縴路，繪圖呈覽。下部知之。（聖祖二八九、七）

（**康熙五九、一〇、壬寅**）戶部等衙門議覆：漕運總督施世綸遵旨查奏，河南府至陝州之三門一帶河道輓運米穀，見在無可覓之船。請以河南府至陝州太陽渡三百餘里，用車裝運，計期五日可到。每車可裝穀八石，計穀二十萬石需車價銀四萬三千七百五十兩。自太陽渡至西安府党家馬頭，河水平穩，船隻通行，水運為便，需運費銀二萬六千兩。自党家馬頭至西安府倉二十里，又需車價銀四千兩。其貯穀口袋二十萬餘條，需價銀三萬兩。共計銀十萬三千七百五十兩。總於豫省支銷，不令陝西接運。但運穀二十萬石，止得十萬之米，請令豫省以二穀易一米起運。則運價可省其半。若慮米難久貯，請照例出陳易新。應如所請。得旨：依議。今歲河南歉收，又見往陝西齎送穀石。次年穀價必致騰貴。著於河南省來年運京漕糧內，照數截留，補還運往陝西穀石，其餘漕糧亦停止運送京師，留河南收貯。（聖祖二八九、七）

（**乾隆五、一、壬子**）山西巡撫覺羅石麟遵旨詳議給事中朱鳳英條奏，山西太原、汾州二府屬糧價昂貴，請就陝通商協濟。查陝省運糧舟楫，僅可至蒲州府與絳州所轄地方。若蒲、絳等處糧價昂貴，猶可藉陝省接濟。太、汾二府舟楫難通，陸運多山，每米一石，需腳價銀一兩二三錢不等；再加陝省糧價、水程運費等項，已浮於本省現在之糧價。無論商賈不肯行此本利全

虧之事，即官運官賣，徒靡公費，於民食無益。科臣朱凰英通商之議，似可無庸舉行。（高宗一〇八、四）

（乾隆八、一〇、己卯） 山西巡撫劉於義奏：山右米價視別省加貴。歸化城、托克托城一帶連歲豐收，應將口外米運至內地。但歸化城等處，距太原千餘里，舟車輓運甚難。臣前在蘭州，見百姓於黃河中以牛皮混沌運米，最為便捷。因遣人至蘭，募善運混沌水手二人，并製買牛皮混沌二十，於保德州買米三十八倉，裝入試運。不過四日，已至永寧州磧口。自此陸運至汾州，每石較市價可減銀四錢；陸運至太原，可減銀二錢，似於百姓有益。現已照式廣製，俟來春再試，有效，奏請動項買米轉運，接濟民食。得旨：卿如此留心民瘼，朕實嘉悅。已交阿里衮，令其續此妥辦矣。（高宗二〇三、二二）

（乾隆四〇、八、丁酉） 吏部等部議覆：陝甘總督勒爾謹奏稱，甘肅省黃河浮橋，向歸皋蘭縣經理。該縣政繁，難以兼顧。請添設主簿一員，管理河橋。平番縣地方遼闊，河梁二十餘處。請添設主簿一員，專司水利。肅州嘉峪關，距州城七十里。該州鞭長莫及，請添設巡檢一員，往來稽查。……應如所奏。從之。（高宗九八九、一一）

（乾隆四三、四、丁未） 諭軍機大臣等：據畢沅覆奏，先於附近水次州縣常平倉內，酌撥麥十萬石，由渭入河，運往河南。惟所經之陝州境內，有三門山，爲舟行最險之地，重運難通。一面飛移河南撫臣鄭大進，即速酌定，應於何處交兌。另派接運之員豫備車輛船隻，齊集水次，隨到隨運，以免稽遲等語。所辦甚爲詳妥，已於摺內批示矣。（高宗一〇五五、九）

（乾隆五〇、五、丁丑） 河南巡撫畢沅奏：距省城十餘里，向有賈魯、惠濟兩河，會集眾流，下達安省。商運多由此出，民食攸關。乾隆二十二年，曾大加濬治；二十六年及四十三年，俱經奏明疏濬。今久復於淺，自應及時開濬。現在衛輝、彰德及開封、河南等屬，貧民轉徙，省城迤南一帶傭工就食者，不可勝計。趁此青黃不接之時，以工代賑，且於民食商販有裨。得旨：以工代賑，亟應爲者，一面辦理，不可遲俟部議。（高宗一二三一、三九）

（2）運河

（順治二、六、戊午） 巡漕御史劉明俱奏言：兵民急需，莫如漕運，江南舊額四百萬石，今或因災變蠲免，則額數宜清。運法原用軍旗，今運户改爲編氓，則運法宜定。修船每歲一舉，邇來逃燬殆盡，則修造宜急。運道旱淺溢衝，則撈沙築堤宜豫。疏入，下所司詳議。（世祖一七、四）

（康熙四、三、壬辰）諭工部：漕運關係國用，河道理宜嚴肅。近聞內外顯要官員，多置船隻，貿易往來；奸徒惡棍，假借名色，恣意橫行，以致閘座啓閉不時，河水淺涸，糧艘爲阻。又欽差及赴任各官，多帶貨船，縱容下役，騷擾河路，俱應嚴行禁止。爾部即詳議具奏。（聖祖一四、二一）

（康熙四、四、庚午）諭户部、工部：河道轉運糧艘，通利商賈，關係國計民生，理應肅清積弊，乃便行旅往來。向因河道船隻，有豪強之徒不遵國法，擅設牌扁旗幟等項，曾經治罪禁止。近聞復有棍徒，或冒稱欽差，或指稱輔政大臣名色，設牌樹幟，張大威勢，恣意橫行。嗣后除特奉欽差外，如有前弊，該督撫及沿河各官，不時嚴查拏究，指名題參，從重治罪。倘該管官失於覺察，被旁人首發，一併嚴處不貸。（聖祖一五、五）

（康熙五、四、丁卯）漕運總督林起龍疏言：國家每年輓運七省漕糧四百萬石，以實天庾。近見糧艘北行，阻閘阻淺，處處見告。竊以爲欲申速漕之令，宜先清濟漕之源。查濟寧至臨清四百餘里，地勢雖係建瓴，而東平、濟、汶之間，有安山、馬踏、南旺、蜀山、馬場等湖，皆自故明萬曆年間築堤插柳，蓄水濟運。又各湖高下相承之地，築有束湖子堤，名爲水櫃，以資蓄洩。又東平、汶上、平陰、肥城、寧陽、泰安、萊蕪、新泰、滋陽、鄒縣、曲阜、泗水、濟寧、魚臺、滕縣、嶧縣等處，有二百五十餘泉，爲之接濟，具載河防一覽。年來近湖泉之地，多被土豪兼并，或阻水渠，而不使之入，或決河岸而陰使之出，以致湖泉之水，不能濟漕而灌田，水櫃日減，泉源日塞，止憑一線河流，安得不致淺阻？請敕河道總督，躬親踏勘，查照河防一覽，所載舊蹟：諸湖曾否收水？水櫃果否成田？櫃閘有無堵塞？子隄曾否修築？斗門是否填閉？隄岸有無廢缺？諸泉果否開濬？務期濬泉清湖，深通河道。不惟可濟目前之運，更可以裕千百年之利矣。下部議行。（聖祖一八、二〇）

（康熙二六、八、乙亥）漕運總督慕天顏疏言：江浙漕運過江，間遇風濤，應設法救護。查民間有渡生船，甚爲有益。請倣其式，造船十隻，分泊兩岸。漕船遇風，並出救護。部議不准。得旨：朕南巡時，親見京口與瓜洲對峙，往來過渡人等，所關甚重。預備船隻，拯救沉溺，多有裨益。此渡生船隻，令如該督所題行。（聖祖一三一、二一）

（康熙三五、七、丙辰）先是。上諭總督倉場侍郎德珠等：通州至大通橋閘河，向無民船往來。今應令小舟泛載，於民殊有利濟。著議奏以聞。至是，總督倉場侍郎德珠、石文桂，遵旨看通州至京城河道，繪圖呈覽。上問曰：五處閘口行船，有便於民否？德珠、石文桂奏曰：初奉旨時，臣等恐於運米有誤；今運丁及商人，互爲推挽，甚是兩便。百姓各造小船，將通州貨物運至京師甚易；而雨水時，往來行人亦便。皆感激皇恩，名其船曰便民，非臣等思慮所能及也。(聖祖一七四、一六)

(**康熙四六、一、癸卯**)上閱視溜淮套，由清口登陸。……上御行宮門外。……上曰：……數年來兩河平靜，民生安樂，何必多此一事？先年靳輔所開中河，凡漕運商民船隻，避黃河一百八十里之險，此河確有成效，至今往來之人，尚追念之。(聖祖二二八、一〇)

(**康熙四六、一、癸卯**)上問張鵬翮曰：爾何所見奏開溜淮套？張鵬翮奏曰：我皇上愛民如子，不惜百萬帑金，拯救群生，黎民皆頌聖恩。上曰：爾所言皆無用閒文。朕所問者乃河工事務。文章與政事不同，若作文字，牽引故典，便可敷衍成篇；若論政事，必實在可行，然後可言，非虛文所能飾也。凡事在大廷廣衆可言者，方是至公無私。今滿漢文武內外大小諸臣齊集，爾可將此河當開與否，一一明奏，何必牽引閒文？張鵬翮奏曰：先因降調通判徐光啓呈開溜淮套圖樣，臣與阿山、桑額會同具奏，奉旨命臣等閱看。臣等因事關重大，所以再四懇請皇上躬臨閱視，指授定奪。上曰：今日沿途閱看，見所立標竿錯雜。問爾時全然不知，問河官，亦皆不知。河工係爾專責，此事不留心，何事方留心乎？張鵬翮不能對，免冠叩首。(聖祖二二八、一〇)

(**康熙四六、一、乙巳**)上[在清口視察溜淮套]召扈從大小臣工及總督、巡撫、司道、總河、河官近御舟前，列跪於岸。上諭張鵬翮曰：……朕自甲子年至今六次南巡，詳觀河形一年異於一年。治河之道，當看何處關係緊要，便保守何處，不可執一。自古治河，皆順水性；爲今之計，但當商酌，使淮水稍洩其流。乘水未長時，預爲綢繆，將來水雖大長，必不致於危險。天然壩一帶舊有河形，當挑濬此河，酌量可容糧艘，建立閘座。水小則閉閘，蓄湖水以敵黃；水大則開閘，使之暢流。一面由武家墩通至運河，一面通至高郵湖，則商民船隻皆得長行，似爲永久利益。著張鵬翮率領在河能員，確看定議具奏。(聖祖二二八、一七)

(**雍正一、七、庚寅**)諭倉場侍郎：糧運關擊國儲，必須遄行無阻，始得及早抵通。自楊村至通州，河道多有淤淺，糧船起剝每致躭延，以致回空凍阻，并誤新漕。著該督嚴飭坐糧廳，查看河道，有淤淺處作速挑濬深通，毋使阻滯。并知會天津總兵官用心催趕。且天津一帶地方向有販賣私鹽等弊，糧船不許停泊，火速趲行，直抵通州。至抵通後，速行赴卸交倉，毋得需索抑勒，苦累軍丁。朕去年親自閱倉，知漕運過壩，一晝夜可五萬袋，可見交卸甚易。爾等加意督催，務使空船早得回南，新漕亦可無誤。漕運一事，朕親身閱歷，纖悉洞知，爾等儻不盡心料理，或因勒索，致有遲延，責無所諉。（世宗九、一五）

（雍正一、七、甲午）諭工部：沿河州縣向有額設河夫，自百名至數十名不等。興工則併力濬築，工停則分遣巡防，損者隨補，塌者隨培，修搶擁護俱係熟諳夫役。故雖偶有衝決，不能為患。近聞管夫河官侵蝕河夫工食，每處僅存夫頭數名，遇有工役，臨時雇募鄉民，充數塞責，以致修築不能堅固，損壞不能隄防。冒銷誤工，莫此為甚。嗣後著總河及近河各省巡撫嚴飭河道，不時稽查，按冊覈實，禁絕虛冒。儻有仍前侵蝕，貽誤河防者，即行指名題參。（世宗九、二〇）

（雍正三、八、戊辰）諭倉場侍郎：今歲雨多，道路泥濘，民商客貨、車輛難行。其五閘運河內載貨民船，既無礙漕運，不必禁止。（世宗三五、二）

（雍正六、二、甲午）工部議覆：兩江總督范時繹疏言，淮揚下河七邑，惟興化地勢最窪，分流東注，有梓辛等五河，河身最淺，應行疏濬。其場河自泰屬富安場，至鹽屬五佑場，及王家港牛灣等處，亟宜深挑。又泰州城北鮑家壩之運鹽河，向無隄防，應築土隄一道。其劉莊之青龍橋，應改為石閘；鹽城之石䃮口、天妃口、廖家港、草堰口，如皋之苴洋、黃沙洋，各宜增建石閘；董家溝、徐家涵等處，應設涵洞以資宣洩。應如所請。從之。（世宗六六、一四）

（雍正一〇、五、甲戌）工部議覆：江南河道總督嵇曾筠疏言，揚州府屬芒稻河閘座工程，向係動支商捐款項修築，是以歸鹽政管理，而令商人承修。查商人素非熟諳，未免草率。嗣後請歸印河官管轄，並添設閘官一員，以司啓閉。應如所請。從之。（世宗一一八、一七）

（雍正一三、閏四、乙未）諭內閣：據河東總督王士俊奏稱，山東安山湖地勢低於運河，其湖旁涸出之地，請分別開墾，以濟民食等語。山東運河之水，全賴諸湖渟蓄，以資灌注。所以前人有水櫃之名。後因諸湖淤墊，附近居民侵占為田，以致水少不能濟運，大有關於漕務。經朕屢降諭旨，令河道總督等悉心經理，近年始無水淺停舟之慮。今王士俊所奏，乃為開墾起見。朕思湖水專資濟運，儻或經理之初，但貪田畝之有餘，而不計湖水之不足。將來田多水少，漕運稽遲，則顧此失彼，未免輕重倒置，不可不慎之於始也。著交部詳確速議具奏。尋議：運道深通，全賴諸湖蓄洩。即竭力疏濬，尚恐淤墊，未便改淤爲田，有妨濟運。應令該督會同總河確勘具題再議。得旨：湖瀦蓄洩，專爲濟運。王士俊奏請開墾爲田，祇據委員張體仁等一面之詞，並未親身歷勘，遂欲舉行，甚屬草率。此乃必不可行之事，毫無疑義，亦無再行確勘。王士俊所奏，不准行。（世宗一五五、一一）

（**乾隆二、六、辛未**）禁偷放運河水源。諭總理事務王大臣：今年五月間，山東雨少，運河水淺，以致糧艘不能銜尾而進。沿途挖淺起剝，甚費經營。而臨清以北，更多阻滯。朕細加訪察，臨清以北全賴衛水合汶濟運；而衛水發源於河南衛輝府，至臨清五百餘里，沿河居民往往私洩，以爲灌溉之用。每致運河水淺，糧艘難行。經前任河臣靳輔題定，每年於五月初一日盡堵渠口，使衛水全歸運河，以濟漕運，此歷年遵行之成法也。今因日久法弛，衛水來源，小民不無偷放之弊；遂至運河水勢長落不常，重運難於北上。目前正當緊要之時，所當稽查嚴禁者。著北直河南督撫速行辦理，務使衛水涓滴不致旁洩，糧運遄行無阻。若地方有司，有視爲故套者，即行查參。（高宗四四、二一）

（**乾隆二、九、辛丑**）工部議覆：漕運總督補熙疏言，漕運議單內開，漕船載米不得過四百石，入水不得過六捺，遂相沿河水以三４尺五寸爲度。嗣於雍正二年定議。江西、湖廣糧船，遠涉長江，造船以十丈爲率，載米一千石有餘，入水八捺，非得四尺，難以濟運。而該管河員仍執三尺五寸之例，每遇水涸之年，輒以尺寸已足，不肯加力疏濬，以致船運淺阻。請嗣後閘河之水，以四尺爲度，令沿河官弁實力遵行。應如所請。從之。（高宗五一、一）

（**乾隆三、七、丁丑**）直隸河道總督朱藻遵旨議奏：東西淀河，添設垡船，疏濬淀中河道。雖非治永定河本務，但淀河爲渾流達津之路。下流疏通，則永定河可免哽咽之虞，於河務實有裨益。今東淀應設垡船二百隻，現已造成；西淀應設垡船一百隻，尚未造完。請將已成船隻，先行分發兩淀安設試用。得旨：允行。（高宗七三、一一）

（**乾隆六、九、丁丑**）工部議准：吏部尚書署兩江總督楊超曾奏稱，句容縣之龍潭至三江口，共二十餘里，爲該縣漕船受兑經由要道。流沙壅積，日漸淤淺。自晏公廟迤東馬鞍山起，至陳家溝止，共長一千三百三十五丈，請撥項疏濬。得旨：依議速行。（高宗一五〇、二〇）

（**乾隆六、九、壬午**）工部議准：江南河道總督高斌奏稱，江都三仪河乃瓜、儀二河口門，漕鹽船隻必由之要津。瓜河地勢低下，淮水入儀河之分數少，入瓜河之分數多。是以淮水分流入儀河之溜緩，不能刷深河道，以致日漸淤墊。請將瓜河舊口門築壩堵閉，於洋子橋營房迤下另挑越河，以減淮水直入瓜河之分數，則儀河可以分流刷淤。并將瓜洲廣惠閘之舊越河堵閉，另於閘下開越河一道，使閘越二河水勢均平，溜行安順。既緩淮水直下入江之勢，於運道更爲便利。又鎮江運河口門，臨江舊礮臺一帶埽工，上年九月內，被風潮坍卸，江河連接。南岸搜鹽廳一帶，築做葦柴防風，暫抵風浪。請改建磚工。從之。（高宗一五一、九）

（**乾隆一三、一二、乙亥**）大學士工部議覆：原任大學士高斌等奏，遵旨履勘山東、江南，兩省河道相通，有關利病之處。……以上各工，應令逐加確勘估題，於明春次第辦理。從之，（高宗三三一、二三）

（**乾隆一九、一一、丙申**）户部議覆：倉場侍郎雙慶等疏稱，白糧經紀并土壩車户等剝船已滿十運，例應另造。但閘河剝船與漕船經涉江、黃者不同，請嗣後行運十五年方准更換等語。應如所請。從之。（高宗四七七，一二）

（**乾隆二七、一一、戊子**）山東巡撫阿爾泰奏：兗州所屬壽張縣，有沙、趙二河，伏秋坡水匯流，沙河勢當頂衝。從前曾於水勢交會處修建大壩抵禦。查沙河下流，現已開挖支河，應將大壩口門挑開，使沙趙二河暢流入運，以免淳聚。又東平州北之谷家莊、州西之馮家等莊，地勢低窪，令各開溝渠，引水入會泉、大清等河。濟寧州之馬場湖、嶧縣之伊家河，均疏濬加寬，其由嶧縣臺莊至郯、蘭交錯之馬頭地方，計一百二十里，不通車路。飭令該縣等開溝疊道，以便行旅，並利疏洩。得旨：諸凡留心本務，實屬可嘉。（高宗六七五、一五）

（**乾隆三一、五、壬午**）諭軍機大臣等：據楊錫紱等奏，四月以來，衛河水勢微弱，汶水亦不甚充裕。將來浙江糧艘行至臨清以北，俱有淺阻，已飛咨河臣東撫等設法豫備等語。去歲因運河間有淤淺，經楊錫紱奏，請酌定湖口壩水誌或挑深河底。曾降旨令該督撫酌量商辦，以資接濟。今貓兒窩以上，三汊河各處既有淤淺，而臨清、夏津等地方，亦多淺滯。想因春夏以來，各該處未得透雨所致，現在正當重運北上，自應上緊設法調劑，俾漕艘得以依限抵通。著傳諭李清時、崔應階等，將濟寧之蜀山湖水，可以接濟糧運者，及時酌籌宣放。並飭地方官凡有應行挑淺等處，上緊撈挖，并多備船隻，以便起剝，毋致臨時貽誤。直隸故城地方，據奏亦有淺阻之處，並須挑挖起剝。著傳諭方觀承一體飭屬豫辦。（高宗七六○、一八）

（**乾隆三四、七、庚子**）諭軍機大臣等：據高誠奏，滏陽河經冀州寧晉境內，間段淤淺，請勑地方官開濬，所需工費，商人情願捐出等語。滏陽爲蘆商運鹽之區，遇有淺阻，商人自行挑濬，原屬分所應爲。第各商雇覓夫匠，呼應不靈，亦必然之勢。伊等既願捐貲，交地方官代爲修治，其事自可允行。惟是該處河道，於乾隆二十九年甫經動項疏挑，何以節年來，復有淤淺？甚至衡水寧晉百餘里間，不通舟楫？然則從前官爲挑濬，徒糜帑項，竟是有名無實。經手之員，難保無冒混草率情弊。著傳諭楊廷璋，查明二十九年此項河工報銷、動帑若干、何人承辦、因何旋濬旋淤，據實奏覆。並著該督親赴河干，督率地方官詳悉履勘。確按現在情形，逐一覈估，切實濬治，俾可永遠通利，即商捐之項，亦須實用實銷，毋任官吏中飽。至高誠所請，查明近年受淤之源，覈實辦理，不致虛應故事之處，亦著楊廷璋一併查明，於八月初趨赴行在時，詳悉具奏。高誠摺並鈔寄閱看。（高宗八三九、一〇）

（**乾隆五〇、六、丁酉**）諭軍機大臣等：據薩載、李奉翰覆奏，本年水無攔蓄，漕船不足以資浮送，皆因薩載等不能早爲督建閘工之故。雖經議處，究有餘辜。所有添建兩閘，連開挑月河，原估工料銀五萬餘兩，應請不准開銷，各認分賠。一面多派幹練文武員弁沿河按段嚴行催趲，一面於水淺之處，募夫上緊撈挖，並於可以引黄接濟之處，設法挹注，以資浮送。總期銜尾前進，催令抵通。又據毓奇奏：悉心詳細覈計，本年重運到通船隻，尚可趲至十分之六七各等語。已於摺內詳悉批示矣。（高宗一二三三、一七）

（**乾隆五〇、七、辛未**）又諭：據明興奏，三進浙江、湖廣各幫已入東境者，現已委員分段嚴催，無分雨夜，飛輓北上。其江西尾幫，此時尚滯河干，應於江南水次截留起卸，則重運既過韓莊、湖口雙閘，無須放水接濟。微山湖底水，亦可稍爲存積等語。所奏甚是。……至微山湖爲運河水櫃，最關緊要，尤應速籌妥辦。著傳諭明興，務須挑溝導引，廣爲收蓄，以爲明歲濟運之計。（高宗一二三五、二三）

（**乾隆五〇、九、辛未**）諭軍機大臣等：據阿桂奏，現於順黄壩尾稍上，另開口門，挑倒勾引渠，引黄入運，較高家馬頭口門，現可多過水四五尺，即至黄水消落，總可過水二、三尺，實爲臨時調劑補救之法。並將清口東西兩壩酌量移建，以之禦黄束清，並酌定將來湖水消落，將口門收束尺寸等語。亦再無過此法者矣。惟引河濟運，係一時權宜之計，一俟清水漸長時，究宜將口門堵閉。至上年冬間及本年春夏清水消縮，薩載等並不攔截收蓄，清日弱而黄日強，以致倒灌淤阻，其咎實無可辭。非朕指出，阿桂亦未曾言也。再所奏無錫一帶，運河兩岸民田，車戽灌溉，晝夜不停，以致乾涸等語。江南運河，本藉江潮爲吐納，以太湖爲來源，從未聞淺涸斷流，漕運商船俱形阻滯者。本年夏秋缺雨，農民戽水灌田，不停晝夜，以致日就消落。但官渠之水原以濟運通商，與農田均關緊要，當天氣亢旱時，固不能禁民車戽，亦當照衛河之例，立以限制，毋許農民任意車戽，使通渠竟成淺梗。蓋農民取水灌苗，意在多多益善。彼時自當於運河一帶，仿照徐城高堰等處，設立誌樁，明定尺寸，河水消落若干，即毋許農民車戽，雖遇缺雨，不致淺涸，庶於漕運民生均有裨益。此事關係非小，薩載、李奉翰、閔鶚元從前並不據實奏聞，其不是甚大。前已降旨將薩載、李奉翰降為三品頂帶，閔鶚元交部議處矣。著傳諭阿桂將此旨面加曉諭，令伊等知獲咎之處實在於此。並著阿桂將運河戽水如何定立限制、添設志樁之處，交薩載等妥協辦理具奏。（高宗一二三九、一九）

（**乾隆五一、五、壬申**）是月，兩淮鹽政全德奏：上年因清口築壩蓄水，鹽船不能入湖，改由運河外之支河運往。惟是去冬今春，臨淮關以上，溪河淺阻，舊在瓦埠起旱者，改在壽州之石頭鋪。計多陸運一百六十里，頗形艱滯。計所運鹽僅供逐月銷售，未能將本年夏季之鹽運足。查上年通州場河淺涸，曾將近河之呂餘二場鹽飭暫改江運，至今存場之鹽，盡行運出。今廬州各口岸亦俱可通江，當即飭令該商等，將廬州鹽由運河出瓜州，逕往沿溪之裕溪口入廬州，分運各岸，俟將來上游水暢，仍即停止。嗣後遇有難於接濟之處，照此權宜辦理。得旨：甚屬可行，該部知道。（高宗一二五五、二八）

（**乾隆五三、二、戊申**）大學士等議准：淮關監督徵瑞奏稱，清江地方為南北往來要區，每年重運糧艘及河工料物，均雇民船撥運，守候需時，致商販未能流通。請官造撥船三百隻，估需工價銀五萬兩，應於淮關庫貯盈餘項下給發，交督臣按數成造。仍由監督養廉內分年扣還。其撥船應需水腳，仍照雇船例價給發。從之。（高宗一二九八、三六）

（**乾隆五九、一一、癸卯**）諭曰：畢沅奏，東省閘內五幫漕船，俱已輓出臨清閘口停泊，其運河挑淺工程，現同李奉翰、羅煐閱看妥辦等語。本年因夏秋雨水較多，運河閘內停淤較厚，經該河督等督率員弁，加緊撈挖，一律深通，俾東省漕船得以趕輓出閘，無誤定限。而來歲南糧北上，亦可遄行無滯。辦理尚為妥協。（高宗一四六五、四）

（**嘉慶六、六、己酉**）又諭：鐵保等奏，請令旗丁於黃河口至臺莊一帶，自備剝船三百隻以濟輓運。即於各該船調劑項下扣出興造，每船所扣無多，而輓運得以迅速。事屬可行，即照所奏悉心妥辦，務期經久為要。（仁宗八四、三）

(嘉慶一一、五、乙亥) 又諭：直隸舊設官剝船一千五百隻，內以一百隻專運銅鉛，其一千四百隻豫備剝運糧石，歷年辦理無誤。何以今年封雇民船，紛紛滋弊？必係官船缺額，始濫用民船充數。即從前奏有官船損壞，未屆排造之期，准其雇覓民船濟運之例，亦何至官船全行散缺，專藉民船頂補？此項官剝船俱有編列字號，並火烙印模，無難按籍點驗。著派瑚素通阿、劉權之前往沿河一帶，查勘直隸官剝船。除年滿應修不計外，現在實存可資剝運者共有若干隻；虧損無著者共計若干隻；原係分撥何州縣經管，每州縣承管若干隻；本年添雇民船共若干隻；是否溢踰原額，分別由何州縣封雇解到。其江廣新造剝船能否一律堅固如式，剝運銅鉛船一百隻，是否足數，一併詳悉查明，據實具奏。(仁宗一六一、三〇)

　　(嘉慶二四、一二、庚寅) 諭內閣：廣惠奏，糧船跨帶木植，請定限制一摺。江廣重運糧船，向例准帶天蓬木植，不得高過二尺。自嘉慶十八年，經湖南巡撫奏准，船身兩旁均准跨帶木植，未經議有定額，以臻各幫運丁逐年增帶，較從前多至五六倍。統計江廣三省糧船跨木，不下六七十萬根之多，既滋夾帶漏稅之弊，且於趲行有礙。該監督請明定章程，惟所稱每船不得過二百根。木植之大小鉅細，本屬不齊，仍易弊混。嗣後江廣出運糧船跨帶木植，著即照天蓬竹木之例，寬不得過二尺，以示限制。各幫運弁於未開行之前先行查禁，到關時，該監督隨時查驗。如有違例多帶者，分別參懲，以杜隱漏。(仁宗三六五、一)

　　(3) 長江

　　(康熙五、一二、丁卯) 兵部議覆：四川巡撫劉格疏言，夔州為楚蜀通衢，往來差使絡繹不絕，請於雲陽、奉節、巫山三縣，定遠、烈面二處，各設水站。應為所請。從之。(聖祖二〇、一八)

　　(康熙三二、八、己卯) 諭大學士伊桑阿、戶部尚書馬齊等：朕聞襄陽米石，運至商州，沿河一帶並無村莊，民居相離甚遠，水溜汛險，逆流而上，民夫甚為勞苦。前遣學士德珠運米時，朕曾諭：至彼輓運，倘有不合處及應奏事宜，即行啓奏。此所運之米，專為陝西百姓豫備。今年陝西雨水及時，麥田廣收，秋稼亦茂，民生已寧。揀選戶部司官一員，馳驛往問學士德珠、總督丁思孔、總兵官王化行等，倘謂運米不至累民，易於運到，令伊等陳奏。(聖祖一六〇、三)

　　(康熙五七、三、庚申) 戶部議覆：江西巡撫白潢疏言，臣往湖口縣周閱地形。虹橋一港，逼近石鐘山，夏秋水漲，僅容小船一二百隻；冬春水涸，湖廣江南往來之船，到關報稅，必由梅家洲轉行十有餘里。若遇水漲，則江湖二水橫激，少有微風，即蹈不測。惟湖口關右里許，有武曲港，可容千艘。請自江岸起，至港口止，大爲挑濬，於港口建草壩二道，以阻淤沙，外加排椿，以固壩根。應如所請。從之。（聖祖二七八、五）

（**雍正九、一、乙酉**）諭內閣：朕聞洞庭一湖，綿亘一百餘里。自岳州出湖，以君山爲標準，一望杳渺，橫無涯際。而舵桿洲居西湖之中，去湖之四岸，或百餘里，或二百餘里。舟行至此，儻遇風濤陡作，無地停泊，亦無從拯救，多有傾覆之患。昔人曾經創議，若於此處建築石臺，則狂風巨浪之中，商船有挽泊之所，實有裨益。祇以水中立基，工用浩繁，事不果行。朕以勤求民瘼爲心，凡內外遠近地方，疏濬修建工程，可以利濟群生者，無不樂爲興舉，況商賈行旅之往來，可以避風波之險，而登袵席之安，尤事之亟宜舉行者。查營田水利衙門，有存公銀二十萬兩，著解送楚省，交與總督邁柱，會同巡撫趙弘恩，遴選賢能之員，相度估計，悉心經理，建築石臺，以爲行舟避風停泊之所。務期修造堅固，垂諸永久，毋得草率塞責。（世宗一〇二、一五）

（**雍正一二、六、甲寅**）工部議覆：內閣學士淩如煥奏言，臣前奉差湖北學政，查楚屬接壤長江，地名三峽，自湖北彜陵州起，至四川夔州府，橫亘數百里。峯巒插天，兩岸對峙，中間水道一線，灘高石巨，羅布江心。商民往來，如遇風濤之險，每賴江邊小船搶救，方得保全。以此知救生船隻，所宜廣設。訪聞峽中木植頗賤，造一小船，約計銀二三十兩。現在歸州城外，設有救生船三隻，但地廣難周。即如歸州而上，有洩灘、巴峽、瞿塘峽、灔澦堆等處；歸州而下有新灘、獺洞、腔舲峽、黃牛灘等處，悉係著名奇險，每年爲商旅之患。皇上軫念民生，實心實政，鉅細畢舉。請敕諭四川、湖廣兩省督撫轉飭地方官，將三峽中水道，徧加詳勘，設立小船，守候救生，保全民命，亦推廣皇仁之一端也。應如所請。行令湖廣總督、四川巡撫，飭查三峽等處應設船隻數目，確估具題。從之。（世宗一四四、四）

（**乾隆一、一一、丙申**）添設四川省救生船隻。諭曰：江路風濤之險，最爲不測。聞楚省宜昌以上，川省夔州以下，凡灘水險迅之處，蒙皇考諭令，設立救生船，每年多所救濟，商民感激。但朕聞川水發源岷山，至眉州彭山縣江口而始大；自江口至夔州府巫山縣，計程二千餘里，其中有名險灘，不可悉數。向來該督撫亦有奏請設立救生船之意，逡巡未果。著巡撫楊馝，遴委賢員，詳確查明。於灘水險惡之處，照夔州府以下事例，設立救生

船隻，以防商民意外之虞。其所需經費，准於正項內報銷。務令該地方官，實力奉行，毋得草率塞責。(高宗三〇、七)

(**乾隆三、四、戊申**) 江西巡撫岳濬奏：潯關河口，冬春難泊，於商人大不便，請開濬。從之。(高宗六七、二〇)

(**乾隆六、四、甲寅**) 工部議准：安徽巡撫陳大受奏稱，鳳陽府屬之臨淮縣北關浮橋船，經暴風飄沉三十六隻，請動公項飭地方官購料趕造。從之。(高宗一四一、五)

(**乾隆六、五、戊寅**) 工部議覆：吏部尚書署理兩江總督楊超曾、江蘇巡撫徐士林、浙江巡撫兼管鹽政盧焯會議。松江府城之二里涇，雍正二年，經鹽臣佟吉圖，以沙隨潮進，淤積鹽河於涇口築壩，攔截江流，士民以水利無資，紛紛呼籲。原任巡撫張渠，奏請改建石閘，民田需水時開閘以通江潮，冬夏掣鹽時，封固以利河道。咨商鹽臣，則欲改建魚背石壩，多開涵洞，以防私鹽越渡。臣等遵旨公同履勘。查二里涇一河，係黃浦江宣洩要路，田疇資其灌漑，舟楫藉以通行，向因一壩橫亘中間，以致江潮不能被潤，民船難以通行，亟宜開放，以順輿情。應如張渠原議，於壩基處所，設立木柵一道，柵門兩扇，務令無礙行舟。責成婁縣主簿、批驗所大使就近管理，屆掣鹽時，依期封固。至建柵後，潮汐衝激，酌加歲修銀五百兩，給商承辦。應如所請。從之。(高宗一四二、二〇)

(**乾隆一〇、三、庚寅**) 工部議准：署湖廣總督鄂彌達疏稱，鎮筸向無通商水道，請將鎮成溪河一百二十餘里開鑿深通。工費在辰關稅項下動支。從之。(高宗二三七、三)

(**乾隆一一、四、乙未**) [湖北巡撫開泰] 又奏：湖北為水路通津，凡雲、貴、川、廣、江、浙等處船隻，往來如織。長江風濤不測，兼多急溜險灘，患生呼吸，不獨商民貨載易有疎虞，即官運料物亦間有沉失之案。本省水摸入水不能久耐，聞閩省沿海水摸，慣習水性，波底游行，取攜甚便。若選募十數人來楚，補充江漢兩縣水手。風土漸熟，聽其入籍，於公私船，均有裨益。得旨：甚妥之舉。知道了。(高宗二六五、三〇)

(**乾隆一四、一、辛酉**) 諭軍機大臣等：據尚书舒赫德奏稱，將來大兵凱旋，西安一路，夫馬供億，恐應付竭蹶，聞由川江直達湖廣，一水可抵京師等語。大軍回營，若果水路可行，則備船較備馬為易。著傳諭總督新柱，令其查明四五月間川江是否尚可行舟，楚蜀兩省船隻是否足敷雇覓，若溯長江而下，过淮入運，正值漕艘遄行之際，是否不致羈阻，由川抵京，水路應需时日幾何，一一詳悉奏聞。(高宗三三二、三九)

（**乾隆二八、一一、辛巳**）兵部議准：湖南布政使來朝奏請，酌裁可減之站船。湖南紅宣船二十四隻，應裁十二隻，如遇差使繁多，動價雇用民船。從之。（高宗六九九、二〇）

（**乾隆二八、一一、壬午**）［四川總督阿爾泰］又奏：川江綿亙數千里，地險水急，或頑石橫亙中流，或石筍林立水底。凡商客及雲貴運解銅鉛、江楚撥運官米船隻，每磕幫擦底，動輒覆溺。查冬月水落，灘石率多顯露，飭沿江各屬，將境内險灘查明，或應開寬，或應鑿底，設法籌辦。乘水落石出時，雇覓夫匠，將險灘怪石逐加錘鑿起除。士民聞風趨事，現在有方興工者，有將次完工者。又飭各屬將急公紳士，辦工較多者，詳請獎勵，牧令辦有成效者，並准記功。得旨：嘉獎。（高宗六九九、二三）

（**乾隆三〇、二、乙巳**）［四川總督阿爾泰］又奏：川江多險灘，節次修鑿六十餘處。近年沿江各屬，具報失事船隻較少，現仍飭屬乘水弱時，各將境内險灘竭力鑿除。得旨：覽奏可謂留心地方。（高宗七二九、一五）

（**乾隆三〇、三、戊子**）兵部議准：原任江西巡撫輔德奏稱，江西驛站船内紅座船六十，不堪應用，且近年差少應裁。又茅棓船四十，酌於南昌省次留二十，南安、贛州二府各留五，餘十隻裁。從之。（高宗七三二、一七）

（**乾隆三〇、五、丁亥**）兵部議准：湖廣總督吳達善疏稱，湖北省現存驛站座船十二、沙船二，皆毋庸議減。惟宣樓船三十六，船多差簡，請裁減十隻。餘各項站船四十，足敷撥用。統計拆造苫蓋及水手工食銀，每年可節省二千七百餘兩。倘遇差添，即於裁存工食銀内雇船備用。從之。（高宗七三六、二〇）

（**乾隆四七、七、癸亥**）浙江布政使兼管杭州織造盛住奏：杭州官用緞綢，曩由水路運解。長江風水，守候稽遲。請照江寧織造新定章程，改爲陸運。至自杭赴淮，向雇内河船，運至王家營起陸，並不經由長江，無庸更改。下部知之。（高宗一一六一、一六）

（**乾隆四七、九、乙卯**）兩江總督薩載、江蘇巡撫閔鶚元、兩淮鹽政伊齡阿奏：金壇漕糧，向用小船載運，由丹陽七里橋出口，至運河交兌。惟七里橋至港口橋一段，計長四千五百丈，河道淺窄，每冬築壩戽水，倍費民力。應就現在河身挑濬，約估需銀四千八百四十餘兩。江寧爲省會之地，士商從蘇杭來者，水路必經長江黃天蕩之險，陸路從鎮江至龍潭，再由龍潭至省，計程一百六十餘里，腳力匪易。勘得金山對岸之錢家港，由師古灘至龍潭、棲霞沿江一帶，本有間段河形。其無河形處，不過二十餘里。應將此一路挑成河道，可以直達龍潭。并可由龍潭直到棲霞之四板橋，從此登陸至省，祇三十餘里。約需銀八萬七千餘兩。又瓜洲跨城河道，上通運河由閘，下達大江，年久未免淤墊。若酌量展寬挑深，則從金山對渡入瓜洲城河，較爲直捷。約需銀一萬數千餘兩。如此，則金壇之漕糧剝運既易，自鎮江至江寧，一水可通，由金山入運河，渡江僅止三里，商民稱便。得旨：嘉獎。(高宗一一六五、一二)

　　(乾隆五〇、九、乙丑)又諭：據閔鶚元奏，江、揚、常、鎮等屬，因夏秋以來雨澤稀少，又農民昕夕車戽，致河道俱有淺阻。現在車戽已停，蘇、松、常、鎮各路江湖匯入運河，是以無錫伍牧等處最淺處所亦得水三四尺，不特回空糧艘可以遄行，即中等重載貨船亦足資浮送等語。所奏甚遲。前聞無錫一帶河水乾涸，恐礙重運回空，屢經降旨詢問。該處夏秋之間，河路淺阻，閔鶚元早應據實陳奏，乃並未入告。直至此時，知朕已經詢問，事難掩飾，始將情形奏及，則何如不奏之爲愈耶！閔鶚元平日尚屬留心民事，不應遲延若此，著傳旨申飭。至所奏曉諭江蘇各屬商販，多齎貨本，往江楚販運，其由上游販往江西一帶者，毋許攔阻截留及察看水勢情形，確估開挖等語。所辦尚是。該撫務悉心籌酌，妥協辦理，以慰廑注。將此傳諭知之。(高宗一二三九、一一)

　　(嘉慶一四、六、乙未)又諭：漕儲爲天庾正供，每歲徵收七省漕糧，連檣轉運。自漕運總督以下，分設多官專司其事。經由大江河湖，運道遇有汛漲淺阻，多方疏導，需費帑金不下數十百萬。誠以京師王公百官祿糈及八旗官兵俸餉，胥仰給於此。且舟行附載南省百貨，若遇行走迅速，貨物流通，商賈居民，咸資其利。偶值糧艘中途阻滯，則商船均不得越渡，京師百貨亦因以昂貴。每年自春徂秋，申誡漕臣疆吏經營催趲，不遺餘力。是漕糧為國家重大之務，勞費孔繁，乃趲運如此其難，而自抵壩貯倉以後，該倉場侍郎以及監督等官，均不知慎重職守，歷任相沿，因循廢弛，怠忽疲玩，遂至攙和抵竊，百弊叢生。前因上年所運北倉米石潮溼蒸變，將辦理不善之倉場侍郎達慶、蔣予蒲革懲，並將坐糧廳監督等分別降革著賠。旋因清理倉儲，特派大臣侍衛等分班盤驗查出虧缺數目，其從前短收浮出重領偷竊等弊，均由此破案。歷任倉場侍郎總司積貯，毫無整頓，咎無可辭，其中雖間有一二素稱明察留心防範者，亦總未能查出積弊，及早剔除。亦不過虛有其名，毫無實蹟，皆屬誤國負恩，必應懲治。今奸胥蠹役，種種贓私，全行敗露，自應將歷任倉場侍郎，按照年月久暫及失察弊竇重輕，分別懲處。現就該花戶甲斗等供明舞弊年分扣算，特令自嘉慶三年以後，將歷任各侍郎職名查明開單進呈。(仁宗二一三、八)

(4) 金沙江和雲、貴二省水運

（乾隆二、四、癸亥） 又諭：水利所關農功綦重。雲南跬步皆山，不通舟楫，田號雷鳴，民無積蓄。一遇荒歉，米價騰貴，較他省過數倍。是水利一事，尤不可不亟講也。朕常時籌慮，曾面詢大學士鄂爾泰。據奏，臣前任雲南，凡可以疏濬處所，已漸次興舉。因廣西省產米甚多，如可通舟，即能接濟。曾委開廣西剝隘地方至雲南屬廣西府河道，雖已有頭緒，猶恐未能深通。再四川省亦產米之區，滇屬尋甸州之牛欄江，其下有車洪江流水，可達川江，若能開通川江，舟楫可直抵嵩明州之河口。亦曾委員查勘，因形勢險窄，衆議難行，時臣已進京，遂爾中止。此外川河前經引導，現有可達昭通者，若由昭通次第開鑿，或可通牛欄江，亦大有裨益等語。可將此情節寄字與尹繼善，令其悉心籌画。無論通粵通川及本省河海，凡係水利及凡有關於民食者，皆當及時興修，不時疏濬。總期有備無患，要須因地制宜，事可謀成，斷不應惜費。如難奏效，亦不必强作。著並諭張允隨知之。（高宗四〇、七）

（乾隆三、八、辛卯） 工部議准：貴州總督張廣泗奏稱，黔省地方，鎮遠以上，自昔不通舟楫。查自都勻府起，由舊施並通清水江，至楚屬黔陽縣，直達常德。又由獨山州屬之三腳坙達來牛古州，抵粵西屬之懷遠縣，直達粵東，乃天地自然之利。請在各處修治河道，鑿開締路，以資輓運而濟商民。從之。（高宗七四、二五）

（乾隆三、九、己卯） ［貴州總督張廣泗］又奏：黔省產米無多，重山複嶺，外來輓運尤艱。查自鎮遠府以上，如都勻、銅仁等處河道，雖陸續開修，而河身窄狹，僅容小舟運載，陸路尤爲險阻。從前竭力修治，稍覺平坦，亦未便車馬通行。蓋實限於地勢，非人力所能施。得旨：所奏俱悉。勉力爲之。黔省舟車之路，雖限於地勢，然萬一可以盡人力者，須當留心補治也。（高宗七七、二四）

（乾隆五、一一、丙申） 雲南總督公慶復奏：臣前議開金沙江通川河摺內，請於明春用簰試運銅觔，經軍機大臣等覆令從緩酌辦，奉旨依議在案。查前議，原因滇銅陸運艱難起見，曾委員砍木紮筏，裝載石塊，於江灘試行數次，果能安穩。已擬奏明辦理水運。茲奉到諭旨，斷不敢固執己見，請俟明春，再行試運定議。又現在沿江險灘旱壩，酌設站船，接運川省米鹽以濟匠食，兼於回空船內裝載銅觔，按站遞交，先可收水運節省之效。得旨：朕實爲此事廑念，覽奏，大慰朕懷矣。非卿一力承當，而且經理得宜，其孰能

之。（高宗一三一、一八）

（**乾隆六、二、乙丑**）雲南總督公慶復遵旨議奏：金沙江通川河道，原爲從古未開之水徑，但人力可施，尺寸皆有利益。滇省沿江夷寨，均已寧謐。至川省有名土族，正宜乘此開河稽察，消弭隱患。且向日人跡不到之區，開河後，添營設汛，聯絡聲威，商賈趨集，二省均屬亟圖。況邇年各夷村寨，絕無兇頑出没之事。惟是交界，理宜慎重。早已將一切工程，管束事宜，咨商川省督撫提鎮辦理。得旨：所奏俱悉。尹繼善久任滇督，地方情形，是所熟悉，今復爲川督，此事卿正與彼共理。汝二人皆明體達用之大臣，爲朝廷辦理此等大事，自有和衷妥議也。（高宗一三七、二〇）

（**乾隆六、五、庚午**）諭曰：雲南總督慶復已命往廣東署理兩廣總督事務。伊在滇省奏明承辦之事，如開金江河道以利濟滇蜀兩省，……皆係有關地方、有裨民生之事。現在經理尚未就緒，慶復既經調任，署督張允隨自當接辦。（高宗一四二、五）

（**乾隆七、二、己未**）雲貴總督張允隨奏：昭通府地阻舟楫，物貴民艱。查鹽井渡，水達川江，可通商運。自渡至敘州府安邊汛，七十二灘，惟黃角磧等十一險灘宜大疏鑿，暫須起剥；餘只略修，並開縴道。其自昭通抵渡，旱路崎嶇九處，開廣便行。現運銅赴渡入船，脚費多省。以積省之費，開修險灘，帑不靡而功可就。不獨昭、東各郡物價得平，即黔省威寧等處，亦可運米流通。得旨：既已試行有效，即照所議辦理可也。（高宗一六一、二二）

（**乾隆七、一二、壬子**）大學士等議奏雲南金沙江通川工程。據欽差都統新柱疏稱，滇南僻處極邊，不通舟楫，民無蓋藏，米價騰貴。蒙諭旨命開通川河道，以期有備無患。臣等親往江干相度，其金沙江下游地方，自烏蒙改流設鎮，滇省每年赴川採買兵糧，均由江路沿流運送。其黃草坪至金沙廠六十里河道，爲商賈販運米鹽舊路，内有大漢漕等灘，水勢險急，冬春之際，商賈雖有行走，而起載多艱。今應細加勘估，將可以施工之處，酌量修理，以利舟楫。其上游自金沙廠至濫田壩一十二灘，現在陸續開修。但雙佛灘等處，石巨工艱，縱加疏鑿，下水仍屬堪虞。是以改修陸路兩站，以避一十五灘之險。今張允隨擬冬春之際，先修上游未竣各工，俟來秋再專修下游等語。復據署督所允隨繪進金沙江全圖，並疏稱，上游除濫田壩等八灘已完工外，尚有已修未竣之小溜筒、濯雲二灘及未修之對平等七灘，俱應今冬疏鑿。約計明春水長以前可竣。至臣先議發銅二十四萬勸試運之處，應於小江口、雙龍潭至石州灘一百七十里内，安設秋船十五隻，每船約可運銅萬觔。即於十二月起，先行裝載，陸續運赴石州灘。其改爲陸運之地，俱應建店房、銅房馬棚共十五間。金沙廠河口應建銅房十五間，已估計建蓋。並雇募馱脚，以資接運等語。查金沙江上下游，既可次第開修，應即興工，並先行試運銅觔，以定將來每年應運之實數。所需工費，統令工竣覈實報銷。從之。（高宗一八一、一九）

（乾隆八、三、己巳）户部議准：貴州總督兼管巡撫張廣泗疏稱，古州輓送寨蒿營米，向須水陸盤運。自寨蒿陸運朗洞米石，亦險遠難行。今勘古州至寨蒿，有盤挨、干列二灘，開修舟運，較爲便利。自寨蒿至郎洞，有開出高表一帶捷徑，亦近至三十餘里。嗣後二處運脚，俱可酌減給發。從之。（高宗一八六、一八）

（乾隆八、閏四、壬午）[署雲南總督張允隨]又奏報：開通金江上游各灘工程垂竣，試運京銅，並無險阻。得旨：所奏俱悉。若能常行無阻，誠善舉也。（高宗一九一、二二）

（乾隆五、八、己卯）[雲南總督兼管巡撫事張允隨]又奏：敬籌開濬金江下游工程事宜，查下游原估應修者，共六十四灘，内最險灘五，險灘十八，次險灘四十一。除鎖水一灘，已於勘估試修時開通外，尚有六十三灘。今詳議籌酌，次第經理。一、承修之員宜酌添。查六十三灘綿長六百四十餘里，雖設總理二員，但既有承修灘工，又須往來稽察，難以兼顧。應遴府佐州縣等官，分灘承修，並支放工價食米。如有糜帑誤工，即行題參。一、協辦雜職宜豫委。查有宣威州吏目陶世榮等十五員，均堪委用。工竣日果有勞績，與承修之員，一體題請議敘。怠誤營私，即行參處。一、承修灘工，宜量險易勻，派其總理協理大員，仍不時往來稽查。一、官役夫匠所需食米，應於江工銀内動撥八千四百兩，赴川買米四千二百石，支放報銷。一、灘工石匠，約需一千二百名，應委員帶銀一千六百兩，赴川省雇募四百名。又委員帶銀二千兩，赴黔省雇募五百名，再於本省各府雇募三百名。其委員路費，照買運粤鹽之例，每員月給養廉紙張役食銀七十五兩，限十月内齊集興工。一、鐵器應豫製造。滇省嵝峨縣出產銅鐵。從前上游灘工，曾委員赴該處製造。今開修下游，每年約需用鋼鑽一萬枝，鍥子二千個，應仍委員前往，會同地方官監造，陸續運赴工所。此外尚需鋸錘二百五十把，手錘一千五百把，千觔三百根，應令該知縣到川順便購買，帶赴工所，以省脚費。一、在工官役，應給養廉工食。總理知府，每月給養廉一百五十兩，所帶書辦二名，每名日給工食銀一錢五分，差役十六名，每名日給工食銀六分。協理知府，每月養廉一百二十兩，書辦二名，差役八名，照數發給。承修之雲角府通判，永善縣、嵋峨縣知縣每月養廉八十兩，俟缺通判一員，每月養廉一百兩，各帶書辦一名，差役六名，工食照例支結。其分修文武員弁內，現任及試用人員，每員月給養廉四十兩，差役飯食在內。至年滿千總、外委千總二員，每員月給養廉三十兩，跟役飯食亦在內。俱以到工日起支，停工日住支，年歸年款，截數報銷。以上各條俱係現在應行之事，其餘未盡事宜，容臣隨時斟酌，陸續奏請遵行。得旨：固應如是辦理，但期收實效耳。（高宗一九九、一七）

（**乾隆九、六、乙亥**）雲南總督張允隨奏報：金沙江下游，原勘應開修者，六十四灘。除鎖山一灘，已於乾隆七年春間試修時完竣，並苦竹、乾溪二灘尚未興修外，自乾隆八年十一月開工，至九年四月止，共開修過六十一灘。內異石、大霧基、大錫圈、大貓、大漢漕等最險五處工程，開至五分；柯虎口、象鼻頭灘、象鼻二灘、沙河、黑鐵關、大獀子、大虎跳、小虎跳、溜檣、特衣、冬瓜、木孔、凹崖、三腔、新開等十五險灘，開至六分；上石板、黃草、乾田壩、金鎖關、焦石崖、小獀子、中石板、米貼、梨園、窩洛、鼓澒、烏鴉、小霧基、水崖、大獅子口、小獅子口、硝廠、硫磺、三堆石、磨盤石、那此渡、平亭子、豆沙溪、貴擔子、豬肚、石門坎、小錫圈、長崖坊、溝洞子、檜溪、四方石、羊角、棗核、擺定、小漢漕、大芭蕉、小芭蕉、杉木、嚴王塩、葉灘、鑼鍋耳，次險四十一灘，開至四、五、六、七、八分不等。所有礙船巨石，先令夫匠伐木堆積，用火燒熯，再用錘鑿劈打，已十去八九。又應開兩岸懸崖縴路，一萬數百丈，內已完工者，八千四百九十八丈。其陡險之處，皆於石罅插木搭架，工匠用藤纏腰，懸空剷鑿，悉已開通路徑。從前上水船隻，日行不過一二十里。自開成縴路，鑿去礙船巨石，上水日行三四十里。至奉檄試運京銅，查河口以下，百里之內，接連異石、柯郎、虎口、象鼻頭灘、二灘、五大灘，歷來挽運兵糧船隻，止到黃草坪而止。此五灘原未通運，自興修以來，當將運到川米船隻，雇募至河口銅房，每隻裝銅二千五百觔，共發運銅十萬五千觔，俱安穩無虞。得旨：所奏俱悉。統計此工，所費若何，作何籌辦，并目今獲效與將來如何有益之處，詳繕簡明摺奏來。（高宗二一九、二五）

（**乾隆九、七、戊戌**）［戶部］又覆：雲南總督張允隨奏稱，滇黔兩省，辦理京銅，皆由滇省之威寧州轉運，嗣經將東川至永寧，道路開修，兩路分運銅觔，每年四百四十餘萬觔，後又加運一百八十九萬觔，威寧一路實運三百一十六萬餘觔。加以辦運黔省黑白鉛四百七十餘萬觔，雇運艱難，日見遲誤。請於板蚌百色一路，官買牛馬，設站分運，並將黔省月亮巖鉛觔，停止爐民私銷，概歸官買，全由貴陽運至京局。再於水次相離不遠處，查有鉛礦，即行採買解京。庶東、威兩路可免壅擠。應如所請，將月亮巖鉛觔概歸官買，全由貴陽轉運，以分東、威銅鉛並運之勞。再查現開金沙江，將滇省銅觔，改由水運，每年可省陸運之半，則威寧及昭通兩路餘出馬匹，辦運自見敷裕。……得旨：是。依議行。（高宗二二一、九）

（**乾隆九、九、癸卯**）雲南總督兼管巡撫事務張允隨奏：金沙江上下兩游，共一千三百餘里，應開鑿大小八十三灘。其中最險之蜈蚣嶺等一十五灘，改修旱路，下游計六十四灘；又開修那比渡至副官村南岸一帶旱路，工程業經過半。各灘凡遇中洪洶湧，不能行舟者，築壩逼水，將灘石燒煅，鑿出船路，以避中流之險。次險者，亦將水面水底礙船巨石鑿去，於兩岸絕壁上鑿出高低縴路一萬餘丈。又將橫木灘至新開灘陸路千餘里，蒙茸陡絕之區，開路建橋，以便行旅。查金沙江，自古不通舟楫，自乾隆七年上游開通，川楚商船赴金沙廠以上地方貿易者漸多。現試運銅觔至河口灘者，四十三萬三千餘觔，轉運至黃草坪者，十萬二千三百餘觔。下游告竣即可運至瀘州，直達京局。就目下情形計算，每年可運銅百餘萬觔，較陸運之費可省十之二三。并將來川省商民聞風販運，鹽米流通，民食亦可資接濟。得旨：所奏俱悉。若果實如所言，自是美舉。（高宗二二五、三一）

（**乾隆九、一一、癸卯**）雲南總督張允隨奏：請開修川省接壤滇境之羅星渡河一道，可以直達川江，分運威寧銅觔，每年計節省陸路運脚銀二千九百六十兩零。照例借項動支，約二年所省脚價，即可歸款。不特銅運得濟，滇民往來亦有裨益。得旨：即稱有益，妥酌爲之。（高宗二二九、二二）

（**乾隆一〇、二、壬申**）四川巡撫紀山奏：滇省開鑿川屬羅星渡河道以濟銅運。得旨：應無分別彼此，助彼爲之。（高宗二三五、二〇）

（**乾隆一〇、三、壬寅**）[雲南總督兼管巡撫張允隨]又奏：金沙江下游通川河道，今春水勢稍減，凡最險次險各灘工，俱可築壩開鑿。得旨：若果如所言，則成功可望，來往行旅受益，斯朕所愉快者耳。（高宗二三七、二二）

（**乾隆一〇、四、庚申**）[工部等部]又議覆：貴州總督張廣泗疏稱，黔省威寧、大定等府州縣崇山峻嶺，不通舟楫。所产銅鉛陸運維艱……，查有大定府畢節縣屬之赤水河，下接遵義府仁懷縣屬之猿猱地方，若將此河開鑿通舟，即可順流直達四川重慶水次。（高宗二三九、一一）

（**乾隆一〇、五、辛丑**）雲南總督張允隨奏：滇省開濬金沙江通川河道，乘春水涸，將極險次險各灘，分別逐加剗鑿。其夾岸峭壁，鑿出縴路。自乾隆八年十一月興工，至十年四月告成。現在川省商船，赴金沙廠貿易者，約三百餘號，即雇募此項船隻，裝運京銅。除經過上游之濫田壩、小溜筒及下游之沙河、象鼻、大漢漕等灘，分半盤剝，餘皆原載直行，毫無阻滯。得旨：所奏俱悉。亦賴卿擔任實心，而且條理井然，故得成功也。覽奏曷勝嘉悅。（高宗二四一、二八）

（乾隆一〇、六、戊辰）諭軍機大臣等：從前滇省奏聞濬開金沙上下兩游江工，及接壤川省之羅星渡河道，原以接濟民食，分運銅觔。今各處工程，先後告竣，民間米糧，自可流通。至於銅觔運費，據該督等奏稱，金沙江惟自十一月至三月五箇月之內，可以辦運；其羅星渡每年可以分運威寧銅觔一半等語。不知此二處，每年可以辦運銅觔若干，其運腳可以較前節省若干，并當日開修費用，約計幾年可以抵補？爾等可寄信詢問之。（高宗二四三、一九）

（乾隆一一、九、戊午）工部議覆：雲南總督兼巡撫事張允隨奏稱，金沙江兩岸，向無道路，間有小徑，亦屬險仄異常，應請修治寬平。不獨行旅負販，可免跋涉崎嶇；即銅錫商船，上下往來，亦易保護稽查等語。應如所請。從之。（高宗二七五、一一）

（乾隆一三、六、壬午）雲貴總督張允隨奏：金沙江各灘，上年因水長停工，臣於九月間令司道雇募工匠，於水落時興工。……自上年十二月開工，至本年四月，工俱告竣。於二月底開船運銅，至四月中，共運過銅三十二萬餘觔，安穩無虞。自蜈蚣嶺至雙佛一帶險灘盡皆開通。（高宗三一七、三〇）

（乾隆一四、二、庚子）諭軍機大臣等：金沙江工程一事，其有無全行開通，及於運銅事宜有無裨益之處？現差當書舒赫德、楚督新柱前往會同履勘。圖爾炳阿身任封疆，於所轄工程更爲明晰，在工屬員，是否粉飾侵漁，亦易周知。且非本任經辦之事，無庸迴護。著將此案實在情形，逐一查訪，不可因係督臣經手，有心偏向，亦不可故爲避嫌，有所隱諱。更不可揣摩觀望，過於吹求。惟秉公恃正，據實詳悉密行陳奏，該撫之居心，亦即此可見。慎之。（高宗三三五、一六）

（乾隆一四、二、戊申）雲南巡撫圖爾炳阿奏金沙一江，與黃河同發源星宿海，經流萬里始入滇境，又五千里與岷江合，禹蹟未經，功遺疏鑿，今以前代所不能開通者，一旦底績，民生利賴，均奉睿謨，奠險阻爲坦夷，聯滇蜀爲一氣。爰分門別類，纂成《金沙江志》二十二卷。得旨：知道了，書

留覽。(高宗三三五、三五)

（乾隆一四、四、丙午）又諭：金沙江一事，現差尚書舒赫德、總督新柱查勘，尚未覆奏。但朕看來金江巨石層灘，湍流奔激，銅沉船損，難收利濟之功。即所稱節省運費，亦大概有名無實。該督張允隨身當其任，於建議開工之始，不能確見其難成，豫為力阻，致歷年糜費帑項，咎所難辭。然自大學士鄂爾泰首倡其說，而慶復在川力為贊成，又復奉旨交辦。該督欲以獨力挽回中止，此大臣持正不撓之風節，難以責之該督者。該督在滇年久，尚屬幹練，將來即查出工程未能實有裨益，亦不忍遽加重譴。今日見該督奏摺，未免有畏葸觀望之意。可傳諭該督，令其安心守職，綏輯苗疆，事事實力報效，以副朕施恩宥過之意。朕辦理庶務一秉大公，功過各不相掩，誤由眾人者，必不令一人獨蒙其責，該督諒必允服。若因此而置諸事而不理，貽誤封疆，是自速其咎也。(高宗三三九、三二)

（乾隆一四、四、丁未）雲貴總督張允隨覆奏：金江疏鑿以來，川省商船可直抵上游之濫田壩等處，惟江路一千三百餘里，每年冬春額運銅觔，需船四百五十二隻，若俱從川省瀘州包空雇募，千里遡洄，恐誤嚴限。因於上下游安設站船二百七十隻，往回濟運，較之遠雇川船力省而運速。至商船回空，仍雇令裝銅，由濫田壩直達瀘州，長站兼運，並非專恃站船。報聞。(高宗三三九、四七)

（乾隆一四、五、癸亥）欽差戶部尚書舒赫德奏：履勘金沙江，從前新桂、尹繼善等會勘議修，自新開灘至黃草坪五百八十餘里，實有益應留之工。其從前奏停，經滇督奏開之蜈蚣嶺等十五灘則有損無益，現仍須陸運滇督辦理此事，竟有附會錯誤之處。奏入。諭曰：舒赫德奏履勘金沙江工程一摺，所見甚屬公正。該處情形朕早已料及。在張允隨因鄂爾泰立意興舉鉅工，遂爾附和，固難辭咎。但念伊久任苗疆，辦理諸務，尚為妥協。若因此事逐加嚴譴，未免可惜。且此案所有糜費帑項，例應著賠。今從寬令張允隨在任彌補，既可陸續清還，亦於事理允協。前已詳悉降旨，傳諭舒赫德，伊具奏時尚未接到，可再行傳諭，令其接到後於遵照辦理。(高宗三四一、二)

（乾隆一四、六、庚子）諭：據舒赫德、新桂查奏金沙江工程，自新開灘以上至黃草坪，尚屬有益，其餘上游四十餘灘，實係難行。張允隨附會粉飾，請交部嚴加察議。其用過工費銀八萬餘兩，應令原辦之人賠補。張允隨賠繳六分，承辦各員分賠四分。再據該撫圖爾炳阿奏稱，該省承辦各員以工程浩繁，勢必核減，於上游各員扣留銀二千七八百兩，下游各員留貯一萬六千餘兩，以備報部核減完繳之用。應將扣貯之司道等員及批准之大員，交該撫查明交部察議等语。金沙江工程，原因銅運艱難，期於一勞永逸，先经原任大學士鄂爾泰倡議，而張允隨附和陳請開鑿。今上游四十餘灘既不能化險爲平，且蜈蚣嶺十五灘已議停止，而張允隨又復奏請開濬，以至妄费多金。……至於工程報銷，自應據實具報，乃豫备核減，扣貯抵補，似此舞弊玩公，不可不加嚴懲。（高宗三四三、一三）

（乾隆一四、六、庚子）欽差户部尚書舒赫德奏：履勘金沙江工程，上游之蜈蚣嶺至下游黃草坪灘溜最險，此数百里隔截，自然天險，無取流通。而蜈蚣嶺最險一十五處，尚不能盡廢陸運，且老灘櫛比，銅運實難。嗣後请將銅由廠陸運，到黃草坪上船，直運至新開灘平水，以抵瀘州爲便。……又滇銅水陸兩運，駝馬船隻，均就永寧、敘州等處雇覓。奸民領價逃匿，追捕無從，滇員未免掣肘，请勅四川所屬敘、永等處地方官員，於關係運銅一事，並受雲南督撫節制。奏入，下軍機大臣會部速議行。（高宗三四三、一七）

（乾隆一九、九、乙巳）貴州巡撫定長奏：乾隆十年奏准，動項開通畢節縣之赤水河，直達川省重慶以便鉛運。嗣因河道險阻，仍多由陸運。又將威寧水城應運鉛，俱運交畢節縣合辦，更属周章。應請將水運鉛改由白沙以下之魚塘爲口岸，運至新龍灘起剥陸運，至二郎灘下船，直達川省。其畢節應辦之水運鉛，仍令就近辦運。……報聞。（高宗四七三、一九）

（乾隆二六、一一、丙午）諭軍機大臣等：據徐垣奏，黔省新開南明河，徒勞無益，請查勘停止一摺，已有旨諭部。前此周人驥奏請開河，原爲運鉛而設，若仍不利舟行，且於官民均有未便，自不應復行迴護前说，貽累地方。但愛必達前任總督數年，此事原委諒所深悉，何以未行奏聞？著將該處河道實在情形若何，及該撫前後辦理有無意存迴護之處，一併據實奏覆。並著傳諭吳達善，令其秉公確勘實在情形，即行據實妥議具奏。尋愛必達奏：此河前經撫臣親往察閱，果易開修，會摺奏准，隨委員辦理試運。嗣臣赴楚過黔，詢據撫臣稱，河道現無阻滯，須歲修可久，至黔省各處河道，均一綫溪流，今由新河運鉛實較川江爲穩。惟遠雇水手，未悉路徑，不免淺阻耽延。得旨：覽此語究屬回護。吳達善奏：現自滇赴黔，勘明另奏。得旨：周人驥辦事究竟如何，據實奏來。（高宗六四八、一六）

(5) 東北三省水運

（康熙二二、三、庚戌）諭大學士覺羅勒德洪等：饋運烏喇軍糈，自遼河溯流，運至等色屯。隨用蒙古之力，陸路運至伊屯門，自伊屯門船載順流運至松花江。甚善。內府佐領下，屯莊糧米充足，需用幾何，即以屯丁之力運至遼河津要，船載趣運。并備畚具椿木，若逢淤淺，束水以行。糧米或於等色屯、伊屯門、伊屯口，或於欹河口，築倉收貯。船在邊內，我兵衛送；邊外，蒙古兵衛送。宜少載糧米，多備輓夫，俾船行輕利。兩河中阻陸路，酌派車載。其船準何式製造，錢糧需用若干，爾等與戶工二部、理藩院及郎談觀圖詳議。至造伊屯門以北運船，運至松花江，及築倉收貯事宜，應否交與留鎮烏喇副都統，其并定議以聞。勒德洪等議覆：巨流河渡口，應造船六十艘；以長三丈、寬一丈爲度。每船載米百石，用水手六名。水手即派民夫操演。自起運日，每人月給銀一兩。運到米，於巨流河渡口、等色屯，築倉收貯。悉交與奉天將軍大臣等監理。船在邊內，酌派盛京官兵衛送；邊外，自等色屯至伊屯門，派蒙古官兵車輛陸續運往。所派蒙古官兵車輛，理藩院另行請旨。伊屯門諸地築倉貯米，及造伊屯河運船運至松花江，悉交留鎮烏喇副都統議覆。上以所議尚未周詳，遂分遣內府營造司郎中佛寶，及戶部侍郎宜昌阿等，以瀛臺通州船載米試之。復令盛京刑部侍郎噶爾圖等，自巨流河至等色屯，驗視遼河深淺。寧古塔副都統瓦禮祜等，自伊屯口至伊屯門、伊爾門河口，驗視水勢。尋噶爾圖奏：遼河可行三丈之船，請以此式，於巨流河渡口造船六十艘。瓦禮祜奏：伊屯河可行三丈五尺之船，吉林地方伐木造船百艘，由伊屯河運米松花江，於伊屯門、伊屯口築倉收貯。從之。又諭：前薩布素來奏，明年六月前兵食，伊等齎行，餘悉存留。爾時曾諭以六月後所需，運黑龍江松花江交匯處，令其迎取。今應於烏喇造大船五十艘，或以薩布素等所留蒙古席北米，或以盛京所發米，計口運往。烏喇寧古塔兵皆貧乏，見在出征者半，任輸輓，復用餘兵，恐致困苦。烏喇席特庫所屬八家獵戶停獵一年，令其輸輓，庶兵力稍紓。黑龍松花兩江交匯處，自吉林順流而往。薩布素等自彼駐兵之所，順流而來，水路遠近相等。俟明春冰解，即運兩江接界，令薩布素等量發官兵船艘前來迎取。（聖祖一〇八、三）

（**康熙二二、閏六、辛丑朔**）奉天將軍伊巴漢等議覆：臣等遵旨，差官三路勘驗渾河、太子河根源應砍木植之山，及所砍之木，離水路遠近情形。據稱，杉木廠木植離太子河三十餘里。栗家口、哈爾山、索爾擴木植，離蘇子河六十餘里。自此運至界凡，方入渾河。又納魯窩濟內有小河五道，此河兩邊山上木植，離納魯河俱有二十餘里，自此運至杭家，方入渾河。此兩河根源，如運放木植，俱可入海。應遍行曉諭八旗並府州縣，有情願至天津貿易者，該部給發執照，准其貿易。有借此夾帶禁物，偷打貂鼠，私刨人參等物者，嚴行禁止。從之。（聖祖一一〇、七）

（**康熙二二、一一、癸酉**）吏部尚書伊桑阿等題：奉命議運糧黑龍江事宜，臣等議烏喇造船五十艘，除將軍薩布素所發水手一百五十人，再派烏喇兵二百，獵戶四百，候明年冰解時，即以伊屯口席北米，每船載五十石，並副都統穆泰兵三月坐糧，運至黑龍江。二十四年應運者，於前項水手添發烏喇兵六百運送。得旨：應增船艦並運二年食糧，二十四年不必運送。其再行確議以聞。尋議：二年食糧，一次全運，船五十艘不足，應增造三十艘，每船設運丁十五人，共需一千二百人。除薩布素處所發水手一百五十人外，再派烏喇八旗獵戶六百九十、寧古塔兵三百六十，選才能協領等官，督運黑龍江。從之。（聖祖一一三、五）

（**雍正九、五、戊辰**）奉天將軍那蘇圖疏言：鳳凰城邊外，設立陸路防汛之虎耳山等處，有草河靉河二水，俱自邊內發源，至邊外莽牛哨地方，匯流入於中江。其中江之中，有洲名江心沱，沱西屬鳳凰城管轄，沱東係朝鮮國界址。每年常有匪類，私乘小船，偷運米糧；雖虎耳山設有陸路防汛，而河水阻隔，且界連朝鮮，難以查緝。請於草河靉河滙流入江之莽牛哨地方，設立小船四隻、三板船二隻，將駐劄虎耳山防汛之官弁一員、兵丁二十名，再添派官弁一員、兵丁二十名，移駐於此，立為水師汛地。若值冰凍之後，仍撤回虎耳山陸路安設，并令該管城守尉等，督率稽查。得旨：所奏設立水路防汛之處，既與朝鮮國連界，著該部行文詢問朝鮮國王，若設立水路防汛，於該國有無未便之處。俟回奏到日，再行定議。（世宗一〇六、七）

（**乾隆二八、一、丁卯**）盛京將軍舍圖肯奏：廣寧縣有生息銀兩，備修呂陽驛至句驪河一帶道路橋梁。查句驪河西，地勢低窪，溪澗復多，雨積淹溢，差役商賈不便。請會同盛京工部、奉天府尹選員濬修。報聞。（高宗六七八、一三）

(6) 東南各省水運

（**雍正二、三、壬辰**）江南提督高其位摺奏：松江之泖湖、澱湖、澄湖，港汊叢雜，姦宄易滋。目今太湖遵旨稽查防範之法，泖澱諸湖，亦宜預籌防禦。計松江所屬一百十三處，俱應釘樁立柵，編民船，嚴啓閉，以杜姦宄出沒之路。奉上諭：此事廷議不准行。夫地方文武大吏，酌量彼處情形，相機而為，又在爾等權宜措置也。查果無礙於商民之處，毋因廷議不准，遂爾中止。地方諸務總以便民為主，誠實心任事，自必情理俱洽。（世宗一七、一八）

（**乾隆四、一〇、丁亥**）工部議：陞任閩浙總督郝玉麟疏稱，閩省南關外，烏龍江渡口，地當孔道，乃上中下三路江水聚會之所，如遇狂風大浪，小船過渡，每有覆溺之虞。請添設大官渡船二隻等語。應如所請。除原設大馬船二隻，照舊分南北兩岸，撥兵渡載外，其塔仔渡口，准照大馬船式，飭侯官縣承造。每船募舵工一名，水手八名駕渡。併令福州城守副將，撥外委千把總一名，管隊一名稽查。不得需索挦勒行人，違者拏究。又稱，往來官民人等，遇風不能開船，須覓樓止。今除北岸，現有民居旅店外，南岸無屋，請於南岸大路傍，將民人空地，給價購買，起蓋公館一座，旅店七間。應如所請。准於司庫存公銀內，動給購建。從之。（高宗一〇二、一八）

（**乾隆七、一一、乙酉**）［浙江巡撫常安］又奏：太湖周遭八百餘里，中多漁船出入，奸良莫辨，向來屢有盜刦之事。惟將此等船隻，一例編甲印烙，並於篷上大書船戶姓名。俾兩省之船，一至湖中彼此皆可識別。已移咨江蘇撫臣陳大受一體辦理。再浙地通舟要口，俱設立水柵，晨開暮閉，凡湖面出入之船，已無不屢經查驗。至河內通達溪港，客商經由去處，亦飭弁兵在該管地方駕船偵緝。與上下汛守會哨，庶外湖內河，稽察俱為周密。得旨：嘉是之外，無可批諭，惟應永守此志耳。（高宗一七九、二七）

（**乾隆二三、七、癸丑**）湖南巡撫馮鈐奏：奉諭撥運粵東穀石，業經備穀四十餘萬石。半貯長、衡、永所屬，半貯岳、常、灃所屬，水次各州縣起運。惟自衡州至廣西桂林一千餘里，在在險灘逆水，巨載難行。現咨廣西撫臣，俟至桂林，另換大船運送。……得旨：嘉獎。（高宗五六七、二五）

（**乾隆二三、一〇、癸未**）署兩廣總督廣州將軍李侍堯奏：本年粵東平糶食穀缺額。奉旨撥湖南溢額穀三十萬石運補，現已陸續抵界。惟自桂林至梧州，係淺水灘河，須換小船；自梧州至粵東省城又係大江，須換大船。粵東向來產穀不敷民食，資西省接濟。梧州為商販總匯，若雇民船運楚穀，恐商販阻滯。查西省各埠行銷東省鹽引，至梧州易船，該處有倉廠貯鹽，應令東省將西省應銷鹽豫行運梧，貯倉交卸後，運穀回東。至由桂林至梧州，已咨明楚省，擇原船願赴梧者，給水腳轉運，亦不至有礙商販。得旨：嘉獎。（高宗五七三、二七）

2. 海上航運

(1) 海禁開放與商民出海的管理

（**順治四、七、甲子**）以廣東初定，特頒恩詔。詔曰：……所有該省合行恩例，開列於後。……一、廣東近海，凡係飄洋私船，照舊嚴禁。至巨寇并罪逃之人，窟穴其中，勾引剽掠，雖從前犯有過惡，如能悔過投誠，概免其罪。即偽官逆將，寄命海上者，果能真心來投，亦開其自新之路。（世祖三三、九）

（順治一三、六、癸巳）敕諭浙江、福建、廣東、江南、山東、天津各督撫鎮曰：海逆鄭成功等，竄伏海隅，至今尚未勦滅。必有奸人暗通線索，貪圖厚利，貿易往來，資以糧物。若不立法嚴禁，海氛何由廓清？自今以後，各該督撫鎮，著申飭沿海一帶文武各官，嚴禁商民船隻，私自出海。有將一切糧食貨物等項，與逆賊貿易者，或地方官察出，或被人告發，即將貿易之人，不論官民，俱行奏聞正法，貨物入官。本犯家產，盡給告發之人。其該管地方文武各官，不行盤詰擒緝，皆革職，從重治罪。地方保甲，通同容隱，不行舉首，皆論死。凡沿海地方，大小賊船，可容灣泊登岸口子，各該督撫鎮，俱嚴飭防守各官，相度形勢，設法攔阻。或築土壩，或樹木柵，處處嚴防，不許片帆入口。一賊登岸，如仍前防守怠玩，致有疏虞，其專汛各官，即以軍法從事，該督撫鎮一并議罪。爾等即遵諭力行。（世祖一〇二、一〇）

（順治一五、九、丙申）直隸巡撫董天機，違禁給與滿洲兵丁馬虎等印票，出海貿易。命罷職，永不敘用。（世祖一二〇、一二）

（康熙一七、九、丙寅）平南王尚之信疏言：剿除海逆，亟須船艘。其如軍需浩繁，勢難營造。請暫開海禁，許商民造船，由廣州至瓊州，貿易自便。則臣得藉商船，由廣海海陵龍門一帶進取，以收搗巢之功。得旨：向因平南王尚之信言，粵東雖已底定，鄭逆仍踞廈門，宜申海禁，以絕亂萌，故準舊界嚴行禁戢。今若復開海禁，令商民貿易自便，恐奸徒乘此與賊交通，侵擾邊海人民，亦未可定。海禁不可輕開，其鼓勵地方官員，捐助造船，以備征剿之用。（聖祖七七、一二）

（康熙二三、一〇、丁巳）九卿詹事科道遵旨會議：今海外平定，臺灣、澎湖設立官兵駐劄。直隸、山東、江南、浙江、福建、廣東各省先定海禁處分之例，應盡行停止。若有違禁將硝磺軍器等物，私載在船出洋貿易者，仍照律處分。從之。（聖祖一一七、一〇）

（康熙二四、四、癸巳）議政王大臣等會議：今海內一統，寰宇寧謐，滿漢人民俱同一體，應令出洋貿易，以彰庶富之治。得旨：開海貿易，原欲令滿漢人民各遂生息，倘有無藉棍徒，倚勢橫行，借端生事，貽害地方，反為不便，應嚴加禁飭。如有違法者，該督撫即指名題參。（聖祖一二〇、一五）

（康熙四三、一、辛酉）浙江福建總督金世榮疏報：擒獲海寇徐榮等，供出夥眾屯扎情形。上諭大學士等曰：見差內閣學士常授，前往招撫海寇，此事交與常授帶去，即將所獲人內，量遣往招之。此輩原係竊盜，眾亦無幾，春冬嘯聚海島，秋夏揚帆出掠，今往撫之，彼必歸誠解散。但日後難保其必不嘯聚。若撫之不來，當即興師殄滅。如湖廣紅苗，從前邊民無不被害，土司及地方文武官隱匿不報。昨歲致討，彼奔逃無路，殲厥巨魁，宥其脅從，軍威震懾，土司邏邏等，無不股慄，翕然奉法。朕初以海寇故，欲嚴洋禁，後思若輩游魂，何難掃滌？禁洋反張其聲勢，是以中止。然未雨綢繆，何可忽耶？（聖祖二一五、五）

（康熙五三、三、甲辰） 兵部議覆：江蘇巡撫張伯行疏言，商船、漁船與盜船一并在洋行走，難於識辨，以致盜氛未靖，商船被害。嗣後請將商船、漁船前後各刻商、漁字樣，兩旁刻某省某府州縣第幾號商船、漁船及船戶某人，巡哨船隻亦刻某營第幾號哨船，並商漁各船船戶、舵工、水手、客商人等，各給腰牌，刻明姓名年貌籍貫，庶巡哨官兵易於稽查。至漁船出洋時，不許裝載米酒，進口時亦不許裝載貨物，違者嚴加治罪。俱應如所請。從之。（聖祖二五八、一一）

（康熙五五、一〇、丙午） 兵部議覆：福建巡撫陳璸疏言，往臺灣澎湖貿易之船，不宜零星放出，必至二三十隻，方許一同出洋。臺廈兩汛，亦酌量船隻多寡，撥哨船三四隻護送。應如所請。從之。（聖祖二七〇、一一）

（康熙五六、一、乙丑） 諭內閣學士星奇泰等：爾等曾出江南海差，海船一年造若干，應令報明監督，於出洋時，將前報過造船人名與船隻字號逐一查對，方不至隱匿。凡大船指稱貿易，領票出洋，每另泊一處，用小船於各處偷買米石，載入大船，不知運往何所。乍浦地方有隄，一應貨物必於此遞運，他處大船不能出入，惟上海崇明等口甚屬緊要，爾等傳諭九卿，著議奏。（聖祖二七一、二）

（康熙五六、一、庚辰） 兵部等衙門遵旨，會同陛見來京之廣東將軍管源忠、福建浙江總督覺羅滿保、廣東廣西總督楊琳議覆：凡商船照舊東洋貿易外，其南洋呂宋、噶囉吧等處，不許商船前往貿易，於南澳等地方截住，令廣東福建沿海一帶水師各營巡查，違禁者嚴拏治罪。其外國夾板船照舊准來貿易，令地方文武官嚴加防範。嗣後洋船初造時，報明海關監督地方官親驗印烙，取船戶甘結。并將船隻丈尺、客商姓名、貨物往某處貿易，填給船單，令沿海口岸文武官照單嚴查，按月冊報督撫存案。每日各人准帶食米一升，并餘米一升，以防風阻。如有越額之米，查出入官，船戶、商人一并治罪。至於小船偷載米糧，剝運大船者，嚴拏治罪。如將船賣與外國者，造船與賣船之人皆立斬。所去之人留在外國，將知情同去之人枷號三月。該督行文外國，將留下之人令其解回立斬。沿海文武官如遇私賣船隻，多帶米糧，偷越禁地等事隱匿不報，從重治罪。并行文山東、江南、浙江將軍、督、

撫、提、鎮各嚴行禁止。從之。(聖祖二七一、六)

（**康熙五六、二、甲申**）[兵部等衙門] 又議覆：福建浙江總督覺羅滿保疏言，海洋大弊全在船隻之混淆，米糧之接濟，商販行私偷越，奸民貪利竊留。海洋出入，商漁雜沓。應將客商責之保家，商船水手責之船户貨主，漁船水手責之澳甲同艣，各取保結，限定人數，出入盤查，并嚴禁漁船，不許裝載貨物、接渡人口。至於臺灣、廈門，各省本省往來之船，雖新例各用兵船護送，其貪時之迅速者，俱從各處直走外洋，不由廈門出入，應飭行本省，并咨明各省，凡往臺灣之船，必令到廈門盤驗，一體護送。由澎而臺，其從臺灣回者，亦令盤驗護送。由澎到廈，凡往來臺灣之人，必令地方官給照，方許渡載。單身遊民無照者，不許偷渡。如有犯者，官兵民人，分別嚴加治罪，船隻入官。如有哨船私載者，將該管官一體參奏處分。應如所請。從之。(聖祖二七七、一九)

（**康熙五七、六、癸未**）兵部議覆：江南江西總督長鼐疏言，松江府上海一邑，離海口僅五十餘里。洋船水手人等，良頑不一。更有居民漁户貿易小船，往來不絕；或有偷運米糧，送至洋船，俱未可定。查上海城中，惟守備一員，千總一員，把總二員，兵二百七十五名，分防之外存城無幾，實不足彈壓巡查。請將提標右營官兵移駐上海，就近管轄。其原駐上海之黃浦營改爲水師營，添設大沙船三隻，哨船四隻，專在海口巡查。均應如所請。從之。(聖祖二七九、一二)

（**康熙五九、五、戊午**）兵部議覆：原任廣東提督王文雄條奏，出洋商船，不應攜帶軍器。遵旨令山東、福建、浙江、江南、廣東督撫公同定議。今各該督撫等會議具覆，皆言沿海各省出洋商船攜帶礮位軍器，應概行禁止。其原有之礮位軍器，令該地方官查明收貯。應如所請。從之。(聖祖二八八、九)

（**雍正六、一〇、己卯**）户部議覆：福建總督高其倬遵旨議奏，洋船出入海口，必按定期限，方易稽查。嗣后每年出口船隻，應令於四月內造報，入口船隻於九月內造報。如入口之船，有番賬未清，不便即回者，准俟來年六七月間回港。有遭風飄泊他省者，准取具該地方官印結齎回。有舟行被溺，無憑查據者，飭取飄回餘人，或鄰船客商等確供詳核。儻故意遲延，並徇私捏報，即行分別究處。至每船應酌帶米石，暹羅大船三百石，中船二百石，噶喇巴大船二百五十石，中船二百石，呂宋等處大船二百石，中船一百石，𠷀仔等處中船各一百石，如有偷漏，以接濟外洋例論罪。再出洋之船，動經數月，油釘樱蔴等物，酌量許帶，仍註明數目，以憑查驗。均應如所

議。從之。(世宗七四、二)

（**乾隆一、三、癸亥**）〔兵部〕又議覆：閩浙總督銜專管福建事務郝玉麟疏稱，……嗣後商船出口，責令地方官詳查舵工、水手籍貫年貌，嚴定處分。應如所請。從之。(高宗一五、二四)

（**乾隆二、二、戊子**）兵部議覆：巡臺御史白起圖等疏請，嗣後過臺商船舵水人等，免其查驗箕斗。令原籍州縣官，將各舵水年貌鄉貫填照，或有事另僱，就地給單填注，取具船戶行保甘結，汛口各官驗放。臺地倣照內地，設立十家牌，填註實在籍貫人口確數，並作何生理，遇有事故開除。每月出具並無招攬游民結狀報覈，違礙一并嚴究。應如所請。從之。(高宗三七、一八)

（**乾隆二、七、丙申**）兵部議准：浙江溫州總兵施世澤奏稱，沿海小艇，或夾帶違禁貨物，或暗通接濟盜糧，請立法稽查。經部通行沿海各總督提鎮等，各按地方情形查議。今大學士管浙江總督嵇曾筠等議稱，一應出海小艇，令地方官取結，印烙編號，給票查驗之處，與施世澤原奏大略相同。應如施世澤所請，嗣後沿海採捕，及內河通海小艇，俱令地方官取具澳甲鄰佑甘結，印烙編號，刊刻船傍，書寫篷號，給以照票。其新造小船，與採捕售賣者，亦令一律報官辦理。私造私賣及偷越者，照違禁治罪。澳甲不舉連坐。倘有船隻被賊押坐出洋，立即報官，將船號姓名，移營緝究。容隱不首者，照接濟洋盜治罪。租船之人，報明澳甲，出結報官存案。若租船者為匪，船主澳甲併治。其遭風者，查明人夥有無落水受傷，訊取實據，方准銷號。捏報者治罪，官役藉名索詐並究。至施世澤原奏小艇出洋，令預定處所，限日往還，赴戰船掛號一條。據嵇曾筠等議稱，樵採船隻，惟候風潮，戰船遊巡，往來莫定，必令赴戰船掛號，勢恐冒險不便，應照商漁船隻之例，在中途守汛口址掛號一次，不必定地限期，惟責令守口員弁，俟其進口時，查核風信時候次數，取具結狀備案，捏飾者嚴究。又施世澤原奏，出洋艇隻計口計日准帶口糧，未定成數，應按海道遠近，人數多寡，每人每日食米一升外，准帶餘米一升，以防風阻乏食。均請照議通行。從之。(高宗四六、一三)

（**乾隆四、二、戊戌**）江南狼山鎮總兵許仕盛奏：海船駕帆，上有頭巾，旁有插花，商船近多製用，乘風駛行，盜艘易滋弊混，應請禁止。下沿海各省督撫提鎮議僉稱，洋船頭巾插花，借其風力迅行。遇有盜艘，可以立辦遠捕，原與內河有別。若一概準用，恐不肖之徒恃有迅速致遠之具，反可出洋為匪。應如所請。外洋仍許製用，內河一例禁止。下部議行。(高宗八七、五)

（**乾隆四、一一、壬申**）巡視臺灣御史楊二酉奏：臺地兵民安帖情形，惟有一種游民，多係內地無賴，頂充水手，私渡來臺。海口既難請辦，又無業安身。鼠竊訟棍，率係此輩。保甲之法，行於臺地更宜。現在切諭地方員弁，行之頗有成效。得旨：所奏俱悉。（高宗一〇五、一八）

（**乾隆二五、五、辛酉**）刑部議覆：浙江按察使李治運奏稱：沿海居民駕船出口樵采捕魚，向例給照票，止填在船人數年貌籍貫，出洋時搜查有無夾帶違禁貨物，以防透漏。其作何生業，並未於照內填明，是以回船所載貨物，無從查覈。請各船領照時，即將本船作何生業，詳細填註。回船時，海口官弁將貨物覈對，是否與照相符。若係不應有之貨，即加盤詰，倘來路不明，移交地方官審鞫，即來路有因，亦詳記檔薄。遇洋面報有失事，地方官開具失單，移查各口其被刦日期并所失貨物，有與檔記適符者，立即報查，則原贓不致消散，奸徒亦難漏網。應如所請，通飭沿海各省督撫一體遵照。從之。（高宗六一三、三）

（**乾隆二五、五、戊辰**）福建巡撫吳士功奏：濱海漁船出沒，即爲匪盜潛蹤之藪，謹酌議規條。一、漁船於赴縣領照，及商船改換漁船時，先令船戶取具族鄰澳甲保結，再令船戶出具舵水不敢爲匪甘結。并十船連環互結，如有一船爲匪，船戶治罪，餘船連坐，澳甲不首報一併嚴處。一、漁船春冬出入本有定期，因未定查報之例，往往在洋逗遛，嗣後遇先進口之船，即向查明未回各船現在何處。倘屆期不還，即稟明地方官沿海行查。如澳甲匿不查稟，一併治罪。一、漁船回口，如攜帶貨物，應令於置貨地方給單照驗，以杜來路不明。一、閩省商漁船向止於船頭編刻字號，今應於船檣一體編刻福建省某府州縣某號，商船漁戶某人字樣，到處易於查驗。得旨：立法可謂詳明，行之尤宜實力。（高宗六一三、一一）

（**乾隆三〇、一二、丙辰**）刑部等部議覆：兩江總督高晉等奏巡防海洋各事宜。一、商漁船隻，初造完日，例報官驗明給照，填寫在船人夫年貌籍貫。出口時，由汛官驗照掛號。查商船挾資出洋，往返經年，舵工水手，雇覓詳慎。至採捕漁船，多係無業貧民，或二三月一出，或一月數出，舵水人等，不時更易。若仍舊例給照，每多人照不符，設有爲匪情事，無從稽查。嗣後除商船仍遵舊例辦理外，其漁船止將船主年貌籍貫填寫入照，并將船甲字號，於大小桅篷及船旁，大書深刻。照後多留餘紙，出口時，令守口員弁將該漁船前往何處，作何生業，并在船人夫姓名年貌籍貫查填入照，鈐蓋印戳，並登號簿，遇有爲匪，即可按簿查緝。如州縣官將照給匪人，汛口員弁查填不實，均照例降二級調用。一、例載船隻出洋，稅關衙門查驗地方官印照給牌，妄給者議處。原無責令查察舵水明文，但設關原以稽查奸匪，果於船隻出入，詳悉查驗，匪蹤自難掩飾。嗣後應令海關口岸，一切倒換照票，務須查明人數登簿，鈐蓋印戳，如有人照不符，船貨互異，即送地方官審究。失察者，將該委員降二級調用，吏役責革枷號，并將該管官罰俸一年。若關口員役藉端需索，分別查參治罪。一、海洋盜案，例飭該管文武員弁，帶同事主，會勘洋面。內洋易於勘定，如在外洋失事，疆界難定，查勘每多稽延，以致人犯遠颺，事主拖累。查江省洋面，縣界里數，各營已給有定圖，應將洋圖再加較正，發洋海州縣，并送部存案。嗣後內洋失事，仍帶事主會勘。如係外洋，令事主於進口處，不拘何衙門呈報，該衙門訊明被刦處所、里數若干，即將該事主所開贓物，報明各該管印官，該管官查照洋圖，定爲何州縣營汛所轄，飛關該州縣，會營差緝，事主即予寧釋，毋庸候勘。其詳報督撫，無論內外洋失事，總以事主報到三日內出詳馳遞，以便據報行查海關各口，將稅簿贓單互相較覈，有貨物相符者，即將盜船夥黨姓名呈報緝拏。至守口員弁，有規避處分，互相推卸，或指使捏報他界者，查明將申報之員降一級調用。其查關員役，如於文檄未到之先，能查獲匪船者，該員等分別議敘，吏役酌賞銀兩。如奉到文檄，能查出匪蹤，飛移地方官拏獲者，免其盤查不實處分。一、向來盜船多係租賃，若船主杜絕租賃，匪徒自無從售奸。應定私船禁例，以靖盜源。查盜匪或刦或竊，其船主罪應區別，嗣後除犯該徒罪以下，船主不知情者，仍照例杖枷；其犯該流罪以上者，船主雖不知情，亦應杖徒，船隻入官充賞，并將失察之地方官議處。如船主實有事故，不能親自出洋，令親屬駕船，許赴地方官呈報，將親屬開塡入照，如未呈明，以頂冒論罪。均應如所請。從之。(高宗七五〇、一三)

(**乾隆三一、一一、丙申**)［署兩廣總督楊廷璋］又奏：粤東商漁大小船隻，每州縣不下一二千，易致匪徒竄跡，竊刦爲害。現通飭各府州縣，將境內所有商船漁艇，按數編排，十船設一甲長，十甲設一澳長，無論船身大小，令於篷桅頭艕，書刊某州縣某號某甲某人某船字樣。除商船載明船主柁水，貿易何地，往返何時，凡屬漁船，必使出捕定有方向，收港定有限期，配鹽食米定有章程。俾內河外海，無不明書標識之船，漁戶水手，無不按籍可稽之人。倘有歹船混入，一目瞭然，哨巡不難即捕。得旨：好，仍宜實力永久行之。(高宗七七三、一七)

(**乾隆三二、閏七、丙午**)閩浙總督蘇昌、浙江巡撫熊學鵬奏覆：臣接准兵部咨議，浙省沿海船隻應行嚴密巡防一案。臣等將浙江通省情形，逐細察覈，除各府屬或係內地，並非海疆，或久經封禁，不許採樵搭廠，或地屬荒山，雖未封禁，無可樵採外，惟查附近定海縣衢山之倒斗嶴、沙塘、癩頭嶴、小衢山等處，查屬禁地。但每年春冬漁期，有暫時搭披，貯鰲貿易。又寧海縣之金漆門、林門二處，每當漁汛時，亦有暫時搭廠貿易之人。海洋關係綦重，自應嚴密巡防，所有搭披貿易漁船，應令各將弁查明執照，於何日搭廠，何日徹回之處，一一造册稟報，加意巡察，毋使在地滋匪。又查溫、台等處洋面漁船，每遇漁期，在洋張綱捕魚，名曰守行。此等守行之人，因在本境，並不出洋貿易，是以向未給照。查此項守行船隻，雖在本地，究係海洋，難保无借口遭風飄往別處，以致爲匪等事。現飭地方官查明，一體給照，倘有飄往別處者，彼處守口員弁，查明遞解回籍。至浙省商漁船隻，及出入口岸，原有令地方官驗烙給照，並令汛口官弁稽查驗放之例。如有無照船隻及人照不符，并私越往來逗遛在外者，應即查拏治罪，倘該員弁不實力查辦，立即嚴參究處。下部知之。（高宗七九〇、一七）

（乾隆三三、七、戊子）［軍機大臣等］又議奏：據兩江總督高晉議覆，大學士陳宏謀條奏巡察海口商船各事宜。一、停泊不出口之船，令一體造報入册，並飭道員五年一次查辦。查江省出海船，均册報有案，不須道員詳查。其船照定例一年一換，如有轉賣頂補，隨時詳報。惟商船出入，緣有關册可稽，守口汛員向不通報移查。請嗣後於汛員查驗後，將出入船號姓名，大口五日一報，小口十日一報，彙送地方官註册，互相稽察。一、商人照內，止須將船隻丈尺鄰甲造入，至舵水人等，原係臨時雇覓，應於出口時，另開單交汛官驗明。查成造商漁船，例將在船舵水開填入照，而此等人多係臨時雇覓，前經奏准，照內先將船主年貌姓名籍貫開寫，後留餘紙，於出口時，責成守口員弁再將雇定舵水年貌姓名，查填入照，登記號簿。今陳宏謀所奏相同，毋庸再議。一、各省船，請以篷色爲別。查江省出海船，向於船旁編寫字號。又經奏准，書於大小桅篷。設有爲匪行刦，可以一望瞭然。若但以篷色爲別，各省船不下數千，淺深新舊之間，轉有疑似混淆，應仍照舊辦理。一、造船之家無力貿易，聽其租給與人。查租船只應禁其爲匪，如所租之人，亦係殷實良民，即與船主及船主親屬無異。但如原奏，止令回明汛官，尚不足昭慎重，應聽船主擇有力之人，赴原給照之地方官呈明，取具鄰甲保結，准其租賃。一、船隻未有一無貨物，而空船出海者。如係空船，即須盤詰。查出海船，除商船載有貨物外，其餘樵採網捕等船，皆係空船，止驗其器具有無違禁，未便因其一無貨物，即予盤阻。至進口时，漁船不許裝載貨物，違者嚴加治罪。如有船貨互異，經關員查出，即送地方官審究。失於查察者，照盤查不實例議處。一、沿海汛弁職在稽查彈壓，必須守備以上,不可止委千把。查江省濱海口岸,大小共二十處,應請將船隻最多,如劉河等處,於督提鎮各標內,輪委守備以上及候補人員,按季更替查驗。其餘小口,仍委千把稽察。至蘇、松、太等處僻徑小港,節經動項釘椿堵截,並無海船出入。均如所議行。從之。(高宗八一四、四)

（**乾隆三三、一〇、丙寅**）軍機大臣等議奏：據閩浙總督崔應階議覆,大學士陳宏謀條奏巡查海口船隻各事宜。一、閩浙二省沿海商漁船,成造時報地方官給執照,請仿江省定限,一年一換。應行查報出入口岸,大口五日,小口十日,由汛員彙送地方官註冊備考。一、向例船隻,閩省用黑篷白字,浙省用白篷黑字,但不得專恃篷色為別,應仍令該管州縣及各口汛弁隨時查察。一、商船成造後,租別人管駕,令先報地方官,再赴汛口取具互結。倘在洋滋事為匪,船主租戶問罪。租戶遠颺,船主是問。一、閩浙海洋口岸甚多,倘守備等官不敷差遣,應擇船隻出入較多處所,委守備以上一員,按月輪替。其餘小口,仍委千把防守。責成該處鎮道稽查。從之。(高宗八二〇、二三)

（**乾隆五四、六、乙亥**）軍機大臣議奏：詢問顧學潮,據稱閩省洋盜,現散處各海島,一時難以清查。臣等公同商酌,惟有於漳泉盜匪出沒之所,設法查禁,毋許潛出,則海島內不至日聚日多。向例出口各船,地方官各給照票,日久弊生。嗣後請於給票時,先令查明人數,並取具地鄰甘結,方准給票。俟回船繳照時,倘人數短少,及年貌不符者,若實係病故淹斃,即令同船人據實出結,其有無故不回者,將來盜案內,若有同票人名,即將同船出結人及原出甘結又不稟首之地鄰,一併問罪。至船出口時,務令各弁兵按照查驗。如所載之人多於照上,即將船扣留,查明嚴辦;如守口兵弁不實力稽查,甚或私行賣放,發覺即行治罪,並將該管官議處。各省沿海地方,俱照此辦理。又聞海島地面,近有搭蓋房屋,窩聚匪徒之事,嗣後請飭令巡哨鎮將督同弁兵,見有島內房屋,立即燒燬。再現在沿海省分,額設戰船,笨重難行,不利追捕,請飭下該管督撫,令於年滿拆造時,照商船式樣改造,以便駕駛。得旨:依議速行。其各海島有無建房居住,及人數多寡,著各該督撫於歲終具摺奏聞。(高宗一三三三、一四)

（**乾隆五五、六、壬申**）軍機大臣等議覆：閩浙總督覺羅伍拉納奏稱,臺灣為產米之區,漳泉民食,全資接濟。前因私販偷渡,准福州將軍永德奏,臺灣於鹿仔港設口,泉州於蚶江設口。凡廈門船由廈門舊口掛驗,赴鹿耳門、虹〔蚶〕江船由蚶江新口掛驗。赴鹿仔港,其廈門向有白底艍船。赴鹿仔港販運米石者,亦必由蚶江掛驗,始准出口。海道既紆,風信尤須守候，是以艍船漸次歇業。漳泉一帶，遂至糧少價昂。請嗣後蚶江船仍由蚶江口掛驗外，至廈門艍船即准由廈門同知掛驗，徑赴鹿仔港。並令興泉永道，於牌照內加用關防驗放，毋庸遠赴蚶江。則商船既難偷渡，亦得便捷逬行。再艍船比蚶江之單桅雙桅船較大，配運官米，亦得多載。請定每船載米六十石，穀倍之。如有遭風失水，照例令原保行戶賠補。其餘廈門一切橫洋等船，仍止准對渡鹿耳門，毋許偷越鹿仔港。則海禁嚴密，而於民食兵糈兩有裨益。應如所請。從之。（高宗一三五七、一三）

（乾隆五六、四、辛亥） 諭軍機大臣等：……朕聞奉天錦州一帶沿海地方，竟有閩人在彼搭寮居住，漸成村落，多至萬餘戶。則此次錦州盜案，明係此等無業民人，作爲線目，並恐有窩藏隱匿之家，以致該犯等敢於在洋肆刦，登岸分贓。此皆係地方官以閩人在彼貿易營生，藉此多徵商稅，遂爾任其居住。若不亟行查禁，則呼朋引類，日聚日多，不特勾連盜匪，擾害行旅，且於陪都風俗淳樸之鄉，大有關係。但閩人在彼居住，已非一日，且戶口較多，亦未便概行驅逐。惟有嚴飭該管旗民員弁，編列戶口清册，設立保甲，逐一清釐，隨時查察。如有不法滋事，勾引盜匪在洋搶刦，及窩留代變贓物者，即將犯事之家從重處治，保甲等亦一體治罪。並查明實在戶口，造册後，毋許再有加增。其有遷移回閩者，即於册內開除，務使有減無增，庶可漸次禁絶。然必須不動聲色，設法查辦，方爲妥善。……海、蓋、廣寧及牛莊等處沿海地方，皆係奉天錦州所屬，恐皆有閩人居住。此事竟責成台斐音，遵照諭旨指示之處，嚴密設法查辦，並著嵩椿及奉天府尹，一體留心，幫同整飭。總以不滋事而絶盜源，使閩人不致在彼聚集爲匪，日漸減少爲妥。復令軍機大臣，詢問前任山海關監督巴寧阿，據稱錦州、蓋州、牛莊等處，每年俱有福建商船到彼貿易。即有無業閩人在該處居住，漸聚漸多，或有借打魚爲名，往來洋面勾通閩盜之處，亦未可定等語。可見此等寄居貧民，與閩盜俱係同鄉，彼此聯絡。上年錦州等處洋面商船被刦一案，該將軍等挐獲李佩等犯，即有閩省民人流寓奉省在內，此其明證。台斐音赴任後，務須會同嵩椿等密訪嚴查，爲之以漸，不可稍涉聲張，轉致閩人等激而生事，有負委任。台斐音向來辦事奮勉，今又委以海洋緝捕之事，並著加恩賞戴花翎，以示鼓勵。將此傳諭台斐音，並諭嵩椿等知之。仍著將如何設法查辦之處，據實悉心妥議具奏。尋台斐音奏：親赴錦屬查勘，天橋廠、龍王廟二處寓居閩人衹一百九十一名，因貿易索帳等事，以致羈留。現在思歸者衆，遇有海船，擬即給票回閩。其餘安靜願留者，向設海正一名，及新添正副堡頭二名，足資稽查。該處領票漁船三十二隻，不時偵緝，以杜藏奸。蓋

州、牛莊等處，情形大約相同。即日至盛京，會同將軍、府尹等，一併籌辦。得旨：好，勉爲之。（高宗一三七六、一一）

（**乾隆五六、四、丁卯**）又諭曰：福康安等奏稽查礮位、酌定章程一摺。內稱各國來廣貿易洋船，間有攜帶礮位鎗刀等項，由粵海關監督於該船出入虎門時，查驗開報，例准隨帶。其東省商船領照出口，無論遠赴夷地及赴各省貿易，均由守口文武員弁驗照放行，不准攜帶礮位等語。此事恐難行，已於摺內批示矣。商船出洋攜帶礮位，原爲洋面禦盜之用，不特各國來廣貿易商船未便禁止，即內地出口商船，概行不准攜帶礮位。倘於海面遇匪船行刦，臨時不能抵禦，豈有轉令束手待斃之理？況在船行刦者，不獨內地匪徒，想各國夷匪亦有糾約爲盜，攜帶鎗礮，出沒洋海，爲行旅之害。而內地出洋商船內，轉無礮位抵禦，該商等即不保護貨物，亦各愛惜身命，若拘泥禁止，何以衛商旅而御盜刦？若有名無實，何必爲此耶？著福康安等，飭令海口文武員弁，祇須於商船出洋時，將礮位稽查點驗後，仍准其攜帶，不可因噎廢食也。……將此傳諭福康安、郭世勳知之。（高宗一三七七、一〇）

（**乾隆五六、六、乙丑**）盛京將軍宗室嵩椿等奏：牛莊、蓋州及各海口，查有流寓閩人一千四百五十名，雖經編甲，恐有遺漏。現在於閩人中添設保長，倘保長回籍，再行選補。漁船每隻給票，如有奸匪、哨船查拏，並准漁戶人等出首，加以獎賞。秋冬時商船南旅，地方官親往查驗，附船回閩者，册內除名，年終結報。流寓人等，有無增減，仍令各該處副都統稽查。得旨：所定章程合宜，爲之在人。勉之。（高宗一三八一、一二）

（**乾隆五七、八、壬辰**）刑部議覆：江蘇巡撫奇豐額奏稱，江南沿海各口，凡商漁船隻，赴海領照，即於照內註名舵工水手姓名年貌住址，俟攏收口岸，覈對相符，方准貿易。而近來海洋行刦之案，往往連船刦奪，冒認姓名年貌，竟至無從覺察。請嗣後商漁船隻照票內舵工水手人等年貌項下，將箕斗驗明添註，出入按名查驗。如水手人等在洋患病，雇別船水手，令該船戶於收口時，具結呈報該管官，於新雇水手年貌項下，亦填註箕斗，仍驗明同船戶各箕斗相符，方許具保。應如所請。從之。（高宗一四一一、二一）

（**乾隆五八、一、庚子**）又諭曰：哈當阿等奏，拏獲偷渡兩起，審明定擬一摺，已交該部議奏矣。臺灣偷渡之弊，歷經設立章程，嚴拏禁止。乃吳好等仍敢攬客私渡，自應嚴辦示懲，則每年所奏無私渡者，皆虛語矣。著該督撫查參，明白回奏。哈當阿、楊廷理能督飭所屬，上緊查拏就獲，尚屬認

真，著交部議敘。其澳甲兵役能留心盤詰，拏獲多人，亦屬出力。著哈當阿等查明酌加獎賞，以示鼓勵。（高宗一四二〇、一〇）

（乾隆五八、三、乙卯）諭：據伍拉納等覆奏查辦偷渡緣由一摺。內稱吳好、馬輔兩起，審結後咨報到省，已在年終彙奏之後。而馬輔一起，係由廣東澄海縣偷渡出口；其吳好係由福建南安縣上船私渡。現已飭取失察之文武職名，照例查辦等語。臺灣偷渡，例禁綦嚴，如果地方官實力查拏嚴禁，自無此等偷渡之事。雖沿海一帶，港汊紛歧，但吳好一犯，即由該省南安縣地方偷渡出口，究係該督等不能預爲防範所致。乃摺內尚稱馬輔一起，由廣東澄海縣偷渡，竟諉之於粵省，似與閩省無涉，實屬非是。除將失察此案之文武各職名照例飭取覈辦外，伍拉納、浦霖並著交部察議。（高宗一四二五、八）

（嘉慶一、二、丙申）諭軍機大臣等：盜匪在洋，往來行劫，及經官兵追捕，又竄入外洋，其船中日用淡水食米，從何而來，必係沿海漁船人等私爲接濟，以致盜匪得有食米，久住海洋。雖海濱貧民，向藉捕魚爲生，勢難概行禁止，然當於漁汛之時，嚴密盤詰，查其船中人口若干，帶米若干，按口計食，儻有多帶糧米，立即查究，則漁戶等知所儆懼，不敢仍前夾帶偷賣，而盜犯等無所得食，自不能常在洋面。況盜犯所得贓物，必須上岸銷售，地方文武果能於各隘口實力嚴查，遇有形跡可疑之人，攜帶物件即行究拏。如此斷其接濟之路，復四面兜截，自无虞其遠颺漏網。將此諭令魁倫、吉慶知之。（仁宗二、一〇）

（嘉慶四、一、戊子）〔浙江巡撫玉德〕又奏：閩浙兩省，遇盜合捕，不分畛域。海口陸路，毋庸添設重兵。商船出洋，不宜禁止。得旨：覽奏俱悉。在汝等平素留心訓練，整飭營伍，以衛生民。朕於甲辰年隨駕南巡至杭，營伍騎射，皆所目覩。射箭箭虛發，馳馬人墮地，當時以爲笑談。此數年來果能精練乎？至於洋盜，尤宜嚴緝。總當力禁海口出洋販船內如米豆鐵器等項，洋盜無所接濟，自然渙散矣。勉爲良臣，以副委任。（仁宗三八、三二）

（嘉慶六、七、甲辰）兩江總督費淳覆奏：御史黃照條奏防御海盜一摺。一、商船分別准帶礮械。嗣後梁頭一丈三尺商船，准其攜礮一門，鳥鎗六桿，刀械十枝，火藥不得過三十斤，下此者遞減。其礮械仍鑄造船户姓名年月，由州縣驗給。一、海邊稽查宜專責成。查蘇松洋面，例不許浙江人住山採捕，惟小羊山前後礐口六處，春汛捕魚，約三四百人，秋汛採蟄，七八百人，皆有印照。而採捕人船，浙江居其七八，重洋往返，難保無濟匪情事。

前經咨會浙江，暫行禁止。俟洋面肅清，再復舊制。至上海閩廣鳥船，責成會館董事編查。一、沿海汛防宜嚴加督察。該御史奏，各汛能獲盜船，如無事主具領，即將船貨照例賞給汛兵，儻盜船寄泊汛內，治罪，申明定例，自應照議。得旨：所議俱是，但看奉行若何耳。果盜淨民安，自屬有驗功效，否皆紙上空談，何益之有。（仁宗八五、三一）

（嘉慶九、九、壬辰）軍機大臣等議覆：兩廣總督倭什布等覆奏防勦洋盜事宜：一、沿海村莊，准殷實之戶捐建望樓，責令公正衿耆，派撥壯丁輪流瞭望，拏獲匪徒解官審辦。有以防奸爲名構釁尋鬭者，從重治罪，衿耆一併懲處。一、編立保甲，所以清盜源。惟查拏盜線，若竟委之保甲，恐有嚇詐誣捏等弊，宜嚴飭該道府，實心稽察。至客籍與土著無異，應一律編排登註。一、修理艚艇船隻。查艚艇船改造米艇，原爲駛駕出洋起見。業經動帑修造整齊，應仍令出洋巡緝。其未經改造艚艇十四隻，俟屆限時，仍照艚艇式樣修造，以資防守。一、米艇停泊虎門，爲中權扼要之區，宜多屯戢，以便隨時調遣。一、沿海村莊，願出壯丁，自衛身家，毋庸派人領班經理。拏獲真盜，仍勷項獎賞。一、派委員弁查驗漁船，應嚴查委員等扶同捏報，及縱役賣放勒索刁難，半年內能獲真盜，詳請越格署補，其怠惰者撤回，以昭懲勸。一、調防兵丁，於腹地陸路營內派往，遠離汛營，應加體恤。水師各營，歲領洋賞銀三千兩，實屬虛糜，應如議停止，即爲調防兵丁口糧之用。一、請令委員併驗商船，如有得賄縱漏，准民人赴縣府首告，審實後，將委員揭參。其誣捏挾仇首告者，查出倍懲。從之。（仁宗一三四、六）

（嘉慶九、一一、壬子）諭內閣：前據裘行簡奏請，仍禁商船配帶礮械出洋。降旨諭令玉德等體察情形，詳議具奏。茲據奏稱，往販外夷之大洋船，該商等貲本重大，應仍准其照例每船攜帶礮位、火藥、鳥鎗、腰刀、弓箭等項，不得逾例多帶。其在內地南北兩洋貿易商船，一概不准配帶礮械等語。外洋商販船隻，貨重道遠，若不准令配帶礮械，設中途遇盜，不足以資防禦；然准令配帶，漫無稽覈，恐出洋以後盜匪乘機劫奪，转致藉寇兵而齎盜糧，并恐奸商牟利，以之濟匪，亦所不免。嗣後除內洋船隻不准配帶外，其外洋商船，著照所議，准其按照舊例攜帶礮位器械等件，不得有逾定額。仍著於船隻出洋時，飭令海口員弁，將攜帶礮械數目驗明，並無多帶，填給執照放行。俟該商進口時，仍將原領執照送官查驗，並令該商將在洋曾否禦盜，據實呈明。儻礮械或有短缺，即令其將因何失落緣由，詳悉聲明，一一登記，以備稽考。如有捏報情事，別經發覺，即將該商按例懲治。如此立定

章程，自可不致滋弊。該督撫當嚴飭海口員弁，實力奉行，毋得縱容吏胥，啟勒索訛詐之端爲要。（仁宗一三七、二一）

（嘉慶一一、九、癸酉）是月，兩江總督鐵保等議奏防海章程：一、酌留沿海必需船隻往來之岸，建立柵欄，依時啟閉。支河小港，概行截堵，委佐雜一員駐劄，再於海口附近村莊留心訪察。委員以三箇月更替，俾跟役人等無從勾串。一、保甲先辦鄉鎮，照例設立門牌。至船隻較陸地更易藏奸，即於本家門牌內，註明有農船漁船若干，以縣印小照粘貼船上。其攬載船隻及以船爲家之網船，均給船照，凡寫載行埠，先驗有照之船，方准留埠代爲寫雇。一、上海地方設立閩廣浙江會館，各有董事多人，凡商船到口，先令董事審辦，果係真商，出具保結，准其進口。迨銷變完竣，置貨而回，或商民雇募出口，何省之船，即由何省會館出結，計口酌給米糧，然後放行。儻有假冒進口私運出口等事，該董事一併治罪。一、委員巡查河道船隻及編查保甲，每年春秋二季，派委藩臬兩司輪往察勘，抽查門牌船照。再委員巡役及營口汛弁兵等，拏獲銷賊濟匪之犯，審訊得實，即將盜贓全行賞給。儻誣陷平民，並將匪徒得錢賣放，察出重治，該管備弁及委員等，一併參辦。得旨：實力辦理，期有成效。（仁宗一六七、二一）

（嘉慶一一、一一、癸丑）諭軍機大臣等：御史嚴烺奏稱，廣東惠潮兩府奸民違例製造大船，以取魚爲名，遠出外洋接濟盜匪水米火藥，州縣官利其港規，不加查禁。請飭廣東督撫將歸善等縣現有之違式大漁船查明若干，印烙字號，造冊申報，督撫存案。嗣後大漁船遇有破漏者，即隨時報明地方官拆毀，不准復修，亦不許違例添造各等語。粵省洋匪滋擾，日久未能勦淨，總由該處奸民接濟水米火藥。著吳熊光等即照該御史所奏，實力查禁。如有地方文武私得漁船港規，縱令奸民通盜，一經查出，即當據實參辦。至漁船每船應有若干人，應帶水米若干，自當予以限制。今該御史稱水手人等不得過二十名，祇許攜帶數日水米，是否可行，亦著查明辦理。至漁船私濟盜匪，粵省既有此弊，福建、浙江、江南、山東等省，均應一體查禁，以清盜源。將此傳諭各督撫知之。（仁宗一七〇、二〇）

（嘉慶一一、一一、癸酉）是月密諭吳熊光知：粵東洋匪最爲難辦，聞高州府屬之吳川、雷州府屬之遂溪，爲洋盜泊船銷贓之所。而東海土饒地僻，尤易藏奸。應設法擒治巨窩，以絕盜源。洋盜所必需者，水米火藥以及蒲席、木料、麻索、桐油等項，皆應嚴禁斷絕，洋盜不攻自潰，事半功倍矣。……現在鄭一、烏石二皆有船百號，亡命嘯聚，日積日多。汝地方大吏，悉心熟籌，上報國恩，下除民患，切勿苟安旦夕，養癰貽患。天下無不能辦之事，所難得者能辦之人耳。勉力辦理，副朕期望。此硃諭抄寄與孫玉庭、錢夢虎看。汝三人各自具摺回奏，硃諭隨摺繳進。特諭。（仁宗一七一、二九）

（嘉慶一四、一、戊寅）諭軍機大臣等：本日召見賽沖阿，詢及洋面情形。據稱閩省漳、泉二郡，向不產米，全仰給於臺灣。從前商販流通，食貨贍足，皆緣商船高大，梁頭有高至一丈數尺者，又准配帶礮位器械，間遇盜船，克資抵禦。近年洋匪不靖，恐其牽劫商船，梁頭不准過高。又恐礮械出洋，有接濟盜匪之事，不准攜帶。商船畏懼盜匪，無不裹足。聞有出洋之船，多被盜匪擄劫，米石既資盜糧，船隻亦為盜有，兼有勒贖情事，是以商販不通，漳泉米貴之由在此。刻下蔡逆實已窮蹙，可否仍准用高大梁頭，並配帶火藥器械，則遇盜足資抵禦等語。盜船接濟之源，最重食米，其搶劫食米，既專注臺灣商販之船，則商販往來，首當防範。該督撫不此之慮，而祇向內地口岸設法稽查辦理，尚非扼要。上年冬間，因御史條奏，曾經降旨交該督撫等妥議辦理。近因該督撫奏泉州米貴緣由，復經降旨詢及，此時不可不熟籌良策，迅速施行。朕思兵船在洋勦賊，東追西逐，總未能肅清洋面。迨經嚴飭跟追，窮其所向，又往往以海洋遼闊，不能遇賊為詞。揆厥緣由，或係盜船畏懼兵威，望而卻走，亦或竟因兵船無可劫掠，故盜船不復駛近，而兵船亦遂無可致力。此時商船既因船小無備，每為賊所吞噬，若照賽沖阿所議，遽令改易大船，多帶火藥器械，又慮賊匪牽劫，所獲滋多，而商船出洋之後，無可稽查，更難保無不肖奸徒陰為接濟。此時欲求其有利無弊，莫若酌派兵船與之同行。在商船資兵力衛護，可以無慮盜劫，而亦不至啟奸商濟盜之漸。在兵船既可衛護客販，杜絕接濟，設遇盜匪肆劫前來，更可藉以攻勦。向來兵船商船各有旗號，盜匪可以瞭望而知，不如將所用旗號，渾為一色，勿示區別，則盜船駛近之時，可以立整兵威，乘機注勦，不但大獲勝戰，並可剿縛渠魁。即為勦捕起見，亦計無逾此，且商販流通漳泉一帶，得免食貴，而盜船無由接濟，盜萌即可從此杜絕。此為正本清源之道，但須妥議周詳，行之不至窒礙，豫除一切弊端，方為盡善。著即將如何辦理緣由，詳議速奏。將此諭令知之。（仁宗二〇六、二二）

（嘉慶一五、五、辛巳）諭內閣：方維甸奏，商船貿易口岸牌照不符、官穀難運、酌議三口通行一摺。據稱，臺灣商船，向來鹿耳門港口對渡廈門，鹿仔港對渡泉州，蚶江八里岔港口對渡福州五虎門，各有指定口岸。然風信靡常，商民並不遵例對渡，往往因牌照不符，勾串丁役，捏報遭風，既可私販貨物，又可免配官穀，弊竇甚多，應行酌改章程等語。商船往來販易,駛赴海口,自應聽其乘風信之便,徑往收泊。若必指定口岸,令其對渡,不但守風折餞,來往稽遲,且弊竇叢生,轉難究詰。現在臺灣未運官穀,積壓至十五萬餘石之多,皆由商船規避不運所致,不可不速籌良策。著照方維甸所請,嗣後准令廈門、蚶江、五虎門船隻通行臺灣三口,將官穀按船配運。即實在遭風船隻,尚堪修理載貨者,亦不得藉口遭風,率請免配,以杜假捏之弊。其責成丞倅等,將船照內覈實注明分別咨報,以便到臺後配運官穀;並層層稽查互相考覈之處,均著照該督所請行。(仁宗二二九、二九)

(2) 沿海航運及有關設施

(**康熙三三、三、丙午**) 命戶部郎中陶岱,將截留山東漕米二萬石,從天津衞出海道運至盛京三岔口。上諭之曰:此路易行,但不可欲速。船戶習知水性風勢,必須相風勢而行,毋堅執己見。其一路水勢地形,詳悉識之。此路既開,日後倘有運米之事,全無勞苦矣。(聖祖一六二、一九)

(**康熙三三、五、庚子**) 諭內閣:盛京輓運,原有船百艘,乃實有用之具也。存留預備,凡遇緩急,爲益良多。盛京工部,無故奏而廢棄之。今年從山東、天津所運之米,因乏轉運之船,遂至遲誤。盛京工部堂司官,著該部嚴訊議罪具奏。(聖祖一六三、九)

(**康熙三三、六、丁酉朔**) 吏部議:盛京運米,原有船一百隻,因工部侍郎星安等無故朦混具題拆毀,以致山東、天津所運米石乏船轉運,遂致遲誤,殊屬不合。應將侍郎星安、理事官額爾赫圖俱革職。得旨:星安、額爾赫圖俱著革職,即於盛京披甲當差効力。(聖祖一六四、一)

(**康熙三五、二、壬辰**) 內閣學士陶岱往盛京賑濟,并以天津海口運米至盛京事請訓旨。上曰:從天津海口運米,但以新造船與商船轉運,尚恐船少。應遣人往福建將軍督撫處,勸諭走洋商船,使來貿易。至時用以運米,仍給以雇直。其裝載貨物,但收正稅,概免雜費。往取此船,著各部院衙門派出賢能司官、筆帖式各一員,令馳驛前去。(聖祖一七一、三)

(**康熙三五、一二、辛亥**) 又諭:今歲自天津海運至盛京之米,已給散科爾沁貧乏之衆。來歲仍當自天津運米至盛京。其轉運船隻,不必用福建、浙江二省者,止用天津船輓輸一次。可諭侍郎陶岱。(聖祖一七八、二二)

(**康熙三九、九、丙午**) 戶部議覆:江南江西總督阿山,會同江蘇巡撫宋犖疏言，臣等率監督舒胡德等，閱看金山衛南青龍港等處，自該衛海塘外四十里有金山頭，凡商船皆聚此處，候潮往西，則至浙江平湖縣之乍浦；往東北，則至澉缺與上海縣之吳淞江。雖據舒胡德疏稱，於金山衛青龍港地方挑河，商船可以就近駐泊，稅額可以加增。但金山衛臨海一帶皆係土塘，塘高而海低，若開青龍港將海水通至塘邊，必須掘深二丈有餘，方可行舟。又海信晝夜兩潮，必待潮落方可開掘。一日動工不過二三時辰，告成無期。復閱海岸之下淺處頗遠，此淺不開，商船不能進口。若開則一片汪洋海面，萬難疏濬。又查塘內至金山衛城河，直去一里有餘，盡是民田，未必無害。且商船所進之口，皆有課稅；即挑青龍港成功，此處課稅雖增，而浙江海稅必減，於商船國課並無便益。其挑濬青龍港等處，似不必舉行。應如該督撫等所題，將監督舒胡德請挑青龍港之處，毋庸議。從之。（聖祖二〇一、七）

（**康熙三九、九、甲寅**）工部題：江南江西總督阿山奏，請修理杪船、唬船，議准行。上曰：此事著依部議。頃遣視海運道路，謂尚可輓運。張鵬翮奏稱，明歲運糧船隻照常可行，並無阻滯。如此，則海運亦不必行，前者張鵬翮奏請船隻輓運工程物料，可將此船作速修理，送張鵬翮處用之。（聖祖二〇一、一六）

（**康熙四二、九、戊午**）諭大學士等：山東地方，稱有海賊坐鳥船二隻行刦。朕思山東不能造鳥船，必從福建、浙江、江南造成而來。歷年福建商船，於六月內到天津，候十月北風始回，朕因欲明晰海道，令人坐商船前往，將地方所經之路，繪圖以進，知之甚悉。（聖祖二一三、九）

（**康熙五二、三、庚子**）諭大學士九卿等：……前福建歲荒米貴，朕特旨截漕數十萬，由海道轉運賑濟。諭旨方頒，市價立平，於地方大有裨益。今廣東［米貴］，亦宜照福建截漕海運。朕因詳詢投誠海賊陳尚義等，目今截留江南漕糧，可否由海轉運廣東？據稱：截江南漕糧由海轉運，八九日可至福建，自福建八九日可抵廣東，但此事關係重大，非微賤所敢身任。現今風勢不順，斷不可轉運，必至八九月後北風漸利，始可轉運等語。朕意於八九月後，將水師營戰船裝運米石運送，易於到廣，而兵丁亦并可熟練水務。（聖祖二五四、一三）

（**康熙五二、七、丁巳**）諭大學士等曰：總督赫壽爲廣東省運米，疏稱京口戰船，今係大修之年，俱各修理，不堪應用，請雇民船運米等語。沿海各省設立戰船者，特爲防護地方，裨益民生，以備急需也。今據稱戰船俱不堪用，請雇民船。觀此，可知戰船少，而民間貿易之鳥船多。雖有修船之名，徒致耗費錢糧。況修一戰船，需用之錢糧甚多。且將所修戰船，或賣與民人，或雇與民人貿易。并將民人破壞船隻頂補充數，捏稱修理，亦未可定。倘有用處，將如之何？此習相沿成風，應用之時，恐必致遲誤。著問九卿，令會議以聞。（聖祖二五五、二三）

（**乾隆三、一一、辛亥**）工部議准：署廣東巡撫王謩疏言，廣東雷、瓊二府，隔海百有餘里，商民餉犯，往來絡繹。請添設班渡船六隻，三板船六隻，動支落地稅羨公用銀建造。船户人等工食，於司庫耗羨公用銀內動支。更換篷索等費，照拖風船例，遇大小修造之年，一併造報，無庸按貨按人另給錢文。沿海貧民，自置小船，聽其自便。並令該管官嚴查，無許班渡船户把持阻撓。從之。（高宗八〇、五）

（**乾隆五、五、戊辰**）江南提督南天祥奏：江省洋面，上通浙閩，下達登萊，商船往來，不時遇颶撞礁，顛覆沈溺，即得生全，已多困乏。既不忍其顛連，兼恐流於奸匪。嗣後仰懇格外矜全，凡遇失風漂沒洋船，除本省商人船户，及力能還鄉者，均請照鄰省饑民之例，按計人數，一體飭地方官設法辦理，資助還鄉。得旨：待朕緩緩商酌。（高宗一一七、二一）

（**乾隆一一、二、丙寅**）是月，兩江總督尹繼善議覆：提臣吳進義奏請將川沙營所轄海岸之老洪墩，擇地重建，俾商船營艘有所標指等語。旋飭該地文武各員履勘。據稱，南滙縣境內海灘，舊有老洪墩一座，歲久坍廢，尚存基址。此處南通大洋，北達湖巷，爲商船營艘收口之區，誠不可不立以標準。且對渡即係崇明，又爲私鹽潛頓之所，巡防亦不可不嚴。應如所請，於舊墩之西南隈內築臺一座，並建營房二十四間，派兵防守。得旨：著照所議行。（高宗二五九、三五）

（**乾隆一二、四、丙子**）户部議覆：福建巡撫陳大受條奏臺郡積貯事宜。……臺地海道險阻，運送不敢整船裝載，俱於商船搭運，每船一百石，多至二三百石而止。（高宗二八九、一一）

（**乾隆一三、一、辛亥**）直隸總督那蘇圖奏：東省被災州縣蒙恩截漕接濟。查河南省漕糧內，粟米共十一萬四百七十二石零，應於天津北倉漕米內，湊撥米八萬九千五百二十七石零，以足二十萬石之數。准阿里袞咨稱，東省乏員赴運，自應直隸委員運送。惟是各海口，如諸城縣宋家口及膠州塔埠口，地與江南之荻水口相近，遠隔登州大洋。現在天津海船，不過裝米四五百石，並非大洋巨艦，且值東南風多之時，萬一疏虞阻滯，轉誤賑需。應照上屆之例，分運至掖縣、昌邑、利津三處海口，兌交東省。另派熟諳之員，酌量水陸近便程途，轉運各處。報聞。（高宗三〇七、一九）

（**乾隆一三、二、丙子**）山東巡撫阿里袞、漕運總督宗室蘊著議奏：……將青州所撥之米，由海運至昌邑縣之膠河口交卸。萊州之米由海運至掖縣之海廟小石島交卸。（高宗三〇九、一八）

（**乾隆一八、八、庚寅**）吏部等部議覆：署兩廣總督班第條陳海疆守禦、官制分防事宜：一、新寧縣應添設縣丞。查新寧縣向止知縣典史二員，廣海寨巡檢離大澳適百餘里，應於大澳適中處那骨堡地方，添設縣丞一員，於通省佐雜冗員內，裁汰改設。一、工丁舖戶，應編甲管束。查五堡各處山場，所聚異籍，其大澳舖戶中，應責成縣丞，召募本地老成殷實者，承充澳長。至山場柴炭，劃分山界之外，各聽商民開採，所需工丁，除來歷不明驅逐外，其餘逐名開冊，呈送縣丞，并各舖戶一體編甲稽查。一、大澳應添撥巡船，增設礮臺。查大澳爲那扶營都司所屬，相距窵遠，所設塘兵，向祇七名。夏間泊船有限，春秋冬三季，桅船雲集，其中私鹽偷越、販米出洋一切違禁等事，均須防範。請於廣海營春江協內，抽撥拖風船一隻，快櫓船一隻，派千把一員，配足官兵管駕，駐澳巡防，并請於大澳復汛房之處，設炮礮一座。均應如所請。從之。（高宗四四四、一八）

（**乾隆二九、六、癸卯**）工部議准：廣東布政使胡文伯奏稱，瓊州府之海口、雷州府之海安兩處，原設有班船七隻，每船水手十四名，以濟商賈渡洋。近因行戶自置船隻，載送人貨，俱領縣照，商民多便。請裁減班船四隻，水手五十六名。從之。（高宗七一三、一一）

（**乾隆四三、六、壬寅**）諭：據周元理奏，奉天運麥海船陸續進口者，已有二十隻，約計共裝麥二萬餘石，現已開兌過載，星速挽運抵通。其委員珠淩阿等自願照運豆之例，前赴通州，眼同交兌等語。此項麥石從海運進口，甚屬迅速，所有奉天押運委員，俟差竣時交該部帶領引見。（高宗一〇五八、二七）

（**乾隆五三、六、甲寅**）大學士九卿議復：欽差協辦大學士陝甘總督辦理將軍事務公福康安、福建巡撫徐嗣曾奏，清查臺灣積弊，酌籌善後事宜，除禁革私役額兵，輪查出奏考語，道員專摺陳事，以上三條，均已奉旨施行外。……一、隻身遠渡與挈眷同來之內地民人，應由地方官查明給照，移咨臺灣入籍，按戶編甲。其無業游民犯事，即罪在笞杖以下，亦押令回籍。地方口岸各員失察偷渡者，無論人數多寡，降二級調用，隻身民人降一級調用，拏獲而不舉報，仍照例革職。有能拏獲內地逃犯者，每一名紀錄一次，攜帶眷屬者，每一起加一級。別經發覺，將失察進口員弁降二級調用，失察藏匿者，降一級調用。一、屯丁需習器械，民間菜刀農器，仍准制用外，所有弓箭、腰刀、撻刀、半截刀、鏢槍、長矛與一切旗幟，應概行禁止，毋許私造私藏。一、臺灣賭風最盛，應令文武員弁實力稽查，即跌錢壓寶之類，亦從重枷責，押遞原籍，不服拘拏者，照拒捕例治罪。弁兵得錢包庇者，計贓以枉法論。不知情者，革伍枷責，並令每月出具切實甘結，呈報總兵查覈。再胥役亦有庇賭之事，令兵役互相糾察，呈報鎮道從重究辦。地方官故縱者，降二級調用，失察者，降一級留任。一、淡水八里岔，距五虎門水程約六七百里，港道寬闊，可容大船載運，應開設口岸，以便商民。如有藉端需索者，將失察地方官降二級調用，兼轄官降一級調用。一、新擬開設八里岔海口，與淡水之八尺門、中港、後壠、大安二港，彰化之海豐、三林、水裏三港，嘉義之笨港、蚊港、虎尾、八掌、猴樹、鹽水、含西五港，鳳山之東港、竹仔、打鼓二港，通海各口岸，責成該管員弁實力稽防偷渡。再此等船隻多由內地小港偷越出洋，應令內地沿海地方一體訪拏。一、臺郡地方遼闊，應照內地每三十里設立一鋪，通衢要路，一律修整，統以一丈五尺爲率，並於淡水、灣裏、虎尾、大突、大甲等溪，各設船二隻，傳送公文，渡載行旅。諭曰：前因臺灣地方，經柴大紀等貪縱廢弛之後，百弊叢生，特諭令福康安於勦捕完竣後，將善後各事宜詳細妥議具奏。嗣據福康安等議定共十六條，立法固已周密，若該處文武員弁果能實力奉行，原可永遠無弊，但有治人無治法，恐日久復視爲具文，或竟陽奉陰違，則雖多立科條，仍屬空言無益。茲經大學士九卿照覆施行，在臺灣文武各員務當敬謹遵循，力除積習，以飭營伍，而靖海疆。……將此通諭知之。（高宗一三〇七、一九）

（二）陸路交通運輸：

1. 驛政與陸運

（**順治二、六、己卯**）以南京平定，頒赦河南、江北、江南等處。詔曰：……合行恩例，具列於後。……一、撫按舊習，交際餽遺，實長貪黷。以後除文移會稿外，不許交相餽送。其各院承差人役，止許用二十人，以備齎奏。除緊要重大文移外，不得擅差，擾累驛遞。（世祖一七、一五）

（**順治七、一一、壬子**）更定驛傳應付則例。公侯伯、內三院、各部院加官保官、夫三十六名，馬十二匹，水路船二隻，夫馬不兼支。近京四百里，夫十八名，馬八匹。如在任在差病故，水給船一隻，陸給車一輛，無車處准夫二十四名。內院大學士、六部尚書、都察院左右都御史、鎮守總兵官都督同知、衍聖公、張真人，夫三十名，馬十匹，水給船一隻，夫馬不兼支。近京四百里，夫十六名，馬六匹。如在任在差病故，水給船一隻，陸給車一輛，無車處准夫二十名。六部左右侍郎、都察院副都御史、通政使司通政使、大理寺卿、內院學士、順天府府尹、光祿、太常、太僕寺各正卿、國子監祭酒、左右僉都御史、鎮守總兵官署都督僉事，夫二十四名，馬八匹，水給船一隻。如奉詔敕，加馬二匹。近京四百里，夫十名，馬四匹。內院侍讀學士、侍講學士、通政使司左右通政、大理寺太常寺太僕寺各少卿、鴻臚寺卿、順天府府丞、翰林院編修、檢討、見充經筵日講及曾任講官、布政使司左右布政使，夫二十名，馬六匹，水給船一隻。如奉詔敕，加馬二匹。近京四百里，夫八名，馬二匹。翰林院侍讀、侍講、通政使司參議、大理寺寺丞、光祿寺少卿、六部郎中、員外郎，夫十八名，馬四匹，水給船一隻。如奉詔勅節冊及典試，加馬二匹。近京差無應付。翰林院修撰、國子監司業、太僕寺寺丞、六部主事、大理寺正副、光祿寺寺丞，夫十六名，馬三匹，水給船一隻。如奉詔敕節冊及典試，加馬二匹，夫四名。近京差無應付。翰林院編修、檢討、庶吉士、給事中、御史，評事、中書科中書舍人、行人司行人、太常寺博士、鑾儀衛堂上官、不拘加至一二品都督等銜、布政使司參政、參議、按察使司按察使、副使、僉事、行太僕寺苑馬寺卿、鹽運司運使、同知、實授都司及副將、參將、遊擊、不拘加至一二三品都督等銜，夫十二名，馬二匹，水給船一隻。如奉詔敕節冊及典試、巡方，加馬二匹，夫四名。近京差無應付。五經博士、國子監監丞，博士、助教、典簿、都察院、通政使司、鑾儀衛、五府各經歷、知事、太僕寺主簿、鴻臚寺少卿、欽天監監正副、鑾儀衛見任官、外府同知、通判、推官、鹽運司副使、判官，夫八名，馬二匹，水給船一隻。如奉詰敕，加馬一匹。以上各官，夫馬並不兼支。如在任、在差病故，各水給船一隻，陸給車一輛，無車處准夫十六名。六部、都察院、大理寺司務、國子監學正、學錄、典簿、太醫院院使、上林苑監正、太常寺、鴻臚寺寺丞、主簿、鳴贊、序班、署正、太醫院院判、上林苑監副、光祿寺署正、太常寺典簿、上林苑監丞、典簿、署丞、光祿寺典簿、署丞、太常寺奉祀、欽天監五官正、主簿、博士、太醫院御醫吏目、太常寺署丞、光祿寺監事，給夫八名，馬一匹，驢一頭，水給船一隻。如奉詰敕，加馬一匹。近京百里無應付。如在任、在差病故，係正途出身者給船、給車，與八品以上同。(世祖五一、二)

（順治八、閏二、丙寅）諭兵部：國家設立譯遞，原以傳朝廷之命令，通天下之脈絡。年來四方多故，兵馬絡繹，差遣繁多，驛遞疲困，至今日已極。乃奉差官員，全不知地方苦楚，勘合火牌之外，恣意苛索。驛夫不足，派及民夫，騷動里甲，甚而牽連婦女，繁累生儒。鞭驛官如罪犯，辱州縣等奴隸，以致夫逃馬倒，罷市止耕。上誤公務，下害小民，深可痛恨。以後再有此等之人，不拘大小衙門，著各地方官即指名申報，該督撫飛章參奏，以憑重處。其地方官驗明勘合火牌，亦即照數應付，毋得稽遲取罪。如本無遲誤情弊，該差員役因需索不遂，駕言遲誤，反卸罪州縣者，尤為可惡。著該督撫一併查參治罪。各衙門亦不得濫差官員，多請應付，爾部可宣朕旨，違者即著參處。（世祖五四、一四）

（順治八、八、丙寅）以恭上皇太后徽號禮成，……頒詔天下，詔曰：……所有恩宥事宜，開列於後。……一、天下驛遞苦累，凡乘傳員役，恣行騷擾者，前有諭旨，著該督撫飛章參奏，未見遵行。除已往不究外，以後各該督撫巡按，如仍前容隱，即以悖旨論罪。（世祖五九、一九）

（順治九、六、壬戌）更定品官驛遞夫馬額數：一品官，夫三十名，馬十匹。二品官，夫二十六名，馬八匹。三品官，夫二十二名，馬七匹。其近京四百里內差遣，一品官，夫十六名，馬六匹。如在任、在差病故，陸路給車一輛，無車處准夫二十二名。二品官，夫十四名，馬五匹。如在任、在差病故，陸路給車一輛，無車處准夫十八名。三品官，夫八名，馬三匹。如在任、在差病故，陸路給車一輛，無車處准夫十四名，餘如舊制。（世祖六五、一八）

（順治一一、一〇、己卯）復定奉差官員驛遞供應則例：一品官，夫二十六名，馬八匹，水路給船一隻，廩給二錢。近京四百里內差，夫十四名，馬五匹。如在任、在差病故，水給船一隻，陸給車一輛，無車處准夫十八名。二品官，夫二十二名，馬七匹，水給船一隻，廩給一錢八分。近京四百里內差，夫八名，馬三匹。如在任、在差病故，水給船一隻，陸給車一輛，無車處准夫十六名。三品官，夫二十名，馬六匹，水給船一隻，廩給一錢六分。如奉詔敕，加馬二匹。近京四百里內差，夫六名，馬二匹。四品官，夫十八名，馬四匹，水給船一隻，廩給一錢四分。如奉詔敕，加馬二匹。近京四百里內差，夫六名，馬二匹。五品官，夫十六名，馬三匹，水給船一隻，廩給一錢四分。如奉詔敕節冊及典試，加馬二匹。六品官，夫十二名，馬二匹，水給船一隻，廩給一錢二分。如奉詔敕節冊及典試，加馬二匹，夫四名。七品官，夫十名，馬二匹，水給船一隻，廩給一錢二分。如奉詔敕節冊及典試，加馬二匹，夫四名。八品官，夫八名，馬二匹，水給船一隻，廩給一錢。如奉詔敕，加馬一匹。九品官，夫八名，馬一匹，驢一頭，水給船一隻，廩給一錢。如奉詔敕，加馬一匹。自三品至八品，如在任、在差病故，俱水給船一隻，陸給車一輛，無車處准夫十六名。九品官在任、在差病故，察係正途出身者，亦照此例應付。五品以下官，近京差俱無應付。自一品至九品，夫馬俱不兼支，病故者俱不與廩給。（世祖八六、一九）

（順治一二、一、壬子）諭內外文武官員等：……一、近來各處驛遞，疲累至極，衝要地方，尤為困苦，皆因馬價、草料、工食等銀，不敷支用。民力既窮，馬亦隨斃，買補之費，仍出於民。民困如此，勢必至驛政盡壞，道路不通。著戶、兵二部、行各督撫，察地方衝僻及路程遠近，每驛應用馬匹、草豆、鞍轡、夫役、工食數目，錢糧見額若干，應補若干，逐一確算，造冊奏報。應用錢糧准於應解正項錢糧內動支。原解缺額，該部另行酌議，務期久遠可行。凡從前倒塌驛站，責令各地方官速行料理。如因仍廢弛，著該督撫察明，併道府題參究治。其奉差員役，需索騷擾，屢有嚴禁。著再行申飭，務革積弊。（世祖八八、二〇）

（順治一四、一〇、辛未）兵部等衙門遵旨議奏：驛遞苦累，抑勒需索，弊竇多端，協濟錢糧，有名無實。請敕各督撫按嚴行申飭，以蘇官民。倘仍前朦朧徇庇，不行明白指參者，即將該督撫分別情罪輕重，嚴加議處。從之。（世祖一一二、四）

（康熙二、一、戊戌）兵部右侍郎介山，以奉差粵東查勘邊海，條奏粵東事宜四款。一、沿海州郡缺兵餉數月，請敕隨時給發。一、地方官委署匪人，民受其累，請敕選廉幹職官署理。一、沿途驛遞疲累宜恤。請每省內頒詔之員，止差一起，其部差各項人員，亦應酌減。一、各省解送馬匹倒斃甚多，請於參領郎中等官，擇其廉能者差遣。下部議行。（聖祖八、六）

（康熙四、三、壬辰）諭兵部：設立驛站，原備緊要公務，供應往來。近聞在外督撫提鎮司道，多給吏胥衙役家人私票，經過驛站，乘馬支應，威逼官役，不令銷算，騷擾驛遞，貽累小民。以後除兵部火牌勘合外，其文武各官給與私票，著概行停止。至各衙門亦有借端公務，輒行私事，給與火牌勘合者。以後自王公將軍督提以下，何項公務方應用火牌勘合，著詳議定例具奏。（聖祖一四、二〇）

（康熙九、一、辛未）諭兵部：設立驛傳，原為往來差遣，緊要事務，速於接應。近聞州縣各驛，馬匹缺少，應付遲誤。驛遞原有額設錢糧，以備芻牧，驛傳道專行管理，乃不殫心嚴察，以致侵減錢糧，馬匹缺乏。應作何稽察嚴禁，爾部其詳議具奏。（聖祖三二、一八）

（康熙九、一、丙戌）理藩院遵旨議覆：凡奉旨特遣及本院差往蒙古各旗徧傳事務，或巡察斥堠送詔等事，自內地馳驛外，仍給信牌，許乘邊外驛馬。其餘，惟遣往扎賴特、杜爾伯特、郭爾羅斯、席北、索倫、打虎兒、寧古塔、卦爾察等處者，給本院印文，照內地所乘驛馬數乘邊外驛馬。遣往科爾沁、烏朱穆秦、蒿齊忒、吳喇忒、鄂爾多斯等處者，冬春給院文乘邊外驛馬，夏秋乘本身馬。遣往喀喇沁、土默特、敖漢、奈曼、翁牛特、巴林、扎魯特、克西克騰、蘇尼特、阿祿科爾沁、喀爾喀、阿霸垓、阿霸哈納、四子部落、毛明安、歸化城、盛京、西勒圖、庫倫等處者，概令乘本身馬。其達賴喇嘛、齊爾汗之使，給驛至西寧。遣往喀爾喀、厄魯特之使，自歸化城給與馬駝。從之。（聖祖三二、二三）

（**康熙一一、五、辛巳**）禁止官兵經過地方，不得多索車馬夫役，并地方官吏借端私派，以累里民。（聖祖三九、七）

（**康熙二〇、一二、壬寅**）裁直隸各省添設驛站，并加增協濟夫馬。（聖祖九九、二二）

（**康熙五六、三、己卯**）上諭大學士等曰：今地方官總不實心辦事，如每年修治道路，開銷錢糧多至三萬餘兩，小民不霑實惠。朕今現發官帑，差工部堂官前往料理，所費不過二三千兩，用夫不過數千人。此皆由上司不能留心查察，故被屬下欺隱。（聖祖二七一、二七）

（**雍正二、閏四、辛巳**）兵部議覆：條奏內，地方官員私動驛站馬匹處分。得旨：朕以天下民生爲念。凡一切飲差與祭祀山川之大臣官員回京時，必召入面見，詳詢生民景況、地方情形以及雨水田苗。聞得地方官祗知嚴緊驛站，諸凡敕詔經過、迎送俱不成禮，至伊等私事及上司差役，轉擅動驛馬，逢迎應付。從前惟恐騷擾驛站，朕曾降旨嚴飭。但敕詔經過地方，官吏迎送，有關大典，豈可疎玩。爾等繕寫諭旨，申飭各省督撫。（世宗一九、八）

（**雍正六、五、丙辰**）諭內閣，各省驛站夫役，原以備公事之用。國家歲費帑金，本欲使州縣無賠累之苦，民間無差派之擾，官民並受其福也。但聞各省往來人員，有不應用驛夫而擅自動用者，該管之人，或畏其盛勢而不敢不應，或迫於情面而不得不應。……嗣後惟兵部勘合、欽差大臣及督撫入境、學差試差，或知府下縣盤查，及他員奉督撫差委盤查者，准動用夫役，其餘概不准用。儻有違例妄索者，該管官即行揭報，督撫題參。若該管官違例濫應，發覺之日，照例治罪。著各省管理驛站之道員不時查察，儻有徇隱，一併處分。（世宗六九、二）

（**乾隆五、一、甲子**）諭：雍正三年定例，湖廣地方，每年派往巡察御史一員，專司稽察盜賊，巡視驛站烟墩，操閱民壯等事。嗣因盜案減少，於雍正十二年，奉旨停止。朕看得湖北襟江帶漢，素稱四達之區，且幅員遼闊，藪澤瀰漫，盜賊易於藏匿。近日河南盜案繁多，衆論頗以爲鄰近楚省之故。朕思此時若專遣御史巡察，恐地方又添供應之煩。該省原設有守道巡道三員，平時有督緝之責，事發有處分之條。應於每年冬月，各出巡一次，輕裝減從，遍歷所轄州縣，稽察保甲，操閱民壯，即順便驗視烟墩，點查汛兵。如有疎懈，即移知營員，照例究治。至於驛站夫馬，原係驛道職掌，亦應每年巡查一次。如有馬匹疲瘦，排夫缺額，以及騷擾驛遞，濫應夫馬等弊，即行詳揭請參，以肅郵政。該督撫可遵旨酌派施行，著爲定例。（高宗一〇九、四）

（乾隆五、閏六、己酉）戶部議覆：湖南巡撫馮光裕疏稱，粵苗聚衆滋事，……調撥湖南各營官兵……，分佈擒勦，請勅應付。所有一切軍興事宜條款，開列具題。……一、遞送軍需公文，飛報軍情，自寶慶府北至湘潭，路徑略寬，應設馬塘。其城〔安〕、綏〔寧〕、靖〔州〕、寶〔慶〕一帶，山路崎嶇，馬不能馳，原无驛遞，應照蒲寅山案之例，設健夫急遞。但彼案逐日雇募，每名日給銀三分。今此案比前重大，官兵衆多，且時值農忙，日逐雇募，倘一時應募無人，必致誤事。自寶慶府城起，歷邵陽、靖州等處，俱係山僻小徑，應按三十里爲一站，每站健夫四名，令沿途地方官召募年力壯捷之人充補。彼地米價，每升一分五釐，應再加給銀三分，共給銀六分。俾其贍養家口，以免内顧，專心當差。……以上各條，均應如所請。得旨：依議速行。（高宗一二〇、二九）

（乾隆八、六、己巳）飭戒驛遞擾累。諭：驛遞關係郵傳，最爲緊要，濫騎濫應，例禁甚嚴。而外省擾害之弊究不能免。朕聞雲貴督撫齎摺入京，路經湖南地方，所用驛馬在勘合火牌額數以内者，固當應付，乃陋習相沿，有在額數以外者，地方官亦不得不應。更有並無勘合火牌，而私索强騎者，亦不能不應。及被該省上司查出，又以州縣濫應驛馬，照例參處，甚爲苦累。著雲貴督撫，嚴飭差弁家人，凜遵功令，不得於勘牌之外多索一騎。如仍前不改，經朕訪聞，惟該督撫是問。各省有類此者，亦當一體凜遵。（高宗一九五、六）

（乾隆一二、一二、庚午）兵部議覆，御史時鈞轍奏稱，近來各省管驛之員，每於額馬空缺，並不買補，遇緊急公務，或私借鄰驛，或雇覓驢頭，或以殘老充數。而所開買價及日支等項，俱屬虛報。至上司遴員查點，該驛官吏百計掩飾，委員亦不過取結申覆。請敕下各督撫，嚴飭各該驛道，實力稽查等語。查定例驛馬疲缺，稽遲程站，處分綦嚴，應如該御史所奏，再通行各省督撫，嗣後如何設法，將侵吞扣剋等弊，徹底湔除，酌定規條。年底將查驗各驛之處報部，如該委員不行查出，即同該驛官一併查參。倘該管上司漫無覺察，被督撫題參，交部嚴加議處。從之。（高宗三〇四、二一）

（**乾隆一三、一二、丙申**）貸黑龍江、齊齊哈爾地方霜凍成災地，八旗水師營兵丁并驛站人等口糧。（高宗三三一、五）

（**乾隆一六、三、乙丑**）兵部奏：前據調任户部尚書舒赫德奏請，酌定各省往來文移日行里數，編設排單，挨站填覈。奉旨允行。並行令各省查報。經各督撫彼此咨商，分別險易，酌覆到部。江蘇、安徽、山東、陝、甘均按事緩急，照舊例日行三百里、六百里。其餘緊要公文，直隸宣化府屬之長安、鵰鶚、赤城、雲州並熱河道屬之喀喇河屯等處，浙江會江驛至福建小關並江西常山各驛，均日行三百里。山西至豫省之盤陀等驛，江西之德化等驛，湖北自東湖縣至成都，四川自成都至打箭爐，並至湖廣、陝西、貴州各省會，均日行四百里，廣西日行二百里。自廣西至廣東水站，日行三百里，廣東赴江入楚，並至廣省，均日行二百里。自省至福建，日行二百四十里，雲、貴日行四百八十里，福建日行二百四十里，湖南、河南照舊例日行三百里、六百里。但湖南自祁陽至廣西，路窄嶺峻，河南黃河阻隔，請俱展限一時。均應如所議，部頒排單式樣遵辦。惟内廷交發事件，仍按三百里、六百里舊例簽送，至古北、張家、喜峯、殺虎、獨石各口，界連外藩，文移絡繹，其管站郎中員外等，酌定日行里數，交理藩院覈定。咨部存案。東三省幅員遼闊，將軍副都統等文移，亦應酌定日行里數，填單稽覈。從之。（高宗三八五、二〇）

（**乾隆一八、二、己酉**）軍機大臣等奏：酌裁辦差成例。向例聖駕巡幸地方，安設臺站。兵部派撥各衙門筆貼式領催，前往馳送本報。此項廩給口糧俱地方官支應，恐有借端需索及家人滋事等情。地方官以由京派往人員，或致掣肘，應令該部嚴行訓飭。又每次内閣、理藩院衙門隨從人等，向有支給驛馬之處，究於驛務有礙，應請停止。兵部向有隨營馬三十匹，該部馱載帳房等項，於此内撥用。嗣後應令自行雇備，但酌留馬二十匹，備緊急差務。至欽天監派出之博士、天文生等，除酌給八旗官馬，及順天府雇備長車外，均不得向驛站支給。又鑾儀衛校尉、署史等，人數衆多，賢愚不等，需用車馬，每站分班更換。但據兵部派委之役，帶票前往支給，恐有需擾。查該部每次俱有隨營官員，應於此内揀派一員，先期持票往支，按名分撥。得旨：嗣後凡應行安臺處所，該督撫照例安設，報明該部，所有馳送事件，即於本省武弁內，酌量派用，並令於數站之內鄰委地方官一員，往來稽查。十日彙報行在兵部一次，以憑查覈。其由京派撥筆貼式領催之處，永行停止。餘依議。（高宗四三三、九）

（**乾隆一九、一〇、乙亥**）河南巡撫蔣炳奏：……再各兵例應支給廩糧，而領銀仍須易錢零用，現在豫省錢價甚平，擬將應發廩給口糧，按每銀一兩給大制錢一千文。報聞。（高宗四七五、二七）

（**乾隆二七、一二、乙巳**）諭：刑部審奏：順義縣役張有功等強拏官車一案。前以直屬有司辦車不善，議令內務府莊頭置車官辦，乃因地方藉官差爲名，強拏民車，故置車官辦，欲以便民也。今地方蠹胥，仍拏民車不已，且轉拏官車，實非情理所應有。雖蠹役所爲，知縣任寶坊所司何事，著交部嚴加議處，餘依議。第念此等應差車輛，屢經立法調劑，而一弊既去，一弊又滋，自不得不求其正本清源之道。且如官員家屬赴任等事，需用之車，逐邑應付，本屬煩瑣，其中已不無沿途收取折價之人，與其私自通融，不免高下其手。又何官爲經理，俾得永定章程。朕意嗣後驛路一切差務，除特旨給予官車及必需車輛事件，由該督等奏明，仍照例應付車輛外，其餘著該部查明定例，應給雇值，即由部計程散給，令其自行雇覓，不必再給官車。倘復有不肖官吏以尋常事件，混行拴拏民間車輛，一經訪聞，或御史參奏，朕必嚴治其罪。至兵部官車一項，除解送人犯，必資應用外，其他有應照此酌量給值，可以減省拴車之處，該部一併詳議具奏。尋奏：驛路一切差務，除奉旨給予官車，及奏明應給車輛事件外，餘俱折價爲便。其價自京至直省末站，由兵部覈明程途，照直隸定例，咨戶部給領。過直後，令經由各省首站，覈計彙給。在外，令本省管驛衙門及經過各首站，遵照辦理。於驛站項下動支報覈。從之。（高宗六七七、二）

（**乾隆四〇、九、辛酉**）諭：……〔貴州鎮遠府知府〕至蘇塙將所揭公文交鎮遠縣驛站，諭令六百里馳遞，更屬狂妄。該縣李常吉違例遽爲遞發，亦屬錯謬。著該侍郎等，俟此案查審明確，並將該縣李常吉一併參奏。上司如果不公不法，扶同欺蔽，致屬員負屈難伸，原許其揭報部科，奏爲昭雪。但須遣家人等齎投，從無由驛馳發之例。況驛站遞送限行幾百里事件，惟軍營文報可以徑行。其餘外省遞摺行文，非有兵部火票，不能馳遞。今蘇塙以知府印文，擅動驛馬，竟得專達京城，則是各省驛站之輕率濫應，大概可知。著該部再行查例通飭。如有故違擅動者，隨時查明劾參。（高宗九九一、二）

（乾隆四五、四、乙丑）諭：各省動支正帑，安設驛站，部頒勘合以備差務往來。郵傳馳遞，關係最為緊要。近年既有巡道分轄，復令臬司總理稽查，更覺嚴密。各督撫等遇有緊要奏函，及題本事件，原准馳驛，定例亦屬周備。其各省陳奏尋常事件，自應專人齎進，不得私借驛騎，滋擾郵站。乃昨據李湖查奏，李侍堯、孫士毅等差弁，在湖南擅行私借驛馬者，不一而足。滇省如此，各省應亦不免，於郵政所關匪細。著傳旨通行申飭。嗣後各督撫如有齎摺差弁，私借驛馬者，一經查出，定將各督撫及借給馬匹之該管驛站官員，均照例嚴行治罪。（高宗一一〇五、三）

（嘉慶四、七、癸未）諭內閣：向來扈從官員兵丁，分領馬匹及馱載官物駝隻，回京後竟有不交馬駝，以錢文銀兩折交者。派出之王大臣，亦視為泛常，准其折交。積弊相沿，朕所素悉，茲據繼善條奏折交馬駝之弊，請加飭禁，其言甚是，與朕所聞無異。各牧場官馬官駝均有定額，若每次扈從回京，輒行折價交納，則官馬官駝日漸減耗，民間駝馬日漸增多，於事殊有關繫。且恐馬販等串通領馬之人，私行售賣，轉販他省。現在教匪滋事，多有馬匹乘騎，推原其故，未必不由於此。嗣後監視收馬王大臣，自當特加遴派，認真稽察，並著兵部嚴行查禁。如有攜錢折交者，即行嚴拏，指名奏聞懲究。其收馬之胥役等，亦不得因禁止折收，有意留難，別滋弊竇。……將此通諭知之。（仁宗四九、二六）

（嘉慶一一、一一、癸丑）諭內閣：本日御史花杰奏整頓驛站以肅吏治一摺，所奏甚是。各省州縣安設驛站，以備馳遞文報及緊要差使，凡遇欽差官員往來過境及此外應行馳驛者，自應查照勘合內所填夫馬之數，照例給與，然亦不得稍涉浮濫。至於本省官員來往境內，其夫馬飯食，俱當自行備辦，豈得責令地方官供應。乃近日督撫司道等官經過所管州縣，該地方官不但預備夫馬，且須鋪設公館，供應飯食，爭華鬬靡，曲意逢迎，甚至有餽送程儀之事。惟以辦差為能，而郵政轉置之不問，即或該州縣額馬不敷，平日有廢弛浮冒情事，方且代為彌縫，又安肯覈實查辦。積弊相仍，自當嚴行飭禁。嗣後州縣官於驛站應付，惟當以勘合為憑，毋許濫應濫支，如有違例供應以及藉端餽送，或沿途勒索及縱容家人長隨肆行需索者，一經查出，或被人參劾，必當嚴懲示警。其州縣額設馬匹，如有短少情事，該上司務當隨時整頓，無任虧短干咎。（仁宗一七〇、一九）

（嘉慶一四、一一、乙丑）諭內閣：御史楊健奏請肅清郵政一摺。據稱督撫等往往藉查辦地方公務，擾累驛站。現在山西即有成寧因閱兵濫支車馬，需索門包，恐外省似此者尚多。請嗣後飭令各督撫因公出境，將隨帶人等先行知照臬司，轉行各站，按例覈給，仍令將應付數目申報臬司，以備查考。其司道以下各員，亦一體遵照辦理。儻有違例，即交臬司糾參等語。所奏自爲肅清郵傳起見，而於外省積習，所言尚未確實。各省驛站，惟奉差人員例有應付，其督撫內若非奉特旨馳驛者，原不准輕動驛站。伊等養廉優厚，足資辦公，且查辦公事，不過近在本省，一切人夫車馬，需用幾何，又何難自爲雇備。無如外省陋習相沿，上司經歷所屬，不必明言馳驛，而州縣得信預備，車馬惟恐其不多，供帳惟恐其不盛，甚且門包使費，需索無厭，屬員既視爲固然，上官亦以爲應得，以此見好逢迎。所費不取於官，必取於民，實屬近時積習。此等擾累情形，較之奉差馳驛人員，所費尤鉅，皆由州縣等畏懼本省上司聲勢，曲意花銷。並聞於別省大員過境之時，亦皆一律承迎，辦差恐後，希圖他日遷調本省，可免挑斥。其辦差之長隨家人等，因得藉端漁利，設法開銷，種種弊竇，由斯而起。該御史聞見尚不及此，亟應嚴爲禁制，以肅郵政而飭官方。嗣後各督撫及過境大員一切車馬供頓，俱著自爲雇備，不得取之州縣，其州縣等亦不得陰爲應付。各省臬司係專管驛站之員，如再有不遵功令，恣意妄行，無馳驛之名而有馳驛之累者，著交各該省臬司隨時查察，據實參奏。如果臬司扶同徇隱，知而不言，一經發覺，必將該臬司從重懲處。其司道等官遇有公事經過州縣，亦著一體凜遵，毋得陽奉陰違，致干咎戾。（仁宗二二〇、二〇）

（**嘉慶二四、一一、壬申**）又諭：御史陳鴻奏請清釐驛站積弊一摺，所奏是。直省驛站夫馬車輛，各有定額，由京奉差人員部頒勘合，其應用夫馬，俱按官職大小填註數目。乃外省由驛差員，竟不填註牌票，於定例外多用車馬至數倍、十數倍，並有夾帶客貨者。不特疲勞驛騎，且派用民車，擾累閭閻，不可不嚴行查禁。著各督撫嚴飭有驛州縣，一應差務俱遵照定例支應。其本省差員，亦照部頒勘合式樣，填註夫馬數目，如有額外需索者，報明該督撫據實劾參。至上司家眷幕友，尤不應擅用官驛夫馬，並著通飭嚴禁。儻倚勢騷擾州縣，濫行供應，一經查出，定行嚴懲不貸。（仁宗三六四、二〇）

2. 京畿通直隸、山東、江南大道

（**順治一三、八、癸未**）諭工部：自通州至京道路，係直省輸輓通衢。凡官員祿米、兵丁月糧及商民貨物，皆取道於此。連年爲霖雨衝塌，致車騎馳驅備嘗困苦，每遇官員兵丁關支俸糧，運費不貲，商民貿易，艱於跋涉，深爲可憫。今當及時修葺，爲一勞永利之計。但念畿輔百姓屢遭水旱，不忍重煩力役。朕思八旗滿洲、蒙古、漢軍併包衣牛錄下人夫，可以分任急公，協同工作。爾部即行傳知，酌量派夫，務使整葺有方，堅完可久，俾官員兵丁、商賈小民往來咸便焉。(世祖一〇三、六)

(**雍正二、三、丙申**) 諭河南巡撫石文焯：豫省官塘，以及偏僻道路煙墩，俱宜整理修葺。直隸、山東大道兩傍，皆種樹木，此法甚善。可豫飭明春栽植無誤。再誡訓屬員，不得藉此擾民。(世宗一七、二一)

(**雍正三、七、癸亥**) 諭直隸總督李維鈞：聞近京各處地方橋梁道路，多被潦水淹沒，行旅維艱，諸物騰貴，朕心甚為軫念。爾可轉飭各地方官，悉心籌畫，其大路中積水之處，作何疏洩，窪圮之處，作何修墊。通州一路可交與副將賽都。通永道高礦、古北口一路可交與總兵何祥書及該管州縣官。宣府一路可交與總兵許國桂及該管州縣官。至近京一帶，可交與大興、宛平、良鄉、涿州等州縣。俱速令其相度地勢，設法修理，使行旅之人，通行無阻。不可藉端差派，以便民之政反致累民。(世宗三四、二二)

(**雍正七、一、癸酉**) 諭工部：平治道路，王政所先。是以周禮有野廬合方之職，自四畿達之天下，掌其修治。俾車馬所至，咸蕩平坦易，行李輻輳，津梁通達，無雨水阻滯之累。邇年以來，廣寧門外，已修石道，其至通州運糧之路，亦修整高潔。往來行人，頗為便利。今直隸至江南大道，車輪馬跡，踐壓歲久，致通衢竟成溝塹。兩旁之土，高出如岸，一遇雨水之時，眾流滙歸，積潦難退，行旅每苦泥濘，或至守候時日。朕心深為軫念。但此通行大道，已久成窪下，勢難培築增高。而大道之旁，高阜甚多，平沿亦殊不易。若於大道相近之處另開一道，工力似屬易施。其間或有地形斷續之處，應修建橋梁。或有溝塍淤積之處，應疏濬水道。或所開之塗，有借用民間田地者，應補給價值，並除錢糧。或繞行之路，有遠隔村莊旅舍者，應引歸故道，使有頓宿。是非熟於相度地勢、歷練道塗之人，不能詳察妥當。特派工部侍郎法保、副都統韓光基、原任護軍統領喀爾吉善、二等侍衛特庫四員，於今年夏秋之交，自京師起程，由良鄉至宿遷大道，一路踏勘。將如何另開新道之處，詳悉議定，估計工費，繪圖呈覽。(世宗七七、一七)

(**雍正七、三、甲寅**) 諭內務府：自朝陽門外至通州，乃京師向東大路。向因雨水之時，難於行走，動支錢糧，修補鋪墊。聞近年又復損壞。若修墊石路，酌量其寬廣可容車二輛，兩旁土路，亦修築平穩，於往來行旅，大有裨益。著總管常明會同侍郎普泰詳加驗看。(世宗七九、一四)

(**雍正七、九、壬辰**) 諭工部：直隸、山東、江南查勘道路事宜，著行文三省督撫等，令動正項錢糧，乘此農隙之時，派委賢員，作速興工。務於明春雨水前告竣。朕仍遣員往查。其修過橋梁道路等項，著交與各該地方官，隨時修整。并令新舊交代。永著爲例。（世宗八六、二五）

（**雍正一一、六、庚午**）又諭：京師至江南數千餘里，行旅絡繹。朕於雍正七年，特遣大臣官員，前往督率地方官成梁除道，不惜帑金，功成迅速。又令道旁種樹，以爲行人憩息之所。復降旨交與該地方官隨時留心保護。近聞官吏怠忽，日漸廢弛，低窪之地每多積水，橋梁亦漸坍陷，車輛難行。道旁所種柳樹，殘缺未補，且有附近兵民斫伐爲薪者。此皆有司漫不經心，而大吏不稽查訓誡之故也。著傳諭該督撫等，轉飭有司仍前整理。或遇雨水泥濘，隨損隨修，不得遲緩。其應行補種柳樹之處，按時補種，並令文武官弁，禁約兵民，毋許任意戕害。儻有不遵，將官弁題參議處，兵民從重治罪。（世宗一三二、一一）

（**乾隆二、九、丁酉**）戶部議覆：直隸總督李衛疏稱，河間府屬任邱等六州縣，額設墩夫四百四十名應付過往差使，其餘府州縣並未設立。請將任邱等六州縣額設墩夫，裁去一百七十名，以一百五十四名改撥順天府屬之良鄉、涿州。保定府之屬新城、雄縣尚餘十六名。查交河縣所轄驛路，計程八十里，原額止二十名，應添入交河縣屬之富莊驛，以資接濟。均應如所請。從之。（高宗五〇、三三）

（**乾隆六、一二、癸巳**）兵部議准：原署兩江總督楊超曾等疏言，江寧府句容縣雲亭驛爲江蘇要道，原設馬四十五匹，承應不敷。請將江寧府屬之江寧驛額馬四十四、六合縣額馬三十、龍潭驛額馬三十五匹內，各撥馬五匹、馬夫三名入雲亭驛。於淳化、白塊二處，各撥馬十五匹，分立腰跕。餘馬三十匹，留驛應差。再，龍潭驛東至儀徵，隔江並未設有站船。請於江寧府屬之大勝驛站船十五隻內，撥船二隻、水手六名在龍潭驛應差。又，高郵州屬之界首驛，設馬四十匹，亦不敷用。請於儀徵縣額馬四十匹內，撥馬十匹、馬夫六名，高郵州、寶應縣額馬七十五匹內，各撥馬五匹、馬夫三名，入界首驛，從之。（高宗一五六、二）

（**乾隆一一、一二、丁丑**）諭軍機大臣等：前據達青阿奏稱，直隸驛站廢弛，已經降旨那蘇圖，令其查參一二，以儆其餘。今那齊布自口外回京，又奏稱，伊等分內應給驛馬只十餘匹，竟有以騾代馬應付者。是南北兩路，經由直隸地方官員俱如此陳奏，則通省驛站皆有此弊。著再行傳諭那蘇圖，令其嚴加查察，極力整頓，不得以一查了事。尋奏：直省驛站廢弛，臣屢將管驛官員、丁役究懲。今那齊布自口外回京，管驛官員竟有以騾代馬應付之事，當即查取職名題參。臣仍不時立法嚴查，極力整頓。得旨：直隸爲四通八達之區，若驛馬應付遲延，大有關係。可留心整頓，毋爲姑息，再有似此，朕將惟汝是問矣。（高宗二八一、一）

（**乾隆一三、二、丙寅**）欽差大学士高斌議奏：查天津西沽起至桃花口止，原爲自津通京大道，先後建築疊道十餘里，以資捍禦，亦便行旅。尚有桃花寺迤北至桃花口一段未築。今据那蘇圖議請於此處加築疊道三百丈，及加幫填補舊工，并補築隄尾三丈。遵旨踏看，實屬有益，應請興工。報聞。（高宗三〇八、一三）

（**乾隆二二、一〇、甲申**）諭：京師之朝陽、西直、廣寧諸門外，舊有石道，於行旅車徒，最爲有益。乃歷年既久，凸凹不平，車輛往來，每有傾側之虞，自應亟爲修整。著吉慶、范時綬前往逐一查明勘估，奏聞修理。所有工程，即著伊二人專行承辦，務期堅固平穩，以便行旅。（高宗五四九、一五）

（**乾隆四八、三、庚申**）是月，兩江總督薩載奏：來年南巡，沿途應需分設臺站，接遞文報。請照乾隆二十七年、三十年、四十五年例，將已奉裁減驛馬七百匹，暫行復額，即於驛站項下借支採買。差竣，變價歸款。報聞。（高宗一一七七、三一）

（**乾隆五四、一一、甲辰**）兵部議准：安徽巡撫陳用敷奏稱，安省阜陽、亳州、六安、宣城、潁上、五河等處，事務殷繁，須酌設站馬。請於南陵、貴池、練潭、三溝等驛撥馬五十六匹，夫四十三名，於阜陽等處安設。從之。（高宗一三四三、一一）

3. 通向東北各省驛路

（**康熙一〇、一〇、癸巳**）駕遇遼河橋。諭盛京工部官曰：此橋甚有便於人，著存留勿毀。（聖祖三七、四）

（**康熙二二、一〇、乙丑**）户部題：黑龍江至烏喇須設十驛，但設驛之地，不行相度，難以懸議。應俟來年三月雪消，遣户、兵二部、理藩院官各一員，并令寧古塔將軍選熟知地勢者偕行，就近派郭爾羅斯二旗、杜爾伯特一旗嚮導各二人，詳加丈量。上命户部郎中包奇、兵部郎中能特、理藩院額爾塞前往。（聖祖一一二、二九）

（**康熙二四、五、壬申**）先是郎中包奇等奏：自吉林烏喇至黑龍江，計丈量共一千一百九十五里，應設十四驛。上諭：驛遞關係緊要。凡丈量當以五尺爲度，今程途太遠，令包奇等再馳驛前往，詳加丈量。至是，包奇等奏，自吉林烏剌城至黑龍江城，以五尺細丈，共一千三百四十里，應設十九驛。上命如議行。復令每驛設壯丁，並撥什庫三十名，馬二十匹，牛三十頭。壯丁自盛京、寧古塔所轄各驛柳條邊派出，馬、牛令盛京戶部照數採買送往。（聖祖一二一、二二）

（**康熙二六、一〇、丙午**）諭大學士等：黑龍江官兵口糧關係至重，屢次轉運米數，並黑龍江墨爾根地方接續，所種米數宜加察明。自盛京等處廣運米石，以爲久遠裨益之計，此皆當周詳區畫。又發遣彼處游手無事之人甚多，其口糧作何酌給，前至黑龍江一帶，乃徑直通衢，往來轉輸，斷不致有阻滯。如蔡毓榮等巨富之人，並殷實之家，概予口糧，殊覺未當。彼處漢軍皆著察出，披甲当差，遊手無事之人，可分設官莊，廣開田畝，以爲恒產。令戶兵二部賢能司官速往逐一察明，到日確議具奏。（聖祖一三一、一二）

（**康熙二七、三、戊子**）諭大學士等曰：盛京、寧古塔沿途驛站，往來官員多索車馬，鞭撻驛站人役，所在多有。嗣後如此苦累驛站者，管理驛站官即行報部。驛站官瞻徇情面不報，事發，並驛站官治罪。其下兵部，令定例議奏。（聖祖一三四、一一）

（**康熙二九、九、丙辰**）兵部議覆：陞任直隸巡撫于成龍疏言，通州、昌平、順義等州縣，及榆林、土木等驛，係盛京、喜峯及古北、張家、殺虎諸口要道，原設之馬無多，每有大差，必須協濟，久已爲累。請於通州等州縣，量增馬五百零八匹，分給各驛。古北口驛站，向係滿洲章京料理，原未設有文職。查大名府有通判二員，請裁去一員，改爲順天府通判，駐劄古北口，專司驛站，仍聽霸昌、通永二道管轄。至石匣地方，雖係腰站，去縣甚遠，應將密雲縣驛丞裁去，改設縣丞一員，駐劄石匣，管理馬匹廩給事務。應如所請。得旨：依議。所設順天府通判，著改爲保定府通判，駐古北口，管驛站事。（聖祖一四八、二一）

（**康熙三八、六、壬子**）諭兵部：墨爾根等處驛站馬匹車輛，該地方官員，輒以私事擅用，屢次發覺。著黑龍江將軍薩布素嚴行禁止。（聖祖一九三、二一）

（**康熙五〇、六、癸亥**）諭大學士、兵部：今來熱河，自京城出東直門，按驛站路行，必由順義縣至密雲縣，其間有孫河、牛欄山、九道河，水發輒至阻誤。若出安定門或德勝門，由南石槽至密雲縣，可無雨水阻誤之慮。著於南石槽附近處，設一驛站。（高宗二四六、二〇）

（**乾隆八、五、乙未**）總理行營和碩莊親王允祿議覆：兵部議直隸總督高斌奏稱，盛京路程，自京至陂賴村，及進山海關抵京，需用隨營馬二百三十餘匹。照例調驛馬四百六十餘匹，於東北二路，分班安設，中途更替。至關內附近各站，調赴關外之馬，將營馬補額，但營馬只可乘騎，不宜背包。請將前項調赴關外馬，以隨營之馬，湊足五百抵補，即以摘撥營馬，留爲隨營之用。至稱直隸通省驛馬五千八百餘匹，除調撥協濟外，存馬無多，不敷應差，如遇差多馬少，臨時雇募。應如所請。至應用車四十輛，行令該督，即於古北口地方，照數雇備應付，直送至阿爾素邊口。得旨：依議速行。（高宗一九二、一八）

（**乾隆一一、三、甲午**）軍機大臣等議覆：直隸總督那蘇圖奏稱，嚴禁民人出山海關，酌議四條。一、向例近關民人出口，俱由臨榆縣給票。遠方流民，因關口盤詰，有租賃貨物、假冒商販賺票出關之弊，不若從本籍給與印票路引者，更有根據。查各省貿易出關人等，既經山海關地方官給票查驗，原議已屬周詳，該督所稱租賃貨物、假冒商販賺票出關之弊，乃是地方官稽察不周，止應令遵照原議，實力稽查。若通行各省，將貿易人等俱從本處給與印票路引，事屬紛煩，應毋庸議。至所稱出關之人，未盡如期回籍銷票者，原議俟年底查明驅逐。應令臨榆縣與守關官弁按季造冊二本，一由永平府轉報存案，一移知該民人所住之州縣，俾其查對，俟應行回籍之時，即可遣逐進關。應如所請，按季造冊，以便隨時稽查。一、出邊道路，除山海關外，尚有喜峯口等十五處。向來商販往來，並無給票放行之例，稽查未爲嚴密，或有流寓之人，夾雜偷越，亦未可定。應如所議，喜峯口等十五處，亦照山海關之例，令守口官弁會同各該地方官逐項查詢，給票放行，仍與奉屬地方官按季關會。其古北口、龍井關、青山口、榆木嶺、擦牙子等處，一切外來商販執票赴奉者，俱令從山海關出口，不准由此經行。一、各省海船出洋，亦有隨帶民人至奉天者，自應一例稽查。應如所議，行令山東、閩、廣、江、浙各督撫，通飭各海口設法嚴禁。其洋船到奉時，亦令該將軍等查察，如有夾帶流寓人等，照例遞回。一、山海關至古北口，沿邊坍塌邊牆及九關台中後所等處，或易冒險偷越，或係往來稠密，或爲各口出入總路，自應一體稽查。應行令古北口提督、奉天將軍府尹等照例辦理。從之。（高宗二六一、二三）

（**乾隆二四、一二、癸卯**）軍機大臣等議覆：吉林將軍薩喇善疏稱，三姓地方與寧古塔、拉林相距俱五百餘里，向未設立臺站，遇有要務，難免躭延。請由拉林沿松花江迤北至三姓地方，添設八臺。於吉林所屬，各通融撥馬八十匹、牛八十頭、丁八十名，每臺設筆貼式一員，領催一名，給以圖記。内有兩處渡口，設船四隻，水手八名。……從之。（高宗六〇三、一八）

（嘉慶一六、閏三、甲辰）工部尚書恭阿拉等議奏：興京界屬穆奇驛站，係爲恭送永陵祭品及各項差務而設，上年被水衝淹，勢難改建他處。懇於原端官莊地內酌撥六十畝挪建。其官莊缺額地畝，請交盛京戶部照例撥補。下部知之。（仁宗二四一、一四）

4. 通向口外、蒙古驛路

（康熙二二、一一、丁丑）理藩院題：古北口外鞍匠屯、西巴爾泰、喜峰口外王霸垓三處，應添驛站。上曰：此等邊外添設驛站，使內地百姓遷住，則安業之人家口搬移，甚爲苦累。見今出征兵帶回之人，無田產閒曠者甚多。此等人宜安插於彼處驛站，其作何安插之處，再議以聞。尋議覆：每驛應設人丁五十名，管轄撥什庫二名，馬五十匹，牛車三十輛。此安插人丁，應令內務府派出。其管轄撥什庫，亦令內務府派曾受賊僞職有妻奴之人。但遠來入官窮丁，驟派安插，力量不給，應給以房屋田地，其起程時，仍給與驛站。從之。（聖祖一一三、六）

（康熙二九、一〇、戊辰）添設古北口外紅旗營、坡賴村二驛，各設壯丁五十名，馬五十匹，著古北口通判管理。（聖祖一四九、九）

（康熙三一、六、甲申）議政王大臣等議覆：奉差安設口外五路驛站內大臣阿爾迪疏言，喜峯口外設五十五站、古北口外六站、獨石口外六站、張家口外八站、殺虎口外十二站，每站安丁五十名，量給與馬匹牛羊。應如所請。其應給馬匹牛羊銀兩，差大臣前往料理。又該旗扎薩克除公事外，不許擅動驛站，如有應動車輛，令眾扎薩克供應，照例給價。得旨：此五路設立驛站之事，先於科爾沁、鄂爾多斯兩路安設，即賞給買牲銀兩，以副朕軫恤蒙古人丁之意。其餘三路，俟來年會議安設。隨命科爾沁一路，著刑部尚書圖納去，鄂爾多斯一路，著內閣學士德珠去。（聖祖一五五、一六）

（康熙三二、二、庚辰）理藩院題：先經議政王大臣議奏，喜峯口等五路添設驛站。奉旨：此五路設站之事，於喜峯口至科爾沁，殺虎口至鄂爾多斯，此二路先設。其三路明年再設，作何設立之處，俟來春議奏。今議於古北口至烏朱穆秦設立六站，獨石口至蒿齊忒設立六站，張家口至歸化城、四子部落，設立八站。此三路設立驛站，悉照從前二路設立驛站之例。得旨：依議。古北口一路，著內閣學士安布祿、侍讀學士席密圖去。獨石口一路，著工部侍郎圖爾宸、侍讀學士喇錫去。張家口一路，著吏部侍郎布彥圖、侍讀學士額赫禮去。（聖祖一五八、八）

（**康熙三三、一、丙寅**）兵部議覆：四川陝西總督佛倫疏言，自寧北橫城進口，由寧夏抵莊浪，驛站舊路，通計一千八百餘里。若進橫城口，出勝金關，由中衛渡河，直抵莊浪，纔九百一十里，較舊路近九百里有奇。今應於勝金關添設一站，中衛添設一站。自中衛渡河，由黃沙坡西行，經大潫壩、沙圪堆、蘆塘、松山四處，各添設驛站。中衛、勝金關驛務，即令中衛同知管理。大潫壩、沙圪堆二驛事務，添設驛丞一員管理，仍聽中衛同知兼轄。移蘭州蘭泉驛驛丞，管理蘆塘、松山二驛事務，聽莊浪同知兼轄。俱應如所請。從之。(聖祖一六二、一〇)

（**康熙三四、一二、壬辰**）中路督運都察院左都御史于成龍奏言：中路運米，應兼用小車駝馬分載。凡押運情願効力人員，准臣帶往。更請久歷邊疆之將弁數員，責令巡徼。得旨：此路朕經親歷，俱係大道，並無險嶺大河、泥濘難行之處，若用駝馬小車反覺煩雜，不必兼備。餘著大學士會同戶兵二部議奏。尋議覆：不論旗民有官無官人，願隨運効力者，准于成龍盡行題帶。至米車分行前後，晝夜巡防，可調副將王起龍、遊擊劉虎、守備林之本等協力前往。從之。(聖祖一六九、一四)

（**康熙三四、一二、甲午**）諭大學士等：西路輓輸較中路尤爲要緊，已遣辛寶等督運外，再著原任兵部督捕右侍郎王國昌、大理寺卿喻成龍往助。增造運車四百輛，亦著動支正項錢糧。其情願効力人員，無論山西及他省文武職官、閒散人等，俱准前去，凱旋之日定照軍功議敘。(聖祖一六九、一五)

（**康熙三五、一、癸未**）理藩院、兵部遵議西路設驛。自殺虎口以外，應置驛六十處。每驛設馬二十匹，兩驛合設筆貼式一員，撥什庫二名，蒙古官一員，兵十名。於鄂爾多斯六旗內，派馬五百匹，再取直隸、河南附近府州縣偏僻驛站中馬一千匹，酌量安設六十驛。需馬一千二百匹，餘馬三百匹，亦令帶往。自西路以至中路軍前，如有設驛之處，可交大將軍伯費揚古，即於此內馬匹，酌量安設。從之。(聖祖一七〇、一二)

（**康熙三五、二、壬辰**）兵部、理藩院奏：中路設驛，自京城至獨石口設四驛，有額定驛馬，不必增加外，每驛用筆貼式一員、撥什庫二名。自獨石口外約設六十驛，每驛馬四十匹。至中路大兵到汛界後，與西路聯絡處設十五驛，每驛馬二十匹。如相隔遙遠，驛或不足，再酌量增設。中路大兵正站腰站，俱兩驛合設筆貼式一員、撥什庫二名、扎薩克蒙古官一員、兵十名。其管理正站，應撥理藩院兵部官各二員，腰站各一員前去。得旨：此番出師諸物，朕皆全備，並無待後齎送之物，飛馳之事亦少。著每驛設馬二十匹。部院官、筆貼式、撥什庫調用將盡，今設此驛，有情願效力廢員，每一驛可用兩三人，坐塘効力，并酌撥扎薩克蒙古内台吉、章京、兵丁監視馬匹，如驛馬失盜被刼，即依律治罪。至草青後，將蒙古之馬，著該管台吉各自本旗酌帶赴驛，協助傳報。以此傳諭設驛地方衆扎薩克。餘如議行。（聖祖一七一、四）

（**康熙三五、三、乙丑**）諭尚書班迪：跟隨大兵安站甚屬緊要，爾可留後安站而來。著再傳諭驛站官兵，凡有患病物故留於驛站者，令官兵善視之，大軍回，概加賞賚。兵丁馬匹駱駝，有羸瘦者，令管站諸人收養，俟旋師時各歸本主。（聖祖一七一、二六）

（**康熙三五、三、戊寅**）諭議政大臣等：兵丁疲乏馬匹，應交與驛站牧養。部給四匹馬内，若有疲乏二三匹者，察明，即並本人留於驛站，令於青草處牧放肥壯，等俟旋師。其察核沿途驛站馬匹，并存留牲口米糧等物，俱係緊要。著在京吏部尚書庫勒納前來，自存留米糧馬匹之驛站以至汛界，令其往來稽查。（聖祖一七一、三四）

（**康熙三六、三、癸丑**）先是，命主事薩哈連出神木邊，往詢從邊外至榆林及至寧夏之路計幾宿，水草何如。至是覆奏：自神木出邊至榆林共三百二十里，凡五宿，俱砂路。自邊關外至寧夏之正路，無人知之。但由神木過鄂爾多斯貝勒汪舒克所居阿都海之地，接擺站大道，有一路。從此而往則自神木至寧夏計八百七十里，凡十四宿。但自神木邊至察罕扎達海五十家驛路中，水草柴薪無誤，行道砂多。自察罕扎達海至橫城口，路平水略少。奏入。報聞。著薩哈連親出榆林邊，問蒙古自榆林至寧夏之路并水草，亦照此開明，在榆林候駕。（聖祖一八一、一）

（**康熙三六、三、辛酉**）主事薩哈連查明，榆林至寧夏路程回奏：自榆林至橫城共七百三十餘里，分為十宿，水甚少，路有大砂。又有沿邊外至安邊一路共四百七十餘里，凡七宿，路雖小有砂而水草足用。及問安邊以外到寧夏之路，無人知之。上即命薩哈連往視安邊至寧夏之路。（聖祖一八一、七）

（**康熙三六、三、丁卯**）主事薩哈連勘明邊外之路回奏云：自安邊由口外至橫城共四百八十里，凡七宿，惟三處有水。其餘當宿之地無水，草亦惡，邊外不可行。故告之。鄉導布笪筏保等前去，從邊内編次宿站。報聞。（聖祖一八一、一一）

（**康熙三六、三、丙子**）督運都察院左都御吏于成龍等奏：運米關係重大，或緊隨大兵，或另設策運致，伏候皇上指示遵行。上曰：米隨大軍運往，重載長行，馬駝必致委頓，不若從驛站遞運，更番休息爲宜。鄂爾多斯今已備四月之糧，告請情願効力，著伊等設百站遞運甚便。又設站一事，計自寧夏至郭多里巴爾哈孫，大略一千二百里，自郭多里巴爾哈孫至伊克敖拉、巴漢敖拉，計行九日之程，爾等扣算此路，酌量安設。又問曰：見有船幾隻，每船裝幾何？一次可運米幾石？于成龍等奏：去歲有船百餘隻，俱在河內，但恐有損壞者，請交總督吳赫作速修整。一船計裝三十石，今有船百隻，則一次可運米三千石。上曰：爾等船裝不盡之米，著以駝馬馱運。三千兵減去五百，則駝馬有餘，馱運自裕。爾等計二千五百兵口糧帶往，著作速修船，勿得遲誤。（聖祖一八一、一九）

　　（**康熙三六、四、庚戌朔**）理藩院以行途宿次奏言：黃河内地，荊棘叢密，沿岸泥濘難行，湖灘河朔不知其路。但知車根穆泠至穆納和朔之路，自此地渡河爲第一宿，駐於布克忒，有五十餘里，食黃河之水。第二宿駐於和多都，五十里，食車根穆泠之水。第三宿駐於阿齋，五十里，食車根穆泠之水。第四宿駐於巴颜和邵，五十里，食車根穆泠之水。第五宿駐於哈喇圖以內，有四十餘里，食車根穆泠之水。第六宿駐於濟爾馬臺，有四十餘里，食車根穆泠之水。第七宿駐於塔巴納，有五十餘里，食車根穆泠之水。第八宿駐於呼户烏素，四十里，食黃河之水。第九宿駐於穆納和朔之南濟勒磨墩，四十里，食黃河之水。下所司知之。（聖祖一八三、二）

　　（**康熙五五、六、戊申**）都統圖思海疏言：臣等自湖灘河朔起程，運米至郭多里巴爾哈孫地方，換用喀爾喀之駝馱運。原用過駝五千餘隻，已交侍郎艾芳曾帶回，付大同宣化二府官員餵養。續運米石，於明歲再運。從之。（聖祖二六九、四）

　　（**乾隆一〇、一一、丙子**）諭軍機大臣等：通倉撥運宣化等處米石，需用車輛甚多，遂致百物騰貴。已降旨直督，分別緩急，飭屬善爲辦理。朕思此項米石，已運過一萬有餘，其未運糧石，尚須陸續輓運，仍恐車户聞風不前。查通州至宣化一帶附近州縣，驛遞皆設有站車，過往差使，近亦無多，可以通融酌撥，協濟遞運。庶車户不致畏避，商貨可以流通，更爲妥便。可寄信與那蘇圖，令其籌酌經理。（高宗二五二、二一）

5. 通向山、陝、甘肅、新疆驛路

　　（**康熙二、一、壬辰**）陝西巡撫賈漢復疏言：近因酌省繁費，令無驛站州縣，裁里馬三分之一。但查陝省興安州所屬洵陽、漢陰、石泉三縣，山路險遠，額銀無多。又西安府屬之朝邑縣，鳳翔府屬之汧陽、隴州，皆孔道差

繁，往來絡繹，需用里馬，勢不能裁。請照衝煩之例，免裁里馬。下部議。（聖祖八、五）

（**康熙四〇、三、癸卯**）兵部議覆：奉差山西陝西查驛，戶部右侍郎溫達疏言，臣遵旨查勘西陲驛站馬匹，自大同府至保德州、花馬池及肅州、涼州、西寧、莊浪、蘭州等處各驛馬匹，除選擇臕肥善馳者烙印外，其疲瘦者俱行文各該撫換補，并令時加嚴察該管官侵蝕等弊，立行參處。應如所題。從之。（聖祖二〇三、二一）

（**康熙五五、一、辛酉**）議政大臣等奏：將軍席柱先以兵丁米糧不能接濟具奏，續據尚書富寧安奏稱，將現在運到之六千五百餘石米麥，於冬季散給兵丁，尚有餘剩。……至於糧餉甚屬緊要，應照富寧安所奏用山西、陝西小車三千輛，每輛用車夫三名，自嘉峪關至哈密，安設十二臺，每臺各分車二百五十輛，令其陸續轉運。此臺應令巡撫綽奇前往安設。至阿爾泰一路，軍中現有預備駱駝羊隻，喀爾喀地方購買尚屬容易，應行文都統穆賽等，將駱駝三千隻，羊十萬隻，陸續出阿濟汛界，送至巴爾庫爾，交付席柱，以羊給兵丁作為口糧，駱駝於運米使用。得旨：依議速行。（聖祖二六七、四）

（**康熙五五、閏三、辛巳**）議政大臣等議覆：尚書富寧安疏言，甘肅巡撫綽奇見今用小車安設臺站，直抵哈密。應將所運之米，用駱駝馱載，運至巴爾庫爾。但哈密至巴爾庫爾，程途雖近，其間有科舍土嶺，自巴爾庫爾至科舍土嶺北口，請安設三臺，令巴爾庫爾駐扎之步兵，捽駝運送，自哈密至科舍土嶺南口，亦請安設三臺，令哈密駐扎之二百兵丁捽駝運送，即令見今運米官員併發往効力官員協同管理，應如所請。從之。（聖祖二六八、六）

（**康熙五八、八、庚申**）議政大臣等議覆：振武將軍傅爾丹等疏言，莫代察罕搜爾與鄂爾齋圖呆爾二處，各築一城，每城宜蓋房二千間，自鄂爾齋圖呆爾至莫代察罕搜爾，宜設立十一站。應如所奏。其新設驛站，派理藩院司官一員前往。會同該將軍，將夫馬車輛等項，照從前古北口外安站例設立。其充發之人，俟築城蓋房完日，陸續發往，令其耕種，俟耕種一年後，再派官兵駐防。得旨：依議設立驛站之處，甚屬緊要。著兵部尚書范時崇前往料理。（聖祖二八五、一〇）

（**雍正一〇、一〇、辛未**）諭內閣：直隸、河南等省驛馬，有每年准報倒斃三成四成之例，而陝、甘兩省向因地僻差少，不在准報之中。今西路軍興，羽書絡繹，地方有司不無賠補之苦，朕心軫念。除偏僻州縣仍照舊例外，其自潼關至西安一路，自西安由秦鞏南路、平涼北路至蘭州，又自蘭州由涼甘一帶至肅州嘉裕關，由莊浪一帶至西寧，又自榆林、延綏、寧夏沿邊一帶至涼州，各歸驛遞馬匹俱照直隸、河南等省之例，十分之內准報倒斃三分，領銀買補，作正項開銷。如有過三分之數者，勒令賠補。儻恃恩旨，或扣剋草料，不加謹飼餧者，著該督撫即行題參。其准報三分之數，俟軍務告竣，仍照舊例停止。（世宗一二四、二三）

（雍正一三、一〇、癸未）總理事務王大臣議覆：內大臣海望奏，現今大兵駐防鄂爾昆，所有軍營官駝數萬，別無所用，若以給臺站蒙古運米，則運價大省於蒙古生計有裨。請自歸化城至鄂爾昆編臺站三十二，每臺給官駝一百五十隻，三班更代，日以駝五十隻。運米一百石，每年計八閱月，可運米二萬四千石。臺兵原額六十名，今增丁役二十，以四十名，輪班運米。其運米之月，加給銀一兩，在臺參領章京驍騎校等，各加銀三兩。領催加銀二兩。牽駝往來，每臺給官馬三十匹。統計每年運米需費及增給蒙古官兵錢糧、添補駝馬等費，共需銀十二萬九千餘兩。較商人范毓馪之運價，可省銀十八萬有奇；較都統丹津等之運價，可省銀十二萬有奇。其臺站應如何移置，令總管五十四辦理。尋經五十四奏言，自歸化城至鄂爾昆，設臺站三十二，用丁役八十、駝二百隻，自張家口至歸化城，設臺站八，用丁役四十、駝一百隻。其原設腰站，應徹者悉行裁徹。從之。（高宗五、一四）

（乾隆二、一〇、丙戌）兵部等部議覆：大學士管川陝總督查郎阿等疏稱，口外臺站，前因哈密等處，俱有駐防官兵，請於馬蓮井子以東，令安西鎮安設。星星硤以西至哈密止，即令哈密派兵安設。今大營官兵既徹，毋庸繞道。查馬蓮井子以東一十四站，係舊時安站處，道里適均，自應仍舊。其星星硤以西，從前因官兵駐劄巴里坤，是以從中路安設，自應改安正南一路，由沙泉子直至哈密，路近而便，每站派兵四名，字識一名，共安馬一百二十匹。又令安西、哈密各派千總一員，駐劄巡查，並安駝隻，及支銷兵馬糧料各事宜。均應如所請。從之。（高宗五四、五）

（乾隆五、四、己亥）［甘肅布政使徐杞］又奏：護送準噶爾遣人赴藏熬茶事宜，有宜因時度地、酌量辦理之處。一、酌撥西安鎮標拴養馬駝，預備更換。一、沿途馱載口糧等項，宜於輕便。倘駝隻不敷，添僱客牛。一、東科爾至藏，往返約須六月。口外道遠，官兵之鹽菜口糧，俱宜寬裕估計。一、沿途備帶銀三萬兩，以資接濟。得旨：所奏俱悉。此雖係初次，然亦不可過濫，以致後難為繼也。（高宗一一五、三九）

（乾隆五、一一、壬申）[大學士等]又議覆：駐藏副都統紀山奏，準噶爾進藏之人，若於八月間到哈密，由邊外至東科爾，時屆冬寒，其護送官兵，或馬匹牲畜，不無瘦乏，應行換給。今納克舒番子百戶等，請於官兵過時，所有四千九百八十六戶，五戶公出馬一匹、牛二頭，又每戶出羊一二隻，以備應用等語。查護送官兵，自宜豫籌接濟。納克舒番子，既經備辦，請移知烏赫圖、巴靈阿，若沿途取用納克舒牲畜，可於携帶銀兩內如數給價。從之。（高宗一三〇、一一）

（乾隆六、四、壬戌）川陝總督尹繼善奏：熬茶準夷三百人，至東科爾，賞給米麵羊隻，皆感激祗領。交牧駝一千六百餘隻，馬一千一百餘匹，深以馬駝疲乏，難於涉遠爲憂。查此次夷人，原非進貢可比，應聽其自備資斧。因噶爾丹策凌詞語恭順，蒙恩豫備駝四百隻，馬八百匹，現在東科爾放牧。倘尚不敷，請於西寧附近各營，再行酌量撥給。令其作速赴藏。并已移知副都統巴靈阿、撫臣元展成，熟籌妥辦。得旨：所奏俱悉。雖云示恩，亦不可啟其無厭之心也。既已如此辦理，可令伊等知係殊恩，後不可援以爲例。（高宗一四一、一三）

（乾隆六、八、丙申）護送夷使涼州將軍烏赫圖奏：準噶爾使人齊默特等，於四月初一日到東科爾。原議五月進藏，因與商人貿易，講價不定，託言炎暑，改期七月。今於七月二十日，齊默特等忽復來言，我等本擬此月起程，近聞西藏地氣早寒，又攜來駝隻，俱不堪用，難以前進。擬貿易事畢，即欲還部。既經和好，熬茶之事，不論何年，俱可前進。臣等按準噶爾生性奸詭，前後言詞反覆，明係希圖貿易昂價，要請增給馬駝。應否仍令赴藏，或聽其還部？得旨：前因噶爾丹策零尊崇黃教，奏請爲其父赴藏熬茶，施行善事。朕特加恩允其所請，賞給牲畜口糧，派大臣官兵照看。今伊使臣因貿易價值不定，不欲進藏，即求還部。貿易之事，當聽商人自便，詎可官爲派勒。今伊等不遂所欲，便欲言歸。或其來時，噶爾丹策零本囑令如此，或係伊等私意。若出噶爾丹策零之意，則亦係一無信行之流，朕甚鄙之。伊等去後，倘再進藏，亦斷難允行。若噶爾丹策零並未出此，伊等自立主張，任意妄行，更屬詭譎。嗣後再來，亦斷不遣往西藏。伊等果能擔承，即聽其還。朕爲內外共主，既經降旨，斷無改悔之理。著將此旨給發烏赫圖，曉諭伊等，若伊等知愧，仍照原議辦理。若必欲還部，亦竟聽之可也。尋據烏赫圖覆奏，臣等於八月十八日，將準噶爾使臣齊默特等喚至。恭照諭旨傳諭畢，伊等默然良久，旋稱我等來時，噶爾丹策零並未如此指授。我等不能進藏緣由，前已禀過。臣等觀其情形，理屈詞窮，萬難置辯。但其人貪心無厭，所望不遂，仍欲回巢。得旨：朕所降諭旨甚明，伊等如欲回去，爾等即將朕所降諭旨，再行曉諭伊等，護送至哈密，交與李繩武等，爾等即可回也。（高宗一四八、七）

（**乾隆六、八、戊午**）護送夷使涼州將軍烏赫圖奏報：準噶爾使臣齊默特等，自東科爾起程還部。（高宗一四九、九）

（**乾隆二〇、五、壬寅**）協辦陝甘總督尚書劉統勳、甘肅巡撫陳宏謀會奏：甘省口內各塘站，舊設正站、腰站、協站。正站安馬二十五匹，腰站十六匹，協站十匹。查文報挨站遞送，而馬數多寡參差，勞逸不均。請將甘省境內俱為正站，每站照腰站例安馬十六匹。此內除原設腰站之處毋庸變更外，應將原安之七正站馬二十五匹內，各減去九匹，共減馬六十三匹。於原安之七協站馬十匹外各添馬六匹，共添馬四十二匹，尚餘馬二十一匹，查嘉峪關向無驛站，即撥彼處應差。報聞。（高宗四八九、三七）

（**乾隆二一、一二、丁丑**）［大學士管陝甘總督黃廷桂］又奏：陝甘兩省臺站，多寡懸殊。計陝省自潼關至長武僅八站，而甘省自涇至肅州共二十八站。又隴西、紅城、鎮羌三處因道路過長，添設三腰站。臣擬略為變通，令陝省將送兵馬騾，再遞還涇州至瓦亭驛三站。即將此三站應備馬騾，幫協前站，庶勞逸均而辦理裕如。得旨：好。（高宗五二八、一五）

（**乾隆二一、一二、壬辰**）四川總督開泰奏：川省助馬一千，應分十起解送。第查由蜀至甘，道路有二，一由略陽等處，一由寶雞、秦州等處。臣現令管解各員，於將出境時，探明甘省何路草料已備，即由何路前進。並飛咨黃廷桂，將應由何路及何處交收之處，迅為咨復。得旨：所辦甚妥。（高宗五二九、二七）

（**乾隆二二、三、戊申**）大學士管陝甘總督黃廷桂、陝西巡撫陳宏謀奏：大兵凱旋在即，陝省府谷至定邊七州縣，為自京抵肅捷徑，沿邊驛馬急宜籌添。查定邊以西、甘省接壤之花馬池等四十六驛，經前署督臣劉統勳奏准，於孳生馬內每驛各添足六十匹，於建曠并軍需項下支給工料。府谷以東、晉省接壤之保德州一十二站，亦經晉撫明德奏准，各撥足六十匹及八十匹不等。陝省各站介乎二省之間，計其道里，遠近相等，而一派砂磧，山嶺崎嶇，比甘、晉二省更甚。今每站止馬四十匹或十五匹，多寡懸殊。請照甘省每站暫添足馬六十匹。計正站九處，每站暫添馬二十匹。腰站二十處，每站暫添馬四十五匹。每匹買價八兩，暫於司庫公費內動支。凱旋差竣，仍責成各州縣變價還項。夫馬工料，亦照甘省事例支銷。得旨：如所請行。（高宗

五三五、二）

（**乾隆二三、一、癸丑**）又諭：從前伊犂奏事到京，不過二十餘日，今烏嚕木齊較伊犂甚近，而亦需二十日，未免過於遲滯。（高宗五五五、二九）

（**乾隆二三、八、己巳**）辦理屯田侍郎永貴等奏前赴庫車糧餉駝運事宜：查阿里衮於六月中從巴里坤運糧一千四百石，向烏嚕木齊進發。現知照約計庫車需用之數，留於吐魯番。再吐魯番、闢展一帶，詢之回人云，可牧駝六七千隻，其貯糧處所有闢展舊堡，請苫蓋倉厫，收貯屯田糧餉軍械農器，令同知都司分管。再闢展地居巴里坤、哈密及兩路軍營之衝，距吐魯番百餘里，臣永貴、定長、清馥納世通内，酌留二人駐劄辦事。報聞。（高宗五六九、一）

（**乾隆二三、一二、戊辰**）軍機大臣會同兵部議覆：大學士伯管陝甘總督黃廷桂奏稱，甘肅驛站馬應添補。查甘省現辦軍務，需馬既多，應於内地驛務簡少處，斟酌裒益。除直隸、山西、陝西等省，現有遞送文報等事，及浙省驛馬祇一百匹，均無庸議裁外，計各省額馬，山東三千一百五十四匹，湖北三千九十五匹，應各減六百。河南四千五百六十三匹，應減九百。安徽一千八百六十五匹，江蘇二千匹，應各減三百五十。江西九百六十八匹，應減二百。湖南一千七百四十三匹，應減三百。共減馬三千三百匹，應令各省督撫酌量驛務繁簡、道路衝僻，分別抽撥。山東、河南解直隸候撥。安徽等五省俱不必解送，但於各驛按數裁扣。至軍務告竣，應否酌補缺額，再請旨辦理。從之。（高宗五七七、四）

（**乾隆二四、二、庚辰**）[甘肅巡撫吳達善]又奏：闢展現運米麥，已將足四萬石。阿克蘇一帶軍糧緊要，現有駝六千隻，恐不敷供應。吐魯番天氣炎熱，轉瞬夏令，與駝性不宜，查自闢展至托克三，三四百里內，尚可行車，現已雇覓趕運。其托克三以西，寒暖不齊，若寒處用駝，暖處用騾，各宜其性。豫省騾頭，俱解哈密。現知會五吉，轉送闢展，交定長、范時綬等酌量。難以用駝處，即用騾遞送。再騾性全資料力，哈密起程，自可帶料，迨至闢展西，青草漸發，於各屯收貯青稞雜糧支餧。得旨：嘉獎。（高宗五八一、三六）

（**乾隆二四、三、己酉**）[陝甘總督吳達善]又奏：自肅州至哈密，原有臺車三千八百輛運糧，因哈密轉運闢展各糧緊要，暫行徹赴。現在哈密節經分運後，存倉無幾，擬俟闢軍糧運足四萬石，即將臺車全數趕回。仍在自肅抵哈一路，安設糧臺，源源輓運。得旨：正宜如此。（高宗五八

三、三二)

（**乾隆二五、二、壬寅**）參贊大臣舒赫德奏：大兵進勦回部，安設臺站，馳遞事件，務在迅速。時有大員巡查，俱知勤勉。今各城平定，應酌量緩急，不糜帑，亦不誤公。查自葉爾羌至闢展，俱有回人居住，伊等善於步遞，請每臺派回人十户，兼綠旗兵五名，識字之健鋭營前鋒或西安兵一名，以六品頂帶署筆貼式管理。每臺馬十五匹，駝四隻。四月至九月牧放，十月至三月由各城支給芻豆。其官兵等二年一換，酌量保送以示鼓勵。回人等一體給與口糧及鹽菜銀兩。於十户中，派出首領一人，以七品頂帶管理。臺站附近地畝，仍令自行耕種。其葉爾羌至喀什噶爾、和闐，亦請照此辦理。得旨：如所請行。(高宗六〇七、一三)

（**乾隆二五、五、戊午**）陝甘總督楊應琚等奏：南路自哈喇沙爾至庫車一千餘里，内多戈壁，馬艱水草。其自布古爾和屯至托和奈大戈壁内，查有阿爾巴特一處，可得水草。又由托和奈東行，有地名喀喇烏蘇者，近北山之深溝水草亦有，可資牧放。其自庫爾勒抵哈拉哈阿滿一站，其間另有捷徑，小嶺不過數處，修其山麓，培土如棧道，人馬俱可安行。臣等前因布古爾和屯至托和奈中多戈壁，因於此二站内安設三站馬匹，俾得輪流馳遞。今既查有水草之處，應將二站多備之馬，儘數撥出，另於阿爾巴特安設一臺，再於喀喇烏蘇安設一臺。於文報馳送既便，馬亦毋庸另添。得旨：甚好，如所議行。(高宗六一二、三二)

（**乾隆二五、七、丁未**）諭軍機大臣等：據五吉等奏：現在驛遞事件較從前甚簡，請將巴里坤等處臺站，各照例留馬十五匹、駝四隻等語。軍營事簡，所設臺站馬匹，自應通行覈減。如伊犁、阿克蘇、葉爾羌、喀什噶爾等處，俱著酌量情形，應存若干，庶得專意牧放。其戈壁處所，作何貯備草豆飼秣，不致傷損倒斃，著舒赫德等會商辦理。(高宗六一六、六)

（**乾隆二六、七、庚申**）軍機大臣等議覆：參贊大臣阿桂等奏稱，……又烏嚕木齊至伊犁共設二十一臺，每臺馬兵五名，人給馬二匹。綠旗兵十五名，人給馬一匹。每臺駝四隻。晶河以西歸伊犁管轄，托多克以東歸烏嚕木齊管轄。應如所奏。從之。(高宗六四一、一一)

（**乾隆二八、一、戊子**）山西巡撫明德奏：大功告成。軍臺文報已減，差務均由南路。請將邊路十五驛，除附府之大同、右玉各留馬五十匹，餘十三驛各留馬四十匹；軍臺二十七站各留十二匹，共撤馬四百五十七匹，於南路量增。甘桃、河東、同戈三驛，文移差探較繁，各添足九十匹。餘十八驛各添足八十四。榆次縣之鳴謙驛並非大路,應徹馬二十六匹,該縣王胡鎮應添一驛,置馬八十匹。共餘馬十匹、夫五名,請裁。得旨:如所議行。(高宗六七九、一六)

(乾隆二八、二、戊戌) 陝西巡撫鄂弼奏:自乾州以西至長武,地瘠民勤,鮮刁悍氣習。近省地方繁庶,俗澆難治。自潼關至臨潼縣,西、同二府所屬略同。蒲城、大荔、朝邑、同州府屬亦繁庶,而俗較馴,亦知務本。地多回民雜處,上年大懲後,兇毆者漸少。地方官守法勤職者不多得,或地劇才短,現同司、道商調長武等處,爲西陲極衝,各驛夫馬額虛及衰弱者,查明另參。得旨:覽。具見留心。(高宗六八〇、二三)

(乾隆三二、三、壬午) 又諭:肅州前赴哈密,向由安西一帶設立軍臺。嗣經楊應琚奏稱,沙州地方水草豐裕,輓運便易,各項運費腳價亦多節省,請改由沙州行走。自乾隆二十八年以來,節據各該督每年奏報,節省銀四五萬兩不等。今據明瑞面奏,沙州一帶,名爲較安西近便,其實程站遼遠,轉不若舊臺直捷。且水泉性劣,人馬汲飲,多不相宜,行旅往來,僉以由舊爲便等語。軍臺孔道,期於安坦利行,若旅客經由,更可各從其便,以順輿情。至歷年所報節省銀兩,是否實在庫貯,抑係作何開銷,著傳諭吳達善即行詳晰查明,據實覆奏。其安西、沙州兩路,究以何路最爲妥協,亦著將確實情形,一併奏聞。尋奏:肅州至哈密,向由安西一帶,程站適均,水土不劣,行路俱稱便宜。其改由沙州新路,情形素未深悉,俟親赴哈密查勘後,即行據實奏聞。至接年節省鹽菜口糧、料草腳價統計銀十七萬七千八百十二兩零,原係每歲經費項下減發之項,並未另立款項貯庫。報聞。(高宗七八一、六)

(乾隆三二、七、癸亥) 軍機大臣等議覆:陝甘總督吳達善奏稱,嘉峪關外至哈密一路軍臺,係屬新疆孔道,一切遞送報函暨商旅往來不絕。該處安設臺站,原由安西行走。前督臣楊應琚奏稱,自靖逆、沙州至哈密較靖逆歷安西而至哈密近一百六十里,係將多餘里數勻分於各站之中,以致人馬往還,均虞疲乏。經臣逐站查勘丈量,沙州新路較之安西舊路,實遠二百里有餘。且沙州一帶水泉惡劣,戈壁山坡縣長,車輛易於竭蹷,不惟文報稽遲,即馬匹亦多倒斃,實爲官民往來之累。若由舊路至哈密,其長流水、黃蘆岡二站,水草豐美,即格子、烟墩數站,間多戈壁,而沿途挖有井泉,味平可飲。兼之自安西以歷靖逆,烟村相望,民户團居,尤屬輿情所便,自宜循照前規,將沙州臺站仍設安西。至楊應琚於紅柳峽設有拽運柴水車輛,本屬苟且塗飾之計。今臺站既議改移,其車輛亦裁。應如所請。從之(高宗七八八、一)

（乾隆四七、一、丁卯）署理陝甘總督李侍堯奏：肅州舊設官駝二百隻，運送新疆各處官物，交肅州知州擇廠牧放，嗣緣經理不善，遞年虧缺，業已倒斃無存。應著落各員分賠。至該州轉運官物常川不絕，應請改設官車於肅州、安西兩處，各設單馬鐵瓦車七十五輛，源源運送，較爲妥速。得旨：如所議行。該部知道。（高宗一一四九、一九）

（乾隆四九、三、己酉）軍機大臣議覆：烏嚕木齊都統海祿奏，哈密等處每年接運物件，需用車輛較多，若必臨時雇覓，必致躭延，兼多糜費。請安設台車三百五十輛，並於該處抽撥馬匹兵丁，酌定銀糧，以資運送。又烏嚕木齊輓運滿營糧石，官車不敷應用，又雇商車，費逾數萬。請安設車一百五十輛，並將屯兵所收糧石，令其輓運，以重錢糧。又古城應須兵糧一萬餘石，查附近户民可以交納六千石，又有户民春借秋還糧一萬餘石，自應就近交收，免致浮銷。均應如所請。從之。（高宗一二〇一、二二）

（乾隆五五、九、乙未）葉爾羌參贊大臣明興、愛星阿等奏：葉爾羌底臺至都齊特十四臺，每臺馬五十匹，車三輛、牛十隻。惟喀爾布扎什一臺，設馬二十匹，並無牛隻，且將二十六年所增設車二輛，於二十八年奏請裁汰。今由喀什噶爾前往伊犁，輓運綿布銅觔，俱由喀爾布扎什經過，絡繹不絕，請將所裁車二輛仍舊增設。從之。（高宗一三六三、五）

（乾隆五七、四、甲辰）兵部議覆：山西巡撫馮光熊奏稱，山西省原設臨汾等五十四驛，大同等十軍站，寧武等十二邊站，歸化等五廳站，大朔寧保等七塘站，共額馬三千五百零八匹。此外有節次添設之王胡、趙城、壽陽三驛，豐鎮、寧遠二廳驛，及殺虎口蒙古站，天鎮縣等處二十八塘站，俱於原設之臨汾等驛内，抽撥馬匹安設。其錢糧仍在各本驛報銷。是此驛支用，彼驛報銷，恐輾轉解領，日久滋弊。請照現設名目，逐一更正，各歸各驛，自行支銷。應如所請。從之。（高宗一四〇〇、一三）

6. 通向兩湖、滇、黔、川藏驛路

（康熙一、一〇、丁未）兵部議覆：偏沅巡撫周召南疏言，楚省路險途長，驛馬倒斃甚多，請按站立驛。自大龍驛起至晃州驛止，共計十五驛，各設馬百匹。應如所請。從之。（聖祖七、一六）

（康熙一八、九、壬寅）佛倫等又疏言：鎮遠至黔中不通水道，大兵糧餉皆資陸運。今臣等酌量安塘數處，豫集人夫，聯續起運抵黔，豫爲之備。其大兵到滇支給事宜，令黔撫楊雍建同滇中督撫等公同料理。但黔民稀少，遭亂流亡者多，請敕將軍督撫，招徠土民，互相貿易，庶於糧餉有裨。從

之。(聖祖八四、一〇)

（**康熙五七、六、辛丑**）兵部議覆：四川巡撫年羹堯奏言，裏塘地方今因拉藏被害，無所統屬，臣等飛咨護軍統領溫普等，速選滿漢官兵前赴裏塘駐防。請設驛站，以速軍機。自打箭爐以至裏塘，應添十站，每站設馬六匹。照打箭爐養馬之例，倍付草料，另撥銀兩支給。應如所請。從之。(聖祖二七九、一五)

（**康熙五七、一〇、庚午**）兵部議覆：四川總督年羹堯疏言，川省與陝西接壤，為松潘打箭爐孔道，自西安至成都共三十二站，其陝西十六站，每站額設馬五六十匹不等，川省十六站，每站驛馬不過二十餘匹。道路差使，俱各相同。川省神宣驛額馬不及黃霸驛之半。近年川省備兵，摺奏往來，什倍昔時。自成都至神宣驛十六站，請照陝西驛馬一例酌增，每站添足三十匹之數。其新都一站，越漢州至德陽，行程甚遠，請於漢州安設腰站。應如所請。從之。(聖祖二八一、二三)

（**雍正五、一二、戊戌**）諭兵部：聞湖南驛站棚廠係各官捐備，未設有正項支銷，著照湖北之例添設。雲南、四川、浙江三省驛站，亦准其支銷正項。該地方有司，實力奉行，俾得均霑實惠。(世宗六四、一八)

（**雍正八、四、戊申**）工部議覆：四川巡撫憲德疏言，官兵移駐打箭爐，凡噶達與三渡、吹音堡各處，設有營伍，自應安塘置舖，以便遞送公文，盤詰姦宄。計共五十五塘。并請修理塘房、烟墩、哨樓等項。應如所請。從之。(高宗九三、一三)

（**乾隆二、四、己巳**）裁貴州楊老、清平、重安等二十三處驛站。從巡撫張廣泗之請也。(高宗四〇、二九)

（**乾隆三、一二、甲辰**）户部等遵旨會議覆奏：滇省鑄運京錢，據雲南巡撫張允隨稱，運送維艱，請照舊鑄數酌減一半。查滇省開鑄已經三載，銅鉛充裕，工匠熟悉，自應仍照原額鼓鑄。若慮運路荒僻，查有廣南府剝障地方，為商賈通衢，改由此路輓運較為便易；或於定價外，量加脚價，均俟該撫回滇之日酌定奏請施行。得旨：所奏是，依議即行。(高宗八三、二五)

（**乾隆六、四、癸未**）[雲南總督公慶] 又奏楚雄府南安州新設碙嘉地方，自西門至哀牢山口，直達景東府界一百餘里，並無投宿托足之處。查有大猛光、小猛光、回子門等處，係由碙嘉至水塘哨大路，俱有平壤，箐水充足。現募附近土民，試築圩壩，借給公項，搭蓋草房，以闢田疇，以安行旅。得旨：欣慰覽之。(高宗一四一、二四)

（**乾隆一二、五、丁未**）四川巡撫紀山奏：前奏糧運各條，經軍機處議覆准行。但川西輓運綦難，黨壩、沃日二路，中隔雪山，若不增加臺站，蠻夫皆裹足不前。雜谷腦至黨壩，原擬安設十二站，今增六站。自雜谷腦至沃日，原擬安設七站，今增三站，仍添管臺官二員。又查沃日一路，前因金酋圍困熱籠，糧路阻塞，官兵另擇汶川縣之草坡地方出口，經由瓦寺地界，糧運亦即於此路尾隨。今熱籠圍解，運道已通，但止雜谷腦一路轉運，不敷支給，應仍由草坡分運。至川南打箭爐軍糧，原存爐倉一萬石，除給過官兵口糧外，又酌撥雅州府倉米五千石，輓運爐城。自爐地至泰寧，安設十站。自泰寧至革布什咱之吉地，甚屬荒涼，難安短站。今於泰寧用烏拉長運至沙普隆，由沙普隆長運至吉地，共安設糧務三處，并添置烏拉二千頭幫運。再查前議，川西總理糧務道唐進賢，駐劄舊保縣，居中調度。原止就黨壩、沃日兩路而言，今又增瓦寺一路，請委保寧府知府周歧駐劄，跟達橋爲副總理。下軍機大臣議行。（高宗二九一、一〇）

（乾隆一二、五、戊午）兵部等部議覆：四川巡撫紀山疏稱，金川軍務機宜，全期傳遞迅速，請加增馬匹，添設驛站。南路自新津起，至打箭爐止，現存驛馬十匹。其自雅安分路至蘆山縣，自蘆山至邛州，均無驛馬。西路自城都至舊保縣，松潘至新保縣，並無驛站。按道路之平險，文差之多寡，酌量於各路增驛馬。應如所請。南西兩路，增設馬五百五十四匹，雇夫二百七十七名。所需馬價、工料、鞍屜、棚廠、倒馬分數，均照所請辦理。事竣裁報，並將馬匹鞍屜等項變價還項。得旨：依議速行。（高宗二九一、二四）

（乾隆一三、一、癸卯）又諭：據四川副都統卓鼐所奏雇覓蠻民運餉一摺，著抄寄班第會同張廣泗……妥協定議。……尋會奏：據卓鼐奏稱，雜谷等土司所轄蠻民，家口數萬有餘，山多地少，一年產穀僅敷半年食用。每於九月收穫後，約計五、六萬口入內地各州縣傭工。現因大金川用兵，禁其入內，恐至青黃不接時乏食滋事，不若雇令運糧。并稱安臺遞運，官定脚價，每米一石，每百里給銀一錢計算，每夫負米三斗日行四十里，始得銀二分二三釐，實不敷用等語。查此乃內地運糧情形，非口外現辦之事也。緣內地自重慶、瀘州、嘉定、眉、邛等屬運糧西至成都、灌縣，南至雅州等處，皆係各地方官雇民夫輓運。道路既平，食物非貴，每米一石，每站給銀一錢，計程七、八十里不等。負重之日給價，回空停給，每石夫二名，以往返計之，每夫日止得銀二分有零，此向例也。至由口外輓運軍營，自進兵以來，西南兩路臺站及隨軍輓運兵糧，因番徑崎嶇，雪山重疊，烏拉難行，俱先儘雇蠻夫，不特雜谷之民久經應募，即瓦寺、沃日、小金川、木坪、明正、革布什咱、巴底、巴旺、綽斯甲各土司所屬番民概行派雇。繼因蠻夫不足，於內地添派漢夫，每夫運米五斗，負重之日給脚價銀八分，口糧米一升，回空止給口糧一升。緣山路險峻，每站俱在三四十里之間，並無過遠。至雜谷等處蠻民，入内傭工者，因山多田少，收穫一畢，即各挈男婦老幼赴成都、重慶各州縣傭工餬口，名曰下壩。至春三月内仍俱回巢耕種。上年因用兵需雇蠻夫，是以禁止下壩，令其運糧。其餘老弱男婦，間亦有入内地餬口者。卓肅所奏，俱未確悉。報聞。（高宗三〇七、二）

（乾隆一三、一〇、癸巳）［軍機大臣等］又議：金川一路驛站，應設專員承辦，方期迅速無誤。自京至西安計二十四站，西安至成都亦二十四站。請每二站設筆貼式一員，撥什庫一名，往來稽查，每十站設司官一員總司稽察。所設驛站内，有兩驛相距遠處，於適中之地添設腰站，交各該督撫妥酌。其口外未設驛站處，現據四川巡撫咨明兵部，由成都、灌縣、汶川、三江口、瓦寺、漩口一路，自紅石起到軍營，安設馬步二十四塘，每塘馬十二匹、馬夫六名、掛號兵一名、蠻夫三名。但口外地方與内地情形不同，如何安設聯絡之處，難以懸擬。請派筆貼式十員、撥什庫十名、司官一員跟隨經略大臣，於應設臺站處分布駐劄。……得旨：依議速行。（高宗三二六、三五）

（乾隆一三、一〇、己亥） 河南巡撫碩色奏：軍機處臺站單内開，豫省於淇縣淇門驛、滎陽縣索亭驛、澠池縣義昌驛、閿鄉縣鼎湖驛共設四站，每站備馬八百匹、車三百輛，共計需馬三千二百匹。查豫省驛馬共四千五百餘匹，各驛遞送本章及火票公文差使，未便全調。臣擬調驛馬二千五百匹。餘調南陽鎮營馬三百匹，河北鎮營馬四百匹，其車共需一千二百輛。恐站所一時未能多雇，令鄰近州縣協雇。又恐各站程途。每隔三百餘里，官兵五日一次接踵而至。所設車馬，須更番遞送。現酌於正數外，每站另備餘車餘馬，沿途米麯薪芻草料俱預備。再，豫省第二站，奉文設於滎陽縣索亭驛。查滎陽安站，須由滎澤渡河。而滎澤渡口河流散漫，時有凍阻，其上游孟津渡口，素不結冰，又近七十里。應將索亭站改設河内縣之覃懷驛，由孟津縣渡河。報聞。（高宗三二七、七）

（乾隆一三、一一、壬子）［陝西巡撫陳宏謀］又奏：陝西自鳳翔府屬之寶雞縣至漢中府屬之寧羌州黃壩驛抵川境，計一十六州縣，驛站俱在棧道中。原設額馬僅五十餘匹，夫馬工料，額價甚少，自金川用兵以來，司驛各員難於支應。臣於本年五月陳奏，請增夫馬。經原任大學士公訥親以陝省馬較川已多，川省業堪馳應，陝省未便加添。惟是川陝二省，界雖毗聯，道路平險各別。棧道在陝境者十居其八，驛馬勞傷實較川省爲甚。自本年五月后，各驛又添腰站，在在緊要，無可通融。更值連年歉收，草料昂貴。請准臣原奏，將漢中府屬之寧羌、黃壩、大安、沔縣、黃沙、褒城、青橋、馬道、武關、留壩、松林、三岔、鳳縣、草涼等十四州縣驛，每站暫添馬二十匹、馬夫十名。每馬一匹，無論新舊，均照例日支草料銀八分五釐，馬夫一名，日支工食銀五分，其鳳翔府屬寶雞、東河二驛，騾馬易雇，毋庸添馬。草料亦請每日支銀八分五釐，馬夫工食每日支銀五分，俟軍務竣，即將添設馬撤去，夫馬工料，照舊額支領。得旨：允行。下部知之。（高宗三二八、六）

（乾隆一六、二、乙亥）諭軍機大臣等：據班第奏，公班第達告稱有拉達克汗書來，稱近日準噶爾人從葉爾羌城至伊處貿易，詢問達賴喇嘛、班禪額爾德尼安否，并及廣興黃教之事等語。近日準噶爾每遣使奏懇差人進藏，朕俱不允。前聞準噶爾進藏，道路艱難，若不往迎，斷不能到。今觀準噶爾常差人赴拉達克貿易，則彼處自有通藏之路。朕雖不准其進藏，而伊倘由葉爾羌城差人進藏，則所關甚要。將此事寄知總督策楞等，詢問達賴喇嘛與班第達，凡準噶爾通藏道路，應行防範之處，詳議具奏。尋奏：詢稱準噶爾由葉爾羌城至阿里克地方，中隔大山，水草甚少，難以行走。每年貿易人赴拉達克皆有定數，若大衆前來，拉達克汗亦不許過。即使前至阿里克地方，自阿里克至藏，尚有兩月路程，亦不難備禦。又葉爾羌城有路可通魯都克地方，亦須經戈壁行走月餘。現在魯都克地方常設卡座，至冬不徹，各處卡座嚴密連絡。自咱拉山以外至拉卜賽那穆，自阿哈雅克以外至順圖古爾等處，亦通準噶爾。今請將卡座再行展放，嚴加防範。仍派諳練扎薩克台吉前往巡查。報聞。（高宗三八二、九）

（乾隆一八、八、乙酉）兵部議覆：署湖廣總督開泰疏稱，黔省驛路惟毛口、烈當二驛，地多嵐瘴，水草惡劣，馬易倒斃，官弁亦多染病。更有左右兩河，春夏雨漲，行人每苦守候。查毛口驛附近之那貢塘一帶可開新路，下名阿都田、歷大烈當等處，出白沙塘，直抵罐子窑。土路兩旁，俱有馬道，較舊路實爲坦易，且無嵐瘴之虞。請將烈當一驛裁汰，將毛口驛移駐阿都由，罐子窑驛移駐白沙關，楊松驛移駐上寨。再毛口、楊松二驛向無站夫，請將烈當驛裁汰之站夫一百名，改設毛口驛。楊松驛增設站夫一百名。於裁汰烈當驛馬夫工料項下撥給。應如所請。從之。（高宗四四四、八）

（乾隆二八、五、戊寅）陝西巡撫鄂弼奏：寶雞、寧羌、鳳縣、褒城四州縣，通川棧道，木石工程，雨雪易致損壞，非隨損隨修，不能經久。請於

西巡經費餘息項內撥銀一萬兩，交鳳漢二府分各州縣生息修理。得旨：如所議行。(高宗六八七、一二)

（**乾隆三二、五、戊寅**）諭：現在雲南進勦緬匪，所有直隸、河南、湖北、湖南、貴州、雲南各省，地當孔道之驛站，弁兵經過，文報往來，均關緊要。著將各處站馬即行確查，或從前曾議裁減，現在仍復舊額，或向未議裁，而原額不敷，應行酌量抽撥加增。其如何覈定章程，俾長途得資接濟，裨益軍行之處。著軍機大臣會同該部詳悉查明，定議速奏。尋議：直隸通雲南孔道十七站，現馬一千八百二匹，向未議裁。各站百有餘匹，足敷應用，毋庸抽撥。河南經行十八站，現馬一千六百二十一匹，裁過九百，於暫復二百，每站各設百匹。湖北經行十站，現馬七百五十七匹，裁過六百，應暫復一百，每站設八十餘匹。湖南經行十八站，現馬八百二十二匹，裁過三百，應於舊額全復外，再增四百，每站設八十餘匹。貴州經行二十三站，現馬一千一百六十匹，不敷應用，應另增七百，每站設八十餘匹。雲南境首站至省城十站，現馬三百三十六匹，應另增五百，每站設八十餘匹。行知各該省遵照添設。其自雲南省城至永昌等處，向無驛站。現值軍興，所有添設軍臺馬匹之處，令該督撫酌量情形，妥協辦理。以上復額撥增，共馬二千二百匹，俟軍務告竣，應如何裁汰，至時令該督撫查明具奏。從之。(高宗七八四、三五)

（**乾隆三二、八、辛卯**）是月，湖北布政使閔鶚元奏：查湖北之公安、江陵、荊門、宜城、襄陽五州縣爲雲貴進京孔道，計程七百五十里，向設驛遞十站，五州縣分管。惟荊門州兼管麗陽、石橋、建陽、州城四驛，計程三百里，驛務稍繁。內建陽離城南九十里，石橋離城北六十里，尚易兼顧。惟麗陽一驛離城北一百二十里，爲荊門及鍾祥縣交界之所，驛屬荊門，地屬鍾祥，其附近村莊，亦多隸鍾祥管轄。該處雖有荊門之仙居司巡檢兼司驛務，因地多隔屬，呼應不靈。應請將麗陽驛驛務改歸鍾祥管理，其兼管驛務之仙居巡檢，即請改屬鍾祥，爲麗陽司巡檢，并將鍾祥縣附近麗陽村莊，量撥數處，歸其管轄。其一切衙署書役俸工，均仍其舊。再查沿途各驛，如呂堰、漢江、鄢城、荊南、屠陵、孫黃等處，俱額設排夫，自八十名至百餘名不等。惟麗陽、石橋、州城、建陽相連四驛，祇於州城設排夫一百一十名，其麗陽、石橋、建陽有馬無夫，遇有差遣，則由宜城等處召撥，易致稽遲。除石橋距上下站較近，毋庸添夫外，請於麗陽設排夫一百名，建陽設排夫八十名，均於湖北省內驛務稍簡之處，酌量抽撥，毋庸額外加增。得旨：嘉獎。(高宗七九三、二六)

（乾隆四〇、五、丙辰）督理糧餉山西巡撫鄂寶、河南布政使顏希深奏：從前大兵分路進勦，軍糧分路運供，北路自楸砥分運至宜喜，遠至三十九站，加以新安之得楞、基木斯丹當噶二站，共四十一站。今北路兵已攻克得楞一帶，獲地甚廣，若將北路軍糧改由西路之博楞古，止須設六站，即可直抵基木斯丹當噶新營；每站用夫六百名，共三千六百名。其博楞古內，即可就西路現有之臺站併運。其自達思滿起至得楞三十站，均可裁徹。現已一面飛飭楸砥站員，將北路軍糧概停，一面飭將達思滿至馬鳴橋一十二站內軍糧等項，儘數裁徹。其自孟固至博楞古共一十八站，既兩路合運，軍糧軍火較多，原設夫數不敷，請每站加夫五百名，共加夫九千名，連前新設站夫，一萬二千六百名。除裁去之站，合計省夫五千四百名。至北路卓克采等站之月米，即改運梭洛柏古交收，程站既近，腳價亦省。報聞。（高宗九八二、一四）

（乾隆四一、一、癸未）軍機大臣等議准：辦理糧餉浙江布政使郝碩奏稱，自上年以來，大兵所向克捷，軍營各路，小民已視若蕩平，商賈雲集。（高宗一〇〇〇、三五）

（乾隆五七、七、癸亥）又諭曰：孫士毅等奏齎運糧餉軍火情形各摺，稱察木多以西係達賴喇嘛等所管地方，呼應甚難。經福康安、和琳節次派員催趕，方得將前此擁積陸續起運。而駝運一二起後，或稱烏拉疲乏，或背運糌粑，即行徹去。疏通後又不免略有停滯等語。內地至軍營萬有餘里，春間又值牛病，烏拉未免掣肘，一切軍需，鞭長莫及，不無擁滯，節經孫士毅、和琳雇夫分安各站，親自往來督率，陸續運送軍營。其孫士毅前此督運遲緩之處，不復再問，惟當倍加奮勉，勿再懈緩貽誤。又稱，自拉里至藏，和琳所派催趲之孜仲，極為得力等語。前因孫士毅奏，裏塘夾壩，回頭烏拉被刦。已諭觀成帶兵搜捕，並令孫士毅速回裏塘，督同辦理。又據奏：察木多番民聞官兵過境之信，相率避去，經和琳出示勸諭，已有陸續歸農者。應即令歸農番戶。曉諭察木多以西、拉里以東避去之番民，速回本寨耕種。而糧運亦可資其背運，豈不兩有裨益。和琳奏，軍需自設法勸懲後，東路俱已疏通等語。所辦俱好。（高宗一四〇九、二二）

二、內地和邊區的城鎮市集

（一）內地的城鎮市集

（雍正一、四、壬戌）諭內閣：黑龍江、船廠等處，生齒日繁，而各處之人，聚彼貿易者又甚衆，皆屬地方官應行辦理之事。今祇設武弁人員，致有於例不合之處。此二處應於御史及部院賢能官員內，酌派一二員到彼料理。其差滿更換年限著議奏。尋議：嗣後令各衙門保送滿漢科道部院賢能官員，黑龍江差滿官一員；船廠，差滿漢官各一員，每年更換。從之。（世宗六、八）

（**雍正四、六、庚寅**）兵部議覆：兩廣總督孔毓珣疏言，南海縣佛山鎮地方商賈雲集，匪類易於藏匿。請將廣州協都司，移駐佛山鎮。應如所請。從之。（世宗四五、四三）

（**雍正六、一一、壬戌**）工部等衙門議覆：川陝總督岳鍾琪遵旨酌議，督理插漢拖輝工程侍郎通智、單疇書摺奏事宜。一、插漢拖輝地方遼濶，開墾田地，可得二萬餘頃，止設新渠一縣，鞭長莫及。請沿賀蘭山一帶，直抵石嘴子爲界，於省嵬營左近添立一縣，設知縣、典史各一員，欽定縣名，鑄給印信。一、漢唐二渠向設水利同知一員，專司其責。今新開六羊渠等處，堤岸甚長，工定之後，皆宜歲修，請添設水利通判一員，專司渠務。……一、鄂爾多斯向在閘門交易，今既開渠築堤，招集民人，請將市口移於石嘴子墩臺，按期貿易。仍令守備把總稽查彈壓，庶不致借端生事。均應如所請。得旨：……依議。尋定新設縣名曰寶豐。（世宗七五、一二）

（**雍正九、二、丙辰**）吏部議覆：署直隸總督唐執玉疏言，天津直隸州係水陸通衢，五方雜處，事務繁多，辦理不易，請陞州爲府。……均應如所請。從之。尋定天津新陞府曰"天津"，梁城所新改縣曰"寧河"。（世宗一〇三、二〇）

（**雍正九、九、甲戌**）吏部議覆：江西巡撫謝旻條奏設官移駐事宜：一、南昌府屬新建縣之吳城一鎮。前經部准署撫臣張坦麟奏請將南康府同知移駐彈壓，遂以吳城改隸南康府屬之星子縣管轄，查吳城鎮前後左右，俱屬新建，若改隸星邑，凡遇查拏匪類，拘審人犯，關移往返，轉致稽延，請仍隸新建。一、吳城鎮商民繁雜，離縣窵遠，應設大員彈壓。請令南康府同知兼轄吳城捕務，其相近之樊家壟及松門、吉山等處，俱令該同知管轄。……均應如所請。得旨，依議。（世宗一一〇、一四）

（**雍正一二、六、丁巳**）吏部議覆：河東總督王士俊，疏奏豫省增駐官員事宜。一、添設通判一員。衛輝府管河通判，經管河工，又兼鹽糧捕務，勢難兼顧。應將現任通判，令其專管河務，添設通判一員，經理鹽糧捕務。一、請設庫大使一員。河南糧道，經收錢糧，統計三十餘萬。應照浙江糧道庫大使之例，請歸開封府經歷，就近兼管。一、添設縣丞二員。南陽府之南陽縣，汝寧府之汝陽縣，俱附郭首邑，地方遼闊。各請添設縣丞，以資差遣。一、移駐縣丞二員。靈寶縣之虢略鎮、閡鄉縣之文底鎮，距縣遼遠，易於藏姦。請將二縣縣丞移駐其地。俱兼管巡檢職銜，以司緝捕。一、添設巡檢四員。滑縣老岸鎮，往來要道；汝陽縣廟灣鎮，水陸衝衢；澠池縣硤石驛，山谷險要；固始縣往流集，吳豫交界；各請設巡檢一員，稽查防守。一、驛丞、大使，應兼理巡檢事務。湯陰縣之宜溝驛、信陽州之明港驛，向設有驛丞，河內縣清化鎮，向設有稅課大使，俱路當孔道，姦匪聚集。驛丞大使，各有專司，於緝捕均非其任，俱請兼理巡檢職銜，稽查匪類，以專責成。均應如所請。從之。(世宗一四四、六)

(乾隆二、八、庚午) 總理事務王大臣議覆：巡察寧古塔御史蘇昌奏，船廠集聚民商甚多，請照各省滿洲兵丁駐劄處，設理事同知管理之例，將永吉州知州一缺補放滿洲，兼理理事同知事務。查船廠事繁，一人恐難兼理，應請於永吉州知州外，再添設理事通判一員。又黑龍江與船廠相同，亦應一例添設理事通判一員。下部議行。(高宗四八、一九)

(乾隆三、五、癸丑) 吏部議准：江蘇按察使戴永椿疏言，淮安府屬之清江浦，南岸濱臨大河，北岸則爲王家營，乃南北往來，舟車輻輳之要衝，請以河務稍簡之廳員移駐兼轄。從之。(高宗六八、三)

(乾隆五、四、庚辰) 吏部議覆：江蘇巡撫張渠奏稱，蘇州府屬吳江縣盛澤一鎮，地產綢綾，商販雲集，五方雜處，民户繁多，界連兩浙，奸匪易於潛藏。緣相隔縣城七十里，知縣不能時赴查察，而分轄之汾湖司巡檢，離鎮亦五十餘里。以微員而遙制要地，實有鞭長不及之虞。查吳江縣現設縣丞主簿各一員，分管水利糧務，同城不難兼顧。應將縣丞移駐盛澤鎮，專司稽查賭博、窩娼、私宰、私鑄、奸匪、盜賊、地棍、打降，如有失察疎防，照例參處。一切户婚田土之事，仍不得干預。所遺縣丞應辦事宜歸併主簿掌管。該縣丞本係題缺，今移駐盛澤鎮，更爲緊要。應爲題缺，并酌給鈐記以昭信守。至於主簿接管縣丞事務，亦應改爲題缺，應如所請。……從之。(高宗一一四、一六)

(乾隆五、四、丙申) 户部議覆：河東河道總督白鍾山、巡視南漕御史侯嗣達奏：旗丁所帶多餘食米，准於北上時售賣，但須酌定某某集鎮地方，如山東南陽等處，皆係河路馬頭，可以售賣。其餘村莊畸零及曠野之處，毋庸概令售賣等語。……應如所請。……應行令總漕，查明經過地方，酌定鎮集，令其售賣。……仍將酌定鎮集處所，造册送部查核。……從之。(高宗一一五、二七)

（**乾隆七、五、庚申**）户部等部議覆：調任閩浙總督兼理浙江巡撫宗室德沛疏稱，艮山門外之姚石陡門，錢塘門外之松木古蕩，餘杭縣之獨松關、千秋嶺，每年絲市均需派役巡防偷漏。應如所請，照舊存留，止將大嶺一處裁革。從之。（高宗一六六、三）

（**乾隆七、一二、己酉**）兵部議准：寧古塔將軍鄂彌達等奏稱，前奏准動支庫銀生息，俟移駐滿洲到時，遇紅白事賞給。今查船廠地方開設大舖商人甚多，臣選派殷實之協領、佐領、騎都尉等五員，將庫貯銀動支一萬兩，酌借商人收取利息。（高宗一八一、一六）

（**乾隆九、九、癸巳**）諭：奉天地方，原賞生息銀二十萬兩，嗣因所得利息不敷賞賚之用，復加賞銀二十萬兩。奉天為商賈輻湊之區，果能以本銀四十萬兩，妥為調劑，足敷使用，何至仍有不敷？皆由從前辦理不善所致。著傳諭將軍達勒當阿另行詳悉籌酌，妥協辦理，奏聞。（高宗二二五、五）

（**乾隆九、九、庚子**）又諭：……今據［直隸總督］高斌奏稱，直屬米價雖現在平減，而津［天津］屬慶雲等縣現被偏災。慶邑本屬少米之鄉，天津又為商賈叢集之地。（高宗二二五、一五）

（**乾隆九、一〇、壬子**）大學士鄂爾泰等奏：……公同酌議［錢法］八條……一、京城錢文，宜嚴禁出京興販。查國寶本貴流通，但京城都會之地，各省經營貿易，絡繹往來。奸商將錢裝載出京，於價貴處興販射利。……又各省漕船回空，亦多載錢文興販獲利。京局所鑄之錢，豈能供外省各處之用？此等興販流弊，不得不嚴查防範。應請嗣後出京客商，除攜帶盤費除錢外，不許將製錢馱駄車載出京。……從之。（高宗二二六、八）

（**乾隆一〇、三、壬寅**）［是月］湖北巡撫晏斯盛奏：漢口一鎮，商賈輳集。請令鹽、當、米、木、花、布、藥材六行，及他省會館，各建社倉，擇客商之久住而樂善者經理其事。得旨：若行之善，則今之一米商，即可為商社矣。若行之不善，是益一行為六行囤積之人，米必大貴。再與鄂彌達熟籌妥酌奏聞。（高宗二三七、一七）

（**乾隆一〇、四、丁巳**）軍機大臣等議覆：湖北巡撫晏斯盛奏請，於漢口地方令鹽、當等商各建義倉積穀，以備平糶。查積穀備糶，事屬利民，第恐奉行不善，易起囤積之弊，轉致米價高昂。如令擇謹厚者司其出納，亦屬保聚之一法。現奉硃批，令鄂彌達熟籌妥酌。應俟奏到之日，如屬可行，再行詢問各省。得旨：是。（高宗二三八、一七）

（乾隆一〇、八、己巳）署湖廣總督鄂彌達議覆：漢口鎮爲九省通衢，商賈雲集，皆賴四川、湖南及本省產米州縣運販資食，及江浙商販之需，實爲米糧會集之區。今撫臣晏斯盛請設市鎮社倉。查係商當等六行情願捐貯，俾得隨時減糶，以濟商民。即長遠舉行，亦無奸商囤積，致有米貴病民之處。得旨：果屬可行，汝等妥協爲之可也。（高宗二四七、一七）

（乾隆一〇、一一、戊子）吏部等部議准：川陝總督公慶復等奏稱，渭南縣屬之下邽鎮、富平縣屬之美原鎮，俱人烟稠密，離縣窵遠。盩厔縣屬之祖庵鎮，路通漢中，商民湊集，且逼近南山，易藏奸匪。請將各該縣縣丞，移駐各該鎮。應建衙署，確估動項建造；關防，照各該職守字樣鑄給。從之。（高宗二五三、九）

（乾隆一一、四、乙未）［陝西巡撫陳宏謀］又奏：陝省民情，大概質直，而任氣逞刁，目無官長，亦多有之。查西安府之盩厔縣南山出產木植，每當三四月間水發，木方出口。有黑峪、黃峪地方，木客人等在彼雇人運木，人烟輳集；知縣彭紹琚前往巡查彈壓，有工人倨坐不起，反與衙役爭嚷。知縣加以薄責，乃有同夥任快、蘇三等，糾眾毆差，搶犯辱官，殊爲不法。此等近山地方，素多兇悍，必須嚴加懲創，以儆刁風。現飭臬司提審按擬。……得旨：此見甚是。尚恐汝過縱耳。（高宗二六五、三三）

（乾隆一三、三、癸丑）［是月］［貴州按察使介錫周］又奏：米貴之由。……臣於雍正四年初蒞黔省，……省會暨衝衢各郡邑，人烟疏散，舖店無幾，士庶一切酬酢，率皆質樸，偏遠鄉曲，從無酒肆。自雍正五、六年以來，新自四川割歸遵義一府五屬，湖南割歸開泰清溪五縣，廣西割歸永豐、荔波各州縣，兼以開闢古州等處新疆，添設文武弁兵駐鎮，其地幅員日廣。加以銀銅黑白鉛廠，上下游十有餘處，每廠約聚萬人數千人不等，游民日聚。現今省會及各郡縣舖店稠密，貨物堆積，商賈日集。（高宗三一一、四六）

（乾隆一四、三、壬子）浙江巡撫方觀承奏：溫州府爲閩、浙商賈叢集之地，烟戶繁多，米糧不通外販，易形絀乏。去冬糧少價昂。……查台州府黃巖、太平二縣與溫州相連，海道係內港，非外洋，不在禁內。路止三百餘里，順風乘潮，朝發夕至。查明殷實商民，給票買運，仍飭營汛稽查。得旨：覽奏稍慰，仍應加意調劑。（高宗三三六、一三）

（乾隆一五、一二、辛卯）諭：朕明歲南巡江浙，省方問俗，務使民商樂業，肆不改塵。如京口諸處，爲南北咽喉，百貨叢集，軸轤銜尾，皆民間日用所資，不可稍有間缺。恐地方有司，因御舟將至，惟使河道肅清，先期於各處早爲攔阻，以致商賈裹足不前，市價昂貴，於民生殊多未便。著速行傳諭各該省督撫酌量辦理。祇可於三五日前，稍令避入支港，俟過即放遄行，以副朕便民恤商至意。該部遵諭速行。（高宗三七九、九）

（乾隆一六、八、癸亥）陝甘總督黃廷桂議奏：……查西安省會，商賈駢集，請將延綏本息銀，撥給西安屬之咸寧、長安、咸陽、富平、涇陽、三原等縣，募商領運以一分二釐取息，按季解司，以備兵丁賞需。得旨：如所議行。（高宗三九七、三二）

（乾隆二四、四、癸丑）諭軍機大臣等：前令〔江西總督〕胡寶瑔購買麥十萬石，由水路運京平糶。……今據胡寶瑔奏到，頭運麥三萬石，已於三月二十八日開運，其餘二三兩運亦接續銜尾前進，此項麥石，自可計日運到。著再傳諭該督……並令酌量撥留十分之一二，運赴通邑大郡民居輻輳之地，如保定、天津、涿州等處，設廠平糶。（高宗五八四、六）

（乾隆二七、四、辛未）吏部等部議覆：兩廣總督蘇昌等奏稱，潮州府屬海陽縣，城南三十里之浮洋市，商賈絡繹，最易藏奸，請添設巡檢一員。查潮州府原設永豐倉大使一員，事務甚簡，請改爲海陽縣浮洋市司巡檢，其原管倉務，歸併該府司獄兼管。又豐順縣離城七十里之湯坑市，直通外海，奸匪出沒，亦請添巡檢一員查附近之大埔縣原設三河、大產、烏槎巡檢三員，烏槎司只轄二甲，可裁改爲豐順縣湯坑市司巡檢。其原管古源一甲，撥歸三河司兼管；源高一甲，撥歸大產司兼管。并請鑄給海陽縣浮洋市司巡檢、豐順縣湯坑市司巡檢印二。均如所請。從之。（高宗六五八、一四）

（乾隆二七、七、庚寅）是月，盛京刑部侍郎署將軍事朝銓奏：盛京所屬海口，商船雲集，於民用有裨。惟該地方旗民官員均有稽察盤驗之責，若勒索留難，勢必擾累。查錦州、蓋州、牛莊等處海口，均有副都統管理，三處請即交各該副督統稽察。倘有情弊，即咨參究治。該副都統等，或任地方官欺隱朦混，一併參處。得旨：如所議行。（高宗六六七、一七）

（乾隆二九、九、丙子）吏部議准：山西巡撫和其衷奏稱，長治縣西火鎮距城九十里，民稠商聚，最易藏奸。乾隆九年，曾將虹梯關巡檢移駐。該鎮近年烟戶日繁，五方雜處，巡檢微員不足彈壓，應將現駐府城之長治縣縣丞移駐西火鎮，其巡檢仍回虹梯關駐劄。又黎城縣吾兒峪巡檢，亦應移石城里。印信分別鑄給。從之。（高宗七一九、一五）

（乾隆三〇、七、庚辰）吏部等部議准：調任江西巡撫明德奏稱，臨江府屬樟樹鎮，爲江、浙、楚、粵水陸衝途，商民雲集。向設都司一員，巡檢一員。第都司止任巡緝，一切地方事務未便專委巡檢經理。查臨江府通判，並無專管事件，請移駐該鎮，添建衙署，換給關防。其原設清江司巡檢及吏役應裁，留弓兵十名，以資差緝。從之。（高宗七四〇、一二）

（乾隆三一、三、庚辰）吏部議覆：署兩廣總督楊廷璋等奏，廣東新寧縣屬之大澳，環山濱海，商漁船聚泊，頗有賊匪藏託，乘間出洋行刦。應如所請。以駐劄二十里外那骨堡地方縣丞移駐大澳，以廣海寨營管理大澳之水陸各汛。移歸春江協兼轄，俱可就近彈壓盤詰。從之。（高宗七五六、一五）

（乾隆三一、一二、甲辰）吏部等部議覆：閩浙總督蘇昌奏稱，建寧府屬建陽縣之南槎村，戶多俗悍。崇安縣之五夫村，烟戶稠密，又該縣武彝星村，爲各省販茶馬頭，均屬緊要。請將松溪縣遂應場巡檢，裁改建陽縣南槎村，崇安縣分水關巡檢，移駐五夫村，崇安縣貼堂縣丞，移駐星村，並建衙署。至崇安縣縣丞，向無關防，應請頒給。兩巡檢均請頒給印信。應如所請。從之。（高宗七七四、七）

（乾隆三二、二、戊申）吏部議覆：原任湖南巡撫常鈞疏稱，湖南……安東縣石期市，濱臨大河，民舖五百餘戶，請將永明縣枇杷巡檢移駐石期市。其枇杷地方，烟民稀少，應即歸近城之祖岡山把總彈壓。又武陵縣屬牛鼻灘，離城窵遠，商賈雲集，而隄圍水利，均在附近；請將專管水利之武陵縣縣丞，移駐牛鼻灘。又桃源縣新店驛驛丞，無地方之責，難以稽查舖戶。應將驛丞裁改爲巡檢，兼管驛務。又郴州良田地方，烟戶衆多，該州石陂巡檢，現在賃寓州城，應請移駐良田。又慈利縣九谿衛，兵民雜處，請將安福縣九谿巡檢移駐。又澧州津石，商販要路，原設巡檢，不足以資彈壓，而石門縣水南渡地方，亦係商民湊集之所。請將津石巡檢移駐石門之水南渡，其津石即令澧州州判駐劄。各缺均係部選，移駐後遇有缺出，應仍照例歸部銓補。均應如所請。從之。（高宗七七八、三一）

（乾隆三二、八、丙戌）吏部議覆：調任山東巡撫崔應階奏稱，陽穀縣所轄之阿城鎮，烟戶稠密，船隻絡繹，爲五方雜處之區，必須專設文員彈壓。查陽穀縣縣丞並無專司，應請將縣丞移駐阿城鎮。又萊陽縣距城九十里之姜山集，商旅孔道，亦須專員駐劄。查該縣向設軍糧縣丞，實無額徵漕米，久爲閒曹，請將縣丞移駐姜山集。應如所請。從之。（高宗七九三、一五）

（乾隆三四、五、丙戌）吏部議覆：前任江蘇巡撫彰寶奏稱，查太倉州屬嘉定縣之南翔鎮，商賈雲集，烟户重多，向僅設巡檢一員，須改駐佐貳，以資彈壓。又松江府屬上海、青浦二縣，與太倉州屬嘉定縣三邑交界之諸翟鎮，係犬牙相錯之地，各離縣治四五十里，鞭長莫及，最易藏奸，須移駐專官，以資巡緝。查有嘉定縣縣丞駐劄縣城，係屬閒曹，請移駐南翔鎮。其南翔鎮原設巡檢改駐諸翟鎮。應如所請。從之。（高宗八三四、九）

（乾隆三五、九、乙丑）吏部議覆：浙江巡撫熊學鵬疏稱，嘉興府屬之嘉善縣斜塘鎮地方，商賈湊集，民情健訟。請將該縣縣丞，移駐斜塘鎮。……應如所請。從之。（高宗八六九、八）

（乾隆三六、三、乙巳）吏部等部議覆：江西巡撫海明奏稱，廣信府屬河口鎮，距所轄鉛山縣三十里，民稠商聚，原設巡檢，不足以資彈壓。請移該府同知駐其地，定爲衝繁難要缺，換給關防。……俱應如所請。從之。（高宗八八〇、六）

（乾隆三七、三、戊申）[吏部]又議准：陝西巡撫勒爾謹等奏稱，鳳翔府屬之寶雞縣幅隕遼濶，户口日繁，且入棧門户，前定為專衝簡缺，今昔情形不同，請改爲衝繁中缺，仍歸部選，從之。（高宗九〇四、三四）

（乾隆三七、八、壬辰）[護陝西巡撫布政使畢沅]又奏：前奉諭，恩賞進征兵丁衣履等項，查興漢、鳳、商等處不產羊皮；延、綏、榆一帶布定昂貴，人工亦少。若令各營自行製造，未免購買維艱。惟西安、同州二屬，貨充工聚，當即派西安知府等分頭照市值購買，設局趕辦。製備既可剋期，價值亦較撙節，本月望前即可全數運竣。得旨：嘉獎。（高宗九一五、二二）

（乾隆三九、六、癸未）浙江巡撫三寶疏稱：海寧州城西北三十里之長安鎮，居民稠密，爲來往米布貨物聚集之區。……請將該州州判移駐該鎮。……應如所請，從之。（高宗九六〇、一）

（乾隆三九、六、戊戌）吏部等部議覆：浙江巡撫三寶奏稱，杭州府屬之翁家埠，坐落仁和、海寧兩州縣適中交界，距省城五十餘里，人民稠雜，必需專員彈壓。查杭州府西海防同知，於乾隆三十年將衙署移建該處，專司塘務。請嗣後一切地方事件，責令該同知管理。其人命、盜案、户婚、田土、詞訟，仍令行知地方官查辦。應如所請。從之。（高宗九六一、二）

（乾隆四〇、閏十、癸亥）兩江總督高晉、江蘇巡撫薩載奏：民間攙用小錢，奉旨折半定價，立限收買在案。茲自三十八年中秋節起……是三節收買，行之實有成效。……惟江寧、蘇州、揚州等處，商賈雲集之地，交易繁多。其剔除未盡小錢，不能保其必無，恐尚有乘機攙入，與他處情形稍有不同，惟有照舊隨時揀剔，每逢三節繳官，給價收買。倘敢隱匿不繳，查出照行使小錢例，嚴治其罪。庶民間知小錢永無可使之時，自必揀繳淨盡。禁令久而不弛，於錢法似有裨益。得旨：是，竟當常行，至無可收買方止。（高宗九九五、一〇）

（乾隆四二、三、庚午）吏部議復：調任湖南巡撫敦福奏稱，岳州府屬臨湘縣，濱江近湖，盜賊出沒，軍七民三，風俗刁悍。永州府屬零陵縣，係附郭首邑，水陸交衝，差務紛繁。郴州屬宜章縣，爲川、陝、黔、楚赴廣捷徑，商販絡繹，訟獄繁多。以上三缺，現在情形非強幹熟練之員，弗克勝任。……請將臨湘、零陵、宜章三縣，俱改爲衝繁難兼三要缺，在外揀選調補。……應如所請。從之。（高宗一〇二八、五）

（乾隆四五、一一、戊戌）吏部議覆：福建巡撫富綱奏，閩縣南臺地方稅口，商艘如織。向設海防同知一員，遇有差遣，五虎門巡檢通融改駐，未免有顧此失彼之處。查福州府現設經歷、照磨、司獄三員，其照磨一員，儘可裁汰。請即於南臺添設主簿一員，分駐辦理。所需衙署，即將照磨署移建。應如所請。從之。（高宗一一一九、一一）

（乾隆四六、八、庚辰）吏部議覆：貴州巡撫李本疏稱，貴筑縣北門外新城地方，戶口日繁，商賈輳集。每當夜分城門扃閉，恐有匪徒滋事。請將貴筑縣丞移駐，就近稽查。即將城內衙署拆移估變，於新城添建。從之。（高宗一一三八、二二）

（乾隆五一、三、己巳）吏部等部議准：兩廣總督兼署廣東巡撫富勒渾奏，廣東南海縣江浦司巡檢，向轄十八堡，計村莊一百八十七處。內有九江一堡，界連四縣，戶密人稠，商賈輻輳，僅責一巡檢管轄，查察難周。請於九江適中地，添設主簿一員，將附近之大同、沙頭、河清、鎮涌等堡，及各該水利圍基，俱撥歸管轄，並責令稽查一切奸匪。不力，照專管例參處，其缺定爲在外揀調，將事簡之南海三江司巡檢，改歸部選。再雷州府司獄，僅管監犯，請裁汰，歸該府經歷兼管。從之。（高宗一二五一、一六）

（乾隆五七、六、丁酉）湖廣總督畢沅奏：抵荊州後，往來滿城漢城，查看兵民安堵，屋宇一新，商賈雲集，百貨蕃昌。城外前經被水之處，現已種植蔬菜。得旨：覽奏，實紓念矣。（高宗一四〇七、二四）

（二）内地和邊區互市的處所

（**順治三、五、丁卯**）户部奏言，甘鎮以茶易馬，例有定所。今各番來請中馬，當以現在茶觔，仍於開市處所互市，不容濫入邊内，別生事端。報可。(世祖二六、一三)

（**康熙二二、八、庚子**）上諭大學士等：近觀厄魯特噶爾丹博碩克圖來使，較前漸多，每一次常至數百人，聞其沿途遇邊外遊牧蒙古肆行擾害。外國之人，若行痛懲，又恐失柔遠之意。彼處遣來人員，當有定數，不可聽其意爲多寡。嗣後正使頭目酌量數人，令進關口，其餘人等或令在張家口外，或在歸化城交易，事畢，應即遣回。此事著議政王大臣會同確議具奏。(聖祖一一一、一七)

（**康熙二二、九、癸未**）敕諭厄魯特噶爾丹：聲教既一以來，爾歷世相承，虔修職貢，聘問有年。朕嘉爾盡心敬順，往來不絶，故向來爾處所遣之使，不限人數，一概俱准放入邊關。前此來使無多，且頭目人等，善於約束，是以並無妄行作亂者，比年爾處使來，或千餘人，或數千人，連綿不絶，沿途搶奪塞外蒙古馬匹牲畜，進邊之後，任意牧放牲畜，踐食田禾，綑縛平民，搶掠財物，妄行者甚多。邊外蒙古與内地百姓，非不能相拒報復，祇以凜遵朕之法度耳。朕俯念爾等素行恭順，不將若輩照内地律例究處，遂致妄行殃民，日以益衆。用是限定數目，放入邊關，嗣後爾處所遣貢使，有印驗者，限二百名以内，准入邊關，其餘俱令在張家口、歸化城等處貿易。其向來不用爾處印驗，另行納貢之厄魯特噶爾馬戴青、和碩齊和碩特之博洛庫濟台吉、杜爾伯特之阿爾達爾台吉、圖爾古特之阿玉奇台吉等所遣貢使，放入邊關者，亦不許過二百人。爾噶爾丹博碩克圖汗，尚毋違朕視四海一家，中外一體至意，敬慎遵行。嗣後遣使，必選賢能頭目，嚴行約束。若仍前沿途搶掠，殃民作亂，即依本朝律例，傷人者，以傷人之罪罪之，盜刧人財物者，以盜刧之罪罪之。特此先行曉諭，爾其知之。(聖祖一一二、一二)

（**康熙二四、五、壬午**）厄魯特博碩克圖汗噶爾丹爲遣使事覆奏：恭聞皇上萬安，不勝欣悦。此地叨達賴喇嘛福庇，幸得無恙。蒙檄丹巴來文，貿易之人，入關定限人數。若妄行果實，上諭誠是。但自古以來，四厄魯特貿易，向有舊制，我等未便廢也。若仍遵舊制，則凡事皆宜矣。下理藩院議。尋議：康熙二十二年議政會議已有定例，噶爾丹所奏舊制不便廢之語，應毋庸議。疏入。報聞。(聖祖一二一、二四)

（康熙二五、七、癸卯）理藩院題：厄魯特土哈爾台吉、噶爾丹台吉等遣使互市。上曰：厄魯特部落如噶爾丹等四大台吉，應令來京互市，其餘小台吉俱於張家口互市。著爲定例。（聖祖一二七、二二）

（康熙二八、一二、戊寅）喀爾喀達爾漢親王諾内等題：扎薩克信順額爾克戴青善巴、扎薩克丹津額爾得尼台吉等，請於寧夏橫城、平羅等處，准其貿易。理藩院議：此等地方向來並不令蒙古貿易，其可否貿易之處，行文總督提督詳議具奏。上曰：信順額爾克戴青善巴等，既稱寧夏等處地方准其貿易，甚有益於窮人，不必行文於總督提督議，且暫令其貿易，不爲例，俟來年盟期再議。（聖祖一四三、一七）

（康熙三三、五、戊戌）安北將軍伯費揚古疏言：噶爾丹使人納木喀喇克巴喇木扎木巴喇嘛等率二千餘人，稱請安進貢，臣即遣發官兵迎問實情。據噶爾丹使人言，我等實來請皇上萬安。查其人數則有男子五百餘，婦女僮僕千餘。上曰：噶爾丹使人，著止於歸化城。遣滿丕往諭之曰，爾等陽爲修好，潛留人爲細作，各處窺探，是以止爾等於歸化城，問爾來意，視爾奏章再議。其前此流寓歸化城，有納泰和碩齊等皆橫行不法，著交與來使。（聖祖一六三、八）

（康熙三五、一〇、乙未）諭内大臣等：明日到歸化城，停止圍獵。歸化城商賈叢集，恐僕從或行騷擾，及土默特蒙古盜竊兵丁馬匹。著交副都統阿迪嚴行禁止。（聖祖一七七、六）

（康熙三五、一〇、丙申）諭尚書馬齊曰：視歸化城馬駝甚多，其價亦賤，官員侍衛兵丁，有欲借銀販買馬駝者，奏聞借給。騎官馬新滿洲，亦准借給。（聖祖一七七、七）

（康熙三六、三、乙亥）鄂爾多斯貝勒松阿喇布奏：向准臣等於橫城貿易，今乞於定邊，花馬池、平羅城三處，令諸蒙古就近貿易。又邊外車林他拉蘇海阿魯等處，乞發邊内漢人，與蒙古人一同耕種。上命大學士、户部、兵部及理藩院會同議奏。尋議覆：應俱如所請。令貝勒松阿喇布等及地方官，各自約束其人，勿致爭鬪。得旨：依議。日後倘有爭鬪、蒙古欺淩漢人之事，即令停止。（聖祖一八一、一八）

（康熙五八、二、乙卯）議政大臣等議覆：靖逆將軍富寧安疏言，巴爾庫爾地方，一應生理聚集，平時物價原賤。所給兵丁錢糧，五月始發一次，兵丁一領錢糧，即皆製辦衣服，及需用什物，遂致物價勝貴。請將巡撫綽奇處所存銀兩，令其解送六萬兩，交與料理糧餉之道員王全臣等。遇兵丁未領錢糧之前，價值賤時，酌量先給，令其製辦。至應給錢糧之月，照數扣除，則錢糧不致糜費，於兵丁大有裨益。且營中存貯錢糧，如一時遇有急需之處，臣等酌量辦理，於事亦屬有益。應如所請。從之。（聖祖二八三、一二）

（**雍正三、四、丙申**）議政王大臣等遵旨議覆：奮威將軍岳鍾琪摺奏，查大將軍年羹堯條奏內稱青海與內地之人，每年定於二八月貿易兩次，擇定那拉薩拉地方為交易之所。經議政大臣議改四季交易，已覺寬容。今查親王察罕丹津、公拉查卜等諸台吉部落，居住黃河之東，切近河州，去松潘亦不甚遠，向來原在河州松潘兩處貿易。今若止令在於那拉薩拉一處，恐不足供黃河東西兩翼蒙古易賣，莫若仍令在河州松潘貿易，終覺穩便。河州定於土門關附近之雙城堡，松潘定於黃勝關之西河口。此二處地方，俱有城堡房屋，地方寬濶，水草俱好，利於互市，可為永久。再查郡王額爾得尼厄爾克托克托奈、郡王色卜騰扎爾等諸台吉部落，住牧黃河西邊，相近西寧。請將貿易之地，移在西寧口外丹噶爾寺至蒙古貿易。全藉牲畜，每在六月以後，請每年不定限期，仍聽不時貿易，則蒙古商販，均獲利益矣。查岳鍾琪所奏甚屬周詳。應如所請。從之。（世宗三一、三四）

（**雍正三、五、戊申**）怡親王允祥等遵旨議覆：原任大將軍年羹堯奏稱，臣在西寧時，因邊外波羅冲可克之鹽池，青海蒙古人等，運來邊內貿易，西寧軍民，賴食此鹽。臣奏設副將一員，兵一千六百名，駐防彼處，將西寧通判移駐，管理鹽務在案。見今郡王額駙阿寶，移在波羅冲可克地方駐劄。官兵若仍住彼處，恐其生事，應將臣原議設立官兵駐劄鹽池之處，請行停止，其管理鹽務之通判亦請裁去。應如所請。從之。（世宗三二、五）

（**乾隆一○、一一、戊寅**）大學士等議覆：甘肅提督永常奏稱，肅州鎮屬之金塔寺口，北通喀爾喀蒙古等處，從前西安、甘肅一帶營馬，俱就近由此口赴買。嗣緣署肅鎮黃正位，借名採買馬駝，差人前往貿易。經總督馬爾泰奏議革職。後雖有蒙古商人持票入口交易，馬少價昂，缺馬時，需赴歸化城等處採買，道路遙遠。請嚴立章程，仍准肅州等處兵民每歲出口交易一次。應如所請。並令該督，將如何定限給票，指明地方，不致滋擾之處妥議請旨。從之。（高宗二五二、二九）

（**乾隆一六、八、癸亥**）貴州巡撫開泰奏：黔省舊例，馬販赴川、黔，夥伴不得過十人，官給印照。買齊後，該地方官鈐印，方許趕回。第日久廢弛，若不量為分別，難免滋擾。今議得都勻、黎平、南籠三府，長寨、郎岱、八寨、台拱、松桃、古州、歸化、丹江、都江、清江、水城十一廳，定番、獨山、永豐三州，荔波、永從二縣，及都勻屬之都勻縣、黎平屬之開泰縣，均苗疆要區，禁止馬販。其餘各屬，仍准赴買。豫報該地方官責成鄉保，於場集購買，不得私入苗寨。買足，即呈明回籍。違者重懲。得旨：知道了。此恐爲有名無實之舉。（高宗三九七、三四）

（乾隆四〇、九、丙辰） 理藩院議覆：定邊左副將軍瑚圖靈阿奏稱，定例出口貿易人等，應在恰克圖、庫倫、塔密爾、烏里雅蘇臺一帶集場。今商人圖利，向各喀爾喀遊牧貿易者甚多，蒙古等始圖賒欠，後以牲畜加倍折算，屢啟訟端。請嚴行禁止，除恰克圖等集場准其貿易外，如有潛往各游牧者，查出將貨物入官，商人遞解治罪。蒙古等容留商人，將所買貨物加倍受罰，仍將該台吉參奏。再現在蒙古等所欠各商銀，限一年內通行完結。應如所奏，惟所稱蒙古欠各商銀，限年內全完一節，商人等在游牧貿易多年，蒙古所欠者，自必多寡不等。如統限一年完結，勢必不能。應飭各扎薩克等，將眾蒙古所欠查明呈報將軍大臣。如新欠爲數無多者，限一年內完結；倘所欠年久，商人已得重利，令其酌減歸還，總期限內全清。從之。（高宗九九〇、二四）

（嘉慶二三、一、辛酉） 諭軍機大臣等：本日方受疇奏，審擬販馬過境踐食麥苗之回民妥文興等一案。各省馬販赴口外買馬，趕回內地售賣者，往來絡繹，即如此案妥文興一起赴張家口外買馬，即有二百三十餘匹之多。此外各商販每歲所買殆不可以數計。即此以觀，張家口外一帶產馬非不蕃息，何以察哈爾各牧場近日馬群日形支絀，每遇調用，率以羸瘦者充數，自係該牧長牧丁等，將臕肚馬匹抵換盜賣，而以下劣者充公。該都統副都統等不行查禁，以致馬政日敝。松筠、瑞齡俱係新任之員，無所用其迴護。著即明查暗訪，實力整頓。如有前項情弊，立行據實參奏，從嚴懲辦，不可稍存姑息之見。將此諭令知之。（仁宗三三八、一七）

（三）邊區的城鎮市集

（乾隆一七、三、辛卯） 陝甘總督黃廷桂奏：哈密孤懸絕塞，與準夷爲隣，設兵防守，原非聚集游民之所。查近年客民多至二千餘人，除挾貲貿易外，有無業游民，招引兵丁，開場賭博，間有索欠爭鬧之事。現飭清查，陸續遷移內地，仍令安西道廳不時訪拏賭博打降等事。嚴辦遞回本籍安插。得旨：所辦是。（高宗四一一、一九）

（乾隆二七、一一、戊辰）又諭曰：旌額理等奏稱，烏嚕木齊挈眷屯田民人陸續前來，其貿易人等亦接踵而至。計開設市肆五百餘間，開墾菜圃三百餘畝，請酌量定額收租，以充公用等語。烏嚕木齊安插兵民漸多，貿易人等皆藉官地以謀生計，理應稍收租價，俾公費有餘。即如所奏辦理。至伊犁及葉爾羌等城有似此者，自當一體查辦。著傳諭將軍大臣等，將各城商民所居，酌定租額，既有裨公用，亦可就便稽查約束。至厄魯特回人，向無此例，不得藉端巧取。（高宗六七四、一七）

（乾隆三四、五、丙戌）又諭：據集福奏稱，請將科布多庫項內動支銀二千兩，借與該處商人，每月一分起息，所得息銀以爲該處雜費之用，勒限八年歸款等語。科布多各項雜費無多，且各省駐防滋生銀兩俱經停止，今若借與科布多商人收息，必致煩擾，現在各回城均有徵收商稅之例，烏里雅蘇臺、科布多等處，爲商販輻輳之區，亦應徵稅。著傳諭成袞扎布等，將該處酌量徵收商稅，以爲雜費之用。徵收之時，務宜嚴飭所屬，不可借端侵漁，仍將該處應如何徵收，及可行與否之處，妥議具奏。（高宗八三四、九）

（乾隆四一、八、丁巳）命熱河設學。諭：朕每歲木蘭秋獮，先期駐蹕熱河。數十年來，見該處戶口日增。民生富庶，且農耕蕃殖，市肆殷闐，儼然成一都會，惟弦誦之風未盛。由於口外人多樸魯，無所師承，且未另立學額，更無以示鼓舞。因思熱河各廳所屬編氓，及僑居年久者，其子弟應不乏秀良，誠能教育而振興之，未嘗不足以示造就。自宜創設義學，延師訓課，以勵文風。並當建立學宮，酌定庠額，俾得藉以上進。其如何興建籌辦各事宜，著該督周元理悉心勘議具奏。至學校章程，並著會商學政羅源漢酌議奏聞。副朕嘉惠塞民，廣學毓材至意。（高宗一〇一五、二）

（乾隆四三、一、乙亥）又諭：熱河地方，朕每歲木蘭秋獮，先期駐蹕。數十年來，戶口日增，民生富庶。且農畊蕃殖，市肆殷闐，其秀民蒸蒸向化，絃誦相聞。現已興建學宮，議定庠額，並命設立考棚。將來人文日盛，儼然成一大都會，而稱名尚仍熱河之舊，殊於體制未協。因思熱河從前曾稱爲承德州，嗣後應改爲承德府，即以熱河同知改設。其餘六廳，如八溝較大，應改爲知州；喀喇河屯等廳，酌量改縣，均隸新設之承德府管理，併隸熱河道考覈。著交總督周元理，將應行酌改事宜，悉心籌畫，妥議具奏。（高宗一〇四八、二〇）

（乾隆四七、一、戊午）諭軍機大臣等：伊勒圖奏稱，伊犁、滿洲兩城，官鋪內所售貨物不能接濟，請照例派委弁兵赴蘭州、西寧等處販買等語。從前伊犁向內地販買貨物，原因初經創立，商販稀少，藉此以利兵丁。今已年久，商賈流通，似應就近購辦，若屢次派弁兵赴內地販買，不特沿途恐易滋事，且妨兵丁操演，殊非善策。著傳諭伊勒圖籌度此事，如嗣後毋庸從內地販貨，則將此例永遠停止。（高宗一一四九、三）

（乾隆六〇、九、己巳）欽差戶部尚書福長安等條奏布忒哈打牲處事宜：一向來打牲人丁應交貂皮，該總管揀員徑解京城，後因索倫達呼爾改歸黑龍江將軍等管轄，將揀選貢貂奏改由齊齊哈爾城解送貢貂官員，順便解送熱河，打牲官員不復解送。將賞賜銀兩，即由齊齊哈爾城發給解送官兵。伊等不得賞銀，未免向隅。請嗣後將貂皮仍解齊齊哈爾城，令將軍等公同揀選，按等編號，仍由打牲總管副總管內派委一員，帶兵十名，由驛解送熱河，交總管內務府衙門。賞銀即給打牲官兵，並由齊齊哈爾城官員內派員一同護送，飭該將軍酌給幫貼銀兩。一、打牲地方每年所捕貂皮全送齊齊哈爾城，於三十里許搭棚，將軍等前往選看。棚內木植柳條，官員收作柴薪，陋規已久。請嗣後令打牲總管等將貂皮送將軍衙門，率協領等揀選存庫。解送時，再交解員。無庸搭棚驗看。至打牲人等，每年交貂會盟，俱將伊等妻子帶來。且客商雲集，伊等一年所用之物，全賴此次置買。應請照舊辦理。一、數年來，揀剩貂皮，將軍等多以賤價購買，逐年滋弊。請嗣後揀剩貂皮，照例編號，盡數交該總管，聽其售賣。願賣者，准將軍副都統官員依時價購買。有賤價勒買者，以違例論從重治罪。一、打牲地方殷實人等，現在將軍副都統衙門陸續挑取一百四十餘名，作為隨甲，為數太多。今酌定將軍留二十名，副都統留十名，每年遇有行圍及會盟之處，令其當差。餘俱駁回本旗當差。得旨：據福長安等將打牲烏拉揀選貂皮舊例，改擬具奏請旨等語。但此內擬定由打牲烏拉殷實人家出派將軍跟隨二十名，副都統跟隨十名之處，尚不妥協。伊等遊牧地方去城較遠，平日並不在衙門當差，不過每年行圍閱兵之際聽候差遣，遂假藉虛名，令伊等交納皮張，成此惡習。所有此項跟隨人等，均應裁汰。俟將軍大臣等行圍之時，再由打牲烏拉人內暫挑數名，跟隨操練。至平時，福長安等所定將軍跟隨二十名，副都統跟隨十名，俱著就近由齊齊哈爾城內挑取。所有遠方城莊居住之人，著永遠停其挑取。餘照所奏行。（高宗一四八七、一八）

第三節　貨幣流通和有關法制

一、清制錢的發行

（一）在銀錢當行制下清政府在內地各省的鑄錢發行

（順治一、七、辛亥）工部左侍郎葉初春以新鑄制錢，每七文作銀一分，錢價日增，民未稱便，請頒內庫舊鑄，當五制錢，并鑄當二錢，以濟民用。不允。（世祖六、一六）

（順治一八、閏七、戊辰）戶部題請改鑄康熙字錢，輕重如舊制。從之。（聖祖四、一一）

（雍正一、八、辛酉）都察院議覆：御史戴芝奏稱，戶部支放兵餉，二月、八月兼放制錢。請改為兩月一次，銀八錢二兼放。戶部寶泉局鑄錢不敷，行文工部，於寶源局領取添給。俾軍民等，知陸續放錢，則市價不至騰貴。應如所請。從之。（世宗一○、一四）

（乾隆一、一、戊午）諭總理事務王大臣：朕聞雲南兵餉有搭放錢文之處。每制錢一千文，算餉銀一兩，而兵丁領錢千文，實不敷銀一兩之數，未免用度拮据。其應如何變通辦理，以惠養滇省弁兵，著雲南督撫會議具奏。（高宗一一、一八）

（乾隆三、三、己巳）諭：現在各廠糶米錢文，俱交官錢局發賣，以平市價。朕思與其如此發兌，不若添成搭放兵餉，較屬有益。可否如此辦理，著辦理軍機大臣議奏。尋議：定例每月以一成錢搭放兵餉，惟二、八月二成搭放，約需錢三萬餘串。今五城各廠賣米錢，每日不過二千餘串，隨賣隨交錢鋪，赴市轉賣，以平錢價。因逐日流通，是以價較前稍減。若將此項錢搭放兵餉，不但不敷搭放，且必須將各廠糶米錢，積至二三十日，方可足一月搭放之數。目前轉致不能流通，於錢價無益。所有各廠錢，應請照前赴市發賣。至於錢鋪，原領制錢八萬串，已兌換全完。現係每日由市收買，比市價稍增兌換，雖無大裨益，亦無妨礙。應令該部酌量錢價若何，陸續收徹。從之。（高宗六五、七）

（乾隆六、四、乙卯）戶部議准：閩浙總督宗室德沛奏稱，向例綠營兵餉，以錢文搭放。駐防滿兵，不搭錢文。現今滿營生齒日繁，需錢之處甚多，請一律搭放錢文，俾得均霑實惠。從之。（高宗一四一、五）

（乾隆八、三、丙子）戶部議准：署理雲南總督張允隨奏稱，東川鼓鑄

錢文，甚多餘剩。請將昭通一鎮，東川、鎮雄、尋霑三營官兵俸餉，以銀七錢三搭放。從之。（高宗一八七、一一）

（乾隆九、一二、癸亥）諭：上年朕降諭旨，各省搭放兵餉，自甲子年爲始，每錢一千文，作銀一兩，使兵丁各霑利益。今聞江西南贛鎮標之十一營，舊例自春夏以至秋仲八個月兵餉，俱就近於贛關稅銀內支給，秋末至冬季四個月兵餉，因稅銀不敷，仍赴司庫支領。其在司庫支領之四個月，則一例搭放一成鑄錢，其在關稅內支領之八個月，則無錢文搭放，兵丁等便不能霑格外之恩。查關稅所支八個月稅銀，共四萬六千四百七十一兩零，計一成搭放，共需錢四千六百四十餘串，該省存庫錢文，儘足搭放，所需水脚，亦屬無幾。著從乙丑年爲始，南贛鎮屬兵餉，每年四季亦一例搭放一成鑄錢。該部可即傳諭該省巡撫等知之。（高宗二三一、六）

（乾隆一〇、七、丙申）戶部議准：盛京戶部侍郎雙喜奏稱，奉天所屬各城雜稅，向係銀錢兼收，每年徵解錢積貯庫內，日久未能流通。查黑龍江支放兵餉，向有兼用錢之例。請將各城所收稅錢，照例搭放兵餉。餘剩仍貯庫，以備次年之用。從之。（高宗二四五、二〇）

（乾隆一一、二、戊申）四川巡撫紀山議覆：布政使李如蘭奏稱，前撫臣憲德飭令同城兵餉等項搭錢二成，今請將同城滿漢兵餉搭放一成等語。查憲德原奏，設爐一十五座，嗣因滇銅不敷，止開八爐。歲鑄錢除支給工料等項外，尚不敷搭配一成之數。今自乾隆七年，設爐一十五座，鑄錢已多。同城滿漢兵餉，應如該布政使所奏，搭放一成。又奏稱各鎮協營餉，無論遠近，每銀一百兩，搭錢八千文，其運費動支公項等語。查各鎮協營，情形互異，如夔協、巫山、梁萬、忠州各營，向因赴省領餉維艱，題請於夔關就近支領。今又以搭錢爲未便，即應毋庸搭放。此外無論營汛遠近，均請如該布政使所奏，概以每百兩搭錢八千文。如有支錢回營，仍稱未便者，即僅搭以在省需用錢數，以順兵情。至運費一節，查領令銀一兩，搭錢一千，較之市兌，長銀幾及二錢。應請即以所長之銀，定爲運費。其公項爲修整軍裝所必需，未便動支。又奏稱鑪鑄錢文，除搭放兵餉外，餘請留爲修補鑪座房屋，酌給囚糧，並零星工程之用。各官養廉，應毋庸搭給等語。查從前設鑪鑄錢，憲德原議養廉與兵餉並搭，經部覆准，今應仍照原議，酌量配搭。其修補爐座等費，請劃出一千串，已屬敷用。均下部議行。（高宗二五八、一二）

（乾隆一二、三、辛亥）戶部議准：湖廣總督塞楞額奏稱，上年湖北因銅觔不敷鼓鑄，經前督臣鄂彌達奏准，暫改鑄八分重之小錢，搭放兵餉。今查小錢與大錢同價，私銷私鑄二弊，相因而起，應仍遵定制，改鑄大錢，并採買漢鎮客銅。添鑪鼓鑄，將搭放餘剩錢文，設局照市價酌減出售，銀歸原項，所需銅價，照定價支給報銷。其市用京墊小錢，定爲每千文易銀一兩。放餉所用八分重之小錢，照成本計算，每銀一兩，給錢一千二百四十六文。又遠安縣三寶山地方產銅，試採有效，應親查確實，酌定章程，請旨辦理。得旨：依議速行。（高宗二八七、七）

（**乾隆一二、一二、乙酉**）調任湖北巡撫陳宏謀奏：……湖北用錢，向來大小兼用，雜以砂殼小錢，錢價亦昂。自今年開爐鼓鑄，悉鑄大錢，搭放兵餉，兼設官局，發兌錢文。官制大錢，漸得流通。將來小錢砂錢，可以漸少。得旨：覽奏俱悉。今命汝復爲陝撫，督臣遠在川省，一切官方民瘼，汝其加意勉爲之。至湖北現有應辦者，告之督臣及新撫可也。（高宗三〇五、三六）

（**乾隆一四、一一、癸酉**）陝甘總督尹繼善、陝西巡撫陳宏謀奏：陝省現鑄積錢，請於歲暮暫以六成搭放明春正月兵餉。計可出錢一萬一千餘串，其餘仍留易換平價。得旨：著照所請行。該部知道。（高宗三五三、一四）

（**乾隆一四、一一、甲戌**）是月，直隸總督方觀承奏：直屬各鎮協營冬季餉銀，懇恩普搭一成錢，至保定省城冬季錢價易昂。請於局中餘錢內酌發數千串，交各舖戶出易，每錢一千文交庫紋一兩二錢五分。仍嚴禁舖戶囤積居奇。報聞。（高宗三五三、一五）

（**乾隆一六、閏五、庚辰**）兵部侍郎兼管順天府事蔣炳等奏：順天府四路添設米廠，所糶錢文，經御史李文駒奏准，上屆四萬四千石之數，易銀解部。此番十萬石，即將錢解部。查各廠官員，惟恐多貯致長錢價，多方銷售，不能仍存所糶之數。請令各廠，以現存之錢解部。其已經易銀，即將銀解部。得旨：知道了。平糶錢文，前據軍機處議覆御史李文駒條奏，請解部搭放兵餉。今該府尹等，既奏稱不及十萬串，爲數無多，且待至搭放兵餉，轉不能即速流通。著不必解部，陸續交與八旗米局，令其照市價稍爲酌減，以平市價，俾錢文不致壅滯。（高宗三九〇、二九）

（**乾隆二〇、四、癸酉**）雲貴總督碩色、雲南巡撫愛必達會奏：滇省鑄錢，每千約成本銀五錢五六分。現省局存錢八萬餘串，不爲疏通，則積壓成本銀約四萬餘兩。且每年愈積愈多，大妨民用。查滇省向例，銀七錢三，搭放兵餉。乾隆十四年，因省臨二局積餘錢過多，經臣等奏請加添二成，改爲銀五錢五。今前項雖已放完，而省局又有積存，請仍照前加添二成搭放。從之。（高宗四八七、二九）

（乾隆二〇、一一、己亥）貴州巡撫定長奏：黔省錢局搭放俸餉，每年小建曠缺，例有扣存錢，現存十四萬九千六百餘串，久積易朽，請於俸餉內加減搭放。得旨：嘉獎。（高宗五〇一、二五）

（乾隆二一、一〇、癸巳）[直隸總督方觀承]又奏：直屬各營本年冬餉，懇以一成搭放錢文。再保定省向於年底附請撥錢數千串，發縣出易以平市價。自遵旨疏通積錢以來，遞年平減，毋庸出易。報聞。（高宗五二五、一八）

（乾隆二一、一二、壬辰）兩廣總督楊應琚、署廣東巡撫周人驥奏：粵東局錢，每歲除支銷外，實存一萬九千八百餘串。應照由近及遠之原議，即以乾隆二十二年夏季爲始，於左右二翼鎮標俸餉內，每銀一百兩，搭放錢五串，俟搭放數年後，倘局貯無多，仍先儘附近各標協營搭放，如積有成數，再勻搭左右二翼鎮標。得旨：好。（高宗五二九、二八）

（乾隆二四、八、丁未）兩廣總督李侍堯奏：粵東各旗、標、鎮、協、營額餉，每銀百兩，准搭放錢五串。現在局錢充裕，請將香山協及四會、海防二營，一體搭放。得旨：如所議行。（高宗五九五、二二）

（乾隆二五、五、丙午）[軍機大臣]又奏：查五城平糶錢，奏明發工程處爲物料工價之用，現在陸續支領訖。但目下錢價昂貴，若專藉此項，恐不足平減市價。臣等公議，五城平糶各廠，約計月得錢五萬餘串。而户、工二部，現貯錢尚餘四、五萬串。查八旗俸餉册內支領錢糧之人，有每月給一兩五錢及一兩以下不等者，請將此項應領銀，俱改支錢，照各廠每兩八百八十文之例給發。在伊等即省以銀易錢之煩，較市價且有盈餘，必踴躍願領，錢可流通無滯。行之數月，果有成效，錢價就平，再行奏聞請旨。所有各廠平糶錢，應令以十日一次解交户部給放，不敷，即於户、工二部貯錢內支領。至奸商經紀人等囤積之弊，現在交步軍統領衙門暨順天府五城御史實力嚴拏。報聞。（高宗六一二、六）

（乾隆二五、九、乙巳）閩浙總督楊廷璋、浙江巡撫莊有恭奏：浙省温、台所屬之玉環山，孤縣海外，商賈不通。民間交易，多用錢文，以錢易銀，最爲掣肘。查該山田地，向係徵收租穀，每年將穀變價，以充經費。其盈餘存貯廳庫，計節年存積盈餘經費銀共三萬四千餘兩。乾隆十九年，經前督撫臣喀爾吉善等奏准，以海洋遙隔，庫貯不宜過多，請於盈餘內酌留銀一萬二千兩存廳備用，餘銀盡解司庫。但嗣後起解時，或因係屬碎銀，傾鎔火耗無出，或因本係錢文，易銀未便，而欲運錢至内地易銀解司，運費未免浩繁，以致解司之項，每多遲延。查玉環參將轄有左右二營，每季官兵俸餉赴司給領，除搭放一成錢文外，應領餉銀三千兩有奇，合計歲需一萬二千兩。官兵領餉入手，均須換錢零用。現該廳應解乾隆二十三、四兩年盈餘銀，共計有一萬一千三百八十餘兩，均係錢文，無從易解。若照該地時價，就近抵給俸餉，一年即可放竣。應請於二十五年冬季爲始至二十六年秋季止，將所存一萬餘兩之錢，按季照時價八四折算，放給左右兩營官兵俸餉，以省運費，下部議行。(高宗六二〇、四)

（乾隆二六、六、己卯）户部條奏銅運事宜。一、滇銅每年正加四運，每運委派同知、通判、知州、知縣等二員均分起運，不必委用佐雜爲協運。仍遵奏准起程日期，先後開船，依限抵通。一、裝銅上船時，請飭該省督撫，即設木牌填註銅觔數目、船身入水尺寸。並令沿途督撫嚴飭地方官，查照木牌填註數目，實力稽察，以杜減載多裝、夾帶貨物等弊。並照催漕之例，不許停泊。其有守風守水之處，總以三五日爲準，不得過期。一、各廠積存銅渣，令鑪頭隨時淘洗，所得銅觔，於每年年底奏明，即於次年附卯添鑄錢文，解部搭放兵餉，無庸積存各廠。一、運員自滇黔運京，途遠費多，起程時該撫祇將水腳雜費及一半養廉銀發給，不敷所用。雖有餘剩銅鉛，除交崇文門税課外，所剩無多。向例銅鉛船沿途所遇各關，該監督查明船身丈尺、銅鉛觔數，填註蓋印，給運員收執。到京後，所有沿途經過各關應徵税項，一併赴崇文門交納，以致歸途無資。請嗣後各員餘剩銅鉛，除交崇文門本關税課外，其應納沿途各關税銀，俟運員差旋，在於藩庫應領一半養廉銀項下，照數扣存，彙搭解部，免致運員拮据。一、搭放兵餉，宜令户工二局鑪頭分放。查户部寶泉局鑄錢，原以搭放兵餉。工部寶源局鑄錢，則專爲給發工價。嗣因工部錢給工價外，尚餘二十萬串，奏交户部搭放兵餉，令寶泉局鑪頭往工部代放。以一局兼兩局餉錢，往往顧此失彼。請嗣後八旗兵餉，除户部應收數目、金銀庫票傳寶泉局鑪頭解放外，其工部應放錢，令其自領金銀庫票，傳寶源局爐頭赴節慎庫自行放給。從之。(高宗六三八、一七)

（乾隆三一、三、戊戌）諭：京城河道溝渠，已降旨發帑興修，所有應給匠役工食等項，若隨時給發錢文，尤爲便益。現在户工二部局存鼓鑄卯錢甚多，著總理工程處酌量應行需用之數，按照時價支領給發，俾工作人等，既可省以銀易錢之煩，而市肆益得永遠流通平減，於工程民用均爲有裨。(高宗七五七、一九)

（乾隆三一、四、戊辰）山西巡撫彰寶奏：晉省寶晉局，向設鑪六座，鑄錢尚少，每年解貯司庫錢除搭放兵餉外，餘錢夏冬設廠出易，照時價每千減銀五分，以濟民用。嗣添銅加鑄，搭放兵餉外，餘錢更多，均設廠平賣，是給兵錢少，而與民易者多。且小民需用，不過零換，設廠期迫，富商猾吏，乘機囤積，貧民霑惠仍少。請將滿漢兵除搭放三分錢文外，其應領月餉銀概照出易民間之價，由司支給錢文，即將應領餉銀扣存歸庫，餘錢仍設廠換給民間。得旨：允行。（高宗七五九、二四）

（乾隆三七、二、丙子）諭：據裘曰修奏，直隷河工雇夫給值需用錢文。請照京城發兌官錢之例，許辦工各員一體交銀領買等語。著照所請，於平糶麥廠錢文内，准其照大興、宛平之例，許辦理河工各員，持印文赴步軍統領衙門領買。其錢文出城時，仍給票照驗，以憑稽覈。（高宗九〇二、二七）

（乾隆四〇、六、癸巳）又諭：現在京城平糶錢文，前已有旨交工程處及步軍統領衙門，隨時領用，俾錢文常得流通。今自開糶以來，已及一月。糶出錢文，各該處曾否隨時領取？設或存積過多，致有壅滯，是糧價未能驟平，錢價轉因而增貴，非所以便民利用也。聞工程等處每樂於領銀，而憚於領錢。蓋因銀兩或有稍獲平餘微利，而錢文自有一定之數，無從得霑餘潤，以致心存觀望，此大不可。著舒赫德、英廉即飭各該處迅速關領，毋得再爲延緩。至步軍統領衙門，向來領用銀兩事竣，每以所剩平餘留備賞給之用。茲承領錢文，自無餘剩，即或賞項不敷，另行籌備，亦屬無妨，不必因此致有拘泥遷延也。（高宗九八五、三）

（乾隆四二、六、甲寅）户部議准：署雲南巡撫圖思德疏稱，保山局增鑪四座，每年鑄存錢一萬四千餘串，請以錢一串二百文，作銀一兩，對半搭放兵餉等項，即以易回銀，還銅錫鉛工本。從之。（高宗一〇三五、四）

（乾隆四五、一、戊戌）江西巡撫郝碩奏：江省幫船，在本省例支折色銀兩，均須換錢，買備篷纜等物。時值歲底，奸商市儈，先將市錢囤積，臨時長價，旗丁深以爲苦。且一月中，遽換錢數萬餘千，勢難接濟，未免稽遲。查司庫存錢歲有積滯，正須設法疏通。請撥出三萬串，照官價每銀一兩易錢九百九十之數，發給旗丁，即將其應領銀内扣還歸款，丁民兩有裨益。報聞。（高宗一〇九九、三）

（乾隆四六、一〇、戊戌）是月，直隷總督袁守侗奏：保定省城寶直局鼓鑄錢文，前准部議，將保定、天津二營兵餉長年按季以一成搭放。茲查司庫現存錢文及本年局鑄，最爲充裕。請將各營冬季兵餉，除保定、天津二營照例遵辦外，餘營概以一成搭放。得旨：如所議行。（高宗一一四三、三三）

（乾隆四七、一、丁卯）山西巡撫調任安徽巡撫譚尚忠奏：晉省寶晉局積存補秤餘銅較多，正項鉛錫不敷配鑄。請將餘銅借配鉛錫，搭鑄錢文，歸於正項配放兵餉，庶餘銅不致久貯。報聞。（高宗一一四九、一九）

（乾隆四九、九、丙寅）又諭：據留京王大臣奏，五城平糶麥石錢文，戶部行令招商領錢易銀，鋪商等以市上換錢，銀色參差，礙難交庫，不敢冒昧請領。可否援照同例，仍交戶部搭解兵餉，及交工程處應用等語。此事原係戶部辦理錯誤。市上換銀，俱係零星收買，成色參差，若即將零雜銀色交庫，與庫貯銀色不符，銀庫必不肯收。若傾銷後，再行上庫，其火耗工價在在需費，無怪鋪戶等不敢承領。今此項錢文有九萬餘串之多，商人等既未敢領變，若以之貯庫，不但庫中虛存此錢無益，且恐外間錢價驟昂，於民情亦多未便。即工程處向雖需用錢文，但隨時支放，爲數究屬無多。本年冬季搭放八旗兵餉，奏定十月、十一月以二成搭放，十二月以三成搭放，今莫若於十月、十一月兩月各加一成，概以三成搭放，則兩月之內，可放去錢七萬六十餘串。其餘撥交工程處應用。錢文既不致存積，而兵民亦兩有裨益。著傳諭戶部堂官，遵照辦理。（高宗一二一四、二〇）

（乾隆五四、九、壬子）是月，直隸總督劉峩奏：清苑等四十餘州縣水災，應領賑銀，向係易錢散給，恐市價增貴。查寶直局每年額鑄錢，除搭放兵餉等項外，歲約餘錢八千七百餘貫。近年市價平減，未經出易，共積錢十七萬五千五百餘貫。今災賑需錢，應即在局錢內出易十二萬貫，賑銀一錢，折錢一百，仍在應撥賑銀項下，扣還成本十二萬兩，造入鼓鑄案內報銷。得旨：嘉獎。（高宗一三三九、三一）

（乾隆五六、二、己未）戶部議覆：四川總督鄂輝奏稱，川省收買小錢改鑄，嗣因呈繳甚多，局錢不敷發給。經前督臣孫士毅奏准，酌撥藩庫銀兩墊發。目今局鑄日多，應須易銀歸款，但此項大錢發給省城鋪戶，恐伊等見大錢充斥，勢必擡高銀價，於改鑄成本難免虧折。查上年署督臣保寧奏准，於附近水次各州縣加買貯穀五十萬石，每石給銀五錢五分，莫若將此改鑄錢文，以九九易銀之例，發交各州縣爲買穀之用。司庫既免動支，即可歸抵墊項。至各官養廉，亦請於本年二月起酌半發給錢文，令各州縣領回行用。庶錢價日平，盜鑄不禁自絕，俟改鑄全完，仍照舊例辦理。應如所請。得旨：依議速行。（高宗一三七二、三六）

（乾隆五六、三、甲辰）陝西巡撫秦承恩奏：寶陝局鼓鑄錢文，向委佐貳一員專司，由布政使鹽道稽查。其錢即貯局中，搭放兵餉，由司給票赴領。惟該局每年額鑄六萬餘串，近日收買小錢改鑄，爲數更多。若照舊貯局，恐日久滋弊。查藩司爲錢糧總匯，所有局鑄錢文，請即歸藩庫收貯。其搭放兵餉，即由司當堂給發。得旨：嘉獎。(高宗一三七五、三五)

(**乾隆五七、一〇、乙酉**) 直隸總督梁肯堂奏：直隸寶直局鼓鑄錢文，除照例於保定、天津、二營兵餉，長年以一成搭放外，尚屬充裕。應請將其餘各營冬季兵餉，概以一成搭放，統計需錢一萬五千有零。局錢足敷支給。報聞。(高宗一四一五、五)

(**乾隆五九、八、甲子**) 諭軍機大臣曰：户部議覆直隸省減鑄卯錢改放銀兩一摺，朕詳加披閱，所駁逐條皆是。該督所稱保定、天津二營兵餉，長年以一成搭放，其餘各營，於冬季以一成搭放。今請每月減鑄一卯，將長年搭放之保定、天津二營，停其搭放，仍俟冬季同各營統按一成搭放一節。雖係酌爲調劑，但兵餉改放銀兩，原爲錢價過賤，體恤兵丁起見。若錢貴於銀，即長年亦應加成搭放；若銀貴於錢，即冬季亦應滿支銀兩。現在直省錢價甚賤，即應遵旨以銀兩滿支，又何須仍以一成搭放？況該省每年額鑄，除搭放兵餉外，局錢尚有存積，今又改放銀兩，每鑪每月復僅減鑄一卯，則局中錢文存積更多。何以不將鼓鑄卯期酌量停減，而轉欲於各營仍按一成搭放？自係局員於鼓鑄之事不無津潤，梁肯堂爲伊等豫留地步起見。又該省鼓鑄，每年由官商辦運洋銅二十五萬觔，即經減鑄卯錢，自應停止採辦。若仍將銅鉛等項照額辦運，不但日積日多，虛擲無用，且運送腳價徒滋糜費，何以該督並未計及？著梁肯堂即照指駁各情節，據實明白回奏。將此傳諭知之。尋奏：前因多減卯期，恐錢驟昂，因請月減一卯。又因民間歲暮便於用錢，請於冬月以錢一成搭放兵餉，究屬籌畫未周。遵旨暫停鑄卯，俟三年後，酌看錢價辦理。冬間兵餉仍滿放銀兩。其採買洋銅鉛錫，俱應停辦。報聞。(高宗一四五八、三〇)

(**嘉慶一、一二、庚辰**) 賞八旗兵丁一月錢糧。例：每銀一兩，折錢一千。時錢賤，命户部照時價折給。(仁宗一二、六)

(**嘉慶六、六、戊辰**) 命搭放兵餉制錢六成，以平市價。(仁宗八四、二九)

(**嘉慶一一、五、甲子**) 又諭：户部議奏，順天府府尹等請將平糶錢文易換銀兩解部、以平市價一摺。五城平糶米麥，本以便民，其糶出錢文，亦爲調劑民間日用。前經户部奏准，將平糶錢文於五六兩月兵餉再酌加一成搭放。此項錢文，兵丁零星使用，自然散布流通，錢價可期漸減。若如該府尹等所奏，將平糶錢文彙成總數，易銀解部，市儈之徒勢必乘此將錢文成總易換，囤積居奇，無益於兵民，轉爲奸商開牟利之端。該府尹等並不悉心酌量，率逞臆見，冒昧陳奏。除所奏照部駁不准行外，莫瞻菉、秦瀛均著交部察議。所有平糶米麥錢文，除五六兩月兵餉仍加放一成動用外，其餘錢三萬四千餘串，並著照該部所請，准於秋獮隨往兵丁例給幫貼銀兩內，將前項錢文按數分半支給。俾兵丁行使錢文較多，於平減市價亦有裨益。（仁宗一六一、四）

（二）對民間舊錢、小錢的放任自流和收回的處理

（順治三、五、庚戌）戶部奏言：制錢漸廣，舊錢日賤，應概革不用，惟崇禎錢暫許行使。其餘舊錢，悉令送部，每觔給價八分，以資鼓鑄。報可。（世祖二六、五）

（順治一八、三、甲戌）戶部題：各省清漢字新錢，鑄造無多，請將舊鑄厘字錢暫准行使，限一年收燬。得旨：厘字制錢，准行使二年收燬，以便小民貿易。（聖祖二、一〇）

（順治一八、一二、癸亥）山東道御史余司仁疏言：頃者禁止私鑄及明季廢錢，立法甚嚴。但從前小錢廢錢積聚民間者，不可勝數，今止禁攪和行使，而未講求收買變通之方。請於京師并直隸各省地方，立法收買，俾民無所行使，則私鑄廢錢自息。下部知之。（聖祖五、二〇）

（康熙二、二、丙辰）戶部復靖嚴禁〔厘字錢〕，本部給價收買，發寶泉局改鑄新錢，暫停各關買解銅觔。從之。（聖祖八、一一）

（康熙二四、五、庚申）戶部議覆：郎中塞楞額疏言，福建設爐二十座鑄錢，將明代舊錢悉行銷燬。應如所請。上諭大學士等曰：舊錢流布，不止福建一省，他省亦皆有之。止可聽其從容銷去。若驟爲禁止，恐不肖之徒借端生事，貽害平民，亦未可定，所奏不准行。（聖祖一二一、二）

（康熙四五、四、己亥）大學士等會同戶部議：舊小制錢錢價甚賤，不便於民。奉有諭旨，應暫動支戶部庫銀十萬兩，由戶部差官會同五城御史，收買舊制錢，俟錢價既長，奏聞。上曰：欲平錢價，此外更有良法否？大學士等奏曰：民間聞收買之說，錢價即少昂。以此揆之，此策甚善。上曰：朕細思之，此外更無良法。今錢價賤者，皆私錢多之故也。果欲力禁私錢，何難之有？明代尚能行紙鈔，豈有不能禁私錢之理？但與其嚴行禁止，毋寧和平處置，在京收買。准爾等所議。至天津、臨清地方，亦當遣賢能官各一員，即支該地方餉銀各一萬兩收買，專差侍郎穆丹督買。視錢價貴後，不時奏聞。又聞山、陝兩省販去大制錢甚多，著行文山、陝、直隸督撫，查察緊要關口，嚴令擒拏。如被獲時，將販運之人，從重治罪，毋得輕恕。（聖祖二二五、三）

（康熙四五、七、辛酉）户部侍郎穆丹遵旨覆奏：差官齎銀，收買小錢，天津、臨清等處地方，錢價已長。但五城民人行用之錢，攙和小錢者尚多，以致制錢不能長價。上諭大學士等曰：查拏小錢，乃五城提督、府尹專司之事。查拏疎忽，是以仍用小錢。若不將伊等治罪，則弊將不止。著將五城官員、提督、府尹，交都察院嚴加議處。（聖祖二二六、二）

（康熙四五、一一、癸未）山東巡撫趙世顯遵旨回奏：徵收小錢銅器，有利於民，且可以禁止私錢。得旨：著照九卿前議行。（聖祖二二七、二三）

（康熙五一、七、辛卯）户部、工部議覆：偏沅巡撫潘宗洛疏言，湖南所用制錢，多係康熙三十九年以前所鑄，錢小而輕，私鑄易於攙和。康熙四十年以後，寶泉、寶源所鑄一錢四分重大錢，雖現在搭和使用，尚屬未敷。請每年撥給新大制錢四萬貫，於回空糧船載回。運到之日，按照州縣大小，赴司領發，易銀解貯司庫。以三年爲限，將舊小制錢收燬。應如所請。從之。（聖祖二五〇、二五）

（康熙五三、一、癸亥）户部題：禁用小錢，限期三年已滿。見今大錢不敷用度，請將小錢再展限三年，與大錢兼用。上曰：爾等所見甚善。自古錢法未有如本期流行之廣者。如宋時錢至元末尚有，元時錢至明末尚有。惟本朝不但順治錢於今已少，即康熙初年之錢亦少。前者湖廣總督額倫特來奏，湖廣一省小錢甚多，若將大錢二百萬貫運去收買小錢，則小錢可盡矣。朕諭爾但知一省之事，未知天下之事。以二百萬貫錢運至湖廣，能保途間無不測之事乎？伊愕然，奏稱上諭甚是，臣實意料不及。總之，錢法必期便民，若不計便民，而但期法之必行，嚴加禁止，亦有何益？凡事必酌量權變，不失其宜，方有濟耳。（聖祖二五八、三）

（康熙五三、七、己未）諭大學士等曰：朕理事年久，洞悉錢法。錢價隨時不同，銅價貴，即燬小錢作銅賣；銅價賤，即盜鑄小錢。用小錢，則私鑄之人有利；用大錢，則私鑄之人無利。然小錢又不可禁。今大小錢兼用，於民甚便。錢法流行，莫如我朝，南至雲南、貴州，北至蒙古，皆用制錢，從古所未有也。（聖祖二五九、一八）

（雍正四、一〇、壬午）吏部議覆：山西總督管理巡撫事伊都立疏言，地方官收買小錢，例無議處正條。年終報部之時，並無起解，明係奉行不力，請嚴加議處。應如所請。嗣後州縣官收買小錢不力，照失察私鑄例處分。得旨：如此定例，則地方官自顧考成，必至奉行嚴迫，生事擾民。夫錢文乃民間日用必需之物，聞向來晉省民間所用，多係小錢，只應設法漸次收禁。若定例太嚴，逼令將小錢盡行收買，而大錢又未議及如何行布，民間日用，似有未便。著另議具奏。尋議：收買小錢，寬限三年。儻逾限猶有小錢事發者，將奉行不力之地方官，照失察次數降級。俱准其戴罪，限一年內拏獲小錢，仍照次數還職。如失察五次以上者，降一級調用。從之。(世宗四九、二六)

(乾隆四、九、己酉)閩浙總督郝玉麟、署福建巡撫布政使王士任奏：據臺灣鎮總兵章隆、知府劉良璧等飛羽呈報，該地民間使用小錢，從前番銀一两換錢一千五六百文，後漸減至一千有零，本年六月間每兩僅換小錢八百一十二文，兵民力不能支。因與錢舖較論錢價，欲令銷減，開舖之人，竟至閉歇。該鎮、府等婉爲勸諭，並禁兵民不許强行勒換，始復開張。……應請開局鼓鑄，俾臣等得將鑄出錢文運赴臺地，照例搭放官兵月餉，流通於民，以紓一時之極困。得旨：如所請速行。該部知道。(高宗卷一〇〇、八)

(乾隆一〇、二、癸丑)大學士等議覆：湖北巡撫晏斯盛奏稱，錢法關係民用，僅就本省情形，酌陳事宜。一、奸民私剪錢邊，案破纍纍，亟宜及時嚴禁行使。此外砂板錘扁古錢，及鉛鐵錢，俟相機查禁。一、民間質當，多係零星，不能禁其使錢。惟價在三五兩以上者，當給本色，取贖在二三兩以上者，亦照本色交還。一、糴買糧食，令漢口等鎮，自二三石以上，及四川湖南本省大小各船，自成石以上，用銀交易。船過關汛，即行嚴查。除日用盤費外，不准攜帶多錢。以上三條，均應如所請。至稱各當積錢至十串以上者，隨令兌給錢舖，誠恐小民待質者多，存不敷出。尚非盡善之策。應令該撫會同湖廣總督鄂彌達，將該省大小當舖，按照每日所出錢文多寡，遵照京師之例，酌立數目，妥協辦理。得旨：奏內事情，著鄂彌達、晏斯盛妥協實力爲之。餘依議。(高宗二三四、九)

(乾隆一九、四、己酉)江西巡撫范時綬奏：請飭部定議，通行各省嚴禁私錢。得旨：不但各省不必，即汝江省，亦尚在可緩之事。使官錢充裕，何必使私錢？若不充裕，並此私錢亦不令使，則民將使何物？大凡錢之一事，越辦理，越見貴。今直隸不辦理，而惟查囤積，乃大減價於前。若不查囤積及私鑄、私銷，而惟禁私錢，是不治其本而治末之見，大不可者。(高宗四六一、一九)

(乾隆一九、閏四、壬子)諭軍機大臣等：范時綬奏請查禁攙用私錢一摺，可謂不治其本而治其末，所見非是。錢法之弊，以有餘者囤積居奇。犯法之徒，復私銷私鑄，希圖漁利，錢價之昂，率由於此。若地方官實力嚴行查辦，則錢價自漸平賤。前者朕降旨查禁囤積。順天直隸地方，經方觀承遵旨查辦之後，錢價已大減於前，即其明驗。總之官錢充裕，民間自無須更用私錢，不然，則私錢之禁愈嚴，錢價之增必且日甚，於調劑本意未見有當也。頃各省錢價，未必盡平，恐其辦理之方，或尚有未得宜者。可於各省督撫奏事之便，將范時綬原摺鈔寄，令其閱看，並將此傳諭知之。（高宗四六二、二）

（乾隆二二、一〇、庚辰）諭軍機大臣等：據李侍堯奏，廣東行使制錢內，有攙和古錢，並有吳逆之利用昭武、洪化等偽號錢文，請亟為查禁等語。前代廢錢流傳至今，已屬無幾。該省攙和行使，相沿已久，若盡行查禁，轉使吏役得以借端滋擾。如唐、宋、元、明之舊錢，不妨仍聽民便。至偽號錢文，則當嚴行禁革。但辦理不善，恐小民無知，以現有錢文，官為收禁，日用無出，情有不願。著該督撫等出示曉諭，所有利用等偽號錢文，准民間檢出，官為收換。如係小錢，則以兩文換制錢一文，小民自踴躍從事。所換偽錢，即供鼓鑄之用。其發兌舖户，則應嚴禁，不得收兌。其如何辦理妥協之處，著該督撫等定議具奏。他省或有似此者，一體傳諭知之。（高宗五四九、一〇）

（乾隆二六、八、乙未）四川總督開泰奏：川省市錢攙混，久恐有礙錢法。但急切禁止，悉歸無用，於民亦屬未便。臣飭屬照市價官為收買，解局改鑄，鑄成仍照市價易銀，以還收買之費。覈計不致折耗，而錢弊可除。報聞。（高宗六四三、二四）

（乾隆二九、三、辛巳）江西巡撫輔德奏：江省行使多有剪邊砂板，及私鑄小錢，每銀一兩，可多換數十文。作奸者衆，必須錢行當舖並米糧鹽布等舖户，絕不交易私錢，勢乃自止。當立限一月，令各舖户自行交官，買歸省局配鑄。限外查出治罪。……得旨：覽奏俱悉，可謂留心本務。勉之。（高宗七〇七、二四）

（乾隆三四、七、癸卯）兩江總督高晉覆奏：民間攙用小錢，江蘇尤甚。臣重定收買之法，省城委員設局，外屬縣堂設局，每勸換給制錢九十五文。所繳小錢，先行錘碎。得旨：雖立法如此，而行之猶在得人。若不實力，終屬虛文。（仁宗八三九、一五）

（乾隆三五、八、癸卯）廣西巡撫陳輝祖奏：臣到任後，將小錢、古錢，均干嚴禁緣由，遍示宣布。凡境內鹽埠、當店、行舖、礦廠、交易之處，著令埠總舖户，領錢收買。關口稅局為商貨出入必經，亦發錢存貯，俟經過商民，傳令自行揀換。又小民日用，總係趕墟交易，即給錢誠實鄉保，於墟期收換。其苗猺狑獞，令頭人明白傳示，土司地方，飭土官稽收。數月以來，計通省收換小錢、古錢共三十一萬數千餘勉。查粵西民俗簡樸，耕作外，逐末者稀。即水陸通衢，亦鮮富商巨賈載運往來，以故揀換未多。臣與藩司淑寶，遣人密赴各屬兌錢，每串尚有小古錢二三文及五六文不等。較之未收以前，大有起色。再各屬錢價，仍平減如前，其已收小錢古錢，俱解赴省局，改鑄歸本。得旨：為之以實，期之以久可也。（高宗八六七、一四）

（乾隆三六、三、庚午）高晉、薩載又奏：自乾隆三十四年六月奉旨收買小錢，至今原限、展限並滿。原議限外呈繳者，不准給價，不繳者究處。但如江寧、蘇州、揚州等處，商賈輻輳，每歲端陽、中秋、年終三節，用錢盈千纍萬，市民斷難立時揀剔。而外來商賈，乘機攙雜，勢所不免。恐因停止收買，愛惜蠅頭，不肯自首，多方藏匿，日久仍難淨盡。請於端陽、中秋節後定限一月，年節後定限兩月，凡舖戶剔出小錢，仍准給價收買。限外查出治罪。得旨：且如此行二年看有弊無弊，再行詳悉直陳議奏。（高宗八八一、二八）

（乾隆三六、九、甲子）戶部議准：湖南布政使吳虎炳奏稱，本省錢法，向不禁止古錢。趨利小人，徒借前代名目，私鑄私販，故小錢之弊，久未淨除。請將古錢照收買小錢每勉給制錢百文之例，一體嚴禁，並予勒限。從之。（高宗八九三、一八）

（乾隆三七、八、庚午）戶部議覆：兩江總督高晉奏稱，安徽省民間所留古錢，每千文內止一二文，收買不成勉兩。請照江蘇例，聽從民便，以杜滋擾。再據江西各屬稟稱，古錢亦甚有限，請停收買。惟私鑄小錢，尚未盡絕，請照江蘇奏准例，每年三節收買，畫一辦理。應如所奏。其已收古錢，仍解局鎔鑄。從之。（高宗九一四、一八）

（乾隆三八、七、丙戌）是月，大學士管兩江總督高晉、江蘇巡撫薩載奏：江省錢文攙雜，前經奏明折中定價，收買小錢，奉諭旨令且行二年，看有弊無弊，再行詳悉直陳議奏。今自三十六年端陽節起，至本年端陽節止，已屆二年之期。計收小錢三百三十七萬餘勉。但舊存未繳及外來商賈夾帶之處，仍恐未能淨盡。應請旨再寬限二年，仍按三節給價收買。報聞。（高宗九三九、六四）

（乾隆四〇、閏一〇、癸亥）兩江總督高晉、江蘇巡撫薩載奏：民間攙用小錢，奉旨折半定價，立限收買在案。茲自三十八年中秋節起，四十年端午節止，行之又已二年。查江寧等八府三州所屬，每節收買小錢，自一二百勉至三四十勉不等。并有偏僻州縣，全無收買者。察看所收小錢，輪廓光圓，俱非近日新鑄。偽號鉛錢，已無一見。平日市肆交易行使盡係制錢，是三節收買，行之實有成效。伏查江寧、蘇州、揚州等處，係南北通津，商賈輻輳。前於收買小錢限滿後，臣等恐外來商賈夾帶隱匿，於三節完賬之時，又復乘間攙用。是以奏請展限，按節收買。原屬邀恩格外。今又已二年，自應奏請停止。惟江寧、蘇州、揚州等處，商賈雲集之地，交易繁多，其剔除未盡小錢，不能保其必無。恐尚有乘機攙入，與他處情形稍有不同。惟有照舊隨時揀剔，每逢三節繳官，給價收買。倘敢隱匿不繳，查出照行使小錢例，嚴治其罪。庶民間知小錢永無可使之時，自必揀繳淨盡，禁令久而不弛，於錢法似有裨益。得旨：是。竟當常行，至無可收買方止。（高宗九九五、一〇）

（**乾隆五五、三、庚子**）署四川總督孫士毅奏……其寶川局每年應易之錢，尚不敷省城一月之用，若將小錢概加禁絕，實多窒礙。應暫准通融酌定，每錢一千重六觔者，作銀六錢六分零，五觔左右者，作五錢。餘小碎者，不准行使，仍用局錢收買，易銀歸款，并分飭各屬，嚴拏私鑄。報聞。（高宗一三五一、一〇）

（**乾隆五五、三、辛丑**）諭軍機大臣曰：孫士毅奏，川省地方情形一摺。籌辦調劑，均得要領。惟收買小錢一節，摺內稱川省有攙和小錢之弊，請定價逐日收買，搭配銅鉛，改鑄制錢，易銀歸款。現將破爛小錢，概行收買，其餘尚堪行使者，暫准流通，仍酌定易錢數目，商賈無利可圖，自不肯攜至川中等語。川省行使小錢，殊干例禁，但相沿日久，若竟全行禁止，未免于邊黎生計有關。孫士毅請將破爛小錢，一面收買，一面將尚堪行使之錢，定以價值。於禁止之中，稍寓變通之道，亦祇可如此辦理。但小錢因私鑄而起，若止收買小錢，隨收隨鑄，其弊究未能淨絕。且直隸、山東、河南、山西、江南等省，從未聞有夾雜小錢之弊，何以川省積習相沿，皆將破爛小錢，攙和行使？自係該省為銅觔聚集之時所，奸民射利，於山僻地方，私行鼓鑄，以致小錢充斥。孫士毅現已飭屬訪查。著傳諭該署督派委妥協員弁，嚴密查拏，務使私鑄淨盡，則夾雜小錢之弊，可以不杜自絕。至四川隣省地方，亦恐有奸民等私鑄小錢，運往川中，希圖獲利之事。並著傳諭甘肅、陝西、湖北、湖南、雲南、貴州督撫，一體嚴行查禁，實力訪拏。毋得視為具文，致壞錢法。（高宗一三五一、一二）

（**乾隆五五、四、庚辰**）雲貴總督富綱、雲南巡撫譚尚忠奏：滇省民間行使小錢，其輪郭完整、字跡尚清者，暫令將二文作局錢一、以便民用。有願換局錢者，亦按此數收繳，毋拘定限。再查滇省銅鉛各廠，砂丁貪私賣得價，奸民因以盜買私鑄。現嚴飭廠員，留心稽查，毋許偷漏。並將廠民應得商銅，酌增價值，官爲收買，俾其有利可圖，不致暗中走漏。得旨：似汝等中材，祇可如此辦理，去其已甚可也。（高宗一三五三、四三）

（**乾隆五五、四、庚辰**）貴川巡撫額勒春奏：黔省壤接滇粵川楚，深山密箐，每有奸民藏匿私鑄。現諭民間將小錢盡數交官，給價解局改鑄。並嚴禁胥役藉端滋擾。旁批：亦是。又奏：奸民私鑄，須攙入鉛勔，銅少鉛多，因以牟利。貴州爲辦理鉛運之區，現飭廠員，除官給印票通商額鉛外，毋許絲毫偷漏，以杜弊源。得旨：持之以久遠可也。（高宗一三五三、四四）

（**乾隆五五、五、甲申**）又諭：據孫士毅奏，嚴查私鑄及收買小錢情形一摺，內稱川省錢文存積最多，小錢亦數倍他省。現在設廠委員收買，並嚴諭富戶，若不盡數呈繳，將來查出，即以私鑄之罪罪之。富戶頗知警懼，各將小錢交官求換。孫士毅與司道親身分赴各廠，嚴密查察，小錢隨到，隨發大錢，民情極爲悅服。兩月以來，相率不用小錢，甚於官禁，不特錢法肅清，物價亦頓覺平減等語，所辦極爲得法。前因各省多有行使小錢之弊，業經通飭各督撫，嚴行查禁。今孫士毅於省城設廠八處，嚴諭富戶，將積存小錢，盡數交官。小民等見小錢不准流通，紛紛呈繳。所換局鑄大錢，爲數雖少，買物可抵數文，民情踴躍，皆由孫士毅實心任事，親督司道，分廠稽查，辦理方有成效。各督撫果如孫士毅之周詳妥協，不難將小錢查繳淨盡。第恐視爲具文，不能如此辦理，使市儈得以牟利居奇，胥吏又復藉端需索，小錢之弊未除，而民間日用，轉多不便。即如本日琅玕、浦霖，奏到查禁小錢情形各摺，亦俱定立章程查辦。但琅玕等材具中平，非孫士毅可比，辦理稍有不妥，恐轉致滋擾閭閻。況督撫等養尊處優，於本任地方要事，尚委屬員辦理，此等事件更難親爲督率。各督撫仰膺委任，孰非封疆大臣？豈孫士毅能辦之事，督撫等竟不能認真籌辦耶？著將孫士毅摺，鈔寄各省督撫閱看，即行仿照該督辦法，實力稽查。務期小錢收繳淨盡，不致張皇擾累，方爲妥善。（高宗一三五四、八）

（**乾隆五五、六、戊寅**）閩浙總督覺羅伍拉納奏：閩省市肆及民間行使，向用番銀，每圓作錢若干，惟零星找補，始用制錢。隣省商販，又因三面環山，腳價昂貴，所帶多係銀兩，私鑄無從攙雜。現復於江西、浙江接壤處，加意查辦，毋許流通入閩。所有交官收買，爲數無多，仍可無庸設廠。旁批：是。又奏：至浙省貿易，概用錢文，小錢易於攙混，業經撫臣琅玕遵旨設法收買，務期錢弊肅清。得旨：因地制宜，祇可如此。（高宗一三五七、二六）

（**乾隆五五、六、戊寅**）陝甘總督勒保奏：甘省地處沿邊，不產銅勔，亦未設錢局。所有錢文，俱係商人從鄰省攜至。邊民秉性樸拙，遇有小錢，不肯接受。民間本自剔除淨盡。現奉旨查辦以來，鋪户居民，各遵禁令，錢價亦屬照常，並無市儈居奇之弊。得旨：時常留心可也。(高宗一三五七、二七)

（乾隆五五、七、戊申）山東巡撫覺羅長麟奏報：收買小錢，令民間各赴錢店當鋪售賣。該商店以大錢五文，易民間小錢十文，彙總交官。小錢十文，官給大錢六文。在小民，得以無用之錢，易爲有用之資；在商店，亦得以五文收買之本，即獲一文之利，無不踴躍交納。得旨：久而毋懈可也。(高宗一三五九、三二)

（乾隆五五、一二、乙亥）湖廣總督畢沅、湖北巡撫福寧奏：楚省自收買小錢以來，共收過小錢七萬四千三百五十餘觔。現在市廛交易制錢，物價頗覺平減。得旨：毋致終怠可也。(高宗一三六九、二六)

（乾隆五六、一、乙巳）四川總督鄂輝奏：川省五方雜處，錢法弊混。前督臣孫士毅奏明借動司款收買，保寧署任，又復嚴查催收。近日場市通行，均係局鑄大錢。其從前行使之錢，民知干禁，收買不日可盡。現飭局員將廢錢速行改鑄，陸續歸補司款，仍嚴拏私鑄，以絕根株。批：此中弊甚多，應留心勿怠。(高宗一三七一、二七)

（乾隆五六、五、庚寅）諭：前因民間攙使小錢，節經降旨，令各督撫嚴定章程，通行禁止。並恐地方官收買小錢，奸民等即將所易大錢銷燬，仍行私鑄小錢，繳換圖利。是則名爲交官收買，轉導以私鑄私銷之弊。因復諭令將給換大錢之例停止，勒限收繳，以期淨盡。今思市集錢文，多係商賈貿易流通，間有攙雜，民間收藏行使，各處皆然。茲令將小錢赴官繳出，免其治罪，毋庸換給大錢，固可剔除奸弊；但恐小民趨利若鶩，收藏小錢，皆係貿易所得。見地方官僅令將小錢全行交出，不給官值，不但無利可圖，且使一空蓄積。愚民觀望遷延，呈繳必不能踴躍，甚或私行藏匿，日後復間雜行使。定例雖嚴，而小錢終無淨盡之日，仍屬有名無實。嗣後著各督撫，轉飭地方官出示曉諭，凡民間呈繳小錢，若止數百文、數十文者，爲數無多，不必將大錢給換。其呈繳至數十百千串者，查明實係零星存積，並非私銷私鑄，即按照繳出小錢觔兩，量行酌給大錢。小民等不致賠累，自必爭先呈繳，可期收買淨盡。但須將收買價值，確加覈定，不可令稍有贏餘，致奸民仍行轉售私銷，弊中滋弊也。將此再行通諭知之。(高宗一三七九、一)

（乾隆五六、七、乙亥）又諭曰：鄂輝奏立限收禁小錢一摺，內稱，小錢本干例禁，應立定限期，飭令赴官呈繳，無須給價收買等語。前因地方官收買小錢，恐奸民等即將所易大錢銷燬，仍行私鑄小錢，繳換圖利。諭令各督撫，所有呈繳小錢，但免其治罪，不必換給大錢。繼復思小民收藏小錢，皆係貿易所得，若地方官僅令將小錢交出，不給官值，恐愚民觀望遷延，呈繳不能踴躍，甚至私行藏匿，日後又復間雜行使，仍屬有名無實。復經降旨，令民間呈繳小錢，若止數百文、數十文者，不必將大錢給換。如繳至數十百千串者，即按照觔兩，量行酌給以銀，使小民不致賠累，自必爭先呈繳。今鄂輝所奏，想尚未接奉後降諭旨，是以祇稱民間所有呈繳小錢，免其治罪，不復給價。著鄂輝遵照續降諭旨，飭屬出示曉諭，如有繳出小錢較多，查明實係零星存積，並非私銷私鑄，即照所繳小錢觔兩，酌量給與銀兩。並著各督撫一體遵照辦理。又鄂輝奏，改鑄小錢，若於額設匠役之外，另募人夫，入司幫鑄，恐伊等學成手藝，一經鑄畢出局，或竟舠法鑄私。惟令儘此局中額設之鑪戶砂丁，盡力工作，不使稍懈等語。改鑄收到小錢，額外多募人夫，一經學習鼓鑄，出局之後，難保其不滋生弊端，此慮甚是。著各督撫即仿照鄂輝所奏，祇須督率局中額設工匠，盡力鼓鑄，毋庸另行多募人夫，致滋弊竇。將此通諭知之。（高宗一三八二、三）

（**乾隆五六、七、壬寅**）山東巡撫惠齡奏：東省向來官設錢局，私鑄尚少。但水路通衢之地，商賈攜帶攙雜，民間零用積存，在所不免。臣等將私鑄私銷及攙和行使罪名，刊示遍貼，并飭各州縣，及分駐沿河鎮集之佐雜衙門，均設堂櫃，令鄉民就近呈繳。少者毋庸給價，如多至數十百千串，即秤明觔兩，換給大錢。其應給價值，照東省從前覈定，每繳小錢一觔，換給大制錢九十文。再所收小錢，各省歸官局改鑄，東省並無錢局，請照乾隆三十七年查辦小錢例，解交直隸省城錢局改鑄。得旨：覽奏俱悉，以實妥爲之。（高宗一三八三、三四）

（**乾隆五七、三、庚寅**）河南巡撫穆和藺覆奏：豫省民情質樸，向無私銷私鑄。復奉恩旨，於呈繳小錢數目稍多之戶，量給價值，俾無賠累。小民具有天良，自必爭先呈繳。惟與各省水路毗連處所，商販流通，易於夾襍。現飭地方官，實力稽查，可期收繳淨盡。報聞。（高宗一三九九、一一）

（**乾隆五七、三、癸巳**）安徽巡撫朱珪覆奏：安省向無鼓鑄錢局，私鑄私銷之弊較他省尚少。惟沿江水陸通衢，商賈夾帶小錢，積少成多。前經勒限二年收繳，茲各屬陸續解繳者，已有三萬餘觔。現仍飭屬依限收繳，并責成蕪湖關口查船委員，實力稽察。得旨：爲之以實，持之以久。（高宗一三九九、一五）

（**乾隆五七、三、戊戌**）陝甘總督勒保覆奏：甘省地處沿邊，並不出產銅觔，亦未設有錢局，向無私鑄私銷。但恐小民趨利，由隣省夾帶小錢攙雜

行使。前經立限收繳，現仍督飭所屬實力稽查。得旨：持之以久可也。（高宗一三九九、二三）

（乾隆五七、九、乙卯）諭軍機大臣等：戶部議覆，陳用敷奏，將所收小錢儘數供鑄，停買滇銅一摺，已依議行矣。各省查禁小錢，前經諭令該督撫於民間呈繳時，量給價值，俾小民不致賠累。今陳用敷奏，自通飭辦理以來，百姓踴躍樂從，紛紛呈繳，其所收小錢，足敷配搭改鑄，請停買滇銅一年。如此辦理，在粵西既得多獲餘息，免長途領運之勞；而滇省少撥此項銅觔，並可留供他省採買，實為兩有裨益。廣西係屬邊省，行之尚有成效，其餘各省分，呈繳自必更多，何以未據將是否足敷改鑄、停買滇銅之處奏及？可見並未實力遵辦。著傳諭各督撫，即一面仿照廣西省辦理，一面將收繳小錢共有若干及作何配用，是否足敷鼓鑄，停買滇銅之處，據實覆奏。（高宗一四一三、九）

（乾隆五七、一〇、辛巳）山東巡撫覺羅吉慶奏：現收繳小錢，解直隸寶直局配鑄。報聞。（高宗一四一五、一）

（乾隆五七、一〇、壬辰）河南巡撫穆和藺奏：豫省查收小錢，除前經報部鎔銷變價外，現在續收小錢五萬二百餘觔。應照山東成例，解交直隸官局配鑄。其收買價值，業經地方官捐給，毋庸動項給領。報聞。（高宗一四一五、二六）

（乾隆五八、三、甲寅）又諭曰：郭世勳奏請將呈繳小錢至千文以上者，每觔酌給大錢五十文，仍定以半年之限，盡行繳官等語。民間呈繳小錢，若不酌給價值，恐愚民貪利見小，私行存留攙用，一時難於淨絕。今該撫請將呈繳千文以上者，每觔給與大錢五十文，俾小民不致賠累，自必爭先呈繳。所辦亦可。但恐奸徒恃有此例，將所給大錢，私行鎔銷，攙和鉛錫，復鑄小錢，赴官繳換，輾轉漁利，其弊亦不可不防。又據稱，廣東歷年收繳小錢六萬六千餘觔，實止鎔出淨銅三萬八千七百餘觔，寶廣局鼓鑄，歲需滇銅十五萬觔，所有鎔出小錢銅觔尚不足數等語。收繳小錢鎔化之銅，雖不敷該省鼓鑄之用，但既有此三萬八千餘觔，可以配搭供鑄，亦應於下次採買額銅內照數扣抵，豈不減省運腳？何以該撫摺內，止稱現將銅觔存貯在局，而於扣抵額銅、節省運腳之處，並未籌及？著傳諭郭世勳，務飭所屬於給換大錢後，嚴查私銷。其鎔化小錢之銅，即按數扣除抵鑄。（高宗一四二五、七）

（乾隆五八、五、庚申）又諭曰：畢沅等奏，楚北收買小錢，因地處衝途，易換尚多。懇請不必立限常川收買一摺。內稱自乾隆五十五年奏准定限後，前後共收買過三十萬九千餘觔，俱經發交寶武局銷鎔，改鑄制錢。現在民間見小錢不能行用，源源易換，甚爲踴躍，應准其常川收買，繳局改鑄等語。湖廣省自五十五年收買小錢以來，先後收買過三十萬九千餘勣，不爲不多，何以小錢仍源源不絕，從何而來？今又奏請展限，可見私鑄私販，來源不斷，必致日收日多。而奸商等恃有官局收買之例，若一經查出，可以藉詞赴局呈繳，卸脫罪名。如地方官查察不到，即攙入制錢行用漁利。是名爲收買小錢，以期淨絕，而其實私販無所顧忌，攙雜更多。且湖廣小錢，非本省私鑄，即係四川雲貴各省私販順流而下，必非下游江西江南等處商賈攜帶到彼。近聞楚省下游各處皆因湖廣小錢不淨，致有攜帶到彼，摻雜行用，鋪戶居民，均受其累。是湖廣爲私販小錢總匯之所，尤不可不設法禁止，以清其源而截其流。畢沅等今請展限收買之意，不過以該處小錢不能淨絕，將來下游各處，遇有私販小錢破案，審係由楚省販來，可以託詞收買限期未滿，爲卸過地步。今姑再予限二年，著畢沅等一面盡數收買，一面於上游各關隘實力巡察。如有四川雲貴私販小錢到境，即嚴行查辦。並令江南、江西、安徽、浙江各督撫等，通飭九江、蕪湖、龍江、滸墅、北新、淮安各關，凡遇商船經過，於查看稅貨之便，一併詳查。如衹係制錢中攙雜小錢一二十串者，仍給予大錢收換，不必苛求，致滋擾累。若純係小錢，而錢數竟多至百千餘串以上，其爲私販無疑，即查出全數入官，照例發落。如此辦理，既清其源，又截其流；則私販淨絕，小錢無從行使，私鑄之弊，不禁而自止矣。如予限之後，畢沅等或於本省私鑄及上游各關隘不能禁絕，以致下游各省復有小錢行用，一經查出，係從楚省攜往，惟該督撫是問，畢沅等亦不值代人受過，自干咎戾也，將此各諭令知之。（高宗一四二九、二七）

（乾隆五八、八、甲子）諭軍機大臣曰：姜晟奏湖南省收買小錢一摺，內稱自乾隆五十六年六月至五十七年冬間，彙總查覈，共收買小錢四十四萬七百四十餘勣等語。前以畢沅奏湖北省收買小錢至三十餘萬勣之多。曾經降旨，以此項小錢，若非本省私鑄，即係四川、雲貴等省私販順流而下。特寬限二年，令畢沅等嚴密查察，盡數收買。並令江南、江西、安徽各督撫，通飭九江、蕪湖、龍江、滸墅、北新各關，於查看稅貨之便，一體查繳。今據姜晟奏，收買小錢四十四萬餘勣。較之前此畢沅所奏，爲數尤多。看來此項小錢，竟係楚省奸商，恃有官局收買之例，可以呈繳獲利，任情私鑄，將得受制錢，又復改鑄，以致日積日多。而上游四川、雲貴等省私販又攜帶小錢，聞風踵至。是以一年之內，收買之數多至四十餘萬勣。湖廣爲私販總匯之所，竟不出朕之所料。前降諭旨甚明，若徒恃收買，而不嚴行查禁，是止截其流，未清其源。私鑄私販之弊，源源不絕，必致無所底止。著再傳諭各該督撫，並通飭各關，嚴密巡查，如有私鑄人犯，一經拏獲，即嚴辦示懲。其上游商販，如有攜帶純係小錢者，即查出全數入官，照例發落。該督撫等務遵前降諭旨，實力奉行，毋任屬員視爲具文塞責。庶私鑄私販之弊，可以杜絕，而小錢可期淨盡，方爲覈實清源之道。（高宗一四三四、五）

（乾隆五九、四、戊寅）諭軍機大臣曰：孫士毅覆奏川省改鑄情形一摺。川省民間使用錢文，薄小破爛。甚至行之此站者，彼站即不能使用，必須另將銀兩易換，方可行使。而私鑄小錢，種類難以悉數，此即大弊，深爲商民之累，斷不可不嚴行查禁，設法妥辦。節經孫士毅飭屬收繳，並面加曉諭，定立限期，城鄉已將小錢呈官繳換。但據摺內稱，詢之司道，俱以川省行用小錢由來已久，節經收繳，未能淨盡等語。此何言耶？又據稱，近邊寧遠一帶，因崇山峻嶺，陸路腳費太重，間或尚用小錢等語。此更不可。川省小錢相沿既久，以致日聚日多，此時既經查禁，自當收繳將盡，務絕根株。若近邊一帶，仍聽其行用小錢，則根株未斷，奸民市儈，日久必故智復萌。私錢私販及夾帶攙用等弊，仍難斷絕。又據稱，川省奸民，私將官錢鎔化，改鑄小錢，一可變兩，係屬勢所必至。鎔化官錢，罪在不赦，地方官果認真整頓，亦何難查禁？今川省小錢如此充斥，自由地方官並未認真整頓，咎將誰諉耶？又據稱，前此初禁小錢，民間頗不願從，議者謂必有攔輿閧鬧之事。及出示之次日，周歷曉諭，鋪民皆伏地唯唯等語。查禁小錢，係爲地方除弊，自當令在必行，何至攔輿閧鬧？為此議者，孫士毅不當據實參奏乎？著傳諭福康安，於到任後務須實力稽查，設法籌辦，督飭所屬通行禁止。俾民間純用大錢，毋任再有小錢夾雜，以期積弊肅清，根株永斷，不致日久弊生，以副委任。（高宗一四五一、九）

（乾隆五九、六、癸酉）諭曰：阿桂等奏請申明例禁、嚴禁小錢一摺，已交步軍統領衙門、五城、順天府一體查禁矣。據稱小錢之弊，節經飭禁，乃現在派人持銀至市易錢，親加檢閱，每串內攙用砂板鵞眼等錢數十文。京城如此，外省不問可知。顯係該督撫奉行不力等語。各省地方小錢充斥，節經降旨通飭查禁，而其弊仍復如故。此其致弊之由，朕細思得之，即如富商大賈貲本殷實，即使逼令私鑄小錢，伊等顧惜身家，亦斷不肯作此違禁之事。不過游惰小民，衣食不給者，於僻靜處所，私行設鑪鎔化，能有幾何？其餘止係肩挑步販，爲數更少，何至小錢日積月多，甚至流行他省？其故蓋由於各省錢局鼓鑄錢文之時，不肖局員將官錢私行鑄小，額外私鑄小錢，希圖贏餘肥橐。該管上司從不顧問，或且不免從中分潤，是以利於多鑄，從不議及停減。小錢充斥，其弊實由於此。而各省中則以雲南、貴州、四川、湖廣爲尤甚。蓋各省鼓鑄所需銅鉛，俱係由滇、黔二省採買運往，而所買銅鉛，皆由部中查照各該省應行額鑄錢文，覈定數目，比較盈絀，不能額外多買多鑄，即使各該省局員，希圖微利，將局錢減小，餘出銅觔額外多鑄，亦尚限於額銅，不能過濫。至雲、貴、四川本係出産銅鉛之地，取攜甚便，而湖廣、漢口地方爲雲、貴、四川總匯，奸民雜處，私販私鑄，諸弊叢生。是以小錢公然行用，比之各省倍爲充斥。且戶工二局鼓鑄錢文，例有侍郎二人專行管理，又有該部各堂官隨時督察，錢局監督更係二年更換，所鑄錢文，尚不能弊絶風清。然即使有弊，亦不過稍減分兩，較之官鑄形模略小，斷無砂板鵞眼等項破爛小錢，若非出於此四省私鑄流行攙和，則此等小錢，又從何而來？況各該省祗係司道府等官承辦，又係常川管理，安能不弊端百出耶？現惟湖北省經畢沅等奏，請停止鼓鑄，尚爲留心整飭。然僅請停止一二年，尚覺年分較少，看來竟應多停數年，方爲有裨。至雲南局存錢文一百餘萬串，省局及東川二處，仍復按卯鼓鑄，其每年兵餉，又不搭放錢文，何必陳陳相因，徒滋積壓？乾隆四十五年，和珅前往該省審案時，因小錢風行，曾經具摺參奏。惜彼時未經即時嚴辦，停止鼓鑄，以致積弊相仍，蔓延他省。茲又閱十數年，該省錢法之弊，自更不可問。所有雲、貴二省錢局鼓鑄，竟當永遠停止。四川省經孫士毅在彼督率查禁，小錢漸就減少，然近邊寧遠一帶，尚仍沿用小錢，根株未能淨絶。是該省鼓鑄，亦應永遠停止。福康安前在雲貴四川總督任內，未能實力整頓，杜絶弊端，已難辭咎，姑念伊到任未久，旋即調任，是以不復深究。今復任四川總督，務須趁此甫經整頓之後，實力督率，不避嫌怨，留心查辦，以期小錢淨盡，方爲不負任使。若仍前辦理因循，以致錢法日壞，小錢仍舊充斥，則惟福康安是問。其餘各省督撫，經朕屢加訓飭，務宜共矢天良，據實查辦。若仍漫不經心，致流弊竟無底止，必將該督撫從重治罪，決不稍爲寬貸。但查禁小錢，全在該督撫等實心董率，嚴密稽查，不得委之官吏胥役，轉致藉端擾累。……將此通諭知之。（高宗一四五五、四）

（乾隆五九、六、乙亥）諭軍機大臣等：本日惠齡前來熱河陛見，詢以湖北停止鼓鑄一事。據稱湖北省每年額鑄錢八萬六千餘串，除搭放兵餉及工料錢三萬九千餘串外，每年多有積存卯錢。近日錢價較賤，兵丁餉項，亦樂於支放銀兩，不願關領錢文。若改放銀兩，實於兵丁爲便。其錢局鼓鑄，竟可多停數年。至川省近日省城及各府屬，節經查禁，小錢較少。而近邊寧遠一帶，現尚沿用小錢，皆由與雲南境壤相接，該處小錢流入川省，是以尚多沿用等語。前因各省小錢，在在充斥，尤以雲貴四川爲甚。業經降旨飭諭，小錢之弊，出於民間私鑄者，不過十之二三，出於錢局減小多鑄者，竟有十之七八。若不揣其本而齊其末，於事仍屬無益。所有雲貴二省，不但鼓鑄竟應永遠停止，其查禁小錢一事，尤不可不實力整頓。現在湖廣因卯錢存積過多，經畢沅等奏請暫停鼓鑄，尚爲留心。但該省每年額鑄八萬串，除搭放兵餉外，尚存四萬餘串。似此陳陳相因，徒置無用。而兵丁等又樂於支銀，而不願支錢，是竟應將兵餉滿支銀兩。其錢局鼓鑄，僅停止一二年，年分尚少，竟應多停數年。俟至必須開爐時，再行奏請辦理。其漢口地方，爲雲貴四川等省總匯處所，奸民雜處，私鑄私販，易滋弊端。更令隨時查禁，不可日久生懈。至雲貴二省，小錢充斥由來已久，富綱等既並未認真查禁，又不奏請停鑄，實屬非是。此時若再不實心督率，嚴行查辦，致小錢仍復蔓延他省，則惟該督撫是問。四川省現經查禁之後，小錢雖已減少，而近邊一帶，根株仍未能淨盡。該省鼓鑄，業經降旨，永遠停止。其查禁小錢一事，福康安尤當實力董率，不避嫌怨，留心查辦。務使近邊等處小錢淨絕，一律行用大錢，永杜弊端。毋使日久通省又復相沿行使，方爲不負委任。（高宗一四五五、一一）

（**乾隆五九、六、丙子**）諭軍機大臣等：昨據阿桂等奏查禁小錢一摺，已交步軍統領衙門、五城、順天府一體查辦。但查禁小錢最易滋弊，若奉行不善，則番役胥隸捕快等即藉端擾累，於鋪戶實在私用小錢者，轉得受賄，置之不問，而於無干商民，輒借查禁爲名，任意勒索。此等弊端，均所不免。現在戶工二局，已據阿桂等議令各減二十卯，其各省鼓鑄，亦經通飭各督撫酌量停止，以期正本清源。其民間行用小錢，自必日就減少。各該衙門，惟當督飭番役胥隸捕快等留心稽察，妥協查辦，不可稍任藉端勒索，欲去一弊而轉滋十弊，方爲有益。綿恩現署步軍統領，自與都察院、順天府悉心商酌，定有章程。其如何立法稽查，肅清錢法，不使番役胥隸捕快等，得以藉端擾累商民兩便之處，即行據實具奏。（高宗一四五五、一五）

（**乾隆五九、八、庚午**）又諭曰：福康安奏，籌辦錢法暫停鼓鑄，並於寧遠府收買小錢，設鑪改鑄一摺，已交軍機大臣會同該部速議具奏矣。據摺內稱，川北一帶民間行用俱係局鑄大錢，而錢價總未加昂。到省後與孫士毅當面講求，總由川省水陸交衝，各省商賬［販］往來，錢文類多夾雜，自平定金川以後，百貨通行，小錢充斥等語。所奏固係就川省情形而論，但小錢滋弊之由，究由於各省局員將官錢私行減小，額外多鑄小錢，希圖贏餘肥橐，以致流行各省，日積日多，而雲南四川爲尤甚。若商販夾雜使用，爲數能有幾何？即游惰小民，於僻靜處所私行鎔化，亦屬有限，何至如此充斥？

第一章　商業政策和商品貨幣流通機制 / 165

是竟由官局偷減分兩，多鑄圖利，其弊顯然。而督撫等又以錢局爲美缺，往往將伊信用私人派令管理，使之得有贏餘，以致輾軒效尤，竟成錮弊。若此時加以究辦，事隔年久，恐督撫等無一人得免咎戾者；是以寬其既往，勉以自新。今川省應發兵餉及武職養廉等項，既以銀兩滿支，則銀兩流通，錢價自可日漸增長。該省鼓鑄，竟應停止。而福康安仍請於寧遠設鑪四座，將收買小錢另行改鑄，仍不免爲地方官豫留津潤地步。又據稱，川省寧遠、重慶等處，均與滇黔交界，私鑄奸民，往往乘間販運，若查禁不嚴，必致漸滋偷漏等語。福康安具奏此摺之時，尚未接奉調任雲貴諭旨，是以在川言川。今福康安已調雲貴總督，則滇黔皆其所屬，川省小錢既由該二省私鑄運往，其應如何嚴禁，俾不至流行川省，以期杜絶弊源之處，正可悉心籌辦，務盡根株。而川省查禁小錢，孫士毅本係原辦之人，尤應實力督辦。俟和琳到任後，再行據實認真督辦。伊等三人先後接手，同心妥辦，自可期淨盡無弊。至寧遠一帶沿用小錢，據福康安奏，若於收買後，運至省城改鑄，腳價費重，勢有難行。擬於寧遠府設鑪改鑄，俟收買淨盡，即行徹局等語。此事亦暫可如此辦理，補偏救弊。但設局開鑪，最易滋弊，所派道府等未必可恃。林儁出身本屬寒微，因其平日辦事尚知出力，是以加恩擢任臬司。今寧遠府設局改鑄一事，竟當專委林儁，實心經理。並著林儁自行酌量，如能常川在彼，親身督率，固屬甚善。倘不能常駐彼處，或於空閒時，往來稽察，務使收買小錢，設鑪改鑄等事，弊絕風清，方爲妥善。林儁受恩深重，自當倍加勉力，盡心查辦。此後若能認真整頓，肅清積弊，將小錢收繳淨盡，俾該處不留萌蘖，著有成效，朕必加以恩施。倘不能實力妥辦，致局鑄仍前滋弊，小錢依舊夾雜，必將伊從重治罪，斷不稍貸。……將此各諭令知之。(高宗一四五九、二)

（乾隆五九、九、戊子）諭軍機大臣曰：户部議駁姜晟籌議錢價一摺，已依議行矣。前因各省錢價過賤，令各督撫酌量情形，將每年應行搭放錢文之處，改放銀兩，以期銀兩流通，錢價自平。嗣經户部奏請收繳小錢，俱不准給價，勒限一年呈繳，通行在案。該撫自應查照部中所定章程辦理。乃姜晟於收繳小錢一節，復欲易給銀兩，小民等惟利是趨，勢必私鑄小錢，以圖霑潤，是杜弊而適以滋弊。至兵餉既經改支銀兩，其兵米折色一項，亦應以銀搭放，以昭畫一、何得仍用錢文？且該省存錢，僅有四萬九千七百餘串，止敷二年之用，將來錢文無出，不肖官吏轉得藉詞捏報錢貴，慫慂開爐。是該撫所奏，仍不免爲屬員豫留津潤地步，辦理殊屬非是。著傳旨申飭，並著該撫按照部駁情節，逐一妥辦。(高宗一四六〇、七)

（乾隆五九、九、戊子）又諭曰：户部議駁長麟等奏請將銅鉛對成搭配鼓鑄一摺，已依議行矣。各省小錢充斥，總由於局員將官錢私行減小，額外多鑄小錢，上下肥橐分潤。節經降旨，令各督撫停鑪減卯，並嚴行查禁，以期錢法肅清，俾商民兩便。乃長麟等仍慮及復卯開鑪，錢價或至低賤，請將銅六鉛四搭配鼓鑄，而於鑄局之弊，並未陳明。該省錢價，每銀一兩易錢一千四百文，是錢價已爲極賤，斷不致即時增昂。今若加銅減鉛，奸民析及錙銖，保無將官局之錢，私行銷燬，所得之銅，又可從而私鑄。是一弊未去，而兩弊並生。況該省現在收繳小錢，曾否淨盡，並如何查禁之處，又未聲敘，殊屬疎漏。長麟等，著傳旨申飭，並著按照部中指駁各情節，逐一妥辦。（高宗一四六〇、八）

（乾隆五九、九、甲辰）諭軍機大臣等：前經户部奏請各省收繳小錢，俱不准給價，勒限一年呈繳，已准令通行各省遵照辦理。原因繳出小錢，復與易給銀兩，小民等惟利是趨，恐轉致私鑄小錢，冀圖霑潤，是以停止給價。今思民間日用及商賈貿易所有存留小錢，俱不免有需貲本，若祇令呈繳入官，不稍償以價值，小民等或因此裹足不前，私相藏匿，呈繳稀少，以致小錢仍不能淨盡。著傳諭各督撫察看情形，如可仍照部定章程，概不給價並無妨礙之處，固屬甚善，若須少爲變通，或於呈繳小錢時，酌量給價十之一二，俾各聞風踴躍，呈繳可期淨盡，似亦辦理之一法。著各督撫體察各該處情形，將應否如此酌辦之處各就所見據實速奏，到日再行交部覈議。（高宗一四六一、一一）

（乾隆五九、一〇、甲申）［陝甘總督勒保］又奏：籌議商民呈繳小錢，請酌給價值，以期收銷淨盡。得旨：妥實行之，勿爲虛言。（高宗一四六三、二五）

（乾隆五九、一一、戊子）又諭：據梁肯堂奏收買小錢一摺，内稱藩司鄭製錦令清苑縣收買小錢，所需價值無多，均係捐廉給發，毋庸另請開銷，並通行各屬仿照辦理等語。民間行使小錢，多係官局私鑄，屢經降旨嚴行飭禁，並以商賈存留小錢，不免有需貲本，或應酌量給價之處，令各督撫據實具奏。今梁肯堂奏，請仍給價值收買小錢，小民踴躍呈繳，自可漸次淨盡。該督當督飭所屬，實力妥辦，毋得日久又生懈怠。惟所稱藩司鄭製錦與各屬捐廉給價一節，此等小錢，既係歷任錢局官員，偷減私鑄，侵漁獲利，以致錢法日壞。茲該省收繳小錢，轉令未管錢局之員捐出，未免偏枯。著傳諭梁肯堂，即將此項應給小錢價值，俱著落歷任局員賠出，以昭平允。其各省收買小錢，應給價值，亦著傳諭各該督撫，一體仿照此例辦理，並令實力查

覈。(高宗一四六四、八)

（**乾隆五九、一一、戊戌**）諭軍機大臣曰：姜晟奏，收繳小錢一事，業經展限一年，若復酌議給價，轉無以使知儆畏，惟有督同地方官悉力辦理，務使依限收繳淨盡等語。民間日用及商賈所存小錢，俱不免有需貨本，若不稍償價值，商民等或因此觀望，呈繳稀少，是以諭令各督撫體察情形，酌量辦理。今據姜晟奏，小錢久經嚴禁收繳，若再酌議給價，轉使無所儆畏，應勒限一年全行完繳。所辦尚是。昨據蔣兆奎奏，山西省小錢統限於一年之內收繳淨盡，毋庸給價，與姜晟所見相同。看來小錢一事，姜晟、蔣兆奎辦理尚屬認真，但各省情形是否相同，著再傳諭各督撫悉心籌酌，應否照湖南、山西勒限收繳，毋庸給價，抑或少須變通，俾商民聞風踴躍呈繳，以期錢法速就肅清之處，據實覆奏。(高宗一四六四、一六)

（**乾隆五九、一一、辛亥**）諭：前因各省小錢充斥，節經降旨，令該督撫等嚴行飭禁，實力收繳。原以清釐錢法，便益商民。該督撫等自應督飭所屬，明白曉諭，令其自行呈繳，不致稍有擾累。乃各省奉行不善，往往有派委佐雜微員，竟至鋪戶逐一搜查，而胥役人等即藉端勒索訛詐，弊竇叢生。此等收繳小錢之事，督撫等固不能親身辦理，但各省道府州縣，身任地方，於此等事，豈不應各矢天良，悉心妥辦？該督撫等雖派微員分查，亦當分派道員，分路各責成令查所派微員，實心任事，設法勸諭，妥為經理，不致吏役因此騷擾。俾小民聞風呈繳，則小錢自可日就廓清。何得一任不肖官吏，藉事生風，因以為利。此等劣員，該督撫等如果能留心查察，據實嚴參，亦可懲一儆百。而各省從未有辦出者，是各督撫已無一具良心，俟朕瑣碎一一指示，何無一人奏及乎？欲以除弊而轉以滋弊，豈利用便民之道？著再通諭各督撫，務須隨時稽察，慎加遴委，妥協辦理，俾小民踴躍樂從，毋任劣員蠹吏稍滋弊端。倘經此次訓飭之後，仍漫不經心，致有擾累閭閻之事，一經察出，必將該督撫從重治罪，決不稍為寬貸。(高宗一四六五、一九)

（**乾隆五九、一一、癸丑**）廣西巡撫姚棻奏：給價收買小錢。請於十千以內者，每勤給銀二分；十千外至數十百千者，給銀三分。限一年繳盡。得旨：亦頗有所見。總以實力妥辦為要。(高宗一四六五、二二)

（**乾隆五九、一二、乙卯**）諭軍機大臣曰：福康安奏行抵雲南省城及查辦地方錢法各事宜一摺。初閱摺內稱錢法之壞，雲南較貴州尤甚，竟似該省錢法現有弊竇。及閱至後幅，又稱雲南地方所有從前每百不及一二寸之小錢，久已收繳淨盡。赴局抽驗官鑄錢文，勛兩已足，輪廓亦甚整齊。省城及附近州縣，現一律純用局鑄大錢。但每銀一兩，換錢至二千五百餘文，其價實覺太賤等語。自係福康安甫到雲南，尚未及詳細徧查，此次所奏，不過大概情形。雲南爲小錢淵藪，即使目下局鑄官錢果無情弊，但前此該省小錢到處公行，此時外府州縣所行錢文，亦尚不免私鑄攙雜，此等小錢從何而來？民間私鑄，不過於隱僻處所暗自傾鎔，爲數無幾。若非從前官局尅減牟利，安得小錢如許之多？況該省現在每銀一兩換錢至二千五百餘文，價值太賤，亦由該省爲產銅之區，採買便易，管錢官員每年於額外多鑄，以致錢價賤至如此。設非朕降旨停止鼓鑄，則該省錢價日賤一日，局鑄錢文不能行使，日積日多，伊於何底。錢法爲國家貨幣，貴在流通，豈可任其壅滯？此事惟在福康安妥定章程，設法調劑，務期銀錢兩得其平，俾商民兩便，通行無阻，方爲妥善。……將此諭令知之。（高宗一四六六、四、）

（**乾隆五九、一二、己未**）諭軍機大臣等：據畢沅奏收繳小錢，毋庸給價一摺。此事各省奏到，辦理不一。惟姚棻所奏摺内稱廣西省五十五、七兩年給價收繳，則所收小錢至十餘萬觔及四十餘萬觔之多。五十六年未經給價，僅收繳一萬餘觔。可見給價則收繳之數多，不給價則收繳之數少。所奏頗爲明晰。現經戶部定議通行各省，無論鑄數多少，均准赴官呈繳，每觔換大錢六十文，並予一年之限，收買淨盡。且收繳小錢，改鑄大錢，經戶部覈算，改鑄大錢一串，除工本外，尚贏餘三百文。是收買小錢，改鑄大錢，亦屬有贏無絀，自應遵照辦理。除交部彙總，同他省一併議奏外，將此先行傳諭知之。（高宗一四六六、一二）

（**乾隆六○、一、壬子**）兩廣總督覺羅長麟、廣東巡撫朱珪奏：粵東收禁小錢，節奉諭旨，令各津關留心查驗。其韶州府之太平關，現委南韶連道經理，飭令於東門外路通江西，並西門外路通湖廣之處，各設局一所，委員分司其事。至廣州府之廣佛二埠，潮州府之廣濟橋，揭陽縣之新亨、桃山、肇慶府之黃江廠，瓊州府之海口等處，均飭府縣一律設局，委員收繳。先行示諭經過客商，准其赴局呈首，一體給價。如係委員查出，不給價，仍禀明該道覈辦。得旨：以實妥爲之。（高宗一四六九、二三）

（**乾隆六○、二、庚申**）諭軍機大臣等：據刁玉成奏，現在收繳小錢，雖經剴切曉示，而小民惟利是圖，呈繳終屬寥寥。應責成地方官，令錢鋪出具不敢攙和小錢甘結，並令各省文武大小官員，於所得廉俸換錢使用時，令經管人等挑出小錢，每季册報督撫，於年終彙送督撫衙門，同各處繳到小錢，交鑪鎔化，一體捐辦，無庸給價等語。各省小錢充斥，節經降旨通飭查禁，實力收繳，並經部議酌給價值，立法已爲周備。今刁玉成復有此奏，所辦似覺煩瑣，但究爲整飭錢法起見，或有可採之處，著傳諭各督撫，酌量情形辦理，總期於泉法有益，不必拘泥遷就，轉致格礙，方爲妥善。（高宗一四七〇、三一）

（乾隆六〇、二、辛酉）又諭：戶部彙奏各省收繳小錢情形一摺。此事前據各省督撫奏到，辦理未能畫一。業經戶部覈議具奏，將所定給價六十文，通行京城及各省一體遵行。該督撫及監督等，惟應查照戶部奏定章程，各矢天良，董飭員役，於關津要隘實力嚴查，妥爲經理，毋致日久懈弛。並不得任聽員役藉端滋擾，務使小錢淨盡，圜法肅清，方爲不負委任。（高宗一四七〇、三四）

（乾隆六〇、二、丁卯）又諭：前因各省小錢充斥，節經降旨通飭查禁，實力收繳，並經部議酌給價值，奏報收繳數目，仍屬寥寥。此等奸徒捆載遠行，自不肯由陸路攜帶，總由水路行走者居多。地方官及監督等，若果能實力查收，於關津隘口，留心稽查，小錢自無難於淨盡。今據五德奏稱，設局一月有餘，已收過小錢六百千有零。可見小錢透漏，全係各關口懈弛所致。一經嚴密稽查，不特奸徒無從轉販，而商民等見查收嚴密，亦呈繳必多。嗣後各督撫監督等，務當實力嚴查，於關津隘口，尤宜加倍留心，認眞查繳。並嚴禁胥吏人等，毋許藉端滋事，以利民用而清錢法，斷不可稍存懈怠也。（高宗一四七〇、四九）

（乾隆六〇、二、丁丑）諭軍機大臣曰：玉德奏，查禁糧船私帶小錢以杜來源一摺。據稱，現在各州縣稟報收繳，自三五百千至千餘千不等，市錢已漸臻純淨等語。查繳小錢一事，前經戶部定議，如於限外藏匿不繳，數至十千以上，及不及十千者，遞加分別定罪。今東省收繳小錢，自三五百千至千餘千，爲數甚多，自係陸續查繳，非止一人一案。著該撫查明案內，如有私行藏匿，官爲查出者，即照戶部定例，分別覈辦。不得與自行呈繳者一律辦理；亦不得任州縣等將查收小錢，分作多起，以致均不及數，使奸民得以倖免，無所示懲。至所奏糧船經過臨清關，向祇點驗貨物，恐匪徒將小錢搭附糧船興販，來源仍不能淨盡一節，所見亦是。並著傳諭管幹貞，於各省漕船抵淮簽盤之時，即將小錢一併清查。並先期曉諭，如有自行呈繳者，免其治罪。倘匿不報出，查有夾帶行使者，即從重治罪，以示懲儆。毋任藉端透漏。（高宗一四七一、一七）

（乾隆六〇、七、乙卯）又諭曰：據吳璥奏，自本年閏二月起至六月止，續收小錢三萬三千餘觔，解交直隸歸局鎔銷一摺，已於摺內批示。前因各省私鑄充斥，錢法日壞，節經降旨各該督撫嚴切查禁，立限收繳，大加整頓，現在稍有起色。但外省習氣，往往日久懈生，或查察稍疎，奸商市儈，仍復私自行使，又滋弊端，不可不防其漸。除四川、雲貴、湖廣各督撫現在辦理軍務，俟大功告竣後再行降旨飭查外，其餘各該督撫務當嚴密收查，依限盡繳，毋得視爲具文，日久懈弛。倘該督撫仍不實力奉行，以致小錢又復充斥，惟該督撫是問，恐不能當其咎也。將此傳諭各該督撫，並諭吳璥知之。（高宗一四八二、一七）

（**乾隆六〇、一〇、丁未**）又諭：前因京師及各省錢價日賤，由於小錢充斥，節經降旨飭禁，並立限收繳。乃自查禁以來，已逾年餘，而京城錢價近又減落，步軍統領衙門尚有陸續收繳小錢。是錢價之賤，總由於私鑄未能淨盡。京城地方遼闊，人煙稠密，並無偏僻處所，奸徒無從藏匿偸鑄。所有小錢，必係外省夾帶來京，而外省私販若由陸運，需費繁多，不能獲利，必從水路私行販運來京。前經降旨，交各關口實力嚴查。今小錢尚敢於輦轂之下，私行使用，自由管關各員，奉行不力，日久生懈。而地方官查禁私鑄，亦視爲具文，不過出告示查禁，止過一年半載，胥忘之矣。否則各省現俱停鑄，京城戶工二局，亦各減卯，並將應發兵餉實支銀兩，又賞借王公及文武各官俸銀，銀多錢少，錢價自當增長，何以轉日就減落？其爲小錢未淨，情弊顯然。昨據陳淮奏，挐獲小錢一案，訊係由湖北漢口販至江西，是漢口竟爲小錢聚集之所。該督撫及地方官所司何事？本應從重治罪。姑念該省現有承辦軍需要務，從寬免其深究。該督撫務宜嚴飭所屬，上緊查挐。若仍陽奉陰違，別經發覺，惟該督撫等是問，恐不能當其咎也。至雲貴、四川，尤爲私鑄之藪，雖據該督撫奏，現在實力收繳，漸次淨盡。但所奏如果屬實，則私鑄既絕，來源肅清，因何各省仍復攙和行使？是該督撫所奏現無私鑄之處，亦係託諸空言。況前據徵瑞奏，於天津關已另設收繳小錢之局，曉諭過往客販，令其盡數繳出等語。隨交各監督仿照徵瑞留心查驗。嗣據盛住奏，在淮、宿、海三關設局，於查看稅貨之便，逐細嚴查。並據刁玉成奏，應責成地方官，令錢鋪出具不敢攙和小錢甘結各等語。乃自該監督等具奏以來，惟淮關收過小錢三百餘劯，滸墅關奏收過小錢六百千文，此外並未據將收過數目具奏。而刁玉成轉以責成地方官爲詞，可見該監督等並不認眞遵辦，惟以一奏了事。所有查辦不實之各督撫及管關各監督，均著傳旨嚴行申飭。除就近飭知步軍統領衙門及五城、順天府嚴密查挐，責成錢經紀毋許攙用輕減外，並再通諭各省督撫及管關各員，嗣後當各矢天良，一體實心查察，清其源以杜其流。務期圜法肅清，國寶流通，錢價增平。不可因有此旨，一時嚴行查禁，久而漸忘，又復因循懈弛。倘經此次飭查之後，仍有盤獲小錢，必當徹底根究係何處私鑄，及經過何處，即將該管各督撫暨地方官並管關各員，一併從重懲治，不能復邀寬宥也。（高宗一四八九、三八）

（乾隆六〇、一一、己酉）諭軍機大臣曰：玉德覆奏，東省向未設有錢局，尚無私鑄之弊。惟路当孔道，小錢多從水路而來。現於臺莊各水馬頭出示曉諭，飭令沿河州縣及臨清關，委員嚴密稽查；一面通行各屬實力收繳，統於年底限內，可期一律淨盡等語。昨因京師錢價又賤，由於小錢充斥，必係外省夾帶來京。地方官及關監督等，查禁私鑄，祇視爲具文，不過出示查禁，並不實力辦理。業經降旨嚴飭……著傳諭玉德，務須力除陋習，實心查察。并飭令各屬一體查禁，以期圜法肅清，錢價增平，方爲不負委任。倘各督撫復蹈故轍，因循懈弛，恐不能當其咎也。將此並諭各督撫知之。（高宗一四九〇、二）

（乾隆六〇、一一、庚午）又諭曰：張誠基奏安省收繳小錢可以依限淨盡一摺。張誠基獲［護］理安徽撫篆，甫經數月，遽稱收繳可期淨盡，言之何易。現在各省雖均設法查繳，而市間小錢仍不免充斥，此必由水陸通衢夾帶所致。著傳諭該護撫，務須隨時隨地設法收繳，以期小錢一律淨盡。即將來回至江蘇本任，亦須實力查繳，無論何處，總宜留心，不可日久因循，致有疏懈。（高宗一四九一、一七）

（乾隆六〇、一一、丙子）諭曰：景安奏，豫省小錢較前日少，但尚未能淨盡，請展限半年，盡力收繳。又據蘇凌阿等奏，江蘇省收繳小錢，俱係錘碎存局。自上年冬底至今，又收繳十三萬餘觔等語。各省小錢，屢經降旨交查，並予限收繳，其鼓鑄各省分，又已概行停止，何以錢價仍未增平？自係私錢未經淨盡所致。前據陳淮奏，拏獲私販小錢之案，訊係由漢口轉販。昨又據方維甸奏，湖廣幫船，難保無攜帶小錢沿途使用等語。可見湖廣地方，竟爲小錢聚集之所。現在該省辦理軍務，督撫司道府州縣各官，有承辦緊要之件，尚可藉詞查察未周。即日大功告成，該督撫務宜董率所屬，實力嚴查。如明年各省再有拏獲小錢之案，訊係販自楚省，必將該督撫及地方官從重懲治，不能復邀寬宥。至糧艘限期緊迫，雖難停泊候查，但過淮簽盤時，其船中有無小錢，無難一望而知。且各幫到楊村暫泊待撥時，亦可順便抽查。除就近傳知倉場侍郎外，並著漕運總督於簽盤湖廣幫船時，一體嚴密查驗。如該侍郎、總漕並不認真妥辦，任令幫船仍前夾帶使用，別經發覺，惟該侍郎總漕是問，恐不能當此咎戾。至各省收繳小錢，期限皆已屆滿，而河南、江蘇二省，據該督撫奏，尚未淨盡。可見外省辦事，多係託諸空言，有名無實。今景安即有展限之奏，著再通行展限半年，交步軍統領衙門、五城御史、順天府府尹及各省督撫，再行剴切曉諭，俾依限呈繳，一律肅清。倘逾限不繳，一經查出，必按律治罪。但清查小錢之道，惟在隨時留心，覈實辦理。如經此次展限之後，該督撫等仍敢視爲具文，始勤終怠，將來遇有查出私販小錢之案，必究明來自何處，及經過何省，將督撫及地方官一併從重懲處，不可不知凜慎也。（高宗一四九一、二四）

（**嘉慶一、一〇、乙亥**）諭軍機大臣等：近年以來，各省小錢充斥，節經降旨，諭令各督撫實力查禁收繳，而小錢仍未淨盡。且不肖吏胥等往往藉查繳小錢爲名，任意訛索，甚至暗中受賄，轉將私鑄私販之人賣放，是欲除弊而反以滋弊。可見官爲查辦，仍屬有名無實。況百姓商賈行使之小錢，均係由他處輾轉攙雜而來，並非本人私行鑄用。若不清其源而徒絕其流，於事終屬無益。現在開爐伊始，正當肅清圜法之時，該督撫等務宜實心查察，如式鼓鑄，勿令局員工匠等偷減薄小。其山僻處所有奸民私鑄者，當督飭所屬嚴拏治罪。俾官無小錢，民無私鑄，弊源可以杜絕。其民間行使，轉可不必查禁，以免擾累。惟舟車裝載成捆小錢，經過關口，仍應查拏究辦。將此通諭知之。（仁宗一〇、四）

（**嘉慶二五、五、甲子**）諭內閣：御史楊騰達奏，請禁州縣濫行採買及民間私用小錢一摺。……民間行使小錢，湖廣江浙等省爲甚，其弊由於銅船沿途盜賣銅斤，且山水奧區，易藏私鑄。並著各該省督撫實力稽查，遇有銅船過境，派員催令趲行，無使逗遛，致有私售之暇。其有具報沉溺者，並確加查覈，是否實係遭風失事，有無以少報多情弊。儻查有捏飾，立將運員嚴參懲辦。並於各州縣隱僻地方，嚴查私鑄局場，一經拏獲，按律重懲，則其源既絕，自其流漸息矣。（仁宗三七〇、一一）

（三）政府調節市價的法令措施

1. 增減鑄錢的重量和數量

（**康熙一八、三、乙卯**）策試天下貢士馬教思等於太和殿前。制曰：……自昔九府圜法，所以便民利用。鼓鑄之設，其來舊矣。邇以銅不足用，鑄造未敷，有以開採議者，有以禁民耗銅議者，果行之可永利乎？或二者之外，別有良策歟？爾多士留心經濟，其詳切敷陳，勿泛勿隱，朕將親覽焉。（聖祖八〇、八）

（**康熙二三、七、丙寅**）九卿等議覆：管理錢法侍郎陳廷敬等疏言，民間所不便者，莫甚於錢價昂貴。定例每錢一串，值銀一兩，今每銀一兩，僅得錢八九百文不等。錢日少而貴者，皆由奸宄不法之徒，燬錢作銅，牟利所致。銅價每觔值銀一錢四五分不等，計銀一兩僅買銅七觔有餘，而燬錢一串，得銅八觔十二兩。即以今日極貴之錢，用銀一兩換錢八九百文，銷燬可得銅七觔七八兩，尚浮於買銅之所得，何況錢價賤時乎？欲除燬錢之弊，求制錢之多，莫若鼓鑄稍輕之錢，每錢約重一錢。燬錢爲銅，既無厚利，則燬錢之弊自絕，錢價平而有利於民。……相應俱照所請，通行各省遵行。得旨：依議。(聖祖卷一一六、一九)

（康熙三六、一、丙戌）諭戶部：朕頃謁陵時，見用小錢者甚衆，所換之類亦多。舊錢及兩局之錢，使用者少，此實非益民之事也。今歲田禾大有，而米價仍貴。詢之土人，皆云錢賤所以米貴。又問小錢從何而來，皆云由山東來者多。由此觀之，自古以錢法爲難，誠然。先年科爾坤、佛倫管錢法時，奏請將錢式改小。朕每謂錢改小易，改大難。錢價若賤，則諸物騰貴，後因題請再三，方始准行。今果如朕言，爾等即同九卿，將錢法如何方能盡善，確議具奏。(聖祖一八六、二)

（康熙三七、五、己亥）戶部議覆：廣東巡撫蕭永藻疏言，康熙三十四年，粵東錢貴，開爐鼓鑄。今錢價日輕，請將鼓鑄停止。應如所請。從之。(聖祖一八八、一二)

（康熙三八、四、丙午）戶部議覆：浙江巡撫張勄疏言，浙省開局鼓鑄，已經兩載，今錢價日平，應行停止。應如所請。從之。(聖祖一九三、三)

（康熙三九、一、戊午）以湖北、湖南錢多壅滯價低，命暫停鼓鑄。(聖祖一九七、五)

（康熙六一、九、戊子）諭扈從大學士、尚書、侍郎、學士等曰：……朕撫御寰區，時以生民爲念。凡各省將軍督撫提鎮、差遣進摺之人及從外省來者，必詢問雨暘收穫與米糧物價。今年五月間，因京師錢價甚貴，故將應給兵丁月餉、銀錢兼發，至今尚未得平。昔年因錢價貴，管理錢法侍郎陳廷敬、阿蘭泰、佛倫馬世濟等條奏，奸宄圖利，毀錢作銅，以致錢價騰貴。如將制錢鑄重一錢，則錢價即平，於民甚便。九卿照陳廷敬等所奏議覆，准鑄小錢，朕遲至數月，未肯准行。是時科爾坤、佛倫屢奏將制錢鑄小，甚有裨益，始從其請。迨後私鑄甚多，朕以制錢，仍應照舊鑄大者爲善，故特降諭旨，而九卿請鼓鑄大錢，將小錢銷毀。朕念小錢行之已久，今又專行大錢，未知於民有無利益，暫令大小兼用，試行三年一次奏聞。於是大小兼行，自後錢價，並未見增，於民亦甚便利，此皆朕所理之事也。再從前商人辦買銅觔，錢價尚平。自趙申喬奏請交八省督撫採買，遂致遲誤。

部臣將遲誤官題參。朕以採辦銅觔改交八省，初行之始，若將違限官治罪，似屬冤抑，故暫行寬恕。其後銅觔雖陸續解送，而不能全到，有誤鼓鑄矣。銅觔少則鼓鑄誤，鼓鑄誤則錢價自貴。凡事不可執一、須隨時制宜。鼓鑄一事，從前屢經更改。今錢價何故驟貴，如何使之得平，交九卿詹事科道會同確議具奏。可否鼓鑄小錢，與大制錢兼用，其一併議之。（聖祖二九九、四）

（**康熙六一、一一、癸卯**）大學士等奏頒雍正年號錢文式樣。得旨：錢文係國家重務，向因錢價昂貴，常廑皇考聖懷，今何以使錢文價平，方合皇考便民利用之意。從前雲南巡撫楊名時題請鼓鑄，部議不准舉行。滇省之外，何省應令鼓鑄，與錢價有益，著總理事務王大臣、九卿公同會議具奏。尋議：鼓鑄錢文，應令雲南、四川兩省設爐鼓鑄。從之。（世宗一、二三）

（**乾隆三、三、丁卯**）又諭：李世倬條陳改鑄錢文一事，經九卿三議具奏。凡廷臣會議之案，原令各抒己見，不必強同。至於隨聲附和之弊，乃人臣所當切戒者。今此案三議覆奏，正得各抒己見之義，朕深取之，不必以互異為嫌。但錢文關係重大，必須斟酌盡善。著大學士悉心定議具奏。尋議：據吏部等衙門議稱，欲平錢價，必須改輕錢質。竊思錢價之低昂，原不在錢質之輕重，縱復再減二分，錢價亦恐不能平。且改鑄錢文，與現在錢文一體行使，新舊夾雜，重輕不一、民間更易紛爭。所議似不可行。又據尚書孫嘉淦議稱，銅觔留供兩局鼓鑄外，請將餘銅陸續分發售賣。竊思售賣餘銅，祇應於產銅之省，聽商民購買市賣。若令運解來京，統入官局，再分發售賣，不獨徒費脚價，轉滋紛擾，即論體制，亦屬未協。所議亦不可行。又據戶部等衙門議稱，查歷來錢法，過重則慮私銷，過輕必致私鑄。今制錢酌重一錢二分，若再減二分，與從前所鑄重錢一體使用，則奸民必致銷毀重錢而鑄輕錢。李世倬所奏，亦無庸議。從之。（高宗六四、二三）

（**乾隆三、九、庚申**）諭：雲南解京錢文，原限八月抵京。前聞已至江寧，何以在途遲延，尚未解到？現今京師錢價昂貴，民用不便，此項錢文解到，以之搭放兵餉，錢價必至平減。著沿途督撫照催趲漕船之例，委員嚴行督催，速解來京，毋得遲滯。該部遵諭速行。（高宗七六、一一、）

（**乾隆三、一一、戊寅**）雲南總督慶復奏：滇省本年四月至次年三月，共應鑄錢三十四萬四千六百餘串，撫臣張允隨以馱脚無多，勢難錢銅並運，奏請將運京錢文，分年帶運。部議以京師錢價昂貴，仍令設法調劑，按期解部。查廣西府至板蚌水次，向給運錢脚價，並不為少。但山路崎嶇，瘴癘甚重，又無回頭貨物，且東川現在運銅，恐脚戶不願運錢。應請量為調劑，令脚户自行酌量，一年運錢若干。州縣查明取保，將領運之銀全數給發，以便多買牛馬。並令近東川脚户領銅，近廣西脚户領錢，以省往返之勞。得旨：如此辦理甚妥。（高宗八一、三八）

（乾隆四、三、辛酉）軍機大臣議覆：内閣侍讀學士祖尚志奏，加卯鑄錢，以備加數放餉。查定例局鑄錢文，與解到滇錢，按單月一成、雙月二成搭放，約已敷用。今新添兵餉，錢數頓增，所請加卯鼓鑄，使錢多價賤，固爲善舉。但各省歲辦銅觔，就定額計算，雖有贏餘，實皆掛欠未完之數。即令盡數催解，亦恐不能臨期應用。前經户部議令，今年寬解銅一二百萬觔，加以粵東奏准開採銅礦，官商承辦採買洋銅，多方籌畫，銅觔自可充裕。應俟各處解到之日，酌量作何加卯鼓鑄，再行定議。從之。（高宗八八、二三）

（乾隆四、九、己酉）閩浙總督郝玉麟、署福建巡撫布政使王士任奏：據臺灣鎮總兵章隆、知府劉良璧等飛羽呈報，該地民間使用小錢，從前番銀一兩，換錢一千五六百文，後漸減至一千有零。本年六月間，每兩僅換小錢八百一十二文，兵民力不能支，因與錢舖較論錢價，欲令稍減，開舖之人竟至閉歇。該鎮、府等婉爲勸諭，並禁兵民不許强行勒換，始復開張。並稱目前得内地運錢一萬串，便可接濟。臣等查内地錢價現在昂貴，勢不能運往接濟。而臺地錢價，其貴大異尋常。況兵丁遠戍，所支糧餉銀，以之換錢爲日用薪水，操演辦公，較前更覺拮据。再四籌酌會議，惟有福州省城，從前收買黃銅器皿，共九萬八千餘觔，除已賣外，尚存生熟銅共八萬一千餘觔。若用鼓鑄錢文，照定例每文重一錢二分，配以白黑鉛觔，約可鑄錢萬有餘串，足以運濟臺地。應請開局鼓鑄，俾臣等得將鑄出錢文，運赴臺地，照例搭放官兵月餉，流通於民，以紓一時之極困。得旨：如所請速行。該部知道。（高宗一〇〇、八）

（乾隆五、閏六、戊辰）［浙江巡撫盧焯］又奏：現因錢少價昂，開爐鼓鑄。以官錢之價，減於市錢，遠近爭買，且多錢舖串人私買，轉行漁利。人多錢少，漸致擁擠，貧民不得實惠。因與布政使張若震悉心籌畫，委員挨查城關小户。將鑄出新錢，預給印單，分東西南北四城，輪設十五廠，令該城人户，就近齎單赴換，週而復始。在小民遍得賤售之益，錢舖難施私換之技。得旨：欣悦覽之。所辦甚妥，更屬可嘉也。（高宗一二一、二〇）

（乾隆五、一二、戊戌）户部議覆：湖北巡撫張渠疏稱，楚省錢價昂貴，私鑄充斥，現在驟難禁止。請採買滇銅，開爐鼓鑄，俟官錢充足，收買小錢添鑄等語。查楚省至滇較別省爲近便，應令該撫將每年鑄錢若干，需銅若干，咨商雲南督撫，妥議辦理。得旨：依議速行。(高宗一三二、二)

（**乾隆六、二、乙丑**）刑部尚書署湖廣總督那蘇圖奏：楚省錢少，民間所用不特沙板、漏風鵞眼、榆莢等錢，公然配搭，甚至將前代廢錢，并指頂大之小銅片，作爲錢形，以及鐵錫等造作埋藏舊錢，攙雜行使，屢禁不止。每千換銀一兩二三錢，軍民苦累，奸徒乘機私鑄。需錢甚亟，鼓鑄刻不容遲。查滇省現有金釵廠銅，可酌撥一年，而漢口鉛錫俱可就近採買，請即開局鼓鑄。再滇銅買者多，恐不能源源接濟，聞北南二省俱有銅廠可開，現在察訪籌辦。得旨：所議俱屬妥協，竭力辦理可也。(高宗一三七、一四)

（**乾隆六、九、己卯**）户部議准：川陝總督尹繼善奏稱，陝省錢貴，請將廢銅十三萬觔，開爐鑄錢，搭放兵餉，以平市價。從之。(高宗一五一、三)

（**乾隆六、一一、戊辰**）户部議覆：前湖北巡撫張渠奏稱，楚省錢價昂貴，請採買滇銅開爐鼓鑄。經咨令自行咨商雲南督撫妥議具奏。今湖北巡撫范璨奏稱：調任雲南總督慶復奏明，有金釵廠銅，可以酌撥。請湖北設爐二十座，每座每月鑄錢三卯，委武昌府知府督理，武昌同知協辦，巡查之員，臨時酌委，按季輪換。每座一年需正耗銅三十一萬八千五百五十觔零，白黑鉛、點銅如例酌搭，應委府佐一員，雜職一員同往採買。又滇省現買之銅僅止一年，不敷接濟。金釵廠銅，新舊各爐配鑄外，可鑄銅一二十萬觔。請將滇省每年餘銅留爲楚北購買，庶得源源接濟。應如所請，並應行文錢法衙門，鑄造青錢錢樣，一面鑄乾隆通寶漢字，一面鑄寶武清字。頒發該省，照式鼓鑄。從之。(高宗一五四、一五)

（**乾隆八、一一、戊子**）諭軍機大臣等：制錢乃民間日用必需之物。近來各處錢文短少，價值昂貴，民間甚爲不便。有言江廣等省現在鼓鑄，若山東山西等數省亦開局鼓鑄，則錢文充裕，價值可平。此說不知可行與否：該省若開鼓鑄，銅觔取於何處，爾等可寄信與各省督撫，令其酌量本地情形，悉心籌畫，定議具奏。(高宗二〇四、一四)

（**乾隆九、五、辛丑**）户部議准：貴州總督張廣泗疏稱，黔省錢價漸貴，實緣兵民交易便利，即鄉僻苗猓，皆知用錢。請於每年額鑄三十六卯外，加鑄十卯。從之。(高宗二一七、一七)

（**乾隆九、七、甲申**）户部議覆：廣東按察使張嗣昌奏稱，粵東需錢甚廣，每庫紋銀一兩換錢七百餘文至八百一二十文不等，且薄小破爛，雜以前代古錢。蓋因錢少價昂，相沿行用。查粵東存留局銅，現有九萬六千餘觔，且與滇省金釵釵、者囊兩廠相距不遠，尚可採買一二十萬觔。至需用配合之點銅、黑白鉛，俱本省出產，採辦亦易。仰懇開鑪鼓鑄濟用。應如所請。令該督撫將現貯局銅配搭鉛錫，先行開鑄，至滇省兩廠，有無餘剩銅觔，應咨該省督臣酌辦。得旨：依議速行。（高宗二二〇、一〇）

（乾隆九、九、癸卯）［是月］［川陝總督公慶復］又會同陝西巡撫陳宏謀奏，查陝省河山四塞，舟楫鮮通，錢文流通甚少，價日昂貴。惟當開採銅觔，鼓鑄接濟。茲有寶玉堂、王家梁、竹林洞、銅洞坡、青子溝五處，驗有銅信。現有商民等情願自出工本，先行採試。並聞華陰縣屬之華陽川產有鉛礦，應請一并開採，以供搭配鼓鑄。得旨：若不滋擾而可多得銅觔，自是好事，總須妥協为之。（高宗二二五、二八）

（乾隆一三、閏七、己巳）又諭曰：李渭奏請截留運京滇銅，設局開鑪鼓鑄，以平錢價一摺。朕未經批發，可交與劉統勳、阿里袞密議具奏。近年以來，各省錢價昂貴，不獨東省爲然。據奏紋銀一兩，換大制錢七百餘文，與現在京師錢價亦約略相同。乃遽請截留銅觔，此事之斷不可行者，即如漕糧間有截留，必地方需米孔亟，勢不得已，亦屬權宜之事。至銅觔關係京局鼓鑄，何得輕議截留？錢文乃民生日用所必需，固應亟為籌辦，但屢經辦理，迄無成效，再四思維，未得善處之術。即如從前大學士訥親等會議平減之法，章程井井，非不極費經營，此劉統勳、阿里袞之所知者。究之錢價未見其減，此邇年已試之效也。況市價時增時減，本無一定，若年穀順成，百物充裕，自可漸次平減。即欲開鑪鼓鑄，方於東省有益，亦當另爲設法，或委員赴浙採買洋銅，或往滇省產銅處所另籌買運。至運京之銅，斷無截留外省之理。朕意於錢文一事，非不欲辦，實辦之而無可辦，轉不若聽其自然。今李渭既爲此奏，或劉統勳、阿里袞等別有所見，可傳諭劉統勳、阿里袞，就東省現在錢價情形，應需鼓鑄與否，應如何辦理之處，熟籌妥議，具摺奏覆。務須十分慎密，即幕賓等亦宜防其漏洩。蓋此事一時未必即有良法，而一爲張揚，則市儈居奇，民情惶惑，未覩其效，先滋弊端，甚有關係。一併傳諭劉統勳、阿里袞等知之。尋奏：山東錢貴，在於去歲冬底、今歲春初。目下不起不落。李渭所奏，於理於事，均不可行。若辦洋銅，則時日難期；辦滇銅，則輓運需費。至收買廢銅，則又已行而無效者。況東省今歲乃恩免錢糧之年，農民以粟易錢，不須換銀交官，錢商無由多歛。且梨栗棗柿，花實盛茂，賈販之來收果品者，其錢俱散在鄉間。連歲賑濟銀兩至數百萬，而錢無從增益，所以冬春間錢價驟長。今大賑已完，新糧入市，果實充斥，官未開徵，計錢價不致再昂，暫緩不至病民誤事。得旨：知道了。告之準泰可

也。(高宗三二一、七)

（乾隆一三、九、癸亥）諭軍機大臣等：據按察使吳士端具奏，浙省錢價昂貴，請增添爐座，購買銅觔一摺。錢文為民生日用所必需，吳士端在浙言浙，或該省爐座實須增添，銅觔不難就近購買。著傳諭巡撫方觀承詳察地方情形，如商銅除交官領價外，所有餘銅猶可供局採辦，及民間廢銅器具，官可設廠收買，聽其自行交易，並無妨礙。而官局成本，合之平兌價值，又可通融補苴，總不出一兩之數，即應酌量辦理，以平市價，以惠閭閻。著將吳士端原摺鈔發，令方觀承酌其可行與否，定議奏聞。此等事件，最宜秘密。即如京師錢文一事，甫交大臣籌辦，尚未定議，而外間已有浮論。遂致市儈居奇，錢價轉加昂貴。方觀承於此事，尤宜加意斟酌，慎密辦理，毋致洩漏。(高宗三二四、二九)

（乾隆一四、五、戊辰）諭軍機大臣等：據瑚寶奏稱，錢價日昂，由於棍徒射利私銷。欲杜盜銷之源，必杜毀錢之利。請仿照以一當二之法，將錢文鑄重一錢六分，并於錢文內鑄明二釐字樣，則每錢百文止重一觔，毀之僅值銀二錢，不惟無利，而反摺錢四十文，奸棍無利可圖，則銷毀之弊自除等語。從前鄂彌達以楚省錢貴，請改鑄八分錢，亦欲使銷毀之徒，無利可趨。後以奸徒毀制錢二千即可私鑄三千，以致銷鑄兩弊，均難杜絕。經部議改正，仍遵舊制。夫欲杜私銷而轉啟私鑄之弊，將銷毀益甚，此理易明，人所共曉。今瑚寶復請改鑄當二錢，謂每錢百文重止一觔，毀之僅值銀二錢。不知毀錢售銅，則鑄輕固無從獲利，若毀以私鑄，則毀錢一千可鑄當二錢七百五十文，抵現錢一千五百文。其弊與鄂彌達所改八分小錢何異？愚民趨利如鶩，因盜鑄而盜銷更多，是欲杜盜銷之一弊，而更滋盜鑄盜銷之二弊矣。以朕觀之，錢價時有低昂，此亦與年歲相為贏縮。當時和年豐，百昌滋殖，物阜直賤，錢價自平。至立法之減輕加重，當十、當百，皆前此所講論。一法行而諸弊起，但經置議，民間即受錢貴之累，不如以不治治之。瑚寶所見，知其一不知其二，甚屬錯謬。著傳旨申飭之。(高宗三四一、一一)

（乾隆一七、九、丁亥）署湖南巡撫范時綬奏：錢弊多由私銷，請改輕錢文，使私銷者無所得利，其弊自絕。再各省銅廠，採煉銅觔，除解局供鑄外，餘銅請聽商民交易。庶銅多價賤，私銷不禁自止。得旨：此事實無良策，且待緩圖。(高宗四二三、二五)

（乾隆二一、閏九、庚申）諭：朕明春巡幸江浙，所有供宿頓次，皆出自帑項，絲毫不以累民。第扈從官兵以及外省接駕人等，輻輳雲集，經過地方，錢米價值，恐一時或致騰踴。著將運京銅鉛，兩省各截留十萬觔，添鑪鼓鑄，減價發賣。並將該二省應運本年漕糧，各截留五萬石，減價平糶，以裕民間食用。該督撫其各飭屬員，實心經理，毋使吏胥滋弊，務俾均霑實惠。該部即遵諭行。(高宗五二三、一四)

(乾隆二四、二、戊午) 諭軍機大臣等：甘省連年承辦軍需，錢價未免昂貴。西安鼓鑄爐座無多，從前已屢次協撥，現存無幾。四川為產銅之區，添鑪鼓鑄，錢文必多。若由水路運至略陽，轉送甘省，即增添運費，較之甘省現在錢價，尚當減省。著傳諭開泰，查明該省存局餘錢，儘其所得，撥出數萬串，委員陸續運至略陽，交陝省委員轉運甘肅一帶。視錢文之多寡，酌定成數，搭放兵餉，以每銀一兩，折錢八百文為率。如有贏餘，即設局減價兌換。並計其兌換銀數報部，於撥解甘省協餉時，照數扣除，改撥川省抵餉，以省往返運送之煩。并傳諭明德知之。尋據開泰覆奏，以錢八百文折銀一兩，每串計可多出二百文，足敷陸路運費。至川鑄錢文，除搭放兵餉，及發交地方官出易外，局存有限，錢價本不甚昂，應將出易之錢暫停。並將搭放餉錢，暫借數月撥運，不致久需時日。得旨：妥協辦理可也。(高宗五八〇、一三)

(乾隆二四、九、戊午) 諭軍機大臣等：據楊應琚等奏，甘省錢價稍昂，解濟搭餉，需用甚繁，楚省存局餘錢尚多，請勅下湖廣督臣，委員解甘濟用等語。著傳諭碩色，將該二省存局錢文查明現存若干，儘數撥解。派委妥員，由水路陸續運至陝省之龍駒寨，交該處地方官接收，轉運西安藩庫，另解甘省。其一切運價錢本及解送接收各事宜，該督等彼此咨商，一面妥協辦理，一面將查明存局餘錢若干，先行奏聞。(高宗五九六、一九)

(乾隆二四、一〇、癸卯) 諭：前因甘肅錢價昂貴，傳諭湖廣、四川各督撫，於局鑄餘錢內，酌撥協濟。現在大兵凱旋，及一應屯田事務並民間日用錢文在所必需，著於四川省每歲協濟錢十二萬串，湖廣省每歲協濟錢八萬串，按數分起解甘濟用。其所需工本物料價值，以及水陸運費，各該省俱作正報銷，毋庸甘省歸還，以節糜費。其甘省易錢銀兩，並著照數報部撥餉。該部遵諭速行。(高宗五九九、四三)

(乾隆二六、二、己丑) 諭軍機大臣等：據明德奏，甘省錢價現已大平，所有湖南、湖北每歲各協濟錢八萬串，請概停撥解，以免輓運之煩等語。從前因甘肅錢價昂貴，且在辦理軍需之際，是以降旨令川楚兩省，就近撥解協濟，以裕民用。今軍務既已告竣，而甘肅錢價，又已大平。且湖廣距甘遼遠，水陸轉運約四五千里，計其運腳所費，轉多於甘省現在市價，自應酌量停止，以省糜價。著傳諭該督蘇昌及湖南湖北二撫，除已經起運在途者，仍照舊轉運至甘外，其未經起運，及原定每歲協濟錢文，概行停其撥解可也。（高宗六三一、三）

（乾隆二六、四、己丑）甘肅巡撫明德奏：前奉旨撥運川楚錢解甘協濟，兩年以來，已撥到錢四十餘萬串。正月內，因河東錢價大減，業請將湖南、湖北兩省停撥。今河西錢價大平，川錢亦請停撥。得旨：著照所請行。（高宗六三五、九）

（乾隆三五、八、辛巳）戶部議准：原任雲南巡撫明德奏稱，雲南錢價，每銀一兩易錢一千一二百文，市價已屬太賤。向於六府設爐一百十六座，歲用銅二百三十餘萬觔，實屬過多。應將東川各設鑪二十五座，大理、廣西各設鑪十五座，臨安、順寧各設鑪八座，暫爲裁減，歲可省銅一百四十五萬餘觔。再陝西歲需銅三十五萬觔，今辦至四十萬觔，應將增辦之數裁減。廣西辦銅四十六萬觔，貴州辦銅四十八萬觔，湖北漢口，爲商銅聚集之所，今歲辦滇銅五十萬觔。均屬過當。此四省可酌減銅五六十萬觔。滇省現開子廠，歲獲銅一千萬餘觔，除供京銅及本省外，可得餘銅三百萬觔，一二年間，外省委員，均可挨次領運。從之。（高宗八六六、一二）

（乾隆三六、一一、己酉）諭軍機大臣等：近來各省督撫因採辦滇銅，購運每羈時日，紛紛奏請停鑪減鑄。固就該省情形，爲一時權宜之計。經戶部議覆，均已准行。第思錢法貴於流通，近日錢價頓平，自由鑄錢日多之故。今各省皆請減鑪座，此後官鑄錢文，即不能如前充裕。設市儈探知其故，或難免於藉口居奇，復增錢價，於錢法甚有關係，不可不豫爲籌畫。著傳諭各省督撫，其已經酌減鑪座省分，暫照原議辦理，不必重事紛更。倘或將來錢價稍昂，局銅寬裕，仍應隨時酌量，以復舊規。其未經議減各省，務須通盤籌計，期使錢值常平。如有必不得已籌及減鑪者，亦祇可於續添鑪座內，暫爲通融酌減，并須覈局餘錢，足敷遞年支放，方爲妥善，不得概請停鑪減卯，致礙錢源。著於各督撫奏事之便，傳諭知之。（高宗八九六、二三）

（乾隆四〇、四、壬午）戶部侍郎管錢法堂事金簡奏：查現存局錢，甚屬充裕，市價亦平減，每銀一兩值制錢九百五六十文。請將本年閏月加鑄四卯暫徹。從之。（高宗九八〇、五）

（乾隆五二、一〇、壬戌）諭軍機大臣曰：徐嗣曾奏，臺灣自用兵以來，車運軍裝夫腳，並給發義勇口糧，在在需用錢文，以致錢價昂貴。恐將來逐漸增昂，於民用官需均有滯礙。請勒下浙江、江蘇撫臣，每省各借錢十餘萬串解閩等語。閩省剿捕事宜，一切運送軍裝夫價以及給發口糧，需用錢文較多，以致錢價昂貴。自應從隣省撥濟，以平市價。但江浙兩省，現在錢價是否平減，局銅是否敷用？若因協撥閩省，以致該二省錢價增昂，局銅不敷，亦多未便。著傳諭李世傑、閔鶚元、琅玕，即行妥辦籌酌。如該二省照數協撥，而本處錢局銅觔，尚能寬裕，足敷鼓鑄流通，市價不致增昂，固屬甚善。自應即各備錢十餘萬串，解閩以備應用。如該二省錢文，實有不能照數協撥之處，或酌量減半撥濟，亦無不可。李世傑、閔鶚元、琅玕，宜就江浙兩省現在情形，通盤籌畫，妥酌辦理。所有協撥錢文，即著附搭米船一併撥至上海，轉運閩省備用。（高宗一二九一、四二）

（乾隆五六、一〇、**庚申**）又諭曰：長麟奏，調劑市集錢價一摺，朕初閱時，因泉貨流通，隨時長落，原可聽民自便。但該省現在錢價過賤，諸物未免增昂，推原其故，自因銀少錢多，以致錢價日賤，物價愈昂。朕即想及該省暫停鼓鑄，自可調劑得宜。惟是銀錢互易，務在商民兩得其平。其應如何量為節制，不使稍有窒礙之處，必須籌算周詳。且錙銖較量，以及商儈情形，此等細事，原非朕所素諳。本日復與軍機大臣講求，推原該撫所稱，將江省各營兵餉暫以銀兩散放，並請來春暫緩開鑪一節，係為一時調劑起見，與朕初意相合。看來長麟於地方事務，尚能留心，應照所請辦理。但民可使由，不可使知。若令小民明知其故，又難保無市儈將錢文豫行收積，以為將來擡價牟利地步。此等權宜之計，祇可因時通變，行之一年，以收一年之效，可暫而不可久。如明歲停止局鑄後，錢價不致日賤，仍當照舊辦理。即此法亦祇可行之江省錢賤之處，而他省情形，又各不同，亦不得一例辦理。總之有治人無治法，惟在封疆大吏，因地制宜隨時妥辦也。此治目前之急，由五百里速諭知之。（高宗一三八九、一六）

（乾隆五七、三、**乙亥**）諭軍機大臣等：上年據長麟奏，江省現在銀少錢多，錢價日賤，請於來春暫緩開鑪鼓鑄。朕以該撫所奏，固為一時調劑起見，但可暫而不可久。如明歲停止局鑄後，錢價不致日賤，仍當照舊辦理。惟思該省錢價過賤之故，由於私鑄充斥，與官錢攙雜而行。今已將鼓鑄停止，則官錢不復發給，恐市儈知將來錢價漸昂，將錢文豫行收積，私銷私鑄，更易滋弊。則小錢必致仍復行使，所為查察小錢，調劑市價，仍屬有名無實。著傳諭該督撫，將該省錢價，較前貴賤如何，現在有無私鑄小錢之處，查明據實覆奏。（高宗一三九八、七）

（乾隆五七、三、**戊戌**）是月，兩江總督書麟、江蘇巡撫覺羅長麟覆奏：江蘇省錢價現惟太倉等五州縣較前稍增；其句容等三十二州縣，仍俱同前；上元等三十二州縣較前又賤。查寶蘇局實存制錢十六萬餘串，計支放五十八、五十九兩年兵餉，尚屬有餘。今春暫緩開鑪，應請於來年正二月內，仍行按卯鼓鑄，支放兵餉。照舊辦理。至私鑄私販，上年拏獲懲治後，已俱斂跡。現仍督飭各屬，實力嚴挐，得旨：嘉獎。(高宗一三九九、二二)

（乾隆五九、六、丁卯）諭軍機大臣等：據畢沅等奏，卯錢存積過多，請將寶武局鼓鑄歲額暫停一二年。俟現存錢文支放變賣，將次完竣，再行奏請復額，按年鼓鑄等語。所奏似屬可行。昨因京城錢價過賤，已降旨令各督撫酌量情形。今據畢沅等奏請停止鼓鑄一摺，看此情形，不獨湖北一省局錢存積過多，即各省亦大概相同。其故總由鼓鑄局員多有額外私鑄小錢，以爲贏餘，藉資肥橐，而該上司亦不免從中分潤，是以陳陳相因，不願將鼓鑄停止。試思小民肩挑步販，爲數有限，即奸民私鑄，亦祇能於僻靜處所設鑪鎔化，能有幾何？乃各省小錢在在充斥，以致錢價日賤，商民交累，豈可不力爲整頓？除奉天、山東、河南、安徽、甘肅五省向未設局外，其餘各省均係開爐鼓鑄。雖情形各有不同，其應如何酌量辦理，或仿照畢沅等所奏暫停一二年，或竟停止，或酌量減卯，及將搭放錢文改放銀兩，並動款收買錢文之處，各抒所見，悉心妥議具奏。且小錢充斥，川省尤甚，近聞孫士毅在彼督率查辦，漸就減少。然近邊寧遠一帶，尚仍沿用小錢，根株未能淨絕。福康安前任四川總督未久，旋即來京，又復調任陝甘，其未能辦理之咎，尚屬可寬。今值此甫經整頓之後，若能認真不避嫌怨，留心查辦，以期弊絕風清，方爲不負任使。此係朕爲整頓錢法起見，特爲詳悉指示，該督撫務宜共矢天良，據實籌辦。若希圖錢局霑潤，藉詞含混，以致錢法日壞，私鑄充斥，朕必追究來自何省，一經發覺，恐該督撫不能當其咎也。(高宗一四五四、二二)

（乾隆五九、六、丁卯）又諭：昨因近日錢價過賤，酌籌調劑，已降旨各督撫，令其酌量情形。今日適據畢沅等奏請停止鼓鑄一摺，看來各省局錢存積過多，大概皆然。雲貴兩省，係出産銅鉛省分，每年鼓鑄，陳陳相因。前據富綱奏添撥工本採買餘銅一事，經戶部查出該省積存局錢，已有一百五萬餘串。此後又按卯鼓鑄，存積之多，自必倍於他省。現在詢之譚尚忠，據稱，滇省近年每紋銀一兩換錢至二千四五百文，錢價實爲過賤。若將雲南局錢停止鼓鑄，實爲有裨等語。可見該省錢價更賤於他省，而小錢充斥，亦惟雲貴爲甚。前於四十五年，和珅前往雲南審案時，即以該省小錢風行，曾經具摺參奏，並將行使之破爛小錢呈覽。茲又閱十數年，該省錢法之弊，自更不可問。其故總由錢局鼓鑄局員，將官錢私行減小，額外私鑄小錢，希圖贏餘，而雲貴爲出產銅鉛之所，取攜甚便，更可多鑄肥橐。該管上司，亦不免從中分潤，是以利於鼓鑄，不肯停減。試思戶工二局鼓鑄錢文，例有侍郎二人專行管理，又有該部各堂隨時督察，而錢局監督又係二年更換，所鑄錢文尚不無輕減分兩等弊。況該省止係督撫派員承辦，而所派之員，又係常川管理，並不更換，若再有上下分肥等事，又安能不叢生弊端？且各省鼓鑄，所有銅觔，俱係由滇採買解往，各有定額，即減小多鑄，尚有限制；至雲南則本地產銅，廠員皆係屬吏，又並不停鑄減卯，局員亦何所顧忌，而不任意多鑄，希圖侵潤耶？即如該省既設有省局而東川又復設局開鑄，其每年所放兵餉，又並不搭放錢文。若非爲貪圖侵潤起見，又何必常川鼓鑄，以致積壓日多，其弊顯而易見。姑念事屬既往，不加深究。但度量情形，該省兩處錢局及貴州錢局，竟應俱行停鑄。遇有應放錢文之處，局中存錢不少，儘可足敷支放。即使存錢漸次放完，其應放之項，亦可將銀改放。如此辦理，則局錢既不致徒滋擁積，虛縻工價，民間錢文又不致日賤一日。而局中既停鼓鑄，小錢日少，亦不致流行他省。而銅鉛積存多餘，又可爲京師及各省鼓鑄之需，實爲拔本塞源，一舉兼善之道。朕因整理錢法，不憚再三訓諭，詳悉指示。富綱久任雲南總督，受恩深重，費淳前後兩任雲南藩司，現又護理巡撫，伊二人從前辦理因循，已難辭咎，此時務宜各矢天良，據實查辦，以此日剔弊之功救已往侵欺之罪。若因局鑄錢文，可以霑潤自便私圖，或爲屬員贏餘地步，不顧公事，藉詞難以停減，將來錢法日壞，小錢充斥，自必追究來路，則惟該督撫等是問，必當加倍治罪，恐富綱、費淳不能當其咎也。(高宗一四五四、二三)

　　(乾隆六〇、二、壬午) 山西巡撫蔣兆奎奏：山西寶晉局原設六鑪，前經議減二鑪。復准戶部咨，直隸、江蘇等省，現因錢價過賤，奏明全行停鑄。查晉省每銀一兩，尚止易錢千文以內，市價未爲昂貴。但局內存錢，多至一萬數千串，已足敷貯備平價之用，其額放兵餉，均可以銀兩滿支，應將減存四鑪，一併停止。下部知之。(高宗一四七一、三一)

　　(嘉慶四、七、己卯) 諭內閣：前因民間錢價日賤，飭令京外各局減卯停鑄。本年春間，因京城錢價較昂，曾降旨諭令戶工二部，將所停之卯，量爲增復。自增卯以後，錢價仍未甚平，所有戶工二局，俱著全復舊卯鼓鑄。(仁宗四九、一六)

2. 禁止制錢的私鑄、私銷

（**順治一四、一一、甲辰**）和碩簡親王濟度等遵旨議奏：私鑄錢文之爲首及匠人處斬，爲從及知情買使者擬絞監候。其賣錢經紀舖戶，興販攙和私錢者，責四十板，流徙尚陽堡。總甲、十家長，知情不首者，俱照爲首律處斬。不知者，坐失察，責四十板，徒一年。告捕者，賞銀五十兩。該管地方官知情者，亦照爲首律處斬。不知者，照失察例處分。不能覺察者，在内五城坊官，在外州縣衞所官，每起降職一級。掌印兵馬司，併直省知府、直隸州知州，每二起降職一級。司道每三起降職一級。捕盜同知、通判、州縣吏目、典史，有捕盜責任者，照各掌印官例。運鹽使司運使，照司道例。分司照知府例。鹽場大使，照典史例。千總、守備、都司照州縣例。參將、遊擊、副將照司道例。從之。（世祖一一三、二）

（**康熙四五、一〇、辛亥**）諭大學士等：山東長山縣周村一帶，俱開爐私鑄。巡撫趙世顯，不禁不捕，乃奏請鼓鑄大錢。若不禁私錢而鑄大錢，則大錢重小錢輕，小民必思射利，毀大錢而鑄小錢，是大不利於地方矣。今山東奸民，鑄小錢者甚多。或地方官圖利，與之同事，亦未可知。但未拏獲，何可懸擬？頃差侍郎恩丕等，帶德州兵本，馳驛往長山縣周村等處，捕鑄私錢之人。已諭伊等於拏獲之後，並私鑄之爐帶往趙世顯處示之，問以地方見鑄私錢，不禁不捕，又欲請鑄大錢，何故？觀趙世顯更將何詞以對。外省督撫孰賢孰否，朕俱知之，清濁斷不能掩也。（聖祖二二七、一三）

（**康熙四五、一一、戊辰**）大學士等奏：九卿等議山東巡撫趙世顯題，濟南、臨清所屬開爐鼓鑄一事，奉旨：俟差往山東緝拏私鑄大臣回日再奏。今侍郎恩丕等已回，謹以原案請旨。上曰：數年以來，私鑄甚多，制錢甚賤。屢諭九卿確議，著該管官員嚴行緝拏。乃山東奸民私鑄者愈多，衆皆知之，無一人舉奏參劾。趙世顯身爲地方大臣，既不嚴拏，反請暫停錢禁，以便小民，又奏請於濟南、臨清地方開爐鼓鑄。九卿議照巡撫所題，以鼓鑄之事交知府管理。朕訪察山東奸民私鑄巢穴，確有所見，差大臣緝拏，俱已擒獲。不知九卿附和趙世顯者何意？著明白回奏。（聖祖二二七、一七）

（**康熙四五、一一、己巳**）諭大學士等：因山東私鑄小錢，故特差侍郎恩丕等緝拏。今既禁私錢，又不收取，則用私錢者，無日可止矣。朕意欲令來年徵收山東錢糧，其銀一兩，折錢二千。俟錢盡時，照二千錢之數折收諸樣銅器。則不出一年，私錢自盡矣。彼地官員不能緝拏私鑄，俱係有罪之人。即將所收錢及銅交付伊等，運至京城，以贖前罪。運到之時，即著增爐作速鼓鑄制錢。爾等可與九卿詹事科道，會同詳覈議奏。（聖祖二二七、一七）

（**康熙四五、一一、癸酉**）九卿等遵旨回奏：近者山東巡檢趙世顯，請於濟南、臨清開爐鼓鑄，臣等俱已准行具奏。今山東奸民私鑄，皇上特差侍郎恩丕等拏獲，以其人交趙世顯，取到私錢，與臣等觀之。臣等始知山東私錢，若是之多。應將趙世顯所請開爐鼓鑄之處，無庸議。至臣等愚昧，前既不能察明，會議又不加詳細，罪亦何辭？今遵旨將山東來年錢糧，折收小錢銅器，會議摺子呈覽。上曰：著遣賢能司官一員，即齎此摺，往問趙世顯，果否有益於地方。著具奏。（聖祖二二七、一九）

（**康熙四七、閏三、己丑**）諭大學士等：朕聞湖廣襄陽地方鼓鑄私錢，糧船裝載至京，各處售賣，此事須清其本原。著大理寺卿塔進泰，速往會同該督撫，嚴察具奏。并檄總漕，將楚省糧船裝載私錢偷賣者嚴行查拏。（聖祖二三二、一八）

（**康熙四七、七、丙戌**）九卿遵旨議覆：大理寺卿塔進泰疏言，湖北現用私錢，價值甚賤，奸徒射利，潛於襄陽漢口，收買私錢，運載糧艘至京城各處販賣，以致流布四方。請嚴行禁止，并收買銷毀。嗣後事發，地方文武官員，知情，立斬，家產人口入官。不知情，革職。司道以上，降二級調用。其私鑄及工匠私販人等，分別首從斬絞。如糧艘鹽船，私裝販賣，運弁、船戶等，照私鑄為首入例治罪。至湖北制錢甚少，使用不足，請將戶部所鑄重一錢四分之制錢，每年發四萬緡，給各府州縣分賣，所賣銀兩，即作兵餉給撥，三年後停止。其武昌所鑄一錢重制錢，限五年銷毀。應如所請。從之。（聖祖二三三、一六）

（**雍正三、五、癸丑**）又諭：制錢乃日用必需之物，務使遠近流通，以便民用。京師錢局每歲鼓鑄，則制錢應日加增。今雖不至缺乏，而各省未得流布，民用不敷，是必有銷燬官錢以為私鑄者。且聞湖廣、河南等省私鑄之風尤甚。著直隸及各省督撫申飭該地方官，密訪查拏，嚴行禁止，毋使奸徒漏網。儻稽察少疎，仍蹈前弊，一經訪覺，定將地方大小官吏分別治罪。（世宗三二、一〇）

（**雍正一三、一一、癸丑**）嚴禁銷燬制錢。諭曰：國家錢法，關小民日用之需，必使流通充裕，方能足用阜民。乃每年鼓鑄，而錢不加多，京城之中，康熙錢文甚少，此必奸徒暗行銷燬之故也。我皇考惠愛斯民，宵旰焦勞，留心錢法，屢頒諭旨，嚴飭內外官員，查拏盜銷之弊。而目下仍然錢少價昂，則有司奉行不力，顯然可見。將此通行曉諭，凡京城內外，各該地方官，務必密緝嚴拏，勿稍疎縱。儻仍視爲具文，發覺之日，必將該管官重加處分，不稍寬貸。（高宗七、九）

（**乾隆四、三、庚申**）內閣侍讀學士祖尚志奏：錢局鎔銅渣土，工匠舖戶人等買出，每於曠遠之地，設爐淘煉。官吏察訪不周，保無暗行銷燬？請責成步軍統領、五城御史，委員嚴查，有銷燬制錢者，照例治罪。**儻稽查不力**，將司查官員，交部議處。從之。（高宗八八、二三）

（**乾隆六、五、丙戌**）刑部等衙門議覆：御史楊朝鼎奏稱，凡私鑄無字砂殼錢文，比照僞造印信未成律，減等擬流。奸民恃例禁稍寬，幸重罪可免，貪圖微利，轉啓犯法之端。請從重定擬。查砂殼小錢，並無年號字樣，稍與私鑄大錢有間。減等擬流，固屬太輕，概擬斬決，又覺漫無區別。請嗣後將私鑄砂殼小錢之犯，爲首及匠人，均擬斬監候。其例應絞決者，改照免死減等例，分別發遣。例應發遣者，改爲滿流。流罪以下，依次遞減一等。得旨：所議甚是，依議。（高宗一四三、一一）

（**乾隆八、四、乙未**）刑部議准：閩浙總督那蘇圖奏稱，私鑄制錢，已有定例，私造鉛錢，律無正條。請照國初私鑄銅錢原律，爲首及匠人，擬絞監候。爲從及知情買使者，各減一等。里長知而不首者，杖一百。不知者不坐。得旨：依議即行。（高宗一八八、一一）

（**乾隆八、六、庚辰**）［閩浙總督那蘇圖］又奏：辦理閩省錢價，將存貯場館錢文搭放，市價已臻平減。幷拏獲私鑄奸徒究辦。得旨：好，應如是留心者，若能再獲，則犯者益少矣。（高宗一九五、三一）

（**乾隆九、一二、乙巳**）刑部議覆：署福建按察使王廷諍奏稱，乾隆八年定例，私造鉛錢，照私鑄銅錢原律，爲首及匠人擬絞監候，爲從及知情買使者各減一等。但私鑄鉛錢，多寡不同。其糾黨廣鑄，至百十餘千，勾通販賣者，固應照例問擬。其愚民貧無聊賴，僅以鐵瓢鎔化些須鉛觔。造錢數千文及三五百文者，概擬縊首，似覺情輕法重，請量予末減。查絞犯減等，罪止擬流，恐私造鉛錢之奸民，恃例禁稍寬，覷法漁利，勢無底止。私鑄定例內，原有分別，法無可貸，情有可原之文。其法無可貸者，照例立決；情有可原者，請旨發遣。如果鎔鉛造錢不及十千者，即照情有可原之例，於疏內聲明請旨，無庸另立科條。其爲從及知情行使者，依次遞減。從之。（高宗二三〇、三）

（**乾隆一〇、一、辛巳**）命直省籌鼓鑄。諭軍機大臣等：近年以來，京師錢價增長，民用不便，朕深爲厪念，多方籌畫，諭廷臣悉心計議，務得善策以平價值。上冬伊等議得數條，試行於京師，數月以來，錢價漸減，似有微效，民間稱便。至於外省錢價昂貴，比比皆然。爾等可將京師所議各款內摘取數條，密寄外省有鼓鑄地方之督撫，令其密爲商酌，能仿照而行以便民用否？外省與京師情形不同，自有難於一例之處，但錢文源源鼓鑄，自應日積日多，足敷民用。乃價值日漸增長，恐私銷或亦不免，夫銷燬制錢之弊，最爲難查。若將零星設爐之小舖，照京師之例，令其歸併，派官稽查，以杜燬錢造器之弊，事屬易行。……如可仿照而行，即密商辦理，具摺奏聞。……尋江蘇巡撫陳大受奏：……設立鎔銅官局，稽查銷燬。查省城銅舖，四散開設，必使聚於官局，不特無地可容，兼恐稽察不得其人，反滋擾累。至銷燬之弊，應通飭文武員弁，實力稽察。……得旨：所見頗是。……浙江巡撫常安奏：浙省向無鎔銅大局……然銷燬不可不防，則令各州縣再行設法稽查。……得旨：所奏俱悉。福建巡撫周學健奏：……銅舖零星賃屋開張，未便移聚一處。但恐爐具現成，暗將制錢私燬，應飭各州縣，查明境內銅作坊若干，銅舖若干，內設爐者若干，開報姓名，取具不敢銷燬遵依，連環甘結，有犯許地鄰保甲首報。仍派典、巡、千、把不時密查。……得旨：惟在因時制宜行之而已。……湖北巡撫晏斯盛奏：……銅舖四散開設，既未便議移官局，銷燬自所不免。應照京師例，派佐雜武弁，督兵役常川查禁。責十家互相稽察，並令各舖將出入數目，逐日登記，按月呈報。……得旨：總在汝等妥酌行之。……湖南巡撫蔣溥奏：……銅舖本微，易於私銷取利，自應派員督查。但舖面俱在一處，出入有限，不須搬入官房，逐日稽察。……川陝總督慶復奏：陝甘地處西陲，……銅器由外省製就買運。惟小爐銅匠，率皆收買廢銅鎔化。應責成保甲鄰佑，稽查有無銷燬。……得旨：有治人，無治法。即京城之法，朕亦不謂之十分合宜，仍不過補偏救弊而已。四川巡撫紀山奏：……銅舖鑄造稀少，且紅銅市價較賤，不須銷燬。……得旨：所奏俱悉。署廣東巡撫廣州將軍策楞奏：粵東行使錢文，向有三項。一、各省所鑄大制錢，名曰青錢；一、從前所鑄康熙小制錢，名曰廣錢，又曰紅錢；一、前代年號古錢，名曰黑錢。近年粵東停鑄，他省運至者少，是以大制錢不可多得，而紅、黑二錢充溢市上，質輕價重，一經入爐，得不償失，銷燬之弊，不禁自除。……得旨：今制錢之所以日貴者，以行使之處甚廣也。粵東既有各色錢文行使，朕意不若聽從民便可耳。若必定以法令，使之盡使制錢，反有扞格難行之處。即京師籌畫錢法，亦可謂不遺餘力，而總無善策，況外省乎！（高宗二三二、六）

（**乾隆一四、三、戊午**）刑部等部議覆：福建巡撫潘思榘疏稱，民人賴

膾私造鉛錢，除攙和行使，各輕罪不論外，應照私鑄爲首例，擬斬決。得旨：刑部議覆此案。（高宗三三六、二六）

（**乾隆一四、四、丁酉**）刑部議覆：福建巡撫潘思榘題，賴膾私鑄錢文一案。請嗣後拏獲各犯，不論砂壳銅錢，爲首及匠人，俱擬斬候。爲從及知情買使者，俱發遣爲奴。如受些微雇值，及停工後利其價賤買使，並房主鄰佑、總甲、十家長，知而不舉者，俱照爲從減一等杖一百，徒三年。其房主人等，並不知情，但失於查察，俱杖一百。或將空房誤借匪徒，未經首捕，非受賄容隱者，仍照不知情科斷。該上司及地方官，均交部分別議處。至私銷之犯，情罪較私鑄尤重。嗣後應將爲首者擬斬決，家產入官。惟私銷者形蹤詭密，稽察較難，應令地方官設法密查。有能拏獲者，交部議敘。如失於覺察，與該上司均交部分別議處。至房主、鄰佑、總甲人等，知情受賄，代爲隱匿者，照爲從例治罪。如並未分肥，不行首告者，減一等杖一百，流三千里。如並未知情，止失察者，俱杖一百。其首捕審實者，官給賞銀五十兩。再拏獲私鑄到案，應先嚴究曾否私銷，倘得確實，即照私銷從重治罪。現在賴膾之案，即依此例辦理。從之。（高宗三三九、一二）

（**乾隆一四、一一、甲戌**）雲南巡撫圖爾炳阿奏：接奉諭旨，以閩省現有不法舖户，將制錢剪邊易換，奸商越省興販。閩省既有此弊，他省或不能無，令傳諭各督撫查察。臣查滇省產銅，省、臨、東大等處，俱設局鼓鑄，市價較他省尤賤，倘被奸商舖户，勾通囤積，賤買貴售，恐販運私燬等弊，由此而起，已於上年飭令各屬盤查。嗣據各處申報，委無前項弊端。蓋緣滇南跬步皆山，不通舟楫，駝運腳價甚昂，獲利有限，是以私販絕少。今復飭司道等密查，實無剪銼私販等弊。得旨：滇省實無此弊，汝所奏，似屬實力奉行朕旨，而實可以不必。且朕轉恐汝於別旨亦不過如此虛言實力奉行而已。（高宗三五三、一九）

（**乾隆一五、一、癸酉**）廣西巡撫舒輅奏：各省鼓鑄制錢，原期泉布流通，不容奸徒翦邊興販，惟是此輩漁利，亦由不法舖户貪賤收買所致。是欲禁奸棍之翦邊，必先禁舖户之收買。至翦銼奸徒寄跡之處，多因愚民未知律例，徇隱不首。今飭屬出示嚴禁，如有收買攙兌，許易錢之人與鄉地首稟地方官究治。並將徇隱治罪各例，明白曉示，有首報審實者，酌賞示獎。得旨：知道了。實力行之。（高宗三五七、二四）

（**乾隆一七、二、辛丑**）諭軍機大臣等：河南巡撫陳宏謀奏請查拏私鑄奸徒摺内，請將民間行使私錢一體問罪，私錢官爲收買鎔化，可充官局鼓鑄之用等語。朕思私鑄固當嚴禁，而私銷之罪，浮於私鑄。乃地方官惟事查獲私鑄，以邀議敍，而拏獲私銷者，甚屬寥寥。前經通行傳諭，惟在該督撫等，督率所屬，實力奉行耳。至因嚴私鑄，而並重行使私錢之罪，則因愚懵不辨，而罹咎者衆。既虞其滋擾，若官爲收買，則將鎔鉛圖售，私鑄者不更多乎？此奏所謂知其一不知其二，不可見之施行者。惟私銷之弊，究未能得其肯綮，著於伊等奏事之便，再行傳諭知之。（高宗四〇八、一九）

（**乾隆二三、三、戊戌**）大學士等議覆：刑部尚書鄂爾達奏稱，私鑄銅錢，定例擬斬監候。但所犯數目情節不一、各省定案，情實、緩決，每多參差。請嗣後私鑄十千以上，並不及十千而私鑄多次者，均入情實。不及十千及鑄未成中止者，各督撫列入緩決，自因情尚可原，但照常監禁，安坐囹圄，轉無以昭炯戒。請照新定情重軍流人犯，發巴里坤等處種地例，改發種地。應如所請，令該部行文各省督撫，一體辦理。從之。（高宗五五八、一二）

（**乾隆三〇、二、己卯**）刑部議覆：江西布政使張逢堯奏稱，銅鉛私鑄各犯，請不分錢數多寡，但鑄造已成，爲首及匠人概擬斬絞。其錢數不及十千減等例，刪除。查私鑄定例，錢不及十千者免死減等發遣。概擬斬絞，情未平允，應將該布政使所奏，毋庸議。惟此等人犯，向發雲貴兩廣等省，該處均產銅鉛，恐萌故智。請嗣後改發黑龍江等處，給披甲人爲奴。從之。（高宗七二八、二）

（**乾隆三四、一、乙未**）諭軍機大臣等：永德奏查辦窮邊私鑄小錢摺內，有此風不能盡絕，總由鎔化大制錢加入鉛錫，即可鑄出多錢，獲利甚溥，而私鑄錢不及十千者，定例罪止發遣等語。所見全然不曉事理。從來私銷之罪重於私鑄，奸徒等既已肆法圖利，敢於鎔化制錢，則其所犯之罪，已屬私銷，更無疑義。乃永德轉目之爲私鑄，且以鑄不及數，罪止發遣，謂不足以戢刁風，是不惟爲屬員等潛起避重就輕之見，漸且於律條分門別類，判若黑白者，亦瞢然不省，是誠何言？永德著傳旨申飭。（高宗八二六、二一）

（**乾隆三四、一、戊戌**）軍機大臣等奏：定例載，凡有將制錢窮邊鎔銷圖利者，照私銷例治罪。查私窮之犯，或自行鎔銷，或轉售他人，同歸銷燬。是一經私窮，即應照例治罪。因例內有鎔銷字樣，致各省將已窮未鎔之案，聲請量減，殊屬兩歧，請交部刊正條例。得旨：著交刑部查明，刊正畫一。（高宗八二六、三〇）

（乾隆三四、二、癸未）是月，江蘇巡撫彰實奏：續獲覲邊私鑄各犯，現在審辦。查銅器舖戶，俱有商辦洋銅可買，尚無收買碎銅情弊。得旨：此語蓋爲開脫私銷而設，如此婦人之仁，豈能剔弊除奸。（高宗八二九、三一）

（乾隆四五、五、戊子）諭軍機大臣等：前據和珅等查奏，滇省私錢盛行，每百不盈一掬，半係鉛砂攙雜。官銅缺少，由私鑄盛行，而私鑄盛行皆由官局錢文薄小。並將該省所行私錢，另包進呈。昨和珅至行在復命，復經面詢情形，據奏請設法查辦整頓等語。滇省各局設有鑪座，每年所鑄比之他省爲數較多，現在正當整飭銅務，清釐錢法之際，豈宜私鑄混行？況有私鑄，必有私銷制錢改鑄私錢者，更不可不加意查察。其私鑄之細小錢文，急宜收燬，將官局制錢按照江廣各省從前收買小錢成例，與民間公平收兌，改鑄大錢，但思滇省官局現在所鑄錢文，其分兩自不及京局錢文之重，而以之收買小錢，原亦不必拘泥每串七勦半重之成例，應即以此種局錢收買小錢。俟不錢收買將次淨盡時，再照定例加足分兩，鼓鑄官錢。如此逐漸收繳，如平糶倉糧漸減價之例辦理。庶錢法漸有起色，於銅務有益。仍將現在如何設法辦理之處，詳悉覆奏。將此由五百里傳諭知之。（高宗一一〇六、二〇）

（乾隆五五、三、辛丑）諭軍機大臣等：孫士毅奏川省地方情形一摺。籌辦調劑均得要領。惟收買小錢一節，……小錢因私鑄而起，若止收買小錢，隨收隨鑄，其弊究未能淨絕。且直隸、山東、河南、山西、江南等省，從未聞有夾雜小錢之弊。何以川省積習相沿，皆將破爛小錢攙和行使？自係該省爲銅觔聚集之所，奸民射利，於山僻地方，私行鼓鑄，以致小錢充斥。孫士毅現已飭屬訪查。著傳諭該署督派委妥協員弁，嚴密查拏，務使私鑄淨盡，則夾雜小錢之弊，可以不杜自絕。至四川鄰省地方，亦恐有奸民等私鑄小錢，運往川中，希圖獲利之事。並著傳諭甘肅、陝西、湖北、湖南、雲南、貴州督撫，一體嚴行查禁，實力訪拏，毋得視爲具文，致壞錢法。（高宗一三五一、一二）

（乾隆五七、三、丙子）諭軍機大臣等：前因民間私銷私鑄，攙使小錢，節經降旨，令各督撫嚴定章程，通行禁止。嗣據直隸、山東、江蘇、浙江、江西、兩湖、兩廣、四川、雲、貴、陝西各督撫將查辦飭禁緣由，陸續奏到。而福建、甘肅、安徽、河南、山西等省如何辦理之處，迄今未據覆奏。此等私鑄小錢，攙和行使，於錢法大有關係。而小民趨利若鶩，種種弊端，各省皆所不免，自應一體飭屬，實力查辦。其福建、甘肅等省，有無此等弊端，及如何嚴定章程，設法查禁之處，自當據實具奏，何以遲之許久，尚未

奏到？著傳諭各督撫即將各該省現在作何辦理，並有無弊端之處，迅速具奏，毋得任意拖延，致干咎戾。（高宗一三九八、九）

（**乾隆五八、五、庚申**）又諭曰：畢沅等奏，楚北收買小錢，因地處衝途，易換尚多，懇請不必立限常川收買一摺。……湖廣省自五十五年收買小錢以來，先後收買過三十萬九千餘勩，不爲不多，何以小錢仍源源不絕，從何而來？今又奏請展限，可見私鑄私販來源不斷，必致日收日多。而奸商等恃有官局收買之例，若一經查出，可以藉詞赴局呈繳，卸脫罪名。如地方官查察不到，即攙入制錢行用漁利，是名爲收買小錢，以期淨絕，而其實私販無所顧忌，摻雜更多。且湖廣小錢非本省私鑄，即係四川雲貴各省私販順流而下，必非下游江西江南等處商賈攜帶到彼。近聞楚省下游各處皆因湖廣小錢不淨致有攜帶到彼，攙雜行用，鋪戶居民，均受其累。是湖廣爲私販小錢總匯之所，尤不可不設法禁止，以清其源而截其流。畢沅等今請展限收買之意，不過以該處小錢不能淨絕，將來下游各處遇有私販小錢破案，審係由楚省販來，可以託詞收買限期未滿爲卸過地步。今姑再予限二年，著畢沅等一面盡數收買，一面於上游各關隘實力巡察。如有四川雲貴私販小錢到境，即嚴行查辦。並令江南、江西、安徽、浙江各督撫等，通飭九江、蕪湖、龍江、滸墅、北新、淮安各關，凡遇商船經過，於查看稅貨之便，一併詳查。……若純係小錢而錢數竟多至百千餘串以上，其爲私販無疑，即查出全數入官，照例發落。如此辦理，即清其源，又截其流，則私販淨絕，小錢無從行使，私鑄之弊，不禁而自止矣。如予限之後，畢沅等或於本省私鑄及上游各關隘不能禁絕，以致下游各省復有小錢行用，一經查出，係從楚省攜往，惟該督撫是問！畢沅等亦不值代人受過，自干咎戾也。將此各諭令知之。（高宗一四二九、二七）

（**乾隆五八、八、甲子**）諭軍機大臣曰：姜晟奏湖南省收買小錢一摺。內稱自乾隆五十六年六月至五十七年冬間，彙總查覈，共收買小錢四十四萬七百四十餘勩等語，……較之前此畢沅所奏［湖北省收買小錢至三十餘萬勩］爲數尤多。看來此項小錢竟係楚省奸商恃有官爲收買之例，可以呈繳獲利，任情私鑄，將得受制錢又復改鑄，以致日積日多。而上游四川、雲、貴等省私販又攜帶小錢，聞風踵至。是以一年之內收買之數多至四十餘萬勩。湖廣爲私販小錢總匯之所，竟不出朕之所料。前降諭旨甚明，若徒恃收買而不嚴行查禁，是止截其流，未清其源，私鑄私販之弊，源源不絕，必致無所底止。著再傳諭各該督撫，並通飭各關嚴密巡查。如有私鑄人犯，一經拏獲，即嚴辦示懲。其上游商販如有攜帶純係小錢者，即查出全數入官，照例發落。該督撫等務遵前降諭

旨，實力奉行，毋任屬員視爲具文塞責。庶私鑄私販之弊，可以杜絶，而小錢可期淨盡，方爲覈實清源之道。(高宗一四三四、五)

（**乾隆五八、八、丁丑**）又諭曰：畢沅覆奏酌籌查禁私鑄小錢一摺，已於摺内詳晰批示矣。惟稱又有一種用熟之康熙、雍正錢文。形模略小，銅色帶青，市人謂之青錢，流傳已久，若一概禁止，恐錢價因此翔貴等語。所奏實屬非是。前因小錢流行，有關鼓鑄，是以降旨各省督撫，設局收買。復因湖廣省收買小錢，爲數至三四十萬餘勘之多，顯係奸商見有官局收買，因而私鑄私販，冀圖漁利。節經嚴飭該省督撫，並予限二年，令其實力查禁，原指尠薄小錢而言，並未令其將青銅錢文一體銷燬。況康熙、雍正錢文，係皇祖皇考年號，豈有查禁之理？何得與應燬小錢一體列諸章奏？畢沅係讀書之人，何不檢點若此？著傳旨嚴行申飭。所有湖廣私鑄私販之弊，仍著遵照節次諭旨，嚴飭各屬，實力奉行。毋得視爲具文，以一奏塞責也。(高宗一四三五、一)

（**乾隆五九、九、戊申**）諭軍機大臣曰：永慶奏，陸地私鑄，易於敗露，若於水面舟次乘便私鑄，在長江一帶寬闊僻靜之處抛錨停泊，倘遇官船巡緝，或將私鑄什物抛沉水内，難於搜獲。請嚴飭地方官員，將一應船隻編號烙印，各給執照，注明船户姓名，以憑稽查等語。長江大湖水面遼闊，其中洲灘汊港、人烟稀少之處，奸徒等駕駛船隻，藏匿其中，私鑄爲匪，在所難免，不可不一體稽查。但如永慶所奏，將一應船隻編號烙印，則私鑄之弊未除而吏胥人等紛紛藉端婪索，更恐百弊叢生，不勝擾累。雲、貴、四川爲小錢之藪，私販沿江而下，必經由湖廣兩江地方。此外如洞庭、鄱陽、太湖等處，水面寬廣，亦易藏奸。著傳諭各該督撫，止須嚴飭沿江濱湖文武員弁留心巡查。一有私鑄私販匪徒，立即嚴拏究治，不得任令胥役人等借端滋擾，方爲妥善。(高宗一四六一、二二)

（**嘉慶五、閏四、甲子**）諭内閣：松筠上年在陝甘總督任内，曾經條奏，請將私鹽、私鑄二項，悉行弛禁。所見殊屬迂謬，斷不可行。……試思私鹽私鑄律有明禁，係開國以來祖宗定制，豈得輕議更張？設朕有不循成法之意，妄思更改，在廷諸臣尚當直言極諫，松筠安可以一人臆説，妄欲紛更？且如松筠所奏，將私鹽私鑄概寬其禁，則自鹽政以下各官皆當裁去，另派專司鹽税之官，紛紛更制。且現在私鹽有禁，不過官役巡攔，尚有私梟拒捕等事。若設立税口，是向日販私者轉需交納官税。儻販私之徒逞其刁悍，不肯交税，又將如何辦理？至川省若弛私鑄之禁，則各省亦必相率效尤，豈有國家泉幣之權操之自下？隳紀綱而弛法度，莫此爲甚。而松筠以爲所鑄係嘉慶通寶即非私鑄，是何言耶？且分設各廠，聚集多人，更恐釀成事端，其流弊將不可勝言。又賊匪即有私鹽私鑄之徒，聞風散出，爲數亦屬無幾。此外如松筠摺內所稱，啯匪賭棍及白蓮教匪，又豈皆令其各回本地作奸犯科乎？是所奏種種紕繆，實爲迂腐無識。倘朕輕聽其言，貽誤不小，且似此議論紛紜，豈非謀夫孔多是用不集之明驗乎？（仁宗六五、一六）

（嘉慶九、一一、己酉）諭內閣：戶部等衙門議覆朱桓條奏，京城錢價過昂，請嚴察積弊，禁止居奇，以更民生等因一摺。國家設局鑄錢，原以利用便民，而錢價之昂貴，總不外局中短鑄及奸商私毀二端。京城寶泉、寶源二局按卯兌發銅鉛鼓鑄錢數，自有定額，該錢法侍郎，自應督飭各該監督，釐剔弊竇，實心經理。而奸商私毀之弊，即京師亦所不免。著步軍統領衙門嚴密訪拏，以清弊源。至外省設立錢局，按卯鼓鑄，何以錢價騰貴更甚於京師？自由各該督撫及各該地方官不實力督辦，或係局中短鑄，或有奸徒私毀，以致錢文不能充裕，價值日昂。嗣後各直省督撫，當轉飭各地方官一體嚴察。如查有短鑄及私毀情弊，立即查拏懲辦。毋得視爲具文，以重錢法而利民用。倘各該督撫等不實心籌辦，經朕訪聞，或別經發覺，惟該督撫是問。（仁宗一三七、一四）

（嘉慶一六、二、乙未）諭內閣：御史李培元奏請禁民間私鎔制錢一摺。私銷制錢，例禁綦嚴，乃奸民冒法趨利，巧將官鑄錢文鎔化，改製器皿，總由地方官查禁不力所致。著通飭直省各督撫嚴飭所屬，留心察訪。如有招匠設局，私收制錢，潛行鎔化者，一經訪獲，即將爲首奸民緝拏到案，從重治罪。俾匪徒知所儆畏，庶積弊漸除，官錢日加充溢。但不可令蠹役借名搜查，貽累商賈，致滋流弊。（高宗二三九、一七）

（嘉慶二一、一一、己巳）諭內閣：御史胡承珙奏請禁私鑄小錢一摺。私鑄久干例禁，立法綦嚴。而出產鉛斤之貴州省，及鉛斤聚集之湖廣等處，私鑄尤多。現在貴州黑鉛暫停採運，其廠座必當嚴行封禁，不可絲毫偸漏。其兩湖地方遼闊，爲私販聚集之所，稽察尤不可不周。或在官人役得錢包庇，或船戶水手勾串販運，如該御史所奏，均屬實在情形。著該督撫務飭所屬州縣，實力訪拏，並於各關隘認真稽查。如有私鑄並書役容隱包庇販運等弊，立即嚴拏究辦。其鋪戶如有存留小錢，仍明白曉諭，令其悉數繳官給值。庶商民咸知畏懼，而私鑄私販之弊，可期日漸斂戢矣。（仁宗三二四、一九）

（嘉慶二四、二、丙戌）又諭：御史喻士藩奏請平錢價以杜弊源一摺。各直省錢價消長不齊，勢不能官爲定制。該御史請將制錢價以一千爲率，低昂不得過百文，由州縣隨時申報，出示曉諭，實屬窒礙難行。所奏著無庸議。至私鑄盜銷本干例禁，總當查明私鑄之所，禁絕根源，方足以除奸究而

杜擾累。著該督撫實力奉行，毋得視爲具文。(仁宗三五四、二七)

（**嘉慶二五、五、甲子**）諭内閣：……民間行使小錢，湖廣江浙等省爲甚，其弊由於銅船沿途盜賣銅斤，且山水奧区，易藏私鑄。並著各該省督撫實力稽查。……並於各州縣隱僻地方嚴查私鑄局場，一經拏獲，按律重懲。則其源既絕，自其流漸息矣。(仁宗三七〇、一一)

3. 通過官局、商號投放或吸收市場

（**雍正三、二、乙未**）諭户部：雲南、四川鼓鑄錢文，聽其流通各省以便民，不必禁止出境。(世宗二九、二三)

（**雍正九、七、戊辰**）户部遵旨議奏：京師錢價昂貴，請酌定應行應禁事宜，以期漸次疏通。一、民間錢多則價賤，錢少則價增。應令提督、府尹、五城御史不時巡查，其有販運出京及囤積居奇者，即行拏究。一、五城十廠，糶賣成色米，現在止餘五千餘石。請令各廠再領通倉成色米四萬五千石，均勻發糶。所得錢文發五城錢舖，照定價九百五十文兌换。俟此項兌完，即令官錢舖將所换銀兩，照時價收錢，循環流轉。至八旗米局糶賣錢文，亦交本旗錢舖，照五城例循環收换。一、兵丁月餉，現在一九搭放，今户部卯錢及五城賣米等錢，共得三十四萬餘串。官錢舖既有銀兩兌換，不必於庫内再發。則八九十月餉錢，皆可以二成搭放。俟十一月以後，仍照舊例行。一、八旗五城，現有錢文併所賣成色米之錢，定價每市平紋銀一兩，换大制錢九百五十文。俟市價漸增，官價亦漸增添。以銀一兩合大制錢一千文爲率，不得因市價而遞減。一、京城向有姦民勾通經紀，豫發本銀，於大小舖户收賣制錢，多藏堆積，俟錢貴始行發賣，名爲長短錢。應嚴行查禁。從之。(世宗一〇八、五)

（**乾隆三、六、甲申**）大學士鄂爾泰等議覆：參領四十七奏稱，八旗開設米局二十四所。每局一日，可賣錢數十千，合二十四局，則已賣錢百千串，若不轉發兌換，則又有囤積自官之弊。請令於米局内兼設錢局出兌，隨時低昂，不定其價，隨銀交易，不限其數。即以此錢换出之銀買米，日有此百千串官錢，在民間相爲流通，則民間之錢，雖欲增價而不能。應如所請，庶無堆積之弊，但不必另設錢局，即就本局辦理。從之。(高宗七〇、一〇)

（**乾隆八、一二、壬子**）諭：今年直隸所屬河間等處，偶被偏災，彼地貧民赴京覓食者，俱已加恩賑濟，不令失所。但其間尚有不在賑濟之數者，或手藝營生，或傭工度日，適值米價漸昂，當此歲暮天寒，情殊可憫。著户部將京倉米石，酌量給發各旗局及五城米廠，照依時價覈減平糶，賣與零星

肩販之人，俾得沿途糶賣，使僻巷窮簷皆霑實惠。再京城近日錢價，尚未平減，著仍照夏間平糶之例，將賣米錢文赴市易銀解部，以平錢價。該部即速妥議辦理。（高宗二〇六、四）

（乾隆九、一〇、壬子） 大學士鄂爾泰等奏：京師近年以來，錢價昂貴，實由耗散多端，若不官爲查禁，設法疏通，則弊端難杜，錢亦無由充裕。謹據現在情形，公同酌議八條。一、京城內外，鎔銅打造銅器舖戶，宜官爲稽查。查京城內外，八旗三營地方，現有鎔銅大局六處，銅舖四百三十二座，內貨賣已成銅器不設爐舖戶六十八座外，設爐舖戶三百六十四座，逐日鎔化打造。京城廢銅器無幾，崇文門過稅之銅，每年僅三百萬觔，斷不敷打造之用，勢必出於銷錢。應將爐座舖戶，於京城內外八旗三營地方，現在查出官房三十六處，計七百九十一間，即令伊等搬住開設，鎔銅打造。其所住房免納官租一年，以爲搬移之費，一年後，照例納租。所有官房內開設各舖戶，交步軍統領等衙門派撥官弁稽查，將每日進舖銅觔若干，并鎔化打造出舖銅觔若干，逐日驗明，如出數浮多，即行稟報根究。一、京城各當舖，宜酌量借給貲本銀，收錢發市流轉。查京城內外官民大小當舖，共六七百座，錢文出入最多。現在平減錢價，各當舖如得官借貲本，收錢上市發賣。在當舖既多添貲本，而在市逐日又多添錢文發賣，兩有裨益。應將京城各當舖，無論官民，每大當貲本豐厚，應派給銀三千兩，聽其營運。將所領銀兩，存留作本。每一日交制錢二十四串，運送官局，上市發賣，每制錢一串，加錢十文爲局費。其賣出銀，仍交各當舖收回作本。至於小當貲本，原有多寡不等，有情願借銀者，准赴局具呈，查明現有架本，酌量借給。所繳錢文，並賣錢易回銀兩，俱照大當一例辦理。再借給大小當舖貲本，約銀五六十萬兩，核算每日可收錢數千串，須設公局收貯，派員經理。查有正陽門外布巷官房一所，地安門外鼓樓東官房一所，應作爲錢局。至收錢、發銀、造冊、文票，俱用順天府治中印信爲憑。其局內書算人等，令管局官挑補。所有市上原賣錢文，每制錢一串內，少腰串錢二文，以爲局內官役飯食紙張等項之用。俟一年後，如果錢價平減，將該管錢局官，交部議敘。倘有侵蝕虧那，據實查參。一、官米局賣米錢文，不必存貯局內。查八旗、內務府，設米局二十七處。於乾隆三年三月議准，每局各給銀二千五百兩作本，收買米石，并給粳米二千石平糶。其收買糶賣，出入銀錢，向係各該旗、內務府辦理。再本年發給八旗、內務府及五城各廠平糶米，俱係將賣米錢三日一次，赴市易銀交部，各在案。今現在議賣官錢，應令八旗、內務府將賣米錢不必存貯局內。二十七局，分爲三班，於三日內，每日將九局賣米錢，輪流上市易銀，仍交各該局收貯。其五城各廠賣米錢，亦毋庸存貯廠內，仍照舊三日一次，將錢上市易銀，交納戶部。所有二項上市錢，均聽派出管理官錢之員一體發賣。一、京城各當舖現在積錢，宜酌錢數送局，一并發市。查京城當舖六七百座，每於秋冬之際，存貯錢最多。此項雖係各當舖營運之貨本，以濟小民一時之緩急，但堆積過多，未能流通，轉於民用不便。現在錢價昂貴，議開官錢局平價，而開設之始，錢尚不能充裕。在各當舖時當冬令，正值閒貯之際，應將京城內外大小當舖，無論官民，每大當一，徹出制錢三百串，小當一，徹出制錢一百串，俱自行運送官局，交局員發賣，陸續易銀給還。如運局錢賣將及半，各當舖陸續運送補足。倘小當一時不能如數，令將一百串之數，陸續送足交局。如已經領借官局貨本，前項錢免交。一、錢市經紀，宜歸併一處，官爲稽查，以杜擡價。查錢市向設經紀十二名，各舖戶有高擡錢價者，責成經紀嚴諭平減，不許壟斷。但該經紀等散居各處，早晚時價，難歸畫一，向無專員約束，或與錢舖通同勒索。查正陽門外，爲商賈雲集之地，應令經紀等聚集一處，每日上市，招集買賣舖戶商人，遵照官定市價，公平交易，以杜私買私賣之弊。一、京城客糧店，收買雜糧，宜禁止行使錢文。查京城九門七市，每過秋成，外來各種糧食，俱係車馬載運，投店賣錢，即用車馬運回。成千累萬，斷不能日用行使，或有不肖奸商，在彼收買販賣，或鄉僻之民，收積藏貯。應請九門七市雜糧店，俱用銀收買雜糧。一、京城錢文，宜嚴禁出京興販。查國寶本貴流通，但京城都會之地，各省經營貿易，絡繹往來。奸商將錢裝載出京，於價貴處，興販射利。再閩廣商船，由海洋直達天津，回空時，概用錢文壓載，運至本地貨賣。又各省漕船回空，亦多載錢文，興販獲利。京局所鑄之錢，豈能供外省各處之用？此等興販流弊，不得不嚴查防範。應請嗣後出京客商，除攜盤費錢外，不許將制錢馬馱車載出京。一、近京地方囤錢，宜嚴行查禁。查近京直隸所屬各村莊鎮集，每多富戶，將糧草貨物賣錢去串，堆積一室，以防盜竊。此等鄉愚，祇圖一己蓄積，遂致錢文不能流通。向來原有明禁，恐日久懈弛。應行文直隸總督轉飭各該州縣，示諭鄉農富戶，不許囤錢至一百串以上。臣等伏思京城錢貴之由，大約不出八條之內。但舉行之初，不便於圖利之奸民，未免滋物議浮言，而於億萬兵民之日用，大有利益。現既派員經理，若不專委大臣督辦，恐無統率。查錢糧乃戶部所司，稽查禁約，乃步軍統領專責，一切舖戶商民，則府尹所屬。應請專交兼管戶部事務尚書公訥親、戶部尚書海望、步軍統領舒赫德，並令順天府府尹蔣炳，協同辦理。從之。(高宗二二六、八)

（**乾隆一〇、一、辛巳**）命直省籌鼓鑄。諭軍機大臣等：近年以來，京師錢價增長，民用不便，朕深爲廑念。多方籌畫，諭廷臣悉心計議，務得善策以平價值。上冬伊等議得數條，試行於京師，數月以來，錢價漸減，似有微效，民間稱便。至於外省錢價昂貴，比比皆然。爾等可將京師所議各款內，摘取數條，密寄外省有鼓鑄地方之督撫，令其密爲商酌，能仿照而行以便民用否？外省與京師情形不同，自有難於一例之處，但錢文源源鼓鑄，自應日積日多，足敷民用。乃價值日漸增長，恐私銷或亦不免。夫銷燬制錢之弊，最爲難查。若將零星設爐之小舖，照京師之例，令其歸併，派官稽查，以杜燬錢造器之弊，事屬易行。又如該省既開鼓鑄，其搭放兵餉餘錢，並青黃不接之際，平糶官米錢文，照京師之例，發出官賣，以平市價，此亦似乎可行。總之外省情形，京師不能悉知，該督撫身在地方，自能因時措置。如可仿照而行，即密商辦理，具摺奏聞。若難於籌辦，亦將不能仿照之處，據實陳奏，不必勉強，或致累民。尋江蘇巡撫陳大受奏京師錢法六條：一、設立鎔銅官局，稽查銷燬。查省城銅舖，四散開設，必使聚於官局，不特無地可容，兼恐稽查不得其人，反滋擾累。至銷燬之弊，應通飭文武員弁，實力稽察。一、官米局錢文，不必存貯。查歷年平糶錢，俱即發市易銀，現在奉行，毋庸更議。一、歸併錢市經紀，稽查高擡錢價。查兌錢雖有經紀名色，出入悉照時價，不能意爲高下，毋庸仿照。一、糶買雜糧，禁止行使錢文。查乾隆六年，業經部議，行令民間，自數兩以上，毋得專用錢文。應再飭地方官諄切曉諭。一、嚴禁奸民興販。查江蘇錢價，各處相仿，加以運脚，利息甚微，實無興販。惟於出洋船隻，照盤查食米之例，一體嚴查。一、禁止囤積居奇。查各屬富戶，多係存銀，其舖戶之錢，隨收隨發，亦無囤積之事，并可毋庸查禁。得旨：所見頗是。即京師所辦，現即有扞格難行處也。浙江巡撫常安奏：浙省向無鎔銅大局、賣米官局，亦無錢市經紀、大宗雜糧，似難仿照京師。然銷燬不可不防。則令各州縣，再行設法稽查。興販不可不杜，則令沿海各商，毋得多運出境。囤積不可不禁，則令大小交易，止許兩數用錢，以及平糶錢，限三日發換。貲厚舖戶，零星兌收。庶幾因地制宜，以期有濟。得旨：所奏俱悉。福建巡撫周學健奏：京師錢法六條，不能畫一仿照，自宜推廣變通。一、銅舖零星賃屋開張，未便移聚一處，但恐爐具現成，暗將制錢私燬。應飭各州縣，查明境內銅作坊若干，銅舖若干，內設爐者若干，開報姓名，取具不敢銷燬遵依，連環甘結。有犯，許地鄰保甲首報，仍派典、巡、千、把不時密查。一、平糶時，應飭各廠員，將所賣錢，五日一報，令該府縣隨時發換。至錢糧自一錢以下，例得折錢，亦令隨收隨發，於旬報摺內，開數備查。再晉江、惠安二縣場內，所收長價，并官商所賣鹽價，除各項公用外，及各縣商人，逐日所賣鹽價，俱交舖戶兌換。每十日，將換出錢數，附晴雨摺內通報。一、錢市經紀，向未設立。但舖戶奸良不一，應飭各州縣查明該處錢莊若干，錢舖若干，造册。即令派查銅舖委員，稽查有無擡價。一、市鎮米麥成石、布帛成疋以上，及民間田房交易、客賬收放、典當出入成兩以上者，概不准用錢。一、閩省環山阻海，挑運維艱，有無興販，應咨管關將軍、水師提督，嚴飭員弁，實力稽查。一、囤積錢多，價即踴貴。應照部議，富戶毋得貯至五十串以上，典舖亦不得過三百串，取具甘結備查。得旨：惟在因時制宜行之而已。法制禁令，豈能盡天下之情哉？湖北巡撫晏斯盛奏：京師錢法六條，除歸併經紀，礙難仿設；糶買雜糧，早經酌奏；興販囤積，再行申禁，均毋庸議外。一、銅舖四散開設，既未便議移官局，銷燬自所不免。應照京師例，派佐雜武弁，督兵役常川查禁。責十家互相稽察，並令各舖將出入數目，逐日登記，按月呈報。一、向來州縣，多將平糶錢存俟秋成買穀。應令隨收隨發，即於廠旁設局，令商民持銀兌換。得旨：總在汝等妥酌行之。語云救荒無善政，朕於錢法，亦云如此。湖南巡撫蔣溥奏：京師錢法六條，除立市歸併經紀，用銀收買雜糧，均難仿照外，一、銅舖本微，易於私銷取利，自應派員督查。但舖面俱在一處，出入有限，不須搬入官房，逐日稽察。一、米廠平糶錢，令三日一次，減價收銀，旬終將出入數目册報。一、客商攜帶盤費，不得過十串以外，水路取船行甘結，陸路取驛馬行甘結備案。一、湖南人民，大抵貯銀，尚恐地方遼闊，未及周知。應通飭各屬，有積錢至百串以上者，易銀存貯。至湖南設爐五座，每年出錢，僅敷放餉。現在刨試各處銅礦，俟開採有效，可以添爐三座。將所鑄之錢，作爲餘錢，設局官賣，益使泉貨流通。得旨：有治人，無治法。即京師現行之法，亦不過補偏救弊，非經久可行之事也。川陝總督慶復奏：陝甘地處西陲，情形與他省更異，京師錢法六條，有可仿照者。一、銅器由外省製就買運，惟小爐銅匠，率皆收買廢銅鎔化。應責成保甲鄰佑，稽查有無銷燬。一、平糶錢，甘省向或貯庫，應與陝省一體隨時發換。一、囤積向干明禁。應令地方官曉諭鄉民，如貯錢至百串以上，一經發覺，按律治罪。有不能仿照者。一、錢舖皆係小本經營，就地貿易，聲息相通，不能擡價。設立經紀，反開壟斷。一、市集零星糶賣，需錢者多，概令用銀。鄉愚於戥頭銀色，每有未識，買戶轉得欺哄。應從民便。一、陝省現在停鑄，錢價日昂。甘省向用舊存制錢，亦在本地流通，並無興販，毋庸議禁。得旨：有治人，無治法。即京城之法，朕亦不謂之十分合宜，仍不過補偏救弊而已。四川巡撫紀山奏：錢法首在流通，應令地方官，將平糶錢隨時兌換，覈實造報，以及客商帶錢，不得過三十串以外，鄉民貯錢，不得至一百串以上。均係仿照京師之例。至銅舖鑄造稀少。且紅銅市價較賤，不須銷燬。錢舖買賣零星，俱對客成交。市集糶買雜糧，僅升斗使錢。自應悉仍其舊。得旨：所奏俱悉。署廣東巡撫廣州將軍策楞奏：粤東行使錢文，向有三項：一、各省所鑄大制錢，名曰青錢；一、從前所鑄康熙小制錢，名曰廣錢，又曰紅錢；一、前代年號古錢，名曰黑錢。近年粤東停鑄，他省運至者少，是以大制錢不可多得，而紅黑二錢，充溢市上，質輕價重，一經入爐，得不償失，銷燬之弊，不禁自除。他若民間兌換銀錢，無須另設經紀，商販糶賣糧食，亦無大宗交易，各從其便。惟流通平糶錢文，查禁興販囤積，自宜仿京師例舉行。得旨：今制錢之所以日貴者，以行使之處甚廣也。粤東既有各色錢文行使，朕意不若聽從民便可耳。若必定以法令，使之盡使制錢，反有扞格難行之處。即京師籌畫錢法，亦可謂不遺餘力，而總無善策，況外省乎？（高宗二三二、六）

（**乾隆一三、九、庚申**）直隸總督那蘇圖奏：直屬錢價昂貴，請將各營冬季餉銀，於寶直局現存錢內，概以一成搭放，并將餘錢酌撥舖戶，易銀以平市價。報聞。（高宗三二四、一九）

（**乾隆一三、一〇、己酉**）直隸總督那蘇圖奏：滿兵進勦金川，經由直隸，商民聚集，用錢必多，錢價未免高昂。查司庫現存寶直局鼓鑄餘錢二萬六千六百餘串。今酌於良鄉、清苑、正定、臨洺關分站處所，每處發制錢八百串，委員經理，以平市價。使紋銀一兩，易制錢八百文。再清苑附在省會，人居稠密，官兵經過，糧價不無滋長。查保定府新建倉內，貯漕米易穀四萬石，今酌動碾米，豫備平糶。得旨：甚妥，知道了。（高宗三二七、二五）

（**乾隆一四、六、丙午**）陝西巡撫陳宏謀奏：陝省經大兵過後，錢價昂缺，前經奏明開爐試鑄，照價酌減在案。自後陸續試鑄，易銀平價，并於川省運回秋季協濟錢內，出易錢二千八百八十串。省城因此市價漸平。惟局錢買者稀少，又須隨時酌辦。嗣後運回川錢，則搭放兵餉，鑄出局錢，則易銀平價。倘將來市錢日賤，暫停官錢出易，將鑄錢存貯，俟秋冬間如再昂貴，仍酌減出易，一面報部。得旨：此亦辦理之一法，知道了。（高宗三四三、三〇）

（**乾隆一六、一、戊辰**）調任護山西巡撫朱一蜚奏：晉省鑄錢，今已二十一卯。除錢三銀七搭放太原駐防滿兵，及撫標城守三營兵餉，並易銀支放五臺差務外，現存司庫錢三萬七千六百十三串有奇。尚應續鑄十二卯。省會現在錢價，銀一兩易錢七百八十一文，在晉不爲甚昂。但近省州縣較貴，宜酌爲流通。請嗣後除搭放兵餉外，省城市價，庫平足紋一兩，換錢七百五六十文至八九十文。即將司庫存錢，量發太原府，傳商照市價易銀還庫，許該商照市換，扣收短串四文。若奸牙積錢貴賣，吏役家人勒索錢商者，究懲。該府失察並假手吏胥家人，參處。市價平至八百文，即停止。得旨：知道了。妥酌爲之。（高宗三八一、一九）

（**乾隆一六、四、丙申**）護理廣西巡撫布政使李錫秦奏：粵西省會地方，商賈輻輳。上年又值文武鄉試，錢價漸增。隨於七月內飭臨桂縣設官局，將乾隆十四年搭放餘剩錢文，并十五年鑄存發換錢文，共三萬一千七百餘串，陸續運局發換。未及一載，錢價漸平。將來源源發換，錢裕價平，而官錢酌增，總在成本之內酌量辦理。報聞。（高宗三八七、二五）

（**乾隆一六、六、甲子**）[閩浙總督喀爾吉善等]又奏：本年五月間，省城錢價，庫平銀每兩僅易錢八百一二十文，較常時短至三四十文。將節年積存局錢二萬二千餘串內，酌撥數千串平價出易。照折中價值，每庫平一兩，換給局錢八百五十文，發給錢鋪，每兩准扣辛工錢十文，以八百四十文出易，易銀歸入司庫錢本項。報聞。（高宗三九三、二二）

（**乾隆三五、三、丙戌**）江西巡撫海明奏：私錢嚴禁，民間純用制錢，錢價增長。現將鑄局官錢換銀，以平市價。其銀每兩換錢若干，仍隨時增減。得旨：好，依議行。（高宗八五四、二四）

（**乾隆四三、四、己未**）陝西巡撫畢沅奏：現當青黃不接之時，民間糴糧，需錢較多。目下錢價，每銀一兩，換制錢八百九十文，較之往年增昂。查寶陝局存貯錢文，截至今年二月，共存錢八萬三百餘串，請酌動三萬串，即在局內設廠出易，以平市價。報聞。（高宗一○五五、二九）

（**乾隆四三、一二、乙亥**）諭軍機大臣等：據周元理奏，近日保定省城，錢價較往年增長數十文。若至歲底，民間買賣殷繁，恐市價益致昂貴。現於庫存錢內，撥錢五千串，照搭放兵餉之例，交清苑縣轉發鋪戶出易，市值自必平減等語。自應如此辦理。京城從前錢貴時，曾設官局平價，未能有益。蓋京師地面寬廣，稽察匪易，市儈轉得藉口居奇，是以不復辦及。而十餘年前，錢價忽然平減，直至於今，並非官爲辦理。今京師錢價，較常雖昂，亦只可聽從其便。大約度歲以後，價必漸平。至保定省城，雖云人烟稠密，其錢鋪究屬無多，易於查禁。且向來年底，屢有發錢平價之事，眾皆習以爲常，奸儈無從壟斷，自可於民間日用有濟。但須董飭所屬，留心體察，勿使囤積轉販，令市中錢貨流通，閭閻方得霑實惠。將此傳諭知之。仍俟發錢出

易，旬日後，錢價能否就平，據實覆奏。尋奏：發錢出易後，每銀一兩，較前減價三十餘文。報聞。（高宗一〇七三、一〇）

（**乾隆四四、五、壬子**）大學士管閩浙總督三寶、浙江巡撫王亶望奏：乾隆庚子春，聖駕南巡，沿途地方，須設廠售錢，以平市價。查乙酉年之例，留錢五萬串，已敷售賣。今次應比照辦理。將寶浙局現存十三萬餘串之數，酌留五萬串，屆期在杭城內外及嘉興入境至桐鄉、石門、海寧、仁和抵省沿海一帶，設局出售。至搭放兵餉，尚有撥存餘錢，及續鑄錢文，儘足敷用。報聞。（高宗一〇八三、二〇）

（**乾隆四五、四、己酉**）諭軍機大臣等：據袁守侗奏，現在直隸省城并近省地方，每銀一兩易錢九百十文，錢價過昂。請撥庫錢一萬串，發交清苑縣照搭放兵餉之例，每錢一千，易庫平紋銀一兩以平市價等語。所辦未為妥協。直省辦理錢務，與京城情形不同，京城撥放兵餉，每銀一兩搭放錢一千文，原因體恤旗人，加恩優給，俾資充裕，外省原不可援以為例。即或因市價昂貴，欲為平價，亦祇應逐漸加減。如目今易錢九百十文，先當以易錢九百三四十文為率，俟市價略平，再為量加數錢。若錢販得囤積牟利，於小民生計轉屬無益。著傳諭袁守侗另行妥酌辦理具奏。（高一一〇四、一）

（**乾隆四八、六、丙寅**）閩浙總督富勒渾、浙江巡撫福崧會奏：明歲恭遇南巡，辦差官員、執事兵役輻輳雲集，需錢必多。請於寶浙局豫留錢五萬串，屆時沿途設廠售賣，以平市價。從之。（高宗一一八二、一一）

（**乾隆五二、八、乙巳**）諭軍機大臣等：現在京師平糶米石錢文，俱歸貯戶部庫內，恐市口錢價因此昂貴。著交金簡於石道工程動支工價費用時，將此項錢文，先儘動用發給，俾資流通，以平錢價。（高宗一二八六、一九）

（**嘉慶一、四、戊子**）諭軍機大臣等：費淳奏減價平糶一摺，據奏糶獲錢文，易銀解司，俟秋成再行買補還倉。所辦未為妥協。現在各省銀少錢多，銀貴錢賤，正當設法調劑。今平糶價值，自應就百姓所交之錢貯庫。民間繳官之項，自必挑揀大錢，不敢稍有攙雜。設有將小錢夾入者，即可從此查究，順便收繳。況所糶倉穀，秋成後仍須買補，彼時將此項錢文發出採買，豈不兩便？又何必令其易銀解司，轉致不肖官吏藉端勒索。而解司之時，又有耗費添平等弊。將來秋閒採買，又復短價勒買，往返出入，易啟弊端。著傳諭費淳，所有此項平糶價值錢文，即令照數存貯，為秋成買補之用。各省遇有應須出糶買補等事，俱照此辦理。將此並諭各督撫知之。（仁宗四、九）

4. 查禁商民囤錢販運

（**乾隆二、九、辛亥**）御史明德奏：奸民富戶，囤積錢文，勒價昂貴。請勅下順天府府尹並五城巡城御史，嚴查從重治罪。得旨：上年八月，朕加恩八旗官員兵丁，借給一年俸餉，而京師錢文貨物，一時昂貴。彼時即降旨曉諭，令其省改，不得蹈爲富不仁之戒。目下朕又加恩，借給八旗兵丁半年餉銀，以厚其生計。乃帑銀尚未領出，而錢價物價已經驟長。此等商民，竟不凜遵從前諭旨，而惟以圖利爲心，是不奉法之奸民矣。殊不知兵民原屬一體，貿易亦應公平。況兵丁以銀易錢易貨，商賈營運，得以流通，即照常市賣，亦儘可獲子母之利益，何得藉以居奇，不知饜足，爲此貪饕剝削之計，致使國家加惠兵丁之善舉，竟爲奸民等所阻，其罪誠不可逭矣。朕思伊等商民，自營生理，或一時爲利慾所蔽，專務貪取而昧於公平之義。然既具有人心，則天良未泯，尚可望其醒悟。著步軍統領、順天府尹、五城御史多方曉諭，速令悛改。如仍蹈故轍，則國法難寬，即照該御史所奏，從重治罪。如兵丁等因此諭旨，有向舖戶短價強買者，經朕訪聞，亦必重治其罪。（高宗五一、二〇）

（**乾隆三、三、壬午**）[戶部]又議覆：掌河南道御史明德條奏，行文步軍統領、順天府尹、五城御吏曉諭富商，囤積錢文，即速發賣。仍有囤積，嚴拏治罪。糧船回空，并民船南下，有裝載制錢，捏稱壓船、沿途販賣者，即行拏究。鄉農富戶，堆積錢文，悉行發出貨賣，毋許仍前積蓄堆貯。應如所請。從之。（高宗六五、二四）

（**乾隆四、二、己亥**）諭大學士：據大學士查郎阿、西安巡撫張楷奏稱，陝省制錢，已屬缺少，而商民人等竟有將錢文販往湖廣、河南成馱成車，以圖利息者，現據潼關商州地方官查出，核計數日之內，出境之錢不下數十萬等語。朕思陝西地方如此，京師此弊更不能免。惟是四通八達之區，難於查禁。若朕特降諭旨，又恐奉行不善，轉致滋擾。可密寄信與孫嘉淦，令其於出京要隘之地設法稽查。若有裝運多錢於舟車之中，以圖販賣獲利者，即於近京地方，押令將錢易銀，方准前去。庶奸商販運之弊，可以漸少。（高宗八七、六）

（**乾隆七、五、丁亥**）湖廣總督孫嘉淦奏：近聞京城例禁舖戶囤錢，恐終致價昂，公私均有未便，請弛禁以便商民。得旨：新定例亦不過救目前耳，非可久行也。所奏知道了。（高宗一六七、二三）

（**乾隆一〇、三、甲申**）兵部侍郎步軍統領舒赫德、順天府府尹蔣炳奏：

京師錢文自各門嚴查後，價值漸平，而近京州縣錢價頓長。總因各省糧艘將次抵通，閩廣洋船將次抵津，及一切停泊船隻乘時南下，奸民囤積販賣之所致。請特降諭旨，令倉場侍郎嚴飭坐糧廳，將回空糧船實力稽查。直隸總督嚴飭沿河文武官員，將官民船隻悉心查察。天津關監督，將過關船內嚴搜。漕運總督於直隸、山東交界之菜園地方，嚴飭遊擊，與私鹽一體嚴查。天津道府，將洋船賣貨得錢壓載回空之例停止，令其用銀交易。並飭沿河地方官申諭各鋪戶，無得將大宗錢文售給船戶。得旨：著照所請行。錢文一事，有稱廣為開採者，有稱嚴禁盜銷者，有稱禁用銅器者，更有稱多則用銀，少則用錢者，其論不一。即京師現在議定章程，稽查辦理，亦不過補偏救弊之一端，終非正本清源之至計。朕思五金皆以利民，鼓鑄錢文原以代白金而廣運用，即如購買什物器用，其價值之多寡，原以銀為定准，初不在錢價之低昂。今不探其本，惟以錢為適用，其應用銀者，皆以錢代，而趨利之徒，又復巧詐百出，使錢價高昂，以為得計。是輕重倒置，不揣其本，而惟末是務也。不但商民情形如此，即官員辦公亦有沿習時弊者。如直隸興修水利城工，坐糧廳赴東采買布疋，所領帑金數萬，皆欲易錢運往。其他官項，大率類此。夫所領帑項原係銀兩，即報銷亦以銀數覈算，自應以銀給發，何必兌換錢文應用？若以領銀之人得受錢文為便，不知所發銀兩，即少至分釐，亦可按數分予，與行使錢文何異？況未必至分釐乎。向來江浙地方，有分釐皆用銀者，何嘗見其不便？嗣後官發銀兩之處，除工部應發錢文者，仍用錢文外，其他支領銀兩，俱即以銀給發，不得復易錢文，至民間日用，亦當以銀為重。其如何酌定條款，剴切曉諭，使商民共知之處，著原議之大臣及現在辦理錢法之大臣，詳議具奏。（高宗二三六、一五）

（**乾隆一〇、七、己亥**）貴州總督兼管巡撫事張廣泗奏：前經奉旨抄寄京師所議錢法六條，今臣等酌量可以仿行之處，密商辦理。查黔省情形，與京師不同。臣悉心妥議，除並無打造銅舖、官米局廠、錢市經紀、雜糧客店及富戶囤積等弊，均無憑仿照外，惟黔地界連川楚粵西，商賈絡繹，而各處錢價俱昂，恐客商因此販錢射利，以致本處錢價增長。應照京師嚴禁興販錢文之例，飭令關隘稅口，查有載錢出境者，照例治罪。又大學士等議：嗣後官員辦公，支領帑項銀，即以銀給發，不得復易錢文。至民間日用，除零星買賣許用錢文外，餘俱用銀交易。臣亦接到部咨，轉令地方官遵照施行。得旨：此事奏覆殊覺遲緩，至於辦理，惟在因時制宜。（高宗二四五、三一）

（**乾隆一〇、一〇、丁卯**）署廣西巡撫託庸覆奏：本年二月，奉准抄示京城現行錢法，命斟酌可否遵行。謹就粵西情形條議。一、打銅舖戶，搬入官房鎔造。查粵西民情樸實，鮮用銅器，且現開採銅礦，舖戶有銅可買，無藉銷燬制錢鑄造。一、官局賣米錢文，不必存貯局內。查粵西並未設有官局，即偶需平糶，亦銀錢兼收。收錢即隨時易銀存貯，秋收買穀還倉，並無將錢存貯之處。一、錢市經紀，宜歸併一處，官爲稽查。粵西並無錢市，亦未設有經紀，不過鹽米雜貨各店，兼換錢文。若設經紀，於民轉多不便。一、客糧店收買雜糧，禁止使錢。粵西舖戶收買，俱係用銀。鄉民肩挑來城者，賣錢有限，無庸查禁。一、錢文宜嚴禁出境。粵西陸聯滇黔，水通湖南、廣東。滇省產銅，鼓鑄甲於天下。黔省毗連滇省，湖廣亦開鑄多年，自足民用。往來粵西者，除帶盤費錢，照京師例禁止。惟廣東需錢甚廣，現始開鑄，民用未敷，勢難概禁。請酌定赴廣客船，大船許帶錢二十串，中船十五串，小船八串。俟該省開鑄，足敷民用，一體禁止。一、囤積錢文，宜加嚴禁。粵西貧民居多，即殷實之家，亦惟將所收米穀等物，易錢資用。囤積之弊，惟舖戶不免。應照京城例，曉諭舖戶，無許囤積至百串以上，違者，照違制例治罪，錢入官。得旨：此事不應如此遲延辦理。可行不可行，直陳何妨，觀望何爲耶？戒之，戒之。（高宗二五一、二四）

（乾隆一七、七、乙亥）諭軍機大臣等：直省錢價昂貴，屢經籌辦，迄未平減。前有言及畿輔村莊富戶，藏積錢文者，部令該督，勸導發賣。近日山東布政使李渭，復奏稱富戶積錢，北省多有此弊。請立定限制，不得過五十串。其舊時多積錢文，限半年出賣。如仍前多積，經地方官查出，按時價官爲易換，以充存留錢糧支給之用等語。夫國家之鼓鑄有限，而民間之藏積無窮。今鼓鑄日增，流通日少，則所云藏積之弊，洵亦向來所有。但如該布政使所奏，驟行之恐不無滋擾。應先行明切曉諭，以國寶當廣爲流通，勸導各富戶，隨時出易，以便民用。易銀藏貯，無損其富。而錢多價減，於眾人均有裨益。如諭之不從，再治以官法。多派能員，實力查辦，按時價以官帑換易，勿令壅滯不流，或亦疏通之一道。將此傳諭各省督撫知之。（高宗四一九、二）

（乾隆一七、九、甲子）又諭曰：舒赫德、胡寶瑛等，查辦囤積錢文一事。據稱，先行出示曉諭，現有陸續呈交，每戶一二百餘千不等，撥動庫銀易換，賞給花紅獎勸，近日市價疊減，每兩多換十數文等語。此京師及順天府屬所辦。其直隸各屬州縣遼闊，囤積倍多。方觀承辦理若何，可傳旨詢問，令其據實奏聞。尋奏：臣通飭各府州屬查禁積錢，現在民間不敢再行囤貯。其舊積之錢，令俟農忙後，陸續呈繳出易。復於隣近水次地方，嚴禁客

船攜帶。目下錢價平減，臣仍飭地方官實力奉行，以期漸次流通。得旨：是。實力行之，不無稍補。（高宗四二二、一〇）

（乾隆一七、九、丁亥）兩廣總督阿里袞奏：臣奉旨查禁民間積錢，因飭各屬，先行曉諭有錢之家，隨時出易，並委員妥協查辦。得旨：此在辦理得法，而又行之久遠，方爲有益。若不過奉行文書，則不但無益，而且滋擾，深恐汝不能辦此也。（高宗四二三、二八）

（乾隆一八、三、乙酉）又諭：前因直省錢價昂貴，皆由富户藏積過多所致。曾經傳諭各該督撫令其明切曉諭，廣爲流通。自上年秋冬以來，京城及直隸地方囤積錢文，陸續呈交，錢價日漸平減，民間頗爲稱便。近據方觀承奏稱，現在行使錢文，十分中約有二分係康熙雍正舊錢，其上多有斑綠，可知出自埋藏。目下各處市集每銀一兩換錢八百三十文至七十文不等。通州船艘通行，乃向來錢貴之時，今每銀一兩，仍換錢八百四十文，實因錢價大勢平減之故等語。（高宗四三五、二三）

（乾隆一八、六、辛丑）又諭：據吉慶奏，鹽屬銷引地方，賣鹽錢文，悉令在本州縣市集出易，不得囤積在店，運往他處售賣射利等語。吉慶此奏，爲商人囤積射利起見，亦疏通錢法之一端。但各省鹽務，地方情形不同，著將此摺鈔寄各督、撫、鹽政，令其查察所屬情形。若果如吉慶所奏，立法稽查，行之可有成效，不致滋擾商民。著即奏聞，仿照辦理。如或有未便之處，亦不必勉強，著詳悉酌量具奏。（高宗四四一、二）

（乾隆二〇、八、辛未）福建巡撫鍾音奏：閩省錢價未平，民用未裕。查州縣徵收錢糧，戶民齎錢交官者居半，積至數千貫，發牙舖典商易銀。是官署囤錢，商舖販錢，何能平價？臣飭屬不許違例收錢，其一錢以下應收制錢，令三日內分給錢桌，平價易銀。再南臺、閩安二處，商船出口，逾例夾帶，向係隨時酌量懲治，未經分晰奏定專條。近據藩臬兩司覈議，夾帶額外錢十千以上，照違令律，笞五十；二十千以上，照銅錢下海律，杖一百，錢一半入官；五十千以上，加枷號一個月，錢全數入官。得旨：妥協爲之，勿因去弊而反滋弊也。（高宗四九五、一九）

（嘉慶一七、一一、辛未）又諭：書敏奏外省齎摺差弁包帶銀兩，請飭查嚴禁一摺。各省督撫提鎮，凡有應行專摺具奏事件，差委弁丁齎遞，長途往返，原應按限遄行。如私行包帶銀兩，囊橐過重，不特行程稽滯，且易啟宵小覬覦之心。嗣後各省督撫提鎮等，於齎摺弁丁，俱著嚴禁私帶銀兩。如陽奉陰違，經沿途查出，即行報明懲處。（仁宗二六三、二）

二、流通中的銀錢並行及其交換比價

（一）政府維持銀錢並用並對規定銀錢交換的比價

1. 銀錢交易的官價規定

（**順治三、四、乙巳**）户部請定制錢七十文作銀一錢，不許多增。通行嚴禁。從之。（世祖二五、二五）

（**順治三、六、己丑**）禁假銀及行使低銀。（世祖二六、一八）

（**順治四、七、庚戌**）禁民間行使制錢，不許以一當二，違者治罪。（世祖三三、三）

（**順治四、一〇、丁丑**）諭户部：制錢行使，原定每分七文，小民交易不便。今改定每分十文，爾部即出示曉諭。（世祖三四、一〇）

（**順治八、二、庚辰**）更定錢制。每錢百文，准銀一錢。違者論罪。（世祖五三、五）

（**雍正七、二、乙未**）諭户部：錢爲國寶，固貴流通以利民。然必權衡輕重，使得其平，方能便民用而無囤積私銷之弊。近聞馬蘭峪地方，奉天直隸數府，錢價過賤，民閒貿易，物價必致虧损，且恐姦弊從此而生。著該督及奉天府府尹，嚴飭地方官通行曉諭，嗣後錢價，每銀一兩，止許換大制錢一千文。并著該部行文各省督撫，轉飭各地方，每銀一兩所換制錢不得過一千文。俾民用便利，而國寶流通，以爲經久平準之定則。（世宗七八、二五）

（**雍正九、五、己巳**）諭八旗都統等：八旗所設錢局，應照民間價值，逐漸減價，至每兩換大制錢一千文而止。如此，則錢價自平，於民生實有裨益。其隨時減價之處，八旗務須畫一辦理。（世宗一〇六、八）

（**雍正九、七、戊辰**）户部遵旨議奏：京師錢價昂貴，請酌定應行應禁事宜，以期漸次疏通。……八旗五城現有錢文，併所賣成色米之錢，定價每市平紋銀一兩換大制錢九百五十文。俟市價漸增，官價亦漸增添，以銀一兩合大制錢一千文爲率，不得因市價而遞減。……從之。（世宗一〇八、五）

（**乾隆八、一一、乙酉**）諭：兵餉有搭放錢文之例，江南省於乾隆六年，設局鼓鑄，僅設爐十二座，鑄出之錢不敷搭放兵餉。又覈計成本，每銀一兩，鑄出錢八百九十六文。是以題明每銀一兩，止折給餉錢八百八十文，餘錢一十六文，充作錢局公費，及運送餉錢之水腳等項。經部議覆，搭放兵餉，暫照八八折發。俟將來銅铅減價，錢價漸平，再行酌增錢數。或照舊制,每錢一千文,作銀一兩搭放等語。朕思兵丁所得月餉,僅足以敷食用,若搭放錢文,又行扣除,則所得減少。朕心軫念,特頒諭旨,將江南省搭放餉銀,自乾隆甲子年爲始,仍照定例,每銀一兩,給錢一千文。其錢局公費運錢水腳,准動公項報銷;不敷成本,照例准其銷算。至現在鼓鑄各省,如有折扣搭給者,亦一體加恩,照江南之例給發。(高宗二〇四、一〇)

(乾隆一三、八、辛亥)[陝西巡撫陳宏謀]又奏:陝省原有領運川省錢,存待明年支放兵餉之項。今錢價昂貴,請先行減價,設廠易換,以平市價。得旨:辦理錢法,實無善策,亦惟因時制宜,補偏救弊而已。所奏知道了。(高宗三二三、四九)

2. 國家財政收支的銀錢兼用

(乾隆二、五、癸丑)户部議覆:監糶沙河、玉河米廠策楞條奏平糶事宜。……查五城及通州各廠賣米,向例銀錢兼收。嗣因錢價昂貴,每銀一兩,折收制錢九百文解部。今若以米賣錢,復以錢易銀,恐滋煩擾。應令該監糶官仍遵舊例,銀錢聽民自便。……得旨:依議速行。(高宗四三、一三)

(乾隆二、一二、癸丑)江蘇巡撫楊永斌奏:江蘇徵收漕糧,每石隨收漕費錢五十九文。今歲錢價甚昂,因時變通,令民間將銀交納,計算每石改收銀七分一釐二毫。其完漕在三石以下者,仍聽銀錢並納,不得勒揩浮收。至明歲錢價平減,仍照數收錢,不得援以爲例。得旨:此議甚是,知道了。(高宗五九、二三)

(乾隆六、三、癸未)[户部]又議准:廣東糧道朱叔權奏稱,錢貴由於錢少,錢少由於用廣。昔年交易,但用銀不用錢,且古錢與銀兼用。今則用銀者多改用錢,用古錢者多改用今錢,即如黄河以南及苗疆各處,俱行用黃錢,流布益遠,自覺稀少。今除京局鼓鑄,原係搭放兵餉,流通便民,及雲南產銅之區,錢價本不昂貴,毋庸議外,餘省應飭地方官勸民銀錢兼用,自數兩以上,毋專用錢,庶錢價平減。從之。(高宗一三九、四)

(乾隆六、九、戊子)户部議准:原任江蘇巡撫徐士林疏稱,寶蘇局鑄出青錢,除給工料外,歲得餉錢七萬一千五百餘串,合算成本每銀一兩,該錢八百九十六文零。從乾隆六年秋季爲始,於兵餉銀每兩內,以青錢八十文作銀一錢搭放,扣還成本。從之。(高宗一五一、一三)

(乾隆八、六、丁卯)步軍統領舒赫德等奏:八旗五城平糶米豆,向將錢交户部。今錢價日昂,懇將此項錢赴市易銀,減價解部。得旨:著照所請行。該部知道。(高宗一九五、四)

（乾隆八、八、己卯）［刑部左侍郎署福建巡撫周學健］又奏：酌定銀錢兼用。查閩省近年，民間專用錢，價日昂貴。臣酌定章程，凡買賣交易，一兩以下者，准銀錢兼用；一兩以上，止許用銀。典當出入銀錢，亦照此例。又大小當舖所存錢，及出口船隻攜帶錢，亦分別定制。又州縣收納錢糧，及鹽館、稅館所收零星錢，亦定限陸續發舖易換，庶流通既廣，民用充裕。得旨：好。知道了。（高宗一九九、一三）

（乾隆一〇、三、甲申）兵部侍郎步軍統領舒赫德、順天府府尹蔣炳奏：京師錢文自各門嚴查後，價值漸平；而近京州縣錢價頓長。……得旨：著照反民主有行。錢文一事，有稱廣爲開採者，有稱嚴禁盜銷者，有稱禁用銅器者，更有稱多則用銀，少則用錢者，其論不一。……朕思五金皆以利民，鼓鑄錢文，原以代白金而廣運用。即如購買什物器用，其價值之多寡，原以銀爲定准，初不在錢價之低昂，今不探其本，惟以錢爲適用，其應用銀者，皆以錢代。而趨利之徒，又復巧詐百出，使錢價高昂以爲得計，是輕重倒置，不揣其本而惟末是務也。不但商民情形如此，即官員辦公，亦有沿習時弊者。……嗣後官發銀兩之處，除工部應發錢文者仍用錢文外，其他支領銀兩，俱即以銀給發，不得復易錢文。至民間日用，亦當以銀爲重。其如何酌定條款，剴切曉諭，使商民共知之處；著原議之大臣及現在辦理錢法之大臣，詳議具奏。（高宗二三六、一五）

（乾隆一〇、三、己亥）御史李慎修奏：北方民俗，便於用錢，現在廷臣議定條款，未免苛急煩碎，請悉與蠲除，聽民自便。得旨：李慎修此奏不無所見，著大學士九卿議奏。但摺中所云諸大臣所議苛急煩碎等語，甚非立言之體。諸大臣辦理錢法一事，李慎修容或不知，朕則無不知。且在朝之大臣與百執事，宜亦無不知者。亦可謂竭智盡慮於其間。若各部大臣皆似此任事急公，乃朕所嘉悦求之而弗可得者也。第大臣所用不過司員，此中賢否不一，加以市井近利之徒，巧詐百出，以數人之智力，敵千萬人之智力，是以有所不能。而交易之事，原應聽民之便，非可以法禁之繩之者。此朕平心靜氣之論，即今如此辦理，亦朕之失於斟酌而已。謂諸大臣奉行不善，朕亦不能爲之諱。而李慎修草野新進，直謂之曰苛急煩碎，試問此數人所辦理，有所入已乎？有爲國家錢糧起見之意乎？以此詆毀大臣，甚非靖共爾位之意，李慎修著嚴飭行。（高宗二三七、一三）

（乾隆一〇、一一、己卯）户部議覆：陝西巡撫陳宏謀奏稱，陝省銀少錢多，而錢價亦貴。民間交納錢糧，率多用錢，不止一錢以下，方收錢文。前督尹繼善酌定通照時價收納。現值恩免錢糧，止徵耗羨。據御史范廷楷奏准，完耗銀一分，收錢九文，準之陝省各處錢價，每兩尚多收錢數十文百餘文不等。請仍按各處時價扣算。查徵收錢糧，雲南省數在一二錢內者。准納制錢，照各屬時價折收。願完銀者聽。二錢以外，不准收錢。陝省應徵耗羨等銀，令該督照雲南例辦理。從之。（高宗二五二、三二）

（乾隆三七、九、辛酉）山東布政使國泰奏：東省各屬落地稅，及市集雜稅，商民以錢交納者，州縣因易銀傾銷解司，於每兩錢價外，多收百餘文，以抵折耗腳費等項，難保官吏無借端濫索之弊。查通省錢價，每銀一兩，約換制錢九百文上下。請酌中定數，嗣後各稅，每兩收制錢一千文，足敷各項需用。此外毋許加收。報聞。（高宗九一七、二七）

（二）民間銀錢交易市價的變動

（康熙二三、七、丙寅）九卿等議覆：管理錢法侍郎陳廷敬等疏言，民間所不便者，莫甚於錢價昂貴。定例每錢一串，值銀一兩，今每銀一兩，僅得錢八、九百文不等。（聖祖一一六、一九）

（乾隆五、六、辛未）戶部議奏：通政使歸宣光疏稱，……目下江蘇錢價，每千需銀一兩四錢有零。（高宗一一八、二）

（乾隆一○、四、丙寅）諭：近日京師錢價又覺昂貴。若五月支領兵餉，搭放錢文三成，則民間流布之錢，較前寬裕，於閭閻日用有益。著大學士張廷玉、協辦大學士訥親、戶部尚書海望、侍郎傅恒，會同即速議奏。（高宗二三九、二六）

（乾隆一六、六、甲子）［閩浙總督喀爾吉善等］又奏：本年五月間，省城錢價，庫平銀每兩僅易錢八百一二十文，較常時短至三四十文。（高宗三九三、二二）

（乾隆三八、一○、丙戌朔）諭軍機大臣等：據李湖奏，省局息錢，存積過多，現在錢價漸昂，酌請出易，以平市價等因一摺，所辦殊欠明妥。該省既多積餘息錢，久貯易致貫朽，自應出易流通。但據稱錢價漸昂，庫平紋銀一兩，易錢一千二百文等語，甚不合理。每錢一千，作銀一兩，其價值之低昂，皆在千文以內覈計，此乃天下通行常例。即以京城錢價而論，從前銀一兩，換錢八百文內外，自屬價昂。近年以來，每兩可得錢九百數十文，即為最平減之價，然亦未有多至千文者。滇省雖係產銅之區，其錢價豈能相懸過甚？今每兩易錢多至一千二百文，尚稱價昂，則其賤價，又當得錢幾何始為平價？該撫既未聲明，輒議將息錢出易平價，必如何然後謂之平乎？若以每年存積息錢太多，慮及壅滯，滇省現在產銅，不為甚旺，未能悉敷各省採買之用，何如約計所餘息錢數目，酌減爐卯，節省銅觔，以供他省鼓鑄之用乎？李湖向來辦事，頗知認真，而於此事，調劑尚未盡能合宜。著傳諭彰寶，會同該撫，另行悉心妥辦具奏。尋彰寶、李湖奏：滇省產銅之地，工本既輕，錢價與他省亦異。從前大理、順寧等府，開爐廣鑄，錢文充足，其最平時，每兩易錢一千三百文。乾隆三十一年來，裁徹新局，每兩止一千一百數十，小民向市換易，未免視爲稍昂。前臣李湖奏請之數，未將原委聲明，實爲疏漏。至本省錢局，設爐二十五座，每爐每年三十六卯，每卯鑄本息錢一百二十餘串。今以每年餘息錢二萬六千餘串計算，議每爐減去八卯，通減二百卯。少鑄錢二萬四千九百餘串，可節省銅十萬餘觔，以供他省湊撥之用。其現在所存息錢二十一萬五千餘串，除分年搭放兵餉外，餘聽民間換易。易出之銀，撥充銅本。得旨：如所議行，下部知之。（高宗九四四、四）

（乾隆四一、五、丙申）諭軍機大臣等：據英廉奏，現在京師錢價日增，紋銀一兩，止易大制錢八百八十五文，較之四月，少換制錢七十文，恐有狡獪商民，囤積錢文，乘間射利。現在嚴密訪查，仍出示曉諭，並請勅下順天府、五城一體查辦等語。市肆錢價，隨時長落，亦屬常有之事，何至數日之間，驟長至七八十文。且恩賞錢糧，尚未支放，何以自五月以來，即行增價？其中必有奸商囤積居奇，藉詞射利。止須將倡言爲首者，訪拏重治數人，自皆聞而知畏，錢價定當漸就平減，庶爲正本清源之道。若交五城通行查辦，必致跡涉張皇。至於出示曉諭，尤恐奸民自幸其計已售，益復肆爲蠱惑，於事轉屬無益。著傳諭英廉，選派妥幹兵役，於京城內外，嚴密訪查。並交袁守侗、蔣賜棨一體設法密查。如確訪有倡言擡價之徒，即行嚴拏，從重治罪，以示懲儆。仍將查辦情形及現在錢價有無增減之處，據實覆奏。（高宗一〇〇九、一二）

（乾隆四一、五、己亥）諭軍機大臣等：據英廉等覆奏：京城錢價，略爲稍減，每銀一兩，多易小制錢十餘文，是必奸獪之徒，稍聞查拏之信，心知警懼，故漸行減價，現在嚴密訪拏等語。所辦是，已於摺內批示矣。奸商敢在輦轂之下倡言擡價，以致數日之間，驟長至七八十文，及一聞查拏，即漸次稍減。是錢價之長落，由於市儈之把持，其情甚屬可惡。不可不拏獲一二人，懲一儆百，以靖刁頑而安市肆。著傳諭英廉，會同袁守侗、蔣賜棨，一體設法，上緊嚴密訪查。務得數人，訊究確實，從重治罪，毋致日久生怠。仍將現在有無查獲緣由，據實覆奏。（高宗一〇〇九、一四）

（乾隆四一、六、乙巳）諭軍機大臣曰：英廉等覆奏，查辦京城錢價頓貴一事。查獲經紀馬成騏勾通商人高擡時價，現在設法研訊，仍將擡價之奸商舖户，上緊訪查等語。已於摺內批示。此事既經查出經紀馬成騏，希圖用錢，暗中增價，供認不諱，即係倡議增價之人。止須將該經紀，照例治罪，其餘舖户人等，俱可不必深究，但恐奸商等妄以爲法不及衆，日久仍復效尤。著傳諭英廉，袁守侗、蔣賜棨等，即徧行出示曉諭，以此次尚係初犯，且一聞查拏，錢價即日就平減，是以止將爲首之人懲治。嗣後如有不法商儈，仍然商通擡價者，定行嚴加窮究，一併拏獲治罪，決不再爲寬貸。於京城內外，及錢市舖門，黏貼多張，俾奸商猾儈，觸目警心，庶不敢逞其故智。(高宗一○一○、八)

(乾隆四四、六、己巳) 諭軍機大臣等：據西成奏，京師錢價，自春間漸至增長。現在旗民換錢，每市平一兩，祇合制錢八百文有零，於民間日用不便。請嗣後各舖户商販，毋許格外堆積，買賣人等，均限以定數，不使攜帶過多，以杜運販等語。錢價昂貴，固應調劑，但從前曾因錢貴，官爲設局辦理，於民轉多不便，是以聽其自然。及十餘年前，錢價頓減，亦並非官辦所致。且京城錢價，長落有時，恐官爲查禁，轉滋紛擾，又據稱，市中報價，每兩換錢九百，而民間兌換，實止八百有餘，何至相懸若此？所奏是否實在情形？抑或因瓜果入市，暫時昂貴，過後仍可漸平；或果有奸商堆積，及多販出城之事，自須隨時查察懲治。著傳諭英廉，即速查明實在情形若何，及應否辦理之處，據實迅速覆奏。西成摺，并發寄閱看。(高宗一○八五、四)

(乾隆四五、四、己酉朔) 諭軍機大臣等：據袁守侗奏，現在直隸省城，并近省地方，每銀一兩，易錢九百十文。(高宗一一○四、一)

(乾隆五九、六、丙寅) 諭軍機大臣等：現因京城錢價過賤，酌籌調劑。據軍機大臣奏請，將庫帑撥出數百萬兩，發交五城，按照市價酌減數文，以銀易錢。遇有搭放錢文之處，搭配支放。其户工二局，暫停鼓鑄。而朕意則以鼓鑄既停，恐錢價又因此頓貴。不若將八旗兵餉及工程料價，應行搭放錢文者，概以銀兩滿支，將局錢按數減卯，俾銀兩流通，公私兩便。然亦尚無定見，已令阿桂等會同妥議具奏矣。至各省如雲南、貴州、四川、湖廣等處，小錢最爲充斥，以致下游江浙等省，錢價亦爲過賤，商民多有不便。上年江蘇省，曾經長麟奏請暫停鼓鑄，然亦不過僅停三月，錢價未能得平，小錢仍復行使。在小民零星日用，雖不無便益，而商人往來運販，捆載攜帶，既多累重。且交納帑課，例用銀兩，以錢易銀，更形折耗，以致成本多虧。是錢價過賤，雖於貧民日用稍便，實於商民有礙，不可不一體設法調劑。各省中每年經費，如亦有搭放錢文之項，可以酌量改放銀兩，俾銀兩流通，錢價增長，是亦一辦法。或有閑款可以撥動，將銀兩按照時價收買錢文，其鼓鑄酌行停減。市間錢文，既經官爲收買，自必將大錢交出易換，即或稍有夾雜，亦可官爲揀出改鑄，則小錢之弊，亦可不禁自絶。但各省情形不同，難以懸定。著將寄信阿桂等諭旨，鈔寄各省督撫閱看。令其查照各該地方情形，應作何籌辦，可使銀錢價值兩平，商民均有裨益，而小錢亦可漸次杜絶之處，各抒所見，據實具奏。各省小錢充斥，節經降旨查禁，而其弊仍復如故。若非該督撫等任聽不肖屬員，將局鑄官錢，私行減小，希圖多鑄，分肥入己，即係奸民私鑄，該督撫等並不實力查禁所致。若不究官員偷減侵蝕之弊，而徒向民間紛紛查繳，於事無益。乃似此積弊相仍，漫無整頓，則該督撫等所司何事？今經朕爲之設法籌畫，詳悉指示。該督撫等若再不各抒天良，妥協籌辦，以致錢法日壞，私鑄充斥，則惟該督撫是問。（高宗一四五四、一七）

（乾隆五九、六、丁卯）又諭：昨因近日錢價過賤，酌籌調劑，已降旨各督撫，令其酌量情形。今日適據畢沅等奏請停止鼓鑄一摺，看來各省局錢存積過多，大概皆然。雲貴兩省係出產銅鉛省分，每年鼓鑄，陳陳相因。……現在詢之譚尚忠，據稱滇省近年每紋銀一兩，換錢至二千四五百文，錢價實爲過賤。若將雲南局錢停止鼓鑄，實爲有裨等語。可見該省錢價更賤於他省，而小錢充斥，亦惟雲貴爲甚。……［雲南］兩處錢局及貴州錢局，竟應俱行停鑄。（高宗一四五四、二三）

（乾隆五九、一二、甲寅）又諭曰：梁肯堂覆奏蘆東鹽價改爲賣銀，酌籌辦理情形一摺。……現在錢價雖賤，然從前商人領帑時，據稱紋銀一兩可易錢八九百文，以此覈算，則該商等彼時自得利已多。（高宗一四六六、二）

（三）新疆、西藏鑄幣

1. 新疆

（乾隆二五、五、壬子）軍機大臣議奏：陝甘總督楊應琚奏稱，葉爾羌舊制錢，以普爾五十枚爲一騰格，作銀一兩，回民歲貢、兵丁月餉以此爲準。後市錢稍廣，經舒赫德等奏，請每銀一兩，以七十文爲定。現在市錢日益平減，至以錢百抵銀一兩，並一百零十文不等。官兵月領錢數十文，不抵應關餉銀之用。既無可加增，又不便議令回民增錢上納。請將現鑄之錢，重如其舊，惟較舊樣微薄而加廣，於錢面添鑄回子字一分二字，以錢百作銀一兩。鑄出新錢，即散爲現駐官兵月餉，所有回民歲貢亦照此爲則。查錢法之低昂，由於市值之多寡聚散爲權衡，時增時減，本無定準，在內地尚不能強繩以官法，節制以定價，況在回部地方。鼓鑄伊始，收舊鑄新，廣爲流通，則錢價日就平減，亦屬物情自然。此時祇宜酌市值之貴賤，以定出納之準。若必拘以一文抵銀一分，百文作銀一兩，則該處白金本屬稀少，現在白銀一兩，已換至一百零五文至十文不等，焉知將來不再加平減？則官兵等支領百文之錢，仍不抵其應關餉銀之用。況錢式早經頒定，又復減薄分數，於錢上鑄明定值，強制回衆以不得增減，微特勢所難行，轉致更張成例。該督楊應琚業回甘肅，請交舒赫德酌量市值情形，隨時妥協辦理。所有該督請改定之處，毋庸議。至所稱阿克蘇每年有貢納銅觔，庫車亦有產銅之山，應令該處回民量力輸納，即於應徵貢賦內扣抵，以資鼓鑄。事屬可行，應一併令舒赫德查明妥議具奏。得旨：依議速行。（高宗六一二、二二）

（乾隆二五、一一、癸卯）諭軍機大臣等：舒赫德奏，阿克蘇等城出產紅銅。現據該伯克等懇請設爐鑄錢，流通行使，並乞照葉爾羌之例，範爲阿克蘇字樣。至工役、器具皆所必需，業經行文該督辦送器具，其工役等若於葉爾羌分撥，恐彼此俱不敷用，仍請於內地另行派撥等語。錢文爲回民日用所必需，自應照葉爾羌例一體鼓鑄。著傳諭楊應琚即查照上年之例，速行妥辦，派員送往。（高宗六二四、四）

（乾隆二五、一一、癸亥）諭軍機大臣等：楊應琚奏稱，葉爾羌現在市價每銀一兩，得錢一百二十文，而回人交納錢糧，則每兩七十文，兵丁之領餉亦然，及與回人交易，則不能不照市價，殊未畫一。請照阿克蘇等城之例，每錢一文作銀一分，百文爲一貫。凡官兵回人銀錢出入，一律辦理等語。回城設局鼓鑄錢文，自應與內地之出入一律。楊應琚此奏，或綠旗官兵等傳説太過，亦未可定。總之官兵、回人，俱不可有所偏徇。阿克蘇既出入相同，葉爾羌等處自應照例辦理，著傳諭舒赫德、新柱等公同酌議。嗣後回人交納錢糧，著以錢百文爲銀一兩。倘伊等爲交錢不便，即著交銀。務使市有定價，則公私皆獲其益。併將原摺録寄閱看。（高宗六二五、一四）

（乾隆二六、二、丙戌）參贊大臣舒赫德奏：臣等同新柱、海明、額敏和卓等，通籌葉爾羌等城交官正項及入官地畝錢糧，足敷公用，尚有贏餘，以錢折價，可當銀一萬餘兩。但回城錢不能如銀之流通。且喀什噶爾等城距阿克蘇頗遠，難於運送，若久貯庫，恐於回人日用有礙。查本年派往伊犁馬兵三百名，來年綠旗兵一千名，俱由各城協助牲隻。今葉爾羌等城有庫貯餘錢，應請酌購回人及外藩貿易牲隻，即外藩不收錢文，亦可購買布疋什物兌換。倘牲隻一時不能足額，又以餘錢爲雇覓價值，庶公務辦理裕如，而回人

益安生業。報聞。(高宗六三一、一)

　　(乾隆二六、七、己未)軍機大臣等議覆，參贊大臣舒赫德奏稱，阿克蘇等處鼓鑄之錢，宜派給回人行使，錢法始可流通。請將鑄得之七千餘騰格，以四分存公，六分派給回人。來春收回人租稅，以錢折價。於十分內，抽回二分。續鑄亦照此辦理。應如所奏。從之。(高宗六四一、九)

　　(乾隆二六、一〇、辛巳)葉爾羌辦事都統新柱等奏：辦理鼓鑄，以錢五十文爲一騰格，除兌給三城回人，仍存三萬六千餘騰格。查回人兌支普爾錢文，近將七十之數，增加三十，頗累貧戶。請嗣後以盡收普爾錢文爲止，不必勒限。報聞。(高宗六四七、一)

　　(乾隆二六、一一、癸亥)軍機大臣等議覆：葉爾羌辦事都統新柱等奏稱，回人以普爾錢文兌易新錢，不能全交等語。查葉爾羌鑄錢，一年得八萬餘騰格，阿克蘇又開局鼓鑄，與舊普爾參雜行使，自可流通，無庸亟爲收舊。俟新錢鑄至十萬騰格時，舊錢收盡，自當停鑄。或尚有舊錢，仍行添鑄，以盡收舊錢爲度，每月不限定數。至局鑄無多，量減工役一半。均應如所奏。從之。(高宗六四九、三二)

　　(乾隆二七、二、乙亥)諭軍機大臣等：新柱等奏稱，葉爾羌、喀什噶爾、和闐三城回人等，每月以普爾換易新錢，已令減半交納。請俟新錢流通時，再爲酌減等語。換易普爾，不過使回人通用新錢，自應酌量情形，何必限以成數？況以兩普爾易一新錢，行之已二三年，諒所收普爾，亦足供鼓鑄。若仍照前例，恐有妨回人生計，著加恩以一普爾易一新錢，則回人無所虧損，而舊普爾亦必盡收。著傳諭新柱等，嗣後遵照辦理。(高宗六五四、一三)

　　(乾隆三一、三、乙酉)又諭：據額爾景額等奏，從前葉爾羌每銀一兩換普爾錢一百文，自去秋有喀什噶爾、阿克蘇、和闐等處商人，攜帶貨物赴葉爾羌貿易，並不購買別物，帶錢而回者甚多。故自冬季起錢價漸昂，每兩僅換普爾錢七八十文。現在動用葉爾羌庫存錢文，每兩合普爾錢九十文，祇換給官兵，不准奸商竊換，以平市價等語。著傳諭額爾景額，嗣後如有似此故昂錢價牟利匪徒，必須嚴密查拏，從重治罪。其貨物查明入官，以示懲儆。並著通行傳諭伊犁各回城將軍、大臣等一體遵行，毋得姑息。(高宗七五七、一)

　　(乾隆三九、七、丙寅)又諭：內地鼓鑄錢文，自順治年間以來，俱隨年號字樣鑄造。至葉爾羌等處，向來行使準噶爾騰格錢文。自乾隆二十四年，平定回部後，將所有準噶爾舊錢銷燬，另行頒式，鑄造乾隆通寶錢文，極為利便。回部各城，係朕開拓撫定之區，國寶流行，遵奉朕乾隆年號，該回人等所當萬年敬守，及我子子孫孫，亦當萬年遵行，不便照內地錢文，隨時改鑄。將此諭令各回部辦事大臣記檔，永遠恪遵不必改燬另鑄之旨。並諭戶、工二部，一體存載，垂為成憲。（高宗九六二、三〇）

（**乾隆四一、五、丙戌**）諭軍機大臣等：據伊勒圖、綽克托奏稱，伊犁錢文，與烏什普爾雖異，乍看不能區別，奸民愚回，往往互相攙混，請旨永遠禁止等語。奸商趨利若鶩，現在伊犁錢賤，普爾價昂，將伊犁錢文帶往回地，攙和使用，乃必有之事，固宜禁止。但趨利之徒，憝不畏法，雖經禁止，未必即遵朕意。與其有名無實，不如將伊犁錢文與回地普爾畫一辦理，使奸商無所獲利，自然不復滋弊。但不知彼處情形，能否如此辦理？舒赫德、阿桂俱曾久駐伊犁，諳悉該處情形，伊二人識見，又優於伊勒圖、綽克托，此事著傳諭舒赫德、阿桂，公同熟商，妥議具奏，併傳諭伊勒圖等知之。（高宗一〇九、一）

（**乾隆四三、二、庚子**）葉爾羌辦事大臣高樸等奏：甘省派撥葉爾羌駐防綠營兵，屆年滿換班之期，例有借支整裝銀兩。惟葉爾羌庫貯往往不敷，須由內地調撥，未免煩瑣。查葉爾羌庫貯普爾錢，在本處每百抵銀一兩，現在貯錢充裕，請以錢抵銀，支借換班兵丁。得旨：好。依議行。（高宗一〇五〇、一五）

（**乾隆四六、一、庚子**）伊犁將軍伊勒圖奏：前准部咨，烏什普爾壅積，應行停減，將年獲銅觔，解赴伊犁，鼓鑄制錢。查添爐配鑄點錫，向由內地調取，黑鉛係本處採挖，伊犁每年約獲鉛萬餘觔，請將烏什普爾停鑄二千七百串，計銅二萬二千餘觔，應配黑鉛九千餘觔，於每年採挖之數自可有盈無絀。至添蓋鑪房、調撥匠役，均俟會同綽克托商辦。報聞。（高宗一一二三、一〇）

（**乾隆四六、閏五、庚申**）軍機大臣奏：先經臣等議駁，調任烏什參贊大臣申保奏請，伊犁改用普爾錢文，令將烏什所鑄普爾銅觔解往伊犁，能否改鑄清錢之處查奏。茲據新任參贊大臣綽克托奏稱，烏什歲獲銅觔，悉鑄普爾，尚不敷用，若停鑪不鑄，將銅運往伊犁，必至錢缺價昂，官民不便。且普爾以一當十，每百值銀一兩，若改鑄清錢，需八百文作銀一兩，亦覺糜費。應如所奏，烏什普爾錢文照舊鑄造，毋庸將銅運往伊犁改鑄。從之。（高宗一一三三、八）

（**乾隆五〇、一、己未**）軍機大臣議覆：據烏嚕木齊都統長清奏稱，烏嚕木齊各廳州縣，牲稅、房租銀兩，經前任都統海祿奏，請額定每歲收銀二萬八千餘兩，以抵經費。今查迪化州及迤西、迤南等處，俱能徵收足額，惟迤東之阜康、濟木薩、奇台、宜禾等處，不敷定額。因從前海祿查辦時，俱係庫貯錢文，而各屬市價，係制錢八百文合銀一兩，惟吐魯番、宜禾等處，係制錢七百文合銀一兩。該處易銀解庫，必須加平補色，名爲個頭錢，每銀一兩，實須錢九百文。其吐魯番地方，業經迤西委員，將個頭錢分晰扣算，照依九百文，合銀一兩，是以足敷原額。而迤東委員並未扣算個頭錢文，照依八百文，即合銀一兩，覈數具稟，是以於定額多有未敷。應如所請。嗣後交納牲稅房租銀兩，如以銀完納者，聽其自便。若以錢完納，均按照制錢九百文作銀一兩，扣算呈繳。不得仍留個頭錢名目。並令該督統督飭所屬，實力稽查，不必拘定海祿所定額數，仍照臣等原議，儘收儘報，毋許額外多索。從之。（高宗一二二二、一三）

（**乾隆五六、七、辛丑**）諭：據伊江阿奏，接奉甘肅布政司禁止小錢咨文，現在逐細留心嚴拏等語。此事原指內地各省而言，於新疆回城無涉。此皆該地方官糊塗，率行移咨耳。吐魯番回衆，皆用騰格錢，即該商民與內地回民交易，間有用內地錢文者，亦不多見。倘有攙雜小錢使用，伊江阿自應臨時查拏辦理，又何必如此聲張，將回民等一體嚴查耶。除將此曉諭伊江阿，令其遵行外，並著通行新疆各處，一體遵照辦理。（高宗一三八三、二九）

（**嘉慶五、二、癸巳**）諭內閣：新疆各回城，自乾隆二十四年平定後，即鑄造乾隆通寶錢文，通行至今。敬思新疆二萬餘里，俱係皇考開拓撫定之區，國寶流行，所當萬年敬守。現在阿克蘇請領祖錢式樣，所有新疆等處地方，自應鼓鑄嘉慶錢，以資行使。至乾隆錢，尤應永遠通行。嗣後新疆地方鼓鑄乾隆錢二成，嘉慶錢八成，一體行用，萬世子孫敬謹遵循勿替。（仁宗五九、二五）

（**嘉慶六、九、壬寅**）喀什噶爾參贊大臣富俊等，請定回疆錢價，每兩准折普爾錢二百六十。下部知之。（仁宗八七、二八）

2. 西藏

（**乾隆五六、九、庚子**）又諭：廓爾喀所鑄錢文，向衛藏行使，原爲貪圖利息起見，後又欲將舊錢停止，專用新錢，每銀一兩。祇肯用錢六個，固屬貪得無厭。而噶布倫番衆人等與彼處交易，亦不免圖占便宜，彼此惟利是圖，各不相下，以致復滋事端。但衛藏地方，行使廓爾喀錢文，總緣唐古忒人等向與廓爾喀交易買賣，是以不得不從其便。今該賊匪反覆無常，肆行搶掠，昨已降旨，令將在前藏貿易之人，概行逐去。即使廓爾喀震懾兵威，懇求納款，亦斷不准其再通貿易，是廓爾喀所鑄錢文，衛藏竟可毋須行用。我國家中外一統，同軌同文，官鑄制錢，通行無滯，區區藏地，何必轉用外番幣貨？況伊將所鑄之錢，易回銀兩，又復攙銅鑄錢，向藏內交易，源源換給，是衛藏銀兩，轉被廓爾喀逐漸易換，尤屬不成事體。若於內地鑄錢運往，程站遙遠，口外又多夾壩，運送維艱，莫若於西藏地方，照內地之例，安設鑪座，撥派官匠，即在彼鼓鑄。駐藏大臣督同員役，監製經理，自可不虞缺乏。將來勘辦事竣，鄂輝當傳齊達賴喇嘛噶布倫等明白宣諭，以唐古忒人等懦怯無能，又復固執貪利，此次因伊等與廓爾喀換易錢文，紛争滋事，是以大皇帝爲保護衛藏，派調大兵前來勘辦，俾僧谷番衆倚賴安全。所有廓爾喀貿易人等俱不准其復來貿易，永斷葛藤。特於藏內鼓鑄官錢，令其行用。……如此明白諭知，該處僧俗番衆，自當各知醒悟，遵照辦理。（高宗一三八七、二六）

（乾隆五六、一二、丁未）諭軍機大臣等：……至成德所奏，請暫鑄銅錢，以資兵丁換易行使。已據成德諭令商上暫爲鑄造。此係爲目前兵丁需用起見，亦祇可如此辦理。其將來在藏安設鑪座，官鑄錢文之處，統俟福康安於事竣後，歸入善後事宜內辦理，非目前急務也。（高宗一三九二、八）

（乾隆五七、一二、庚午）又諭曰：福康安等奏，酌定唐古忒番兵訓練事宜，藏內鼓鑄銀錢各摺。……再所定藏內鼓鑄銀錢章程，亦祇可如此辦理。藏內既不產銅，所需鼓鑄錢文銅觔，仍須向滇省採買。自滇至藏，一路崇山峻嶺，購運維艱，自不若仍鑄銀錢較爲省便。但閱所進錢模，正面鑄乾隆通寶四字，背面鑄寶藏二字，俱用唐古忒字模印，並無漢字，於同文規制，尚爲未協。所鑄銀錢，其正面用漢字鑄乾隆寶藏四字，背面用唐古忒字亦鑄乾隆寶藏四字，以昭同文，而符體制，已另行模繪錢式，發去遵辦。（高宗一四一八、八）

（乾隆五七、一二、庚午）[軍機大臣]又議覆：福康安等奏稱，藏地素不產銅，由內地撥運不免糜費。應照上年奏准，由商上鑄造銀錢，一律通行。成色純用紋銀，每圓照舊重一錢五分。紋銀一兩，易錢六圓。餘銀一錢，作爲鼓鑄工本。另鑄一錢重銀錢一種，每兩易換九圓。五分重銀錢一種，每兩易換十八圓。其巴勒布及商上原鑄舊錢低潮，定爲每兩易換八圓。所有鼓鑄工料，令商上經理，仍交駐藏大臣派員，督同監造。如有攙雜，將該管噶布倫及孜繃孜仲等，與監造之員，一併治罪。應如所請。從之。（高宗一四一八、一一）

（乾隆五七、一二、辛卯）軍機大臣等議覆：大學士兩廣總督公福康安等奏，籌酌善後章程。……一、前藏商上鑄錢，應專派鑄錢孜繃、孜仲喇嘛

各二名辦理。均由駐藏大臣會同達賴喇嘛挑選，發給清漢字番字印照。……均應如所請。從之。(高宗一四一九、一八)

（**乾隆五八、一〇、辛未**）駐藏大臣尚書和琳、副都統銜成德奏：前藏自改鑄乾隆寶藏十足銀錢後，於廓爾喀貿易人甚便。惟唐古忒僧俗番民，及克什米爾、巴勒布商人，並內地漢商兵丁等，愚民無知，不論銀色高低，祗較換錢多寡，見新鑄一錢五分重銀錢，每銀一兩，祗換六圓，遂至停積。應請停鑄。專鑄一錢重及五分重者，每銀一兩，仍舊換九圓十八圓不等，其攙銅舊錢，雖係一錢五分重者，每兩亦止准換九圓。……得旨：和琳等奏，藏地僧俗番民，不知銀色高低，分兩輕重，因一錢五分重新錢，所換圓數較少，停積難行。今和琳等將此項銀錢停鑄，祗鑄一錢及五分重兩種，照原定之數易換，而巴勒布舊錢亦一例准換九圓。新舊通行，上下稱便。所辦甚好，可謂留心，自應如此辦理。(高宗一四三八、一五)

第二章 民食政策與糧食貿易

第一節 民食政策措施

一、積貯平糶

（一）倉儲建制和保持

1. 各地官糧的調撥、協濟

（順治二、五、庚寅）兵部右侍郎金之俊奏言，西北粒食全取給於東南，自闖亂後，南粟不達京師，以致北地之米價日騰。今王師直取南京，計江南蘇、松、常、鎮、杭、嘉、湖七府之漕白，必久抵南庚。須亟令總漕星馳淮上，巡漕御史疾趨瓜、揚，彈壓地方，度理運務。俟金陵底定，酌留之，餘悉轉太倉。南粟既來，市價自減矣。章下所司速議。（世祖一六、九）

（順治二、六、戊寅）河南道御史王顯疏言：……至於南糧未至，宜發銀以貯粟。……疏入。得旨：…積粟事宜，戶部酌議具奏。（世祖一七、一四）

（順治二、一二、丙午）戶部議覆：故明總督倉場戶部右侍郎祁逢吉疏言：江南舊稱留都，設有兵丁，故設有糧餉。今既改京爲省，則南糧一百二十萬石，應同漕米兌運解京。其屯糧一十三萬，暫貯南倉，聽候大兵支用。從之。（世祖二二、一七）

（康熙一八、六、辛未）諭戶部：民生以食爲天，必蓋藏素裕，而後水旱無虞。自古耕九餘三，重農貴粟，所以藏富於民，經久不匱，洵國家之要務也。比以連年豐稔，粒米充盈，小民不知積蓄，恣其狼戾。故去年山東河南一逢歲歉，即以饑饉流移見告。雖議蠲議賑，加意撫綏，而被災之民生計難遂。良由地方有司各官，平日不以民食爲重，未行申明勸諭之故。近據四方奏報雨澤霑足，可望有年，恐豐熟之後百姓仍前不加撙節，妄行耗費。著各該地方大吏督率有司，曉諭小民，務令力田節用，多積米糧，俾俯仰有資、凶荒可備，以副朕愛養斯民至意。（聖祖八一、一一）

（康熙二五、六、丙辰）諭大學士等曰：目今天旱有蝗，恐政事或多闕失，民間疾苦有不能上達者。即傳集九卿問之，俾各抒所見奏聞。九卿等皆曰，政事以愛民爲本，愛民莫大於蠲租。今皇上凡遇直隸各省水旱饑荒，蠲免正賦雖數百萬亦所不惜，小民已霑實惠矣。愛民莫要於恤刑。皇上每遇關係人命之事，其難其愼，詳審再三，務得實情，期於平允，亦無有冤抑之人矣。至於用人，尤行政要務。皇上每用一人，必加詳愼，務使人與職稱，黜陟賞罰，無不允當，政事豈有闕失？間有水旱，亦天行時令使然，皆由臣等奉職無狀，所行未當，致干天和。今公議在京重囚，皇上特遣大臣清理，在外重囚，亦宜分遣大臣會同督撫一體清理。又各省常平一倉，須多積米石以備賑救之用，洵爲救荒良策。上曰：朕自即位以來，二十餘年，凡民間之事留心體訪，稍知情狀。古人不言救荒而言備荒，故三年有一年之蓄，九年有三年之蓄，雖間值水旱，小民不致失所。去歲可謂豐年，設今歲不登，即致饑饉，總由素無蓄積耳。即常平一倉，積米太多，亦易朽爛。若臨時令有司捐貸，則又不可。縱有良法，奉行不得其人，終屬無益。苟得良有司，視民如一家，痛癢相關，始克有濟耳。(聖祖一二六、二一)

（康熙二九、一、癸卯） 諭户部：朕撫御區宇，夙夜孜孜，惟期厚民之生，使漸登殷阜。重念食爲民天，必蓋藏素裕，而後水旱無虞。曾經特頒諭旨，著各地方大吏，督率有司，曉諭小民，務令多積米糧，俾俯仰有資，凶荒可備。已經通行其各省徧設常平及義倉、社倉，勸諭捐輸米穀，亦有旨允行。後復有旨，常平等倉積穀，關係最爲緊要，見今某省實心奉行，某省奉行不力，著再行各該督撫，確察具奏。朕於積貯一事，申飭不啻再三。藉令所在官司，能俱體朕心，實有儲蓄，何至如直隸地方，偶罹旱災，輒爲補苴之術。嗣後直省總督、巡撫及司道府州縣官員，務宜恪遵屢次諭旨，切實舉行，俾家有餘糧、倉庾充牣，以副朕愛養生民至意。如有仍前玩愒、苟圖塞責，漫無積貯者，將該管官員及總督巡撫，一并從重治罪。爾部即遵諭通行。(聖祖一四四、三)

（康熙二九、七、癸巳） 諭户部：朕撫育黎元，勤思治理，足民之道，宜裕蓋藏。從來水旱靡常，必豐年恒有積儲，庶歉歲不憂饑饉，如康熙二十七年頗稱歲稔，誠使民間經營撙節，早爲儲偫，何至康熙二十八年偶遇旱災，室皆懸罄？總因先時無備，遂至糊口維艱。比蠲除正賦，特發帑金，分行賑濟。所在官司悉仰體朕懷，竭力從事，被災之衆始獲安全，倘非拯救多方，則煢黎必流移失所。今霖雨時降，黍苗被野，刈穫在即，可望有秋。惟恐愚民不知愛惜物力，狼籍耗費，祇爲目前之計，罔圖來歲之需，縱令年穫屢豐，亦難漸臻殷阜。應行直隸各省督撫嚴飭地方官吏，家諭户曉，務俾及

時積貯，度終歲所食常有餘儲，用副朕軫念民依，綢繆區畫至意。爾部即遵諭行。(聖祖一四七、六)

(**康熙三五、一二、辛亥**)諭大學士等：黑龍江、吉林、烏喇地方，頻歲不登，可移文盛京將軍，令整繕船隻，將盛京倉儲米穀，以彼地人力，運五千石至莫爾渾阿敦之地，積貯之。(聖祖一七八、二二)

(**康熙三九、三、甲午朔**)諭大學士等：修築永定河，夫役雲集，人多則需米，穀價必致騰貴。遣戶部賢能司官二員，截山東、河南漕米二萬石，留於信安、柳岔二處，會同地方官，照前稍減時價平糶，至附近信安修河諸處。屯莊米石，亦令糶賣。(聖祖一九八、三)

(**康熙四一、三、丁亥**)上諭大學等曰：今歲似有旱意，去冬無雪，春雨未降。各省倉廩所貯米粟，雖報全足，未知虛實。令行文山東、河南、陝西、山西、江北諸督撫，查今年得雨與未得雨處所，并察核其虞粟，必積貯充盈，庶可無患。去歲盛京烏喇稔收，穀一升僅值制錢數文，聞彼地人民又以穀賤爲嫌。直隸亦有秋，而米價未減，況今雨澤稍愆，不可不預爲之備。(聖祖二〇七、一七)

(**康熙四九、七、癸未**)戶部議覆：署理偏沅巡撫事戶部右侍郎王度昭疏言，鎮筸地方自改協爲鎮之後，兵民聚處，生齒日繁。請酌借帑銀三千兩，買穀貯倉，穀貴之時，平價發糶，秋成穀賤之時，買補還倉，預備賑濟。每年將餘剩價銀，於六年之內，補還所借之項。應如所請。從之。(聖祖二四二、二〇)

(**康熙五一、一〇、丙寅**)直隸巡撫趙弘燮題：真定府屬井陘縣秋被旱災，請發倉賑濟。得旨：直隸各省督撫，每奏報年穀收成，朕必批令預籌積貯，以備小有災荒即行賑濟，諭旨甚明。井陘係小縣，村落無幾，偶遇小災，便聞人民不得安堵，如果能遵前旨，於豐年預爲貯積，何至艱食。此皆因地方官奉行不實，全無儲蓄所致。嗣後地方官須遵朕前旨，實心奉行，務期有濟民生。(聖祖二五一、二二)

(**康熙五二、閏五、辛未**)江西巡撫佟國勷疏言：入夏以來米價漸長，小民籲請發粟，臣已將所貯倉穀令有司糶賣，俟秋收後買補還倉。上諭大學士等曰：去年江西省年穀甚熟，或因地方官虧空倉穀，借此抵銷亦未可定。著戶部詳議具奏。尋議：佟國勷題報發糶倉穀，原疏內並未申明係何州縣及所糶倉穀若干。應行令該督嚴查，其現在糶穀州縣中，有浥爛虧空，借此開除等弊，即著指名題參。從之。(聖祖二五五、一二)

(**康熙五五、閏三、壬午**)[諭大學士等曰：]……朕凡事但求實濟，不務虛名，即如積貯之事，聞之似善，而行之甚難。從前連歲豐收，朕曾諭地方官，令民間節省積貯。但窮民一年所得糊口之外，別有費用，何得餘剩？至於社倉一事，李光地任直隸巡撫時，曾以此為有益，卒不能行。（聖祖二六八、九）

（康熙六〇、四、己酉）諭大學士等曰：去冬雪大，所以今春雨澤甚少。大約冬雪多，則春雨必少，春雨少，則秋霖必多。此不必由占驗而後知也。朕六十年來，留心農事、較量雨暘，往往不爽。且南方得雪，有益於田土，北方雖有大雪，被風飄散，於田土無益。今歲山東得雨，河南、山西、陝西未甚得雨，備荒最為緊要，不可不豫為籌畫。若直隸、山東、河南，已難料理，至山西、陝西，其補救尤難。古人云：三年耕，則有一年之蓄；九年耕，則有三年之蓄。言雖可聽，行之不易。如設立社倉，原屬良法，但從前李光地、張伯行曾經舉行，終無成效。至於各省積貯穀石，雖俱報稱數千百萬，實在存倉者無幾。即出陳易新之法，亦不為不善，第春間僅有所出，秋后並無所入，州縣官侵蝕入己，急則即以折銀掩飾。此等積弊，朕知之甚詳。其報荒之真偽虛實，朕亦无不洞悉。如熱河所積穀石，每年減價平糶，秋收糴補還倉，數目無多，稽查頗易，所以每有餘糧。語云，大兵之後，必有凶年。昔征剿三逆時，豐收足以供給，並無一州一縣貽誤，及平定以後，間有歉收之年，不可不綢繆於未雨也。邇來稍覺暵旱，或者政事有缺失，應行改正之處，亦未可定。爾等會同詳議具奏。（聖祖二九二、一〇）

（康熙六〇、九、丙申）奉差山西賑濟都察院左都御史朱軾疏言：請於晉省建立社倉，以備荒歉，引泉溉田，以興水利。得旨：建立社倉之事，李光地任巡撫時，曾經具奏。朕諭以言易而行難，爾可姑試李光地行之數年，並無成效，民多怨言。張伯行亦奏稱社倉頗有裨益，朕令伊行於永平地方，其果有成效裨民之處，至今未奏。且社倉之有益無益，朕久已留心採訪，凡建立社倉，務須選擇地方殷實之人，董率其事。此人並非官吏，無權無役，所借出之米，欲還補時，遣何人催納？即豐收之年，不肯還補，亦無可如何，若遇歉收，更誰還補耶？其初將眾人米穀，扣出收貯，無人看守，及米石缺空之時，勢必令司其事者賠償。是空將眾人之米，棄於無用，而司事者無故為人破產賠償矣。社倉之設，始於朱子，其言具載文集。此法僅可行於小邑鄉村，若奏為定例，屬於官吏施行，於民無益。前朕巡幸西省，山陝地方山川形勢，皆悉知之。其地山多水少，間有水泉，亦不能暢引溉田，設果有灌注之水，前人豈不知乎？今朱軾以建立社倉、引水入田具奏，此事不必令他人辦理，即令伊久住山西，鼓勵試行。若所言有效，甚善。該部知道。

(聖祖二九四、八)

（康熙六一、四、戊午）諭戶部：趙弘燮奏，將收貯真定、順德各州縣四萬石米平糶，其餘各州縣有米貴之處，亦將倉米平糶十分之三，俱俟秋收後買補還項等語。去年各州縣收貯莊頭等所交米石，部内曾遣司官會同地方官糶賣，其糶米銀兩，至今尚未完繳。據此，各州縣收貯倉米俱无實際。平日積貯，原爲備荒而設，今值青黃不接之時，固應平糶，但地方官虧空倉米，不過糶賣數石，即借此掩飾虧空，究竟倉米既虧，百姓何從糶買，於民生並無裨益也。見在存倉米穀，如果足數，即照該督所請糶賣。倘朕遣大臣查看時，州縣並无米穀，黎庶不得糶買，將州縣官即行正法，該管上司，從重治罪。(聖祖二九七、六)

（雍正二、一一、戊申）戶部等衙門，遵旨議覆積貯備荒事。將河南巡撫石文焯、山東巡撫陳世倌條奏内，酌議六條。一、民間積貯，莫善於社倉。積貯之法，務須旌勸有方，不得苛派滋擾。其收貯米石，暫於公所寺院收存。俟息米已多，建廠收貯，設簿記明，以便稽考。有捐至三四百石者，請給八品頂帶。一、社長有正有副，務擇端方立品、家道殷實之人，以司出納。著有成效，按年給獎，十年無過，亦請給以八品頂帶。一、支給後，每石收息二斗，遇小歉之年，減息一半，大歉全免其息。十年後，息倍於本，祇收加一之息。一、出入斗斛，官頒定式。每年四月上旬，依例給貸，十月下旬收納，兩平交量，不得抑勒。一、收支米石，社長逐日登記簿册，轉上本縣，縣具總數申府。一、凡州縣官止許稽查，不許干預出納。再，各方風土不同，更當隨宜立約，爲永遠可行之計。應令各督撫於一省之中，先行數州縣，俟二三年後，著有成效，然後廣行其法。從之。(世宗二六、四)

（雍正三、二、乙酉）貴州巡撫毛文銓疏言：貴州山高多雨，積貯米石，恐致潮濕霉變。得旨：積貯倉糧，特爲備荒賑濟之用，南省地氣潮濕，貯米在倉，一二年便致霉爛，實難收貯。著改貯稻穀，似可長久。應否改折稻穀收貯之處，著九卿詳議具奏。尋議：南方諸省土脈潮濕，兼有嵐瘴，積貯倉米，易致浥爛，不若稻穀可以耐久。嗣後江南、浙江、福建、湖廣、江西、四川、廣東、廣西、雲南、貴州等省，存倉米一石，改換稻穀二石，加謹收貯。需用之歲碾舊貯新，尤爲盡善。從之。(世宗二九、一五)

（雍正三、九、丁巳）又諭[大學士等]：古者視歲之上中，爲儲蓄之節。蓋官民經畫久遠，不爲一時苟且之計，積之於豐年，用之於歉歲，所謂有備無患，法良而意美也。朕自臨御以來，霄旰勤求，無刻不以民依爲念，乃重農積粟之詔屢下。而閭閻卒少蓋藏，官倉亦多虧缺。即如直隸保定等府，去歲頗稱有秋，今春二麥亦熟，乃以夏秋雨水過多，田禾被潦，而民間遂有饑色。若非多方賑恤，窮民必至失所。此皆草野無知，食不以时，用不以禮，但快目前之有餘，罔計異日之不足。一朝旱潦，追悔無從。至於常平義倉，原爲備荒而設。乃有司奉行不力，多至缺額，罪何可逭。兹據江南、浙江、江西、湖廣、福建、河南、山西、陝西、廣東、廣西、雲南、貴州等省督撫報稱，今歲秋成，八、九、十分不等。朕覽奏不勝慰悦。又重爲吾民計及長久，宜乘此時，講求儲蓄之道，以備將來。該督撫等可轉飭有司，遍行曉諭，務須撙節愛惜，各留餘地，預爲他時緩急之需。社倉之法，亦宜趁此豐年，努力行之，勿但視爲虚文故事。朕爲吾民籌畫養贍之道，惓惓於懷，無時或釋。而吾民自謀其身家，若但苟且因循，不復長顧遠慮，則重負朕軫念元元之意矣。至於州縣倉儲，如有虧缺者，若不趁此豐收之時，速行買補，將來發覺，斷不姑貸。慎之慎之。（世宗三六、一二）

（雍正三、一二、丁丑） 户部遵旨議覆：原任署江蘇巡撫何天培疏奏社倉事宜五款。一、社倉借貸散賑，宜豫造排門細册存案，凡不務農業、遊手好閒之人，不許借給。一、正副社長外，再公舉一身家殷實之人，總司其事。一、州縣官不許幹預出納。如有抑勒那借，許社長據實呈告。一、所需紙張筆墨，須勸募樂輸，或官撥罰項充用，不得科斂擾累。一、積穀既多，恐滋浥爛，應於夏秋之交，減價平糶，秋收後照特價買補。均應如所請。從之。（世宗三九、一九）

（雍正四、五、乙巳） 福建巡撫毛文銓摺奏：本年雨水過多，米價騰貴，請令江西巡撫裴㴑度，撥穀運濟。奉上諭：此等情形，關係緊要，何不預先奏明，而爲斯臨渴掘井之計？今已時屆仲夏，乃云若至無可如何之後，必不能保其不滋事端，是何言歟？且計閩省存留新收米穀有三十五萬餘石，各府常平倉穀一百四十二萬餘石，摺内總不提起作何撥用，第言動發庫銀，向鄰省各處採買。則前項穀石，諒皆虧空無遺，爾所司者何事，朕之億萬赤子，何以安全？今於爾奏到之日，隨已敕諭江西巡撫裴㴑度，速運米十五萬石，前赴閩界，爾即遵照部文，速行辦理。（世宗四四、二三）

（雍正七、二、癸巳） 户部議覆：福建總督高其倬疏言，臺屬各縣倉粟，向經題明，每年發粟十萬石，碾米五萬石，運往泉、漳二府平糶。但臺屬正供粟石，止可存備全臺，并廈門、金門等處兵糧。請將官莊現存粟四萬九千石零、粟價銀七萬三千四百餘兩内，抽發採買，運往泉、漳二府，永爲定例。應如所請。從之。（世宗七八、二二）

（雍正七、九、戊寅） 户部議覆：監察御史晏斯盛條奏，各省州縣，設立社倉，原爲通有無、濟豐歉之用。嗣後，如有貧民，不遇荒歉借領倉穀者，請准其給發。每石止收息穀十升，遇小歉免取其息，仍如本數還倉，以廣惠濟窮黎之意。應如所請。從之。（世宗八六、五）

（**雍正一一、五、庚寅**）諭戶部：各省州縣設立社倉，原以便民濟用，若遇應行借給之時，該州縣一面申詳上司，一面即速舉行，方可以濟閭閻之緩急。儻其中有假捏虛冒等弊，自難逃督撫之耳目。聞直隸百姓借領社穀，必待該督咨請部示而後准行，往返動經數月，小民懸待孔殷，仍不免重利告貸之苦。嗣後著該督李衛酌量定例，變通辦理，咨報存案。（世宗一三一、五）

（**乾隆一、一、己未**）諭總理事務王大臣：聞山西地方，糧價昂貴，…宜籌惠濟之道。查該省常平積穀無多，而社倉之穀，當有二十餘萬石，除照例出借外，其餘應酌減價值，及時發糶，以裕民食，挨秋成豐稔，買補還倉。（高宗一一、一八）

（**乾隆一、五、壬寅**）諭各省督撫：據右通政李世倬奏稱，社倉一法固以濟民間之缺乏，而救荒之法，即於是而可通。臣在湖北布政使之任，查社倉之春借秋還，立有社長，主其出入。蓋一鄉一堡之中，其人之貧富、業之有無，皆社長所深知。誠使爲有司者，於春借之時，社長具報之日，即備詢其家業名口，而自注之於冊。或慮家業之消長不時、人口之添退無定，則再於秋還之候，社長具報之日，復詢其故而改注之。此不過有司一舉筆之勞，不必假手胥吏。一旦遇有水旱賑濟之事，舉前所自注之冊，計其男婦大小名口，共有若干，按多寡之數而賑給之，視貧富之等而酌量之，自無舛錯遺漏浮冒之弊。臣愚欲請定例頒行。第恐有司未能留心於平日，一朝奉命，勢必責令社長另造戶口冊籍，責令百姓開報花名，彼此相傳，驚疑易起。請勅督撫轉飭有司，於社長冊報之時，專心查記，善爲奉行，則不動聲色，不事煩擾等語。所奏似屬有理，但必有司善於奉行，方爲有益，否則紛擾閭閻，未見其益，先受其累矣。著傳諭各該督撫，酌量地方情形，密飭有司，留心酌辦；倘該地方有難行處，亦不必勉強。（高宗一八、一七）

（**乾隆二、三、戊申**）戶部議覆：前因內閣學士方苞條奏，各省常平倉穀糶糴事宜。今據原任廣西巡撫金鉷疏稱，粵西省常平倉穀實貯無虧，亦無霉爛，除應存七糶三之時，仍照舊例遵行外，尚須因地因時，以備緩急。如穀色堅好、時價不昂、民食不缺，即可經年全貯不糶。如穀色將變、時價驟昂、民食缺乏，即量爲出糶，不必拘定糶七糶半。應如所請。亦不得出糶過半，以致倉儲空虛。從之。（高宗三九、四）

（**乾隆二、四、丁亥**）是月，戶部奏覆：據山東巡撫法敏遵旨條奏，確查春麥歉收之處，豫備事宜。一、糶三之法，原以出陳易新。今二麥既有旱形，糧價不免高昂。應令地方官不拘糶三之例，量爲多糶，以平市價。且嚴禁奸商囤積，胥役轉賣。一、應徵新舊丁地錢糧，惟賴麥收，今雨澤愆期，如有歉收之處，輸納維艱，似應分別停徵，以紓民力。一、民間麥收多藉爲種植秋禾之工本，倘得雨再遲，則秋種無資。應令地方確查實在窮民，量貸籽種工本銀兩，俟秋收後還項。一、小麥高粱，並係民間食用之要。查燒鍋踘麴，久經嚴禁，第恐兩省交界之區，愚民希圖覓利，違禁私開，糜費糧米。應咨會鄰省，一體嚴禁。一、東省民習，每遇歉歲，即挈眷遠出，覓食他鄉。現今民情雖俱安貼，若得雨再遲，麥禾無望，窮民或萌離鄉之念。除實在乏食戶口，臨期酌酌，或貸籽粒，以備補種或借社穀，以遂謀生。若需賑濟，一面開倉，一面奏聞，務使小民不致仳離。以上各條，並應如所請。得旨：依議速行。（高宗四一、三三）

（**乾隆二、閏九、甲申**）［四川巡撫碩色］又奏：川省連歲薄收，糧價不甚平減。請當秋收甫畢時，於各府州縣分貯銀兩內，酌動四五萬兩，令其或在本地，或赴鄰境，買米存貯，以備來春設廠平糶，即將所糶之銀，清還原項。得旨：如此辦理，甚是。（高宗五三、二〇）

（**乾隆三、一二、丁未**）兩廣總督馬爾泰等奏請：動支粵東藩庫田房稅羨銀五萬九千兩，委員往粵西採買穀石，運交廣、肇二郡近水次地方，及現在開礦之曲江等處，貯備平糶。欽州一帶地接交趾，年豐穀賤，請亦於稅羨項下酌撥銀兩，飭令地方官收買數千石，以杜外販之弊，並資來春龍門兵赴買之需。得旨：如此辦理甚妥，知道了。（高宗八三、四二）

（**乾隆四、二、己丑**）山西巡撫覺羅石麟議覆：綏遠城左翼副都統甘國璧奏，採買糧石分貯歸化、綏遠、托克托三城，以備平糶。查三城自移駐官兵、招民墾種以來，生聚日繁，需用糧石已倍於昔。應如所請。酌支藩庫耗羨存公銀兩，自乾隆四年爲始，就近採買，分貯綏遠、歸化二城各五萬石，托克托城十萬石，如有緩急，彼此碾運接濟。其倉廒現已足用，俟買有成數，再行動帑蓋造。從之。（高宗八六、一六）

（**乾隆四、八、甲辰**）浙江巡撫盧焯奏：浙省未補倉穀，因去歲通省歉收，惟恐採買官穀有妨民食，業經奏請緩至四年秋收後買足。其爲數過多之州，另議分年帶買，荷蒙俞允。今已屆秋收，請四年糶穀三千石以下者，全買，三千石上以者，酌買一半。得旨：如此辦理，雖屬因時權宜之計，但恐年復一年，倉貯歸於全空耳。再與新任總督詳酌議奏。（高宗九九、三〇）

（**乾隆四、一〇、丁酉**）諭戶部：據直隸提督永常奏稱，今歲口外收成較之往歲倍爲豐稔。八溝等處，民間雜糧甚多，艱於出糶。一切納糧辦公，及禦冬卒歲之資，苦於無措。似應乘此糧多價賤之時，令地方官在於八溝等處，按市價給發官銀，採買雜糧數萬石，分貯口外各倉，以備豐歉不時，且以接濟民用，實於公私兩有裨益等語。今歲直隸州縣年穀順成，而口外尤稱豐稔，實可慶幸。永常既稱民間糧多價賤，艱於出糶，則請求積貯，正在此時。上年曾有遣官於口外買運糧石之事，頗於民食有濟。應著戶部酌量給發帑銀數萬兩，交與永常，令其會同地方官，採買口外雜糧，分貯附近各倉，以爲地方儲蓄，並使民間得價，以資歲底用度。其如何妥協辦理之處，著戶部速行定議具奏。尋議：先撥庫銀二萬兩，發交該提督，一面行文直隸總督。委員會同提督採辦，貯倉備用。如將來價長，即報部停止，倘仍前平減，可以多貯，再請撥給。得旨：依議速行。（高宗一〇三、一二）

（乾隆五、閏六、己酉）［戶部］又議覆：川省地方，原屬邊徼，而保寧、雅龍、茂達等府州，並敘永、松潘、越嶲、雷波各廳衛所，又爲川省之極邊，積儲尤爲緊要。先據該按察使李如蘭奏請，令外省商賈人等，一體報捐。臣部以調任川撫碩色從前題請將松潘等處，令本省之各府州縣生俊赴捐，並未敘及令外省商賈人等一體捐納。或因此處邊遠，不產米穀，恐外省商賈人等爭先報捐，以致米價昂貴，有妨民食。是以行令該署撫方顯，查明各地方情形，詳悉妥議具題，到日再議。今該署撫方顯既稱川省地方，外省商賈貿易之人，實居大半。令買本地之糧食，即充常平之倉儲，價歸於民，糧交於官，下無不足，上即有餘，非販運出境者可比。況各該處地方出產雜糧，屢獲豐收，土著農民盡敷糶食。若按數採買，源源上納，足額而止，斷不致有妨民食。應如所請。從之（高宗一二〇、三六）

（乾隆五、閏六、壬子）河東河道總督白鍾山奏：河兵堡夫，終年力作，晝夜在工，甚爲勞苦。向未設有倉儲，偶遇歉歲，糧少價昂，頗屬拮据。請照標營之例，設倉積貯，庶可通融接濟。而春借秋還，年年出易，亦可垂久。查河營舊有生息銀六千餘兩。此項若零星分貯州縣庫內，成爲閒款，易啓那移之端，不如動撥採買倉儲，以濟兵夫緩急。至應設倉廒，查有副河臣舊署一區，坐落蘭陽縣城內，擇其高燥數間，略加修理，即可作爲倉廒，均毋庸另費錢糧，而於黃河兩岸兵夫，甚爲有益。得旨：著照所請行。該部知道。（高宗一二〇、四〇）

（乾隆六、四、己未）戶部議覆：閩浙總督宗室德沛奏稱，閩省山海交錯，向來內地所產米糧，不敷兵民食用。經歷任督撫奏請：每歲臺灣撥運穀一十六萬餘石，以爲平糶及兵米眷米之需。內有五萬石，須將出糶穀價買補。近年因豐歉不齊，壓欠米運之穀至二十萬五百餘石，亟思變通之法，將應行採買穀五萬石，暫行停運應如所請。至壓欠之穀，請自本年爲始，每年運穀六萬七千石，限三年報竣從之。（高宗一四一、七）

（乾隆六、五、癸巳）浙江巡撫盧焯奏報：於鹽義倉米價項下，動銀六萬兩，採買米石，以備出糶。得旨：辦理甚妥，知道了。（高宗一四三、二七）

（乾隆七、三、辛巳）命督撫廣濟儉歲民食。諭：各省常平倉穀，每年存七糶三，原爲出陳易新，亦使青黃不接之時，民間得以接濟。當尋常無事之際，自然循例辦理。若遭值荒歉，穀價昂貴，小民難於謀食，而仍復存七糶三，則閭閻得穀幾何？大非國家發粟平糶之本意矣。嗣後凡遇歲歉米貴之年，著該督撫即飭地方官多出倉儲，減價平糶，務期有濟民食，毋得拘泥成例。著該部即行文各省督撫知之。（高宗一六三、七）

（乾隆七、五、丁亥）湖南巡撫許容奏：五月初江水漲發，常屬之武陵、龍陽、沅江三縣，隄垸間被漫決，現飭料理堵築，並分別借給籽種。惟各州縣平糶倉谷，已符額數，今令於常額外酌量增糶，以濟民食。得旨：所奏俱悉。至於平糶倉谷，已符額數之言，甚屬不經，是豈保赤之心哉。且國家設常平社倉，所爲何事，汝爲撫臣，尚不知此乎？（高宗一六七、二四）

（乾隆七、一〇、乙卯）甘肅巡撫黃廷桂奏：甘省市集穀多，已將原派採買數目買足。伏思積貯最要，今既穀多價賤，自當不拘原數廣買，俟價昂，即停止。得旨：所見甚是。嘉慰覽之。（高宗一七七、二九）

（乾隆七、一一、乙酉）[河南巡撫雅爾圖] 又奏：今屆辦運癸亥年漕糧之期。查永城等州縣，本年應辦黑豆三萬七千一百四十餘石。即於前項購備黑豆內，撥抵兌運。將扣存漕折銀，仍令彰、衛二府，買豆存貯。而本年河北豆價，合之折徵米價，可節省銀五千八百餘兩，足購餘豆九千餘石，連前共得儲備黑豆，將及六萬石。似此盈餘之數，歲有加增，不出數年，可得十餘萬石。俟積之愈多，易穀收貯，遇米少價昂時，減價平糶。即水旱不齊，亦可通融接濟。再此項餘豆，總視每年豆價之低昂，爲盈餘之多寡，該地方官固不敢侵隱絲毫，亦並無抑勒派擾，累及閭閻之處。得旨：若果無抑勒，誠善舉也。（高宗一七九、三〇）

（乾隆七、一一、乙酉）貴州總督兼管巡撫張廣泗奏：黔省本年平糶倉糧，應行買補。但現在糧價未甚平減，除存倉米少。及米價稍平之處，飭令趁此豐收，及時買補外，其餘或酌令買補一半，或飭令緩徵，俟平減時，再全數買補。倘終不平減，即暫停，統俟下年秋成後買還。得旨：明年青黃不接之時，更宜先事豫辦。（高宗一七九、三七）

（乾隆七、一二、乙未）大學士等議准：四川巡撫碩色奏稱，川省連歲豐稔，統計常平捐監社倉，現共貯穀二百六十餘萬石，而未經敷額之監糧，又現在陸續收捐。是川省之倉儲漸充，足備緩急。近因江、楚等省糧貴，販運者多，又兩淮、湖北赴川採買者，十四萬餘石，自無穀賤傷農之患，若再加本地採買，恐糧價騰貴，轉於本地民食有礙。今兩江災傷甚重，楚省亦被偏災，何敢歧視，查自成都至重、夔。一路近江易運州縣，共有二十餘處，係產米之區，又臨河易買，生俊樂捐，故所貯獨多，約計現存穀六十餘萬石。倘江楚需糧孔亟，可先酌動二十萬石，令楚省就近撥運，遞相接濟。俟該省平糶完時，將價銀解繳川省。酌發於糧少倉虛之州縣，照時價從容買貯。從之。（高宗一八〇、一四）

（乾隆八、一、甲申）湖北巡撫范璨奏：前大學士等以湖北米價未平，議撥川省貯穀二十萬石。惟穀石過多，勢難猝辦，且須汛水未漲之時，運過川峽，方可坦行。因思川穀碾米撥運，較為利便。應令川省待撥各屬，一面代碾豫備，一面雇就船隻，以便委員速運，依期回楚。並分派總運協運人員，各攜制斛往兌。如楚省價平，不必全用川米平糶，即將餘米補倉，或酌濟下游鄰封之用。得旨：所辦甚妥。知道了。（高宗一八三、一三）

（乾隆八、四、己亥）籌平米價以裕民食。諭：朕惟萬民以食為天，政以農為本。朕御極以來，重農貴粟，薄賦輕徭，諸如籌積貯、蠲米稅，凡所以為民食計者，即周且悉。直省地方，宜乎穅梁充裕，價值平減，閭閻無艱食之慮矣。乃體察各處情形，米價非惟不減，且日漸昂貴，不獨歉收之省為然，即年穀順成，并素稱產米之地，亦無不倍增於前，以為生齒日繁耶。則十數年之間，豈遂眾多至此？若以為年歲不登，則康熙雍正年間，何嘗無歉收之歲？細求其故，實係各省添補倉儲爭先糶買之所致。從前議於各省額設常平二千八百餘萬石之外，令各省舉行納粟入監之例，增定穀數三千二百餘萬石，原期實倉庾以備緩急。乃諸臣奉行不善，經數年之久，所收捐穀，僅六百餘萬石，而米價無處不昂。是未收積儲備用之益，而先貽穀貴病民之擾，豈朝廷立法之本意哉？蓋買穀貯倉，原恐民有餘粟，不知撙節，以致糜費，是以令官廣為收買，以為儲蓄之計。若民間需用之際，而急於購買，商賈悉皆裹足，此贏彼絀，其理顯然。況一省所出應足供一省之用。今因一省產米獨多，而各省群趨而糶之，則多米之省亦必至缺乏而後已。再捐監之人，即係本地百姓納捐之穀，並非運自外省，在田間所收止有此數。積穀之家，既已納之於官，無穀之戶，又必買之於市，將不能蓋藏於家，又不能流通於外。穀愈少而價愈昂，亦何怪其然也。朕思天下米價頻增，乃民食不足之漸，大有關係。當令各省督撫，從長妥計。其常平原額，固不可缺，至於鄰省採買，及捐監收米之例，俱應一概暫停。俟豐稔之後，米價如常，再徐徐辦理。其如何酌定之處，著大學士會同九卿詳議速奏。尋議：鄰省採買，及捐監收米之例暫停，則常平原額，自不可缺。如該處現存穀石，原額之外仍有捐貯穀石。遇賑恤及常平平糶之用，於原額無需動用者，止將糶價解司庫，無庸買補。若常平原額雖敷而捐貯無多，適遇賑恤平糶，勢不得不動用原貯穀石，其糶價仍存司庫。令各督撫從長妥計，因時籌劃。如有前項額穀未買，適當本地年歲豐稔，即以糶價陸續買補。至捐監收米之處，亦令酌量地方情形。若遇豐歲，捐米無害於民，照原定應納數目收捐。至御史李清芳奏，各省捐監俱照福建、江西例，每名以二百兩捐收，則倉貯自多。現在此二省業已通行，不可中罷等語。查各省監生，戶部原議，每名捐銀一百八兩，其應納穀石係照依本省米石價值低昂分別。其江西、福建二省准其酌減捐穀之數者，亦係該督撫酌量辦理。若各省俱照此例，勢必多所更張。再各省捐例，俱已暫停，未便於此二省不行停止。得旨：江西、福建仍於一年限滿，該督撫具奏請旨。餘依議。（高宗一八九、一）

（**乾隆八、九、己酉**）刑部侍郎署福建巡撫周學健奏：臺灣四縣一廳被旱，現飭查辦，分別賑恤。至臺郡常平積儲，通額穀五千七百餘石，尚有借糶未補之項，將來賑糶不敷。查有流存累年供粟二十七萬一千餘石，係應運交內地各府補倉，及碾給兵糧之項。臣已飭令暫停撥運，留為賑借及將來平糶之用。內地應碾給兵糧，俟明春需用時，酌量於撥給江浙漕糧二十萬石內供支。倘臺郡存穀尚不敷備用，亦於江浙漕糧二十萬石內，酌撥數萬石，運往接濟。得旨：是。諸凡妥協為之。（高宗二〇一、三七）

（**乾隆九、三、辛丑**）訓飭有司勸課，以足民食。諭：人君以養民為急務。養民之道，在使之上順天時，下因地利，殫其經營力作，以贍其室家，非沾沾於在上之補苴救卹，遂長恃為資生之策也。在昔善圖國是者，謂以君養民則不足，使民自養則有餘。誠不易之論。國家歲轉漕粟，以實京師，乃備天庾之出納，關係最重。或因偶遇災歉，萬不得已而為截留之計，僅可間一行之，豈遂視為常法？今內外臣工，動以截漕為請，朕念切民依，亦屢次允從，出於一時之急濟。其實京倉所貯，雖云可備五年、可備十年，要僅為官俸兵餉所必需。若統為京師人民計，即一二年，恐不足供支。況欲更分此以賑貸直省，何未之思也？漢文景間，太倉之粟，陳陳相因，至紅朽不可食，彼時豈無一方之兇歉？而未聞輕議分減者，誠以經國之大計，務籌久遠。在官在民、於內於外，莫不各有本圖。舍本圖而謀兼濟，事多未便，勢且不能。一有虧,則兩俱損,依古以來無取焉。上年各省倉儲,需米孔亟,朕因偶爾變通,將江蘇、安徽、浙江、江西、湖北、湖南六省漕糧各留十萬石於本省。並著江蘇、浙江各將米十萬石運往福建,江西將米十萬石運往廣東。又因直隸天津、河間被災,前後撥通倉米八十萬石備賑;今年又令山東截留二十萬石,分貯接濟。凡此皆因民命所關,不得不變通辦理。若小民不知各務生計,而惟官糧是賴,無論官兵之外,斷不能徧給窮黎。即近漕之處,可以議截留,其邊遠省分,更無漕可截留,又將何以取給乎?朕思一方之地利,原可以養一方之人;一家之人力,原可以養一家之人。古者九職任萬民,一曰三農生九穀,二曰園圃毓草木,三曰虞衡,作山澤之材,四曰藪牧,養蕃鳥獸。何一非資生養贍之術?爲民父母,民事即家事,宜實心勸課,隨時區畫,使地无遺利,民無餘力,則家有蓋藏,自可引養引恬,俯仰不匱。倘督撫不能董率有司,有司復不以田里樹畜爲事,及歉收之年,但請給發倉糧、截留漕米,爲督撫有司備賑之良策,將使民間謂水旱可以不備,不圖自食其力,甚至遊惰成風。舉身家衣食之切務,皆委之在官,是非愛之,實以害之矣。天下之大、億兆人民之眾,惟正之供。祇有此數,焉得人人而濟之。用是特降諭旨,通諭直省督撫並飭守牧等官,各思所督何事,所撫何事,所稱知府事,知州知縣事,實應知何事?凡以爲民計,即所以爲身計,既爲民計,而不使民知各自爲其身計,其能爲民計者幾何?繼自今督撫,尚各體朕心,毋忽民事,懇切開導,並勸良有司,務使百姓各知自謀,以裕生養之源,不徒望恩倖澤。而恩澤之加,斯實足以利濟,則豐年樂其降康,歉歲亦可恃免恐。朕願與諸臣共勉之。(高宗二一三、一〇)

(**乾隆一〇、三、壬寅**)川陝總督公慶復、陝西巡撫陳宏謀奏:常平社倉,關係民食,自應善爲經理。今酌定常平之穀,存七出三,社倉之穀,存半出半。令州縣封印後,按耕種遲早,豫立借期,務須力田殷實,兼有的保,方準出借。有麥者夏還,有穀者秋還。倘民間無需多借,留倉備貯。一遇糧石踴貴,即可詳糶,以平市價。其社正副,擇殷實公正者充當,發給印簿,將借戶保人花名登記,官爲稽察。如村莊距遠者,聽其分社便民。至積年舊欠,現在陸續歸款,如仍未完,不准再借。得旨:所奏俱悉。有治人,無治法。汝等酌妥爲之。(高宗二三七、一八)

(**乾隆一〇、五、辛丑**)河南巡撫碩色奏:據廣東巡撫策楞奏稱,剝釐常平倉穀出糶,及侵分穀價弊端,應飭該管道府親赴所屬徹底盤查。凡遇開糶買補,俱逐一聲明年分廒口,以杜存舊糶新、折價交代之弊。查豫省州縣,經辦此事,俱將倉穀按存七出三之例核定,先期詳明,侯批准後依時值減價出糶，循例春月出陳、秋收易新，並無移新作舊之弊。至稱各州縣穀不實貯，惟留價銀貯庫，離任後親屬侵分，竟成虧空。豫省出糶倉糧，俱先將應減價值詳明，五日一次具報糶價數目，又報所糶總數及封倉日期。價銀暫存庫內，如買補時價貴，准其暫停，仍將原銀提解府庫，俟價平應買，始行交發。各州縣既不得存留穀價，自無親屬侵分，致成虧空之事。惟倉貯廒口，各州縣雖編列字號、年月細數，向不造報上司。倉儲重務，不厭周詳。應如廣撫所奏，飭各州縣造具廒口清冊，出入逐一註明申報。得旨：不在立法之詳，惟在實力行之。（高宗二四一、二五）

（乾隆一〇、七、乙酉）［戶部］又議覆：署廣西巡撫託庸奏稱，粵西乾隆七八兩年，因收成歉薄，撥運湖南漕米四萬石，分給桂、平、梧、潯、柳、慶等府州縣平糶。今已陸續易買穀石交還。請仍留貯各屬，於每年青黃不接時，出借兵民，除歉歲照例免息外，其年歲在八分以上者，每石止收息穀八升。並將此項價銀解貯司庫，以備地方公用等語。查粵西地處邊徼，戶鮮蓋藏，若將漕米易穀之項，留備糶濟，垂之久遠，有裨民食。應如所請。其糶賣息穀銀，亦准入於存公項下備用。至出借倉穀，向例每石收息一斗，未便從減。應一例辦理。從之。（高宗二四四、一九）

（乾隆一〇、八、己巳）署湖廣總督鄂彌達議覆：漢口鎮為九省通衢，商賈雲集，皆賴四川、湖南及本省產米州縣運販資食，及江、浙商販之需，實為米糧會集之區。今撫臣晏斯盛請設市鎮社倉。查係商當等六行情願捐貯，俾得隨時減糶，以濟商民。即長遠舉行，亦無奸商囤積，致有米貴病民之處。得旨：果屬可行，汝等妥協為之可也。（高宗二四七、一七）

（乾隆一二、一、庚申）是月，直隸總督那蘇圖奏：遵旨勸捐義倉，紳民踴躍。據各屬報稱，共捐雜糧、粟穀一十一萬二千餘石，分別題請獎勵外，敬陳規條。一、義倉宜分建四鄉。直省社倉分設鄉鎮者十之一二，附貯城內常平倉者十之七八。今新捐義倉，穀數既多，自應四鄉建倉，使本處捐穀之人，春借秋還，民情利便。查社倉每石收息一斗，請將息穀先儘建倉，本年尚未收息穀，飭令動項鳩工。俟息穀歸款，其收捐不及二千石者，令分鄉賃房收貯，陸續動支息穀建倉。一、民人按捐分別獎勵，旗戶宜一體收捐給獎。義穀與社穀內，凡紳衿士庶捐十石者，給以花紅；三十石至五十石以上者，獎以扁額；二百石者，題給九品頂帶；三百石者，給八品頂帶；四百石以上者，給七品頂帶。捐雜糧者，亦照數畫一獎勵。又近京五百里內旗人，有願在現住有產地方捐穀者，一體報捐監生，經部議准在案。今時和歲稔，旗戶踴躍捐輸，給獎亦宜畫一，除家奴及開戶人等外，其餘照民人例勸獎。一、勸捐宜每歲豐收舉行。仍請雜糧並收，隨時易穀。旗民近依畿輔，深沐恩施，好義急公，倍於他省，捐穀皆出至誠。據州縣報到，已收一十一萬餘石，以一歲勸捐而言，數不爲少，以各貯各境而論，事應預籌。請嗣後秋收豐稔，悉令照此次捐輸。至民間種植，粟穀居其二三，高粱米豆居其七八，應聽雜糧並捐。每逢春借秋收，許願借雜糧之戶，按照糧價易穀交還，照穀數加息。一、慎選倉正副經管，並酌定州縣盤查交代。各社倉俱有倉正、倉副司理出納，限年更替，期滿給獎。請按各州縣每鄉穀數多寡，五百石以內者設倉正一名，一千石以外者添倉副一名，令公舉端謹殷實者充。至該管州縣官，應每歲於春借時，聽倉正副確查無力農民，報縣借給，秋收後於十二月底，逐鄉同倉正副盤查一次，取結加結，詳報道府。其因事交代者，接任官照常平倉穀一體盤收。倉正副年滿，令更替之人按數盤收出結。一、口糧折耗，宜酌銷息穀，以免賠累。米糧之出納，折耗所不免，倉正副之經理，費用又所必需。請嗣後有穀一萬石者，豐年加息十石，以一石爲倉正副紙張飯食，以一石爲倉穀折耗，以一石爲賃房之需。其餘七石存作建倉之用。俟倉廠建立，息穀源源積貯，於乾隆丁卯年爲始，畫一遵循。一、酌定本鄉借穀人戶，先須分別良莠。義倉原以惠濟本地良農，必須佃耕田土、實有恒業之人，方准借給。若遊手無籍者概不准借。非僅慮有借無還，亦所以勸務本而戒游惰，倉長亦免虧賠。得旨：所奏俱悉，實力妥爲之。（高宗二八三、一四）

（乾隆一二、一、**庚申**）四川布政使李如蘭奏：川省向例買儲倉穀，每石額定價銀三錢，奉行已久。惟近來戶口日增，各省流寓民人不下百倍，若仍繩以原定之價，在恂謹州縣，無力賠墊，勢必賠誤倉儲，即明幹有司設法急公，難保無勒買派累。請嗣後川省應買倉穀，許按照各地方秋成時價，責令該管道府委員監糶，取具各結，據實報銷。如有以少報多，侵漁扣剋情弊，嚴行參究。得旨：此奏所謂因噎廢食也。但知姑息屬員，而川省米價之日增，必由於此矣，豈可行之。（高宗二八三、二三）

（乾隆一二、三、**癸卯**）大學士會同戶部議准：署江蘇巡撫安寧奏稱，江省倉儲，虧缺甚多，米價昂貴，難以採買。請將江省捐監之例，仍停部捐，於本省交納本色，照現在減二之例，再量減五分。其捐貢一條，亦改歸本省，以本色報捐。得旨：依議速行。（高宗二八六、二三）

（乾隆一二、六、**己未**）廣東巡撫準泰奏：粵東濱海環山，民稠土狹，產穀稀少，每藉廣西接濟。三水縣毗連西省，雍正十年，建有廣益倉，西穀價賤時，收買存倉，少昂則開倉發糶。向例收糶。並責廣州府糧捕通判專管。但通判駐劄省城，距三水一百七十里，諸多未便。且現在省城倉穀七萬餘石，均係通判經理，近又兼管錢局，廣益倉勢難兼顧。請就近改歸三水縣知縣管理，盤查統轄交代奏銷，仍責成驛糧道。得旨：著照所請行。（高宗二九一、三〇）

（**乾隆一二、九、丁巳**）山西巡撫準泰奏：晉省常平倉，出借平糶，錮弊多端。請嗣後每年止許平糶。其出借一項，必地方官確核情形，詳請上司批准，方准借給。並將從前奸民蠹役，換新領以抵舊欠之弊，盡發其奸，勒限本年秋收後，徹底清完。如紳衿士庶抗欠，該州縣分別詳革追比。其胥役作奸，立拏究治。一俟報完，即委員盤查。得旨：好。加意妥爲之。（高宗二九九、二五）

（**乾隆一三、一、丁未**）諭東省被災州縣，……災地既廣，賑借需用米穀爲數繁多，東省捐納貢監，著停其在部收捐，俱歸本省本折兼收。其捐本色者，准減二收捐，於該省積貯，當爲有益。該部即遵諭行。（高宗三〇七、一二）

（**乾隆一三、三、丙午**）又諭：東省此次荒歉，非比尋常，……朕思從前阿里袞曾請開捐，其時因川省有運糧之例，是以未允。今東省帑藏倉儲已屢行撥用，即截漕留餉，爲數已多，亦難爲繼，權宜之計，惟有開捐。但必須廣其途，減其數，令官生自運本色，赴東交納，庶不至於有名無實。可傳諭阿里袞，令其將賑恤之事及如何酌定捐款之處，於大學士訥親經由東省之便，悉心商辦，妥議連奏。（高宗三一一、一七）

（**乾隆一三、六、壬午**）護理貴州巡撫布政使恒文覆奏：黔省邇年米價雖未平減，亦不甚增，即如乾隆十一、十二、十三年以來，總不過八九錢一兩上下。緣地處山陬，米不出境，貴賤惟視歲收。現貯百四十萬石，即遇偏災，足備賑糶。得旨：所奏俱悉。（高宗三一七、三二）

（**乾隆一三、七、辛丑**）諭：米穀爲民生食用所必需，朕夙夜籌維，一切農田水利，無不申諭有司，加意經理，又蠲免米豆税銀，數至鉅萬，所以爲百姓謀朝夕者，纖細具備。而邇年以來，各省米價不見其減而日見其增，反覆推究，莫知致此之由。常平積貯所以備不虞，而衆論頗以爲採買過多，米價高昂。因思生穀止有此數。聚之官者太多，則留之民者必少，固亦理勢之自然。溯查康熙雍正年間，各省常平已有定額，朕以積貯爲要，故准臣工奏請，以捐監穀石增入常平額。雖益倉儲，實礙民食，朕既知初意之失，不可不爲改弦之圖。直省常平貯穀之數，應悉准康熙雍正年間舊額，其加貯者以次出糶，至原額而止。或鄰省原額不足，即就近撥運補足。所需運價，照

例報銷，其如何彼此撥運，并查定原額及原額存糶之法，著大學士會同該部，悉心查明，妥議具奏。(高宗三一九、五)

(乾隆一三、閏七、乙丑) 又諭：朕前降旨將各省常平貯穀之數，悉照康熙雍正年間舊額，令大學士等會同該部查明妥議。但各省奏報常平倉存糶等項米穀，其乾隆十三年實數，尚未報部。若僅據從前所報部册查覈，則十三年又有動用之項，統不足憑。可傳諭該督撫等，將康熙雍正年間額數若干，及該省現年實存若干，糶借若干，現存糶價若干，查明確數，逐一分晰，即繕清摺具奏。俟奏到時，交大學士等，據所報存糶實在數目，會同該部妥酌定議。該督撫等務須確查速奏，毋得遲延，并不得稍有舛錯。(高宗三二〇、二一)

(乾隆一三、閏七、丁卯) 諭大學士等：今歲蒙上天麻佑，直省奏報秋成分數，大概俱獲豐登，朕心稍爲慰愜。更厪慮者，向來每遇秋收，有司必乘時採買倉貯，以致市賈居奇，民苦貴糶。積年以來，米價日騰，未必不由於此。前經特降諭旨，令各省常平悉准康熙雍正年間舊額，使民間多留升斗之儲，庶糶食者不苦於踴貴。常平積貯，固屬國家良法，然聚之官者多，則藏之民者少。今秋成雖稔，與其斂積於官庾，何如流通於閭井。可再通行傳諭各督撫，遵照前旨，詳悉查明各屬常平現存倉穀。如果不敷舊額，許令斟酌採買，亦須派委能員，妥協辦理。其已足舊額之州縣，則令停止採買，勿轉令新穀價昂，以妨民食。庶蒼黎饔飧有給，共受上蒼明賜矣，各督撫其善體之。(高宗三二〇、二三)

(乾隆一三、八、癸未朔) 又諭：據喀爾吉善奏稱，浙省各府常平倉穀，缺額八十餘萬石，現在酌量地方情形，分別督買，務於十月買足，盤查結報等語。買補倉穀一案，朕已兩次明切降旨，令各省督撫善體朕意，悉准康熙雍正年間舊額，斟酌查辦。蓋米糧攸關民食，聚之官者多，則藏之民者少，向來外省每遇秋成豐稔，爭先購運，遂致市賈居奇，價值騰涌。頻年米貴，未必不由於此。今歲雖幸獲有收，然與其積之廩庾，何如流通閭井。浙省缺額之穀，爲數既多，刻期取盈，必至仍蹈前轍。該督撫等應詳加酌度，如所屬州縣，果有不敷舊額，許令斟酌購辦。但須因地因時，熟籌妥協，毋令屬員從役滋弊，致各屬米價，因此又至昂貴，方爲盡善。著傳諭喀爾吉善、方觀承一併知之。(高宗三二二、四)

(乾隆一三、九、辛巳) 山東巡撫準泰奏：東省歷年出借常平截漕等項米麥穀。准穀計算，共九十七萬三千一百餘石。當茲禾黍告登之候，若不勸諭徵收，小民不知長計，恐滋糜費。惟東省今歲布種高粱，多於往歲，請照現在東省收捐本色款內，高粱與穀兼收，粱數不得過穀之半。得旨：此亦因時制宜之一策。但積欠之後，頓事追呼，更應酌量妥辦耳。（高宗三二五、四一）

（乾隆一三、一二、壬辰）大學士等議覆：奉諭旨，直省常平積穀之數，悉準康熙雍正年間舊額，或鄰省原額不足，即就近撥運。其如何彼此撥運，並查定原額及原額存糶之法，令臣等妥議，並諭各該督撫查明額存及借糶各確數具奏。今據各省督撫陸續奏到，臣等遵查，直省常平倉貯，康熙年未經全數定額，應該照雍正年舊額爲準。惟雲南極邊，不近水次，西安、甘肅沿邊，兼備軍糈，此三省雍正年亦未定額，應以乾隆年所定額為準。又福建、廣東、貴州三省，山海之地，商販不通，倉儲宜裕；現較乾隆年定額多不敷，而較雍正舊額則有餘，酌量情形，請即以現存之數爲定額。其餘各省悉照雍正舊額。通計一十九省，應貯穀三千三百七十九萬二千三百三十石零。較之乾隆年定額計減一千四百三十一萬八千三萬餘石。應令各該督撫按所屬大小勻貯，其間有轉運之難，出產之寡，地方之緊要，應分別加貯者，業經尚書臣蔣溥奏准，行令各該督撫詳議具奏，俟奏到再議。至各省有餘不足之數，直隸、江蘇、江西、湖北、湖南、山西、廣西、安徽、山東、四川、雲南、西安、福建、廣東、貴州十五省，皆額外有餘。奉天、浙江、河南、甘肅四省，皆額內不足。其有餘省分，應將現在溢額穀及出借徵還餘穀，以次出糶。將價提貯司庫，報部酌撥，不足省分，現有徵收地米，及收捐本色，應漸次補足，毋庸鄰省撥運。至於存糶之法，定例存七糶三。然各省情形不同，應令酌量增減，其每年平糶穀，例於秋後原價買補。然價有平貴，不可一例，應令因時酌辦。再各省收捐監穀以實倉儲，今常平既經定額，無庸於額外增貯，除不敷省分仍收捐補足外，其有餘各省所收本色，應另案存貯，遇賑卹，即於此內撥用，或平糶穀不能買補，即將此項撥抵，糶價造報酌撥。至各省常平倉外，另有倉貯，如河南之漕倉，安徽之江寧省倉，浙江之永濟倉，玉環同知倉，廣東之廣糧通判倉，福建之新設臺灣倉及各省之社倉，鹽、義等倉，皆不在常平額內，應照舊存貯。從之。（高宗三三○、三三）

（乾隆一四、六、戊寅）軍機大臣等議覆：署江蘇巡撫覺羅雅爾哈善遵旨查奏，米貴之由，實緣捐監採買。欲平米價，須停捐採，欲停捐採，須停平糶，當自少貯始。康熙年間，倉無定額，當仿照大意，直省各府、直隸州各貯穀四五萬石，以備大災協撥。每年出易、或間年出易，聽牧守自行調劑。凡採買平糶，及納穀捐監之例概停。再各府州遇水旱重災，方准撥穀協濟，偏災酌賑以銀，總勿輕動倉穀等語。查蘇省常平倉，經臣等議照雍正年間舊額為準，現存穀尚贏，原無庸採買。設遇歉收米貴，亟須調劑，又當隨宜採辦。至各省倉糧，例於每歲青黃不接，存七糶三，秋後價平買補。或該處糧價平減，州縣詳明免糶，亦所時有。若如所奏停止，不惟紅朽可虞，且貧民嗷嗷待哺，接濟無資，殊失常平本意。應令該撫通盤籌算，如在常平額外，毋庸買補，其額穀或有動用，并煮賑兵米必需等款，仍酌買備用。再該省倉糧，既經減額，或值偏災，自應酌賑以銀，設被災較重，本境鄰封同屬歉收米貴，亦宜察看情形妥辦。從之。（高宗三四二、三）

（乾隆一四、一一、甲戌）四川總督策楞奏：川省溢額穀六十二萬四千三百四十一石零，各州縣照額尚多盈縮。若以有餘撥補不足，糜費腳價，而糶彼糶此，目下米價平減，亦恐有虧原值。臣查現有軍米截留出糶之價，已飭令即於此內，照每石三錢之例買貯。俟來歲青黃不接時，再將有餘之處，糶價歸款。其溢穀及十四年新收捐穀，現在清查確數若干，統入溢穀項下暫貯，俟青黃不接時出糶。下部知之。（高宗三五三、一九）

（乾隆一五、五、丙辰）大學士等議覆：原任雲南巡撫圖爾炳阿奏稱，滇省常平倉穀係捐輸捐納官莊義租等積存之項，並無採買之款。除額貯穀外，尚存溢額穀一十五萬四千三十六石零。滇省舉步皆山，止可留本境出糶。於青黃不接時，豫查市價，如不甚高昂，則動額內之穀，存七糶三。所糶原價，秋收買補還倉。價昂，則出糶額外穀，價值解司報部。應如所請。從之。（高宗三六四、二五）

（乾隆一五、九、己巳）四川總督策楞奏：龍安府所屬之松潘地方，邊寒不產稻穀，青稞麥豆而外，所食米糧俱取給於成都。龍安所屬之郫、灌、彰明等縣，路險運難，價值日貴，前撫臣紀山於乾隆九年，奏請動撥灌縣倉穀六千石，碾運松潘，分年於米貴時平糶。至十三年，已陸續糶完，運費腳價，亦俱歸補，數年兵民賴以接濟。查現在灌縣倉穀，照雍正年間額貯之尚溢二萬餘石，均應出糶，請於此內撥存四千石，以為每年運松平糶之需。糶價約在二兩以上，照川省採買每石三錢之數，歸還灌縣，秋成買貯，以備次年碾運。餘為運腳之用。照每騾一頭，運米一石二斗給價一兩八錢之例，共米二千石，需銀三千兩。設有貴賤，臨時酌辦，亦照上次例，於養廉截曠銀內，當碾運時赴司請領，糶竣解還。尚有盈餘，具報歸公，仍按年咨部查核。得旨：如所請行。（高宗三七三、一八）

（乾隆一六、五、己未）又諭：方觀承奏請將宣化府屬所貯屯豆及時糶賣，朕已據摺批示。向來宣府歲有餘豆，已積存七萬餘石，例准隨時題請發糶。此項既無別用，即使用以平糶，邊地或亦無須如此之多。因思京師餒養馬匹，需用豆石，若以彼地之所餘儲俟京倉，以備隨時糶賣，亦屬酌盈劑虛之道。但一時運送京師，不免糜費腳價。朕意宣化係八旗牧放馬匹經由之地，若令於此項馬匹，每年回京時，酌量零星分帶，儘足運送，仍於馬匹無礙。或有水路可通，用舟楫轉運，更爲妥便。著詢問方觀承，可否如此辦理，令伊詳悉定議覆奏。如此項豆石，於本地僅足敷用，亦不必勉强，可併傳諭知之。尋奏：臣前奏續餘屯豆七萬石之數，係統計七州縣所存。若照九年運豆案内，除難以輓運之懷安等四縣，其保安、宣化、萬全三處餘豆實二萬一千四百五十餘石。今擬酌留一半，爲本地平糶之用，一半俟八旗馬回京時，陸續帶運。其作何分撥駝運，每馬馱豆若干，及進口何處可以負載，已行口北道與管馬之副都統妥議，到日另奏。所需口袋，八月後漕務已完，向通倉借用。得旨：覽奏俱悉。(高宗三八九、九)

(**乾隆一七、二、辛酉**) 陝甘總督黃廷桂奏：常平倉糧，存七以重積儲，出三以裕民食，其出三數内，各省原係借糶兼行，如遇歉年糧貴，並准通融多糶。惟陝省向俱出借於民，每至春時，查明農民有地畝者，方准借給，其工商士庶及無業貧民，皆不得與。臣思四民之一中，農僅居一，凡無業貧民，每遇青黄不接待糶以炊，臣與藩司酌擬於出三數内，借糶兼行，通融辦理。俾各州縣擇農以借，可免拖欠而杜濫觴，乘時以糶，堪濟貧民而平市價。嗣後如有糧少價昂之處，更可於存七數内，酌量多糶一二成，總俟秋成後，責令經糶之員，買補還倉。奏入。報聞。(高宗四〇九、一五)

(**乾隆一七、八、丁巳**) 署湖南巡撫范時綬奏：南省倉貯額穀，上年、本年先後平糶，均未買補。除截漕五萬石，抵補本年應買穀數外，餘應及時買足。其從前協撥安徽平糶穀十萬石，所有解回糶價，尚難同時購補。查南省貯穀本有溢額二十餘萬石，每年出糶歸價。請將此項撥抵十萬石補足備貯原數，不必另行糶售。尚餘溢穀十餘萬石，留備本省賑糶，及鄰封接濟之用。得旨：甚好。(高宗四二一、二二)

(**乾隆一八、一、丙戌**) 福建巡撫陳宏謀奏：閩省入春，陰雨過多，鹽場不敷民食。現在督率鹽道，加給竈户薪水趕煎。一面札商浙省借撥餘鹽。至省會米價難定，不可不豫爲平糶之備。省城府廳縣各倉，恐有不敷，已令延平、建寧二府倉，各撥穀二萬石，碾米一萬石，陸續運省。俟米價果昂，即開倉平糶，其價銀歸還脚費等項外，餘發交該二府，買補還倉。得旨：覽奏俱悉。(高宗四三一、二三)

(**乾隆一八、七、戊寅**) 諭軍機大臣等：開泰奏湖北應補常平額穀一摺。據稱官倉買補，易致市儈藉口擡價。請早發價銀，令地方官零星平買；或行户中有情願承買者，即豫行發給，於來春完倉等語。採買倉穀，在於酌量地方年歲情形，權衡貴賤，使囤積者不得居奇，即市僧無從藉口。豫將銀兩交州縣收貯，設遇陞遷事故，前後交代不清，必且滋弊。若豫行發給行户，誰不踴躍樂從。但行户之米，仍需於本地民間購買，徒多一轉手，致令中飽欲壑，於調齊價值，亦未見有益。若發價民間，令於明歲完倉，在殷實者必不願領，願領者必致追呼，其滋擾正與青苗法等耳。該省倉穀應補之額，未爲甚多，惟在督率地方官實心籌画，即照舊於豐收州縣酌量採買。奸販亦不得藉口擡價，不在更张成法也。可傳諭開泰知之。（高宗四四三、二〇）

（乾隆一八、九、辛巳）雲南布政使彭家屛奏：各省積貯倉穀向有定額，其加貯各穀例應裁減平糶。但滇省民俗淳樸，每年至青黃不接時，悉向官借，及屆秋成，如數繳還，並不拖欠。實與別省不同，無須平糶。且查滇省跬步皆山，舟楫不通，背負維艱，設有緩急，顆粒均關實濟。今年歲屢豐，米價平賤，前所貯溢額十萬石之穀，糶之民間，未見其必需，而儲之官府，實堪爲蓄備。請將此溢額之穀，仍額外存貯，以備有用。得旨：告之督撫，如所議行之。（高宗四四七、二九）

（乾隆一九、七、丁未）署兩廣總督楊應琚奏：瓊州府山多田少，惟藉商販流通，但海中風信不常，市價多致騰貴。請嗣後瓊州各屬倉穀，凡遇風阻無船，米穀昂貴，即開倉平糶，風定船來即停。仍令地方官於價平時，速行買補。得旨：如所議行。（高宗四六九、二六）

（乾隆二〇、一一、壬申）諭：今年安徽省鳳、泗等屬秋禾被水，間有成災處所。雖已令該督撫等加意撫綏賑卹，毋使少有失所，但至來春青黃不接，恐糧價少昂，民食未免拮据，尤當豫爲籌辦。前據陳宏謀奏，動湖南溢額倉穀，碾米十萬石運至江南接濟平糶。此項米石著即運交安省附近水次各州縣收貯，以備糶借之需。該部遵諭速行。（高宗五〇〇、五）

（乾隆二〇、一一、甲戌）湖南巡撫陳宏謀奏：前撫臣楊錫紱奏准動庫銀十萬兩買穀協濟鄰封。其時穀價平減，兩月來商販雲集，日漸昂貴。現於溢額穀內奏動二十萬石碾米，運赴江南，各處倉穀，足供平糶，楊錫紱所奏，請暫停辦理。得旨嘉獎。（高宗五〇〇、一四）

（乾隆二四、四、己未）又諭：前因京師米價稍昂，令於京倉撥米五萬石，設廠平糶。并派侍郎吉慶等會同五城御史，分往經理。聞民間米價，邇來已漸就平減。但此時距秋成尚遠，且歲值閏月，若限以五萬之數，閭閻口食，仍恐未能充裕。著傳諭該侍郎及御史等，每日不妨多爲出糶。若所撥米石，將次糶完，即奏明添撥。其價值照市價隨時酌減，庶小民不致艱於買食，可以接至秋成。所有糶獲錢文，亦宜供之流布，勿令堆積日久，以致錢價踴貴。並著該侍郎等酌量董率，易銀交部存貯。至於所糶倉米額數，不必急籌買補。俟今歲新穀既登後，視何省收成豐稔，即以此項存貯平糶銀兩，發往採買，陸續搭運。總期隨宜調劑，務俾食貨流通，以利民生可也。（高宗五八四、一五）

（**乾隆二五、一〇、庚子**）是月，直隸總督方觀承奏：本年熱河各屬及蒙古地方，田禾豐收，口外八溝四旗等處，粟米更爲充裕。現據該地方官具報，糧價每石銀九錢餘，將來蒙古各處米糧湧集，尚當減落。請於司庫動項分委妥員，會同該地方官買貯，運撥內地充用。得旨：如所議行。（高宗六二三、一三）

（**乾隆三〇、五、甲辰**）廣東巡撫明山奏：崖州境內皆山嶺，產穀無多，比來生齒日繁，流寓甚衆，每商販鮮至，米價增昂。查該州原貯額穀五千三百七十八石四斗，另貯穀一千一百七十四石，遞年碾放，所存無幾，必須酌量加貯，以備緩急。但各州縣倉穀，久經定額，毋許浮多。茲查高州府屬之電白縣有溢額穀七千餘石，堪以撥運五千石，同崖州額貯穀共一萬一千五百五十二石零，長爲定額。再查惠州府屬之歸善縣額穀一十一萬餘石，爲數甚多，上年平糶，尚有未經買補穀價，應即截出六千一百七十餘石價銀，批解充餉，即以抵崖州加貯之額。如此通融辦理，是並未額外加增，而邊海要區積穀稍充，於民食實有裨益。得旨：如所請行。（高宗七三七、二九）

（**乾隆三〇、一一、辛丑**）雲貴總督劉藻、雲南巡撫常鈞等奏：各省常平倉貯缺額，例以收捐監穀補足。查滇省通都大邑，及有銅鉛礦廠聚集多人之處，米價常昂。青黃不接時，必需減價多糶倉穀，秋成亦復價昂，艱於買補。加以捐監人少，倉儲多缺，偏僻州縣人少米賤，春間無須多糶，秋成易於買補。報捐之穀，陳陳相因，有紅朽之虞，現通融酌辦，凡米貴處，應補缺額。撥附近州縣盈餘監穀抵補，所存價銀，解司庫歸監穀原款。合運腳覈計，較穀貴處買補之價尚減，且監穀糶價，多有盈餘，即以此項銀支銷運費。得旨：甚妥。（高宗七四九、二一）

（**乾隆三四、一一、戊申**）是月，直隸總督楊廷璋奏：口外四旗倉貯，歷今四年有餘，未經動撥，必須設法出易。查熱河各處應買兵米，現因市價較昂，定價不敷採買，請將四旗存米就近撥給，俟熱河價平，再行買補歸倉。得旨：允行。（高宗八四七、二五）

（**乾隆三五、一、丁未**）陝西巡撫文綬奏：膚施、安定、安塞、延長、甘泉、宜州、延川、保安、綏德、米脂、清澗等十一州縣，常平倉額穀四萬

石，足資儲備，其溢額三萬餘石，請於每年青黃不接時出糶，價歸司庫，無庸買補。報聞。（高宗八五一、一八）

（**乾隆三五、五、乙巳**）是月，署浙江巡撫熊學鵬奏稱：玉環地方，墾地日廣，額收穀至二萬一千餘石，除支給兵丁，尚餘一萬五千四百石。向係餘穀易銀解司，但其地阻海，不通商販，遇歉歲即須借糶。請嗣後餘穀毋庸易銀，盡貯常平倉，俟足五萬石後，再照舊辦理。得旨：允行。（高宗八五九、四七）

（**乾隆三五、九、壬申**）廣西巡撫陳輝祖奏：粵西義穀，經士民陸續捐輸並出借收息，積至八萬四千一百十餘石。現檄各屬，如一處積至二三千石外，即酌動息穀變價，建倉分貯，並勸士民捐輸。因歉而借，免息還本，平時出借加一收息。得旨：嘉獎。（高宗八六九、一七）

（**乾隆五四、四、甲午**）諭軍机大臣等：此次巴勒布侵擾後藏邊界，總由衛藏距川省內地，道路險遠，糧運艱難，調兵赴勦，一時不能速到，以致宗喀、濟嚨、聶拉木三處均被搶占。現經鄂輝等帶兵前往，番衆畏懼，先行退避。昨據該將軍等奏，巴勒布所占地方，業經全行收復，邊界廓清，其大頭人爲雪所阻，俟天氣晴暖，即前來叩見。再宣諭威德，曉以順逆，令其輸誠歸服，永遵王化，即次第徹兵等語。巴勒布原因與唐古忒人衆爭競，故至後藏邊界侵擾，今經鄂輝等向其頭人剴切曉諭，番衆等懷畏天朝威德，從此自不敢再犯邊境。但兵可百年不用，不可一日無備。而軍行糧隨，尤關緊要。四川爲產米之鄉，向來糧價最賤，朕嘗閱該督奏報糧價清單，至打箭鑪地方，每米一石，即需銀四五兩不等。自由該處距省已遠，兼之地方磽确，山徑險峻，產米較少，販運維艱，是以價值比內地倍數增昂。況打箭鑪以西，口外地方，其糧價較之打箭鑪，自必更須加增。與其待需用之時臨期挽運，不特緩不濟急，抑且費用不貲。莫若於尋常無事糧價平減之際，交地方官採買儲備，擇其易於運送時，由雅州一帶陸續運至打箭鑪及察木多兩處分貯。倘因口外難運，不妨交便人零星帶運，不拘石數，但能源源運往，即可積少成多。設遇徵調需用，易於就近裹帶，以利邁行，而資口食。況打箭鑪、察木多等處，糧價本昂，節年運往之糧，出陳易新，所得贏餘又可供零星運腳之費，既可不致虛糜，而於邊儲更屬有益。著傳諭李世傑即通盤籌劃，將川省內地米石價值若干；由雅州運經打箭鑪，需用腳費若干；由打箭鑪遇便運至察木多，需費若干；並將來出陳易新，能否敷運腳之用，及如何酌定章程，妥協辦理之處，詳細查明，悉心確覈議奏。至藏內向來亦無儲備，此次調兵赴勦，口糧一項，慶麟等辦理不善，始則誘諸內地，繼復不將給價之處，曉諭喇嘛及唐古忒人等，紛紛派辦，幾至該處人衆受累抱怨。經朕屢次訓飭，爲之多方籌劃，並令巴忠傳旨剴切開導，伊等始皆踴躍輸供，得無貽誤。但以官兵所用，取給喇嘛商上，雖寬予價值，究屬不便。嗣後應於藏内附近處所，就地採買青稞糌粑等項，妥爲儲蓄，於支放兵糧時，出陳易新，既可以有備無患，亦不至蠹朽爲虞，自屬妥善。其如何定立章程之處，著傳諭巴忠舒濂、普福等，會同妥議具奏。（高宗一三二六、一〇）

（**乾隆五七、閏四、乙亥**）諭軍機大臣等：昨據梁肯堂奏報，大名府屬之清豐、南樂、長垣，廣平府屬之威縣，各得雨三四寸，是該處近日已間有霑澤，或可稍冀薄收。所有前項漕米三十萬石，是否足資接濟，尚有多餘？如或有餘，即可分撥鄰近地方，酌量動支借糶。抑或就前項漕米，盡數動用，尚覺不敷，並應酌量加添之處，亦應據實奏聞。因思該三府所屬州縣，向設有常社等倉額貯穀石，此等倉穀，原備借糶之需，如截存漕米不敷支放，即將此項穀石添入動用，豈不近便？至保定以北及近畿一帶，總未得有透雨，即此後續得甘霖，大田可資播種，而現在麥收已屬歉薄，亦應豫籌民食。將來察看情形，需用糧石接濟。如將漕米截留北倉，勢須分投轉運，各該處道里較遠，水路不通，徒費運腳。因令户部，查得保定以北三十一州縣常平倉穀，除出借動用，共實存六十五萬五千餘石，又二十九州縣社、義二倉米穀四萬一千五百餘石。是各該處存倉穀石，爲數不爲不多，將來如需賑糶，與其將截留漕米紛紛運送，而各屬倉儲轉致陳陳相因，何不乘此青黄不接之時，就各該州縣現存米穀，酌量動支，以爲平糶賑借之用，更爲妥便。該督身任地方，何竟見不及此？或已經辦理耶？著傳諭梁肯堂，即遵照諭旨，酌籌妥辦。如果各屬倉穀動用後，再有不敷，亦不妨據實奏明，候朕另撥漕米，亦無不可。至各州縣倉儲數目，平時或有動用等項，而其報部之數，自必確實，該督自可確查妥辦也。（高宗一四〇二、一二）

（**乾隆五七、一一、甲子**）陝西巡撫秦承恩奏：本年咸寧等州縣被災，各該處常平倉所存糧石，不敷來春借糶。現於盩厔、鄠縣等十六州縣常平倉，動撥米麥十六萬三千石，鄜州、洛川、宜川三州縣撥米二萬三千石，分運接濟。報聞。（高宗一四一七、二八）

（**嘉慶二二、六、壬辰**）諭内閣：御史盛惇大奏常平社倉積弊，請飭查辦一摺。各省州縣例設常平倉，又准民間報官自設社倉，每年出陳易新，以平穀價，且儲貯充盈，可爲歉歲之備，立法至爲美善。乃廢弛日久，積弊相沿。常平倉之弊，啓於官吏之侵貪；社倉之弊，由於社長之奸儒。以至惠政不能及民，而不肖之州縣以及蠹胥土豪，各以飽其慾壑。著各該督撫通飭所屬州縣，常平倉存糶穀數務歸覈實，其遇市價昂貴，應行出糶之時，即按門牌內應領戶口平價糶給，並飭該管道府隨時稽察，如有官使作弊侵漁之處，即分別揭參懲辦。其社倉飭令各鄉公舉殷實老成之人報充社長，以司出納，官吏不得干與，如有侵吞及強借等弊，官為秉公查究。務俾實惠及民，永除擾累。又該御史另摺奏稱，江蘇常州府紳士公議章程，當年豐時，紳商富戶每戶每日各輸錢文，按月交典存貯行息，歲終彙數報縣，至歉歲公同呈縣，提取本利糶穀施賑。現已由該地方官詳報撫藩。蘇州、太倉等處亦皆踵行等語。鄉里任恤之誼，以樂歲殷戶之羨餘備歉歲饑民之口食，其用意與社倉相似，實為善舉。著胡克家即飭屬立案通詳，嚴行飭禁州縣官，勿許私向典商借貸挪移，俾商民不虞貽累，以堅其好善樂施之意。（仁宗三三一、二三）

2. 倉糧的價購

（**康熙三一、二、己酉**）直隸巡撫郭世隆疏言：永平所屬，及豐潤、玉田等處，去歲薄收，米價騰貴。奉天地方，屢登大有，頗稱豐盈。請敕山海關監督，許令肩挑畜馱者，進關轉糶。上諭大學士等曰：郭世隆所請之處，著速議行。朕亦聞永平、玉田等處米價騰貴，作何裨益於民，不可不詳為計畫。各皇莊及王等之莊屯，所積米穀必多，如無伊主之言，則莊頭等何敢轉糶。通州以東以至出海關，此間所有皇莊及王等之莊屯米穀數目，爾等與戶部會同內務府總管并辦理王府事務官員等，公同查明，照特價轉糶。此米布散，則青黃不接之際，於生民必大有裨益。（聖祖一五四、二〇）

（**康熙三三、一、丙辰**）戶部議覆：盛京戶部侍郎阿喇彌疏言，盛京地方歉收，奉旨運山東省米石至三岔口，以濟軍民。今山東運來之糧，見由金州等處海岸經過，請將所運糧米，酌量截留，減價發賣。再遼陽、秀巖、鳳凰城三處之人，向來俱在牛莊買米，亦應照金州等處將糧米截留，行文各該管官，令其到三岔河購買運去。但運米與運穀不同，請將山東穀石，令地方官酌量易米，則需船少而船價亦較省。應如所請。行文山東巡撫等，將穀二石易米一石輓運。得旨，依議速行。（聖祖一六二、五）

（**康熙三三、二、己巳朔**）諭大學士等：據戶部查奏，霸州等十州縣存貯米五萬七千五百餘石、穀八百石，天津衛存貯米一萬石、穀四萬四千一百餘石。此米穀見在倉與否，足以賑給與否？若足用，則以餘米平價糶與百姓可行與否？山東漕糧截留數萬石平價糶賣，則穀價不貴，於民生大有裨益。今輓至何州縣平價以糶，應截留米若干萬石，即遣戶部司官一員，至巡撫郭世隆處，令其逐一迅速詳議，繕摺付伊齎奏。（聖祖一六二、一二）

（**康熙三三、二、癸酉**）直隸巡撫郭世隆等疏言：臣遵旨會同户部員外郎雍泰，查霸州、文安等州縣及天津衛見在貯倉米穀，共十萬餘石。將此米賑濟霸州等州縣飢民，需用三萬石，所餘米穀應減價糶賣。其景州等州縣將山東漕米截留平糶。得旨：霸州等被水災地方，所有積穀，除散賑外，餘著減價取糶，其沿河一帶景州等各州縣衛所，著將山東漕米每處截留二千石，亦發糶以平米價。爾部行文該撫，責成州縣實心奉行，務俾小民均霑實惠。朕不時遣人稽察，如小民有不霑實惠，將該管官一併從重治罪，斷不寬宥。（聖祖一六二、一三）

（**雍正三、八、辛卯**）諭大學士九卿等：……又［直隸總督］蔡珽奏稱，目下省城米價騰貴，請令臬司浦文焯攜帶脚價親至天津，將截留漕米星速運三萬石，以二萬石直至省城平糶，以一萬石暈留沿途被水之處以濟急等語。畿輔之地，百姓艱食，朕心深爲軫念。著托時到天津，將漕米撥三萬石，交與浦文焯，作速運去。今歲近京一帶，雨水較多，恐此米尚不敷用。再令陳守創將通倉變色米六成以上者，撥十萬石，交與余旬、蔡起俊，動用脚價，運至天津，或平糶、或賑濟，應運何處，俱聽蔡珽調度。朕念直隸地方低窪之處，衆水積而不洩，以致有水之害，而無水之利，疏通之道不可不講，已諭朱軾、張燦經理此事。聞陝西潼商道王全臣在陝挑濬秦渠，熟習水利，著王全臣來京，其潼商道員缺，著松茂道孟以恂調補。（世宗三五、二〇）

（**雍正四、七、辛卯朔**）諭內閣：凡各省地方，有缺米或米價昂貴者，必係其地上年荒歉所致。今歲楊文乾奏，廣東米貴，駐防兵丁有不許巡撫減糶之事。宜兆熊、毛文銓又奏福建缺米，有土棍搶米之事。此二省上年俱奏稱豐收，並未云荒歉也。且據黃國材稱，福建積穀現有一百六十餘萬石，而毛文銓乃奏請與江西採買米石。朕已降特旨，令江西運米十五萬石，往福建平糶。然黃國材謂福建有米，而毛文銓則求米與鄰省。觀此，則當日兩人之交代，種種不清可知矣。滿保、黃國材在福建多年，請事善於掩蓋彌縫，或毛文銓為其所愚耳。至福建、廣東二省，地處極邊，米穀應作何貯備，著九卿會議具奏。尋議：福建地處海濱，福、興、泉、漳四府人多田少，皆仰給臺灣之米，自嚴禁姦商販米出境之後，民食常苦不足。雍正二年，奉旨飭發臺灣倉穀，每年碾米五萬石，運赴泉漳平糶。今請再動正項錢糧，運米十萬石，存貯邊海地方。至臺灣商販，仍許至福泉等府貿易。其米船出入海口，設禁巡防，應令該督撫另行詳議。至廣東，近經總督孔毓珣以潮州穀少，不足碾米給兵，惠州穀多又不能出陳易新，請撥惠州府倉穀平糶，將價銀解交潮州府買穀存貯，實裒多益寡之良法。應令該督撫將通省倉穀，照此斟酌，令其多寡得宜，以儲民食。再粵西梧、桂二府，與廣東接壤，產米甚多，先經巡撫汪漋奏稱，桂林等四府所有捐穀糶三價值，不必轉糶還倉，請將銀解部，經戶部議准在案。應將此穀價，仍買穀石，運交廣東分貯州縣，亦足補益倉儲。從之。（世宗四六、一）

（**雍正四、七、己亥**）浙閩總督高其倬疏言：閩省米價騰貴，見撥溫臺二府倉穀七萬石，運往接濟。更請於江南淮安等處，採買二麥，運閩平糶。得旨：朕因福建米價騰貴，已降旨令江西巡撫運米十五萬石，前往閩省，以濟民食。又令九卿酌議閩廣積穀之法。今覽高其倬所奏，備極周詳，李衛又能實心辦事，不分彼此，均甚屬可嘉。著照高其倬所請行，並星速行文江南、山東二省巡撫，即遣能員協同辦理。如高其倬差員未到，該撫可借支錢糧，豫爲買備，務令速發，以濟閩省之用。（世宗四六、一〇）

（**雍正五、一、丙午**）命江蘇巡撫陳時夏運米十萬石至福建平糶，以裕民食。（世宗五二、二一）

（**雍正九、二、丁未**）浙江總督李衛疏言：雍正八年夏秋之交，淮北、山東適有水警，而浙省連歲豐收。請將浙省永濟、鹽義二倉，及附近水次各縣存貯米穀內，酌撥若干，運往彼處平糶，秋成買補。在淮北需米之處，米穀既多，價值自平，而浙省又得出陳易新，彼此均有裨益。從之。（世宗一〇三、一一）

（**乾隆三、九、己卯**）湖廣總督宗室德沛奏：江南今年歉收，採買楚省穀石甚多，兼以閩浙等省亦陸續來楚採買，以致米價騰貴。請將附近水次之各州縣常平倉穀，支給江省採買各員，令其交價領運，俟秋收全畢，再行買補還倉。得旨：如此辦理甚是。（高宗七七、二一）

（**乾隆三、一二、丁未**）山東巡撫法敏奏：直隸總督孫嘉淦咨商，直隸現需米石，委員赴東省採買，糧價必貴，不若就東省存倉之米，酌撥三十萬石，或以穀碾米，運直接濟。查東省今年雖獲有收，直隸、江南商販絡繹，勢難更令採買。但東省各倉，皆貯穀石，並無粟米，且有應買倉穀，來春又需平糶，不能如數撥給。請於近河濱海之登、萊、臨、德等府州倉內，分別撥穀二十萬石，兌交委員運回。至碾米一事，臨、德二州，並無碾戶，登、萊二府，雖有碾戶，而穀數過多，爲期甚迫，恐難全碾。或統交穀石，或儘碾儘交，咨商明白，再行趲辦。得旨：所辦頗覺妥協。知道了。（高宗八三、三九）

（**乾隆四、二、庚寅**）戶部議覆：湖廣總督宗室德沛疏稱，江廣素稱產米之鄉，每年酌買帶運，用資京中平糶。今楚省戶口日繁，米價騰貴，若照向例採買，資本益重，恐與平糶無益。且糧艘帶貯，種種不便，應停止。至江西省可否採買之處，交該督撫妥議具奏。從之。(高宗八六、一七)

(乾隆四、二、乙未) 江西巡撫岳濬議奏：江廣向有隨漕帶運之例，江省漕船，載多身重，難再加裝。若雇民船另行，旗丁又難兼顧。且江省民船，不諳北河水道，仍須逐段更換，一路水腳費重，到京價昂，無益平糶。請照廣省例停止。下部議行。(高宗八七、三)

(乾隆五、五、戊辰) 湖南巡撫馮光裕奏報二麥豐收，秋禾遍插，惟是通省米糧市價，因外販搬運絡繹，未能平減。現令各屬發倉，照例減糶，經平市價。但近准閩浙督撫以杭、嘉、湖三府需米備糶，委員赴衡湘一帶採買。竊思湖南省現在市價不平，若再加浙省採買，勢必愈貴。再三斟酌，查上年奏准採買，貯穀五十萬石，原議備鄰省之用，似可於此項內撥給浙省，則楚民等獲免貴食之虞，而浙員亦可得穀早回矣。得旨：所辦甚妥。知道了。(高宗一一七、二二)

(乾隆六、六、庚子) 戶部議覆：閩浙總督宗室德沛奏稱，臺屬歉收，米價驟長。前據粵省督撫咨稱，潮州府屬，倉貯充盈，可濟鄰省。今移咨粵省，檄飭潮屬存倉穀內，就近取給六萬石，運臺平糶。如臺屬秋收，即照數買穀運粵；倘或豐歉不齊，即將穀價解粵，就近買補。應如所請，通融辦理。並令廣東督撫，俟閩省委員到日，酌量撥給，以資平糶。得旨：依議速行。(高宗一四四、一〇)

(乾隆六、一一、辛卯) 兩江總督那蘇圖奏：請於湖北武、漢、黃、德等府存備接濟鄰省倉內，買米一十萬石，分發江南盧、鳳、潁、泗四府州屬，派撥存貯，以資每年平糶。得旨：如所請行。(高宗一五五、二二)

(乾隆八、一、戊辰) 諭：前據浙閩總督那蘇圖等奏稱，閩省需用米穀，懇請截留江浙漕米二十萬石運閩備用，部議未曾准行。在部臣持籌全局，立議固屬允當，但閩省產米無多，轉輸不易，那蘇圖為豫籌積貯起見，恐一時豐歉不齊，臨期難於部署，復申前請。著照所奏，將浙江尾幫漕米，截留十萬石運至閩省，以裨益緩急。計漕臣奉到此旨之日，正浙省尾幫抵蘇之時。查乾隆三年撥江廣之米，運往閩省，總兵陳倫炯，曾將米石由長江換海舶出口海運，直抵閩省。此番亦應就近由海運閩，更為便捷。該部即速行文漕運總督及江南督撫，并崇明總兵張天駿知之。(高宗一八二、一三)

(乾隆八、三、癸未) [調任湖北巡撫范璨] 又奏：上年安荊一帶水災，各屬買糶過多，糧價未平，其有倉貯可濟者，毋庸酌撥，至倉貯無多。與雖有貯積，而地屬災祲之後，必須多為籌備。當將自川買回米石，酌量分撥，俾敷春糶之用。正月後積雪經旬，窮民無可傭趁，令地方有司，將社倉穀麥分別借給。其社倉不敷之所，則酌借常平倉穀。至漢陽之漢口，與荊州之沙市二巨鎮，本境外來之人聚集甚衆。經兩淮商人，及本地紳士，好善樂輸，並令地方官代爲經理，均各得所。得旨：所奏俱悉。（高宗一八七、二三）

（乾隆九、一二、乙巳）據鄂彌達、晏斯盛奏稱：湖北有待撥直隸米二十萬石，現在存貯。今年直隸已獲豐收，無須接濟，楚北年穀全登，亦無需用之處。惟浙江先後被水，恐來歲青黄不接之際，米價易騰。應將湖北現貯之米，酌發十萬石運赴浙省，以備賑糶之需。所糶之銀，歸還楚省，買補倉儲。此外存貯米石，如不需用，即於來春糶抵倉儲等語。鄂彌達等所奏是，著照所請辦理。該部即遵諭行。（高宗二三〇、三）

（乾隆一〇、九、乙酉）諭軍機大臣等：七月內王大臣等議撥宣化豆石一事，朕已允行。今該處現經成災，且地方官亦以辦運爲難。後思此處現被災，而反運豆於他處，亦非民情之願，故降旨不必動用此項。但不知目下京師豆價如何？若價值尚平，無庸另爲籌畫。如豆價昂貴，必須接濟，應如何令山東、河南撥運之處，王大臣等一面辦理，一面奏聞。（高宗二四九、二）

（乾隆一〇、九、壬辰）又諭：朕覽王、大學士等奏，現在京倉存貯黑豆，除將來各處供支外，僅餘三萬餘石，似覺未爲充裕。京師需用黑豆之處甚多，恐豆價一時增長，所存三萬餘石，不足以平市價。今歲東省間有歉收之處，毋庸撥濟。至河南通省收成頗稱豐稔，可傳旨大學士張廷玉、訥親寄信碩色，酌量該處情形。如合計運價每石在一兩以內，酌撥三四萬石，或五萬石，運貯京倉，以備平糶之用。令其一面辦理，一面奏聞。若統算豆價運費為數過多，難以平糶，亦著據實具奏。（高宗二四九、一二）

（乾隆一二、一二、乙酉）[是月]署江蘇巡撫安寧奏，江省漕糧前後奉旨截留八十萬石，查蘇松各屬現在賑糶需用既多，而糧額亦重於淮揚等郡。（高宗三〇五、三五）

（乾隆一三、二、戊辰）又諭：……著再加恩截留南漕六十萬石，以補[山東]各屬食儲，及將來借糶之用。（高宗三〇八、一五）

（乾隆一三、六、壬戌）諭：江蘇地方人烟稠密，食指浩繁。目下二麥雖已登場，而收成只在六分上下，米糧價值未能平減，尚須接濟，以裕民食。今歲江西省麥秋豐稔，倉儲現在充裕，所當酌盈劑虛，通融撥協。著將江西存倉穀內碾米十萬石運送江蘇，以備平糶之需。該部即行文該督撫等，令其遵照妥辦。（高宗三一六、一一）

（乾隆一三、七、甲子）[湖南巡撫楊錫紱]又奏：湖南本年早稻已獲豐

收，中稻暢茂，秋成可必。向聞江蘇未經買補倉儲甚多，請於湖南買穀二十萬石，撥運江蘇。得旨：甚好。（高宗三一九、三七）

（**乾隆一四、二、戊申**）［是月］湖南巡撫開泰奏：湖南產米之鄉，歲有盈餘，自乾隆三年後，通計撥濟各省穀一日七十五萬石有奇。所貯原不僅爲本省計。若准部議，將溢額穀出糶，設遇本省需用，及鄰省告糴，動撥懸缺，驟欲買補數十萬，事實非易。現飭各屬，有必須糶賣之勢，量行減糶，不得藉口濫觴。得旨：覽奏可謂留心積貯。朕諭原令因地制宜，湖南既屬產米之鄉，則多貯以資鄰省，實爲有益也。但不必更加於此則得矣。（高宗三三五、三四）

（**乾隆一五、一二、戊戌**）山東巡撫準泰奏：前總理行營王大臣議，黑豆一項，令山東巡撫運至沂州、紅花埠二處，以備支糴。今准江督咨，紅花埠黑豆，江省已寬裕豫備，無庸東省接濟。又改由徐家渡過河，距沂太遠。應請將豫備沂州黑豆敿草等項，運至臺莊，臨時由水路送至徐家渡接濟。報可。（高宗三七九、二一）

（**乾隆一六、五、乙卯**）諭：浙江溫、台等屬，米價昂貴。本地存倉米穀，不敷平糶之用，民食未免拮据，朕心深爲軫念。著交與江、浙二省督撫，於浙省及江省稍近州縣常平倉穀內動撥，酌量應需數目，作速碾米，運往溫、台等屬接濟平糶。其常平所缺之額，即於浙省冬間兌運漕糧內，照數截留撥補還倉。該部遵諭速行。（高宗三八九、三）

（**乾隆一六、五、乙卯**）又諭：永貴所奏溫、台二屬平糶亟需米石，現札商閩、江二省通融辦理。倘有不敷，或動帑委員採買，或動撥鄰倉接濟等語。閩省處萬山之中，本地即已仰給外來客米，若再接濟鄰省，轉恐有妨本地。今據該撫潘思榘奏到，已撥穀二萬石，派委員弁運赴浙省，自可稍資接濟，而亦難望其再行撥運矣。至江省督撫，豈肯顧及浙屬之偏郡？此時溫、台既需米孔殷，著於本省及江省稍近州縣常平倉穀，碾米運往溫、台接濟平糶，於浙省冬間兌運漕糧內，截留照數撥還各倉。一轉移間，可濟急需以裕民食，已降旨諭部，可傳諭喀爾吉善、永貴知之。（高宗三八九、四）

（**乾隆二〇、一二、戊辰**）署湖廣總督碩色、湖北巡撫張若震奏：湖北漢口鎮本年米價，每石銀一兩二三錢，近因江南販運，增至一兩八九錢。茲准浙江撫臣周人驥咨稱，浙省歉收，選商赴江漢採買等語。臣等思鄰封理宜協濟，自應聽其糴運，但江浙商人同時購買，價愈昂，楚民亦受食貴累。查乾隆十八年楚北儲備案，存常平加貯穀四十萬石，請將此項穀分飭各屬碾米，運至漢口及田家鎮，委官設局，聽浙省官商買運。得旨：嘉獎。（高宗

五〇三、二二）

（**乾隆二一、一、庚午**）又諭：江浙兩省上年俱有被災州縣，屢經降旨該督撫等加意撫綏，並截留漕糧多方賑卹。但念將來青黃不接之時，尚需平糶接濟，以資口食。湖廣素爲産米之區，江西倉糧亦尚充裕。著令江西、湖南二省，各撥米十萬石，運交江蘇，湖北省撥米十萬石，運交浙江，以備平糶之用。各該督撫務董率屬員，善爲經理，毋令市價增昂，俾窮黎均霑實惠。該部即遵諭行。（高宗五〇四、三）

（**乾隆二一、二、戊辰**）四川總督開泰奏：遵旨聽川省商販流通，以濟江浙偏災。惟是市儈居奇，買者愈急，賣者愈緩，禁囤定價，獲息較薄，益滋觀望。查川省常平倉，現貯九十六萬石，照糶三數可三十萬石餘，就川省近江府州動撥出糶，價平買還，有餘歸公。得旨：甚好。（高宗五〇七、一六）

（**乾隆二一、三、辛未**）諭軍機大臣等：據劉慥奏，酌派開封、衛輝、懷慶、陳州、歸德、河南、光州各府屬倉穀，共碾米十萬石運江等語。江南需米接濟，固屬多多益善，但昨據圖勒炳阿奏，豫省鄰近江南郡縣，米價亦較前稍昂，若撥運過多，則本省倉貯未免缺乏，祇可撥米三萬石運江接濟等語。著傳諭圖勒炳阿等，豫省江省事同一體，如可多爲撥運，固於災地有益，若該省倉儲未甚充裕，即當量爲減撥，不必拘定成數，總期於鄰省得濟，而本地亦復有備，辦理方爲妥協。著與江省督撫會同商酌，一面辦理，一面將酌定數目奏聞。至買補穀價，莊有恭原奏以江南糶價撥豫歸款，但往返解送不無繁費。劉慥所奏，即於豫省作正報銷，江南糶價另行報部之處，照所請辦理可也。一併傳諭知之。尋奏：豫省撥江倉穀，以現貯盈絀、程途遠近，定撥數多寡，共米麥六萬石。惟光州倉最充，原撥二萬石，無庸酌減，餘除存貯未裕之地各爲減撥外，酌於開封、衛輝、懷慶、河南、陳州等府屬共撥四萬石。其未經酌減前已起運者，仍飭運去，以免載回腳價。得旨：如所議行。（高宗五〇八、一〇）

（**乾隆二二、一〇、己卯**）諭：上江之鳳潁等屬，大工同時並舉，應募夫役買食者衆，恐一時米價昂貴。著將截留江蘇漕米二十萬石内，酌撥五萬石，分濟上江各要工處所，接濟平糶。該部即遵諭行。（高宗五四九、八）

（**乾隆二三、七、癸丑**）湖南巡撫馮鈐奏：奉諭撥運粵東穀石，業經備穀四十餘萬石。半貯長、衡、永所屬，半貯岳、常、澧所屬，水次各州縣起運。惟自衡州至廣西桂林一千餘里，在在險灘逆水，巨載難行。現咨廣西撫臣，俟至桂林，另換大船運送。再本年兩接調任督臣陳宏謀咨，委員至衡、郴、湘、潭等處買穀，既慮民間因此昂價，且逐漸購買軋運亦遲。擬於衡、

長二府屬貯穀內，照價即時撥給。得旨：嘉獎。（高宗五六七、二五）

（**乾隆二三、一一、甲申朔**）諭軍機大臣等：據託恩多奏，豫備粵東民食事宜一摺，內請將廣東廣西捐監之例暫停部收，統歸廣西一省。臨近水次之州縣減三收納本色，捐足一百萬石之數，奏明停止等語。籌辦張皇過當，未得事理之宜。前因該省米貴，已敕湖南省撥解楚穀二十萬石，並廣西省倉穀十萬石，運東補額，以資接濟。今據奏稱，早禾登場，市價已得平減，是該省近日情形，已不致有穀貴之虞。而託恩多急邊無緒，乃欲於兩省改捐本色，且為數至一百萬石之多。殊不知地方產米止有此數，若此例一開，地方爭以赴捐糶買，反致米價翔貴，是本處未受其益先受其害矣。且如從前楊應琚任粵多年，並未聞歲有增價之事。自陳宏謀到任，即有籌辦采運之舉，而該省米價反致日漸騰踴。可見地方大吏，惟在從容措置，調劑得宜，民食自可無虞。若因到任伊始，欲以好事為振作，並藉此為市惠要名地，是非愛民而實害民也。可將此傳諭託恩多，並令李侍堯知之。（高宗五七四、一）

（**乾隆二四、二、庚辰**）署廣西巡撫鄂寶奏：廣西所產穀，除本地食用尚有餘，東省即有收，亦不敷歲食，向來資商販運，遂致居奇，民受貴食之累。上年奏明，將粵西常平倉酌撥十萬石，運東接濟，但常平穀原係貯備本省，向有定額，偶一拯撥，不能援為常例。查粵西桂、平、梧、潯四府附近東省，濱臨大江，一水可通。於近水各州縣添貯穀十萬石，遇東省價昂，西省穀少時，會同酌撥，聽東省委員運往平糶，將穀價歸還，源源備貯。其添貯穀石，先儘空廒收貯，倘有不敷，勘明酌請添建。得旨：如所議行。（高宗五八一、三九）

（**乾隆二四、七、丁丑**）[直隸總督方觀承]又奏：據江蘇撫臣咨稱，淮徐等處，麥價平減，現就所貯麥內，撥五萬石運直。臣即委員在清河、景州、天津一帶水次接收，酌撥各屬平糶。再江省粟穀，亦有餘存，並可乘賤增購，於九、十月內，碾米運直，或來春開凍後，陸續接運亦可。得旨：速行咨商辦理，究以凍前運至為妥。（高宗五九三、三〇）

（**乾隆二四、九、己丑**）諭軍機大臣等：阿爾泰奏，於該省豐收處所，採買麥五萬石，現貯河干候撥等語。前令該撫採買麥石以備撥用。現今直屬雖麥價尚平，京師麥廠亦有存麥石，然將此項運至京師，以備將來平糶之用，亦屬有益。著傳諭阿爾泰，令其委員運送直隸，交方觀承轉運京師。其一切運收事宜，俱照前次之例辦理。（高宗五九七、八）

（**乾隆二四、九、丁丑**）[直隸總督方觀承]又奏：江蘇撥運麥十萬石，遵旨限於凍前到直。查順、廣、大名一帶偏災，宜籌來春糶助。擬於清河縣之油坊鎮撥貯五萬石，其餘分貯景州之安陵、交河之泊鎮、吳橋之連鎮等處，聽候酌撥。得旨：好。山東又有運通之麥，如此豫籌，明年庶不至麥貴也。(高宗五九七、四二)

（乾隆二四、一一、甲子）諭：前因直屬夏間得雨稍遲，恐向後糧價易昂，是以豫令楚省於存倉穀內，碾米十五萬石，分搭漕船運通，以爲有備無患之計。旋因畿輔甘霖普降，秋田並獲有收，現在搭運之項並無需用，而浙省有間被偏災之處，該撫正在委員赴江、廣採買接濟。莫若即將楚省此項米石，兌交浙省委員，運回備用，既不須往來購運之煩，而彼此裒多益寡，調劑尤爲適宜。其江西省亦現有搭運通倉米十萬石，即著就近留於江蘇水次州縣，以備撥用。該部速遵諭行。(高宗六〇一、三)

（乾隆二七、六、甲午）諭軍機大臣等：京師近因雨水稍多，豆價增長，已令戶部於豫備支放豆石內，酌撥五城［成］平糶。奉天、山東二省，上年豆石收成豐稔，著傳諭該府尹、巡撫等，就本省通融酌辦。於粟米改徵豆石內儘數籌撥，或有不敷，就近設法購買，總以每省各得五萬石爲率。山東由運河水次，奉天即由海道，一面迅速運京，以補該部應行支放之數，毋稍遲誤。(高宗六六四、四)

（乾隆二七、一〇、丙辰）諭軍機大臣等：據明山奏，江西連年豐稔，積穀充裕，如浙省應需協濟，請即於江省常平穀內，動撥二三十萬石運浙以資接濟等語。今秋浙省間被風潮，收成稍歉，若得江省穀石撥運接濟，俾糧價不致昂貴，於民食甚爲有益。著傳諭湯聘，酌量於附近浙省倉穀最多州縣內，碾米二十萬石，協撥應用。其如何運送接遞交收各事宜，並著熊學鵬會同湯聘咨商妥辦。如熊學鵬尚未抵浙，即著莊有恭辦理。將此傳諭各該撫知之。(高宗六七三、二〇)

（乾隆二七、一一、戊子）熊學鵬又奏：浙省收成稍歉，現由江西協濟倉穀二十萬石，同時起運，未免紛繁。擬咨令分作四起從水路運浙，由江省派員監撥。運到時，酌量各處米價，應於某府協濟若干石，順便分撥。至江省船隻運腳，由江省報銷，其自江南京口至浙省沿途起撥等費，由浙省報銷。得旨：如所議行。(高宗六七五、一四)

（乾隆二八、四、壬子）河南巡撫葉存仁奏：查豫省常漕各倉儲穀甚多，且有乾隆二十六年漕米，係例應糶借之項，足撥二十萬石運直，無庸採買。以二十萬石分四運，每運委同知、通判、州判各一員爲總運，佐雜二員分押。河陝道歐陽永裪總辦。運費司庫動支，餘咨方觀承商辦。所需船隻，並咨方觀承、阿爾泰飭屬備雇。得旨：嘉獎。(高宗六八五、一九)

（乾隆三一、一一、庚寅）諭：據明瑞等奏，本年伊犁歉收，請將烏嚕木齊、瑪納斯等處存貯穀石，由伊犁、烏嚕木齊二處，雇商民牲隻，支給腳價，會同運解等語。現在伊犁戶口日盛，今歲歉收，穀價勢必騰貴，著照所奏，傳諭溫福、五福，將烏嚕木齊、瑪納斯等處穀石，雇覓商人牲隻，多為運解。但伊犁、烏嚕木齊距內地甚遠，商人稀少，覓雇本處牲隻載運，恐不能多得。因思哈密、闢展、巴里坤相距甚近，牲隻尚可多得，著傳諭高廷棟、德昌、薩瀚等，令雇該處商人牲隻，支給腳價，送至烏嚕木齊，將彼處穀石，陸續運至伊犁。再據高廷棟奏，闢展存貯雜糧八千八百餘石，請陸續出糶等語。伊犁現在需穀，此項雜糧與其在闢展出糶，不若撥運伊犁。但徑由闢展運往，道里遙遠，若運至烏嚕木齊，不過數站，輓致尚易。著高廷棟將闢展所貯雜糧八千八百餘石，雇覓商人牲隻，運送烏嚕木齊。俟至烏嚕木齊之時，或轉運伊犁，或彌補彼處撥運穀額存貯之處。溫福、五福等公同商酌，妥協辦理。（高宗七七三、八）

（乾隆四三、四、丁未）諭軍機大臣等：……京師自三月至今，未得透雨，二麥難望有收，市中麵價漸次昂貴。是以四月初即降旨將倉貯麥石於五城設廠平糶，以裕民食。每日需麥較多，各倉現有之麥，尚不敷用。今畢沅既稱如豫省尚須接濟，俟鄭大進移會，再需撥運若干，即酌籌陸續運往。是陝省常平倉所貯麥石，尚屬有餘。著傳諭畢沅，於此項麥石內酌撥五萬石，由河南水程轉運京城，以備平糶之用。如不能五萬石，即三二萬石亦可。其三門山避險接運，及由河南水程，派員運送進京之處，並著鄭大進妥協籌辦。至畢沅籌撥運京麥石，尚需時日，其所撥豫省麥石，現已派員赴運，到豫自速，而豫省歉區所需之麥，本係陸續接濟，並非一時全用十萬石之多。著傳諭鄭大進，於運豫已到麥石內，先發一萬石，派員由水程運京，俟陝省運京麥石到豫后，如數扣還，仍將所餘應行運京之麥，即速陸續運送來京備用。此旨著由五百里發往，傳諭知之。並著畢沅、鄭大進一面妥辦，一面迅速覆奏。（高宗一〇五五、九）

（乾隆四三、閏六、癸酉）又諭曰：鄭大進奏平糶陝麥一摺，固因接濟民食起見。至所稱如有未糶之麥，留備明春借糶等語，尚未妥協。豫省以秋麥為重，今歲秋間，惟當勸諭農民廣種二麥。第恐本年夏麥歉收，百姓缺乏籽種，不能耕耨。前已諭令該撫，即於陝麥內籌備今秋麥種，多為出借，以裕窮簷生計，若明春則更無須借麥也。昨又因國泰奏，籌借麥種一摺，諭令該撫等會商妥酌，將豫省可有陝麥，酌撥二萬石與山東，為備借麥種之用。至豫省雨後，早晚禾稼俱已發榮滋長，可望西成，然距收穫之期尚遠，現在青黃不接，糧價尚昂，自應官爲出糶，以平市價而資民食。但小民餬口所需，米較麥尤爲得濟。昨因江西各幫糧船渡黃稍遲，諭將尾幫糧船內，酌留米十萬石，令豫省於運河就近水次，兌運回豫，以備平糶，自更於貧民口食有益。該撫拜發此摺時，似尚未接奉兩次諭旨。著再傳諭鄭大進，即遵照前旨，妥爲籌辦，一面知照國泰，一面迅速奏聞。將此由五百里諭令知之。（高宗一〇六〇、三一）

（乾隆四三、一二、丁丑）諭軍機大臣等：本年夏間，因京畿麥價漸昂，諭令畢沅將陝省常平倉所貯麥石，酌發五萬，轉運京城，以備平糶之用。嗣據該撫陸續運到，發廠平糶，市價漸平。即將餘麥三萬石，存貯在倉備用。現在京師麥價又復昂貴，因諭部臣，即將前麥發廠平糶。數日以來，市麥價值漸平，於民食甚爲有益。今歲豫東二省已普種秋麥，明歲似可望有收，但現距麥收爲期尚遠，當此青黃不接之時，商販尚不能流通轉運，不可不豫爲籌辦。著傳諭畢沅，迅速查明常平麥石內能否再酌撥麥四五萬石解京，據實奏聞。如能再撥若干萬石，即於河路可行時，仍照今年之例，由豫省轉運，一面辦理覆奏，一面知照豫省，備辦接運。將此由六百里諭令知之。仍由驛六百里覆奏。（高宗一〇七三、一四）

（乾隆四四、一、乙卯）兩廣總督桂林奏：廣西桂林、柳州二府屬，上年間被旱災，現屆東作，恐青黃不接時，災地及毗連各屬，穀價稍昂。廣西水次各州縣向有貯備廣東平糶穀十萬石，廣東上年歲稔，米價亦平。請將貯備廣東平糶穀交廣西巡撫於需用時酌撥，或運濟災地鄰邑，或就近平糶。如無需動用，即飭各州縣，照舊存貯。報聞。（高宗一〇七五、二六）

（乾隆四四、五、戊申）直隸總督楊景素奏：前署總督英廉，請撥平泉州倉穀二萬石，碾運熱河，以備平糶，業蒙允行。查平泉州暨豐寧縣，倉貯均屬充裕，除平泉州現奉奏撥，并該二州縣各留備本處借糶外，平泉州尚餘穀四萬石，豐寧縣餘穀一萬九千餘石，應均令撥運，寬爲籌備。所需運腳，於糶價內歸款。報聞。（高宗一〇八三、一六）

（乾隆五〇、一〇、丙午）［湖廣總督特成額］又奏：前因湖北歲歉，奏請於湖南撥穀十萬石，碾運平糶。現在催趲碾竣，運交武、漢二府各一萬七千石，荊州府一萬石，黃州府六千石。至沿江客米，自九月後，到過湖南船九百餘隻，四川船二百餘隻，米價較前漸減。得旨：覽奏稍慰。該部知道。（高宗一二四一、二〇）

（乾隆五二、七、戊寅）又諭：據舒常、姜晟奏，湖北省早稻豐收，秋成可卜大有。現在動支倉穀二十萬，碾米一十萬石，遴委妥員，分別四起，由江西一路運往閩省。舒常並往湖南，與浦霖酌議動穀碾米運閩，以資備用等語。現在臺灣剿捕逆匪，尚未蕆事，一切軍糧及撫卹平糶等事，所需糧石較多，不妨寬爲豫備。該督等能不分畛域，先事豫籌，殊屬急公。舒常、姜晟俱著交部議敘。（高宗一二八四、二三）

（**乾隆六〇、四、庚戌**）浙江巡撫覺羅吉慶奏：接准福建撫臣浦霖來咨，該省米價大增，奏明赴浙採米十萬石。浙省民衆，本地產米不敷民食，全賴外江商販運濟。此時正屆青黃不接，糧價頗昂，若再採買十萬石，市價必更騰貴。臣前奏撥浙省倉穀，現已趕碾米五萬石，容再動碾五萬石，俟趕辦齊全，即可知會閩省前來運取，似可無庸另行採買。得旨：嘉獎。（高宗一四七七、二六）

（**乾隆六〇、五、癸丑**）諭：據浦霖奏，准吉慶咨，因閩省米價甚昂，先後動碾倉穀，共計米十萬石，尅日備齊，由海運閩等語。昨因陳淮奏，酌定運道，動碾倉穀解閩，所辦尚妥，已降旨交部議敘。吉慶前聞閩省米價昂貴，即飭沿海各州縣動碾倉穀，由海運閩，嗣接福建咨會，復又添碾倉穀，咨閩派員多備海船，赴浙領運，辦理甚屬妥速。吉慶亦著交部議敘，以示獎勵。（高宗一四七八、六）

（**乾隆六〇、五、己卯**）江西巡撫陳淮奏：閩省米價昂貴，奏明來江採買，惟因此時青黃不接，糧價稍增，若再行採買，必致市儈居奇。現在常平倉穀尚屬充裕，擬令各屬即於倉貯內碾米十萬石，趕交閩員運回。得旨：若果如此，則甚美之事矣。（高宗一四七九、二二）

（**乾隆六〇、一〇、甲辰**）諭軍機大臣等：福建漳泉一帶，年歲歉收，前據魁倫奏，已撥省倉及廈門米石設廠平糶，並撥光澤縣截留存倉之江西米石趕運接濟，但恐爲數尚屬不敷。本年江西收成豐稔，米糧較爲充裕，而浙江年歲，昨據吉慶奏九分有餘，或可量爲採買協撥。惟是該二省距福建漳泉路途較遠，因思臺灣一歲三熟，此時該處或又獲豐收，可以撥運內地。漳泉等處米價已漸就平減，無須鄰省接濟，固屬甚善，若漳泉米價尚昂，臺灣又無餘米可撥，必須另籌接濟。著魁倫、姚棻、吉慶、陳淮彼此會商，將江西、浙江兩省米石如何設法運往，腳費不致過多，可以迅速接濟，又免意外疏虞之處，通盤籌畫，熟商定議，妥協辦理，俾小民口食有資，方爲妥善。仍著魁倫等將臺灣秋冬米價若何，是否可以採買運赴漳泉之處，及作何籌辦情形，據實速奏。尋奏：臺灣附屬糧價過昂，難以採買，請於上游五府現貯倉穀十六萬石內，先動六萬石，碾米三萬石運備，俟十二月間，查明五府糧價最平之處買補。至江西省已碾食糧，經咨稱尚有五萬餘石，現貯南昌一帶

水次，擬即知照運濟。合計上游五府並江西接濟，漳泉所需，已有盈餘，可無庸赴浙採買。得旨：如所議行。(高宗一四八九、三三)

（**乾隆六〇、一二、丁未**）陞任廣東巡撫署兩廣總督朱珪、廣西巡撫成林奏：粵東自春後共平糶常平倉穀二十三萬七千七百餘石。查東省倉穀，除分貯南、韶、高、雷、廉、瓊及羅、連、嘉等府州外，其廣、肇、惠、潮四府，本年已糶過二十二萬石有零。現在該四府糧價未平，驟難買補，恐來年青黃不接，又須出糶，自應先事綢繆。查廣西桂林等屬，前經撫臣鄂寶奏請於額穀之外，備東省穀十萬石。嗣於三十四、五十一兩年曾經撥用二次。請即委員赴領，以資協濟。旁批：甚好。又奏：領運穀石，仍照例將司庫穀價內，按照原價撥出解償，即飭廣西藩司照舊買備。得旨：嘉獎。(高宗一四九三、二七)

（**嘉慶七、八、庚申**）諭內閣：給事中蕭芝奏陳時政一摺，內稱江西受旱十有一府，目下雖市糧無缺，恐今冬明春，無所接濟。請將兩淮鹽義倉穀石，碾運江西，以資平糶等語。此事可行。上年因湖北被災，曾經將兩淮義倉貯穀二十萬石協濟湖北，今江省被旱，事同一例。且兩淮鹽斤向於該省行銷，此時自應周其所急。著兩淮鹽政佶山，即於鹽義倉存貯穀內，酌動若干石，一面奏聞，一面碾運，派員押送，交巡撫張誠基分撥被災各府屬，妥為平糶，用資民食，毋任胥吏人等從中稍有侵蝕。其兩淮所碾穀石，佶山仍當酌籌舊款。至該給事中稱招致米商，入川販運，沿途關隘，請蠲船稅一節，此不可行。川省股匪，現雖勦淨，但尚有零星敗殘之賊，希圖潛逸。各處設立關隘，原以盤詰奸宄，若於販運川米，概令放行，不加稽察，恐邪匪溷跡其中，得以遠颺漏網。其所稱勸損一節，地方偶遇偏災，百姓等誼切桑梓，捐貲賙卹，原屬好善樂施，初非強以所難。若必地方官諭令捐輸，即不免有科派勒揹等弊，莫如聽民間殷實之家，自行施捨，毋須官為經理，以免擾累。(仁宗一〇二、二八)

（**嘉慶七、九、丁亥**）撥兩淮倉穀十萬石，運往江西平糶。(仁宗一〇三、一七)

（**嘉慶一〇、六、甲寅**）以江蘇揚州一帶水大米貴，浙江春花蠶絲歉收，命截留四川運京米三十萬石，分撥平糶。(仁宗一四五、三)

（**嘉慶一九、四、壬戌**）撥天津北倉卸貯奉天米二萬二千餘石，備直隸各州縣平糶。(仁宗二八九、二)

3. 官辦採買

（**雍正四、九、甲辰**）諭户部：去年山東濟南、兗州、東昌三府，偶有水患，朕心軫恤，蠲賑兼施。復將本年漕米，或全緩徵，或緩徵一半，以紓民力。今年山東雨水調勻，二麥豐登，民生樂業。惟是去歲被水低穴窪之處，又經今夏之雨，未必能及時播種，以獲全收。查去歲緩徵漕米，應於今年並徵，誠恐民力艱於輸將。用是再沛恩澤，將去年全緩之州縣，令其於今年帶徵一半，明年帶徵一半，務使民力寬餘，以副朕加惠閭閻之意。又聞山東登、萊、青三府，連年豐稔；此時商販之米，自東而西者，絡繹不絕。著山東巡撫，酌量動用帑銀，委官購買，分貯於濟南等屬米少之州縣。再勸諭各商販等，多運米石至濟南三府，俾民間得以收買存貯，則明歲青黃不接之時，米價不至騰貴，實預籌足民之善策也。（世宗四八、一五）

（**雍正七、九、辛丑**）諭户部：據奉天將軍多索禮奏稱，今歲盛京秋成大稔，禾稼瓜菜等項，俱獲豐收，米糧價賤。朕思米穀者，乃上天恩賜以養育萬民者也。若人人存心敬受天賜，隨時撙節，常留有餘，崇儉去奢，謹身節用，則天心必垂默佑，雨暘時若，俾常享盈寧之福。若暴殄天物，輕棄五穀，不思稼穡之可寶，罔念農事之艱難，則必上干天怒，而水旱災祲之事，皆所不免。此從來天道人事之斷然不爽者。奉天地方百穀順成，已八年於茲矣。今歲收成又慶豐稔，穀價之賤，自昔罕聞，朕心深爲慰悦。感戴上天賜佑之恩，則本地官民人等，宜敬謹愛惜，以仰承天貺。向來奉天居民，有以米穀飼養豚豕之陋習，此即暴殄天物之一端，已令地方官勸諭禁止。今不可因米穀饒餘，復蹈前轍。積貯乃王政之要圖，民生之切務。奉天地氣乾燥，不比南方潮濕之區，正當乘此豐收之時，以爲儲蓄之計。著該地方官員通行曉諭，勸導所屬民人，若有穀之家果能留心積貯，至於穀多價賤，難於出糶者，著大臣官員等即行奏聞，朕當發官價糴買，或從海道運至京師，俾積穀之家實獲利益，必不使有穀賤傷農之歎也。（世宗八六、二七）

（**雍正七、一一、乙未**）署川陝總督查郎阿疏言：招往安西沙州等處屯墾民户，統計共有二千四百零五户，所種小麥、青稞、粟穀、糜子等項，計下種一斗，收至一石三四斗不等。其餘各色種植，亦皆豐厚，家給人足，莫不歡忻樂業。臣恐口內奸販囤户，聞糧多價賤，興販射利，已令總兵道員，嚴行查禁，並傳諭民户，按一年所需扣存外，其餘即在本處糶賣，以濟兵丁商民口食。得旨：安西屯墾地畝，今年人力既勤，天時復稔，各種糧穀，俱獲豐收，朕心深爲慰慶。今查郎阿禁止奸徒興販射利，辦理甚是。惟是飭令民户名餘之穀，只許在本處糶賣，尚未妥協。朕思民户盈餘之穀，原期糶價，以爲日用之資，若本地糶穀者少，則出糶未免艱難，不可不爲計及。著該地方官酌量本地情形，不必相強，若有將盈餘之穀情願出糶者，著動支官銀，照時價糶買，存貯公所。明年儻有需用之處，聽辦理軍餉之大臣及該督撫，行文支撥。安西現有備用銀兩，即可動用採買，再於西安藩庫，撥補還項。此朕體恤民户，俾糶穀得價、用度豐裕之至意，著地方官善於奉行，不可勒令糶賣，生事滋擾。（世宗八八、二一）

（乾隆二、八、乙酉）大學士仍管川陝總督查郎阿奏言：陝省今歲被旱，秋禾歉收，糧價日漸昂貴。各屬常平社倉糧石，借糶兼行，所儲日少。請暫禁鄰省告糶，及商民販買、富家囤積。民間糧石飭各州縣照依時價採買，或貯倉或即時平糶，以濟窮民。得旨：知道了。（高宗四九、一八）

（乾隆三、一二、丙戌）户部議覆：大學士前總理浙江海塘管總督事嵇曾筠疏言，杭、嘉、湖三府，地狹人稠，每歲產米，不敷數月口糧，全賴商販接濟。而赴浙客米，俱由江南運至。近江南被旱米貴，勢必截買，浙江米價，自難平減。除將該三府屬，雍正十一年自湖廣等處買回原貯備糶米石陸續平糶外，仍請動支本年地丁銀三萬兩，委員赴江西採買。應如所請。從之。（高宗八二、一八）

（乾隆三、一二、丁未）陞任廣西巡撫楊超曾奏：粵西桂林等府出產米穀，貴州、粵東往往齊赴一處爭運，市價驟昂，本地兵民轉受其累。請嗣後柳、慶二府穀石，專供貴州採買，梧州、桂林、平樂、潯州、南寧五府穀石，專供粵東採買。就近酌定章程，鄰封赴買者，既免遠涉。本省雖歲少數十萬石之儲蓄，分派各府不見其多，民間可免價昂之慮。得旨：此辦理甚妥，具見卿留心民瘼也。（高宗八三、四三）

（乾隆五、二、壬午）安徽巡撫陳大受奏：各屬倉儲甚爲空乏。查平糶價銀，向例秋成即應買補，但糶賤糴貴，州縣慮及賠累，每多挨延，竟有平糶數年，尚未買足者。臣再四思維，並酌量各該處地宜，江北宿、鳳等州縣，民間慣於食麥，江南各府州屬，俱食大米。第麥性難於久貯，是以儲蓄必須米穀。然值此倉貯無幾之時，豫籌有備無患之策，似可稍爲變通。請將鳳、潁等屬平糶價銀，飭行各州縣，俟麥熟後，如果豐收價賤，即令買麥貯倉，照時價報銷。將來秋禾有收，原可易稻穀久貯。設有小歉，又可爲平糶之需。總就各處民俗所宜，斟酌辦理，不必拘定數目。其餘各屬糶價，於八九月，確查本處鄰近江廣產米地方何處價平，即嚴定限期，勒催赴買運貯。倘本處價昂，而出產地方道遠費繁，臨時通融酌辦。得旨：允行。下部知

之。（高宗一一〇、一六）

（**乾隆六、一二、乙巳**）諭：今歲夏間，臺灣地方因米價昂貴，曾借撥潮州倉穀六萬石，運臺接濟平糶。俟閩省秋成豐足，買穀還粤。朕聞閩省目今穀價仍昂，尚須購買於鄰省，若再買運還粤，恐一時艱於採買。著將借撥潮州倉穀六萬石，免其買運還粤。其平糶穀價，即留閩買穀，以備倉儲。至潮屬因借撥閩省所缺穀數，著將該處收捐之項，照數補足。（高宗一五六、三二）

（**乾隆八、九、己酉**）雲南總督兼管巡撫事務張允隨奏：昭通、東川兩府，收成歉薄，米價昂貴。現於銅息項下，動銀二萬兩，發駐劄四川永寧轉運京銅之同知，於川東一帶買米一萬石，於明春水長前運回滇省。以多半運至永善縣之黃草坪，以少半運至大關鹽井渡轉運，以備平糶。其回空船又可試運京銅。臣以新疆重地，未便拘泥停止採買之例。是以一面動項赴買，一面奏明。得旨。甚是之舉。知道了。（高宗二〇一、四二）

（**乾隆八、一一、庚子**）諭：近來京師黑豆價昂，朕已諭令將倉貯豆石分發各米局減價平糶，將來價值自可漸次平減。但思黑豆為餵養馬匹之所必需，務令充裕，然後喂養有資。今年奉天地方，收成豐稔，豆價平減，著戶部簡派賢能司官一員前往奉天，會同該將軍府尹等採買數萬石接濟京師。其如何運送之處，著該將軍府尹等速議奏聞。尋議：運京豆石，請即委員由海運至天津，轉運通倉，交坐糧廳運送至京。下部議行。（高宗二〇五、四）

（**乾隆九、二、甲戌**）戶部議覆：雲南總督兼管巡撫張允隨疏稱，昭通、東川二府，新闢夷疆，產穀無多。上年雨水稍多，收成歉薄，兼因地產銀銅，商民輻輳，民食殊艱。請於銅息項下，動銀二萬兩，至川東採買米穀，轉運平糶。應如所請。得旨：依議速行。（高宗二一一、一九）

（**乾隆九、五、丙午**）河南巡撫碩色奏：東省濟、武二府被災待賑。前准山東巡撫喀爾吉善札商，可否赴豫採買。查豫省麥石，節經直隸運買。若再益以東省，則市價必至昂貴。且彰、衛為豫省瘠薄之區，今歲麥收雖稔，勢不能供官買數十萬石之多，非惟民食有妨，并於官買無益。惟有令祥符等縣將本地抵補倉糧麥石暫停採買，俟東省委員到日，速為協同料理。得旨：所辦甚妥，嘉悅覽之。朕豈不知豫省甫獲有收，而官買轉致病民。然直、東二省待麥孔亟，實係不得已之舉也。（高宗二一七、三五）

（**乾隆九、八、丙午**）又諭大學士等：天津、河間二府屬，本年雖獲有秋，究非豐收，景州、滄州尤屬不及，慶雲則猶有雨水未足之地。小民當積歉之後，朕心倍為厪念。可傳諭總督高斌，如尚有應行料理之事，著即加意料理。尋奏：景州、滄州禾稼收成尚有七分，惟慶雲一邑，被旱貧民，漸有出外謀食者。其慶雲接壤之鹽山縣，情形略同。現將採買豫省及大名之麥糧，撥運三萬石，及時借作籽糧，再動撥司庫銀三萬兩，收買大名所產高粱，查明戶口賑卹，有餘留爲二縣來春借糶之用。專委天津道陶正中督查。得旨：覽奏俱悉。看來陶正中尚能辦此也。（高宗二二二、二）

（乾隆九、八、甲戌）甘肅布政使徐杞奏：甘省臨河近山地方，間有被雹被水，損壞房屋人口，照例分別賑卹外，其河東河西各屬，連得甘霖，禾苗滋盛，可望豐登。但以七八兩年，連獲有收，糧價平賤。該省僻處邊隅，素鮮外販，若非官爲採買，轉有熟荒之患。得旨：欣慰覽之，恐致熟荒，官爲採買，甚善事耳。較之歉荒，爲何如耶！（高宗二二三、三二）

（乾隆一一、七、丙午）命督撫留心積貯。諭：各省積貯，原以備地方荒歉之用，賑卹平糶，俱仰資於此。而地方官每以倉貯足額爲畏途，惟以年來米價昂貴，恐增時價爲詞，是以各省有未即購買者。即如江南淮、徐、海三屬，貯價甚多，平時並不買補。朕念此三屬，乃時常被水之區，積貯尤關緊要，已諭令在所屬豐收之地採買。其他貯價未買者，自不獨江南一省。今歲豐收之處尚多，正宜趁此時留心籌畫，豫爲倉貯民食之計，俾不至穀賤傷農。但必以本地之穀，補本地之倉。恐收成分數不齊，產米多寡不一，或因一時採買，米價又致昂貴，有妨民食。著各該督撫，酌量所屬地方情形，有二麥既豐，而秋成又稔者，動撥歷年所存穀價，分路採買。亦不必迫期足額，務須妥協辦理，使倉儲可以漸充，而米價不至增長。（高宗二七〇、一九）

（乾隆一七、七、丙寅）諭軍機大臣等：年來米價在在昂貴，深廑疇咨。上年大學士高斌曾奏，動帑委官採買，數盈萬千，剋期取足，市價鮮不驟昂，有妨本地民食，請永行停止。經軍機大臣等議，令該督撫量其緩急，通融籌辦。近復有以停止採買爲言者。夫採買以裕倉儲，本爲民食計耳。乃因採買而市價益昂，是未得向後接濟之益，而先受當前貴食之苦。市儈共知採買在所必需，甫屆西成，豫爲擡價之地，小民嗜利，習爲當然，地方官亦以奉行爲職，務在取盈。年復一年，有增無減，籌米價者率以停採買爲言，非無所見。雖未可明立禁令，永行停止，而以今歲情形而論，各省倉儲尚多有備，即或有需，亦可於附近撥給。所有存貯實數得十分之三四，即不必亟資買補。其動帑委員採買之處，似可概行停止。官買少則市糶多，米價庶可望其漸平，於民食有濟。著傳諭詢問各該督撫，令將本地收成情形據實查明，詳悉妥酌具奏。如應行停止，即一面奏聞，一面出示曉諭商民，俾共知悉。尋奉天府尹鄂寶奏，奉屬倉貯實數，雖及十之三四，但民倉米向有旗人借支之例，貯備宜裕。且該處旗民多以務農爲業，一切費用仰藉於糧石。如停止採買，恐本地銷售無多，勢必他處運糶。本年尚屬有秋，請量爲收買，價昂即停。直隸總督方觀承奏，直屬倉糧，有應買補者，止係春月平糶之數，尚屬無多。現今穀豐價賤，請陸續酌買還倉。至八溝一帶，每年交十一月後，蒙古各處米糧紛集，向來動項收買，頗有利益，本年屆期另行籌辦。兩江總督尹繼善、江蘇巡撫莊有恭奏，江省地窄民稠，食指繁庶，倉貯尤宜充裕。但委員動帑，全數取盈，恐於民食有礙。今酌議各屬貯糧，已及十之五者，停止採買。其不及五分者，買至五分而止。浙江巡撫覺羅雅爾哈善奏，浙省各屬倉貯，已足原額十之七，應停採買。湖廣總督永常、湖北巡撫恒文奏，楚北各屬倉貯，尚屬有盈無虧。本年被旱各州縣，雖賑糶或有不敷，仍可銀米兼賑，應將動項採買之處停止。署湖南巡撫范時綬奏，湖南如永州、常德、辰州、沅州各府，並郴、靖、澧、桂各州，每年例用倉糧，碾運兵米。兼以湖北、江西、浙江等省向資接濟，亦須緩急有備。今查常平應買動糶穀三十餘萬石，本年秋收豐稔，請及時買補。山東巡撫鄂容安奏，東省倉貯實數，合計已有十之四，自應暫停採買。但各屬貯穀，多寡不同，上年被災之地，倉貯空虛，附近亦無可撥補。幸本年尚屬有秋，市值平減，請將節年平糶穀十四萬餘石，原存價銀，酌買補倉，並撥給匱乏之地貯用。陝西巡撫鐘音奏，陝省西、同等屬，因被秋災，現停採買。至延、榆等處，界在邊地，積貯宜裕。缺額糧石，或仍照舊採買，俟秋收後酌辦。陝甘總督兼署甘肅巡撫黃廷桂奏，甘省常平倉額，已足十之七八，即緩急需用不敷，尚可於附近撥給，應停採買。至本年大勢豐收，糧價減落。各州縣出糶穀，於秋收後各在本境買還，爲數尚少，毋庸議停。四川總督策楞奏，川省各屬倉糧，本年約計出糶三十萬石。常平尚有溢穀，可以抵補，毋庸另行採買。但各州、縣、衛所倉貯，盈縮難齊，有溢穀多而應買甚少者，有應買多而並無溢穀者，有易於撥運而不能如數者，有數能敷補而輓運維艱者，現在分別確查辦理。兩廣總督阿里袞、廣東巡撫蘇昌奏，粵東濱海瘠區，山多地少。各府州屬產米，不敷民食，必藉官糶接濟。現在倉貯額穀，未及十之三，應停應買，俟察看本年秋收情形，籌酌再奏。廣西巡撫定長奏，粵西常平額穀止缺十之一，雖本年收成豐稔，買補甚易，但貯穀既多，自可停止採買。惟本年碾運黔省兵糧一萬九千餘石，又來賓、宜山、恭城三縣，共虧穀三千六百餘石，均應買補足額。現擬於平、柳、慶三府屬產穀之地分買。雲貴總督碩色、雲南巡撫愛必達奏，滇省跬步皆山，不通舟楫。各屬產穀，止供本境之用。不特鄰省不能販運，即鄰邑亦艱轉輸，是以常平貯穀例應存七易三。年來秋成豐稔，并有借糶不及三數者，即各就本境買補，爲數無多，毋庸議停。貴州巡撫開泰奏，黔省各屬倉貯缺額不及十之一，毋庸買補。惟新疆各營兵糧，每年在古州等廳縣，採買屯苗米撥支。又威寧州素不產米，所有鎮標各營兵米，於附近收買。均請照舊辦理。俱報聞。安徽巡撫張師載奏，安省各屬倉糧，總計雖存十之三，而逐細核算，其中多寡懸殊，並有存貯不及一二分者。今秋收豐稔，請分別辦理。如存穀已十之四以上省，概停買補。其不足十之一二三四分者，視該處市價果平，即在本境收買，第以買足十分之四爲率，價貴即止。得旨：如所議行。閩浙總督喀爾吉善、福建巡撫陳宏謀奏，閩省僻在海疆，不通商販，若官倉貯穀太少，難爲緩急之備。現今通省大勢豐收，臣悉心籌辦，如倉貯已及原額十之五，而該處糧價尚平，仍令乘時酌買，價貴即止。其不足五分者，統以買足五分爲率。至本年被災之厦廳，存穀止及十之一，若一時買足五分，恐本地艱於採辦。請動項赴臺屬彰化、淡水二廳縣產穀之地酌買。得旨：覽奏所議甚妥。咨部知之。河南巡撫蔣炳奏，豫省向無動項委員採買之事，各屬倉貯較原額已足十之五。此外尚有出借、平糶各項穀，應於秋後收買。查本年尚屬有秋，其民借未還者，自可照例催徵。至平糶穀石，若一併買補，恐致價昂，應暫停。得旨：另有旨諭。(高宗四一八、一三)

　　(乾隆一八、八、甲午)諭：今歲淮揚下游被水，亟需賑卹。前已降旨，截留該省本年漕米四十萬石，備賑濟之用。但該處戶口極繁，必尚多需米石。向來籌辦賑務，每動帑委員告糴鄰境，市儈聞風，涌價射利，往往因一省被災而鄰封稔歲，胥受貴價之苦，非救荒善策也。朕思定例銀米兼賑，而江淮舟楫相通，商販四集，貧民得銀即可易米，正當聽其自爲流通，不必官爲採買。如所截漕糈及該省倉儲，尚不敷賑給，該督撫即隨時奏聞請旨。現在太倉充裕，朕不惜多分天庾之儲，惠此嗷嗷兆姓。該督撫等惟當督率屬買，實力撫綏，毋令一夫失所。並出示曉喻災民，各安分待賑，以副朕軫念至意。該部遵諭速行。(高宗四四四、二一)

　　(乾隆二四、三、壬辰)又諭：昨經降旨，令該撫於豫省豐收之處，採買麥石，運京平糶。業已傳諭方觀承，令其於到直境時作何派員經理接運之處，會商該撫妥協辦理。著再傳諭胡寶瑔，即行採買，並將酌籌辦運情形一面奏聞。尋奏：查開、歸、彰、衛、懷、陳六府屬，現有常平漕倉貯麥共六萬餘石，文到即可起運，此外再採買三萬餘石以足數。均令趕赴衛河兌漕水次聽撥。現定分爲三運，委通判二員爲總運，每運以佐雜二員管押，另委河北道吳虎炳率彰、衛二府督辦，並令豫省原船直抵通州，直隸委員由通運

京。得旨：嘉獎。（高宗五八二、三一）

（**乾隆二四、三、丁酉**）又諭：據阿爾泰奏：蘭、郯等縣徵存麥石運赴臨清、德州一帶糶賣等因一摺，所辦甚屬妥協。現在京師麥價稍昂，已令豫省採購數萬石運京。今東省産麥較多，地方價值尚平，自亦可量爲辦運。著傳諭阿爾泰酌看該處情形，如麥石尚屬充裕，即可購撥四五萬石，由水路運至京師，倘因購運稍難或由德州就近陸運至景州、河間一帶，交方觀承委員接收平糶。在近京地方既有此麥石以濟民食，則京城麥價可漸平。該撫其留心酌量，督率屬員，妥協經理，毋勉强從事，轉致於本處民食有妨可耳。將此並諭方觀承知之。（高宗五八三、五）

（**乾隆二四、一二、丁丑朔**）諭軍機大臣等：據楊廷璋奏，浙省動支銀三十六萬兩，委員前赴江楚等處買米。恐買地奸牙市儈，聞浙省官買過多，昂價居奇，有妨彼地民食，是以批令將銀數酌減。但既經撫臣鄭委道員前往，自能體察情形，經管妥協等語。所見甚是。（高宗六〇二、一）

（**乾隆二七、七、丙寅**）諭軍機大臣等：前因京師豆價昂貴，曾經降旨，令於山東、奉天二省各購買五萬石運京備用。豫省亦係産豆之鄉，因該省去歲收成稍歉，是以未令買運。今據胡寶瑔奏，今年入秋以來，早穀登場，糧價平減。該省所産豆石，自必豐裕。著傳諭胡寶瑔，令於各屬産豆州縣購買五萬石，由運河解京。但須酌量地方情形，妥協採買，不必勉强從事。仍一面與倉場侍郎等知會辦理。（高宗六六六、五）

（**乾隆二七、一〇、戊午**）甘肅巡撫常鈞奏：甘省民務力田，不善經營，每秋成後稍有餘糧，即思出糶。非官爲採買，必致囤户居奇。應於糧多價平地方，不拘上下色樣，飭各屬乘時採買。價銀於減糶糧價内，酌量撥發。得旨：如所議行。（高宗六七三、二七）

（**乾隆二八、二、己丑朔**）又諭：近來京師黑豆價值未能平減，而官員兵民，拴餧牲畜，需用甚多，雖現在倉儲足敷支放，而平糶一項，多多益善。著豫、東二省於産豆豐收處所，每省購買五萬石，照依從前運送麥豆之例，即速委員由水路運通，以備平糶，仍一面先行奏聞。新任河南巡撫葉存仁尚未到任，即著護撫輔德，速行妥協辦理。可將此傳諭阿爾泰、輔德知之。（高宗六八〇、一）

（**乾隆三五、四、丙辰**）諭軍機大臣等：……向來京師需用麥石，多藉豫東二省商販轉輸接濟。今年豫省河北一帶，得雨未能霑足，將來麥收歉薄，未必能復供近京之用，自應先事豫籌，以資調劑。著傳諭富明安，令其酌量情形，如該省以麥抵穀處所，或有寬餘，可以通融協撥。或新麥上場價賤，即就與水次相近地方，勳項採買。約運送二十三萬石至京，以備平糶應用，庶市價不致增長，於京畿民食有裨。儻該省麥收後，價本未平，一時官爲採買，致本地麥價驟增，閭閻轉有不便，則亦不必勉強從事。但飭令麥收豐稔各屬聽商民販運北來，源源接濟，於公私亦均有益。該撫務悉心妥協經理，仍將如何籌辦之處，即據實覆奏。（高宗八五六、一四）

（乾隆三五、六、甲午）諭軍機大臣等：據宮兆麟奏，黔省上年秋收，今春麥收，俱未豐稔。現在正需平糶，常平倉米不敷。請於黔省附近之四川省辦米六萬石，湖南省辦米十二萬石，廣西省辦米二萬石，於平糶價內，按數撥還三省歸款等語。所奏實爲酌濟倉儲起見。四川等省係產米之鄉，節氣較早，目下新米當已上市，且均有水路，轉輸尚易。各該督撫，自不應稍存畛域之見。著傳諭阿爾泰、德福、陳輝祖，即行按數悉心籌辦，一面購備，一面奏聞。（高宗八六三、一二）

（乾隆三六、四、庚辰）諭軍機大臣等：去歲因直省麥收歉薄，曾諭令富明安，於東省購辦麥二十餘萬石，運京平糶。至今市價不致過昂，深藉調劑之力。今年近畿地方春間未得透雨，現在麥田待澤甚殷，即能偏沃甘膏，亦恐收成分數減少。昨巡幸山左，春霖甚爲優渥，蹕路所經，目覩高下麥朘，一律芃茂，來年豐稔可期。業已諭令富明安、周元理，將利津、海豐等縣仍弛海禁，聽商販運麥赴津，以資接濟。第麥石載至天津，不能禁各處之搬運糶買，則到京入市者，仍屬無多。莫若仍照上年之例，將東麥購辦運京官糶，庶市價得以常平。但東省現在麥未收割，當此青黃不接之時，若豫聞官爲收買，市儈即不免擡價居奇。著傳諭周元理，俟新麥登場後，價值平減，於附近水次地方，酌量購買，運送通州，轉運入都。不必如上年石數之多，至以低麥攙和，致難存貯。周元理到任後，即密爲籌辦，並約計該省麥收分數，及作何妥辦之處，先行奏聞。設此際得雨，麥收不致成歉，亦即有旨停辦。此不過先事綢繆之意也。（高宗八八二、一七）

（乾隆三六、五、辛丑朔）又諭：今歲近畿地方，春夏以來，未得透雨，麥收未免歉薄。去歲曾令富明安於東省購辦麥二十餘萬石，運京平糶，至今市值不致過昂，調劑實爲得力。昨已傳諭周元理，於該省酌辦麥石運京，以資接濟。豫省地方，亦與京師毗近，去年因該省河北各府二麥歉收，是以未令一體購辦。現據永德具奏，該省九府四州，所屬麥收分數，合計七分有餘。若與東省兩處通融購運，承辦既易爲力，而於備糶，尤屬有裨。著傳諭何煟，俟新麥入市後，就該屬收成分數較優者，酌量購買，約以十萬石爲率，運至通州，轉送入都，以備平糶。並諭該撫悉心飭屬妥辦，務使採買不致拮据，而本處市價不致增長。仍將按照各屬情形，作何籌畫辦理之處，先行據實奏聞。尋奏：臣於麥收較優之彰德、衛輝、懷慶三府，買麥六萬石；於開封、歸德、河南、陳州四府屬，買麥四萬石。五月內均齊衛輝水次，六月初旬，分爲三運，依次抵通。現在市價並不致增昂。得旨：嘉獎。(高宗八八四、四)

（乾隆三六、五、甲辰）諭軍機大臣等：據周元理奏，籌辦採買運京麥石一摺，內稱東省堪以多辦若干，即京畿多得若干接濟等語，所見甚是，已於摺內批示。昨因豫省奏報麥收分數，合計七分有餘，該省亦與京師毗近，若與東省兩處通融購辦，調劑更爲得力。已傳諭何煟，令就分數較優地方，酌買十萬石運京平糶。則現在東省籌畫採買，較之去年所辦，可減一半，約以十二萬石爲率，儘足敷接濟之用。但去年東省辦到麥石內，間有潮濕未淨之麥，不耐久貯者，於發糶殊無裨益。此次所辦數目既少，務須一律乾圓飽綻，毋致成色參差。著傳諭周元理，督飭所屬，善爲經理，以期實際，並無使本地麥價因而轉昂。仍將所辦情形，具摺奏聞。尋奏：東省雨澤調勻，糧價平減，已飭濱臨運河各州縣，照市價採買十二萬石，務選乾圓飽綻之麥，俟買足時，分次運通。沿途嚴加防範，以杜偸賣攙和等弊。得旨：嘉獎。(高宗八八四、一〇)

（乾隆三六、五、戊辰）諭軍機大臣等：昨據周元理奏，已於東昌、兗州、泰安三府收買麥三萬餘石，月底即可開運。今日據何煟奏，現今麥收較優，各府酌定數目，派買麥石，六月初即可裝載起程各等語。前因近畿春夏雨少，恐二麥歉收，因諭令豫東二省購麥運京平糶，以濟民食。今京畿一帶，麥已登場，雖分數稍減，而價值並未增昂，不致急需接濟。與其官爲辦運，又不若聽民多多販載之爲便也。著傳諭周元理、何煟，如已買麥石無多，即就買得者運京，其餘無庸購辦；若已全數買得，止須將一半運京，餘存該省酌量備用。將此速行傳諭知之。(高宗八八五、二二)

（乾隆三九、五、丁卯）諭軍機大臣等：今歲春夏以來，近畿雨澤，未能霑足，麥收分數少減。雖現在麥價並未加增，難保其向後不稍昂貴，自應及早豫籌，俾民食不致拮据。第近京省分，山東亦甚缺雨，二麥收成有限，惟河南麥熟較豐，或可稍爲接濟。著傳諭何煟，查明所屬麥價最平，輓運較便之州縣，酌買麥一二十萬石，貯備候旨，撥濟京城之用。但官買糧石，辦理稍有未善，轉易致市價騰踊，不可不留心調劑。何煟籌辦此事，務須密飭各屬，不動聲色，於貯備有資，而市糶無擾，方爲妥善。如恐官買之後，市價即不能復平，則又莫若勸諭通商，令販舶源源北來，則京城食麥足供，自

可不致增價。何煟其悉心妥辦，仍將酌辦情形，先行奏聞。（高宗九五八、二七）

（乾隆三九、六、壬辰）諭：據何煟奏到，現在設法購麥，俟買足二十萬石，奏請撥用等語，已於摺内批示。前因春夏以來，近畿雨澤，未能霑足，麥收稍減分數。恐向後市價漸增，民食不無拮据，降旨何煟，令其在豫省購麥一二十萬石，豫備撥濟。嗣於五月下旬，畿輔甘霖疊沛，可以轉歉爲豐，即經傳諭該督，令其酌量情形，採買十餘萬石，以敷接濟。計何煟拜發此摺時，尚未接奉前旨。現今直隸各屬雨水優霑，晚田俱一律補種，仍可盼望有秋。況前據周元理奏報，二麥收成大約在七分左右，與每歲不甚相懸，尚是敷閭閻日用。即稍不充裕，亦有外來麥石，可供售糶，無藉官爲接濟。著傳諭何煟，所奏發價購買麥石之處，如已購得若干，或十萬、或數萬，俱運貯水次。奏聞，聽候撥用。設或全未購辦，亦即飭令停止，不可因朕前旨，稍涉拘泥。即豫省麥多價賤，商販自能源源載運流通，仍於京畿民食有益。將此諭令何煟知之。仍著將現辦情形，即行覆奏。尋奏：臣密籌購辦麥十二萬石，現飭運赴衛輝水次兑收，暫貯漕倉，約六月二十五日内，可全數運齊。報聞。（高宗九六〇、一四）

（乾隆四三、四、甲午）又諭：本年河南省因春雨短少，恐麥收不無歉薄，業經疊降恩旨，倍加撫卹。因思直隸、山東兩省，春膏亦未深透，未必能接濟河南。而陝西省昨據畢沅奏稱，自二月至三月，屢得透雨，遠近普霑，是該處麥收自必豐稔。陝西與河南接壤，且有黄河一水可通，若令陝省採買麥石運赴河南，以濟民食，則市糧即可充裕。且該省殷實之户，自不致囤積居奇，勢必爭先出糶，豫省市價，自可漸平。此事著交畢沅、鄭大進，彼此會商妥辦。如果能以陝省之有餘，補河南之不足，於民間生計大有裨益。將此由四百里傳諭畢沅等知之。并將如何會辦情形，一面辦理，一面迅速覆奏。（高宗一〇五四、八）

（乾隆四九、四、癸卯）諭軍機大臣等：向來京師需用麥石，俱藉豫東二省接濟。本年春夏之間，該二省得雨稍遲，麥收較薄，未必更有寬餘，以資商販糴運。直隸大名一帶，亦因雨澤愆期，現在雖得透雨，大田足資長發，而於二麥已覺稍遲，收成亦未免歉薄。將來麥石入市稀少，價值或致昂貴，於民食攸關，不可不設法調劑。聞永平迤東至奉天各屬，雨水調匀，麥收自必豐稔。著傳諭永瑋等，酌量情形，或可採辦二十萬上下之數，或十萬石，陸續運京，豫備平糶，以資接濟。庶市價平減，而民食寬裕，甚爲有益。倘該處所收麥石，止敷本地需用，不能寬餘，以供撥運。該將軍等亦即

據實具奏，不必因有此旨，稍存遷就也。(高宗一二〇五、六)

（**乾隆四九、七、己巳**）諭軍機大臣等：前因奉天本年雨水調勻，麥收豐稔，傳諭永瑋等，酌量採辦，陸續運京，豫備平糶。昨據劉峩奏，奉天初次採買麥三萬石，分爲兩起押運，第一起麥一萬四千四百石，於七月初九日齊抵天津，現飭催趲抵通，交倉場侍郎轉運進京等語。奉天採買之麥，第一起既運解抵通，日内諒已運至京城。其第二起自即陸續可到。此項麥三萬石，著傳諭留京王大臣，即會同順天府，開廠平糶，並派委妥員實力嚴密稽查。務俾民間零星分糶，庶市價日臻平減，勿任市儈暗中攬買，囤積居奇，致奸商壟斷漁利，而百姓仍不能得有賤食。辦理方爲妥善。(高宗一二一一、一)

（**乾隆五〇、四、辛巳**）又諭：據永瑋等奏，遵旨採買黑豆三萬石，由海口押運天津等語。此次奉天采運黑豆，所有應用船隻，及到津後一切接運事宜，著劉峩即行照例豫辦。(高宗一二二八、六)

（**乾隆五〇、九、癸亥**）浙江巡撫福崧奏，杭、嘉、湖三屬本年收成歉薄。請借鹽庫銀十五萬兩，派員赴川採買，以備明歲二三月平糶。得旨：允行。(高宗一二三九、四)

（**乾隆五一、四、辛丑**）湖廣總督，署湖北巡撫特成額奏：前買川米四萬五千石，將次抵楚。查武昌、漢陽二府，地連省會，户口殷繁，各撥米一萬二千石。荆州係滿營駐劄，上年撥運南米，現將糶竣，今撥一萬石。黃州、襄陽二郡尚可少減，共撥一萬一千石。均查明市價，酌減出糶。再查採運川米，先過荆州，所有撥荆米石，於過境時，即令量收。其襄陽米石，亦令就近往運，免致稽遲。至黃州一郡，即在省城下游，可期迅速糶濟。得旨：嘉獎。(高宗一二五三、二〇)

（**乾隆五二、三、辛卯**）[長麟]尋奏：東省望雨甚殷，臣抵任後，即設壇祈禱，無如久晴之後，地土乾燥，大田仍多未種。嗣於十七、八、二十等日得雨，不成分寸。臣恐糧價增長，商販居奇，商同藩司將各屬存庫穀價銀兩，派員赴江南、河南一帶收買雜糧，以備接濟。得旨：覽奏俱悉。京師亦如之，甚爲慚悶。(高宗一二七七、一八)

（**乾隆五三、七、戊寅**）河南巡撫畢沅奏：河北彰德、懷慶、衛輝三府，先因未得透雨，遵旨採買河南麥十萬石協濟，計共運過四萬餘石，設廠平糶。旋於六月初旬得雨深透，私糶爭先，糧價大平，應將官糶停止。其未運之麥，查歸德各屬連年賑濟，倉儲尚缺，請即以此項撥補。得旨：好，知道了。(高宗一三〇九、九)

（**乾隆五九、一一、癸丑**）山東巡撫畢沅奏：現由東昌赴濟寧一帶，查看運河挑工。批：此番可謂用力矣。又奏：運河道羅焕向知其曉暢河務，並可面詢事宜，以裨公務。得旨：有此人，運河省朕勞心也。告彼勉為之。又奏：請於藩庫內借銀十萬兩，委員糴買米穀，俟春融運至附近災區，豫備平糶。得旨：好，妥實為之。(高宗一四六五、二二)

（**嘉慶一、一、丙子**）又諭：玉德奏東省糧價平減，採買穀數已足，復發銀增買一摺。所辦非是。採買最易滋弊，即遇倉庫缺短，亦應酌量情形，陸續採買，不致有妨民食。山東地方連年秋成，本未一律豐登，惟上年收成較稔，未必即至穀賤傷農，玉德即欲買補倉穀，亦祗須按照額數量為採辦。乃於各屬如數買足之外，復行增買，必致民間糧石漸形短絀，價轉騰貴。是未必實於倉儲有益，而小民先受其累。看來竟係該撫聽信屬員之言，率於額外添買，以為藉端勒派侵肥地步，而於民食有妨之處，竟未計及。著傳諭玉德，除現在應行買補缺穀業已足額外，其餘加買者不必辦理，以期民食無礙。至此等弊端，各省皆所不免，著通諭各督撫一體遵照，務須酌量情形，妥為籌辦，毋任地方官藉詞買補，致有侵肥勒派等事。(仁宗一、三一)

（**嘉慶六、七、辛丑**）諭軍機大臣等：本年直隸各州縣地方被災較廣，現在加恩賑卹。將來青黃不接之時，糧價自必昂貴，亟應先為籌撥，以資調劑。山東、河南二省，附近京畿，收成尚好。東省惟臨清等處，豫省惟內黃地方，稍有被水之處，均屬一隅中之一隅，其餘各屬秋收多係豐稔。著傳諭惠齡、顏檢於豐收價賤處所，酌量採辦小米麥石，由水路運至直省，以備來年平糶之用。並將該省能採辦若干之處，由驛具奏，以慰廑注。尋經惠齡、顏檢先後奏覆，山東採辦米麥十萬石，河南採辦小米五萬石。又惠齡奏，於查災時，見沿河商船多係裝載糧石，赴直販賣。因念直省多得一船糧食，即多受一船接濟，復恐閘壩各處，稍事留難，當即出示曉諭，嚴禁攔阻。均報可。(仁宗八五、二七)

（**嘉慶六、八、庚申**）諭軍機大臣等：本年直隸被災州縣較多，節經發帑截漕，開放大賑，民食自不至缺乏。但念來春青黃不接之時，米價昂貴，必須豫籌採買米石，以備平糶之用。今奉天通省豐收，糧價甚賤，自應就近採辦轉運，以資接濟。著傳諭陳大文，即查明直隸被災各州縣，明春豫備平糶米石，共需若干，迅速奏聞，以便諭令晉昌，即由奉省採買。至如何派員接運之處，並著該督詳悉酌覈具奏。尋奏：覈計直省被災州縣，明春平糶，約需米三十萬石，除已由豫、東二省代買米十五萬石外，請在奉省再採買高粱四五萬石，連米湊足十五萬石，照乾隆四十九年例，由奉天雇船，派員押運到津交收。一切款項，由直隸解還歸款。從之。(仁宗八六、二○)

（嘉慶一九、八、甲子）以安徽合肥等四十州縣水旱歉收，撥藩庫銀二十萬兩，採買米穀平糶。（仁宗二九四、一九）

4. 招商販運

（康熙三二、二、乙亥朔）諭大學士等：西安米價，尚爾翔貴，户部可招募身家殷實各省富商，給以正項錢糧，並照驗文據，聽其於各省地方購買糧米，運至西安發糶。所得利息，聽商人自取之。如此往來運販，待西安米價得平之日，但收所給原銀，於地方大有裨益。（聖祖一五八、四）

（康熙三二、一〇、乙未）户部議覆：四川陝西總督佛倫疏言，秦省米糧價值近日遞減，請停招商販糶。應行文直省督撫，停其販賣米石，將原撥庫銀照數收取。從之。（聖祖一六〇、二六）

（乾隆四、一一、壬申）［是月］江蘇巡撫張渠奏：户部咨，福建按察使覺羅倫達禮陳奏：閩省產米無多，請弛海禁，行令閩省督撫會同江浙等省確查詳酌。（高宗一〇五、一七）

（乾隆一六、九、辛巳）又諭：山東濟南府等屬，今歲夏秋被水成災，業經加恩賑卹。更念該處被災之後，糧價漸昂。所有各州縣存倉穀石，未必盡皆充裕。其沿海之登、青、萊等府，地屬僻隅，轉粟為難，尤當亟籌接濟，以裕民食。奉天與該處，一水可通。著照乾隆十三年之例，暫弛海禁，令招商前往購糶，運東糶賣。俾濱海窮黎，無虞艱食。其商船出入口岸，仍令該地方官照例給予印票，實力稽查，毋致透漏滋弊。該部遵諭速行。（高宗三九九、三）

（乾隆二〇、一〇、己巳）浙江布政使同德奏：本年杭、嘉、湖等郡歉收米貴，各屬常平倉缺額未補。現飭金、衢、嚴、溫、台等府於所屬購買。杭、嘉、湖三府赴江廣購買。永濟、義鹽二倉存米價銀十萬兩，給商分領，買米運糶。又於溫、台等府撥倉穀十五萬五千石，運貯被災各府備賑。報聞。（高宗四九九、四一）

（乾隆二〇、一二、戊辰）署湖廣總督碩色、湖北巡撫張若震奏：……茲准浙江撫臣周人驥咨稱，浙省歉收，選商赴江漢採買等語。……查乾隆十八年楚北儲備案，存常平加貯穀四十萬石，請將此項穀分飭各屬碾米，運至漢口及田家鎮，委官設局，聽浙省官商買運。得旨：嘉獎。（高宗五〇三、二二）

（乾隆二〇、一二、戊辰）山西巡撫兼管提督恒文奏：接准署陝西撫臣台柱咨稱，榆林府屬歉收，民請往歸化城運米等語。查歸化城本年秋收止六分，難資鄰省買運。現歸化所屬托克托城距榆林甚近，存倉穀十三萬石零，本處借糶無多，酌撥三四萬石，令官商買糶。得旨：如所議行。（高宗五〇三、二三）

（乾隆四三、二、丁未）兩廣總督楊景素、廣東巡撫李質穎奏：粵東地窄人稠，向藉粵西米糧接濟。上年兩粵收成俱歉，接濟維艱。查湖南、江西係產米之鄉，今招有商民，願赴買運十餘萬石，由臣等給發印照，並咨該二省督撫轉飭地方官，驗照放行。仍諭各商赴米多價平之區，分途告糶。其中急公多運者，酌給花紅扁額鼓勵。得旨：嘉獎。（高宗一〇五一、一）

（乾隆四三、一一、丙辰）閩浙總督楊景素等奏：浙西杭、嘉、湖三府米價稍昂，應酌撥閩省臺灣倉穀，招商運糶。現值北風盛發，臺穀難運，請先於福州、興化、泉州、福寧等府屬，撥谷十萬石，令浙商糴運，仍於臺灣府倉內，撥穀還補。得旨：嘉獎。（高宗一〇七一、四〇）

（乾隆四五、八、壬子）刑部尚書管順天府府尹事胡季堂等奏：通倉貯備運京平糶麥五萬石，前經倉場侍郎書麟等奏，請照歷年發五城糶賣之例，飭交通州知州按依市價出糶在案。臣等查大、宛兩縣現報麥價較通州昂貴，兼以夏秋雨水過多，附近州縣收成歉薄，與其補救於事後，莫如籌度於事前。請將通倉現貯麥石運京，令五城司坊官查明穩實鋪戶認買，先交麥價，由戶部給與執照，聽其自赴通倉支領。並令倉場侍郎委員監放，同在通巡漕御史，嚴查斗級花戶攙易勒索之弊。其各鋪戶在京發賣時，仍令步軍統領、五城御史及臣衙門訪查。如有以貴價出糶漁利者，即嚴拏究治。再各鋪戶前往通倉領買，自需腳費，應照現在市價，酌為平減，以免賠累。報聞。（高宗一一一二、一〇）

（乾隆五〇、八、甲申）又諭：據吳垣奏，湖北省被旱各州縣倉穀，已減價平糶，幷酌借口糧，將來賑濟備糶，在在需用。查四川、江西兩省，向有米船運楚糶販，現廣為招商，飭令地方官給與照票，分往四川、江西採買等語。湖北今年被旱較廣，雖已分別平糶，借給口糧，民情究不免拮据。四川、江西與湖北境壤毗連，且該二省上年秋成豐稔，今年雨澤調勻，豐收在望，自應令湖北商賈前往販運，俾資接濟。著傳諭李世傑、舒常，務須幫同料理。即轉飭產米地方，及關津隘口，遇有湖北商販到境，毋稍留難阻滯。並出示曉諭該省民人，不可因此而遏糶居奇。倘商販前往稍多，市集米糧一時未能應糶，不妨即將常平義倉等穀先行開糶，俾商賈等速運回楚，以濟民食。俟米價平減時，再照數買補還倉。如此辦理，則該二省糧價自不至驟加，而楚省又得源源接濟。該督等即當酌量情形，遵照妥辦。並諭吳垣知

之。(高宗一二三六、二三)

（**乾隆五〇、一二、乙巳**）湖北巡撫吳垣奏：楚北本年旱災，前經川督奏准，碾動倉米十五萬石，豫備商糴。查楚省招商赴川不下百餘人，而買回官米者僅止一名，餘俱向民間販運。川省官米，除撥濟浙省外，尚存四萬餘石，應請委員赴川官買，以備春糶。得旨：如所議行。(高宗一二四五、二一)

（**乾隆五一、一、庚午**）又諭：據何裕城奏，江西省市糧價值稍昂，皆由江楚商民販運過多所致等語，意存穀畛域，殊非封疆大臣之體，業經明降諭旨飭行矣。至摺內所稱，酌糶常平倉穀，以裕民食一節，前據李世傑奏，因商販赴川，即碾動常平倉穀發糶接濟，甚合事宜。今江西省糧價稍昂，該撫酌籌調劑，何不即將常平倉穀，出糶鄰省？所有糶價，即存貯藩庫，以備將來價賤時，買補歸倉。似此一轉移間，則鄰省既得資接濟，而市價亦不致昂貴。何裕城何計不及此耶？著傳諭該撫，嗣后務須遵照妥辦，不得仍存畛域之見。(高宗一二四七、一五)

（**嘉慶七、八、庚申**）諭內閣：給事中蕭芝奏陳時政一摺，內稱：江西受旱十省一府，……請將兩淮鹽義倉穀石碾運江西以資平糶等語，此事可行。……至該給事中稱招致米商入川販運，沿途關隘請蠲船稅一節，此不可行。(仁宗一〇二、二八)

（二）實行平糶的機制

1. 糶糧時間地點機構與經理

（**康熙五五、四、乙巳**）諭領侍衛內大臣等：聞熱河米價甚貴，每石至一兩七錢，扈從人等復行齊集採買，則米價愈加騰貴。官兵每月既得錢糧，若復給口糧，未免重複。但以所給錢糧買米，又恐不敷。著將熱河之倉，及唐三營倉所貯之米發出，設立一廠，每石定價銀一兩，賣與隨駕官兵。令各該管之人查視，不許多買，自無轉賣之弊，而於官兵，亦大有裨益矣。(聖祖二六八、一〇)

（**雍正四、七、甲午**）戶部議覆：御史馮長發條奏，凡州縣平糶，應多設廠所，以便附近居民赴糶，州縣官親臨監糶，毋使窮民有遠陟守候之苦。其有奸商豪戶囤積射利者，訪拏治罪。平糶穀石，每石准銷一二升，以抵耗折，如有攙和灰沙者，指名題參。至借給與民之穀，務令按名面給，秋熟後，按戶繳還。儻吏胥捏名虛領，秋時追欠無著，將捏領之胥役，從重治罪。所欠米穀，於該州縣名下追還，并照失察例治罪。其有官役侵尅者，該

督撫察出題參。應如所請。從之。(世宗四六、四)

（**乾隆二、四、丁丑**）諭總理事務王大臣：朕因直隸、山東雨澤稀少，特降旨平糶，以濟民食，又遣侍衛等前往察勘地方情形。據奏稱，山東州縣，雖有發賣官穀之舉，不過設廠數處，糶買人衆。在本處居民，尚有不能按日買者。至路遠之民，往返維艱，守候終日，曾不得升斗而歸，祇得仍向市集糶米餬口，以此價值不得平減。直隸辦理較山東稍爲妥協等語。夫平糶乃利濟貧民第一要務，俾均霑實惠，如離府縣城郭遥遠之鄉村，亦當設法運至。如腳價無出，或動存公銀兩，或開銷正項錢糧，皆朕所不惜。何至遠鄉之人，艱于奔赴？至於近地居民，不能按日得買，則明係胥吏爲奸、棍徒作弊之所致。該有司如何漫不經心，草率從事？而封疆大吏，有牧民之責者，置民瘼於不問也。此旨到日，該撫悉心查察，選委幹員，實心奉行，毋蹈前轍。直隸所辦雖較勝山東，總督李衛亦當加意料理，毋使一夫失所。朕仍不時遣人查察，倘有疎忽之處，惟該督撫是問。著該督撫將朕此旨，曉諭百姓，務使遠村僻壤，均霑實惠。(高宗四一、一一)

（**乾隆二、七、甲辰**）又諭［總理事務王大臣］：直隸平糶事宜，前據李衛奏明平糶各廠，恐路遠窮民，赴糶艱難，酌量分廠，就近零糶。今阿琳又奏稱，聞得糶米地方，每處僅設立一所，以致人民壅塞，而又有過午不糶等語。其應如何分設米廠糶賣，俾小民無耽延守候之艱，而又不至有壅塞之處，著總督李衛速行妥酌辦理。(高宗四七、一〇)

（**乾隆三、一、壬午**）山東巡撫法敏議奏常平糶賣事宜。查東省平糶倉穀，上年遵旨，動用存公銀兩，買運四鄉適中處所，設廠平糶，俾遠近貧民不致往返守候。並委員嚴密稽查，實無衿役牙囤等戶，捏名報買，及州縣之內丁隨役通同盜賣等情。請嗣後俱遵照辦理，以除積弊。至買補之時，東省亦無照糧派買、及交倉折耗、盤倉供應，皆出之小民各辦。惟發銀富戶，令其交穀運倉，向不能免。查新例，買補穀石，倘遇價貴，通融不敷，准動存公銀兩，是州縣採買，已無賠累之虞。請嗣後嚴飭各屬，務選差妥役及親信家人，於遠近市集購買，自行運倉。得旨：既經詳悉妥議，即如此辦理可也。(高宗六一、一六)

（**乾隆三、二、丁亥**）［大學士會同戶部］又議覆：河南巡撫尹會一奏稱，平糶穀石，不能遍及鄉民，蓋緣運米至鄉，必需腳價無從支給，是以向未議及。應請嗣後平糶，除在城廂設廠外，再於大鄉大集，擇道路適中之地，量州縣之大小，或設二三廠，或設四五廠，運米出糶。腳價照賑穀運鄉之例，准於腳費內報銷。又州縣官事繁廠多，不能兼顧。查在州，則有州同、州判；在縣，則有縣丞、巡檢、教職等官，應派監糶。至買補穀石，或因腳費無出，或因糴價不敷，致有派買勒交等弊。請嗣後採買，無論本境鄰邑，總以穀價平賤地方，如數採買，運費即於羨餘銀內開銷，如無羨餘，准於別邑羨餘銀內撥給。均應如所請。從之。（高宗六二、七）

（**乾隆三、二、甲午**）大學士伯鄂爾泰等議覆：尚書海望等奏稱，五城所設十廠平糶，六居城內，四居城外。請將城內六廠，移於城外關廂，俾城鄉居民，就近糴買。并將八旗兵丁應領之梭米，折銀給發，即以此項米，運廠平糶，每城另派御史一員稽察。應如所請。從之。（高宗六二、一八）

（**乾隆三、二、甲午**）［戶部］又議准：直隸總督李衛條奏，常平倉平糶事宜。一、州縣設廠開糶，向在城中，遠鄉貧民，赴糴維艱。請近城二十里以內居民，仍令赴城平糶外。其在二十里外者，各按地方廣狹，於適中之大鄉鎮，分設廠座，運穀往糶。委教佐各員監看，仍令州縣將糶過穀石價銀數目，據實詳報。一、廠既城鄉分設，近地居民，持門牌赴糴，令本村鄉保在旁識認，如有衿戶、牙戶、囤戶與倉書串捏報買，經鄉保察出，即以販買之米賞給。一、糶竣封倉，例由知府盤查。應嚴飭該管知府，實力查察，如有州縣內丁隨役，通同盜賣等弊，揭參拏究。一、買補倉糧，給銀派納，成色低潮、短發價值，或斗秤以大易小、以重易輕等弊，實爲民累。應令地方大吏，先刊示嚴禁偏諭。如不肖州縣，仍蹈此弊，一經告發，或上司查出，立即參究。一、春糶秋糶，所以酌濟盈虛。惟是年歲豐歉靡常，若秋成穀價過昂，則就鄰近平減之處買補。如鄰近價亦未平，即查明積貯尚多，暫停買補，俟次年酌辦。若倉穀本少，不便虛懸，則訪鄰省價平處，詳請委員採買。其原糶價值不敷，於通省贏餘價內撥補，倘再不足，準將糶價運費腳價在減半餘平銀內酌撥。若歲豐價平，即儘所糶之價買補，如有餘剩，悉令添買，以裕倉儲。從之。（高宗六二、一九）

（**乾隆三、三、乙卯**）又諭：內城新設三廠，著於御前侍衛、乾清門侍衛內，每廠再派一員，前往監糶。（高宗六四、九）

（**乾隆三、三、乙卯**）戶部議覆：御史朱鳳英奏：請於正陽門外東西，復設兩廠平糶。查平糶十廠，六居城內、四居城外，前因鄉民擁擠，奏請將城內六廠移於城外，但城內居民赴城外買米，仍不免擁擠之虞。請於城內再設廠座，則城外各廠得以專濟鄉民。查宣武、崇文門外原有米廠，應復行設立，至永定、德勝二門適中地方，亦復開設一廠。令順天府府尹委員經管，並令都察院每廠派御史一員監糶。得旨：依議速行。（高宗六四、一〇）

（**乾隆三、三、己巳**）又諭：現在八旗復設米局，原議於應行買米之時，動支庫銀收買。目下米價昂貴，旗民糴買，不免拮据，必須及早平糶，方有裨益。朕意欲於每廠給發銀米各半，令其即行開糶，酌量辦理。其應如何給發銀米之處，著大學士議奏。尋議：八旗復設米局，應遵旨每廠給與銀米各半，以資平糶。請比市價稍減糶賣，以平市價。得旨：依議速行。（高宗六五、八）

（乾隆三、四、丁酉）又議覆：大學士管川陝總督查郎阿條奏常平倉平糶六事。一、設廠必於四鄉分方，始免往返守候之患。一、新糶糧石，於本年秋收後買足，其二年以前出糶者，照所缺之數，分限買補。一、鄉封購買糧石，最易滋弊，莫如各州縣查有糧石富餘之家，至市集不能即售者，即於市集未散之時、無人糴買之後，俱照時價收買。一、平糶概用米石，米少之州縣，官爲春碾出糶，其價值亦應隨時消長。一、出借倉糧，例應秋後徵還穀石。但陝省夏禾種麥者多，秋禾種粟穀者少，其願於夏禾收成時，以一麥抵二穀者聽，否則仍於秋後徵還穀石。一、賑濟貴無遺濫。應於編查保甲時，確查極貧、次貧。註明戶口冊籍，臨期查對支放。均應如所請。從之。（高宗六六、一九）

（乾隆三、五、辛巳）兩廣總督鄂彌達、廣東巡撫王謩遵旨議奏：平糶常平倉穀，務使遠近均霑實惠。買糶不過升斗，而守候侵漁之必絕，包攬囤販之必嚴。如省會人煙稠密，則在衝要之東西南北，分設各廠。至於鄉村市鎮，離城窵遠，則將倉穀運至墟市適中之處，酌量戶口之多寡，以定糶穀之數陸續運往。但一邑佐雜無幾，既須在城監糶，勢難兼顧。應飭地方官，於本地衿耆內，擇篤謹有身家者，委之辦理。以本村之人辦本村之事，其於貧富家口之多寡、牙囤之面目，皆所稔知，誠偽易別。行有成效，給扁嘉獎。倘有剋扣斛面、苛取戥頭，即行揭報究治。再各鄉有願將自貯之穀，照官價在本家減糶者，即許州縣官查明數目具報，分別獎勵。若糶至三千石以上者，准予議敘。至平糶之價，不宜頓減，蓋平糶時，市價必貴，若官價與市價懸殊，市儈惟有藏積以待價，豈能抑價以就官？而小民必皆仰資於官穀，倉儲有限，其勢易罄，而商販轉得居奇於其後。應請照市價止減十分之一，以次遞減，期平而止。則舖戶見所減有限，亦必俯就以冀流通。至若秋成買補之時，勒派富戶、短發價值，其擾尤甚。應先期採訪，本邑價平，則買於本邑；鄰封價賤，則買之鄰封；如時價皆貴，停俟下年價平再買。至本地採買，大約民間出糶於市集者，米多穀少，不得不問諸有穀之家，因而按畝給銀、挨家索穀。地方之衿戶、囤戶、牙戶等，邀結官吏，情願預期領銀營運，秋收還倉。於是折扣短發之弊叢生，富戶小民，交受其累。應請於買補時，一面將市價申報，一面照數出示曉諭，委佐貳官，於市鎮公平易買，自運上倉，毋許勒令代送。倘市穀不敷，始向有穀之家，照時價平買。正佐二官，出具並無派累印結，申報上司，密加查訪，如有前弊，即行詳參。再豐歉低昂，自難畫一，然貴糶賤糴，自有盈餘銀兩。該管上司，酌盈劑虛，以此府此縣之有餘，補彼府彼縣之不足，以今歲之有餘，補來歲之不足。通盤計算，自可因時制宜，而地方官更無賠累之苦。得旨：允行。（高宗六九、三三）

（乾隆三、七、戊午）[户部] 又議覆：參領七十六奏請，每旗米局，各給秔米二千石，平價糶賣一摺。查內務府并八旗，共計二十七局，若每局給米二千石，總計五萬四千石，似覺太多，請每局酌給秔米一千石，及時平糶。得旨：依議速行。（高宗七二、九）

（乾隆六、一二、甲辰）諭：國家設立平糶，乃惠濟貧民第一要務。但恐發賣官穀之處，與鄉村相隔遙遠，則小民搬運爲難。是以乾隆二年，因直隸、山東平糶濟民，曾降諭旨，如離府縣城郭路遠鄉村，有司當設法運至。倘脚價無出，或動存公銀兩，或開銷正項錢糧，皆所不惜。今年江浙地方，有被災之州縣，明年麥秋以前，非平糶不能接濟民食。該督撫務飭有司查明道路之遠近，將倉米四路分糶，以就民便。著各該督撫妥協辦理。至於胥役有尅減升斗之弊，家丁有得錢私糶之弊，奸民有冒濫販賣之弊，均當嚴行查察。有一於此，法在必懲，毋得姑縱。（高宗一五六、二七）

（乾隆七、六、丙午）户部議准：御史陳大玠奏稱，減價平糶，原以惠濟貧民，若使奸商蠹役，彼此串通，假作貧民赴官包買，囤積居奇，閭閻仍不得均霑實惠。請行令各該督撫轉飭地方官，務須實力稽查，如有前項情弊，即行嚴拏懲治。從之。（高宗一六九、四）

（乾隆八、五、丁酉）[大學士等] 又議奏：河南按察使王丕烈奏稱，各州縣平糶之先，將某保某甲窮户，查明登簿分單雙日，手執門牌赴糶，即於門牌上註定日期數目，以杜重混。查平糶之法，總在各州縣實力奉行，多方訪察，若徒以保甲分別户口，無論貧富易淆，即使登註明白，而執牌赴糶，按簿發粟，亦難免串通代領之弊，且恐里户胥役等，任意填寫，轉滋弊端。得旨：是。（高宗一九二、二一）

（乾隆一〇、六、乙丑）兵部等部議覆：盛京巡察御史，和其衷條奏四款：……一、奉天常平倉，每遇平糶，輒密令地方富商囤户，一總交銀認買。各處零星設廠，虛應故事。商賈居奇，不惟不能平價，反致時價日昂。請特頒諭旨，嚴行戒飭，以除積習。以上四款，均應如該御史所奏辦理。

(高宗二四三、一五)

　　(乾隆一六、五、甲辰) 諭：前因京師米價稍昂，經朕屢降諭旨，特撥倉米於鄉城分局平糶，以濟民食。但念京城內外，既有八旗及五城平糶米局，又經賞給兵丁甲米，米糧充裕，易於購覓。惟四鄉地方所設米局，僅各一處，其村僻窵遠者，未免往返艱難。當此青黃不接之候，需米孔殷，應照乾隆二年之例，俾四鄉添設廠座，得以就近糶買，更爲有益。并派御前侍衛前往督察，如有奸徒市儈，乘機射利，私販囤積者，著順天府、步軍統領衙門，多派巡役，嚴行查拏，從重治罪。其如何分撥米石、添設米廠之處，著軍機大臣速議具奏。尋奏：四鄉各一廠外，再於適中之地，各添一廠，共爲八廠。每廠撥米一萬二千五百石。仍照前例，每撥一千石內，老米二百石，倉米、稉米各四百石。其監糶應令都察院再揀科道四員，并請派御前侍衛四員，前往督察。得旨：是。其督查之侍衛，着烏爾登、努三、五福、安泰、安沖阿、鄂實、德山、哈清阿去。(高宗三八八、九)

　　(乾隆一六、五、丙辰) 諭軍機大臣等：浙省黃巖、永嘉、太平等縣，因米價昂貴，民人赴縣請糶喧鬧情形，雖由地方官辦理不善所致，但該處地屬黃巖、溫州兩鎮，總兵大員實有彈壓地方之責。乃施廷專等，僅以具摺奏聞了事，不知現在能否悉心彈壓。記在浙時，喀爾吉善曾奏兩鎮總兵，俱遜於高琦、陳鳴夏。朕看來邱策普，從前在總兵中似尚知黽勉，近在黃巖鎮辦理此事何如？施廷專於溫州鎮任內，尚能勝任與否？著傳諭該督喀爾吉善，令其一一據實奏聞。尋奏：溫、台兩府屬縣，於漕米糶完時，然後部署接糶，致黃巖、永嘉等縣民人，求糶喧鬧，實屬辦理不善。至黃巖鎮臣邱策普、溫州鎮臣施廷專，當各縣民情紛擾之時，均已分派員弁巡查彈壓，并親與地方官商酌接運。究其辦理實情，施廷專平日原未見所長，惟此番實竭力會同文員籌畫，并督弁兵彈壓擒拏。即臣有詢問地方情節，亦毫無隱諱，尚屬切實。若事事皆能如此，洵堪勝任無誤。邱策普，臣初見其老幹明白，似在諸鎮之上，自到黃巖後，竟不見整頓。三四月間，黃巖、太平等縣，民情喧鬧滋事。伊雖稟委弁查拏，而太平縣閙縣署一案，當時並無一人拏獲。且知縣劉居敬諱匿不報，守備潘有成通同隱諱。經臣與署撫臣永貴訪查嚴參，始終未接邱策普稟報，實屬有乖職守。再近聞其飲食間，兩手發顫，暈船不能出洋，似難勝海疆重任。得旨：邱策普着來京候旨。黃巖鎮總兵印務，着苗國琮前往署理。俟伊服闋之日，該部請旨實授。(高宗三八九、五)

　　(乾隆一六、五、乙丑) 署浙江巡撫永貴奏：五月十六日，據永嘉縣稟稱，該縣上年被災，今麥復歉收，貧民咸思仰給官倉。因前赴糶官米，俱給米牌，令其赴廠查認。本月初一日，有婦女數百赴縣索牌，該縣赴鄉相驗，隨經該府同營員赴縣慰諭。查其中有民人數名唆使，即行責懲，并將婦女各給小票而散。該縣旋署，一面添廠開糶，一面補給米牌一萬四千餘户。臣查該縣平糶已久，此時何至補給，明係胥保欺矇遺漏。容俟委員查覈到日，核實酌辦。又太平縣稟稱，原撥漕米於三月十八日糶完後，連日扃門考試。適當市集，鄉民赴縣請糶，無知童穉擁擠喧嘩。業於二十四日開倉碾糶。臣因所稟含糊，當即批駁。并飭兩司確查情形，將匿報故縱之地方官，先行嚴參。至前奏黃巖、瑞安、平陽等縣鄉民，混向富戸強借擾取各案，臣委護嘉湖道塔永寧前往，訪出爲首地棍，嚴拏重懲。隨有自行還贓者，亦有赴縣自首者，雖皆無知窮民，要係土棍流丐，從中倡始。每縣均已拏獲數名，分別審究。牙行米舖聞風，每石即減價二三錢不等。并據溫州鎮札稱，漕米均於本月十九、二十等日，陸續運到。現在民情欣躍，地方寧謐，並無效尤滋事之處。報聞。(高宗三八九、二九)

（**乾隆二三、七、丙戌**）諭：京師米價，較上年稍爲昂貴，已特派大臣於五城設廠平糶。但現在距秋收之期尚蚤，商販未至，閭閻米少，舖户或乘此居奇，日漸增長。向來京官俸米，例於八月支放，着提早一月，即於七月開倉支放。俾京城内外，米糧充裕，價值自可平減。該部遵諭速行。(高宗五六六、四)

（**乾隆二七、三、辛亥**）湖北巡撫湯聘奏：楚省常平倉每年於三月望後借糶，今歲遇閏，節候較遲，加賑將竣，現飭於三月初旬開倉。再上年被水州縣，展賑後餘穀無幾，並飭各府倉就近撥運協濟。按該地情形，或糶十分之七，或糶十分之五，不拘存七糶三舊例。又被災州縣中，有經部覆領銀修城，令刻速興修，以工代賑。報聞。(高宗六五七、五)

（**乾隆三五、一〇、乙亥**）軍機大臣等議覆：總理平糶大臣協辦大學士尚書官保等奏稱，各廠虧短麫斛。因東麥較豫麥分量爲輕，每石不敷磨麫一百四十觔，實止一百三十五觔，其磨價每石餘八十文，司坊官即以餘錢彌補虧麫。請嗣後磨麥照現在試準之數，磨價減八十文覈給。應如所奏，令總辦大臣等實力嚴查，倘仍有虧短彌補等弊，即行參奏。又稱各廠小秤較重，零星出糶，致有虧缺，請以十六兩爲率，交工部造給大小準秤。亦應如所奏。每廠各給庫秤一、十六兩小秤四，倘司坊官藉換秤之故，格外短少，即行參處。又稱，此次改定秤觔。其庫法贏餘之麫，請將一半歸公，一半留補分秤耗麫。俱應如所奏辦理。又稱，各廠增添磨具騾頭，請於現賣錢文内，每廠酌借數百千文，應令確覈各廠情形，定數借給，即於磨價内陸續扣還。從

之。(高宗八七〇、七)

(**乾隆四一、四、庚午**) 貴州巡撫裴宗錫奏：黔省向照夏收册報，詳糶開倉多在五六月間，並非青黃不接之時。近年開糶，每致無人赴糶。民既食貴於先，倉復陳因於後。請嗣後照各省通例，於青黃不接時開糶。從之。(高宗一〇〇七、三四)

(**嘉慶二、四、甲辰**) 諭軍機大臣等：費淳奏酌請平糶一摺。向來平糶之弊，非藉此彌補虧缺穀石，即於買補時減價勒買歸倉，是以利民之事，轉致病民。平糶一事，不宜輕議辦理。若實在民間，米價有長，又不可拘此，當即平糶，俾民受實惠也。將此傳諭知之。(仁宗一七、四)

2. 糶糧品色、數量與價格

(**雍正一、一、丁未**) 戶部議覆：直隸巡撫趙之垣，題請領賣通倉變色米石。應如所請。得旨：此係朕親自辦理之事。皇考因直隸各州縣，有米穀短少之處，將通倉變色米石，糶賣於民，甚屬有益，並非勒令每處糶賣若干也。今趙之垣請於二百里內附近水次之州縣，派定數目糶賣，而戶部照議准行，俱屬錯謬。此項變色米石，只宜於米穀短少之州縣，然使領運繁難，便爲無益，即應停止。儻民間實因米穀短少，情願赴通糴買，自行運回，則聽其買去可也。(世宗三、五一)

(**雍正一三、一二、丁丑**) 戶部議覆：內閣學士方苞疏稱，穀價低昂，早晚無定，請嗣後發糶常平倉穀，遇價值偶貴，令州縣酌定賣價，一面開糶，一面詳報。應如所奏，俾窮民均霑實惠。又南方地氣卑濕，存倉之穀，三年不變，歲存其半，兩年不變，糶七存三，一年即有霉爛，則春糶而秋糴之。應令各督撫，詳按該省風土，并最卑濕各地方作何存糶之處，妥議具題。又州縣秋成買補，或遇穀價騰貴，即將所糶價銀，解交府庫，俟次年有收，照數買補。應如所奏，并令於鄰近州縣購買。又稱，或遇秋糶價賤，除折耗及腳價等費外，贏餘較多，即別貯一倉，以備歉歲之用。亦應如所請。至所稱照贏餘穀數，量加紀錄加級之處，恐州縣希圖議敘，有尅扣浮收諸弊，應無庸議。從之。(高宗八、二二)

(**乾隆一、一、乙卯**) 署兵部侍郎王士俊疏稱：州縣存倉穀石，如遇歲歉，即照時價酌減出糶，以濟民食。其買補價值，照各地價足數給發。所糶穀價，即於各府道庫，就近解貯，不必悉提司庫，以歸省便。交代倉糧，如前任未及買還，價值現有庫貯，即令新任代買，至舊存穀石，每石驗舂五斗，即應收受。下部議行。(高宗一一、一三)

（乾隆二、七、己亥）戶部議覆：大學士管浙江總督嵇曾筠疏議平糶事宜。一、請各州縣於城鄉分廠。大縣酌設八廠、中縣六廠、小縣四廠，城中設廠一二，餘俱於四鄉適中之地，擇寬大寺院設立，委員監糶。查城鄉分廠，事屬便民，委員監糶，又可杜弊。應如所議辦理。其監糶各官，務令妥派，毋滋擾累。一、請米穀兼糶。貧民炊釜以待，所買係零星升斗，若概行糶穀，礱碾費事，且遠鄉背負爲難。請米穀兼放，以糠粞抵給礱工等語。查常平積貯，向以本色穀出糶，今浙省請以存穀礱米，既於倉貯無虧，於民糶亦便，應如所議辦理。令州縣詳定減價，委員驗明米色，派數分運各廠。水腳等費，准於盈餘項內開銷，不得派擾民夫挑運，違者參究。一、請糶價責成知府查報，豫杜州縣開價、以多報少、希冀侵漁等弊。查穀價長落隨時，防弊宜於先事。應如所議，令該管知府於每年二月初旬，確訪各屬米穀時價，核定平色斗斛、銀錢數目報司。各該州縣亦將時價同應減數目，並設廠處所、開糶日期，詳司核對，酌定價值，飭令開糶。委員住廠較驗，照價發糶，銀錢兼收，印官不時稽查，道府親身督察，仍五日通報一次，如有糶多報少，察出參處。一、請發糶分別先後。小民赴糶，每人酌以二斗爲率，先婦女、次老幼、次丁壯男子，每日給票發米，先後挨輪。併嚴禁地棍奸牙包攬囤販等弊。查平糶以濟民乏，豈容有恃強爭先、棍徒射利等事。應如所議，飭各州縣豫行申禁。屆期挨輪發糶，毋使擁擠不前，致令老弱守候。如有牙棍包販，嚴拏治罪。廠役斛手人等，扣尅攙和、揹勒票錢、舞弊廷擱者，即行枷示，該管各官徇從者，參處。一、請採買倉穀，宜分本地外縣。浙省杭、嘉、湖、寧、紹等屬，向赴鄰省、鄰縣採買，應令每年於八月內赴府領價。其前赴何處買穀處所，具文通報，以便移查核銷。金、台、衢、嚴、溫處等屬，向係在本地採買，應令該府於秋收時，確訪新穀時價報司。該州縣亦於八月赴府領價採買，委佐雜一員監收。應如所請，核實辦理，如有派累等弊，即行參究。一、請定限申送倉收。春間出糶，秋成買補，定例照然。乃各府屬往往買補愆期，年底尚無倉收申送，既不敷來歲出糶，倉儲空缺，亦且緩急無資。應酌定限期，務於本年十一月內買足，出具倉收申送等語。應如所請飭辦，於十一月內買足，出具倉收。併令該管知府，年底親往盤查結報。逾限不買補者，揭參議處，徇庇捏飾者，一併參處。從之。（高宗四六、一九）

（乾隆二、八、乙酉）直隸總督李衛奏覆減價平糶事。前於天津北倉，奉旨截留漕米五十萬石，原爲備賑之用，此次平糶後，仍須採買補足。若減價太賤，則於原數短少。應照各處原糶米石之價量減，以每石千文爲度。比於豐年米價，已屬大爲平減。現在秋成不遠，價值自必日平，如赴糶者少，請暫爲停止，俟冬春米少價昂之時，再行請旨平糶。其分設各廠，務在就近便民，以及收放稽查，業與侍衛新住等加意料理，因地制宜，不使百姓有守候壅塞之患。得旨：知道了。著照卿等所議行。務期災黎均受實惠，方愜朕懷。（高宗四九、一五）

（**乾隆五、六、戊戌**）［署四川巡撫布政使方顯］又奏：成都米價稍昂，請照存七糶三之例，將倉米發廠，減價糶賣。又嚴禁商民囤積。並飛飭各屬遵照辦理。得旨：所見甚是，所辦甚妥。（高宗一一九、三一）

（**乾隆六、三、甲午**）安徽巡撫陳大受奏：倉穀平糶，州縣多厭繁瑣，不顧市價低昂，但以照例糶三爲事，尅期出售，致米價頓減，客商聞風裏足，轉無接濟。又有畏懼買補，捏以價平毋庸出糶爲詞者。現飭令開糶後，價平即止，價昂復糶。併令道府密查，嚴禁囤戶、書役、劣衿、地棍把持影射之弊。得旨：所奏俱悉。如此因時制宜，悉心辦理，甚佳。（高宗一三九、三三）

（**乾隆七、六、戊申**）訓飭地方官實心經理平糶。諭：各省地方，每遇歉收，米價昂貴。國家動發倉儲，減價平糶，乃養民之切務。然有司經理不善，即滋弊端。是以乾隆四年，張渠奏請減價糶穀，於成熟之年，每石照市價減五分，於米貴之年，每石照市價減一錢。蓋欲杜奸民賤糶貴糴、囤積網利之弊也。朕思尋常出陳易新之際，自應照此例行，若遇荒歉之歲，穀價高昂，非減價一錢可以濟貧民之困者。是以本年二月間，特降諭旨，令該督撫等於地方歉收平糶之時，酌量情形，應減若干之處豫行奏聞請旨。今朕再四思維，地方當饑饉之時，黎民乏食，朝廷百計區畫，方且開倉發粟，急圖救濟，一賑再賑以安全之。豈有於平糶一節，豫防奸民之賤糶貴糴，不爲多減價值，而使嗷嗷待哺之窮民，仍復艱於餬口乎？況赴倉糶買官米，與赴店糶買市米，其難易判然，又可歷數。銀色有高低之不等，戥頭有輕重之不同，道里有遠近之各殊，守候有久暫之莫定，此在平時且然，何況年荒乏米之日？若官價照市價略爲減少，則所差幾何，是國家徒有平糶之恩，而閭閻未受平糶之益也。朕痌瘝在抱，言念及此，再行明白宣諭，凡各省大小官員，皆朕設立以牧養斯民者，倘於此等要緊政事，視爲具文，苟且塞責，則罪不可逭。嗣後務將該地方實在情形，必須減價若干，方於百姓有益之處，確切奏聞請旨。至於奸民當歉收之年，圖利囤積，將官穀賤糶貴糴，則惟在州縣官嚴行查拏。倘或疎漏隱匿，該督撫即刻嚴參，從重治罪。是亦並行不悖也。（高宗一六九、七）

（乾隆七、六、辛亥）又諭：各省常平倉穀，原以備民間緩急之需。舊例存七糶三者，乃出陳易新，以防霉變，指尋常無事時而言也。若遇地方米少價貴之時，則當多糶以濟民食，毋得拘泥成例。從前已屢經降旨，本年二月間，又復申諭各督撫等矣。今許容奏稱，目今青黃不接，糧價增長，各州縣詳報市米稀少，平糶倉穀，已符額數等語。此言甚屬不經。是湖南有司，並示領會朕旨也。國家儲蓄倉糧，專爲接濟百姓而設，若民間米谷充裕，即三七之數，亦可不需。如粟少價昂，則安得以存七糶三，目爲額數。今許容所轄一省，如此錯誤，或他省有似此者，亦未可定。可即通行傳諭知之。（高宗一六九、一三）

（乾隆一二、一一、甲午）大學士等議覆：兩淮鹽政吉慶奏稱，兩淮鹽場猝被潮災，米價昂貴，請將鹽義倉穀，減價平糶等語。查平糶倉穀，若減價太少，易滋弊竇。今兩淮米價，自一兩七八錢至二兩，應令該鹽政，將平糶米價，每石總以酌減三錢爲率，不得過少。至所奏，本年例無加賑場分，於今冬平糶，現在加賑者，俟賑畢再行出糶。應如所請。得旨：依議速行。（高宗三〇二、一二）

（乾隆一三、一、己酉）户部議准：四川巡撫紀山奏稱，松潘地處苦寒，鮮産稻穀，其食米全賴成都府屬之灌縣、龍安府屬之江油、彰明三縣商販。米價苦昂，每倉石二兩四錢，若止減價一錢平糶，兵民買食仍艱，請酌減二錢。從之。（高宗三〇七、一七）

（乾隆一六、三、丙寅）諭軍機大臣等：據黑龍江將軍富爾丹等奏稱，去歲吉林地方，雨水過多，河水漲溢，衝損田苗，米價昂貴，每一大石，價至九兩之多。如青黃不接時，米價再長，窮民更覺艱難。請將黑龍江所屬呼蘭地方倉貯米石，撥倉斛一萬石，由水路運至吉林，令彼處旗人照齊齊哈爾地方所定官價，倉斛三石五斗四升，糶價銀一兩二錢等語。此奏雖屬留心公事，但所奏倉斛三石五斗四升，糶價銀一兩二錢，較一大石之數，足與不足，摺内並未聲明。如一大石與倉斛三石五斗四升之數相等，則吉林地方，現已賣銀九兩，而倉斛三石五斗四升，只作價一兩二錢，減價過多，恐不肖之徒，從中取利，賤買貴賣，反于窮民無益。夫平價一事，當視現在價值，以漸平減，如一徑減價太過，則多寡懸殊，反生弊端。但富爾丹等，既稱現在吉林米價昂貴，若俟查明請旨，再行辦理，現當青黃不接之時，與窮民無益。可寄信與富爾丹、卓鼐等，會同商酌，惟期有益。一面辦理，一面奏聞。（高宗三八五、二二）

（乾隆一六、五、甲辰）又諭：八旗兵丁餧養駝馬，需用黑豆，甚關緊

要。現今市價昂貴。著將倉貯黑豆撥發八萬石,交與八旗減價平糶,以平市價。該部遵諭速行。(高宗三八八、一〇)

(**乾隆一六、閏五、癸酉**)大學士等議覆:黑龍江將軍傅爾丹奏稱,船廠上年被災糧貴,請將呼蘭買貯糧內,撥一萬石,水運至船廠,按時價稍減糶賣。查前任船廠將軍卓鼐,奏請發船廠倉糧五千石,照時價酌減,每倉石八錢糶賣。今呼蘭撥運一萬石,除歸還船廠五千石外,該將軍等請照黑龍江所定每倉石四錢糶賣。但所撥糧雖係豐年收買,以四錢出糶,較原價固增,而視船廠時值每石一兩二錢,已減三分之二。現在若照八錢,未免少昂,四錢又似太賤。臣等酌議,前項運到糧,交八旗協領佐領等,均分賣給旗人,自與市集糶賣者有間,應照時價折中,每倉石以六錢糶賣。至應用運船三十隻,令上緊趕辦,派員分三次撥運,工價事竣報銷。得旨:依議速行。(高宗三九〇、一四)

(**乾隆二一、三、戊寅**)江蘇巡撫莊有恭奏:遵旨將江廣米開糶,照例分別災熟,酌減時價,而災屬中再覈情形重輕,以定減價多寡,自五分至一錢、二錢不等。委員監糶,每戶多不過一斗,防奸牙囤積漁利。報聞。(高宗五〇八、二一)

(**乾隆二三、二、丙戌**)署湖北巡撫莊有恭奏:湖北上年代湖南辦運豫米,動碾倉穀,已據該省將截漕米石,陸續運抵,請及時照市價每石減五分平糶。秋後買穀歸款,農民願借者,令以一米二穀,秋成時,免息還倉。四川運到楚米五萬石,亦照此例辦理。得旨:如所議行。(高宗五五七、三九)

(**乾隆二四、五、癸未**)又諭[軍機大臣等]:據胡寶瑔奏稱,准方觀承咨,酌留天津等處麥石,令將豫省麥價運費查明知會,再將直省運腳,覈定成本,酌減出糶等語。方觀承所辦非是。平糶糧石,原以接濟民食,自應就發糶地方市價,量為酌減,不致奸商買囤。如市價與官價減至相等,則官價又可酌減,以次使市價平至如常而止。未可於採買撥運之處,覈算成本腳費,以定減糶價值。若如此拘牽辦理,無論由各府州縣運至水次,水陸遠近不齊,腳價定非一律,且使採買糧石於價值平賤之處,即以此賤價為減糶之準,則或於市價貴賤大相懸殊,勢必至囤戶奸牙,舞法牟利,紛紛爭買以為將來居奇之地,則官難為繼,於民食毫無裨益。若必計較成本,不令虧折,則各省漕糧運費,每石覈計六七兩不等,此時撥運出糶,亦可與市價相較量耶。總之現在酌留豫麥二萬石,分撥天津等處充糶,祇宜就各該地方時價酌減,俾民間買食寬裕,不致拮据,毋使市儈藉以囤積。此乃平糶本意,正不必以成本運腳,鰓鰓過計,轉於便民裕食之道致有拘礙也。可將此傳諭知

之。（高宗五八六、六）

（**乾隆二八、三、戊辰**）军机大臣等議准：吉林將軍恒禄奏稱，吉林税務同知一人不能兼顧，請派員協查。拉林、阿勒楚喀二處倉貯額穀，積久易敗，除敷各項支放外，請減價出糶，價銀報部存庫。並請青黃不接之候，按時價每石減銀一錢，賣給官兵閑散滿洲，秋收納還。拉林已停發遣人犯，庫貯穀價並無開銷，亦應將庫存及遣犯繳銀，歸還原款。從之。（高宗六八二、一六）

（**乾隆三七、一二、丙寅**）諭軍機大臣等：本日户部奏駁，貴州省乾隆三十五年分各屬糶賣倉糧，有較夏收册報中米時價，減至一兩五六錢者，又有較市價增長錢餘者。恐地方官任意濫減，故行略爲增價，掩飾人之耳目。請交彰寶會同圖思德，將實在情節徹底清查，據實覆奏一摺。所駁甚是，已依議行矣。平糶倉糧，遇歉收之年，應大行減價者，將必須減價若干之處，確切奏聞請旨。前降旨甚明，原欲使閭閻民食貴賤斟酌合宜，而地方有司，亦不至借端滋弊。今該省於三十五年分，糶賣倉穀，即未將所減實數專摺奏明，遽將每石減至一兩五六錢之多，其間吏胥等顯有任意減縮，希圖中飽情弊。況平糶從無反行增價之理，何以該省此次又有較市價增多者？辦理更屬歧舛。即原咨所稱，劃平造報，勢難畫一增減，其數亦不應多寡懸殊若此。必係地方官既經混報於前，及經部駁查，遂復借詳糶先後之説，巧爲支飾。該撫即應切實駁查，何得尚稱糶價總歸覈實，率行聲覆。著傳諭圖思德，即照部議緣由，自行奏覆，不得再涉含糊，自干咎戾。（高宗九二二、一一）

（**乾隆四四、一〇、己巳**）諭曰：户部議駁，雲南省乾隆四十一、二兩年平糶溢額兵米，及四十三年平糶常平，並溢額兵米各案，並不遵照定例辦理，其多減價銀，統在承辦各員名下著追等語。此案屢經户部駁查，而該撫咨覆情節，總屬支離，既不按照定例辦理，復不遵照題案覈辦，如謂必須大加酌減，亦並未經遵旨奏明，此皆裴宗錫辦理不善所致。所有各案多減價銀，即著落裴宗錫名下追賠。嗣後如再有違例多減之處，即照户部所議辦理。（高宗一〇九三、五）

（**乾隆五〇、四、甲午**）諭：直隸河間府屬之景州、交河等八州縣，秋冬以來，雨澤稍疎，麥收恐未免歉薄。前經降旨加恩，減價平糶，並將新舊錢糧一體概予緩徵。兹據劉峨奏稱，東光、吳橋、任邱三縣，民力雖較景州等處稍爲寬裕，但現在市集糧價亦未平減等語。所有東光、吳橋、任邱三縣，著加恩照景州等八州縣之例，一體減價出糶，以平市價。該部即遵諭行。（高宗一二二八、二六）

（乾隆六〇、五、己卯）又据魁倫奏：該省近日米糧市價已較前漸減，省城平糶，原定每升二十二文，現商之藩司，酌減去八文等語。該省糧價昂貴，民食維艱，朕正深厪念。今閱魁倫此奏，稍爲慰懷，所辦尚好。其減糶錢文，將來如不敷原價，亦即於各該革員等名下，照數追繳，以示懲儆。（高宗一四七九、二一）

二、疏通民間交易

（一）調動糧食上市

1. 勸民節餘減糶，查禁囤積居奇

（康熙四九、一、庚寅）諭：八旗大臣及内閣部院大臣等，朕總理國家大小事務，必計久遠。今見八旗忽於生計，習爲奢侈，此皆由該管之人不能約束，及伊等族長平時不先訓誡所致也。去冬因米價騰貴，以二月應給之米，於正月給發，米價隨即稍減。可見八旗官兵，以所支之米，不運至家，惟圖微利，一時即行變賣，及至此銀費去，米價又貴。……八旗官兵應互相告誡，自是以後，務將所支之米力加節省，必用至支米之時，庶不堕富商囤米術中。爾等大臣官員，俱有教養之責，當仰體朕心，潔己奉行。尋大臣等覆奏，嗣後八旗支米之時，請撥人監管，務令到家，不使鬻賣，至兵丁先期典賣米石，亦應禁止。從之。（聖祖二四一、二）

（雍正一、五、丙戌）八旗都統等議覆：給事中巴圖奏，每年開倉放米之時，舖户賈人紛紛囤積，俟價昂時糶賣，頗有礙於生計。請將賈人買米、兵丁賣米之處，概行禁止。查舖户賈人，雖買米積貯，而米仍在京師，且居民俱仰給於倉米，若概不准賣，恐價值反致昂貴。所請應毋庸議。嗣後青黄不接之時，米價騰貴，請限定價值，以杜指勒。至兵丁米石，實有贏餘者，聽其糶賣。儻不計足食，盡行出糶。令該管官責懲示警。從之。（世宗七、八）

（雍正四、二、丁卯）諭八旗大臣等：今年直隸雨水過多，二麥收穫與否，尚未可知，因此京師米價騰貴。朕特降旨，將三月應領米糧，令其於二月支放。乃聞八旗兵丁，冀得善價，將所領之米，盡皆糶賣，將來必致乏食，再復倍價糶買，則伊等生計，仍覺艱難。爾等將此曉示兵丁，嚴加禁約，務令存留食米，無得多糶。（世宗四一、二）

（乾隆二、一一、壬戌）又諭：據提督鄂善會同管理米局都統等，奏請裁汰八旗官米局，嚴行禁止舖户囤積米石，不得過五十石以上等語。著照所

奏，嚴行禁止，不准囤積米石。至米局可否裁汰之處，著總理事務王大臣，會同提督鄂善、八旗都統等，詳悉妥議具奏。尋議：應如所奏，概行停止。（高宗五六、九）

（**乾隆**三、三、丁巳）訓飭兵民，毋囤積浪費。諭曰：近京地方上年被水，今春少雨，民間米價昂貴，朕心甚爲憂慮。悉心細籌，添設米廠，減價平糶，其他有益於民食者，莫不慮及，原欲使閭閻小民，易得升斗，以爲餬口之計也。乃發米日多，而市價並不稍減，轉或加增，其中必有居奇之人，糶買官米，輾轉糶賣，獲重利以肥身家，是但知有己而不知有人矣。獨不思太倉之粟，原以備官兵俸餉之需，今因民食維艱，減價發糶，此軫念民瘼之至意，諒爲中外所共悉。凡屬良民見朕如此焦勞，如此籌劃，俱當感發善心。縱不能出其所有以濟窮困，奈何將官家惠養貧民之物，轉爲一己圖利之資，而坐視多人之謀食艱難，曾不一動念乎？又如京師錢文昂貴，朕不得已設立官局，以平市價，而錢價近復加昂，亦必有奸民囤積，不肯輕售以待厚利者。夫商賈即百姓也，朕一視同仁，並無區別。乃朕施一利民之政，而伊等即多一營私之謀，何人心之不古，難以化誨，遂至此極耶？至於八旗之人，動輒望賞望借，以濟匱乏，不知國家經制有常，爲政有體，豈有無端賞借，以博衆人一時感悦之理？且國家之有恩施，亦如上天之有雨澤，若雨澤下降，而播種不豫，力作不勤，亦不能望收穫。況一時之賞借，猶如一時之驟雨，可暫而不可常，能給而不能足。加之伊等又不能撙節愛惜，隨手浪費，於生計絲毫無補，其裨益果安在耶？朕實在不忍兵民等之癡愚不悟，特頒此旨，再行曉諭。各該管衙門可刊刻宣佈，俾人人觸發本心，痛改惡習，庶幾感召天和，雨暘時若，不獨蒙福佑於無窮，而人心風俗，亦可望漸歸於敦厚矣。（高宗六四、一〇）

（**乾隆**三、四、辛丑）諭：前因近京雨澤愆期，米價昂貴，朕令多設官廠，減價出糶，以濟民食。遂有奸商潘七等，巧爲囤積，壟斷居奇，經步軍統領衙門，拏獲懲儆。今幸甘雨普降，米價漸平，但恐從前私自囤積，今畏罪不敢發糶者，尚不乏人。著步軍統領衙門、五城御史，及順天府出示曉諭，許伊等及時糶賣，以贖前愆。若有米數過多、運糶需時者，許其於該管衙門，呈明存案，限以日期，照市價發賣，完日報查，不許番甲人等借端滋擾。倘再怙過不悛，仍懷觀望，將來發覺之日，照潘七等一體治罪。（高宗六七、三）

（**乾隆**四、九、己未）諭：朕此次謁陵，所經由地方，見民間收穫甚爲豐稔。直隷通省大概皆然，朕懷深以爲慰。但民以食爲天，必須積貯於豐年，方不告乏於歉歲。恐小民無知，徒見目前秋成頗裕，不加撙節，如燒鍋造酒之類，耗費米穀，弗顧久遠之計，實爲可慮。惟在封疆大吏督率有司，善爲勸導，不獨俾在官者倉廩充實，並當使在民者家有蓋藏，庶幾漸次積蓄，長保豐亨，以副朕貴粟足民之意。可傳旨與總督孫嘉淦知之。（高宗一〇〇、二〇）

（**乾隆四、一〇、癸卯**）署廣東巡撫山西布政史王謩奏：晚稻豐收，地方寧謐。現在董率有司，勸民加謹蓋藏。不獨賭博爭訟耗財之事嚴行察禁，即婚喪亦令守禮節儉，毋事奢靡，爲經久計。得旨：所見甚是，須行與朕看。（高宗一〇三、三〇）

（**乾隆四、一一、壬申**）［是月］署廣西巡撫安圖奏：粤西積貯現有一百五十餘萬倉糧，分存郡邑，緩急有資。惟民間素少蓋藏，習於耗費……，復恃官倉例有糶借，於新穀登場，恣意賣與客販，冀來年賤買官米。現飭有司勸化，以除錮習。得旨：此雖探本之論，然須行之以漸，不可欲速也。（高宗一〇五、二一）

（**乾隆七、一〇、乙卯**）廣西巡撫楊錫紱奏：民間晚稻登場，得價即行糶賣，不知多留有餘。而有力之家，又藉此屯積，至來歲青黃不接時，圖重利賣與客商。已檄飭各屬，勸民珍重蓋藏，亦不得屯積居奇。再種稻之外，並不知兼種雜糧，每多曠土，亦責成各地方官勸種，其缺乏籽種者，酌量借給。得旨：穀乃民天，應如是留心者。（高宗一七七、三〇）

（**乾隆八、七、庚戌**）安徽巡撫范璨奏：密行勸諭富户，出糶藏粟，以濟貧民。有願減價者，量其多寡，或資花紅，或給扁額，其好善最多之處，總作一碑誌以爲鄉黨勸。現在各屬米價漸平，亦因時調劑之一法。得旨：好。應常行者。（高宗一九七、二二）

（**乾隆九、二、戊寅**）安徽巡撫范璨奏：鳳潁一帶，積歉之後，米價昂貴，官倉不敷糶濟，仍照上年勸諭富民出糶，分別獎勵，督率守令實力查辦。得旨：觀所奏尚屬留心，但須實力董率有司妥帖爲之。（高宗二一一、二五）

（**乾隆九、六、乙亥**）［是月］福建巡撫周學健奏：民間積貯，固不可繩以官法，未始不可加以獎勵。請令州縣於豐收後，令城鄉力農殷民及有田富户，將收穫米穀，除本家食用外，餘粟自百石以上至數千萬石，使本家同保鄰，呈明積儲數目。其中或願貯備本鄉需用時出糶、或願俟別府州縣需米時運往發糶，於具呈時，詢明存貯實數，勞以酒醴。呈明後，除本家或有急用，仍聽隨時糶賣、報明銷除外，該州縣於歲底將各户呈報實數，造册通報。俟次年青黃不接時，聽本家呈明，或在本鄉、或往他處，其糶價或照市值，或量爲平減，均聽自行呈明，不必官爲限定，但不得增長市價。糶畢查明實數，倣照社倉之法，分別獎勵。能減價平糶一百石至三百石以上者，給以花紅扁額；能至三千石以上者，給以八品頂帶榮身。得旨：有司虛應故事，固不可，但亦須聽民之便，不必繩之以法也。至官吏之勸懲，尤應慎重妥爲之。（高宗二一九、一六）

（**乾隆九、一二、戊午**）左副都御史范璨奏：户部議覆河南按察使王丕烈條陳内稱，青黃不接時米價昂貴，地方有司自應諄勸蓋藏充裕之家，令酌留食用外，陸續糶賣，原不必繩之以法。如有積米數多，閉糶妨民者，酌量情形，勒令出糶，可謂適中而無偏重之弊矣。然臣以爲尚有當參末議者。查原奏有云，貧民不能向買，勢必歸於富有之商販，斯言正當理會。如其爲本地之商，誠如原奏所言，一困於富户閉糶，再困於商販居奇。如其爲外來之商，或數百里數千里之遥，與本地全無涉。竊慮富家平日必有親熟牙行，既不許閉糶，群趨便捷，瀕水州縣，舟楫可通，朝呼夕至，搬運一空。夫向日所患民之貧者，無擔石之儲，空虛猶居半也，逮富者一無留餘。此日之空虛，乃真空虛也。然問之富户，富户曰功令宜遵。問之商販，商販曰遏糶有禁。有司亦無可如何。國家雖設常平倉，安得有如許穀米爲之補苴。臣愚以爲民間患其浪費，而喜其積蓄。誠以天時難測，嘗有二麥將獲，而水汎驟發；秋穀將登，而蝗雹告祲者。設當其時，非富民之尚有蓋藏是賴，而誰賴乎？臣屢任在外，如逢雨暘時，若收成可保，無不開倉發囷，市集山堆海積，惟恐米價漸減，爭先出糶，則樂歲毋容勸也。惟是儉歲歉收，青黃不之濟之候，市價騰踊，待哺嗷嗷。斯時急宜密勸富户，惇睦鄉里，如數百石之家，令自行零星出糶；倘盈千累萬之户，令其附近村落，分設糶局，親自經理，務使本地買食窮民均霑實惠。如此辦理，庶不爲商販遠運一空，且既係儉歲，民食艱窘，尤當諭以任恤之誼。其不願減價者，不必強之。如有樂於行善者，州縣官，覈其所糶若干、所減若干，量爲嘉獎，或賚花紅，或給扁額；行善者多，或統作一碑誌以爲鄉黨勸，富民益加鼓舞，貧民大有裨益。臣在安省曾試行之，頗得其濟。有每石減五分者，有減一錢者，甚有買米來家，仍照原價出糶者。此即使民相養，非全仰給於公家之大義也。然臣所謂勸諭富户，而必用密者何也，蓋有餘之家，衆所覬覦，未形之患，法宜豫防。查乾隆七年之冬、八年之春，湖廣、江西、江南等處，搶糧之案俱未能免，而江西尤甚。一邑中，竟有搶至百案者，彼時猶未彰明較著也。若大張告示，不許久貯，保無奸頑之輩，聲言朝廷之惠愛窮黎若此，煽惑良善，糾黨成衆，或踵門陵辱，或逞毆行兇。或本屬小康，而妄稱巨户，或稍留食用，而指有餘藏。或勾通地方總甲，而私相勒詐，或朋比衙門胥吏，而裝點捏呈。其尤甚者，本挾制之有因，肆搶奪之惡習。如是而富民不重累乎？如是而富民尚肯好行其德乎？臣故以爲宜密爲勸導，不特貧者無挾制之緣，而富者且更有樂善之舉。總之地方不可一日無積貯。無富民，是無積貯也。貧與富皆赤子，弭其釁，乃以調其平。今使閭閻各自零星糶濟，則富有之惠人者良多，官民實以情誼感乎，則惻怛之動人者最速矣。得旨：這所奏是。該部密議速奏。尋議：該左副都御史范璨奏請，儉歲歉收，密勸富户自行出糶，既可以杜本地富户之囤積，又可以絶外來商販之遠運。本地積米自多，而日買升合以餬口之貧民，得以均霑實濟，洵可補臣等部議所未及。又稱，樂於行善之家，量爲嘉獎。查士民樂善好施，原有題請議敘之例，而捐輸社穀，亦有遞加獎勵之條。今殷實富户，如有情願減價平糶，以濟貧民，數在千石以上者，應如所奏，酌加旌獎。至稱恐有奸頑之輩，煽惑搶奪等弊，宜密爲勸導。竊思民生日用，原限於豐嗇之不齊，富者每有獨擁之利，貧者易生覬覦之心，偶遇歉歲艱食，遂致激成搶奪，此皆有司經理未善也。果能先行勸諭，多方開導，令積粟之家，篤念桑梓，出其有餘，以平市價，以惠鄉黨，則卹貧正所以安富，而息事即可以寧人。正所謂弭其釁，乃以調其平也。國家之禁令，必萬姓易知易從，今使儲粟者敦雍睦之行，鬻食者無挾制之緣，阻飢無虞，而貧富均安，此即使民相生相養之道，可家喻而户曉者，似不必密爲勸導也。應仍請勅下各直省督撫，於歉歲先行出示曉諭，使富户知功令之宜遵，違者有在官之禁，從者蒙賞賚之榮。即地方有挾制滋擾等弊，各督撫嚴飭所屬，實力查禁。如不肖有司，乘間作奸，及有勒詐挾制搶奪等事不能禁抑者，即照例參處，庶於民無累，而於法相安矣。得旨：依議速行。（高宗二三〇、二一）

（**乾隆一二、一二、丁卯**）軍機大臣等議覆：陝西巡撫徐杞奏，奸徒囤販糧食，先期赴鄉，豫給銀錢，愚民止圖現得微利，情願賤價，豫定石斗。及至收穫，不但不任其量載，或於新糧上市時，勾通牙行，零糶整囤，必待價倍，方肯出糶，現在查禁等語。此等奸徒，以微利而取重息，與青苗蠹民之法無異。請飭各督撫嚴禁，秋收時，留心訪察。如仍前巧取射利，即按律治罪。從之。（高宗三〇四、一四）

（**乾隆一三、五、癸丑**）浙江巡撫方觀承奏：浙省各屬，自五月初旬，晴日稍多，田中無水。頃值梅雨之後，連得甘澍，高下霑足。惟米價大勢昂貴。現在酌辦牙棧貯米，勸諭富户出糶。并派弁兵，嚴密稽查海口，以防偷

漏。得旨：海禁尚屬不實力，頗有論及此者。(高宗三一五、四六)

(乾隆一三、七、戊子) 諭軍機大臣等：據福建巡撫潘思榘奏稱，閩省春夏之交，有穀殷戶多有待價不糶者。密飭各守令，善爲勸諭，及時減價糶濟。漳州有海澄公黃仕簡，出穀二千餘石，各紳士出穀二三百石至五六百石不等，自願減價輸糶，並各府屬俱有情願糶給之戶等語。當青黃不接之時，米價昂貴，民食維艱，紳士惠濟桑梓，出有餘以補不足，原屬善舉。但民情淳澆不一，天時豐歉難齊。倘偶遇歉歲，紳士力有不支，或無穀可糶，或發糶稍遲，刁民視爲常例應然，必有環視而起，藉端滋事，如本年蘇州顧堯年之案者。況漳泉一帶，民情悍戾，尤宜加意防維。如此等事，必須調劑有方，既使地方殷戶不至膜視同里之艱難，而又不致啓刁徒生事之漸，始爲兩全無弊之道。著傳諭該督撫，共體斯意。(高宗三一八、一二)

(乾隆一六、七、丙寅) 諭：浙東溫處等郡，米價昂貴，降旨加意撫綏，已據該督撫等前後奏准，撥運鄰省倉穀，陸續平糶。并招徠商販，特免商稅，俾米石流通，民食充裕。但思窮黎待哺孔殷，外來商米雖已雲集，而山村僻壤，市販未必盡敷。本地有穀之家，或能以任卹爲心，共出所餘，照官價一體平糶，更足以助官糶之所不及。雖零星積聚，豈能如官倉足給衆人之求？然隨鄉分糶，於民食亦殊有濟。在富民推其贏羨，嘉惠桑梓，孰無此心？惟是刁悍乘機或短予價值，或冒領告貸，甚或倡衆搶奪，種種不法，遂致富民聞風相戒，以爲善不可爲。茲特諭各該督撫，凡遇地方水旱，米價騰涌，即應明切曉諭，以天時水旱不齊，偶值偏災，無不飛章入告，立即隨時籌畫，百姓惟當安分奉法，靜候施恩。若借端生事，轉罹罪愆，有負國家子惠德意。其能敦任卹而出糧平糶者，地方官爲之主持，實力稽查，遇有強橫滋事棍徒，速即嚴行懲處。務令奸匪斂跡，富民無所顧忌，源源出糶，則窮黎受惠多矣。所有平糶富民，計其所糶之數，照樂善好施之例，優加議敘，以示獎勵。該部即遵諭行。(高宗三九四、二)

(乾隆一六、七、丁卯) 諭軍機大臣等：據潘思榘奏報地方情形一摺。內稱前報被水之寧化、清流兩縣倉穀，值此霪漲，無處攤曬，浸壞頗多，現在盤量等語。穀石雖經遭水，必無漂失。恐該縣平日原有霉爛及虧缺短少等弊，乘此水災，統歸之被水淹沒，無從詳悉查驗爲辭。著傳諭該督撫，令其加意稽察，委員實力盤量查驗，無得以浸壞頗多一語，託辭掩飾。現在各省，多因米價騰長，仰藉平糶，州縣倉儲所蓄，粒粒皆窮黎口中物，督撫宜時刻留心督察，先事綢繆，不可僅較簿藉之多寡，而不問斗石之虛實也。又奏稱，福、浙聯界之浦城、福鼎等縣，飭屬聽浙民赴買，碾米於交界處平糶，并安插就食男婦，俟收成資送回藉等語。辦理殊爲合宜。惟飭所屬，行之以實，則災黎受惠多矣。浙東憂旱孔亟，正在籌畫接濟，昨降旨勸富民出穀平糶。閩中米貴之地，亦所當行。近日雨水若何，得雨後，即速奏聞。尋奏：現得雨霑足，田禾豐稔。寧化、清流倉穀，業委道府確盤，實係淹浸，兼有漂流。至勸富民出穀平糶，亦經飭屬，聽民照時價發賣，毋依官倉減價，致殷戶未能踴躍。如有願照官倉減價者，并飭屬詳請嘉獎。其寧化、清流及續經被水之福安、壽寧等縣，業經遵旨加意賑卹。得旨：覽奏稍慰。（高宗三九四、四）

（乾隆一七、二、戊申）軍機大臣等奏：臣等面奉諭旨，向來八旗甲米，俱按四季支放。放完後，去下屆放米尚遠，鋪戶乘機囤積，米價漸昂。若將甲米陸續支放，俾源源接濟，殊有裨益。但就一季中，再分次支放，未免紛繁。其應如何指定旗色，按月輪放之處，著妥議具奏。欽此。臣等伏思八旗支放甲米，向有定期，開倉日米多，市價平減，奸商乘機囤積；放完後米少，攙價居奇，以致日長。今蒙諭按月輪放，俾源源接濟，糧價自無時落時長之虞，囤積不禁自止。臣等酌議甲米既按月輪給，自應分別旗分。查鑲黃、正黃、正白三旗並上三旗包衣，應領米數較下五旗爲多。請將鑲黃、正黃二旗於正月、四月、七月、十月支放，正白、正紅、鑲白三旗於二月、五月、八月、十一月支放，鑲紅、正藍、鑲藍三旗，於三月、六月、九月、十二月支放。辦理不繁，而接濟兵民食用，實有裨益。現在夏季應領米，於四月起，即照現議按月輪放。得旨：允行。（高宗四〇九、二）

（乾隆一七、二、辛酉）是月，直隸總督方觀承奏：准戶部咨，王公等本年俸米及豫借明年米，毋任鋪戶興販出境，囤積居奇，並嚴禁燒鍋。查原議內，未指定何處地方。臣細繹原議，專爲在京官員豫領俸米而設。此項米祇有近京地面，並水路可通處，須防透漏，除均商販所不及。即如保定省城，購老米絕不可得。京南一帶更可知。京北宣化一府，除燒鍋已酌定缸數，給帖納稅，例不禁外，其商買販運，有關溝之限，斷難飛越。至京東永平各屬，近拏獲燒鍋十數案，俱係本地商糧，亦從無以京通倉米販運彼處者。此次新定章程，惟京城及順天各屬，通行飭遵，庶不失因時立制之本意。得旨：甚是。依議速行。（高宗四〇九、一一）

（乾隆二五、二、乙巳）諭：上年因得雨稍遲，糧價易致增長，是以節次酌設五城各廠，米豆草束多方籌畫出糶，以平市價。而麥麪一項，至今源源接濟。現在河南麥石將次糶完，而山東五萬石已經續到。江南十萬石亦已連艘北上。且商販以時轉運流通。當此冬雪優霑，春膏疊沛，秋苗青蔥暢茂，所有現在麥價，尤當日就平減。乃據順天府尹奏報，現今時價，較上半月每石加增三錢。此必其中奸商市販，巧爲牟利，以致翔貴若此。國家立法調劑，原屬因時制宜，非可援爲定例。且前經降旨，將官員俸祿，先行借放，原期米石倍爲充裕。而商販乘時落價收買存積，及至支放已停，則乘機昂價獲利，在在有之。京城重地，設官糾查彈壓，至爲詳備，顧任一二刁民乘間居奇，甚至齊行把持，累及閭閻口食，而莫之懲儆，可乎？著步軍統領衙門，會同五城御史、順天府嚴行飭禁。如有藉此多收囤積，高擡市價者，即行查拏究處，以爲逐利病民者戒。（高宗六〇七、一六）

（**乾隆三四、九、壬午**）諭軍機大臣等，昨據蔣元益等奏報，京城八月分，米糧價值數目俱較上月加增。今歲畿輔一帶，俱屬豐稔。目下正值刈獲登場，雜糧入市必多，價值理宜平減，不比上年尚有霸州、文安等處，被水薄收，何以市價轉增於前？此必有奸商倡議居奇，長價於登場之前，庶不致減價於登場之後，以售其壟斷之計，其情甚屬可惡。業已諭令英廉等，將在京情形，嚴行查辦。恐近畿地方，類此者亦復不少，著傳諭楊廷璋，一體實力察訪。如有奸徒齊行增價者，即重治一二，以儆其餘，務期市價平減，以裕民食。（高宗八四二、六）

（**乾隆三四、九、戊申**）是月，户部左侍郎署步軍統領英廉奏：查外城糧市，有正陽門、東直門外二處舖户人等，每月於附近廟中，會議一次，尚未訪有倡議齊行實據。仍密令番役訪查明確，將倡議齊行之人究治一二人，既不致驚畏群情，亦足大裨民食。得旨：是。（高宗八四三、二三）

（**乾隆三七、五、己未**）諭軍機大臣等：據吉夢熊奏報糧價單，麥價較上月減一錢，麪價減一文，而高粱則較上月增一錢，黑豆增一錢五分。所增之數，轉浮於所減，此乃奸商居奇壟斷，其居心甚爲可惡。京畿今夏雨水不調勻，麥收豐稔，舖户等見新麥入市方盛，其價不得不平，遂託言青黄不接，加增高粱黑豆之價，及至秋成之後，粱豆價落，又必稱麥漸賣完，復將麪價增長。此絀則彼贏，始終坐操長算，是雖遇豐年，徒供市儈網取厚利，而輦轂居人終歲不得賤食之益，實爲情理所難容。地方官豈可不查察懲治？但恐非吉夢熊一人所能專辦。著傳諭英廉留心體訪，如查有奸徒市販擅利病民，即行嚴拏究處。並諭都察院堂官，轉飭五城御史一體查辦，並諭吉夢熊知之。（高宗九〇九、一八）

（**乾隆三七、七、丙辰**）左都御史張若渟奏：京城雜糧舖户，如有囤積齊行、操縱市價者，誠當盡法究處。至於開張舖面，逐日交易，即有存留一二百石者，亦係隨買隨賣，流通無滯，請不必繩其多寡。得旨：所奏是，依

議速行。(高宗九一三、一三)

（乾隆三九、九、丁巳）諭軍機大臣等：據英廉奏，京城糧價近來漸有加長，米穀麥豆各長至一二三錢不等等語。今歲畿輔地方，除天津、河間一二屬，間有零星偏災，其餘俱收成豐稔，而大、宛兩縣據報十分。今當禾稼登場，糧價理應平減，何以各項糧價轉有增昂之處？此必有奸商狡儈，藉以囤積居奇，冀圖牟利。京師地大，食指浩繁，若不嚴行查辦，必致擡價病民。著英廉即密派番役，實力察訪，如有此等情弊，嚴行究治數人，以示懲儆。並著順天府於京城內外，一體留心訪查重究，以杜奸民囤積網利之弊。將此傳諭英廉及袁守侗等知之。(高宗九六六、二一)

（乾隆三九、九、戊午）又諭：昨據英廉奏，京城近日米穀麥豆，各長價一二三錢不等一摺，殊非情理。今歲畿輔地方，收成豐稔，惟京南所屬，間有零星偏災，糧價即不能平減，何至轉有增昂？此必有奸商狡儈，藉以囤積圖利。已諭令英廉及順天府，嚴行訪查懲究矣。今據周元理奏，查覈夏秋雨澤未勻之處，內惟天津等十六州縣間有成災，情形尚輕等語。是直屬成災地方，尚不及十分之一，且其中亦不過間段偏災，何至京城各項糧價轉致驟增，顯係奸商等居奇牟利，乘此時高擡價值，俟新糧入市，時價減平，尚可售其舊時之數。其情甚爲可惡，不可不嚴查懲治。著英廉等務須實力訪察，重治數人，以示儆戒。其直隸所屬地方，亦必有似此增價射利者，並著周元理，一體訪查嚴辦，毋得稍令病民滋弊。將此各傳諭知之。(高宗九六六、二九)

（乾隆三九、九、丙寅）諭：據袁守侗等奏，近日查辦京城囤積，於通州馬駒橋、沙河等處，查有居民李大等，囤積各項雜糧，至數千石之多，請將該民等折責枷號，並將米石入官等因一摺。此等漁利奸徒，囤積居奇，實爲病民之蠹，自應杖責枷號，以示懲儆。所有查出囤積米石，若查封入官，恐市中缺此糧石流通，轉於民食有礙。莫如照順天府上月未長之價，每石再行減價二錢，勒令即行出糶，俾民間得以賤價糴糧，而奸商不但無利可覓，且較常時平價更減二錢；又復身受枷責，庶足使遠近壟斷之徒，聞風警畏，不敢再爲效尤滋事。著順天府遵照妥辦，勿使不法吏胥借端滋擾。(高宗九六七、一)

（乾隆四三、六、戊戌）諭軍機大臣等：據周元理奏，通州查出客商積麥，約有二十萬石。請將此項客販麥石，酌撥十萬石運京供糶，已屬充裕。其河南轉運陝西之麥五萬石，請一併留於直隸備用等語。此項麥石昨據順天府奏聞，已派金簡、胡季堂前往通州確實查辦矣。此項麥石，如果係販戶囤積圖利，觀望居奇，自應查明入官，以示懲儆。若係外來商販，陸續運通，止宜令其比市價稍平，速行出糶，又未便入官，交廠平糶，致商販聞風裹足。金簡等現在通州查辦，自可得其實情。如此項麥石，應行入官，即將十萬石運京平糶。所有河南轉運之麥五萬石，即可全留直隸備用。若實係衆商之麥，湊集在通售賣，並非囤積居奇，止須諭令平價速糶，毋庸入官運京。（高宗一〇五八、一八）

（乾隆四三、六、辛丑）諭軍機大臣等：昨金簡等奏，查明通州城關堆貯麥石，實係衆商自各處運來陸續出售，並非囤積，當爲分別辦理等語。所辦甚爲公當，已諭知周元理矣。京畿種麥本少，即遇二麥豐收之歲，亦藉商販流通。客麥愈多，則市值愈減，乃一定之理。目今麥價較昂，如果有奸商囤積居奇，自當從重懲治；如係隨時糶售，正當聽其源源接濟，以利市廛。此項通州麥石，若非朕派令金簡、胡季堂往查，地方官必不能如此細詢妥辦。倘據劉峩初報，不爲分別查覈，概行入官，即以苦累衆商，且致此後商販聞風裹足，於京城民食亦多未便。劉峩稟報時祇知以稽查爲盡職，未免近於孟浪。而周元理聞有商麥囤積，惟圖直隸多留麥石，於通商利民之道，豈竟未曾計及耶？將此諭令知之。（高宗一〇五八、二六）

（乾隆五〇、九、丁巳）又諭：據書麟奏：安省桐城、廬江等處紳士，有誼篤桑梓者，或出餘米減糶，或醵金禀縣請票，前赴江西販米，至本籍減糶等語。安省安慶、廬州等府屬，被旱成災，該處紳士誼敦任卹，減價出糶，甚屬可嘉。著該撫查明共有幾人，據實奏聞，照例賞給議敘，以示優獎。至江西、四川二省，節據李世傑、舒常覆奏，俱已遵照節次所降諭旨設法調劑，俾商販通行無滯，各災區自當米糧匯集，市價日就平減，小民口食足資接濟，略紓朕南顧之憂矣。（高宗一二三八、二一）

（乾隆五一、六、戊戌）諭軍機大臣等：昨據吳省欽奏，京城糧價，自有旨令在京文武各員，移前一月關支俸米之後，當即平減，每斗減價數十文等語。前經降旨，所有八旗及在京文武各員俸米，俱著移前於閏七月初一日起，一體關支。現在六月下旬，距秋成之時尚遠，何以米價即能平減？此必奸商市儈，豫行減落，以圖關俸米時賤價糶買。囤積居奇地步，其所減數目，屆期必不止此，此等壟斷伎倆，最爲可惡。吳省欽係書生，一見減價，即以爲善，所謂知一而不知二也。著留京辦事王大臣傳知該府尹，務宜留心嚴查密訪。並著步軍統領衙門，會同順天府嚴加訪察。此時且聽其減，待俸米出時，若有賤糶後而貴糶者，將倡首擡價奸儈，查拏一二，從重處治，以儆其餘。至王公大臣，及各官員領出俸米，自食之餘，不能不糶賣資用，亦

應於會晤時，面行告知，務當待價而沽，不可急於求售，賤價賣去，致墮奸商術中。將此諭令知之。（高宗一二五七、二一）

（**乾隆五一、一一、丙子**）諭：據曹文埴等，查出宛平縣長新店一帶鋪戶，有囤積雜糧，及買空賣空情弊。請將各鋪戶治罪一摺，著交軍機大臣，會同該部議奏。至此項應追買空、賣空制錢一萬九千三百餘串，何必入官？著賞撥普濟堂、育嬰堂、功德林、金臺書院等處，以示惠恤。（高宗一二六八、一〇）

（**乾隆五二、五、壬申**）諭曰：步軍統領衙門奏，京城內外，米價昂貴，屢經曉諭各鋪戶，減價售賣，並出示禁止囤積。現在豫省採買麥石運京，並各商販源源而來，米麥不至缺乏。詎該商等惟利是圖，糧價仍未平減。現於各糧鋪內，查出囤積米共五萬九千三百五十四石，麥共七千六十八石零，於京城內外，分設官廠，減價糶賣等語。所辦甚是。商人有心壟斷，高擡糧價，任意居奇，查出後，即將米麥入官，按律治罪，亦所應得。但念該商等，究係出貲販運謀利，若逕行入官，未免虧折貲本，轉非朕一視同仁之意。所有此項米麥，著照所請，令該衙門派委妥員，會同五城、順天府官員，酌減價值糶賣。所賣錢文，仍給付該商等收領。此係格外加恩，從輕辦理。現在京城已得透雨，且豫、東二省，採買額運麥石，並各商販源源而來。若鋪戶等復敢仍前囤積擡價居奇，一經查出，不特將所囤米麥入官，並將該商等從重究處，以示懲儆。其附近京城之天津府、河西務、通州、楊村及各城市鎮集處所，並著順天府及直隸總督，派委明幹妥員，仿照步軍統領衙門，一體認真查辦，詳細出示，曉諭通禁。仍將各鋪戶囤積數目，及如何減價平糶之處，先行據實具奏。（高宗一二八〇、一一）

（**乾隆五二、五、辛巳**）諭軍機大臣等：據留京辦事王大臣等奏，豫、東商麥到通者，已有三萬四千餘石，足資接濟。此項麥石，係商人自行販運，若令剋期送京糶賣，恐一時車腳昂貴，商人未能獲利，或致將來商販聞風不前，轉不能源源接濟。又據綿恩奏，此次查封米麥共六萬餘石，鋪戶共有數百家，概令載運入廠，腳價不無糜費。莫若將鋪戶米麥停其入廠，即就近在本鋪內按照減定之價，零星糶賣各等語。前經和珅以京城米價昂貴，遵旨出示禁止囤積，而該商等惟利是圖，糧價未減，因查出各糧鋪囤積米麥共六萬餘石，奏請於京城內外，分設官廠，減價糶賣，所賣錢文仍給付該商等收領。原因該商等有心壟斷，囤積居奇，按律治罪，亦所應得。今不將米麥入官，僅令入廠減價平糶，而所賣錢文，仍給該商等收領。本所以懲儆奸商囤積，使軍民咸資口食，該商等知所儆戒，不至高擡價值，米糧漸就平減，商民兩便，亦不過一時權宜之計耳。並非欲將嗣後所有商販米麥，俱令官爲辦理也。今留京王大臣等，及綿恩所奏，似有爲難掣肘之意，自係誤會朕旨。然既有此情節，何不直奏？現在商麥抵通，正應飭禁商人等，不准在通囤積居奇。至其於何時運京糶賣，原可聽商人自便，不必官爲經理，勒令剋期送京，多費腳價，轉致商人無所獲利，裹足不前。此事惟在各該衙門，隨時飭查。若該商販運抵京。仍有私行囤積，擡價病民，及往外路販運惟利是圖者，一經查出，即將爲首奸商從重治罪，所有米麥，一併入官，不必如前此僅令入廠，減價平糶，仍將賣價給還也。若伊等照依市價，漸加平減糶賣，即可任從其便，以期商販流通。此時祇可且從綿恩所請，仍著步軍統領衙門，會同五城、順天府官員，於京城內外，留心訪查，實力查辦，俾商民兩有裨善。將此諭令知之。（高宗一二八〇、二六）

　　（**乾隆五二、五、壬午**）諭軍機大臣等：前據和珅以京城米價昂貴，遵旨出示禁止囤積，而商人惟利是圖，糧價久未平減，因查出各鋪店囤積米麥六萬餘石，奏請於京城內外，減價糶賣。而於如何派員稽查，及作何減價平糶之處，未及聲敘明晰，亦屬疏忽。因閱日即扈從啓程，未經酌定章程，分晰辦理，迨綿恩接署步軍統領事務，自應將此項查出米麥，即就城內城外，飭令該鋪戶遵照減定價值，公平糶賣，仍會同五城、順天府遴委妥員隨時稽查，不使奸商從中仍得弊混，以遂其居奇壟斷之錮習。則辦理自不虞掣肘，而軍民皆霑實惠。乃計不出此而惟拘於設廠平糶之言，概令各鋪商載運入廠，則所需腳價，既未便令該商自備，亦斷無官爲給發之理，遂致措施維艱。殊不思奸商圖利，詭計百出。若聽其自行糶賣，漫無稽察，則京城地方廣遠，糧鋪散處，該商等賣少報多，暗中仍私自囤積，或竟偷往外路販運，又何從悉其弊端？則禁止囤積，減價平糶，仍屬有名無實。且該商等囤積居奇，經官飭減未遵，已干禁譴，今不將其米麥入官，止勒令減價糶賣，已屬從寬辦理。若伊等復敢投遞公呈，不遵禁約，即係市儈齊行罷市惡習，必應嚴加懲治，將其米麥入官平糶，以示懲儆。無論此事係業經奏明奉旨，固應官爲查辦，即步軍統領有管轄九門五營、稽查地方之任，既已明出禁示，亦豈可任奸販刁商抗違梗令，置之不辦乎？若因商鋪衆多，公具呈詞阻撓政令，即曲從其請，則嗣後步軍統領又將何以辦事？設遇有糾衆抗官不法情事，豈亦將惟所欲爲，從而聽之乎？綿恩究係辦事日淺，未能諳練，阿桂係曉事之人，自能善體朕意。著傳諭留京辦事王大臣等，詳悉告知綿恩，務須派員實力嚴查，並令五城、順天府各衙門一體稽察，毋任奸商陽奉陰違，得以肆其狡獪伎倆。如有投遞公呈，不遵禁示者，即當究出爲首，或囤積最多者一二人，枷號示衆，並將該商米麥入官平糶。則其餘各鋪户，知所儆惕，自不敢仍前效尤，庶不勞而事易集。若惟事因循調停，以博寬大之名，將來設遇年歲稍歉，奸商擡價居奇，又將何以辦理耶？所謂水懦民玩，轉足以長刁風而玩官法。留京辦事王大臣等及綿恩不可不咸喻此意。（高宗一二八一、四）

（乾隆五七、四、乙巳）又諭：留京王大臣等，審擬謝君美等冒名領米爭毆摔斛一案，將謝君美照光棍例，擬斬立決。其幫助謝君美踢傷官役之盧祿兒，照光棍爲從例，擬絞監候。所辦尚是。……再鋪户包攬旗員俸米、兵丁甲米，與倉書斗級私自交結，赴倉支領，希圖從中取利，其弊由來已久。雖謝君美業經破案，而似此囤積漁利者，必不止謝君美一人。著步軍統領衙門、順天府密訪嚴拏。如有此等包攬領米鋪户，即行拏獲，人犯枷號，米石入官示懲，以儆其餘。（高宗一四〇〇、一四）

（嘉慶五、三、癸丑朔）諭内閣：御史德新等奏請嚴禁私販米糧出京鬻賣一摺。京師米糧，無論官民鋪户，一概不准出城鬻賣，久經嚴行飭禁。但恐各衙門奉行日久，稍有廢弛。現在漕米將次抵通兌交。若京城米糧，任聽門軍、車户、米鋪人等私販出城，難保無勾串挪移之弊，並恐市儈之徒，居奇屯積，以致米價漸昂，實於民食有關，自應重申禁諭。著步軍統領，並順天府、五城各衙門，酌派番役人等，輪流查察。如有私販出城及屯積各弊，俱當嚴行禁止。該衙門等經此番嚴禁之後，務須實力奉行，久而無懈。儻番役人等藉稽查之名，任情訛索，滋生事端，一經訪聞，必將該管各員及番役人等，分別嚴辦示懲，不稍寬貸。（仁宗六一、一）

（嘉慶六、一一、壬寅）諭内閣：此案失察楊正楷等販運米石之該管右營專汛官員，著交兵部察議。至京師五城各鋪户所存稱米麥雜糧等項，定例每種不得過八十石，儻逾數囤積居奇，即照違制律治罪。現據明安等密派番役，潛訪得京城内外各處米局，所存米石自數百石至千餘石不等，恐不無囤積居奇情事。此次囤積鋪户，本當照例懲治，但念小民無知趨利，若照定數祇准存貯八十石，違例罹法者必多。嗣後各米鋪存貯各種米麥雜糧，俱准存貯一百六十石，以便流通糶賣。其現在所餘糧石，若按例全數入官，該鋪户等必致虧摺貲本。著五城御史查明各鋪户存貯糧石，除現定額每種准積至一百六十石外，餘俱著加恩准其平價糶賣，不許稍有囤積，該吏役等，亦不得藉端滋擾，致干咎戾。（仁宗九一、二一）

（嘉慶一一、一一、丁巳）諭内閣：刑部審訊步軍統領衙門拏獲拉運米石、並存積逾額各鋪户一摺。所辦甚是。奸商等囤積居奇，致妨民食，並或啟偷運回漕之弊，是以加之例禁。其本係流通糶賣者，無論米石多寡，俱聽其自便。定例本爲明晰，今若不問是否流通，一經逾額，即以囤積拘拏，必致鋪户畏累，商販不前，於民食商情轉有妨礙。刑部摺内稱城内之米，勿許出城，城外之米，勿許出境，所辦最爲得要。著步軍統領衙門申明定例，出示曉諭，毋許番役人等妄拏鋪户，藉端滋擾。所有此次審明並非囤積之劉二等三十二名，著即概行省釋，其車大一犯，著照例懲治。（仁宗一七〇、二三）

（嘉慶一四、六、乙卯）諭内閣：朕恭讀聖祖仁皇帝實録，從前康熙年間，因八旗兵丁多有將所得甲米私自賣給奸民，囤積販賣，及至該兵丁等食米不足，則又仍向鋪户用貴價購買，奸民等因得擡價居奇，大妨八旗生計。仰蒙聖明飭禁，訓諭諄諄，誠以爲政必先足食，所以裕旗民養贍之源，斷不可牟利一時，致礙經久之計。試思兵丁内貧乏者多，以米易銀，尚爲飭禁，何況等而上之詔糈受禄。至於親王、郡王、貝勒、貝子等，皆坐享豐饒，非賴售米以資日用，又豈可惟利是務，而不顧國家儲備之經乎？假如親王、郡王、貝勒、貝子以有餘之米祇在城内變賣，猶可使市價平減，民食藉資充裕。今乃節省車價，祇圖容易，將所領俸米，即在通州賣去，甚至將米票去彼賣給奸民，以致米不入城，都市騰貴，而奸民乘機盜弄，冒領重支，囤積回漕，無弊不作。現在倉貯虧缺，職此之由。親王等皆天潢一派，休戚相關，其於國計民生，尚漠然罔顧如此，又何況大小臣工等之遇事膜置、毫不動心乎？前據成親王自稱藍甲應領之米，足敷食用，無須多米，是以在彼售賣，此言甚屬誠實。可見諸王等俸米在所不需，本應概予停支，惟念俸糈爲國家定制，朕誼篤宗支，未肯出此。兹就宗人府所開王、貝勒、貝子賣米賣票清單，分別等差，酌量懲辦。此内惟在通賣票者，更屬不合。鄭親王烏爾恭阿、怡親王奕勳既已在通賣票，尚云向來自行闗支，並無賣票之事。現經訊據買票之積蠹高添鳳供認有據，豈非有意諱飾，其咎更重。烏爾恭阿管理旗務，聲名本屬平常，著革去都統，與奕勳俱降食郡王俸米十年。其餘在通賣票之禮親王昭槤、順承郡王倫柱、貝勒綿譽三人，於前日降旨飭查時，尚不知自請議處，昭槤著降食郡王俸米五年，倫柱著降食貝勒俸米五年，綿譽著降食貝子俸米五年。貝勒綿志亦在通賣票，但曾經自請處分，並將代爲賣票之參領倫常保交出訊辦，著從寬降食貝子俸米二年。所有各該王、貝勒等降食俸米之處，俟年限屆滿，交該衙門奏請開復。其爲奕勳在通賣票、並送高添鳳母親如意之護衞富德安，並爲烏爾恭阿在通賣票之親軍校殷二即常保，爲綿志在通賣票之參領倫常保，均著交部嚴加議處。其爲昭槤、倫柱、綿譽在通承辦賣票之護衞等，並著該部查取職名，嚴加議處。至此外除在通賣米之睿親王端恩等十四人無庸議外，其有原報在京賣米，及向來領米至家並不售賣者，亦未知所報是否確實。但既據宗人府查明，如此具奏，諒不敢代爲飾詞。所有在京賣米之和郡王綿循、榮郡王綿億，及並不賣米之貝勒永鋅、文和、貝子奕純，尚知大體，均著加恩各給與記錄三次，以示獎勵。嗣後王、貝勒、貝子、公等俸米，自本年秋季爲始，屆赴通關領之時，著先期具報都察院，奏派滿漢御史，在朝陽門按數確查，每月具奏一次，均責令運米入城，無得在城外售賣，如違，必當永革俸米。其餘應行在通支領俸米之文武大員，及在城外京倉支米之官員兵丁等，應如何設法稽查，務使運米入城，不致在通售賣處，著户部妥酌章程具奏，請旨辦理。尋議上。得旨：現在倉儲正當積弊之後，立法宜周，所有城外各倉支領俸米之文職四品、武職三品以下各官，並兵丁月米，均著自本年八月爲始，屆期奏派御史二員，再由步軍統領衙門派司官二員，於朝陽門外專事登記，每十日具奏一次，如有出城售賣等弊，立予嚴懲。並著於兩月內全行領完，如逾限不領，即行參辦。仍責成倉場及該管各衙門一體嚴查，總當行之勿懈，毋得日久玩生，仍前滋弊。(仁宗二一四、二一)

（**嘉慶一五、二、壬寅**）諭內閣：據巡視西城給事中慶明等奏，緝獲謀命兇犯，並訪拏囤販米石奸商二摺。蕭三、王大等圖得李三驢車，輒將李三謀斃，情殊可惡。近年輦轂重地，每有謀命重犯，日久無獲，若皆能剋期查拏，何致正兇遠颺無可蹤跡。今指揮曹攀華，於數日內派役嚴拏就獲，尚屬認真緝捕。又將奸商陳永等囤積米石訪拏，並究出帳簿及交易字號，頗屬能事。除將兇犯蕭三、王大及奸商陳永等，交刑部審訊定擬外，曹攀華著加恩以應升之缺升用，慶明、周鉞併著交部議敘。(仁宗二二六、四)

（**嘉慶一五、六、甲辰**）又諭：御史興安奏請將鄉民糴買細米准令出城一摺。向來粗米不准顆粒出城，所以杜回漕之弊。至若升斗細米，原准鄉民入城糴買，以資口食，本不在禁止之列。乃近日該營員等往往規避處分，概行攔阻，以致實係附近鄉民買食細米亦一概不准出城，殊於小民生計有關。著步軍統領衙門，通飭各營員及城門領等，嗣後該商戶等，如有偷運販賣及囤積牟利等弊，該地方文武員弁，自當隨時實力訪拏。其附近居民糴買細米數在一石以內者，著照舊定章程，准其出城，毋得攔阻。(仁宗二三一、一〇)

（**嘉慶一八、六、壬寅**）又諭：御史辛從益奏請申明囤積例禁一摺。定例米石不准載運出城，原以防私運回漕之弊。前次步軍統領衙門拏獲私販米石之案，祇將查出米石總數具奏，其米數未滿例限者，并未一一分晰。著刑部訊明各鋪户米石確數，按例分別辦理，以昭平允。至五城鋪户所存米麥雜糧，每種例不得過一百六十石，又有流通糶賣不在定限之例。囤積糶賣，兩相影射，亦覺難以區別。著户部再詳加酌覈，明定規條，俾得簡易遵行，免滋流弊。其步軍統領衙門，查拏私運，原應申嚴門禁，有犯必懲。若小民糶買細米，擔負出城，不在例禁之内者，毋許紛紛苛索，以杜擾累。又五城御史所奏，酌議平糶米石事宜一摺，著俟刑部審明定案後，再行遵照辦理。尋奏：例載五城鋪户貯糧，每種不得過一百六十石，本虞囤户居奇，定以限制。乃奸商巧於規避，或分貯數處、數十處，均在例額以内，該管官兵無從查拏。請嗣後開設通衢流通糶賣鋪户，間有賣少存多，並非有心滋弊者，雖在一百六十石之外，亦當體察情形，以昭區別。如租賃廟宇、民房堆貯，隨時糶賣，即係囤積居奇，雖不及一百六十石，亦當嚴行查禁。從之。(仁宗二七〇、四)

（嘉慶一九、二、戊申）諭内閣：御史孫汶奏請申明舊例，嚴禁奸商，以裕民食一摺。囤積之弊例禁綦嚴，而奸商牟利居奇，巧為緣飾，或分囤數處，或集夥運販，避囤積之名，而陰居其實。糧價昂貴，職此之由。著地方官認真訪查，勿任壟斷網利，其胥吏等有賄縱訛詐者，一併嚴拏懲辦，毋稍寬縱。至開設燒鍋，有妨民食，在荒歉處所，尤應嚴加防禁。並著各該地方官實力稽查，除原有燒鍋之外，不得再有增添，俾米粟不致虛耗，以裕粒食，而厚民生。(仁宗二八五、一)

（嘉慶一九、閏二、乙酉）諭内閣：英和等奏剔除偷運回漕積弊一摺。南糧歲勞轉運，以實京儲。其俸甲等米領出之後，兼可贍及民食，惟回漕之弊，最為蠹國病民。近來俸米、甲米入朝陽門，均派御史等稽察嚴密，其城外居民零星食米，勢不能不令負荷出城，是以細米在一石以内者，為例所不禁。乃奸商作偽，又將碾過一槽之米，攙合粗米，弊混回漕，著照所請一體示禁，必實係細米，方准出城。仍著嚴飭該城門官兵，毋許得錢賣放，索詐擾累，别滋弊端。(仁宗二八六、二七)

（嘉慶一九、三、乙卯）諭内閣：前據刑部奏，審訊王三等勾通天津鋪户，販運米石出城，恐有回漕情弊，當降旨交那彥成查究。兹據那彥成奏稱，天津烟户稠密，惟藉商販米石接濟。刑部訊出該鋪户盧德等，自上年四月至今，共買運細稜米一萬四千餘石，於全漕似無大礙等語。奸商私運米石出城，本干例禁，京城居民繁庶，百倍天津，此項私運稜米一萬四千餘石，若云可濟天津民食，獨不計都城民食驟少此數乎？況天津一帶，為漕艘經過通津，正係回漕弊藪，豈可不嚴密查禁？著那彥成仍派員確查該處私運米石，若實係細米零星售買，無庸究辦；儻將租米攙混，影射弊漕，即嚴拏按律懲辦以除積弊。並著刑部將王三等再行提訊，該鋪户等所買米石，如有賣給旗丁回漕情弊，即確訊某幫某丁，開單咨行該督，按名查拏究辦。（仁宗二八八、一七）

（嘉慶二二、六、辛丑）諭內閣：御史謝崧奏，請禁奸商囤積並運米出城一摺。京城鋪户囤積米石，及偷運出城，例禁綦嚴。現在米價較四五月間增昂，自應嚴查弊端，以平市價。著步軍統領衙門、順天府、五城即查京城米鋪，如有違例多囤至五百石以外者，照例懲辦。其各城門私放米石，接濟回漕，並著實力查拏，有犯必懲，毋稍疏縱。（仁宗三三一、三二）

（嘉慶二二、七、辛未）又諭：御史王松年奏，奸商運米出城，請旨查辦一摺。京城鋪户偷運米石出城，例禁綦嚴，甫經降旨申禁，乃內外城各門仍不免偷漏。本月二十五、二十六日，該御史目擊大車十餘輛運米出廣寧門，並見大街各米鋪門口車輛絡繹裝載，守門員弁毫無稽察，藐玩已極。除那彥寶現在隨圍，英綬現在圓明園住班，均予免議外，英和著先行交都察院議處。所有廣寧門守門官弁，查明是日直班之員，俱著革職，交刑部嚴訊，如有得賄賣放情弊，計贓按例治罪。其失察之該管各員，並著查明分別參處。該御史指出之隆豐等米鋪，一併查明交刑部審訊，並著順天府、五城一體查緝獲犯，歸案審辦。（仁宗三三二、二六）

（嘉慶二二、八、乙亥）步軍統領奏：查拏偷運米石人犯，訊出官員得賄，請交部嚴審。得旨：此案西城藉查辦囤積爲名，索詐米鋪錢文，至四千五百千之多，實屬藐法。其所封隆豐等鋪米石，如例不應禁，即不當同時查封，若係例應封禁之米，該巡城御史彼時即應參奏究辦，何以該米鋪一經湊給錢文，旋即徹封？恐尚非該吏目一人所能主持。吏目朱學斐著即革職，巡城御史伊綿泰、蕭鎮著一併解任，交留京王大臣會同刑部嚴行審訊。如訊出該御史實有知情染指情弊，無庸具奏，即行革職嚴究，按律定擬。其已革城門領孫紹佑，門吏王德，千總德桂、春成，所供上月二十五、六兩日，大車所載，均非違禁米石，其言亦未可信，並著歸案嚴審，如有得賄賣放情弊，均計贓按律治罪。（仁宗三三三、二）

（嘉慶二二、八、丁丑）諭內閣：英和等奏，拏獲西城封禁米鋪案內說事過錢犯證，訊明巡城御史伊綿泰蕭鎮得贓，請旨辦理一摺。御史爲風憲之官，遇有貪官汙吏，聽其糾參，分應廉正自持，方爲無忝厥職。乃伊綿泰、蕭鎮於封禁米鋪案內，索詐分肥，各得受贓錢一千二百千，藐法已極。伊綿泰、蕭鎮俱著革職拏問，交留京王大臣會同刑部嚴行審訊，定案時，俱著加等問擬。即派熙昌前往伊綿泰家中查抄，派秀寧前往蕭鎮家中查抄，如查明伊綿泰、蕭鎮一切字紙，有囑託賣法等件，密封進呈，及別有不法情事，迅即據實具奏。所有案內一干犯證，俱著解交刑部歸案審辦。至已革城門領豫紹佑等，前供並未得贓之言，並未可信，著留京王大臣等一併嚴審確情，毋任狡展。其都察院議處英和之摺，俟全案審結時，再降諭旨。(仁宗三三三、三)

（嘉慶二二、八、庚子）留京王大臣莊親王綿課等奏：嚴訊巡城官吏得贓，並城門領賣放米石出城，審明定擬。得旨：此案已革吏目朱學斐，因派查鋪戶米囤，起意索詐，將並未逾額米石先行封禁，串通湊錢打點，慫憑已革巡城御史伊綿泰、蕭鎮分受多贓。伊綿泰、蕭鎮均罪擬縊首，朱學斐首先起意，尤爲罪魁，豈得以計贓數少爲解？且制錢一百四十餘千，亦已逾貫，乃僅將該犯擬發黑龍江，實屬輕縱。朱學斐著改爲絞監候，與伊綿泰、蕭鎮均入於本年朝審情實，速繕招册，於初五日具奏。留京王大臣刑部堂官，擬罪輕重失倫，俱著交部議處。所有案內各犯罪名，除朱學斐、伊綿泰、蕭鎮三名外，餘著軍機大臣會同行在刑部，覈議具奏。(仁宗三三三、一八)

（嘉慶二二、九、丙寅）刑部奏：審明買米出城人犯。得旨：奸商設法進城買米囤積，接濟回漕，例有明禁，各城門於買米數在一石以外，及疊次出入形跡可疑者，自應查拏究辦。若小民零星自買食米，及受雇背負，凡在一石以內者，不得紛紛查拏，以杜擾累。(仁宗三三四、一八)

（嘉慶二三、四、己卯）諭內閣：據欽天監奏，詳查欽定天文正義，內載天地四方昏濛若下塵雨，不霑衣而土，名曰霾。故曰天地霾，君臣乖，大旱。又爲米貴等語。……至米貴之説，亦非無因。米穀爲民生日用所需，貴乎流通而不滯。近來京城米禁太嚴，推察其故，守門官弁兵役，因有查拏回漕米石之例，輒將民間買食細米一併緝拏，其實粗米可以回漕者，但經行賄，悉皆賣放，因而米價日貴，所苦者不過貧窶細民耳。嗣後守門官吏，如將貧民買食細米索詐阻拏，審明均著照例治罪。爲治以不擾民爲先，總期省除煩苛，自成善政也。(仁宗三四一、一四)

2. 特准運丁出售餘糧

（康熙四九、一、乙未）諭八旗都統等：八旗兵丁，每人所得四十斛之米，人口多者，適足養贍，人口少者，食之不盡，必至售賣。與其自倉運出，費腳價而復行轉賣，不若計口支放，餘者照時價給銀，於兵丁有益。爾等即傳諭户部。(聖祖二四一、四)

（乾隆四、七、辛亥）户部議覆：稽察天津等處漕務吏科給事中馬宏琦奏，嗣後旗丁沿途私賣食米者，照偷賣漕糧例，一體治罪。至抵通交卸之

後，所有餘米令坐糧廳給與驗票，准其售賣。如有私相買賣，並抵補虧缺者，查拏究治。應如所請，從之。（高宗九六、八）

（乾隆四、七、甲子）命增價糶糧艘餘米。諭曰：今年糧艘進京，漕運總督等約束嚴緊，不許旗丁沿途糶賣食米、耗米，留爲歸途出糶，以資盤費。朕思旗丁多餘米石，原欲賣與民間，希圖得價。若畿輔地方官出價收買，以備賑糶之用，似於公私兩便。但照官定之價，恐減于市糶之數，於旗丁無益。應照民間時價，公平給與，不得掯勒強買，以致旗丁受虧，並擔擱回空日期。今回空船隻，尚未全數過津，但爲期已迫，著總督孫嘉淦悉心斟酌速行。一面辦理，一面奏聞。（高宗九七、三）

（乾隆四、八、甲午）命妥酌運丁糶賣餘米之法。諭：向來漕運舊例，旗丁行月等米，於重運進京時，不許售賣，止許於回空途次糶賣，以作盤費。後經科臣條奏，欲稍弛其禁，而部臣以漕務關係重大，不便更張，未經准行。朕已依允。又因連年直隸歉收，米糧短少。諭令督臣孫嘉淦，取官價糶賣，不許掯勒，以期公私兩便。後據孫嘉淦奏稱，旗丁餘米利於賣與民間。且當進京之時，有先用舖户之錢，而以回空之餘米抵完者，是以官買之米，甚屬有限等語。朕之令直督官買旗丁餘米者，偶因今年畿輔地方需米起見，原非可常行之事。即重運入京之時，不許旗丁賣米之禁，亦有可變通者。蓋重運不許糶賣餘米，惟恐旗丁借此盜賣漕糧耳。但漕運進京，有大員督運，不難沿途稽查。而抵通之後倉場驗收，又不容絲毫掛欠，旗丁亦難以作奸。而重運當春夏之交，正米價昂貴時候，既不得出糶，未能獲利，而回空之際，沿途賣米，又未免有羈時日。且恐旗丁將來慮帶米無利，必致少攜米石，多置他貨，於北省亦屬無益。宜如何變通之處，著該部另行妥議速奏。（高宗九九、九）

（乾隆四、八、丙申）諭軍機大臣等：前因七月間雨水稍多，恐畿輔地方尚須米石，是以諭令孫嘉淦發價收買旗丁餘米，以備接濟。隨據孫嘉淦以旗丁餘米所賣甚屬無多，具摺回奏。朕看今秋直隸各屬收成豐稔，不須他處米糧接濟，其收買旗丁餘米之舉，即行停止。孫嘉淦尚未將停止之處奏聞，可速寄信與孫嘉淦知之。（高宗九九、一三）

（乾隆四、八、甲辰）是月，直隸總督孫嘉淦奏：前奉諭旨，速行市買糧艘餘米，以裕倉儲。查回空之日，百姓乘時赴糶，不便禁止。又糧船北上時，多有向熟識舖户豫支銀兩，約於回空交米者，亦當聽其自便。是以官買米石，不能多得。得旨：原應如此辦理者。（高宗九九、二九）

（乾隆五、四、丙申）户部議覆：河東河道總督白鍾山、巡視南漕御史侯嗣達奏：旗丁所帶多餘食米，准於北上時售賣，但須酌定某某集鎮地方。如山東南陽等處，皆係河路馬頭，可以售賣。其餘村莊畸零，及曠野之處，毋庸概令售賣等語。查集鎮人烟輻輳之地，旗丁覓售既易，官吏亦便稽查，如偏僻曠野之所，糴買者少，更恐奸囤迎接，勾通私盜。應如所請。酌定地方售賣，但祇令押運官弁酌量關會，恐所定集鎮，未能妥協。應行令總漕查明經過地方，酌定鎮集，令其售賣，轉飭該處營縣查察。如係曠野地方，即行禁止。仍將酌定鎮集處所，造冊送部查核。倘不遵照酌定地方，越境擅賣，及通同故縱情弊，即行參處。從之。（高宗一一五、二七）

（乾隆二三、七、丙戌）又諭：今年各省糧艘，抵通約早一月，該運丁等除交倉全完外，所餘食米尚多。此等餘米，俱由坐糧廳衙門給與照票，俟回空時，於天津一帶沿途售賣。而通州水次，則例應嚴禁私糴，蓋因通倉為兌米之地，恐夾雜影射，致滋弊端也。若漕米均已不致掛欠，而例應官買之餘米，亦皆交倉事畢，其所有餘剩食米，自可聽其在通出糶，不必過為苛禁。在各運丁等，既可免領照驗票之繁，而通州米石充裕，於京師民食，亦屬有益。該部即遵諭行。（高宗五六六、四）

（乾隆二五、五、庚戌）諭：前經降旨，令旗丁餘米，准其在通變賣，以資日用。現在漕艘陸續抵通，所有各旗丁多餘食米，仍照前例，於正供兌足之後，即准其就通出售。於旗丁等既稱便益，而地方糧石流通，兼可平減市價。該部即遵諭行。（高宗六一二、一五）

（乾隆二六、六、庚午）諭：前經降旨，令旗丁餘米，准其在通變賣，以資日用。今年米價甚平，所有抵通漕艘，於正供兌足後，旗丁多餘米石，聽伊等酌留食用。如有情願出售者，仍照前例，即准其就通糶賣。於旗丁等既屬便益，而地方糧石亦愈得流通充裕。該部即遵諭行。（高宗六三八、四）

（乾隆二七、閏五、戊子）諭：節年以來，屢經降旨，令旗丁餘米，准其在通變賣，以資日用。現在各省漕艘，陸續抵通。於正供兌足後，旗丁多餘米石，如有情願出售者，仍照前例，即准其就通糶賣。於旗丁等既屬便益，而地方糧石亦愈得流通充裕。該部即遵諭行。（高宗六六三、一八）

（乾隆二九、四、辛丑）諭：向來旗丁餘米，准其在通變賣，以資日用。現在漕艘將次抵通，而京師今歲糧價甚平，若餘米流通，於民食更為有益。所有旗丁多餘米石，聽伊等酌留食用外，如有情願出售者，仍照前例，准其在通糶賣。該部即遵諭行。（高宗七〇九、六）

（乾隆三二、五、壬申）又諭：節年以來，屢經降旨，准令旗丁在通變賣糶米，以資日用。現在各該省漕艘，陸續抵通，於兌足正供後，旗丁多餘米石,如有情願出售者,仍著加恩准其在通州糶賣。旗丁等既屬便宜,而地方糧石益加充裕,於民食更有裨益。該部遵諭速行。(高宗七八四、一八)

(乾隆三三、五、庚子)諭:旗丁餘米,節年以來,准在通州變賣,以資日用。現在各省糧艘,陸續抵通,如旗丁於兌足正供之後,尚有多餘米石,情願出售,仍著加恩准其於通州糶賣。在旗丁等既屬便宜,而地方糧石益加充裕,於民食更有裨益。該部遵諭速行。(高宗八一〇、一九)

(乾隆三四、五、己酉)又諭:旗丁餘米,節年以來,准在通州變賣,以資日用。現在各省糧艘,陸續抵通,如旗丁於兌足正供之後,尚有多餘米石,情願出售,仍著加恩准其於通州糶賣。在旗丁等既屬便宜,而地方糧石益加充裕,於民食更有裨益。該部遂諭速行。(高宗八三五、一五)

(乾隆三五、閏五、庚戌)諭:向來旗丁餘米,准在通州變賣,以資日用。現在各省糧艘,陸續抵通。若旗丁於兌足正供之外,尚有多餘米石,情願出售者,仍著加恩准其在通州糶賣。旗丁等既所樂從,而地方糧食益充,於市價民食均爲有益。該部遵諭速行。(高宗八六〇、一一)

(乾隆三七、五、乙未朔)諭:向來旗丁餘米,准在通州變賣,以資日用。現在各省糧艘,陸續抵通,若旗丁於兌足正供之外,尚有多餘米石,情願出售者,仍著加恩准其在通州糶賣。旗丁等既所樂從,而地方糧石益充,於市值民食均爲有益。該部遵諭速行。(高宗九〇八、一)

(乾隆三八、五、戊子)諭:向來旗丁餘米,准在通州變賣,以資日用。現在各省糧艘,陸續抵通,若旗丁於兌足正供之外,尚有多餘米石,情願出售者,著加恩准其在通州糶賣。在旗丁等既所樂從,而地方糧石益充,於市值民食均爲有益。該部即遵諭行。(高宗九三五、二六)

(乾隆三九、五、甲寅)又諭:向來旗丁餘米,准在通州變賣,以資日用。現在各省糧艘,陸續抵通,若旗丁於兌足正供之外,尚有多餘米石,情愿出售者,仍著加恩准其在通州糶賣。在旗丁等既所樂從,而地方糧石益充,於市價民食均爲有益。該部即遵諭行。(高宗九五八、三)

(乾隆四〇、五、丙辰)諭:向來旗丁餘米,准在通州變賣,以資日用。現在各省糧艘,陸續抵通,若旗丁於兌足正供之外,尚有多餘米石,情願出售者,仍著加恩准其在通糶賣。在旗丁等既所樂從,而地方糧石益充,於市價民食均爲有益。該部即遵諭行。(高宗九八二、一二)

(乾隆四一、五、乙未)諭:向來旗丁餘米,准在通州變賣,以資日用。現在各省糧艘,陸續抵通,若旗丁於兌足正供之外,尚有多餘米石,情願出售者,仍著加恩准其在通糶賣。在旗丁等既所樂從,而地方糧石益充,於市

價民食均爲有益。該部即遵諭行。（高宗一〇〇九、一〇）

（**乾隆四二、五、乙亥**）又諭：向來旗丁餘米，准在通州變賣，以資日用。現在各省糧艘，陸續抵通，旗丁於兌足正供之外，尚有多餘米石，情願出售者，仍著加恩准其在通糶賣。在旗丁等既所樂從，而地方糧石益充，於市價民食實有裨益。該部即遵諭行。（高宗一〇三二、一九）

（**乾隆四三、四、丙午**）諭：向來旗丁餘米，准在通州變賣，以資日用。現在糧艘已陸續抵通，旗丁於兌足正供之外，尚有多餘米石，其有情願出售者，仍著加恩准其在通糶賣。在旗丁等既所樂從，而近畿地方糧石益充，於市價民食均爲有益。該部即遵諭行。（高宗一〇五五、一）

（**乾隆四五、五、乙酉**）諭：向來南糧餘米，俱准在通州變賣，以資日用。現在各省糧艘，陸續抵通，旗丁於兌足正供之外，其有多餘米石，情願出售者，仍著加恩准其就近於通州糶賣。在旗丁等既所樂從，而近畿地方糧石益充，於市價民食均有裨益。該部即遵諭行。（高宗一一〇六、一一）

（**乾隆四八、四、戊子**）又諭：向來南糧餘米，俱准在通州變賣，以資日用。現在各省糧艘，陸續抵通。旗丁於先兌正供之外，所有多餘米石，情願出售者，仍著加恩准其就近於通州糶賣。在旗丁等既所樂從，而近畿地方糧食益充，於市價民食均有裨益。該部即遵諭行。（高宗一一七九、一九）

（**乾隆五二、六、丁未**）諭：向來南糧餘米，俱准在通州變賣，以資日用。今年南來全漕，餘米必多。各省糧艘抵通，旗丁於交足正供之外，所有多餘米石，情願出售者，仍著加恩准其就近於通州糶賣。在旗丁等既所樂從，而近畿地方糧米益充，於市價民食均有裨益。該部即遵諭行。（高宗一二八二、一六）

（**乾隆五四、五、庚午**）諭：向來南糧餘米，俱准在通州變賣，以資日用。今南漕現屆抵通，旗丁於交足正供之外，所有多餘米石，情願出售者，仍著加恩准其就近於通州糶賣。在旗丁等既所樂從，而近畿地方糧米益充，於市價民食均有裨益。該部即遵諭行。（高宗一三二八、二五）

（**乾隆五七、六、丁酉**）是月，倉場侍郎劉秉恬、山東巡撫覺羅吉慶奏：臣等在臨清，將截留直隷、河南漕米兌完，有直隷老民等來東求奏謝恩，當即酌給盤費回家。批：好。又奏：河南亦有謝恩老民，委員允爲稟陳代奏。查此次直豫二省貧黎得霑殊澤，而臨清小民攛斛負米，均得雇價養贍。旗丁多餘食米，准令就近糶賣，糧石藉以流通。又批：所謂一舉而三得也。又奏：民食實有裨益。得旨：欣慰覽之。（高宗一四〇七、二四）

（**乾隆五九、四、丁丑**）諭：向來南糧餘米，俱准在通州變賣，以資食用。今南漕現已抵通，旗丁於交足正供之外，所有多餘米石，情願出售者，仍著加恩准其就近於通州糶賣。在旗丁等既所樂從，而近畿地方，於市價民食均有裨益。該部即遵諭行。（高宗一四五一、九）

（**乾隆六〇、四、辛卯**）諭：向來南糧餘米，俱准在通州變賣，以資食用。今南糧既已抵通，旗丁於交足正供之外，所有多餘米石，願出售者，仍著加恩准其就近於通州糶賣。在旗丁等既所樂從，於郊畿市價民食亦有裨益。該部即遵諭行。（高宗一四七六、一五）

（二）便利糧食販運

1. 開放關外糧禁

（**康熙二五、一一、丙辰**）諭大學士等：聞有運盛京糧米於山海關內者，又泛海販糶於山東者多有之。糧米所繫，最為緊要。況今防戍官軍，人口眾多，糧糈可以足用，不致缺乏耶？未可必也，宜止其販糶糧米。其下所司，密咨移盛京將軍、副都統、戶部侍郎，以己意禁之。（聖祖一二八、一二）

（**康熙五五、四、戊申**）戶部議覆：直隸巡撫趙弘燮疏言，順天、永平二府，去年被水歉收，見奉旨發米賑濟。但永平府屬，地多瀕海，艱食尤甚。臣聞得山海關外，米穀頗多，向因奉禁，不敢入關。請暫開兩月之禁，俾關外之民，以穀易銀，益見饒裕，關內之民以銀易粟，得賴資生。應如所請。從之。（聖祖二六八、一五）

（**康熙六一、一一、丁酉**）又諭：皇考念切天下兵民生計，因京師米貴，焦思極慮。當龍馭上賓之時，猶惓惓未釋於懷。向來口外米穀，不准運進口內，而燒鍋仍照常開設。可速令口外米穀，准其進口，其開設燒鍋，著行禁止。（世宗一、一三）

（**雍正三、六、丙子**）署山西巡撫伊都立摺奏：太原、平陽、潞安、汾州、大同五府，澤州等十二州，俱經得雨霑足。奉上諭：深慰朕懷。頃聞邊外一帶，糧多價賤。去年曾有諭旨，內地百姓，如有情願用船載糧，從黃河販運者，任其糶賣，毋禁。如此，似內外均獲利濟。今歲不聞有照此行者，爾其確查情形，果若有益，何不諭地方官勸導百姓行之。但不可強之使為也。假若照此行後，邊內糧價，豈不更減乎？總須爾酌量行之。（世宗三三、一三）

（**雍正三、八、癸未**）諭大學士九卿等：……連歲口外，收成頗好。朕曾降旨，進口糶賣米糧，不得禁止。近聞各口官弁，於米糧進口之時，每借稽察爲名，多方勒索，以致阻滯。著兵部行文各口，毋得仍蹈前轍，使米糧不得通行。（世宗三五、一四）

（**乾隆三、三、丙子**）奉天將軍博第奏：請禁商人販賣米糧。得旨：禁止賣米，本非善務。錦州地方，所收雖薄，然口內之人有去買者，即彼處較口內低賤可知矣。爾所禁者非是。（高宗六五、一七）

（**乾隆六、四、癸亥**）戶部議准：奉天將軍額爾圖題覆刑部侍郎常安奏請禁止海運一摺。查奉天米價向屬平賤，近年戶口滋多，生齒日繁，又加各省貿易人衆，本地所產僅足食用。邊外蒙古、黑龍江、船廠等處，收成偶歉，亦賴接濟。若聽水陸兼運，則糧價增昂，旗民必致艱食。請禁止海運。從之。（高宗一四一、一三）

（**乾隆八、一〇、丙寅**）諭曰：奉天將軍額爾圖，因朕恭竭祖陵，經行口外，恐扈從人衆沿途米糧不敷供給，奏請巡幸之先，禁止米糧入關。今已回鑾，自應開禁通商。第恐各處關口胥役人等，仍或借端阻遏，希冀勒索，以致米糧不能一時流通。著該將軍、府尹等，即速行文關口各員弁、稽查胥役，毋許借端阻遏。并出示曉諭，關外商民聽其運往關內各處販賣。俾米糧流通，民食充裕，以副朕痌瘝民瘼之至意。（高宗二〇三、三）

（**乾隆九、九、庚子**）又諭：上年直隸天津、河間等屬，被旱歉收。朕臨幸奉天，目覩收成豐稔，米價平賤，即降旨高斌，令其前往販運，至次年秋收爲止。本年三月內，又經御史李清芳奏請寬限，朕已降旨，寬至今冬在案。今據高斌奏稱，直屬米價雖現在平減，而津屬慶雲等縣，現被偏災，慶邑本屬少米之鄉，天津又爲商賈叢集之地，可否仰懇聖恩，准再將奉天海禁寬展一年，俾民食得有接濟等語。著照所請，奉天海運准再展限一年。該部即遵諭行。（高宗二二五、一五）

（**乾隆一二、一二、甲戌**）軍機大臣等議覆：副都統哲庫納、府尹蘇昌奏，奉天暫開海運，原因直屬災黎起見，請止令直隸購買，餘省暫緩通商等語。查暫弛海禁，原屬一時權宜之計，他省商販，自不得越境販運。至所稱，或令官買，或令商辦之處，查開禁原以通商便民，與委員採買不同，今若議定官買，非流通商販之意。應令該督將災地情形，酌定需用米數，會商該副都統、府尹稽查辦理。再此次開禁，本以一年爲限，今請買足即行停止，與所定年限不符，應令臨時會同該督，酌量奏請。得旨：依議速行。（高宗三〇五、四）

（**乾隆一三、四、甲寅**）又諭：奉天接濟天津、靜海，尚須加運糧二萬石之處，既經那蘇圖咨商達勒當阿，應俟咨商到日，通融辦理。至奉天海運，原有明禁。今運送接濟，亦祇在八萬石數內，並非開通海禁，聽商民任意購買也。今那蘇圖奏稱，民間一聞禁止海運，糧價勢必驟長，仍俟二麥登場，密咨停止海運等語。轉似奉天運糧八萬石，亦在禁止之內，又似二麥未登場以前，海運概不應禁止。所奏殊未明晰。可傳諭伊，仍照原旨辦理。（高宗三一二、二）

（乾隆一五、一一、辛亥）諭：前因天津、靜海等縣，今歲被有偏災，准方觀承所奏，暫開奉天海運，以資接濟。海運既開，則陸路商販，自應聽其流通，豈可復行禁遏？乃近聞該將軍等，於關外設卡嚴查，陸運不通，是因海禁暫弛，而轉增閉糶之令，大非朕一視同仁之意。著該將軍等，將新添卡路兵役徹回，俾商販無阻，糧價漸平，庶於民食有益。該部即行文該將軍等知之。（高宗三七六、二四）

（乾隆一六、四、乙未）諭軍機大臣等：從前山海關外糧石，禁入關門，特為關係盛京等處人衆口糧，所進過多，彼處轉少，故盛京將軍具奏禁止。今聞副都統常壽，於邊民稍有所攜一概禁止，此內或行人裹帶餱糧，或山海關內居民關外耕獲所收糧米。若不量加分別，概加禁止，不免有礙關內民食。著寄信常壽，如商販載米者，查明禁止，其行人所帶路食，及種地所收之糧，仍許攜進，不得禁止。（高宗三八七、一九）

（乾隆一六、五、癸亥）諭軍機大臣等：前據奉天府府尹圖爾泰奏稱，義州存倉黑豆，除支給莊頭餧馬，及撥補酌留豆石外，尚餘黑豆一萬三千石有零，遞年積累，霉變堪虞。請於義州及省城，酌量減價平糶等語。當經就摺批發。但義州一倉，餘豆既有一萬三千餘石，則所屬各倉，諒必俱有多餘。關東為出產黑豆之地，各處市價，似不致甚昂，即有偶需平糶之處，尚屬充裕。京師官員兵丁，餧養馬匹衆多，非他處可比，黑豆一項，在所必需，自應廣為儲積，以備支糶。應於奉屬附近海口州縣內，將此項徵收多餘豆石，各按地方情形，酌定數目，每歲派撥一二萬石，照乾隆四年海運之例，由奉天海口，運至通州，交倉存貯。其現在議裁養息牧馬匹二十二群，所有每年應支黑豆，亦著一併運通。如遇該省豆價平賤之年，並可酌量動項採買，隨船搭運，以備京師平糶之用，於官兵餧養馬匹，實為有益。著傳諭該將軍府尹等，令其詳確妥協，定議具奏。尋奏：奉天錦、寧、廣、義四倉，每年徵收退地支放餘剩豆，一萬七千餘石，按年儘數運交，如遇豐收之年，再照時價，買貯一二萬石，隨船搭運。其民地項下黑豆，各州縣額存自四千至六千石不等，仍存倉貯。錦、寧二州縣除遞年糶借外，餘豆二萬七百餘石，全數起運，至本年秋收徵還豆石，亦仍留倉備用。所有水陸運腳以及盤費等項，俱照乾隆四年之例動給。至養息牧裁減馬群應支豆石，一併運通之處，另摺奏覆。從之。（高宗三八九、二四）

（乾隆一六、九、辛巳）又諭：山東濟南府等屬，今歲夏秋被水成災。……著照乾隆十三年之例，暫弛海禁，令招商前往購糴，運東糶賣。俾濱海窮黎，無虞艱食。（高宗三九九、三）

（乾隆二七、七、丁卯）諭：奉天、直隸海船往來，運販米豆雜糧，向有例禁。今夏近京一帶，雨水過多，市價未免稍昂。而奉屬連年豐稔，若令商販流通，於小民生計甚有裨益。著暫開海禁一年，俟明歲秋收後，再行停止。至商販船隻出入，應行驗票稽查。其由京往奉省者，令於步軍統領衙門給票。由奉省來京者，於奉天將軍衙門給票。各州縣往奉省者，於直隸總督衙門給票。庶彼此察覈有憑，可杜冒濫諸弊。著直隸總督、奉天將軍、府尹，會同酌定章程，妥協經理。（高宗六六六、六）

（乾隆二七、一〇、戊午）〔直隸總督方觀承〕又奏：天津商船販到奉天粟米、高粱甚多，足徵該處收成豐稔。查乾隆八年、九年、十六年節經動項赴奉採買，由海運分撥，現應循照辦理。在司庫旗租項下，暫借銀十五萬兩，委員往奉天沿海地方採買，合計米價運費，每石成本如止一兩二三錢，即儘數買米，倘值價昂，兼買高粱。俟春融由海運津，分撥各屬，以供借糶補額等用。其委員赴奉應需運鞘、車價、薪水等項，統在司庫耗羨項內酌撥。得旨：嘉獎。（高宗六七三、二三）

（乾隆二九、三、辛巳）是月，直隸總督方觀承奏：…查上年由奉天買回粟米，貯天津北倉，今尚存一萬九千餘石。其米經由海運，帶潮難資久貯。請分運〔東西兩淀子牙河挑濬〕工次平糶。…得旨：甚好。（高宗七〇七、二一）

（乾隆三一、七、丁亥）諭軍機大臣等：據舍圖肯奏，奉天各屬，自五月以來，頗覺亢旱。今七月初四等日，雖得透雨，秋收可望，而市集糧價，日漸增長，皆因商販囤積搬運所致等語。向因奉天糧石充裕，是以直隸、山東毗連省分，許其就近販運，以資接濟。今直隸、山東現俱豐收，民食自屬有餘，無須更資奉天糧石應用。所有該二省現在運買商販，著暫行停止。並將此傳諭該將軍、府尹及督撫等知之。（高宗七六五、三）

（乾隆四三、四、癸巳）又諭：向來京師市肆麥石，大半由豫、東二省商販前來，以資民食。今年河南、山東二省，春膏未渥，麥收未免歉薄，恐北來販運，不能源源接濟，將來京師麥價，未免漸昂，自應豫爲籌辦。因思盛京各府屬，本年雨水調勻，麥收自必豐稔，且彼處糧價，本視他省較賤。著傳諭弘晌等，酌量情形，採買二三十萬石，即由海道運至天津，屆期接運至京，以供平糶，俾市糧充裕，於民食更為有裨。再此項麥石，如現在該處時價，較往年採買定值略昂，即不妨酌量稍增，不必用官價抑買。此事即交弘晌、喀爾崇義、富察善三人，飭屬妥辦，毋致吏胥等從中滋弊。並將籌辦事宜，迅速覆奏。將此由四百里諭令知之。（高宗一〇五四、五）

（乾隆四三、四、壬子）諭軍機大臣等：前因京畿一帶，麥苗待澤，糧價稍昂。降旨令五城設廠平糶，并傳諭弘晌等，於各屬酌量採買麥石，由海道運至天津，接運到京，以供平糶之用。茲據弘晌等奏，盛京本城，止可採買七千餘石，其餘各屬，俟查覆到日，再酌定採買數目具奏等語。盛京地方，市糧雖素稱饒足，而種麥者較少於各種米糧，恐一時採買過多，麥價或漸至騰貴。且今年秋間，尚須巡幸該處，其閭閻口食，不可不令較為充裕。至京城平糶之用，昨已諭令畢沅於常平餘麥內的撥五萬石，由河南水路轉運到京。是各廠備糶麥石，可無需盛京多撥。著傳諭弘晌等，如採買不甚費力、價值不致驟昂，即購辦一二萬石運京。若辦理稍覺竭蹶，止將現在採買之七千餘石，即派員由海船運送。一面知會周元理，委員接運送京，將此由四百里傳諭弘晌等，并令周元理知之。（高宗一〇五五、一九）

（乾隆四三、五、庚申朔）諭軍機大臣曰：弘晌等奏，奉天各屬，查出麥石數目，約計可敷採買五萬石之用。錦州現有麥一萬九千石，所屬螞蟻屯海口運豆船隻，可以裝載，先行運津，並雇商船，一同裝運。其寧遠州屬，俟查出麥石數目到時，亦令該處豆船運送。至承德、遼陽等各州縣，各有海口，每年俱有天津買賣船隻，現派員確查船數，約可裝載二萬餘石，倘有不敷，另行籌辦等語。此項麥石，既據弘晌等辦有端緒，自可期陸續抵津。著傳諭周元理，即派妥幹之員前往接收，運到麥石，務宜留心經理，以期妥協。（高宗一〇五六、二）

（乾隆四九、六、癸丑）是月，盛京將軍宗室永瑋、盛京戶部侍郎鄂寶、奉天府府尹奇臣會奏：承德等七州縣新麥價稍平，每石一兩六錢八分至二兩二錢不等。除留本處一年食用，尚可採買三萬石，拉運海口，用船二十五隻，分載送京。此次船，照運豆例，直隸雇辦。下部知之。（高宗一二〇九、三六）

（乾隆五一、四、壬辰）又諭：昨據阿桂奏，在山東齊河途次，經明興告稱，東昌、濟南、臨清、泰安等屬雨澤短少，民食未免拮据，不可不設法籌備。利津海口有自奉天航海販賣糧食者，已密諭各屬派人前往平價糶買，可得數萬石，酌撥缺雨各屬存貯，以備賑糶等語。東省上年秋收歉薄，本年東昌、濟南等屬又復缺雨，雖節經降旨賑卹緩徵，但麥收未能接濟，民食維艱，朕心深爲廑注。該撫所稱，前往海口糴買糧石，是亦籌辦之一法。第現在缺雨地方仰資糊口，實爲刻不容緩之事。奉天節年豐稔，糧食充足，若俟東省派人前往糴買，尚恐往返稽時，著傳諭永瑋等，即行豫備糧石，派委妥員由海道運至東境。明興仍當派員前赴海口一帶，照料接運，俾得迅抵東省，以備分撥賑糶。如此設法調劑，庶使糧石早到一日，貧民即早受一日之惠。永瑋等務須兩處相商，悉心妥辦，迅速奏聞，以副朕軫念民食，惟恐後時之至意。將此由六百里各傳諭知之。（高宗一二五三、一二）

（嘉慶六、一二、癸卯朔）諭軍機大臣等：前因直隸省被災州縣較多，明春青黃不接之時，恐民力不無拮据。曾降旨令晉昌等，在奉天地方代買米糧十五萬石，運直以資平糶之用。晉昌等自俱遵照妥辦。近聞奉天省因辦理此事，將商民等私販米石，一概禁止出境，以備採買。此則不可。各省糧石豐歉不齊，全賴商販流通，其價值自不致昂貴。若將商販停止，則鄰境轉得居奇，於商民均有未便。現在直隸省備辦米石，約計已足敷用，無庸再交奉省採辦。但商運之米，多多益善。晉昌等接奉此旨，如本無禁約商販之事，固屬甚善，若曾經出示禁約，此時即應速行弛禁，俾商民等水運陸轉，悉聽其便。（仁宗九二、一）

（嘉慶一二、一、壬申）是月，盛京將軍富俊等奏：請將奉省高糧［梁］粟米暫禁海船運賣，以資本地民食。得旨：依議。中外一家，不可遏禁，因時制宜尚可。（仁宗一七三、二六）

2. 暫弛海運禁令

（康熙四、四、戊寅）兵部議覆：廣東總督盧崇峻疏言，粵省邊界地方，各應留一出海口子。香山縣由水路，以順德橫石磯邊界爲口子。廣海衛由陸路，以城岡堡邊界爲口子。大鵬所由陸路，以歸善淡水邊界爲口子。平海所由陸路，以歸善邊界白雲墟爲口子。海門所由陸路，以潮陽邊界南關裏爲口子。以便官兵運糧行走，地方官給與驗票。設立口子處撥官兵防守，稽察驗票放行。如借端在海貿易、通賊妄行，地方保甲隱匿不首者，照例處絞。守口官兵知情者，以同謀論處斬。不知情者，從重治罪。從之。（聖祖一五、七）

（康熙一八、六、丁亥）巡察潮惠等處海口吏部主事塞楞額等疏言：粵東馬窖、鷗汀背諸處，乃瀕海要地，宜嚴加防閑。請調撥官兵，分駐各口，庶居民儲粟不致侵掠，而奸徒私通貿易之弊，亦可杜絕。上諭：巡視海疆，嚴禁奸民貿易，潛資寇糧，乃平海機宜所關。馬窖、鷗汀背、石井寨諸處，俱沿海要地，其令廣東總督、巡撫、提督等，速撥官兵，防禦海寇，杜絕奸民，私通糧糗。塞楞額等乃特遣嚴察海疆之員，何地緊要，宜添兵防守，即移文該督撫提鎮，調兵駐防。如汛守官員，不加嚴緝，或私縱奸民，通賊貿易，接濟糧米等物，塞楞額等即指名參奏。（聖祖八一、一八）

（康熙一八、七、庚子）戶部郎中布詹等，奉差浙江巡海。上諭之曰：浙江沿海地方，關係緊要，爾等前往詳察，設立巡海官兵，如額兵單弱，分防不敷，即酌議增設。至於奸惡兵民販賣糧米，因內地利少，出海利多，冒死越界，勾連貿易者有之。欲減海寇，必斷內地私販，爾等宜加巡察。如將軍督撫提鎮所屬人員有犯禁者，即鞫審以聞。務期不時訪緝，杜絕往來販賣，庶奸宄屏迹，海氛可靖矣。（聖祖八二、四）

（康熙一八、一二、庚午）上召侍郎達都問曰：爾自福建來，海寇形勢何如？今歲有蕩平之機否？達都奏曰：臣來時，廈門、金門賊勢大挫，賊船較前甚少。聞海中糧米無從湊集，賊不能久待，不日可以底定。上曰：今海禁已嚴，賊糧何從而來？達都奏曰：賊所恃屯糧之處，俱為大兵所有，惟向廣東高州海島稍稍竊運而已。上曰：當賊匱糧之際，我大兵速取海澄等要害之處，則賊失所憑依，全閩地方可不久大定。若謂賊勢較前已減，姑俟相機徐圖，則賊何時可盡滅乎？夫師行既勞，民力重困，若能一舉滅賊，地方速平，則大兵無野處之苦，民困亦自此甦矣。（聖祖八七、七）

（康熙六一、六、壬戌）諭大學士等：盛京地方，屢歲豐收，米穀價值甚賤，民間或致濫費。著令盛京米糧不必禁糶，聽其由海運販賣。可傳諭盛京將軍、府尹知之。（聖祖二九八、二）

（雍正三、七、癸亥）諭戶部：今歲天津等處地方，米價騰貴。著行文奉天將軍綽奇、府尹尹泰，照去歲之例，將伊等地方糧十萬石，由海運至天津新倉，交與該地方官收貯。再，若有自海運糧之商人，不必禁止，聽其運至天津貿易，不許他往。（世宗三四、二一）

（雍正一三、五、己巳）戶部議覆：兩江總督趙弘恩、河東總督王士俊、山東巡撫岳濬等會奏：米糧出洋，例禁甚重。惟東省青白二豆，素資江省民食，向由海運，不在禁例。但船隻出口進口，須加查閱，請令兩省地方官，互給印票照驗，以杜偷賣夾帶等弊。應如所請。從之。（世宗一五六、五）

（乾隆二、八、癸酉）總理事務王大臣等議覆：據奉天將軍博第奏稱，前經直隸總督李衛，議得天津商船，前往奉天販運米穀，令其呈報該縣，將前往人數，及或赴錦州寧遠，或赴海城、蓋平、復州等處，填註照票，登記出海口日期，到時，該處即對票查明，令其運回，以便接濟直隸民食。今奉天府屬之錦州、寧遠、廣寧、義州等四州縣，以乾隆元年夏秋，雨水愆期，收成歉薄，米價騰貴，每石至六七錢不等，現將各倉所存米石減價平糶，請停天津商販，以備本處旗民之需。應如所請。除海城、蓋平、復州等處，照例聽商販運外，其錦州府屬四州縣，所有官民存貯米糧，禁止商販，飭各屬酌議平糶。得旨：依議速行。（高宗四九、一）

（乾隆三、八、乙巳）諭：今年直隸各州縣收成豐歉不一，米價未免稍昂，而奉天、山東二處，年歲俱獲豐收。從來鄰近省分，必須商賈相通，以豐濟歉，則需穀者既得以餬口，而糶販者又藉以營生，殊屬兩便之道。但奉天、山東俱屆海濱，地方官吏，因向有禁米出洋之例，未肯任從民便。用是特頒諭旨，奉天、山東沿海地方商賈，有願從內洋販米至直隸糶賣者，文武大員，毋得禁止。但商賈米船放行之時，該地方官給與印票，仍行文知照直隸總督，其沿途巡海官弁，亦時加查驗，毋令私出外洋。米船既抵天津，卸米之後，直隸地方官給與回照，仍行文知照奉天、山東兩省，俾米穀流通，以副朕軫卹民瘼，一視同仁之意。該部即行文奉天將軍、府尹、山東巡撫知之。（高宗七五、一○）

（乾隆三、九、癸亥）諭：畿輔地方，今歲歉收，米價昂貴，朕深為廑念。向來口外米穀，不令進口，留為彼地民食之需。今年口外收成頗豐，而內地不足，所當酌量變通，以資接濟。如有出口糶糧，及販運進口者，聽其往來，不必禁止。管口官弁，但行稽查違禁貨物，毋得苛索。如此則內地民人，多得米穀，可無艱食之虞，而口外餘糧，亦獲貿易之利。該部可遵諭速行。（高宗七六、一五）

（乾隆三、九、甲子）戶部議准：盛京戶部侍郎雙喜奏稱，奉天沿海州縣米石，例不由海販運，請嚴禁商船私行販賣，庶穀價不致騰貴。從之。（高宗七六、一九）

（乾隆三、一一、丙子）諭：近年以來，直隸地方收成歉薄，民食艱難，從前議開海運，以資接濟。續經奉天將軍額爾圖奏稱錦州等處，米穀加貴，請永禁海運。部議准行。比時朕降諭旨，今歲直隸收穫平常，仍照朕旨行。明歲再照伊等所請行。朕聞秋冬收穫之後，各商民攜帶資本，前赴海城、蓋平等處，採辦雜糧。祇因時屆隆冬，海風勁烈，舟楫難行，已將所買糧石，收貯各店，春融裝運。該商民惟恐地方有司，遵照明年停運之議，閉遏留難，甚為惶懼。朕思商民此糧，購買在先，暫時存貯各店，不應在明年禁止之內。且奉天素稱產米之鄉，雖因販運過多，價值視昔加貴，然較之直隸歉收之地，待粟而炊，其情形緩急，實相逕庭。著俟明年內地麥熟之後，再將海運禁止，此亦酌盈劑虛，有無相通之道。該部可即行文傳諭直隸總督、奉天將軍等，並出示令商民知之。（高宗八一、二四）

（**乾隆四、四、己亥**）諭：上年直隸米價騰貴，曾降諭旨，准商賈等將奉天米石，由海洋販運，以濟畿輔民食，以一年爲期。今弛禁之期已滿，而京師雨澤未降，恐將來民間不無需米之處。聞奉天今年收成頗稔，著再寬一年之禁，商賈等有願從海運者，聽其自便。可行文直隸總督、奉天將軍等知之。（高宗九一、九）

（**乾隆四、九、癸酉**）閩浙總督郝玉麟奏：洋船户黃萬興，稟繳呂宋國判事書一封。內開去秋敝邑甲板抵廈，一應雜費，概從寬免，我國王報効未能。近因貴治民人名張清，有趕繪船一隻，船户陳五勝，於丁巳年載木料往臺，配載糧米回廈。押船之人，乃陳同、蔣伊、施偉、陳悦等，將米換麥，駕駛來宋，冒稱遭風，撲滅糧米，貽害保船之人。本職偵知此事，立提陳同、施偉訊供，認實無諱，而陳悦、蔣伊，逃匿外方。我國王移文拘拏，到日解赴發落。另現追賣船之銀一百大圓奉繳。查陳五勝於乾隆二年閏九月載米赴臺，至今未到，久已提保究追。今據該國查拏，以申報効，理合奏聞。得旨：該國王輸誠報効，甚屬可嘉。可移傳旨嘉獎之。這所奏，知道了。（高宗一〇一、二一）

（**乾隆四、一〇、戊子**）除奉天赴天津米船海禁。諭：乾隆三年，直隸地方歉收，米價昂貴。朕降旨，准商賈等將奉天米石，由海洋販運。畿輔米價，得以漸減。今年四月間，以弛禁一年之期將滿，而直隸尚在需米之際，天津等處，價值未平，又降旨寬限一年，民頗稱便。朕思奉天乃根本之地，積貯蓋藏，固屬緊要，若彼地穀米有餘，聽商賈海運以接濟京畿，亦裒多益寡之道，於民食甚有裨益。嗣後奉天海洋運米赴天津等處之商船，聽其流通，不必禁止。若遇奉天收成平常、米糧不足之年，該將軍奏聞請旨，再申禁約。（高宗一〇二、九）

（**乾隆四、一一、壬申**）江蘇巡撫張渠奏：户部咨福建按察使覺羅倫達禮陳奏，閩省產米無多，請弛海禁，行令閩省督撫，會同江浙等省，確查詳酌。臣查江蘇半係濱海之區，在在皆有出海之口，洋禁一開，徒滋接濟外洋弊端。且江蘇户口日繁，搬米過多，價易昂長。惟有查照江浙採買江廣米穀之例，閩省如遇歉收，即探聽江浙米價，委員採買，倘官買之米不敷，亦聽閩省招商，並多撥官兵押送。其出口、進口，仍驗給照票放行，亦止許出上海一口，其餘概不得開放。得旨：所奏頗是，知道了。（高宗一〇五、一七）

（乾隆五、四、乙酉）户部議覆：署理江南總督郝玉麟等奏，贛榆一縣，民間所資，惟黃豆雜糧，本地難以銷售，必須船載至太倉州劉河地方，各省客商湊集，採買甚夥。但內河道遠，運費浩繁，惟出青口對渡，直抵劉河，販運較便。嚮來海禁甚嚴，今請弛海禁，官給印單爲憑，自不至有私載偷漏情弊等因。查米糧出口，原恐偷渡外洋滋弊，是以律禁甚嚴。至豆石雜糧，運往內地糶賣，於海防並無違礙，自可通融便民。所有贛榆豆石，由青口運往劉河，所經洋面情形，該督撫等身在地方，自所熟悉。今既查明，沿灘而下，原係收入內港停泊，且所經洋面，北有海州、廟灣二營，南有崇明、狼山兩鎮，皆有稽查，可免偷漏情弊。相應准其將贛邑豆石，由青口運往劉河糶賣。至所稱盤驗稽查之法，應如所奏。令本地方殷實商民，選擇誠實船户裝運，於未出口之先，報縣驗明，給以印單，填明商民船户姓名、豆石數目、運往處所發賣字樣，按月造册詳報。進口時，令該關收税截角，回縣繳銷。該關亦移司報院核對。倘無印票，而裝運出口，及有匿票私賣外洋，並與原票不符之處，照例辦理。并行令淮安、江海二關，將進口船隻徵收税銀，按年造册報部查核。從之。（高宗一一四、二一）

（乾隆六、四、癸亥）户部議准：奉天將軍額爾圖題覆，刑部侍郎常安奏請禁止海運一摺。查奉天米價，向屬平賤。近年户口滋多，生齒日繁，又加各省貿易人衆，本地所産僅足食用。邊外蒙古、黑龍江、船廠等處，收成偶歉，亦賴接濟。若聽水陸兼運，則糧價增昂，旗民必致艱食，請禁止海運。從之。（高宗一四一、一三）

（乾隆七、六、壬寅）諭軍機大臣等：御史陳大玠條陳，可發與那蘇圖閱看。向來臺灣地方，產米甚多，是以漳、泉等處，資其接濟。後因流寓人多，米價漸貴。乾隆六年，彼地又復歉收，特令禁米出港。今陳大玠此奏，未必即係該地方實在情形。但年歲果屬豐稔，而奸商等居奇囤積，亦非便民之道。該督撫等亦當通融辦理。（高宗一六八、二四）

（乾隆七、九、乙酉）[山東巡撫晏斯盛] 又奏：萊州府屬被水歉收，糧價日昂，且地處海濱，不通江廣，若任商販米出海，必至民食維艱，更恐將來匱乏。自應暫時停止，留濟本地，俟來歲豐收，仍聽販運。得旨：此不過屬員爲一邑一郡之説，汝等爲封疆大吏，不可存此遏糶之心也。若果無米可販，彼百姓自不販運矣，何待汝等之禁乎？汝前奏大公之謂何？（高宗一七五、三三）

（乾隆七、一一、丁卯）户部議覆：御史明德奏稱，訪有殷實奸商，希圖重利，在錦州等處私囤糧石，藉邊外敖漢、奈曼、土默特等處蒙古人等，進關販賣米糧之便,攙載進關,運至臨楡縣屬沿海有船地方,潛載他處。應令奉天將軍、府尹,嗣後嚴飭西錦州副都統所屬之錦州、義州等城、并錦州知府所屬之錦縣等處,如有此等奸商,即查拏從重治罪,米糧入官變價。如果邊外蒙古人等米糧進關糶賣者,應進何邊,令該邊門章京聲明,呈報西錦州副都統,該副都統詳查果確,給與印文爲憑,行文沿途各卡官兵,并山海關副都統,查驗放行。如無西錦州副都統印文,即屬私販,米糧一體入官,將車戶蒙古人等,交該管治罪。其直隸等處,如果遇歉收,奏明應需若干,移咨撥給。應如所請行。至囤積一事,奉天與各省本屬一例,雖不必概行禁革,而如遇歉收,或發賣官米,或平糶倉糧,該地方官原可隨時禁止。應飭奉天將軍、府尹,轉飭遵照辦理。從之。(高宗一七八、二三)

　　(**乾隆七、一二、辛亥**)諭:臺灣地隔重洋,一方孤寄,實爲數省藩籬,最爲緊要。雖素稱產米之區,邇來生齒倍繁,土不加闢,偶因雨澤愆期,米價即便昂貴。蓋緣撥運四府及各營兵餉之外,內地採買既多,並商船所帶,每年不下四五十萬。又南北各港來臺小船,巧借失風名色,私裝米穀,透越內地。彼處概給失風船照,奸民恃爲護符,運載遂無底止。且遊手之徒,乘機偷渡來臺,莫可究詰。聞此項人等,俱從廈門所轄之曾厝垵、白石頭、土擔、南山邊、劉武店及金門所轄之料羅、金龜尾、安海、東石等處小口下船,一徑放洋,不由鹿耳門入口,任風所之。但得片土,即將人口登岸,其船遠棹而去,愚民多受其害。況臺灣惟藉鹿耳爲門戶,稽查出入,今任遊匪潛行往來,海道便熟,將鹿耳一門,亦難恃其險要,殊非慎重海疆之意。朕所聞如此,著該督撫提鎮,嚴飭所屬文武官弁,將以上各弊,一一留心清查。并於汛口防範周密,不使稍有疎縱。庶民番不致缺食,港路亦可肅清。該部可即傳諭知之。(高宗一八一、一七)

　　(**乾隆八、一〇、乙丑**)諭:據直隸總督高斌奏稱,直隸天津、河間等屬,今年夏間被旱,業已蒙恩賑卹。第歉收之後,米價尚屬昂貴。聞奉天米穀豐收,請弛海禁,俾商民販運,米穀流通,接濟天津等處民食等語。奉天一省,今年朕親臨幸,目覩收成豐稔,米價平賤,以之接濟直隸,洵屬裒多益寡。著照高斌所請,准其前往販運。自奉旨之日,至次年秋收爲止,令該地方官給與商人印票,聽奉天府將軍、府尹查驗。收買之後,給以回照,仍行文知會直隸總督。並令沿海官弁,時加稽查,毋令私出外洋。庶需穀者得以餬口,而糶販者又藉以獲利,於奉天、直隸二省,均有裨益。該部即行文該督撫、將軍、府尹等知之。(高宗二〇三、一)

　　(**乾隆九、三、丁未**)御史李清芳奏:奉天等處海禁,不必限以七月,

請俟豐收後，民食充足有餘，再爲酌量辦理。得旨：奉天海禁，著照所請，寬至今冬，餘著議奏。（高宗二一三、一八）

（**乾隆九、五、辛卯**）[戶部]又議覆：盛京戶部侍郎雙喜奏，錦州、義州現存倉豆一千九十七石零，遼陽倉一千七百七十八石零，相離海口不遠，俱可運京接濟。應如所請。錦、義各屬，即速運至海口囤貯。俟奉天將軍奏報運豆船隻到日，將此項一併運至天津轉運，得旨：允行。（高宗二一六、二一）

（**乾隆九、六、丙辰**）大學士鄂爾泰等議覆：署兩江總督尹繼善奏稱，江省商賈不便販運米穀到閩一摺。查米石出洋，向有例禁。近因閩省米價昂貴，該撫周學健請暫准江省出口商船帶運，給與照票赴閩，此亦一時權宜之計。不知東南海防，利害攸關。開禁之後，所恃爲稽查者，不過印照一端，其實帆檣迅駛，借運閩之名，轉售外洋，以博重利，印照豈能攔截？其間或捏報失風，或捏稱沉溺，茫茫大海，何從究詰？又況懷詐小民，保無潛引洋面諸國，私通偵探，亦不可不防。至於閩省必須接濟之處，業經乾隆四年，戶部覆准，原任閩督德沛等，照依江浙買江廣米石之例，如遇歉歲，委員於米賤省分購買，海運接濟。是海運有文武員弁，督押稽查，非比商販自去自來，易於滋弊。應如該督尹繼善所奏，仍循定例，委員採買，毋庸招商，以弛海禁。從之。（高宗二一八、九）

（**乾隆九、九、庚子**）又諭：上年直隸天津、河間等屬，被旱歉收。朕臨幸奉天，目覩收成豐稔，米價平賤，即降旨高斌，令其前往販運，至次年秋收爲止。本年三月內，又經御史李清芳奏請寬限，朕已降旨寬至今冬在案。今據高斌奏稱，直屬米價，雖現在平減，而津屬慶雲等縣，現被偏災。慶邑本屬少米之鄉，天津又爲商賈叢集之地，可否仰懇聖恩，准再將奉天海禁，寬展一年，俾民食得有接濟等語。著照所請，奉天海運，准再展限一年。該部即遵諭行。（高宗二二五、一五）

（**乾隆一〇、七、乙未**）諭：前歲朕臨幸奉天，目覩收成豐稔，米價平減，而直隸適當需米之際，是以降旨該督，令其前往販運。原以一年爲限，後限期將屆，又准臣工條奏，展限一年。目下直隸慶雲等州縣，收成歉薄，雨澤尚有未能霑足之處。若果海禁稍弛，商販流通，米糧充裕，於民食自有裨益。著將奉天海禁，再展限一年。該部即遵諭行。（高宗二四五、一五）

（**乾隆一一、六、癸巳**）又諭：據蘇昌奏稱，奉天所屬地方，六月初旬，大雨連綿。承德等縣，山水驟發，禾稼被淹，夏麥歉收，現在設法賑恤等語。朕上年降旨，將奉天海禁，展限一年，以接濟畿輔民食。今直隸雨水均調，秋成可望。而奉天有被水情形。若將海禁俟九月限滿之時，方行停止，恐商販衆多，本地米價，必致昂貴，有妨民食。可傳諭達勒當阿、蘇昌斟酌本地情形，應否即行停止之處，速行奏聞辦理。至於賑恤災荒，原以惠養本地土著民人，各省定例以造入烟戶花册爲憑。流寓之人，不在賑恤之內。不知奉天向來此等之人，一體賑恤與否？著蘇昌查明舊例，速行具奏，待朕降旨。尋達勒當阿、蘇昌會奏，奉屬自被水之後，糧價日增，若俟限滿始停海禁，恐兩月餘源源販運，米價益昂，有妨民食。似應即行停止。臣等酌議行文沿海地方，查商販米糧已載船者，聽其販運；其囤積存貯者，令即在奉屬，照市價糶賣，於商民兩有裨益。報聞。（高宗二六九、二九）

（**乾隆一二、三、辛丑**）又諭：向來直隸有歉收地方，需用米石，彼此商販，有將奉天米石，由海道轉運內地者，原屬應行之事。至將奉天米石，運往山東，惟雍正八年議行一次，此後間有歉收之年，俱未舉行。或因山東與直隸、天津不同，其海道遙遠，逼近外洋，恐有奸商透漏，接濟奸匪之弊，且奉天上年有被水州縣，即直隸天津等處，運販亦已停止。今趙青藜請令山東小民，往奉天採買海運，其應否舉行之處，著大學士會同該部詳悉定議，速行具奏。（高宗二八六、一七）

（**乾隆一二、三、辛亥**）大學士等議駁御史趙青藜奏請，暫弛奉天米禁，聽商轉運山東接濟一摺，與例不合。得旨：大學士等照例議駁，固是。向來海禁綦嚴，原以防奸商透漏，接濟奸匪之弊。但東省上年被水地方，目下賑濟各項，需用米石，倘奉天可以通商販運，而稽查嚴密，不致偷越，自於災地有益。著行文詢問山東巡撫阿里衮、盛京將軍達勒當阿，是否可行？奉天米石，可以運往若干，如何按數給照撥運東省，如何驗照稽查。俾商販流通，不致透漏，而奉天米價，又不至於騰貴。如果可行，一面辦理，一面奏聞。此因東省偏災，一時權宜之計。嗣後不得援以爲例，該部速行。尋阿里衮覆奏，海運爲一時權宜之計。奉天米石，是否足資撥運，必須咨商酌辦。嗣接准部咨內議覆盛京將軍達勒當阿具奏，奉屬米價增昂，不能通融接濟東省。奉旨俞允，現在截留漕糧，足資儲備。其撥運奉天米石之處，應照部議停。下部知之。（高宗二八七、六）

（**乾隆一二、六、丙寅**）又諭：前據達勒當阿奏稱，五月以來，雨未霑足，已批令將應籌接濟之處，速行奏聞。未知近日曾否得有透雨，秋禾情形若何，可傳諭達勒當阿，即速具奏，以慰朕念。再現在雨水未足，將來如有成災處所，旗倉已經告匱，民倉米石，是否足資接濟，抑或尚需若干石，應通盤計算，豫爲籌畫。著達勒當阿，會同該府尹詳悉計議，作速奏聞，以便早爲料理。再前因山東需米，曾詢聞奉天米石可以撥運若干，并令流通商販。今奉天本處現既需米，則撥運東省，及通商販運之處，俱不必行。其海禁仍照例嚴查，毋令奸商偷越，一併諭達勒當阿、阿里袞知之。（高宗二九二、一〇）

（**乾隆一二、八、丁丑**）戶部議覆：奉天將軍達勒當阿奏稱，向例盛京各城旗倉米石，每年派令兵丁糶買，應行停止。旗民內有願買者，仍照例不過三成，按各城時價賣給。所賣米價，於秋後採買還倉。但奉天豐稔年多，米糧價賤，旗民各有耕穫之糧。如旗倉米石，無人認買，不能出陳易新，減價糶賣，則原價虧缺，設致霉爛，勢必著落城守尉、倉官等賠補。請於奉天豐收、可開海運之年，或天津、山東運船到來，將沿海各城倉米，按糶三之例，照時價糶賣。遼陽城相隔牛莊一百二十里，每年出陳易新，亦應入於海運項下辦理。義州旗倉米石由關內陸路販運賣給，所得價銀，俱於秋收後，照數採買還倉。如遇偏災，收成歉薄，將旗倉米石盡數留存本省，於青黃不接之時，准令旗民糶買，或借給旗人接濟，俱於秋收後按數補還。興京、開原二城，地方高燥，積貯米石，雖無霉爛之虞，但米石究難久貯，不若改貯穀石，可以久存等語。俱應如所請辦理。從之。（高宗二九七、五）

（**乾隆一二、一一、戊戌**）諭：直隸總督那蘇圖奏稱，天津、靜海二縣，今歲偏災較重，現在加恩普賑。但二縣地處窪下，產米無多，又僻在海隅，商販稀少，米無來路，不得不爲明春豫籌調劑。請暫開奉天海運等語。著照所請，准其暫開一年，俟明歲秋收後停止。其如何給照採買、查驗、發糶，以杜偷漏之處，該督督率有司，妥協辦理。并諭盛京將軍知之。（高宗三〇二、一六）

（**乾隆一三、三、丁未**）諭軍機大臣等：奉天暫開海禁，運糧接濟天津、靜海二縣一案，前經軍機大臣等定議，令那蘇圖核定五六萬石數目，咨明該將軍等稽查辦理。如實不敷用，再行咨商該將軍等，酌量加運。今據達勒當阿奏稱，商販聞開海禁，爭買米石待運，以致穀價加倍昂貴，今酌量准買五六萬石接濟直隸外，仍出示嚴禁海運等語。看此情形，是海運一開，即不免於偷販，自應即行禁止。但據奏五六萬石之數，未知於天津、靜海二處，果足敷用否？前據達勒當阿覆稱，若再議增加，尚可運二萬石。可傳諭那蘇圖，令其將五六萬石果否足用，及應行咨商加運之處，查明據實奏聞。再目下麥秋有望，將來足資接濟，自可不必仍須海運。其現在情形如何，令該督一併詳悉具奏。尋奏：現在天津等處糧價，雖未能平，而不致甚昂者，因有奉天糧石之望，是以有糧之家，不留餘蓄。若聞禁海運，現又撥協山東倉

貯，價必驟長，應令奉天府將軍酌量，如稍可通融，務買足八萬之數。得旨：另有旨諭。（高宗三一一、二一）

（乾隆一三、六、辛酉）戶部議覆：大學士高斌奏稱，山東登、萊、青三府，地無商販，連年歉薄，米石不敷。請將奉天米石，聽商民糴買，由海運東售賣等語。係酌盈劑虛，為一時補救起見，應如所請。仍令東撫將運米若干之處，酌定數目，知會奉天，并禁運他省。其二省臨口州縣，驗票稽查，令仍照舊例行。從之。（高宗三一六、一一）

（乾隆一四、四、辛卯）又諭：上年浙江巡撫方觀承奏，偷運麥豆出洋，請照偷運米穀之例，分別治罪，經部議准通行。昨據閩浙總督喀爾吉善等奏，閩省商販豆麥，必由海口轉入內河，若因嚴禁出洋，概行攔阻，則商販不前，應請籌酌流通之法等語。今日又據奉天將軍阿蘭泰等奏，盛京地宜黃豆，向來所屬餘存之豆，儘商販運，今若一體禁止，則不能流通，商民均無裨益，請仍照舊例辦理等語。可見方觀承前此之奏，外省不能一概遵行。嚴禁米穀出洋，原以杜嗜利之徒偷運外洋，接濟奸匪。若出口、入口均係內地，自宜彼此流通，豈可因噎廢食，膠柱鼓瑟？惟在地方大吏，毋令陽奉陰違，致滋弊竇。其如何立法稽查，著該部一并妥協定議具奏。尋議：查閩省販運麥豆，必由本港駛出海口，須立法稽查。應如該督等所奏。嗣後麥豆雜糧到關輸稅時，填註發賣地方，令守口官驗單加戳放行，入口時，守口官暨稅館查驗相符，准賣。若出口遲久不到，入口並無糧石，除著落行舖追拘，并知照原藉地方官，嚴拏里鄰訊究。又奉省黃豆，應如該將軍等所奏，各省到奉天船准帶二百石，小船准帶一百石，查照該省稽察海運米辦理。倘額外多帶，並夾帶米穀，照例分別治罪。歉收隨時禁止。得旨：依議速行。（高宗三三八、三九）

（乾隆一五、一〇、丙戌）又諭：方觀承奏稱，今歲天津、靜海等縣，被有偏災，窮民已蒙賑卹。惟是天津素不產米，糧價漸昂，恐來春青黃不接之時，民食無資。請開海運一年，准令商民前往採買，運直接濟等語。著照該督所請，准其暫為開禁，俾商民前往買運，以備賑糶之用。並令該督酌定數目，咨會奉天將軍、府尹，并山東巡撫給票稽查，嚴禁奸商等借端偷買透漏。該部即遵諭行。（高宗三七五、三）

（乾隆一五、一〇、丙戌）諭軍機大臣等：據直隸總督方觀承奏請暫開海運。朕因天津等縣偏災，實須接濟，是以降旨允行。向來天津歉收之年，多從奉屬接濟。此乃權衡盈絀、酌盈劑虛之道。可傳諭奉天將軍阿蘭泰、府尹圖爾泰等，令其酌量地方收穫，照數運濟，不得有意遏糴，亦不得一任奸商借名偷買，透漏太多，转致本地米貴。并傳諭山東巡撫準泰，一體實力稽查照票，以除私販等弊。尋阿蘭泰奏：除本年被災及產米無多之處，難開海運外，惟西錦州所屬之寧遠縣，現在收成轉運亦便，應於此處海口准買十萬石。報聞。（高宗三七五、四）

（**乾隆一六、一、戊午**）諭軍機大臣等：據總督方觀承奏稱，奉天暫開海禁，業蒙恩准。臣遵即酌定米數，咨商盛京將軍等，已經咨覆，准買十萬石，在寧遠州釣魚臺海口糶運。隨據商民呈請，願赴錦縣採買，應請聽其自往，不必豫為申禁等語。著照所請。傳諭將軍阿蘭泰，令其勿拘定釣魚臺一處海口，如果錦縣易於赴買，即聽其買運，毋庸禁阻，以從民便。（高宗三八一、一）

（**乾隆一六、六、壬戌**）又諭：據永貴摺奏，杭、嘉、湖三府屬縣，均得大雨霑濡，可冀有秋。惟浙東八府，自前月下旬至今，尚未得透雨。浙東各屬，商販罕通，民間日食，急需接濟。江南、福建二省與溫、台、寧、處四府接壤，懇令彼此通商，暫弛海禁等語。前因該省溫台等屬需米平糶，即令撥運閩穀數萬石，並於江省稍近州縣常平倉穀碾米運往接濟。續又以浙省現資平糶，諭令楚省酌撥穀石，碾米協濟，以備賑糶之用。今浙東府屬，雨澤愆期，該撫豫籌民食，請弛海禁。著照所請。江、閩二省運米商販，赴浙屬之溫、台、寧、處四府，暫開海禁，仍令該撫飭屬給予印票，沿途實力稽查，嚴禁奸商等借端偷買透漏。其浙省各關口，並著加恩免徵米稅，以示招徠。務俾商販流通，米糧充裕。該部遵諭速行。（高宗三九三、一七）

（**乾隆一六、一一、壬辰**）江蘇巡撫莊有恭奏：今歲浙省歉收，遵旨廣開海禁。（高宗四〇三、二四）

（**乾隆一七、一、丁丑**）諭軍機大臣等：上年山東登、青、萊等屬，偶遇偏災，曾經降旨，照乾隆十三年之例，暫弛海禁，令招商前往奉天購糶，運東糶賣，以資民食。原屬權衡贏絀、酌盈濟虛之道，但奉省前歲收成已覺歉薄，而上年各屬，亦間有被水之處，商販便於海運，赴買日多，若任其購糶，不加節制，則本地糧價勢必轉致昂貴。著傳諭鄂容安，令其酌定赴奉買運米石數目。俾嗣後商人依數販運，不得過多。庶於東省民食，既可以資接濟，而奉屬閭閻，亦不致有食貴之虞矣。尋覆奏：招商海運，本係一時權宜，為接濟瀕海窮黎之計。但恐商販藉詞多運，官役隱混需索，或別有透漏，更關緊要。當經行司詳定規條，令該道印鈐票照，加意稽察，並於原奏聲明，俟麥熟奏請停止。倘奉屬米糧不便多運，聽該將軍具奏酌辦。今海疆米價頗昂，急待商運接濟，因米船守凍，尚未來東，令臣酌定數目，隨札司速行該道府，將應需數目，豫爲酌定，飭商依數販運。并查各州縣已給過商民票照若干，向後或應再給，或可早停，俟覆到核實另奏。得旨：覽。（高宗四〇六、一二）

（乾隆一七、三、辛卯）山東巡撫鄂容安奏：登、萊、青等郡，海運奉天米石，遵旨酌定數目。兹招商買運四萬五千餘石，擬再准運五萬四千餘石，數足即停。得旨：如所議行。（高宗四一一、一九）

（乾隆二二、七、壬子）諭：據楊廷璋參奏溫州鎮總兵林貴，將縣解該鎮隨丁食米，給照出海，送至伊本鄉，且任伊子聽信兵舵等藉照私買，偷運至二百餘石之多，以致小民嘖有煩言等語。海洋私運米石，例禁甚嚴。林貴身爲總兵，有彈壓稽查之責，乃將本署食米，私給照票，運至本鄉，且縱令伊子藉端影射，透漏營私，甚乖職守。林貴著革職，即交楊廷璋將案內人犯一併嚴審定擬具奏。（高宗五四三、二六）

（乾隆二四、一一、丙子）閩浙總督楊廷璋奏：臺厦商船，米禁甚嚴。臺灣米多，患穀賤妨農，漳泉產少，患穀貴病民，既利奸囤，兼滋偷漏。請酌弛米禁，專准橫洋船，每船帶米二百石，穀倍之，定口出入。責令文武官嚴查，無得偷運外番，及資島匪，違者拏究。得旨：此所謂因地制宜也。如所議行。（高宗六〇一、三四）

（乾隆二八、二、乙丑朔）軍機大臣等議覆：奉天將軍舍圖肯奏稱，盛京遇豐收年，不准外運，則穀賤傷農。請嗣後停禁海運，即歉歲價不過昂，亦准載運，但不得過多，以致穀貴傷民。請勅下奉天將軍、府尹，派妥員嚴查。從之。（高宗六八〇、二）

（乾隆三〇、一〇、辛酉）諭軍機大臣等：昨戶部議駁，莊有恭咨請奉省海運來江販賣糧石，徵收稅銀等因一摺。止論江海關之稅額有無，而不計及奉天米石之不應遠販江省，未得此事竅要，已諭令改議矣。奉省糧價，向來平減，固由於地脈肥厚，亦因不通商販，搬運者少。向遇直隸、山東米糧稍短之年，特許酌量販運，以資調劑。至近年暫開海禁，亦因該處年穀豐盈，聽其於直隸等近省轉糴流通，商民均受其益。至江南產米素多，何須仰給奉天糧石？即該省果有歉乏，必需海運接濟，臨時自當籌畫辦理，亦不應聽其常川搬運。且其地距奉天遙遠，往來經涉重洋，私販透漏諸弊，皆所不免。況商人輩趨利如鶩，若漫無節制，則奉省糧價必致漸昂，並將來偶遇內地歉收之時，撥運亦不可得矣。著傳諭舍圖肯，嗣後豐收之年，除直隸、山東商船，准其照舊運載外，其江省商販，概行查禁，不得稍滋影射。倘有私自偷運者，地方官嚴行查究，奏明從重治罪。至現在奉省商販，已經到江米

石，自應查明徵稅，俾該商等無重利可圖，庶可杜絕將來販運。可一併傳諭莊有恭知之。(高宗七四七、七)

（**乾隆三一、八、丁丑**）諭：向來奉天糧石充裕，准令直隸、山東毗連省分，就近販運。本年夏間，經將軍舍圖肯奏，該處雨水稀少，或恐市集昂貴，曾諭令該督撫將商販暫行停止。今奉天續經普得雨澤，仍可一律豐收，將來糧食自必充足。且現在東省歲收稍歉，直隸又因鄰省運販，糧價亦未免稍增。商人等如有願往奉省糶運者，尚於事理無礙。設該處米價或昂，往來販買，必無餘利，勢將不禁自止。若竟概行示禁，恐不肖官吏轉得藉端紛擾。且射利商人，保無私行偷販，更易滋弊。至少米處所，民食稍有不敷，方且加恩賑濟，廣爲籌畫。若得該商等自爲販運流通，俾資接濟，於閭閻食用，尤爲有益。所有直隸、山東二省商民，販買奉天米石之處，仍著無庸禁止。(高宗七六八、九)

（**乾隆三六、四、乙亥**）諭軍機大臣等：前據富明安奏，請於四月底，將利津、海豐二縣海運赴津商販麥石，照例封禁。業已允行。但近畿地方，去歲麥秋既歉，今春又未得透雨，現在麥將秀穗，待澤甚殷，此時即徧沃甘膏，尚恐麥收分數略減，不能不藉商販之接濟。而山左於三月初優渥春霖，通省並皆深透。昨巡蹕所經，目覩麥田芃茂，又可滿望豐收，登場以後，民食自極充餘。不虞估船之搬運，莫若仍聽商船販載赴津，流通無缺，以濟直省之不足，使麥價不致過昂，閭閻得資調劑之益。著傳諭富明安，將利津等縣海運麥石，暫且無庸禁止。其直省商人欲赴東買運者，並從其便。周元理到任時，仍一體妥辦。俟直隸麥價平減，食計有資，再行酌量情形，奏明封禁。將此並傳諭楊廷璋知之。(高宗八八二、八)

（**乾隆三七、八、壬辰**）山東巡撫徐績奏：前於乾隆三十五六年，因畿輔麥收歉薄，暫開海禁，以通商販。今聞直省歲豐，可無需海運接濟。且開禁已逾兩載，各海口直通外洋，日久恐滋偷漏。請將利津、海豐等縣海口封禁，以重海防。報聞。(高宗九一五、二〇)

（**乾隆四七、四、庚午**）諭軍機大臣曰：索諾木策凌，以盛京米價昂貴，奏請暫停海運。此事不可行。盛京米價，不過偶遇歉收，一時昂貴而已，祇宜妥爲調劑，以平市價。若邊將海運停止，不肖民人必致妄生議論。著傳諭索諾木策凌等，海運之糧，不必停止。務須妥爲平價，不得聽從商人任意增加。(高宗一一五四、五)

（**乾隆五二、八、辛丑**）又諭：前降旨令，將湖北湖南之米，俱歸江南海運。今據何裕城奏，江西陸運既屬可行，著舒常等即將湖北湖南之米，一併運赴江西，交何裕城竟由五福一路接運赴閩，毋庸再由江南海運。何裕城當妥速辦理，陸續轉運，俾閩省足資接濟。至江南海口，既無需再運楚米，所用船隻較少，俟川省兩次撥運米石到時，正可隨到隨運，陸續載往。海船無虞缺之，更不必將商船全行封雇，致滋擾累也。（高宗一二八六、一三）

（嘉慶一二、四、戊戌）諭內閣：御史牟昌裕，以閉糶、終養、改律、覈銷四款，條陳具奏，朕詳加披閱，所奏不為無見。盛京土膏沃衍，素稱產米之區，附近畿輔省分，俱資接濟。上年秋閒，該處偶被偏災，經該將軍奏請暫行禁糶，蓋恐商買販運四出，必致市儈居奇，有妨民食。曾經降旨允行，並據該將軍奏稱，俟今年秋收豐稔為止。本年盛京雨水調勻，田禾芃茂。現在畿輔一帶，望澤孔殷，米價昂貴。雖京師平糶倉糧，民食無虞缺乏，而直隸附近地方，恐不免糧價騰踊。此時距秋收之期尚遠，盛京蓄貯充裕。著富俊體察情形，詳悉籌酌，或仍令商買照常販運，並天津米船，仍舊聽其裝運。務期穀石流通，借裕民食，不必俟秋成後再弛糶禁。該將軍即悉心酌覈，迅速奏聞。（仁宗一七八、一三）

（嘉慶一七、五、丙申）諭軍機大臣等：據同興奏，登、萊所屬州縣，連年收成歉薄，小民素鮮蓋藏。上年奉天省因歉收，奏明將高粱停運，登、萊市集糧價，異常昂貴。現聞奉省豐收，牛莊、錦州等處存有商販高粱數十萬石，朽腐堪虞。請飭盛京將軍等查明，可否准令商販照常載運，俾沿海生民得資口食等語。東省登、萊各屬，向藉奉省高粱，以資口食。上年因奉省歉收，經該將軍等奏明，將高粱一項，暫停商販海運，以裕本地食用。茲據同興奏，奉省現在豐收，牛莊等處積有高粱數十萬石。奉省、東省，皆係朕之赤子，奉省春收豐稔，商販積有高粱，自可量為流通。著和寧等，查明牛莊、錦州等處，果否商人現有積存高粱數十萬石，如奉省民食充足，即著出示弛禁，聽該商等自行販運，俾東省沿海一帶貧民，藉資口食。如奉省仍須將高粱停留接濟，著將實在情形具奏。將此傳諭知之。（仁宗二五七、二六）

（嘉慶一七、六、戊申）諭內閣：和寧等奏請將奉省囤積高粱酌分一半，聽商販運接濟東省一摺。上年奉省歉收，經該將軍等奏准，將牛莊等處積存高粱，暫停商販。嗣據同興奏，東省登、萊二府糧價昂貴異常，現聞奉省豐收，請將積存糧石，仍准商販照常載運，俾沿海生民得資口食。特降旨，令和寧等將此項積存糧石，現在奉省是否仍須留食之處，查明具奏。茲據覈奏，各海口商戶囤積高粱，現有三十餘萬石，惟各屬冊報糧價未甚平減，請分半調劑，兩省均無乏食之虞等語。著照所請，將海口現存高粱三十餘萬石，酌分一半，令各商戶由海船販運登、萊等處售賣，仍留一半以備奉省民

食。俟奉省收成豐稔，糧價平減，即照常弛禁，俾商販流通，共資樂利。(仁宗二五八、四)

3. 禁止各省遏糴

（**康熙四八、九、乙未**）諭九卿等曰：江浙連年水旱，湖廣、江西米至安慶，地方官輒遏止之，不令南下。又江蘇等處，被災百姓甚苦，地方官匿不奏報。如安徽布政使李法祖、四川布政使何顯祖，皆年老龍鐘，不能治民，調取來京，令爾等見之，可知其不足任事也。江浙水旱，朕連免兩年錢糧，聞有私徵不行豁免者，科道官並未參劾一人，即有參劾，皆受人指使，並非出自己意。督撫於屬官中，亦計較某人斗生，某人保舉，及某人所託之官，分毫不爽，其所舉劾亦非從公起見，此等情弊朕已熟聞之矣。(聖祖二三九、八)

（**康熙五二、四、辛亥**）都察院左都御史趙申喬，以奉差廣東平糶倉穀，奏請訓旨。上曰：朕覽廣東奏銷冊內，現存倉米石，即以之減價平糶，似屬有益。爾至廣東詳查，如所糶穀石，尚不足用，即速奏聞。朕令動正項錢糧，買米平糶。江西、湖廣二省，不禁商人販米，良有益處。前江浙米貴，朕諭將湖廣、江西米船放下，江浙米價遂平。廣東督撫，若於正月間早行奏聞，則海運可及。今風信不順，海運尚難行也。(聖祖二五四、一五)

（**康熙五七、四、庚辰**）戶部議覆：廣東廣西總督楊琳疏言，粵東之米，資藉粵西，粵西之米，又資藉湖南。湖南販米至粵，必由永州府經過，彼地奸民，每借禁糶名色，攔阻勒索，商販不前。請敕湖南督撫，如有奸民阻截取利者，行令該地方官，查拏治罪。應如所請。從之。(聖祖二七八、一九)

（**雍正一、五、戊戌**）諭大學士等：山西平定州等處，山多田少，粒食恆艱，小民向賴陶冶器具，輸運直省，易米以供朝夕。近聞直隸州縣，因米貴禁糶，此方百姓何以仰給。昔春秋時，諸侯各君其國，尚申遏糴之禁，今天下一家，海內之民，皆吾赤子，自宜緩急共濟。現今陝西督臣，運米萬石，賑救山西，甚愜朕意。豈有坐視鄰封乏食，反行遏糴之理？自今凡鄰近郡邑，偶遇荒歉，即相拯卹，毋得各分疆界，漠不相關。其所當禁者，官戶規制，販米動盈千萬，又沿海數省，運米出洋，玩法網利，該督撫提鎮，當嚴查禁止。至肩負小民，貿易度日，悉從自便可也。著直隸巡撫，曉諭鄰近平定州等處州縣，不得禁糶，以副朕一視同仁之意。并諭直省各督撫知之。(世宗七、一五)

（**雍正一、一〇、壬申**）諭戶部：朕御極以來，宵衣旰食，無日不以民依爲念。督撫以下，守令以上，有地方之責者，均宜公忠體國，仰副朕心。今年夏月，朕以北省二麥歉收，差員到南省，於秋成後，採買米石，以備賑貸平糶。朕意切於爲民，正欲酌盈劑虛，以羨補不足也。又恐有不便於民之處，於差員臨行之時，再三申諭，地方米多，方可採買，不必定要買之。今聞各省地方官，因欽差買米，禁止商販，不許出境，大負朕痌瘝一體之意，甚屬不合。況浙江及江南蘇松等府，地窄人稠，即豐收之年，亦皆仰食於湖廣江西等處。今秋成歉收，若商販不通，必致米價騰貴。該部速即行文各省總督巡撫，凡有米商出境，任便放行，使湖廣江西安慶等處米船，直抵蘇州，蘇州米船，直抵浙江，毋得阻撓。庶幾有無流通，民皆足食，以副朕愛養元元之意。(世宗一二、二五)

(雍正四、六、癸酉)諭江西巡撫裴㴉度：聞福建今年春夏以來，雨水稍多，天氣寒冷，禾苗興發甚晚，目前米價昂貴，民食頗覺艱難。江西素稱產米之鄉，況去歲今春，皆獲豐收，理宜通融，以濟閩省。近聞江西地方官，遏糴不令出境，甚非情理。著將江西存倉之穀，碾米十五萬石，動用腳價，遴委能員，即速運至閩省交界地方，先期知會閩省督撫，委員領去，分給各地方，以濟民食，毋得遲緩。其動用腳價，作何還項，可與閩撫酌議。動用倉穀，作何還項，可與兩江總督酌議具奏。(世宗四五、三五)

(雍正五、二、乙酉)諭內閣：廣西巡撫韓良輔奏稱，廣東地廣人稠，專仰給廣西之米。在廣東本處之人，惟知貪財重利，將地土多種龍眼、甘蔗、煙葉、青靛之屬，以致民富而米少。廣西地瘠人稀，豈能以所產供鄰省多人之販運等語。此奏與朕前旨相符，可知閩廣民食之不敷，有由來矣。著兩省總督、巡撫等，悉心勸導，俾人人知食乃民天，各務本業，盡力南畝，不得貪利而廢農功之大，不得逐末而忘稼穡之艱。至於園圃、果木之類，當俟有餘地餘力而後爲之大，豈可圖目前一時之利益，而不籌畫於養命之源，以致緩急無所倚賴，而待濟於鄰省哉？假使鄰省或亦歉收，則又將何如哉？該督撫等，務須諄切曉諭，善爲化導，俾愚民豁然醒悟，踴躍趨事，則地力不至虛耗，而米穀不至匱乏矣。每見各省督撫大吏，皆各私其所轄之地方，而於鄰省之休戚膜外視之。如高其倬則請運江南之米於福建，而陳時夏又欲留貯於江南；楊文乾則欲運廣西之米於廣東，而韓良輔又欲留貯於廣西。伊等各從疆界起見，甚屬褊小。朕君臨萬方，普天率土，皆吾赤子，一省米穀不敷，自然接濟於鄰省，有無相通，古今之義。若封疆大吏各據本地實情奏聞，則朕易於辦理；儻各存偏向本省之見，不肯通融接濟，則朕辦理甚難。若開捐納以積穀，則地方米價必致高昂；若截漕米以濟民，則天庾所關，更爲緊要。輾轉思維，實無善策。是在凡爲督撫者，體朕一視同仁之意，酌地方之緩急，爲有無相通之道，勿以彼此隔屬，有心區別。如此，方不愧大臣公忠之誼，而於國家懷保小民之治，大有裨益也。（世宗五三、三二）

（雍正一一、一、丁亥）諭內閣：川省爲產米之鄉，歷來聽商賈販運，從長江至楚，以濟鄰省之用。雍正九年，巡撫憲德以川省米價稍昂，又復碾辦軍糈，奏請暫禁商販，此不過一時權宜之計。至雍正十年，川省收成豐稔，米價平減，憲德即當奏請開禁。乃至今照前禁遏，以致米穀不能流通，楚省不得川米之益，甚非大臣公平辦事之道。況目今江浙有需米之州縣，望濟於楚省，而該撫不令川米赴楚，則鄰省何所資藉？著即傳諭憲德，速弛米禁，毋蹈遏糴之戒。（世宗一二七、一）

（乾隆一、一、甲子）陝西巡撫碩色奏停晉民糴糧之禁。得旨：此奏甚是。凡爲地方督撫者，不可止顧己省，而置鄰封於不問。汝此見，朕甚嘉之。已有旨諭部矣。但又聞陝省亦不爲大收之年，而且牛疫盛行，汝等何無一言奏及耶？將此諭與查郎阿、劉於義並觀之。（高宗一一、二七）

（乾隆二、八、乙亥）九卿議覆：浙江布政使張若震疏言，各省地方，偶遇歉收，全資鄰省米糧接濟。近因米穀出境，本地價值稍昂，遂有將本處轉運及外來客販，一概留滯者。又有胥役舞弊、勒索攔阻者。被災地方，艱於採買，貧民必至乏食，請酌定遏糴處分。應如所請。如遇鄰省歉收告糴，本地方官禁止米糧出境者，將州縣官降一級留任；不行揭參之該管上司，罰俸一年；不行題參之督撫，罰俸六個月。從之。（高宗四九、二）

（乾隆四、四、乙巳）川陝總督鄂彌達奏：陝甘爲關中要地，自屢次用兵，蓋藏殆盡。請於司庫內，各動銀十萬兩，於豐收地方採買。並飭員稽查陝省三河口地方，毋許興販私渡，以實倉儲。得旨：此事仍當與晉省石麟等彼此妥商。何則？陝甘不通舟楫，晉省亦不通舟楫之所也。譬聽其私販，而歸於晉省奸民燒鍋之用，則實爲可惜，若仍屬接濟民食，則彼此流通，正屬有益之事也。總之因時制宜，在於汝等大吏，時刻爲百姓謀生計耳。（高宗九一、二二）

（乾隆七、一一、甲子）命鄰省敦拯恤以佐轉輸。諭：天時有雨賜，地土有高下，而年歲之豐歉因之。以天下之大，疆域之殊，歉於此者，或豐於彼，全賴有無相通，緩急共濟。在朝廷之採買撥協，固自有變通之權宜，斷無有於米穀短少之處，而强人以糴賣者。若有收之地，商賈輻輳，聚集既多，價值自減，則窮黎易於得食，此鄰省之相周與國家賑卹之典相濟爲用者也。我皇考與朕俱曾屢頒遏糴之禁。惟是地方官民，識見未廣，偏私未化，雖不敢顯行遏糴之事，靡不隱圖自便之私，群相禁約。有司又從而偏袒之，遂視鄰省爲秦越矣。用是再頒諭旨，著各省督撫各行勸導所屬官民，毋執畛域之見，務敦拯恤之情，俾商販流通，裒多益寡，以救一時之困厄。將來本地或值歉收，又何嘗不於鄰省是賴？並將此曉諭官民共知之。（高宗一七八、一五）

（**乾隆八、三、癸未**）廣西巡撫楊錫紱奏：各屬米穀，間有價貴之處，然雜糧可望豐收，民間亦多自設鄉禁，不令米穀出外。臣飭屬於梧州江口，查有零星小販，聽其流通多者酌行抽買，以實倉儲。西省既有撙節，而東省仍藉流通。得旨：雖云如此，然汝但顧本省，而東省之受累已不小矣。可再酌量情形，弛禁爲是。又奏：各營兵丁，連年借項，現在陸續坐扣，頗覺艱難。而不通水次各營，每米一石，向例折銀八錢，偶值價貴，亦購買不敷。今已札商署督臣慶復，於青黃不接之時，令通省各營，均借支一月糧米，秋成後，分月扣還。得旨：覽。（高宗一八七、二五）

（**乾隆九、四、丁丑**）浙江巡撫常安奏覆：遵旨閱蘇撫陳大受一摺。查各省年歲，有豐歉之分，地方產穀，有多寡之別，藉商販之流通，爲閭閻之接濟。茲陳大受因浙江溫、處商販，謂蘇郡非產米之地，意爲蘇郡起見，未免過多彼此。臣以爲溫、處所糴蘇郡之米，亦不過江、廣、上江聚集於蘇郡者耳，既可聚集於蘇郡，似無有但到蘇郡即行禁遏之理。況浙省衢、嚴之米，多爲江南徽州販運，即溫、處少米之地，尚且有閩商販運，浙省從無禁遏，不應溫處之與江蘇，獨有彼此之分也。若云海禁，查浙省乍浦海船出入，必由內河起剝過壩，與別省沿海內河，直接大洋者不同。自乍至溫，斷難飛越。凡商運米船，先令地方官查選土著，驗明商本，取具印保各結，開明年貌籍貫，通詳給照，赴江買運。乍口官驗符合，於照內填註鈐印，移會經過汛防，查驗放行，一面咨會給照地方官，米船進口，查驗數目相符，然後銷照。是浙省稽查之法，已爲詳備，而蘇撫以爲輕開海禁，殊不知倍常加謹也。總緣溫在海濱，處在山內，民貧土瘠，即非歉歲，米亦無多。因查照乾隆二年，大學士嵇曾筠奏准，招商給照，赴江省販運，以濟溫、處民食。蓋溫、處地方，與江省之水道四通，商米雲集情形迥別，是以招商接濟，以免臨時周章。實以海洋之禁，惟在汛口查察之精嚴，不在內地商船之來往。況蘇、浙誼屬輔車，何必過分畛域？今奉旨特賜截漕，臣現已酌撥二萬石，分發溫、處，既民食有可取給，已將招商之舉飭停。得旨：汝謂陳大受有此疆彼界之心，是也。然以朕視汝，亦不可謂全無。總之汝等即爲此而矛盾，亦尚係爲民之事，出於不得已也。但以後豐年可不必，若實需穀孔亟，只可

仍照此行耳。將此旨寄與陳大受觀之。(高宗二一五、二四)

(乾隆一三、四、甲寅) 諭軍機大臣等：朕因東省饑民，待哺孔殷，於撥賑之外，多方籌畫，恐鄰封稍分畛域，不免遏糴之弊，是以諭令民間餘粟，無論米豆雜糧，廣爲招集，以便購買協濟。乃欲鄰省督撫曉諭商販，使其自爲流通，足資東省市集購買，非謂動官帑採買運送也。今那蘇圖奏稱，此時青黃不接，市價未平，一経收買，必致昂貴，應俟二麥登場，糧价稍減，酌量情形，再行採買運送等語。乃係誤會前旨。……可傳諭那蘇圖，令其善體前諭，不必購採運送，即招集商販之處，亦不可稍爲勉強，務使商情樂從，人己兩利。其河南、江蘇、安徽等督撫，一併傳諭知之。(高宗三一二、一)

(乾隆一三、五、己丑) 諭：據署江蘇巡撫安寧奏稱，蘇松產米州縣，因地方米價漸昂，私禁不許販米出境，因而阻截客船。至四月間，松江青浦縣乃有民阻遏米客，打壞行家房屋器物，該縣及營汛往查，俱被拋石擲打，致傷縣役及把總頭顱之事。(高宗三一四、一二)

(乾隆一三、五、戊戌) 户部議覆：御史胡蛟齡奏稱，近因米價昂貴，產糧之區不許商販買運出境，非有無相通之理。請飭各省，除邊門海口原應巡查，毋許透漏外，其內地務宜流通，不得禁示等語。查遏糴久有例禁，誠恐法久漸弛，應再通行各省督撫，諄切曉諭。再奸商乘機買貯，私行囤積，於民生更有未便，應令一體查禁。從之。(高宗三一四、三六)

(乾隆一六、七、癸巳) 諭軍機大臣等：浙省今年被災較重，賑糴諸務，需米孔殷，現在多方籌畫，令隣省商販米船，運浙售賣，以資接濟。但思此等船隻，多由江省蘇州等處取道赴浙。若因本省現今亦需米石，或於沿途採買，則運往浙省者，必致寥寥。今雖兩江亦間被偏災，較之浙東，究屬輕減，該省即有需用，亦應通融少待，先濟鄰封之急。督撫爲封疆大臣，凡民生緩急，理宜視同一體。著傳諭該督尹繼善、該撫王師，遇有鄰省赴浙商船，毋任地方官取便多買，并爲浙省協力助理。務令催趲即速前進，不得存此疆彼界之心，致乖拯災恤隣之公義。(高宗三九五、二八)

(乾隆二○、一二、甲辰) 又諭：各省本年歲豐歉不齊，全賴商販流通，有無貿遷，以資接濟。向來地方官懷私邀譽，罔顧大體，雖有遏糴之禁，而陽奉陰違者，仍復不免。今年江浙所屬，偶被偏災，本地米糧既少，勢必藉資鄰省，誠恐不肖有司，昧救災恤鄰之義，阻遏糴販，市賈益藉以居奇，地棍因而滋事，則災地民食倍覺拮据。著傳諭四川、湖廣、江西、河南、山東各督撫等，嚴飭屬吏，遍行曉諭，凡有商販米船，不拘大小多寡，聽其裝載流通，不得遏糴。如有地方無賴棍徒藉端撓阻者，即行嚴拏治罪。該督撫

等，務宜實力奉行，以副朕一視同仁之意。（高宗五〇二、一〇）

（**乾隆二〇、一二、乙卯**）諭：地方被災米貴，所賴商販流通接濟，是以向來嚴禁遏糴，前後諄切訓諭，封疆大吏宜以救患卹災爲心，豈可妄分畛域？富勒赫署理河道事務，修防事宜是其專責，於民間災賑，本非所職，乃竟出諭禁止販運，雖邀淮屬一隅感頌，而罔顧他郡之嗷嗷，殊屬糊塗，不知政體，著交部嚴察議奏。莊有恭摺并發。（高宗五〇三、一）

（**乾隆二四、六、戊午**）諭：前經降旨採買豫、東二省麥石，運京減糴。比來市價日平，頗著成效。但思懋遷有無，亦須商販流通，民間更得源源接濟。近聞該二省地方有司，因欲豫備官辦，而於往來商賈不免意存節制，殊非挹彼注茲之義。著該撫等即飭諭所屬，留心體察，遇有商販到豫、東採運，務令加意照看，勿任胥役阻遏，俾通商裕民，兩有裨益。所有該二省商人販麥北來者，近日多寡情形，並著查明奏聞。（高宗五八八、一三）

（**乾隆二四、一〇、甲午**）又諭：前降旨令江南、豫、東等省辦運麥石，來京平糴。並令飭諭商販流通，俾得源源接濟，於平價裕民，頗著成效。但官辦之法，因時調劑，不過提其大綱，倘地方有司不知大體，或因豫備官辦，未免自分畛域，其於往來商賈，又或意存節制，易啟遏糴之漸。著傳諭各督撫等，嚴飭所屬，實力體察，務便商販船隻，踴躍遄行，毋得稍有阻抑，如有心存見小，禁遏累民者，該督撫等即行指各參處。（高宗五九九、三）

（**乾隆三七、九、庚子**）諭軍機大臣等：據文綬奏，籌補倉儲，請及時採買米三十萬石，以備接濟軍機需一摺。今歲川省夏秋兩熟，俱獲豐登，各州縣動缺倉糧，乘時採買，自屬應辦之事。前於七月內，召見周煌，據奏，蜀中素稱產米之區，每遇豐年，下游省分皆取資川米，商販搬運甚多，似應量爲禁制等語。朕彼時以外省販運米糧，衰益盈虛，原所不禁，自不便僅爲一省閭閻口食計，稍存遏糴之見。今思湖廣、江西、江南各省，本年一律豐收，是處米糧充足，不復仰給於蜀米，無庸商舶流通。況西南兩路，現俱購辦軍糈，而各州縣又須採買至三十萬石，若再聽商販搬運外出，恐本地市儈，藉以居奇增價，於民食致有妨礙。是就現在情形而計，不可不爲川省留其有餘。著傳諭文綬留心體察，於夔州、漢中等處，豫爲禁約，毋令商運販載外省牟利，期於川省民用軍糧，均有裨益。仍將作何辦理之處，附便奏聞。尋奏：奉諭已分飭成都、嘉定、雅州、敘州、潼川、順慶各府，眉、資、邛、瀘各州，凡近水次處，嚴禁商販，毋許透漏。至漢中產米本多，向不借資川省，惟川東與楚省，一水可通，商販絡繹。第查重、夔兩府，及酉陽、忠州、石砫等處，距省窎遠，爲派買軍糈所不及。該處產米甚多，倉貯易於買補。現新穀登場，農民出售度用，恐概行禁止，不無穀賤之弊。且下游江、楚等省，同屬豐收，取資有限，時價不致驟昂。請暫聽流通，以爲民便。報聞。(高宗九一六、一七)

(乾隆三八、七、丙寅) 又諭：蜀中產米素多，常時商販搬運外省，原所不禁。昨歲周煌面奏，請留川米以備軍需，朕初未允行。嗣因湖廣江浙等省一律豐收，毋庸仰給上游接濟，曾諭令文綬，豫爲禁約。續經該督將近省需米之地，嚴禁外出，其米多價平之處，暫聽流通，分別奏明辦理。是以軍營糧石，購備充餘。今又添派滿漢兵一萬八千，需米更增於昔，而湖廣、江南各省，今歲秋成，均爲豐稔。著傳諭富勒渾、文綬，仍照上年所辦，嚴禁川米出境，妥酌辦理。仍將籌辦情形覆奏。尋奏：外省販運川省米糧，概由川江，經重夔一帶，順流而下。如由夔州一帶買米，逆流而上，運至成都，不特涉險稽程，亦復多糜運脚。是以上年至今，派辦軍糧，西南兩路，均係派令附近省城各屬，動碾倉穀，並就地買米赴運。其遠處州縣，發給價值，亦令赴近省產米之地買運，以省脚價。今歲西成豐稔，新穀自多，再於沿江要口，嚴禁出境，則米石無從偷漏，自足以供採買。至捐納貢監，應納本色，臣等擬令在潼、順、重、夔、叙、瀘等處，買運交官。其成都、嘉定、雅州、資、綿、邛、眉等處近省之地，概不准其購買。俟捐數充盈，足供撥運，無須採辦官米，如其時米價尚平，不致有妨民食，仍聽各捐户就便買交。得旨：嘉獎。(高宗九三八、三三)

(乾隆四〇、一〇、癸卯) 署四川總督文綬奏：大兵即日竣事，軍糧備貯充餘，現已停止發運，無須再行採辦。至今歲秋收，尚稱豐稔，民間亦有餘糧，所有商販米糧，應聽其流通爲便。得旨：是。該部知道。(高宗九九三、三一)

(乾隆四〇、閏一〇、己巳) 諭：據文綬奏，川省所產雜糧，現飭夔關一併截留，禁止販往楚省一摺。所辦非是。川省產米素稱饒裕，向由湖廣一帶販運而下，東南各省均賴其利。近年因辦理軍務，購糧較多，經該督等奏准，暫停夔關出米，以供軍儲而資民食，尚屬可行。至各項雜糧，仍當聽商販流通，俾從民便，不應在禁止之例。今大功指日告成，軍糧儲備充盈，採買較前漸少，何以轉加飭禁？況今年江蘇、安徽俱被偏災，米價不免昂貴，若得上游糧食，源源販運，兩省之民，更可藉以接濟。所有文綬截禁雜糧越省一事，斷不可行，即著停止。現在官兵乘勝深入，便可掃穴擒渠，一經紅旗馳報，並應將川省米石聽其運出夔關販賣，無許再行禁遏。俾各省商民，均霑利益，副朕惠愛普同至意。該部遵諭即行。並將此通諭知之。(高宗九

九五、二五)

（**乾隆四三、七、戊申**）諭軍機大臣曰：三寶等奏湖北省雨水田禾各情形一摺。……至所稱，遇有川米過境、催趲運售之處，非遏糴而何？該督等所謂知其一未知其二。爲楚省民食計則得矣，殊不知江南向每仰給川楚之米。今歲湖北既有被旱偏災之處，該省米糧，自不能販運出境，若復將川米截住，不令估舶運載，順流而下，則江南何所取資？況江南今歲亦有偏災，若川米不至，糧價必昂，民食或致拮据，甚有關係。該督撫止知爲湖北調劑，並未就他省情形籌畫，所見殊小。朕則視天下百姓，皆吾赤子，並無厚薄之分，豈肯顧此而忽彼乎？著傳諭三寶、陳輝祖，凡川省米船到楚，如有願在楚省售賣者，自可各從其便；若欲運赴江南各處販售，即當聽其通行，勿稍抑勒阻遏，俾爲下游接濟。該督撫即速遵旨妥辦，仍具摺覆奏。（高宗一〇六三、一一）

（**乾隆四三、八、丙寅**）諭：前據三寶、陳輝祖奏，今夏湖北得雨稍遲，米價漸長，遇有川米過境、催截運售等語。此非遏糴而何？朕以該督等爲楚省民食計則得矣，不知江南向每仰給川楚之米，今歲亦間有偏災，更不能待上游之接濟。且楚米既不能販運出境，若復將川米截住，不令估舶運載，順流而下，則江南何所取資？該督撫止就本省籌畫，所見殊小。豈朕一視同仁之意？隨即傳諭訓飭，如川省米船到楚，聽其或在該省發賣，或運赴江南通行販售，總聽商便，勿稍抑遏。嗣又據文綬，因楚省有買川米之咨，奏稱川西、川南雖獲豐收，恐商賈紛集爭糴，或致米價騰踴。擬將水次州縣各倉內，撥穀二三十萬石，碾米運楚應用等語。名爲設法調劑，實欲藉此塞責，禁止商糴也，所見與三寶等相同。隨即飭令不必將倉谷碾米運楚，聽商販源源糴運，夔關驗放，不得稍有留難。在該督撫僅就一省起見，或分疆界，朕視天下百姓，皆吾赤子，豈亦如伊等之分疆界乎？且伊等皆國家大臣，自當以朕之心爲心，豈宜意存畛域？若徒知各子其民，囿於私見，不亦可鄙乎？如川省米船運載疏通，固屬甚善，但恐川船到楚，僅敷該省之用，不能分運，則江南糧價或致增長，深爲厪念。著諭文綬，將擬撥楚省之倉穀二三十萬石，即速就各水次碾米，運赴江南備用。並諭薩載等，酌於何處接運，分撥需米之各地方，隨時出糴，以平市值，即裕民食。一面知照文綬辦理，一面奏聞。至川省動撥倉穀，俟明歲穀賤時，再行買補，該督撫速爲遵照妥辦。該部即遵諭行。（高宗一〇六四、一五）

（**乾隆五四、九、丁未**）又諭曰：長麟奏，今歲直隸偶被偏災，民船多裝載糧石赴直販賣，現在出示曉諭，並嚴飭委員不許封雇往來商船。所有東省受兑裝運米石不敷船隻，即將空閒撥船通融載用等語所辦好。直省偶被偏災，業已加恩給賑，更得商賈流通，源源接濟，於災黎更有裨益。長麟將東省裝運漕米不敷船隻，即於現在空閒撥船內通融載用，而於徑來商船，概行禁止封雇，不但東省商販藉免守候之累，即直省災民，亦均受其利。籌辦甚爲得當。長麟能不分畛域，深得大臣之體，實屬可嘉，著賞給大荷包一對、小荷包二對，以示優獎。將此傳諭知之。（高宗一三三九、一八）

（**乾隆五七、四、戊辰**）諭軍機大臣等：本年直隸之順德、廣平、大名及河南之彰德、衛輝、懷慶等府雨澤愆期，麥收歉薄。已截漕六十萬石，分撥接濟。將未完新舊倉穀錢糧，緩至秋後徵收。並經該督撫先後奏明，酌籌借糶，俾貧民得資口食。連日據吉慶、李奉翰等奏，山東各屬均得透雨。本日穆和藺奏，河南之開封、歸德、河南、陳州、許州、陝州各屬，亦於二十五、六等日，得有霧雨三、四、五寸，以至深透不等。是東省各屬及豫省之大河以南，甘霖渥被，可冀稔收，將來商販自必前往糶買，爭赴災歉地方出糶。如直隸之南三府，即京師左近，麥亦歉收，皆須仰給山東。豫省之北三府，亦借大河以南各府糧食，運往接濟。此等商販往來，務須聽其自行流通，以有餘補不足，斷不可禁遏運糶，以致歉收地方不能得食。但亦不必官爲經理，或有擾累，轉致裹足不前。祗須聽商民自便，商販等惟利是圖，聞知糧價昂貴之區，自必趨之若鶩也。將此諭令知之。（高宗一四〇一、三〇）

（**乾隆五九、四、己酉**）又諭曰：穆和藺奏，通省二麥約收分數，其大河以南，雨澤涵濡，合計麥收共有八分，較爲豐稔，民食自當充裕。現在直隸省雨澤愆期，麥收歉薄，正可以豫省之有餘，濟直省之不足。穆和藺當曉諭百姓等，如遇有商民前往豫省販買麥石，務須公平糶賣，不可擡價遏糶，俾源源接濟。麥石流通，豫省小民既可糶售得錢，而直省百姓亦可得食，豈不兩有裨益？並咨會所過關津，此次如有豫省麥船前赴直隸販售者，將應徵稅課量爲輕減，迅速放行。商販等聞知獲利，自必踴躍從事，源源販運，實爲兩便。穆和藺務須明晰勸諭，不可令官吏等借端抑勒，從中滋弊，轉致以利民之事而適以累民，以副朕厪念民依，因時調劑至意。並速奏河北近日情形如何。將此諭令知之。（高宗一四五一、二〇）

4. 寬免糧食關稅

（**雍正五、一〇、乙酉**）户部議覆：川陝總督岳鍾琪疏言，川省運販米船，向無船料，客商或夾帶私鹽違禁之物，無可稽查，而沿途地方官，往往借端需索。請照淮關船料尺寸則例，抽報料稅，所輸無幾，稽查甚便。至米

船出川，地方官如有勒索稽留者，該督撫指名題參。應如所請。從之。(世宗六二、五)

(**雍正一〇、五、丁巳朔**) 山東巡撫岳濬疏奏：濟、兗、東三府，自冬暨春，雨澤稀少。今濟南雖幸得雨，而兗、東二府尚未均霑，二麥未能暢發，穀豆亦欠滋生，糧價漸昂，民間乏食。請照上年米船免稅之例，俾商販雲集；再請照上年截漕之例，將南漕米截留四十萬石，以備平糶。得旨：岳濬所奏二事，著該部速行各該處，照上年之例行，毋得稽遲。但通商截漕，料理尚需時日，不能濟目前之用，著該撫藩等，悉心經畫，速籌目前接濟之策。或散米，或賑粥，或借貸倉穀，因地制宜，遴選賢員，實力辦理，務令窮民得霑恩澤，無致流離失所。(世宗一一八、一)

(**乾隆二、四、甲子**) 總理事務和碩莊親王允祿議覆：太常寺少卿蔣炳奏稱，直隸地方雨澤愆期，請將天津臨清等關，雜載米麥豆穀之船隻，暫免其抽稅，並免納船料。從之。(高宗四〇、二一)

(**乾隆二、五、辛亥**) 戶部議覆：兵部尚書甘汝來疏請，停徵各關米穀稅銀船料。經臣部議，應通行各關監督，并該督撫，確查妥議具題。今據三江兩廣四川該督撫監報稱，分晰查明，俱係題定科則，相沿日久，未便更張。但米穀為民食所資，與他貨不同；請嗣後舊徵米稅船料各關，除豐登年歲照例徵收外，倘偶遇水旱地方，其附近省分各關口，令該督撫將被災情形具奏，請旨寬免。凡米穀船一到，即便放行，俾米穀流通，不致增價，有妨民食。再廣東開建、恩平二縣販運米穀，每船稅銀一錢至三錢不等，該撫既稱俱屬零星商販，不同外省大商巨艦，題請豁免，應將二縣米稅，永遠停徵。從之。(高宗四三、一一)

(**乾隆二、一〇、丁酉**) 以濬運河，暫免淮關米豆等稅。諭曰：今冬挑濬淮揚運河，大工齊舉，所有員役人夫，不下數十萬，日用薪米食物，所需甚多，恐將來物價漸至增長。查淮關則例，除本地所收米麥雜糧，不收稅課，其外來客商販賣者，按石徵收，舊例如此。朕思目下興工之時，若裁去一分稅銀，自可平減一分物價，於沿河居民，及在工夫役，均有裨益。著管理淮關稅務內務府員外郎唐英，將淮安大關并沿河口岸，經過之客販食米豆麥雜糧，以及煤炭葦柴等物，悉免稽查，不必納稅。俟明年工竣之後，照舊徵收。又聞河南固始縣，素稱產米之鄉，每年客販，運至清江浦地方卸賣，其價頗賤。今運口築壩，固始米船，不能直達清江浦，而相近清江有老壩口地方，可以卸賣。著將此地米稅，亦照淮關之例，暫行寬免。該部可一併行文唐英知之。(高宗五四、一二)

（乾隆三、七、乙巳）定各關米稅歉歲免收之例。諭曰：周廷變奏請蠲除米稅以裕民食。朕御極以來，加惠民生，免賦蠲租，不下千萬。計算米糧之稅，於國課所增幾何，何難概爲蠲除，以廣恩澤？但爲民生計，有必須詳加籌畫者。蓋各省豐歉不一，偶遇歉收之省，除賑卹平糶撫綏安頓外，又特免關榷米稅，俾客商圖利，爭趨雲集，轉運流通。此昔日皇考屢行之善政，近歲朕踵而行之，具有成效。是蠲免米稅，實亦救荒之一策也。若平時概令蠲除，則各省地方豐歉盈虛，均屬一例，富商大賈，趨利若鶩，歉收之處與豐收之處毫無分別，國家又何以操鼓舞之權，而使商賈踴躍從事於無米之地哉？惟是各省情形或朕一時未及周知，該督撫等當仰體朕軫念民瘼之意，遇地方歉收有藉外省接濟者，即行奏聞，免收米稅。如情形孔亟奏請需時者，即一面奏聞，一面停其輸稅。將此永著爲例。（高宗七三、三）

（乾隆三、八、己酉）[兩江總督那蘇圖遵旨]又奏：淮安揚州等關，凡經過米船，運往被災各邑販賣者，請免收稅。得旨：著照所請速行。該部知道。（高宗七五、二〇）

（乾隆三、八、乙酉）[安徽巡撫孫國璽]又奏：安省鳳關米稅，請自本年八月起，至明歲五月止，免其徵收，以通商運。得旨：此奏甚是，但免徵之期，何必定以五月？奸商趨利若鶩，若明知明歲五月之期，勢必另生枝節，轉於民生無補。不若視其情形，若四五月間，新麥登場，民間穀價稍落，即開徵亦可；若尚昂貴，雖六七月仍行免徵亦可。總在相其情勢辦理，何必定以期限耶？（高宗七五、二一）

（乾隆三、九、丁巳）諭：今年春月，因直隸米價昂貴，朕特頒諭旨，將臨清、天津二關，及通州、張家灣、馬頭等處米稅，寬免徵收。商賈聞風踴躍，往來販運，民食無缺，已有成效。嗣因二麥有收，經管理天津關準泰報部，請示行查，隨經督臣李衛覆奏，照例開徵在案。近因沿河地方，被水較重，附京一帶米價加昂，現在又開海運，商販必多，仍應免輸稅銀，以示鼓舞。著將內河前項米糧各稅，一併暫停徵收，俾商賈爭趨雲集，於畿輔民食，自有裨益。著該部即速行文督臣等知之。（高宗七六、一〇）

（乾隆三、九、丁卯）戶部議覆：食禮部侍郎俸方苞奏稱，歉收省分，關口免收米稅，請聽商人運於貴處糶賣，不必執定某處，幷免地方官鈐印，以省役吏需索。查地方豐歉不一，若不指定被災州縣，驗到鈐印即概准免稅，恐奸商偷運他處，漫無稽查。所奏應毋庸議。得旨：此案著交與那蘇圖、許容，密行體貼民情，若果有如方苞所奏情弊，並將部議恐奸商偷運他處，漫無稽察處，一併詳議奏聞請旨。（高宗七七、五）

（乾隆三、一〇、甲辰）申命通商轉運米石，接濟災區。諭：頃據蘇州織造海保奏稱，江南總督那蘇圖奏准，江蘇地方，歲旱歉收，凡商販米船過關時，詢明前往被災各邑售賣者，給與印照，免其納稅。臣隨即出示通行曉諭，已經旬日，而願往災邑者甚少。及細察其故，因商人見部文内有給與印照，責令到境呈送地方官鈐印，令其回空驗銷之語，惟恐稟請鈐印，難免守候稽延，是以尚多觀望。撫臣許容與臣面同商酌，稍爲變通，凡詢明實係運往災邑糶賣米船，隨時給照免稅，隨即開明商名米數，行知該邑印官，查果到境，立時申報查考，毋得守候留難。至所給過關免稅照票，聽其隨便回空繳銷，地方官不必鈐印。在關既有該邑申報到境印文，即可據以存案報部等語。朕因上下兩江民食艱難，百計籌畫，以期接濟外，又舉行通商轉運之法，廣致米穀，惠我烝黎。若其中稍有阻滯稽延，則非朕降旨之本意矣。今覽海保所奏，與許容商酌辦理之處甚是。著該部即速行文與各處關差，凡有商船販米至被災之州縣者，俱照此例行。至於商船先報前往某縣，若此縣販運者多，米糧已可敷用，即不妨准其轉移於鄰邑。總之歉收之地，乏食之民，皆吾赤子，不容歧視也。是在該督撫董率有司，酌量本地情形，善爲經理，以鼓舞商人。不必拘定前議，務使商賈踴躍趨事，源源而來，獲貿易之利，無守候留難之苦，免吾民艱食之虞。此則善體朕心，克盡父母斯民之職者矣。(高宗七九、九)

（乾隆三、一一、戊午）兩江總督那蘇圖疏言：歉收省分，遇有米船，免納關稅，仍令將所往地方并米數據實報明，該關給與印照，賣畢回繳。得旨：著照所請行。該部知道。(高宗八〇、二〇)

（乾隆三、一二、辛巳）諭：今年上下兩江，收成歉薄，米價昂貴。朕屢降諭旨，多方籌畫，並免米船之賦稅，使商販流通，多得米穀，以濟民食。今聞浙省亦有歉收之處，米價較昔加增，且杭、嘉、湖、等府戶口繁多，需米孔亟，實望外省客米，以資接濟。若有商販由蕪湖、滸墅、北新三關，前往浙省者，即照江南之例，免其輸稅，以明年四月麥熟爲止。並傳諭江西、湖廣督撫，若商民有情願赴浙貿易者，不得因採買官米，阻其販運。該部可即行文前去。(高宗八二、四)

（乾隆四、四、癸卯）諭：上年江、安兩省，歲旱歉收，朕蠲賑兼施，多方籌畫，並令豁免米糧賦稅，俾商販流通，源源接濟，於地方甚有裨益。續經該督奏請將淮安、揚州、滸墅、鳳陽等關，免徵米稅，俟乾隆四年，麥熟時停止。朕降旨允其所請。今屆麥熟之期，聞各屬雨澤尚有未曾霑足之處，且上歲歉收之後，米價一時未能平減，若商販希少，仍恐民食艱難。著將上下江各關口米稅，照舊免徵，俾商販踴躍從事，則米船衆多，價值自平，而民食有賴。俟本年九月，米穀盛行之時，再照定例徵收。該部可即行文江南督撫等知之。（高宗九一、一四）

（乾隆六、三、癸巳）户部議准吏部尚書署兩江總督楊超曾奏稱，官買米穀，過關納稅，取之司庫，輸之關庫，無益國課。且買價昂，糶價必貴，輸於官而取償於民，更失賑恤意，請止納船料。從之。（高宗一三九、二九）

（乾隆六、一〇、乙卯）署江蘇巡撫陳大受奏：下江被災州縣米價昂貴，請照例知會應收米稅各關，查明客商有載米麥往彼處售賣者，免其輸稅。得旨：允行。下部知之。（高宗一五三、一三）

（乾隆六、一一、丁卯）兩江總督那蘇圖奏：本年上下兩江多有被災之處，請照例知會應收米稅各關，查明客商載米赴被災地方售賣者，免其輸稅。得旨：允行。（高宗一五四、一〇）

（乾隆七、四、戊午）署兩廣總督慶復奏：廣、肇、惠、潮、嘉五屬，已成旱象，瓊屬積歉之餘，雨亦未足，請暫停額徵銀米，俟秋收後，酌請按分寬免。惟此六屬，地處濱海極南，均需米販運濟，應將東省之韶關，及西省之梧、潯等處，米船料稅豁免。得旨：所奏俱悉。有治人，無治法。尤宜妥協爲之。（高宗一六五、二九）

（乾隆七、七、辛未）署福州將軍、兼管閩海關事策楞奏：閩海關完稅則例，米穀向不收稅，惟豆麥二項，額載每百勘完稅一分五釐。今蒙恩將各關米豆稅銀悉行寬免，已出示曉諭各口。至二麥一項，較之豆石，更爲民食所關，應否一體免稅，部文並未指明，奏請訓示。得旨：自應一體免徵者。該部知道。（高宗一七〇、二三）

（乾隆七、七、乙酉）監察御史納拉善奏：直省各關米豆額稅，永行蠲免，恐於國計有虧，請照舊徵收。得旨：各省米豆關稅，朕特沛恩施，全行免徵。納拉善乃欲屯膏，仍行照舊徵收，所見甚屬紕繆，豈稱言官封駁之職耶？著該部嚴察議奏。尋議：照溺職例革職。從之。（高宗一七一、二二）

（乾隆八、九、辛卯）户部議覆：調任四川巡撫碩色奏稱，川省夔關，從前徵收船料，實爲米糧，非爲船隻而設。是夔關從前徵米不徵料，與乾隆七年恩旨相符。應如所請，將夔關米船料稅，免其徵收。如有私徵侵隱情弊，指名參奏。所有承辦米糧稅務之書巡八名，應裁。從之。（高宗二〇〇、九）

（乾隆一一、六、辛卯）諭：據江蘇布政使安寧奏稱，自免米豆稅銀以來，弊竇叢生，不可枚舉。即如豆餅應稅，今則載豆過關作餅矣；香油有稅，今則載芝蔴過關矣。此據大關而言，至其餘口岸，藉稱免稅，不服查驗，往往恃衆搶關，只得任其所往，莫可如何。且商賈維利是圖，受免稅之恩，不肯減數以售之民；胥役乘奸作弊，以飽無厭之橐。米數日多，國課日少，而米價之貴，較甚於前。應請仍照舊徵收等語。朕思加惠商民，恩施格外，於乾隆七年四月內，特降諭旨，將各關向來例應徵收之米豆稅課，悉行蠲除。原因小民朝饔夕飧，惟穀是賴，免其輸稅，則百穀流通，糧價必減，民食可得充裕。恤商正所以惠民也。乃自免稅以後，各關所報過關之米，果日見較多於前，而價值並未平減，且反增加。朕細加諮訪，皆因商人惟利是圖，不知朕恩，並不肯因免稅之故，稍減價售賣與民。且過關之時，隱匿夾帶，種種偷漏。胥吏又乘勢為奸，刁蹬勒索，以致米價轉昂，百姓並未受益。安寧所奏，確係實情，此亦臣民所共知，即朕亦不能謂彼言非是也。是減稅之舉，惠未及民，徒使奸商胥吏，飽其欲壑耳。崇本抑末，乃古帝王治天下之常經。商賈貪利病民，亦國法之所當懲者。但朕念衆商乃無知愚人，當先加以化導，冀其醒悟，不忍於未經曉諭之先，降旨遽循舊例。著各該督撫仰體朕心，愷切訓諭，俾各商感發天良，悉除私弊。督撫等仍設法查察，妥協辦理，庶幾足食便民，閭閻均受其福矣。嗣後如果年歲歉收，而米價昂貴，尚屬情理中事；若遇豐收之年，米糧販運者多，其價仍未平減，則明係奸商教而不改，怙過不悛。此減賦之恩，專為商人之所壟斷，不能使草野均霑。是朕以國家之制賦，為無益之蠲除，轉不如照例徵收，使帑項有餘，得以大沛恩膏，民受實惠，為挹彼注茲之用也。但輕徭薄賦，朕之本懷。凡受賜者，果能改其嗜利欺公之惡習，勉為良善，自可永承惠澤。朕實有厚望焉。（高宗二六九、二五）

（乾隆一四、八、癸卯）諭軍機大臣等：馬爾拜所奏，內地商人，在番境造回船隻，所帶貨物稅銀，計其運米之多寡，分別量加減免一摺，殊屬謬妄。從前所降運米夷船量減稅銀諭旨，乃為招徠遠夷多帶米石，出自格外特恩；此等內地民人，本不可與一例而論，即或減免半稅，其所帶貨物，何得一概酌減。（高宗三四七、一一）

（乾隆一六、七、癸巳）戶部議覆：閩浙總督喀爾吉善奏稱，浙省通商事宜一摺。一、乾隆十三年奉諭，地方偶有偏災，即將該處關口應徵米豆稅，加恩寬免，商舶雲集，市價自平。現浙省被災，請凡商民遠赴楚省漢口及蘇州等處購運者，官給印票，米穀數目相符，即免稅。查浙省關口，免徵米稅，原係格外加恩，商人圖利，自必聞風販往。若各省關口皆然，則商販不見赴浙之利，誰肯踴躍远來？米穀轉虞缺少，應令該督將商販之經由浙省關口者免稅，各省不得概免。一、商販自備貲本，遠赴各省轉運，自當權其子母，不至虧折，毋得照平糶官米之價，以致畏阻不前。應如所請，聽其酌照市價，公平糶賣，仍將擡價病民及囤積居奇等弊嚴禁。一、急公商人，請就挽運之難易，定議敘之章程。其願照市價減糶惠民者，亦懇加恩議敘。查商人貿易，向無議敘，但地方乏食，量予議敘，俾踴躍販運，亦屬權宜。應如所請。溫、台航海最遠，金、衢雖由内江，然逆流而上，輸輓亦艱。如有運至萬石以上者，分別優加議敘。内河各郡，運至二萬石以上者，一體議敘。其不及前數者，酌加獎勵。至願照市價減糶者，計減值一千兩以上，不論何郡，均准議敘。其不及千兩者，酌加獎勵。得旨：依議速行。（高宗三九五、二九）

（乾隆二二、七、丁酉）又諭：今歲河南各屬被水成災，已屢降恩旨，籌辦撫綏。但米糧充裕，尤須商販流通。著將江南、江西、山東、湖北等省商販米麥雜糧船隻，查係運往豫省災地糶賣者，照乾隆四年之例，經由赴豫各關，加恩免徵糧稅，俾得踴躍運糶，災地足資接濟。俟明年麥熟後，仍報明停止。該部即遵諭行。（高宗五四二、一九）

（乾隆二三、七、乙亥）九卿議覆：户部右侍郎裘日修奏稱，近年恩旨，凡販運米豆至災地者免納關稅。原期商販流通，以裕民食。但立法稽查，始則本省給票，繼則沿途驗放，既售，又須繳票，吏胥需索，倍於納稅。又以票注販往何地，中途遇善價不得他售。商人爲累，却顧不前，災地米糧轉乏。嗣后請照舊收稅。俾商人無候驗之煩，需索之費，一任擇價前往，到處流通，價自平減。應如所請。從之。（高宗五六六、三〇）

（乾隆五九、五、丙午）諭軍機大臣等：本年盛京一帶雨水調勻，夏收豐稔，豆麥一切價值自必平減。現在直隸、河間、天津等處及山東武定等府屬一帶，因尚未得有透雨，糧價恐不免逐漸增昂，不可不豫爲籌及。盛京與天津、武定海道相通，商賈往來甚易，不可稍加禁遏。該將軍等並當出示曉諭商販人等，以豆麥等項，經過直隸、山東等處關津，現已減稅，若運往售賣，可以得利。俾該處商民聞知，自必争先販運而來，源源接濟，於被旱各州縣民食，大有裨益。該將軍等務須明晰勸諭，不可官爲經理，以致吏胥等從中抑勒滋弊，以利民之事而累民也。將此傳諭琳寧等，並諭梁肯堂、福寧，知照山海各關口一體遵辦。（高宗一四五三、八）

（嘉慶一六、六、甲戌）諭内閣：前因松筠奏，粵東産米無多，請免各關廠米販稅銀，以勸商販而裕民食。當經降旨，令成林將廣西桂林、平樂、梧州等處關稅查明，何項爲重，並米稅寬免是否有礙國課之處，一併詳查覆奏。兹據成林奏稱，向來粵西各關廠徵收稅課銀兩，共計十三萬一千餘兩，爲通省撥支養廉兵餉之用。每年粵西米穀販運粵東者，查歷屆冊報數目，均在一百數十萬石以上，徵收米穀稅銀約計一萬八九千兩不等。如將米稅寬免，本省廉餉即不敷支用。並將徵收稅銀分析開單呈覽。粵西稅銀，既爲該省廉餉之需，經費攸關，未便遽議寬免米稅，致缺正課。且販米多至一百數十萬石，而稅銀不足二萬，爲數正自無多。如各關廠胥吏無藉端勒索情事，該商販等斷不至以徵收有限之稅銀，遂致裹足不前。現在御史李可蕃條陳及此，即有廣西、湖南二省販運粵東米石，近因關口及交界地方文武衙門，並各埠土匪，留難訛詐，是以商販觀望不前之語。已有旨交松筠查照辦理，所有粵西桂林等處各關廠米販經由，惟在該撫嚴飭所屬，查禁兵役棍徒，如有藉稱稽察盤詰，故意留難勒掯等弊，立時懲辦。庶胥役歛跡，商販不至受累，粵東民食自可日臻充裕。（仁宗二四五、一九）

（三）防止透漏、耗費

1. 嚴禁糧食出口

（**康熙四七、一、庚午**）都察院僉都御史勞之辨疏言，江浙米價騰貴，皆由內地之米爲奸商販往外洋所致。請申嚴海禁，暫徹海關，一概不許商船往來，庶私販絕而米價平。上諭大學士等曰：聞內地之米，販往外洋者甚多，勞之辨條陳甚善，但未有禁之之法。其出海商船何必禁止，洋船行走，俱有一定之路，當嚴守上海、乍浦及南通州等處海口，如查獲私販之米，姑免治罪，米俱入官，則販米出洋者自少矣。（聖祖二三二、三）

（**康熙四七、二、辛卯**）戶部遵旨議覆：僉都御史勞之辨，請申嚴海禁、暫徹海關一疏。查自康熙二十二年，開設海關，海疆寧謐，商民兩益，不便禁止。至奸商私販，應令該督、撫、提、鎮，於江南崇明、劉河，浙江乍浦、定海各海口，加兵巡察，除商人所帶食米外，如違禁裝載五十石以外販賣者，將米入官。文武官弁，有私放者，即行參處。得旨：著如議行。江浙海口，禁止私販船隻。著部院保舉賢能司官，前往巡察。（聖祖二三二、六）

（**康熙五六、一、乙丑**）諭內閣學士崈岱泰等，爾等曾出江南海差，海船一年造若干，應令報明監督。於出洋時，將前報過造船人名與船隻字號，逐一查對，方不致隱匿。凡大船指稱貿易，領票出洋，每另泊一處，用小船於各處偷買米石，載入大船，不知運往何所。乍浦地方有限，一應貨物，必於此遞運，他處大船不能出入，惟上海崇明等口，甚屬緊要。爾等傳諭九卿著議奏。（聖祖二七一、二）

（**康熙六〇、六、甲辰**）諭大學士等曰：聞得米從海口出海者甚多。江南海口所出之米尚少，湖廣、江西等處米，盡到浙江乍浦地方出海。雖經禁約，不能盡止。福建地方正在需米之時，又派浙江兵二千往閩駐防，恐米價益貴。米到乍浦，價值必賤。交與浙江巡撫、提督嚴禁私買，不許出海。動帑買米三萬石，預備海船裝載，提督派官兵護送押運，從海運至廈門收貯，自福寧州直至福州府，不過十數日之内，即可達廈門，斯事甚屬緊要。嗣後出海米石，交與江南、浙江總督、巡撫、提督、總兵官嚴行禁止。其福建販買米石，不必禁止。爾等將此旨交九卿閱過速行。（聖祖二九三、四）

（**雍正四、七、辛卯**）諭内閣：…福建、廣東二省，地處極邊，米穀應作何貯備，著九卿會議具奏。尋議：福建地處海濱，福、興、泉、漳四府，人多田少，皆仰給臺灣之米，自嚴禁奸商販米出境之後，民食常苦不足。雍正二年，奉旨飭發臺灣倉穀每年碾米五萬石，運赴泉、漳平糶，今請再動正項錢糧，運米十萬石，存貯邊海地方。至臺灣商販，仍許至福、泉等府貿易，其米船出入海口，設禁巡防，應令該督撫另行詳議。…從之。（世宗四六、一）

（**雍正六、三、甲戌**）户部議覆：浙江總督李衛等條奏經理玉環山事宜：……一、嚴禁私米。玉環開墾地畝，請照臺灣之例，徵收本色完倉，其濱海潮溼之地，折穀收貯。至所餘米穀，小民欲行糶賣者，許運往温郡及太平、樂清縣等處售賣，給票查驗，毋得私販出洋。倘有無票偷運者，照例治罪。官弁失於覺察，及通同徇隱者，即行參究。……從之。（世宗六七、一八）

（**乾隆一、九、乙未**）户部議覆：狼山鎮總兵官許仕盛奏，請定米穀偷運出口之例。應如所請。地棍奸牙，將米穀偷運出口，及在洋接濟奸匪者，該管文武各官，除通同受賄、知情故縱，仍照違禁貨物出口律治罪外，如失察偷運米一百石以上，穀二百石以上者，降一級留任；一百石二百石以下者，罰俸一年；不及十石二十石者，罰俸六個月。從之。（高宗二六、七）

（**乾隆五、四、甲午**）兵部左侍郎舒赫德奏：奉天地方，幅員不廣，近年米價漸增，請照前禁止海販，並陳不便情形。天津山東之船，多載閒人來瀋，及回則儘船載米。不便一；海中島嶼，恐有無藉匪徒，往來日久，聚集滋事，不便二；奉屬弁兵，有銀無米，若每歲多去米穀，益形拮据，不便三。得旨：知道了。待朕緩緩酌量，目今畿輔又覺旱乾也。（高宗一一五、一七）

（乾隆六、九、辛卯）［署江蘇巡撫陳大受］又奏：嚴禁販米出洋，並躧麴燒鍋事。得旨：是。應如是竭力查禁也。（高宗一五一、二一）

（乾隆七、七、甲申）諭大學士等：內地米穀，偷載出洋，例有嚴禁。昔我皇祖皇考，訓諭地方文武官弁，至再至三。但恐日久法弛，人心玩忽。上年冬月，巡撫陳大受奏稱，崇明一縣，坐落海邊，舊例准其採買鄰近地方之米，及查考清册，竟有指稱崇明多買，並不裝運回崇發賣者，是其私販下海，情弊顯然。用是再頒諭旨，著沿海地方之督撫、提鎮等，轉飭文武官弁，申明禁約，實力奉行，務絶偷越之弊。倘或視爲具文，仍有疎漏，經朕訪聞，必於該督撫、提鎮是問。（高宗一七一、一五）

（乾隆七、九、乙酉）浙江巡撫常安奏：內米私販下海，所關非細。臣留心查禁，密行緝拏，務期一無遺漏，致資洋匪。再聞閩省有匪徒糾衆爲非，恐黨類蔓延，勾通浙民。嚴飭文武官弁，藉此巡查洋米，密察奸徒，加意防範。得旨：如是留心，實不愧封疆之寄也。（高宗一七五、三三）

（乾隆七、一〇、乙卯）［浙江巡撫常安］又奏：緝獲私販內米七十八石赴洋之奸民。得旨：是。應如是留心稽察者。（高宗一七七、二五）

（乾隆八、三、乙亥）［户部］又議覆：吏部左侍郎蔣溥條奏，內地之米，向例不容私販外洋，而外洋往往倍價私糴，奸民趨利，仍有裝載貨船出口之弊。出洋者多，則內地見少，價貴妨民，勢所必至。請勅沿海督撫，嚴飭防海文武，查凡出口商船，無論貨船漁船，除食米外，不許稍有夾帶，亦不得借端勒索。違者本人如律究治，文武各官立即參處。應如所奏，嚴飭實力查辦。遇有犯者，並將該督撫交部併議。從之。（高宗一八七、一〇）

（乾隆八、四、己酉）諭軍機大臣等：蘇州地方，有田之家多貯米穀，待價昂貴，然後出糶，謂之棧囤。又有嗜利之徒，賄囑關胥，將內地之米出洋販賣，以圖重價。二者皆爲地方之蠹。朕從前屢降諭旨，嚴加申禁，而督撫等奉行不力，聞此弊尚未能盡絶。可傳旨與尹繼善、陳大受，令其留心勸諭，密加查察。務使囤積偷漏之習，悉改前轍，庶幾米價可平，民食充裕。（高宗一八九、一七）

（乾隆八、一一、辛巳）諭軍機大臣等：前因暹羅國商人連年帶米來閩，朕曾降旨免徵船貨稅銀，并令嗣後凡外洋商民運米至內地者，酌量米石多寡，分別免稅，著爲常例。蓋外洋果有餘米，運來內地貿易，於沿海各處民食，自不無裨益。加恩免稅，所以嘉惠遠商，亦爲內地民食計也。第恐內地奸商，希圖寬免貨稅之利，將來偷漏出洋，復借此夾帶貨物，轉載至口，捏稱該國運來米石，冒恩肆蠹，弊益滋甚。向來販米出洋，例有嚴禁。惟在各該督撫，時飭地方員弁，於各口要隘，實力巡查，嚴覈出入，毋得稍有疎懈。庶幾弊端可除，而沿海民人得實受外洋運米之益。可寄信與江南、浙江、福建、廣東等省督撫知之。（高宗二〇四、六）

（乾隆八、一二、壬子）戶部議覆：奉天將軍額爾圖等，議奏御史明德條陳奸商私囤糧石，藉邊外蒙古人等進關販賣之便攙載，運至臨榆縣屬沿海有船地方，偷運入海，請設法查禁。查關內臨榆、盧龍等州縣，向資奉天米糧接濟，是以舊例止禁海運，不禁陸運。茲既有奸商私囤，偷運他處，應交奉天府尹嚴查辦理。嗣後如邊外蒙古人等，進關糶賣米糧，邊門章京，呈報西錦州副都統詳查，給與印文，沿途查驗。奉天旗民進關販賣者，報明該地方官，查係本家餘糧，亦呈報錦州副都統、錦州知府，行文沿途查驗，准進關隨到隨賣，不許積貯。又山海關內沿海州縣，捕魚船隻，攜帶米糧，往鄰邑販賣者，應飭天津、寧河等處州縣，於給船票時，查明實係本地民人，裝載米數，給票販賣。回時文武衙門詳查出入各數。倘有私越外洋，立即詳究，或巨船可入大洋者，不得濫行給票。均應如所請。從之。（高宗二〇六、五）

（乾隆一一、四、乙未）［福建巡撫周學健］又奏：閩安海口，商漁船隻，出入絡繹，透漏米糧，不特为省會民食漏巵，且非慎重海防之道。今酌定章程，實力查辦，務使永除積弊。一、出口船隻，分定地方，切實查驗。一、查驗各口，輪派文武監察，以杜賄放。一、南臺江面，派員巡查，船戶牙行，連環取保，以絕私買。一、船戶食米，與閩安口外村民食米，定數給照，以杜影射。一、水道小港，與陸路捷徑，令該地文武，一體堵截，以防透越。得旨：有治人，無治法，尚在實力行之。（高宗二六五、二八）

（乾隆一三、六、辛未）諭軍機大臣等：海口漁船所帶食米，向有夾帶偷漏之弊，理應實力稽查。近因各省米價昂貴，推求弊竇，以此爲說者甚多。朕思帶米出口，雖未必遠赴外洋，但偷漏日多則市糶日減，於內地民食，深有妨礙。向來汛防弁兵人役，視爲具文，稽查不力，甚至得錢賣放，作弊營私，種種不法。該管大員，亦僅以通查塞責，殊非慎重海防，籌裕民食之道。可傳諭沿海督、撫、提、鎮，令其督率所屬，嚴密稽查，實力奉行，無得稍有寬縱。（高宗三一七、六）

（乾隆一三、閏七、辛巳）浙江巡撫方觀承奏，辦理稽查海口帶米出洋情形。得旨：覽奏俱悉。實力妥爲，要之以久可也。（高宗三二一、四二）

（乾隆一三、九、癸丑）［刑部等衙門］又議覆：浙江巡撫方觀承奏稱，奸徒偷運米穀，潛出外洋，接濟奸匪者，擬絞立決。至偷運雜糧麥豆，例無明文，請即照偷運米穀例辦理。如審係止圖漁利，並無接濟奸匪情弊，計石數分別科斷。爲從及知情不首之船户，減等問擬，船貨入官。其文武失察故縱處分，均照米石例辦理。應如所請。從之。（高宗三二四、八）

（乾隆一六、七、己卯）户部議覆：御史歐堪善奏稱，浙省偶遇偏災，米價昂貴，前奉旨准撫臣暫弛海禁之請。但聞邇年來，外洋米價，較內地倍昂，沿海地方，時有商販偷運，關隘弁役，得賄私放，江楚閩越米價之貴，未必不由乎此。今海禁一弛，倘防範不周，徒飽欲壑，於民食仍無裨益。請飭江、閩文武大吏，酌量地方出海情形，以杜偷漏。應如所請。令該督撫嚴飭守口員弁，於出口時，驗明關照，如無夾帶等弊，加戳掛號放行，并知照浙撫，於入口時，查驗印票相符，即令前往溫台等處發賣。如領票裝載遲久不到，及商船到口，並無米石，即按律治罪。并令各該督撫將給過印票及赴浙船隻米數，先行報部，一俟到浙日，浙撫亦將船米實數報部查核。倘守口員弁不能察出透漏等弊，以致出口印票船多，到浙船少，即將該地方文武大吏一并題參。並飭直隸、山東、江南、閩、廣等省一體嚴查防範。至該御史奏稱，一路派員押運，派兵護送，但官兵各有責任，勢難兼顧，且恐不肖弁役或從中滋擾，通同作弊，轉多未便。應毋庸議。得旨：依議速行。（高宗三九四、二九）

（乾隆一八、六、丁亥）諭：總督喀爾吉善奏稱，浙省各屬米糧充裕，溫、處二郡價最平賤，遂有奸民販運出洋，現已拏獲數起等語。前歲溫、台被旱成災，米價昂貴，遂至鬧賑搶糧，罹重典而不恤。經朕多方籌畫，無災截漕，凡以爲小民饔飧計也。今幸仰荷天庥，年穀順成，附近之江南、江西各省，米價亦大勢平賤，是元氣稍復，方慰朕心。而貪黠之徒，輒復販運出洋，以圖厚利，在壟斷者固自不知遠謀，而蚩貿者亦甚難於化誨矣。其江蘇沿海州縣，恐亦有似此者。該督撫等，宜嚴飭文武各屬，實力稽查，並宜勸導閭閻，各圖餘九，著通行曉諭知之。（高宗四四〇、三）

（乾隆五六、一〇、辛未）江蘇巡撫覺羅長麟奏：江南產米，僅敷本省口食，若商販透漏出洋，必有食貴之虞。且海洋竊刼盜犯，匿跡洋島，惟食米缺乏，上岸購買，無難擒獲。若米石透漏出洋，則盜犯不靳重價，俾商賈貪利接濟，不致以上岸購食被擒。是米石出洋，既礙民食，益資盜糧。例載，奸徒運米出洋接濟奸匪者，絞立決；無濟匪情弊，米過百石，發近邊充軍，米石船隻，變價充公等語。查弁員奉委出洋，多不諳水性，必須雇覓船隻，多帶水手，併須先行買眼購線，種種需費，微末員弁，力難從心。請嗣後無論文員武弁及總督提鎮各營，如有能在海洋拏獲私運米石者，即將所拏米石船隻充賞。則委員等費用有資，必更認真緝拏，以裕民食而絶盜資。倘非親身出口，及以商客貨船食米，妄拏訛詐者，嚴參治罪。得旨：所奏是，著照所請行。（高宗一三八九、四〇）

（乾隆五八、三、辛丑）又諭［軍機大臣等］：據長麟奏酌議查禁出洋米石及巡緝私鹽章程一摺。長麟前在江蘇巡撫任内，奏請將有能拏獲私運米石及私販鹽觔者，即以所獲米石、鹽觔船隻全行給賞，業經允准施行。今浙省地方濱海，與江省情形相同，自應一體立法嚴禁，是以不復再交部議，即於摺内批令如所議行矣。（高宗一四二四、一〇）

（嘉慶一一、三、甲子）諭内閣：御史蔡維鈺奏，江浙米價騰貴，請嚴申出洋例禁一摺。各省盜匪在洋肆劫，設非有内地奸民私行接濟口糧，則該匪等何由得食，必致束手待斃。是米石出洋之禁，即遇價平歲稔之時，亦當嚴密查禁，勿使少有偷漏。況江浙等省頻年積歉，小民口食尚有不敷，乃各該地方官全不實心查察，任令商販等乘機漁利，因緣爲奸，甚或不肖員弁，亦有交通情弊。似此既妨民食，又資盜糧。近年來海洋盜風不靖，實由於此。著傳諭各該督撫，飭屬嚴禁，於各商船領票出口時，逐一認真盤驗，毋得陽奉陰違，稍滋弊混。儻各該省並不實力查禁，將來設有放米出洋之案，別經發覺，則惟各該管督撫是問。（仁宗一五八、一八）

（嘉慶一四、七、乙酉）諭内閣：御史潘恭辰奏請嚴查販米出洋一摺。米石出洋，例禁綦嚴，節次降旨，諭令各督撫等，於沿海口岸，實力稽察，以杜透漏。乃積習因循，仍不免視爲具文。即如浙江省本年並無水旱偏災，所産米穀，自足供閭閻粒食。市價亦應平賤。乃據該御史稱，自三四五等月以來，每米一石，自制錢三千三四百文起至三千八九百文不等，甚爲昂貴。自係入市者少，出海者多，以致民食不能充裕。可見地方官平日嚴斷接濟，竟屬紙上空談。阮元此任大不似前，諸事因循，不能整飭。浙省如此，他省可知。試思各口岸，如果食米不放出洋，則盜匪日形困乏，何以現在浙、閩、粤三省盜船尚多，猶煩兵力勦捕？且各衙門不肖胥吏兵役，爲之護庇，通同濟匪，得受陋規，甚至有食海俸名目。而各海關所用之人，又多係官親長隨，牟利戢法，其縱容包庇者正復不少，不可不嚴行飭禁，用杜弊源。著各該督撫及管理海關大員，一體嚴密留心，實力查察，將前項弊端剔除净盡。務使盜源禁絶，民食日充，以期海洋寧謐，地方豐裕。設經此次嚴諭之後，仍不過陽奉陰違，仍致透漏，朕惟執法從事，恐該督撫等不能當此重咎也。將此通諭知之。（仁宗二一六、一二）

（嘉慶一四、八、辛卯）又諭：本日給事中史祐奏請申嚴江蘇上海關禁，以杜米石偷漏一摺。米石出洋，大干厲禁。接濟一日不斷，則盜氛一日不淨。朕屢經降旨，諄諭各省大吏，類皆視爲具文。今據該給事中奏，近年蘇松常鎭，秋收豐稔，川廣米販又多，而去歲五六月以來米價驟貴，賣銀五兩有零至四兩以外，皆由該關海禁不嚴等語。江蘇省吏治廢弛，於查禁出洋米石一事，有名無實，皆由鐵保、汪日章怠玩因循，不能整頓所致。今鐵保業經遣戍，汪日章亦已革職，罪無可加，阿林保等亦不必再爲袒護，惟當實力整飭。向聞上海一關，爲米石出洋之所，兵役等通同賣放，以及地方官之幕友長隨陰爲包庇，皆所不免。今連歲率皆豐稔，川廣米商又多，而市價轉形昂貴，謂非偷漏而何？況該處素産粳糯上色好米，今因奸商貪得重價，販賣出洋，而民間交納官糧，轉不純淨，尤無此情理。著該督撫密訪詳查，大加整頓。至該給事中所請，除本境成災年分，不准米商多行販往，並近關一帶，不准米石囤積之處，是否可行，並著妥議辦理。（仁宗二一七、四）

（嘉慶一四、八、乙巳）諭軍機大臣等：穆克登布奏，澍雨頻霑、田禾暢茂情形。及閱所開糧價，而淮安海州竟貴至四兩七八錢之多。該省本年雨水霑渥，收成不致歉薄，又未興辦大工，鄰省無客商販運，何以米價有增無減，幾與從前陝甘用兵時價值相同？顯係食米多出外洋，是以內地米少價昂。此皆鐵保、汪日章在任時，因循玩忽，於海口透漏米石一事，不能嚴密斷絕所致。著阿林保、蔣攸銛實力整頓，認真查禁。正在降旨間，適據吳璥覆奏查禁出洋米石一事，並稱浙江海寧州之長安壩地方，亦係偷販出洋之藪，未能盡絕等語。昨因浙江米貴，已降旨諭令阮元嚴查接濟，惟阿林保進京後，仍係吳璥署理督篆。所有江蘇各海口，務當嚴密偵訪，如有透漏情弊，即據實參辦。鐵保、汪日章二人，俱已因事獲咎，此時即查出海口廢弛情形，亦不至將伊等加罪，該督等無所用其瞻顧也。將此各傳諭知之。（仁宗二一七、一六）

（嘉慶一九、五、壬子）諭軍機大臣等：本日召見錢樾，詢以江浙地方情形。據稱，……江浙數年來，年歲豐稔，而米價總未平減，兼之市集行販，常有驟長驟落之時，甚至一二日間，有每石增減銀數錢者。推原其故，洋面近雖肅清，而零星匪徒尙未淨絕，仍時有出洋米石，大約洋船一到海口，則其價立昂，洋船開行後，價即陡落。其買米總用洋錢，因其便於取攜，不須平兌，行使簡便，易於掩飾。故近海口之松江、嘉興、寧波、紹興各府洋錢盛行，街市交易不用銀兩制錢，恐多流弊等語。飢民乞食，所在恆有，若無籍之徒號稱飢民，結隊成群，擾害良善，地方官不加禁遏，日久恐滋事端。至米石不准出洋，所以杜絕接濟，用清盜源，若禁令稍弛，恐洋匪又形充斥。著百齡、張師誠、陳預各於所屬地方，留心查辦，如外來游民，令該州縣各於境內稽查，一有搶奪之案，立即嚴拏懲辦，其風自可漸戢。其各處海口，尤當嚴查密訪，勿任不肖兵役縱容包庇，致齎盜糧。該督撫接奉諭旨後，認真妥辦，仍各將辦理情形具摺覆奏。將此諭令知之。(仁宗二九一、一七)

（嘉慶二一、二、丙辰）諭軍機大臣等：御史王耀辰奏，江蘇上海沿關一帶，外通黃浦，爲海船出入之所。其間有奸商借開設米鋪爲名，暗用小舟於屋內偷運，土人名爲大袋米，大袋米出時，糧價立即騰貴等語。江蘇各屬爲產米之區，前年偶遇旱災，糧價立形昂貴，自係該處奸商計圖漁利，有偷運出洋情弊。內地米糧藉供民食，若任令偷運出口，不特洋面匪徒借資接濟，而內地糧少價昂，於閭閻口食亦殊有關繫。著百齡等即飭該管道員，嚴查關口，並派員密行察訪。如有奸商囤戶，借開設米鋪爲名，私運出洋，及關口奸胥猾役得錢賣放者，立即嚴拏懲辦，毋稍疏縱。將此諭令知之。(仁宗三一六、六)

2. 禁限燒鍋

（康熙二四、五、戊子）諭大學士等：今歲雨暘時若，二麥已登，他穀亦皆沃茂，秋成可望，黎民不致阻飢。但豪強富室田土既多，收穫亦豐，往往用之釀酒。又輕值糶藏，以待重價。貧民田少，收穫有限，更不節用，效尤釀酒，亦甚糜費。雖遇豐年，僅免饑饉，倘遭荒歲，何以自贍。朕巡省閭閻，歷歷親覯，每一念及，惻然於懷。應作何禁止，使家給人足，爾等可籌良策，以待秋期舉行。(聖祖一二一、八)

（康熙二八、五、庚子）諭大學士等：近聞山海關外盛京等處至今無雨，尚未播種，萬一不收，轉運維艱，朕心深爲憂慮。且聞彼處蒸造燒酒，偷採人參之人，將米糧糜費頗多，著戶部左侍郎賽弼漢前往奉天，會同將軍、副都統、侍郎等，將此等糜費米糧之處，嚴加禁止。(聖祖一四一、一)

（康熙三二、一一、庚申）諭大學士等：今歲畿輔地方歉收，米價騰貴，通倉每月發米萬石，比時價減少糶賣。其糶賣時，此許貧民零糶數斗，富賈不得多糶轉販，始於民生大有裨益。又蒸造燒酒，多費米穀，今當米穀減少之時，著戶部速移咨該撫，將順、永、保、河四府屬蒸造燒酒，嚴行禁止。(聖祖一六一、三)

（康熙三七、三、戊子）諭大學士等：聞湖廣、江西、江南、浙江、廣東、廣西、福建、陝西、山西米價騰貴，是必糜費於無益之事。湖廣、江西地方糧米素豐，江南、浙江咸賴此二省之米，今此二省米價騰貴，誠爲可虞。酒乃無益之物，耗米甚多，朕巡幸直隸等處，見雖有禁造燒酒之名，地方官不甚加意，未曾少止。著令嚴禁，以裨民食。（聖祖一八七、一三）

（雍正四、三、辛酉）諭議政大臣等：朕從前以直隸雨水過多，田禾歉收，米價騰貴，令盛京及口外地方嚴禁燒鍋，已下諭旨。今聞盛京地方，仍開燒鍋，盛京口外蒙古交界之處，内地人等出口燒鍋者甚多，無故耗費米糧。著嚴行禁止。（世宗四二、一九）

（乾隆二、四、丁丑）又諭：五城平糶米石，原以周濟小民，乃有奸民圖利，串通胥役，轉相販賣。甚至運往通州，售爲燒鍋之用。而離廠稍遠之貧民，奔赴稍遲，即不得升斗，且有守候終日，忽然停止糶賣，貧民含怨空回，殊負朕軫念民食之意。步軍統領鄂善、侍郎託時，即時將作弊之人查拏，甚屬可嘉。至該城御史，於糶米要務，約束稽查是其專責，乃不能督率司坊等官，親加查察，一任弊端疊出，怠玩已極。著將該城御史及監糶各官，並該司坊官，交部嚴加議處。都察院堂官，見朕宵旰焦勞，爲民籌畫，即每日親至米廠，逐一釐剔，亦分所宜然。今既不能親往看視，又不能覺察弊端，伊等所司何事？著明白回奏。（高宗四一、一二）

（乾隆二、四、乙酉）王大臣議覆：前因京師缺雨平糶，給事中馬宏琦奏，請弛零星小販之禁。臣等酌議，嗣後五城發糶官米，如串買囤積至四五十石，及買作燒鍋之用者，俱行查禁。其肩挑背負，不過數石者聽，則赴廠窮民，免盤詰守候之苦。即碓坊小販，亦收買賣流通之益，米價不致騰貴。從之。（高宗四一、二九）

（乾隆二、五、丙申）命禁燒鍋。諭總理事務王大臣：養民之政多端，而莫先於儲備。所以使粟米有餘，以應緩急之用也。夫欲使粟米有餘，必先去其耗穀之事，而耗穀之尤甚者，則莫如燒酒。燒酒之盛行，則莫如河北五省。夫小民日營其生，稍有錙銖，輒以縱飲爲快，無裨於喪祭賓客老病之用，而適以啓譸譁角鬨之媒。特以飲少輒醉，其價易售，人皆樂其便易，故造之者多，而耗米穀也較他酒爲甚。往者皇祖、皇考，屢嚴燒鍋之禁，有司陽奉陰違，必待衆口嗷嗷，始不得已而稽查禁約。及薄有收穫，仍然公行無忌。夫與其禁於已饑之後，節省於臨時，孰若禁於未饑之先，積貯於平日。今即一州一邑而計之，歲耗穀米，少者萬餘石，多者數萬石不等，則禁止之後，通計五省所存之穀，已千餘萬石矣。雖有穀之家，不能皆分所有以周貧乏，而所存之穀，自在民間，可以通融接濟，較之無米之炊，不啻霄壤矣。況遇歲稔豐收，穀必甚賤，貧民之生計益饒，家有蓋藏之效，未必不由於此。而無識之人，或以造酒之家，不免失業爲慮。不知壟斷市利，率由黠悍之富民，因其資財，串通胥役，敢於觸禁肆行，並非貧民無力者之生業也。是禁之，則貧民裕養生之資，不禁則富民獲漁利之益。其間得失利害，較然可觀。朕籌之已熟，北五省燒鍋一事，當永行嚴禁，無可疑者。至於違禁私造之人，及賄縱之官吏，如何從重治罪，其失察之地方官，如何嚴加處分之處，著九御即行定議具奏。（高宗四二、一二）

（**乾隆二、五、丙午**）刑部尚書孫嘉淦奏：燒鍋之禁，無益於蓋藏，而有損於生計，止宜於歉歲，而不宜於豐年。得旨：總理事務王大臣會同九卿詳議具奏。朕之所以命禁燒鍋者，原爲民食起見。今觀孫嘉淦所奏，是嚴禁亦有必不可行者，王大臣不可曲從朕旨，亦不可迴護孫嘉淦，其和衷定議以聞。若果嚴禁燒鍋，不但於民食無益，而且有害，朕旨可收回，何難改正耶。（高宗四三、一）

（**乾隆二、六、乙丑**）總理事務王大臣九卿，議奏禁止燒鍋事。得旨：禁止燒鍋一事，爾等九卿兩議具奏，其大指皆以燒鍋當禁，朕前所諭旨爲是，而以孫嘉淦陳奏爲非。夫泛論燒鍋當禁，即不宜開通，則固朕旨是而孫嘉淦之言非矣。且亦無庸朕之頒發是旨矣。何則，久經禁止而未開之事，復何庸更張耶？朕以法久不行，視爲虛文，故欲嚴禁以重穀，而孫嘉淦則以爲雖行嚴禁，不能積穀，而反於民間不無紛擾滋弊。是兩說不可並行者也。今觀王大臣所議，尚不無迴護朕旨之處，殊非朕虛衷求言、期於利用厚生之意。即如一議內，稱燒酒之害最甚，本宜嚴禁，但加重本犯之罪條，嚴定官吏之處分，恐小民無知犯法，吏胥緣以爲奸，於民情有所未便。應照從前已行之成法，爲之懲治等語。一議內，稱燒鍋本犯，仍照舊例治罪，應將官員處分，分別定例。其業經造成之燒酒，仍准其售賣等語。據此則禁止仍屬虛文。但嚴官吏之處分，而本犯之治罪如舊，則造酒之人既無所畏憚，而官員或轉以干涉考成，多方迴護，仍於禁約無益。況造成之酒仍准售賣，則奸民私造者，皆以沽賣陳酒藉口，遷延歲月，雖禁猶不禁也。何用王大臣之兩議爲哉。若能直指利弊，或欲行嚴禁燒鍋，則必詳議查察之法，以爲端本澄源之論。若以爲比戶搜查，轉行滋擾，則朕旨可以收回。如此兩議，朕自然就其中酌一是者而行之，斷不固執己見也。今兩議名爲兩，而實則一，不過向來如是禁止，今則添一官員處分耳。試思於嚴禁燒鍋以裕米穀一節，爲有益乎？爲無益乎？王大臣皆皇考簡用之人，不得爲是兩可遷就之論。尚其詳酌事理，或應行嚴禁，或因事制宜，必期於民生日用之間，有利無弊，斯稱朕咨訪之意。其各抒己見，或一議，或兩議，皆可。（高宗四四、九）

（乾隆二、六、庚午）諭總理事務王大臣：禁止燒鍋一事，朕從前降有諭旨。因孫嘉淦條奏，復降諭旨，令王大臣九卿集議。續經兩議具奏，朕又降旨令其確議。今思禁止燒鍋，乃關係民生日用之事，該省督撫大臣，所當悉心籌劃者。著將朕屢次所降諭旨，及孫嘉淦所奏，與王大臣九卿等所議，悉行抄錄，交直隸、山東、河南、山西、陝西等省督撫，各抒所見陳奏，不必會同商酌。（高宗四四、一八）

（乾隆二、六、丙子）兵部尚書公訥親奏：禁止燒鍋，無益民生，徒滋紛擾，請仍遵定例，照舊奉行，並除酒稅。得旨：交原議之王大臣等議奏。（高宗四五、四）

（乾隆二、六、丙戌）李衛又奏：燒鍋之禁，宜去其已甚，導民易從。計莫如不禁其沽飲，而止禁其大肆興販。且不禁本地釀造，與夫造麵自用者，惟禁大行躝麵。於各地方交界，及關津隘口巡查，凡有燒酒及麥麵二樣，無論歲之豐歉，概不許出境興販。犯者，治以違制之罪，酒麵入官。糧船夾帶燒酒麥麵，俱照私鹽例究治。販運既絕，則本地所銷自少，孰肯多造以停擱其工本？如此，則米麥高粱，一年約餘數千萬石，所資民食匪尠。得旨：原議之王大臣議奏。（高宗四五、一二）

（乾隆二、七、壬辰）戶部議覆：給事中吳元安奏請，嚴禁近京州縣燒鍋。查直隸二麥歉收，總督李衛現已嚴禁燒鍋，吳元安既有此奏，應仍交李衛查辦。如地方官奉行不力，即行題參。從之。（高宗四六、七）

（乾隆二、七、乙未）順天府府尹陳守創奏：禁止燒鍋，惟有平其價值以杜造酒之源，嚴其流通以塞行酒之路，則市儈之為利無多，本地之消售有限，而釀者不禁自少矣。得旨：原議之王大臣議奏。（高宗四六、一一）

（乾隆二、七、癸卯）署河南巡撫尹會一，奏覆禁止燒鍋一事。查造酒必需麵蘖，躝麵必用二麥。麥乃五穀之精良，非若高粱，質粗易朽。惟禁麵，既以節二麥之費，更以清造酒之源，嗣後民間凡開張作坊，廣收多躝，囤積販賣者，請嚴行定例治罪。得旨：原議之王大臣議奏。（高宗四七、九）

（乾隆二、八、丁卯）總理事務王大臣議覆：侍衛嵩福奏，京南一帶燒鍋之家，多有囤積糧石，希圖開禁，及候米價騰貴之時，期獲重利者。請飭督臣嚴行禁止。查糧石一經囤積，市價便致昂貴，應如所奏，令該督飭地方官，示諭所有囤積之家，自行酌量存留食用外，餘照市價糶賣，不得觀望，致干罪戾。得旨：畿輔近地，今歲歉收，現在嚴禁燒鍋，以裕民食。而射利之徒，反因此囤積米糧，希冀開禁，或俟糧價更長時，獲取厚利。此等皆係奸民之尤，亦有司不實心奉行之故。嵩福所奏乃地方實有之情形，而非苛刻之論。一邑如此，其他可知矣。王大臣等議令州縣官出示曉諭，殊不足以示懲。此等奸民，既不恤鄉里之艱，又不畏國法之重，即治之以罪，亦理所宜然，何所容其姑息。著總督李衛，轉飭屬員，即行嚴查。各使囤積之弊悉除，俾貧民得以糴糧餬口，毋得仍前忽視。（高宗四八、一七）

（**乾隆二、閏九、丙寅**）總理事務王大臣、九卿會議禁止燒鍋一事。據河北五省督撫，各抒所見陳奏。內有請仍照舊例查禁者，有請宜寬於豐年，而嚴於儉歲者，有請不必禁止者，有請永行查禁者，有請嚴禁躑麴興販者。臣等公同詳議，因地制宜者，國法之備；因時立法者，王政之經。《王制》有曰："修其教不易其俗，齊其政不易其宜。"謂凡居民服食器用之不能畫一也。燒鍋一事，各省之情形不同，所以各省督撫之陳奏，亦不能畫一。應令各於本省因時制宜，實力奉行，以觀成效。至躑麴一項，係燒酒盛行之源，眾論僉同，自當嚴禁。惟所請治罪之處，互有異同，宜改歸畫一，請將躑麴販運者，定以杖一百，枷號兩個月，以示懲警。至順天府府尹奏請平定酒價，恐滋擾累，應免置議。從之。（高宗五二、一三）

（**乾隆二、一〇、癸丑**）〔署河南巡撫尹會一〕又奏：請將囤藏舊麴定限發賣，以杜私躑影射。得旨：知道了。禁其私躑可耳。若勒限令售，恐滋繁擾，既已如是辦理，或再緩其期可也。（高宗五五、一四）

（**乾隆三、三、戊辰**）嚴禁躑麴。諭內閣：直隸、山東、河南等省，上年秋成歉薄，穀價昂貴。今春山東、河南，得應時雨澤，二麥可望有收，則本省隣省，皆可資其接濟。無如小民愚昧，往往不知撙節愛惜，而耗費麥石之最甚者，莫如躑麴一事。朕聞每年麥秋之際，地方有富商大賈，挾持重貲，赴各處大鎮，水路通衢，販買新麥，專賣與造麴之家，以圖厚利。而造麴之家，蓋成坯房，廣收麥石，惟恐其不多。小民無知，但顧目前得價售賣，不思儲蓄爲終歲之計。而此輩奸商，惟以壟斷爲務，不念民食之艱難。此實閭閻之大蠹，不可不嚴禁重懲者。如山東之臨清，江南之鎮江，此弊尤甚，中外共知。朕思商民販賣麥石，則糧食流通，於百姓有濟，不必稽查，致有阻滯。惟查明躑麴之家，嚴行禁止，違者從重治罪，則有用之麥，不致耗費於無用之地。（高宗六五、一）

（**乾隆三、四、己酉**）申禁躑麴裕食。諭：今歲山東、河南二省，雨澤均調，麥秋大稔，朕心甚爲喜慰。但恐小民無知，往往有餘之時，不知撙節愛惜，耗費於無用之地。是在地方有司，極力化導，用心稽查。如踏麯耗麥之弊，更當嚴禁於斯時，勿以二麥豐收，遂可弛其禁。至於隣省需麥之處甚多，以本地之有餘，濟他省之不足，而貿易之利，即在其中。務使商販流通，彼此均受其益。如果再有餘糧，即著地方官動支庫帑，照時價糴買，存貯公所，以為儲蓄，不使有穀賤傷農之慮。但不可繩以官法，勒令交易，致滋擾累。著兩省巡撫，仰體朕心，遍行曉諭，善為辦理。（高宗六七、二一）

（**乾隆三、五、戊午**）又諭：向來山東、河南、山西、江蘇數省地方，多有商販囤買麥石踏麯，最為耗費。今值二麥豐收之時，允當嚴行查禁。朕前已降旨，令該撫等化導稽查，務除夙弊。若此數省，果能嚴杜踏麯，則轉販之燒酒，必應漸少，此裕民足食之本計也。今朕留心體察，該地方官員，不過虛應故事，並未留心奉行，且通邑大都，車載燒酒販賣者，正不可以數計。若果嚴禁踏麯之事，則此酒從何得來？可再寄信各該督撫等，務須嚴飭各屬，實力禁止，毋得視為具文，致損民食。倘有怠玩不遵者，各督撫亦不得辭其咎。（高宗六八、六）

（**乾隆三、五、辛巳**）是月，兩江總督那蘇圖遵旨覆奏：丹徒鎮踏麴坊戶，現已嚴行申禁，此後毋許私造。其已成舊麴，應令地方官查明確數，令速行發賣。得旨：允行。又奏：查鎮江槽戶，工役不下萬餘人，若竟除此一業，則恐無生計可圖。請將大麴永行嚴禁，其細麴一項，似可聽民照舊踏造。蓋大麴全用次麥踏成，各處通用，耗麥最鉅。細麴用四分次麥，四分米粞，二分菉豆所成，惟於本地用之，造百花酒，尚不甚多。得旨：此見非也，大凡利民之政，始行之，未有不招怨，而經久乃見其效。惟強有力之人，行之而弗恤衆議，則將來感其惠者必多。若禁麴一事，尚屬易行而不致滋擾，若稍為觀望，則大麴細麴，誰與辨之？則目下之禁，亦屬徒然，殊非朕本意矣。（高宗六九、三〇）

（**乾隆三、六、己丑**）諭辦理軍機大臣等：據江蘇巡撫楊永斌奏稱，嚴禁踏麴一事，江蘇地方現今將各踏坊一切造麴器具，分別封貯拆毀，以杜私踏之源。又稱今歲二麥，頗獲豐稔，民間不無販賣流通；誠恐奸徒射利，乘機囤積，希圖私踏者。現通行各屬飭查，并刊示分發曉諭，委員前往，協同查禁。又稱未奉諭禁止以前，已經造成陳麴，現飭封貯，造册呈報等語。朕思從前民間，製造踏麴器具，皆費工本，今既禁止踏麴，理應將器具聽民變價，或改造別用，庶幾稱便。若概行封貯，則前此製造之費，盡歸無用，殊非體恤商民之意，辦理未為妥協。至稱未奉禁止之前，有造成之陳麴，朕不知伊所謂奉禁者,指何時而言?朕禁麴之旨,久已頒行,而尚有如許未售之麴,則可見地方大吏有司,接到前旨,不過視爲具文,並未實力遵奉矣。至今歲二麥,如果豐收,則除民家食用外,或應勸民間積貯,或應發官價採買,必實有一番布置,乃於地方有益。豈禁止販賣,略不代爲籌畫,遂可了事耶?大凡大臣經理國家之事,如有不便於民者,即當據實陳奏,朕不難收回成命。其實有裨益於民者,便當實心遵奉,見之施行。雖經數年,或數十年,常如一日。乃以朕斟酌降旨之事,而該督撫等,始初略爲料理,未久即有懈心,再久漸至棄置。豈必待朕每事每年,再三提命,而後知警省耶?在朝廷固無此政體,而在封疆大臣,亦不當如此存心。今因楊永斌之奏,並諭各省督撫知之。(高宗七〇、一五)

(**乾隆三、六、庚子**)諭:養民之道,莫要於積穀;積穀之道,必先去其耗穀者,是以前年有禁燒鍋之旨。後因內外諸臣議稱,用酒之人,比户皆然,一時驟禁,不無滋擾,不若禁止造麴,其事簡而易行。朕思移風易俗,自當行之以漸,禁麴之舉,正屬漸次轉移之法,恐各省督撫視爲具文,今春特再申飭諭,期於實力奉行。乃尚書孫嘉淦復又奏稱,禁麴之事,多有未便。著直隸、山東、河南、江南、陝西、山西各督撫,悉心妥議,毋得以朕曾降諭旨,稍有迎合,亦不必瞻顧孫嘉淦,依違遷就。務期秉公熟籌,於民生確有裨益,不負朕拳拳咨詢之意。尋據直隸、山東、河南、江南、山西、陝西等省督撫奏覆,凡係開廠躧麴,運販射利者,俱請一概禁止,其民間零星製麴自用者,俱免查禁。惟甘肅巡撫元展成,則以邊地風雪嚴冽,窮民需酒,以資溫暖,奏請毋庸查禁。下大學士會同九卿議行。(高宗七一、六)

(**乾隆三、九、癸亥**)又諭:舊例禁止燒鍋,原爲儲蓄米糧,以裕民食之計,而遇歉收之歲,尤當加意奉行。今年畿輔地方,收成歉薄,民食未免艱難,而燒鍋不減,酒販甚多,是必有司奉行不力之故。著總督李衛,轉飭所屬嚴行查禁,毋得視爲具文。該部即傳諭李衛知之。(高宗七六、一五)

(**乾隆三、一一、庚戌**)諭軍機大臣等:步軍統領衙門,現今拏獲燒鍋數起,俱係山西民人。從前外人傳說,孫嘉淦一授直督,伊瞻顧鄉里,則燒鍋之禁必開。朕思燒鍋有妨民食,理所當禁,孫嘉淦念切民生,斷無如此存心之理。但外間既有此論,不可不令伊知之。(高宗八〇、三)

(**乾隆三、一一、己巳**)諭軍機大臣等:本年夏間,江蘇巡撫楊永斌奏稱,禁止躧麴一事,臣已委員協同查禁。其造麴器具,分別封貯拆毀。所有未奉上諭禁止以前，已經造成陳麴，現飭封貯等語。朕比時以楊永斌辦理不善，特頒諭旨，嚴切曉諭，諒各省督撫悉已聞知矣。今聞河南地方，封貯造成之陳麴甚多，商民從前所用之工本，悉皆委棄，頗有怨言。不知尹會一何以見朕諭旨，尚如此辦理。可傳旨詢問之。又據法敏奏稱，山東禁止燒鍋躧麴，已有成效。朕思河南情形如此，恐山東亦有封貯器具陳麴之事。且聞東省亦不過因朕旨已頒，雖有難行之勢，不得不奉行，而所謂已有成效者，仍屬虛文。亦著傳旨詢問之。（高宗八一、一〇）

（**乾隆三、一一、戊寅**）是月，直隸總督孫嘉淦遵旨覆奏：禁止燒鍋，臣前兩經奏請弛禁，原稱宜於歉歲，不宜於豐年。目今各屬歉收，曾經出示禁止。茲步軍統領衙門拏獲燒鍋數起，且皆山西之人。蓋以天下行商坐賈，大抵皆臣鄉曲，不獨直隸一省。燒鍋一項，當臣未爲直督之先，已在此地造酒，非臣既爲直督之後，始於此地開鍋也。……（高宗八一、二九）

（**乾隆三、一二、丁未**）直隸總督孫嘉淦奏：禁止燒鍋，侍郎方苞，又申前議，且謂直隸、山東現今奉行，未聞民以爲病，欲將南北各省，俱行禁止，並欲禁止種烟。經大學士等議覆，無論豐年各省一體通行嚴禁。即宣化之苦高粱，山陝之棗、柿、葡萄等物，亦不許復用釀酒。種烟之地，自乾隆四年爲始，悉令改種蔬穀。種烟之人，照私開燒鍋例治罪。臣閱邸抄，中心駭懼。即以直隸而論，前督臣李衛任內，一年拏獲燒鍋躧麴三百六十四起，人犯一千四百四十八名。臣抵任一月，拏獲私燒運販七十八起，人犯三百五十五名。凡此特申報總督衙門者耳，各府州縣自結之案，尚不知凡幾。特拏報在官者耳，吏役兵丁已拏而賄從，得規禮而不拏者，尚不知凡幾。特酒犯之正身耳，本地之鄉保鄰甲，沿途之脚夫店家，牽連而受累者，又不知凡幾。一省如是，別省可知。酒禁如是，烟禁可知。烟酒之禁果行，四海之內，一年之間，其犯法之人，破產之家，不可數計矣，以飲食之故，舉萬千無罪之人，驅而納之桁楊箠楚之下，果欲建萬世之長策，致吾君於堯舜，似不應爲此言也。現今直隸大小衙門，皆有封貯之酒，與酒及器具變價之銀。未變之酒，棄之則可惜，貯之則無用，賣之則失體。已變之銀，或欲以賞兵役，或欲以修衙署，或欲以充公費。官吏兵役，虎視眈眈，以拏酒爲利藪，百姓嗷嗷，弱者失業，强者犯令，十百成群，肩挑背負，鹽梟未靖，酒梟又起。山東之事，臣不詳知，直隸情形，則所目覩。若謂烟酒可以永禁，而百姓因此感悅，臣實不敢爲此飾說也。夫天下事爲之而後知，履之而後難。從前禁酒禁麴之議，不惟大學士九卿等，俱屬紙上空談，即臣言宜於歉歲，不宜於豐年，猶是書生之謬論。身親辦理，逐案發落，乃知奪民之貲財而狼藉之，毀民之肌膚而敲扑之，取民之生計而禁錮之。饑饉之餘，民無固志。失業既衆，何事不爲。則歉歲之難禁，似更甚於豐年。《周禮》荒政，舍禁去幾，有由然也。《書》曰"無稽之言勿聽"，謂立言而必有事以証之也。今大學士及方苞等所議，皆係空言，不適於事。臣不敢復以空言指駁，謹將直隸燒鍋躥麴一切案件，撮其條目，繕呈御覽。此則信而有徵之事，非臣所能臆造也。得旨：此奏朕俱悉矣。但將此發議，於國體甚有關係，朕自有酌量也。（高宗八三、三四）

（乾隆四、八、甲申）諭軍機大臣等：今年直隸地方，收成豐稔，正當留意積蓄之時。但朕降諭旨，廣行採買，以裕倉儲，恐有司奉行不善，以致滋擾。且當連年歉收之後，甫獲豐收，亦當聽民間自爲流通，庶不至價值增長。是在有司善於辦理，應買補者即行買補，務使公私兩便。至於耗費米穀高粱，如燒鍋等事，斷宜嚴禁。小民無知，必因目前偶爾有餘，任意糜費於燒鍋造酒，以圖一時小利，轉瞬即有不足之患，所關甚大。封疆大吏，不可視爲泛常，而存聽從民便之淺見也。爾等可寄信傳諭孫嘉淦知之。（高宗九八、一八）

（乾隆四、八、甲辰）[直隸總督孫嘉淦]又奏：欽奉諭旨，收成豐稔，留意積蓄，謹密飭各地方官，照依時價，公平收糴，以裕倉儲。又燒酒一項，未免多耗高粱，現飭各屬多買填倉，存於倉者既多，則耗於酒者自少。得旨：所議甚善。但須實力奉行耳。（高宗九九、三〇）

（乾隆五、一、辛未）[河南巡撫雅爾圖]又奏：前撫臣尹會一奏請嚴禁舊存之麴，定限售銷，至今尚未能全完。臣留心訪察，知奸商囤戶，因前次限滿後，並不另行定限，遂肆行私躥，新舊影射。如上年豫省麥收豐稔，至六七月雨水稍多，貧民即有菜色，豈甫隔兩月，所收之麥，即已食盡無餘？皆由躥麴耗廢之故。臣現在勒限速銷，至麥收後，不論新舊存麴，一概查拏治罪。得旨：此言甚是，然此後朕即以是言責之汝矣。（高宗一〇九、一九）

（乾隆五、閏六、戊辰）是月，江蘇巡撫張渠奏請嚴禁米燒運販，并責令各關盤查，遇有裝載燒酒到關者，拏送地方官究治。并追問造酒之家，一并律以違制之罪。得旨：此事若交部議，恐又蹈前轍，終爲無濟。試與督臣酌量地方情形爲之。（高宗一二一、二〇）

（乾隆五、七、庚寅）諭：據御史沈世楓奏稱，近年以來之督撫，每以尋常政務，不只以結主知而動衆聽，於是逞臆見以變法，矜一得以邀功。其説以爲利民，而其實利未見而害隨之。如崔紀令開井灌田，郝玉麟欲以嚴刑重困流民，張渠請禁糧艘帶酒，雅爾圖抑令業主免租，李衛禁止躥麴，鄂彌達勒令鹽商領帑開礦之類。又如陳大受見豫撫因捕緝多盜，蒙恩議敘，亦將所獲盜犯陳瀆天聽。凡若此者，不過以身居大吏，欲見長以示振作。得可邀功，失不遭譴。如勸農、催科、積貯、賑卹諸務，皆所未遑。伏祈特降明旨，申諭各省督撫，毋矜奇騖異，以逞其聰明；毋好大喜功，冀邀夫嘉獎等語。……沈世楓所奏亦不為無因，而亦有似是而非之處，如崔紀之開井灌田、張渠之請禁糧艘帶酒，實皆事之不可行者。至於禁止躧麴一節，雖目前未有大益，而行之日久，於米穀豈無撙節，儲蓄豈無裨補？即沈世楓奏摺中所謂不應責效於旦夕者，正此類也。（高宗一二三、一一）

　　（乾隆五、九、丙申）又諭：據御史齊軾奏稱，今秋收穫較往歲為倍豐，畿輔盈寧，視外省為更盛。惟是商賈雲集，嗜利多人，而麴糵一端，耗糧最甚。雖禁令已經詳定，而農場多粟，必樂於聚財，倘奉行一有廢弛，則以酒居奇者，必以糧覓利。竊見近日京師九門，每日酒車銜尾而進，市價每燒酒一觔值大制錢十六文。數年以來無此賤價，是必網利之富賈，販酒者多，故其價大減。亦必附近之州縣，私燒者衆，故車載日來也。應請飭下近省督撫，轉飭所屬地方官，恪遵定例，實力稽查。然不得借端生事，擾累民間等語。御史齊軾所奏甚是。孫嘉淦為直隸總督，所辦諸事俱屬盡心，惟燒鍋一事，禁約太寬，朕素知之。今當秋成豐稔之時，正宜講求民間儲蓄之計，何以酒車愈加於前，酒價日見其減，是必有富商大賈，躧麴開燒，肆行無忌者。著孫嘉淦轉飭所屬地方官，嚴緝治罪，不得姑容。至於零星沽賣者，不必過於深究。倘因朕降此旨，將二三無力小戶查拏，以為塞責之具，致使閭閻滋擾，而奸商巨販，轉以納賄於官吏而脫然事外，藐法公行，則州縣官之咎，更不可逭。可傳諭直隸及鄰近省分，一體遵行。（高宗一二七、一八）

　　（乾隆五、九、丁酉）吏部尚書、署兩江總督楊超曾等奏：查禁吳縣木瀆鎮米麥燒鍋事宜。得旨：知道了。有治人，無治法。惟在汝等因時制宜，妥協辦理耳。（高宗一二七、二九）

　　（乾隆五、九、丁酉）［河南巡撫雅爾圖］又奏：定例躧麴至三百觔以上，嚴拏治罪。查民間日用酒醋，勢不能免，所需零星之麴，斷難净絕。今躧麴三百觔，不過用麥二石，小民易於違犯，請改定六百觔以上，照例治罪。得旨：此見非矣。躧麴一事，惟應嚴禁，即零星小販，亦不可縱之。設如奸商令數百小販，每日皆躧三百觔之數，合而算之，耗穀不已多乎？總之有治人，無治法，嚴定律令，不若汝等督撫奉行之善也。（高宗一二七、三二）

　　（乾隆六、三、甲午）［河南巡撫雅爾圖］又奏：豫省奸商，買麥出省躧麴，既難阻其買運，又難隔省查拏。令各屬，凡外省運麥出境，在五十石以上者，令牙行報明，知會運往之地方官稽查。猶恐其將五十石以下之麥，陸續販往，積蠹躧麴。現咨各省飭屬，凡有從豫買麥運回者，留心查察。但躧麴全在五六兩月，立秋後，應聽其販運。得旨：如此辦理甚妥。（高宗一三九、三七）

（乾隆六、五、甲戌）飭民間豫籌積穀。諭：……夫欲籌積穀之法，必先去其耗穀者。如躧麴燒鍋等事，最為耗穀，人所共知。而小民無知，止貪目前之利，而不知異日之饑餒。是在地方有司，化導而禁遏之。今惟河南麴禁頗嚴。直隸、山東、山西、西安等省，俱未實力奉行，販賣流通，去路既廣，躧造必多。及至此省穀耗價昂，或官府撥運，或商賈私販，則彼省之穀，亦為之耗。此相因之勢，有必然者。（高宗一四二、一一）

（乾隆六、一〇、丙申）湖北巡撫范璨奏：襄陽地方囤麥躧麴，耗費民食。請照河南省例，將躧戶、販戶、經紀牙行，以及徇隱之鄉地保長、駄載之車船人户，分別治罪。關津官吏，失察故縱，分別參處。盤獲首報者，給賞。得旨：所辦甚妥。如所請行。（高宗一五二、六）

（乾隆七、四、庚戌）吏部議覆：河南巡撫雅爾圖奏稱，現當麥收之時，麥多價平，奸徒乘機躧麴。亟須委員，協同地方官嚴緝，請予議敘，以示鼓勵。應如所請。嗣後奉委查麴之員，有能拏獲別邑開坊躧麴，數至三百勐以上之案，准紀錄一次，數多者以次遞加。其失察之地方官，仍照例參處。從之。（高宗一六五、一三）

（乾隆七、一〇、乙卯）署直隸總督史貽直奏：今歲直隸豐收，恐民間不知撙節，別圖厚利，私開燒鍋。現飭各屬徧加曉諭。得旨：欣悅覽之。重穀禁耗，教撙節，惜物力，皆為政之最要者。與各屬實力行之。至今年直隸雖屬有收，而南方水災特甚。朕豈敢不敬承天戒，而遽以此小稔為侈耶？（高宗一七七、二〇）

（乾隆七、一一、壬戌）諭：今年畿輔地方，秋成豐稔，米糧饒裕，正當撙節愛養，以備將來之用。朕聞私開燒鍋者頗多，蓋愚民無知，止貪目前小利，而不計日後之匱乏。著署督史貽直，嚴飭所屬，實力禁止，毋得視為具文。其他省豐收地方，該督撫應一體遵行。（高宗一七八、一四）

（乾隆七、一一、乙酉）是月，署直隸總督史貽直奏：涿州境內，旗民違禁私開燒鍋，已緝獲嚴懲。得旨：所奏俱悉。燒鍋亦不能禁之使絕，亦惟去其太甚者耳。涿州之謂也。（高宗一七九、二一）

（乾隆八、一、甲申）護理山西巡撫印務布政使嚴瑞龍奏：汾州府屬，地多沙灘山阜，種高粱者，十居五六。高粱性易生蟲，難於久貯。燒鍋一事，似難概禁。今惟飭屬宣揚諭旨，遍爲刊示，令燒鍋之家，量爲燒造，不許販運他省，各具結備案。並令地方官選差巡查。又救火器具，前奉諭旨隨時修整，當經詳明前撫臣飭屬整理，并酌派兵役，專其責成。得旨：所奏俱悉。（高宗一八三、一五）

（乾隆八、五、辛亥）［安徽巡撫范璨］又奏：太平縣地方，一村內訪拏燒鍋二十餘家，現飭照例懲治。得旨：好，實力爲之。汝在湖北，頗覺因循，若能似此振作奮勉，庶得勝任耳。（高宗一九三、一七）

（乾隆八、九、己酉）［安徽巡撫范璨］又奏：嚴禁躧麴燒鍋私宰情形。得旨：覽。不至擾民，斯可矣。（高宗二〇一、三六）

（乾隆九、五、辛丑）諭軍機大臣等：從來耗費米麥，莫如躧麴一事。朕前已降諭旨嚴禁，近聞畿輔地方，私燒之弊，猶未盡絕。夫米麥爲民食所關，而消耗於無用之地，殊爲可惜。況今年直屬麥秋歉薄，尤當加意防維。可寄信與高斌，令其密飭所屬，實力奉行，以敦本計。尋奏：現在加意防維，實力查禁。得旨：覽。實力爲之。（高宗二一七、一六）

（乾隆九、五、辛丑）又諭：從來耗費米麥，莫如躧麴一事。朕前已降諭旨嚴禁。近聞豫省造麴之弊，猶未盡絕。夫麥爲民食所關，而消耗於無益之地，殊爲可惜。今歲該省麥收豐稔，尤當加意撙節，以裕蓋藏。可寄信與巡撫碩色，令其密飭所屬，實力奉行。再，雅爾圖爲巡撫時，曾奏明於秋後嚴禁躧麴，今碩色並未陳奏，可一併傳諭碩色，務令留心辦理，毋得疏忽。尋奏：歸德、南陽毗連江楚，麴販奸徒，廣爲買麥。臣於四月內，已飭地方官曉諭商牙。凡外來正實商販，買麥數十石者，聽其流通。如數至二三百石者，令其請領原籍地方官印照，以杜躧麴影射之弊。現在麥價平減，此其驗也。得旨：汝既云先已辦理，何不早即奏聞？大約汝謹守自爲之念多，急公擔當之意少。可惜汝所閱歷，都爲免過自善之謀耳，甚非朕所取也。（高宗二一七、一六）

（乾隆一〇、五、丙子）河南巡撫碩色奏：豫省正二兩月雨澤稀少，至三四月甘霖疊沛，二麥賴以有收。合計各郡縣收成約有七成。並嚴緝麴販。得旨：合計有七成之收，亦可稍慰矣。至查禁躧麴，乃要務也，須實力行之。（高宗二四〇、六）

（乾隆一〇、八、庚申）順天府尹蔣炳奏：順天府屬各州縣，被旱歉收。現今糧價，雖屬平減，民間雜糧，亦宜撙節。查燒鍋一項，最爲耗費，例應嚴行查禁。現飭各屬實力奉行，得旨：是，知道了。（高宗二四七、二）

（乾隆一四、三、戊辰）戶部議准：署福建布政使永寧奏稱，閩省種麥者少，造酒以米爲麴，價昂於米，民間多造販圖利，有妨民食。請嗣後零星自用者免禁，多製運販者罪之；失察者，照失察躧麴例查議；賄縱，革職提問。從之。（高宗三三七、一〇）

（乾隆一六、五、己未）又諭：方觀承奏稱，宣化府州縣，目下糧價昂貴，缸户率皆圖利私燒，罔知撙節。現飭地方官封禁缸房，暫免缸稅等語。開燒耗費糧石，遇價貴之年，量爲節制，原屬應辦之事。至免稅封缸，概行飭禁，則恐稅雖免而缸終不封，徒使缸户潛自開燒，居奇獲利。奸胥猾吏，更復乘機需索，以飽囊橐。而於民間食用，市肆糧價，實無裨益。即如康熙年間之禁烟免稅，而烟迄不能禁。天下事有言之近理，而行之了無實際者，皆此類也。朕思向來缸户給領牙帖，本屬有數可稽，不但糧貴之年，即屢豐大有，亦應明定缸户之數，不令日加，則蓋藏日裕矣。其偶遇歉收，於額定缸户，每日所燒糧石，亦約以定數，此外不得任意糜耗。即就成法之中，自可寓稽察撙節之道矣。朕辦理庶務，惟求實濟，不事虛名。著傳諭方觀承，此事令其另行籌辦。尋奏：宣化一府，每年額徵缸稅銀六百一十六兩，穀九石三斗二升零。舊例豐年按帖徵收，歉歲繳帖免稅，原有可稽之數，而不於平時嚴禁私開，誠恐徒滋弊竇。臣即密飭口北道，細查各屬所設燒缸舊額若干，現給牙帖若干，有無私開缸户，每日每缸約需糧石若干，燒多燒少，以及開燒停止定期，逐一查明，到日另議具奏。得旨：是，知道了。但此事恐非吳煒所能辦理詳妥者。（高宗三八九、一〇）

（乾隆二一、四、丁卯）諭：民間燒鍋躧麴，耗費粟麥，在豐稔之年，尚以民食攸關，歷有明禁。上年江省災祲偏重，賑卹銀米費至數百萬，窮黎正在嗷嗷，所賴二麥登場，資以接濟。恐奸胥市棍，罔顧民艱，惟利是視，燒鍋躧麴之禁，陽奉陰違，以民生日用所急需，飽其利壑，蠹弊莫甚於此。該督撫務飭屬員，嚴行查禁，毋使稍有隱匿。其與江蘇毗連之浙江、山東、河南等省，應一體嚴禁，毋令射利之徒，託跡鄰疆，肆行糜耗。況浙江現在賑卹，尤當嚴拏飭禁，所司其實力奉行，勿僅以出示曉諭空文了事。（高宗五一一、二三）

（乾隆二二、一二、甲戌）直隸布政使清馥奏：民間製造麴塊，爲酒醋之用，向例由坐糧廳給照徵稅，不得過三百勠以上。而奸民因之藉詞廣躧，甚至販運出境。查此項稅銀每年不過七十餘兩，爲探河防閘人役工食之費。請於州縣辦公項下，每年湊解銀八十兩，交坐糧廳爲役食等費。所給執照，應行掣銷，以便查禁。得旨：此等躧麴情弊，地方官既有稽查之責，而納稅執照則從坐糧廳給發，事屬兩歧。奸民因得影射牟利，恣意廣躧。嗣後即令地方官給發執照，照例徵收麴稅，以便就近稽察，杜奸民影射之弊，不必屬坐糧廳經管。其探河防閘役食等費，爲數無多，坐糧廳自有茶菓等銀兩，儘可酌辦。清馥所奏，各州縣於辦公銀內，湊辦交廳之處，亦屬非體。至該地方官既經管理麴稅，務當實力查察，毋任仍前廣躧，致妨民食。該管上司，亦當留心稽訪，如有官吏借端漁利及勾通需索諸弊，即行嚴參治罪。（高宗五五三、三）

（乾隆二四、七、丁丑）又諭曰：御史觀成參奏，居住東安縣所屬地上營旗人張鈞科，私造酒麴，囤積麥石一摺。造酒等事例應查禁，此摺著寄鄂彌達，將張鈞科私造酒麴等事，照例審辦。但觀成參奏摺內所知過細，反覺可疑，或彼此挾嫌，或勒索不遂，均未可定。鄂彌達將此一併詢查具奏。（高宗五九三、二八）

（乾隆三六、一〇、己巳）諭軍機大臣等：據朝銓奏，劉永毅等收買麥石，肆行躧麴，業經照例杖枷發落，並將麴塊入官估變等語。雖係照例辦理，而其間情節，尚有未甚明晰者。躧麴燒鍋之禁，其來已久，何以從未有拏獲之事？或必至如條例所載，廣收麥石，肆行躧麴，似此案之爲數過多者，方行拏究，其零星躧造者，置之不問。若係概行查禁，則民間不應復有燒鍋，何以販運燒酒者，仍源源不絶？且聞盛京地面，素多燒酒，則躧麴者自必不少。從前曾否如此查拏？或向未辦及，此次係屬初案？抑亦有拏獲之處，未經奏聞？至所造麴塊，估值至一萬三四千兩，即以加倍獲利覈計，亦當有本銀六七千兩。伊等既擁重貲牟利，又係犯禁之事，必不能免於賄囑兵役，代爲彌縫，何至遽行敗露，又情理之不可解者。摺內稱係左翼協領、遼陽城守尉及知州呈報訪拏等語。其地或係知州專屬，或係旗員所司，並非若聚衆大案，何以文武會辦？且既云訪拏，必有一人首先訪得，或地方官訪實，通知協領等，抑係旗員訪得，照會文官，均須得其實濟。再查訪之事，必非官員等親自體訪，若由兵役訪知發覺，則其人尚屬奉公出力，亦當予以獎賞，朝銓亦未辦及。著傳諭恒禄，會同朝銓，將旨內所詢各條，逐一查明，即行詳晰覆奏。（高宗八九四、一三）

（乾隆五〇、一二、丁丑）又諭曰：御史富森阿條陳各款，其言似是，而於事皆斷不可行。如……至所稱請禁止燒酒造麴，及不准栽種菸草二事等語。此二物固屬無益，但菸草一項，不特徧天下皆然，即外藩諸部，亦無不相習成風。燒酒一項雖爲糜費穀食，而已爲閭閻食用所不可少，況此項多係高糧，並非米穀。此二物，民間藉以貿易圖利者，不可勝數，雖欲禁止，而勢所不能。徒滋胥役藉端需索諸弊，究於實政，有何裨益？該御史職司言路，如果有關於國計民生之事，原應據實直陳，若似此摭拾浮詞，毛舉細故，不過如明季科道，藉建白爲沽名，其言雖若娓娓可聽，而於政事毫無所補，亦安用此條奏爲耶？富森阿係旗人，乃沾染習氣，愈趨愈下，更屬不合，亦不值將伊治罪。但其識見如此迂謬，豈可復勝御史之任？富森阿本係員外郎改授御史，著以員外郎用。原摺擲還。(高宗一二四四、四)